# BARUN LAW

## 법무법인(유한) 바른

고객을 위해 '바른' 변호사가
**모인 법무법인(유한) 바른!**

**WWW.BARUNLAW.COM**

# 바른 '조세팀' 구성원

바른 길을 가는 든든한 파트너!

| 이원일 | 하종대 | 손삼락 | 정재희 | 이강호 | 박재순 |
|---|---|---|---|---|---|
| 대표 변호사 | 파트너 변호사 | 파트너 변호사 | 팀장 변호사 | 파트너 변호사 | 파트너 변호사 |
| 조세쟁송/자문 | 조세쟁송/자문 | 조세쟁송/자문 | 조세쟁송/자문 | 조세쟁송/자문 | 조세쟁송/자문 |

| 조현관 | 김기복 | 김기목 | 김현석 | 추교진 | 김지은 |
|---|---|---|---|---|---|
| 상임고문 | 고문 | 세무사 | 세무사 | 파트너 변호사 | 파트너 변호사 |
| 세무조사/자문 | 세무조사/자문 | 세무조사/불복 | 세무조사/불복 | 조세쟁송/자문 | 조세쟁송/자문 |

## 구성원 소개

| 최주영 | 파트너변호사 | 조세쟁송/자문 | 김준호 | 변호사 | 조세쟁송/자문 | 조영민 | 변호사 | 조세쟁송/자문 |
|---|---|---|---|---|---|---|---|---|
| 이정호 | 파트너변호사 | 조세쟁송/자문 | 유상화 | 변호사 | 조세쟁송/자문 | 민경찬 | 변호사 | 조세쟁송/자문 |
| 박성호 | 파트너변호사 | 조세쟁송/자문 | 이찬웅 | 변호사 | 조세쟁송/자문 | 심현아 | 변호사 | 조세쟁송/자문 |
| 백종덕 | 파트너변호사 | 조세쟁송/자문 | 손주영 | 변호사 | 조세쟁송/자문 | 이지민 | 변호사 | 조세쟁송/자문 |

Barun Law
Capabilities

**법무법인(유한) 바른**
서울 강남구 테헤란로 92길 7 바른빌딩 (리셉션: 5층, 12층)
TEL 02-3476-5599   FAX 02-3476-5995   CONTACT@BARUNLAW.COM

# [和友]

화우, 고객과 함께 하는 편안한 벗이 되겠습니다.

서울시 강남구 영동대로 517 아셈타워 6, 17, 18, 19, 22, 23, 27, 34층

T. 02-6003-7000   E. hwawoo@hwawoo.com

광고책임변호사 : 시진국

법무법인(유) 화우
YOON & YANG

SEOUL | TASHKENT | HO CHI MINH CITY | HANOI | JAKAI

# 법무법인(유한) 화우
# 조세그룹

화우 조세그룹은 법무·세무· 관세법인
구성원이 유기적으로 소통하며
ONE STOP SERVICE를 제공하고 있습니다.

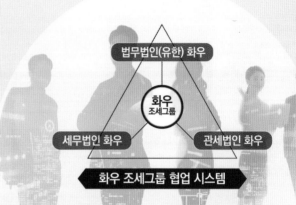

## 법무법인(유한) 화우 조세전문그룹 대표 구성원

| 임승순 고문 | 김덕중 고문 | 이동신 고문 | 이한종 고문 | 전오영 변호사 | 박정수 변호사 | 이진석 변호사 | 유성욱 변호사 |
|---|---|---|---|---|---|---|---|
| 고문 | 국세청장 | 부산지방국세청장 | 삼성세무서장 | 전 조세그룹장 | 대법원 재판연구관(조세조) | 대법원 재판연구관(조세조) | 대법원 재판연구관(조세조) |

| 정재웅 변호사 | 전완규 변호사 | 김용택 변호사 | 이경진 변호사 | 정종화 변호사 | 허시원 변호사 | 최진혁 변호사 | 강우룡 회계사 |
|---|---|---|---|---|---|---|---|
| 조세그룹장 | 조세부그룹장 | 조세쟁송팀장 | 서울지방국세청 송무과장 | 파트너 변호사 | 파트너 변호사 | 서울지방국세청 조사1국 팀장 | 조세자문팀장 |

### 법무법인(유) 화우

| | |
|---|---|
| 박영웅 변호사 | 고려대학교 법학과 대학원 파트너변호사 |
| 김대호 회계사 | 연세대학교 경영학과 회계사 |
| 김진우 회계사 | 연세대학교 경영학과 회계사 |
| 배정식 수석전문위원 | 한양대학교 경제학과 하나은행 리빙트러스트센터장 |
| 김기범 전문위원 | 중앙대학교 경영학과 감사원, 조세심판원 |
| 조형래 미국회계사 | 국립세무대학 7회 국세청 및 산하세무서 |
| 김아이린 외국변호사 | Georgetown University Law Center (J.D.) |

### 세무법인 화우

| | |
|---|---|
| 정충우 대표세무사 | 국립세무대학 8회 서울지방국세청 조사4국 |
| 정철환 세무사 | 국립세무대학 7회 국세청 감사관실 |
| 강성모 세무사 | 전남대학교 경영학과 서울지방국세청 조사1·4국 |
| 이주환 세무사 | 경희대학교 국제경영학부 서울지방국세청 조사4국 |
| 이수연 세무사 | 국립세무대학 19회 중부지방국세청 조사2국 |
| 권혁윤 세무사 | 서울시립대학교 세무학과 세무법인 삼우 SNTA |
| 임기준 세무사 | 건국대학교 경제학과 ㈜케이씨씨 회계부 과장 |

### 관세법인 화우

| | |
|---|---|
| 김철수 대표관세사 | 국립세무대학 3회 서울본부세관 조사2국장 |
| 윤선덕 대표관세사 | 국립세무대학 4회 서울본부세관 심사1국장 |
| 상승혁 관세사 | 영남대학교 국제통상학과 관세사 26기 |
| 장기현 관세사 | 국립세무대학 9회 서울본부세관 외환조사과 |
| 변문태 전문위원 | 국립세무대학 14회 관세청 외환특별조사반 |
| 정연조 관세사 | 중앙대학교 문헌정보학과 관세사 29기 |
| 정수윤 관세사 | 성균관대학교 경제학과 관세사 29기 |

 법무법인(유) 화우
YOON & YANG

서울시 강남구 영동대로 517 아셈타워 6, 17, 18, 19, 22, 23, 27, 34층
T. 02-6003-7000   www.hwawoo.com

# 목차

# 목차

# 법무법인 두현
## KIM AND PARTNERS

서울시 강남구 테헤란로 78길 12, MSA 빌딩 4층
Tel : 02)556-3445          Fax : 02)556-3446
www.lawknp.com
대전지점 042-719-3095

조세 및 기업자문분야에 풍부한 공직경험을 가진 세무분야 전문가들과 다양한 경험을 가진 변호사들이 협력하여 조세분야에서 원스탑서비스를 제공합니다.

· 조사입회부터 조세소송까지 전 과정 업무수행
· 법령개정 · 유권해석 등 사전적 용역수행
· 기업활동에 관한 민사법, 특별법, 조세법을 망라한 자문서비스 제공

### 🔹 주요 업무

| 조세 | 기업법무 | 가업승계 | 상속 신탁 |
|---|---|---|---|
| · 조세쟁송 · 조세자문 | · 기업자문 일반 | · 가업승계관련 조세자문 | · 상속 관련 조세자문 |
| · 조사수감 · 조세범칙 | · 기업지배구조 | | · 상속재산분할심판 사건 대리 |
| · 법령개정 · 유권해석 | | | · 유류분반환청구 소송 대리 |

**김 수 경** 대표변호사

현)기획재정부 국세예규심사위원회 위원
현)한국세무학회 부학회장, 한국세법학회 상임이사
현)한국지방세학회, 한국조세정책학회 상임이사
국세청 고문변호사
부산지방국세청 납세자보호담당관
삼일회계법인

### 🔹 주요 구성원

**김 주 한** 고문
대법관 / 대검찰청 검찰부장
전주지방검찰청 검사장
서울고등검찰청 차장검사
서울지검 동부지청장
법무부 송무과장, 법무과장

**이 형 진** 파트너변호사
기업자문 · 상속신탁 전문
대유위니아그룹 법무실장
대유위니아그룹 비서실 경영
지원담당

**김 천 희** 고문
조세불복 · 조세자문 전문
조세심판원 부이사관
재정경제부 세제실

**김 서 영** 전문위원
조세불복 · 유권해석 전문
국세청 법규과
서울청 법인세과 팀장
부산지방국세청 납세자보호팀장
중부지방국세청 조사1국

**류 수 연** 변호사
조세불복 · 조세자문 전문
서울지방국세청 국제거래조사국
중부지방국세청 징세송무국

**이 영 준** 변호사
조세불복 전문
대전지방국세청 납세자보호담당관
국세공무원교육원 겸임교수

**기 은 현** 변호사
기업자문 전문
KT

理賢 경륜과 실무적 능력이
조화를 이룬 최고의 전문가 조직

고객을 즐겁고 편안하게
FOR YOUR HAPPINESS

## 상근자문단

| 성명 | 직책 | 주요 경력 |
| --- | --- | --- |
| 신동복 | 상임고문 | 금천세무서장·국세청 심사2과장 |
| 김용균 | 상임고문 | 중부지방국세청장·국세공무원교육원장 |
| 송필재 | 고문 | 조세심판원 부이사관 |
| 백승훈 | 고문 | 중부지방국세청 조사2국장 |
| 김광훈 | 고문 | 중부청 조사1과장, 분당세무서장 |
| 오대규 | 고문 | 분당세무서장 |

## 임원

| 성명 | 직책 | 주요 경력 |
| --- | --- | --- |
| 안만식 | 이현세무법인 대표이사 / 서현학술재단 이사장 | |

## 분야별 전문가

| 업무 분야 | 성명 | 직책 | 주요 경력 |
| --- | --- | --- | --- |
| 법인세 및 세무조사 지원 | 마숙룡 | 대표 | 서울청·중부청 조사국·중부청 국세심사위원 |
| | 전갑종 | 대표 | 산동 KPMG·국세청 심사위원·공인회계사회 세무감리위원 |
| | 이명진 | 파트너 | 국세청 조사국·서울청 조사4국 |
| | 한성일 | 파트너 | 서울청 조사국 |
| | 강민하 | 파트너 | 법인세 분야 18년 |
| | 송영석 | 파트너 | 법인세 분야 20년·삼정회계법인·공인회계사회 세무조정감리위원 |
| | 이희원 | 이사 | 법인세 분야 12년 |
| | 이현빈 | 이사 | 법인세 분야 12년 |
| | 김주년 | 이사 | 법인세 분야 8년·삼정회계법인 |
| 국제조세 전담 | 박주일 | 본부장 | 국세청 국조·서울청 조사국·중부청 조사국 |
| | 정인엽 | 대표 | 국세청 국제조세국 |
| 재산제세 및 가업승계 전담 | 박종민 | 파트너 | 서울청 조사국 |
| | 왕한길 | 상무 | 서울청 조사국·삼성생명·패밀리오피스PB전담 |
| | 신지훈 | 파트너 | 삼정회계법인 |
| | 정지훈 | 이사 | 상속·증여·양도 분야 10년 |

理賢
Logos & WISE

이현세무법인
법무법인두현
서현학술재단

서울시 강남구 테헤란로 **440** 포스코센터 서관 **3**층
Tel : 02)3011-1100
www.ehyuntax.com  |  www.lawknp.com  |  www.shfoundation.kr

# 손쉽게 만나는 NH농협생명
# 스마트 플레이스

AI 설계·간편 가입 절차·서류가 필요 없는 청구 방법까지
언제 어디서나 더욱 쉽고 편리한
**NH농협생명의 디지털 서비스를 만나세요**

**NH헬스케어 플랫폼**
일상 속 건강관리 앱
헬스케어 서비스

**TM보험 스마트 고객확인**
금융위원회 혁신금융서비스 선정
(전화모집·모바일 청약 결합)

**NH검진케어**
온라인 보험 최초
맞춤 검진 추천 및 예약

**페이퍼리스 청구**
생명보험 최초
서류 없는 보험금 청구

코리봇

**인슈어애드 챗봇**
보험업계 최초 AI 설계사
대화형, 스토리형 챗봇 기능

내맘같이

마음이 ♥ 합니다
Ｈ 현대해상

시대가
달라져도
변하지 않는
가치가 있으니까

# 시대를 넘어
# 보험이
# 가야 할 길

재무인의 가치를 높이는 변화

# 조세일보

# 정회원

| | |
|---|---|
| **온라인 재무인명부** | 수시 업데이트되는 국세청, 정·관계 인사의 프로필, 국세청, 지방국세청, 전국 세무서, 관세청, 공정위, 금감원 등 인력배치 현황 |
| **예규·판례** | 행정법원 판례를 포함한 20만 건 이상의 최신 예규, 판례 제공 |
| **구인정보** | 조세일보 일평균 10만 온라인 독자에게 채용 홍보 |
| **업무용 서식** | 세무·회계 및 업무용 필수서식 3,000여 개 제공 |
| **세무계산기** | 4대보험, 갑근세, 이용자 갑근세, 퇴직소득세, 취득/등록세 등 간편 세금계산까지! |

**묶음 상품**

● **정회원 기본형** = 15만원 / 연

유료기사 + 문자서비스
+ +
온라인 재무인명부 + 구인정보

● **정회원 통합형** = 30만원 / 연

● 정회원 기본형
+
예규·판례

**개별 상품**

온라인 재무인명부 = 10만원 / 연

구인정보 = 10만원 / 연

※ 자세한 조세일보 정회원 서비스 안내 http://www.joseilbo.com/members/info/

기업·국민·국가의 성장에 함께합니다

# 경제산업 전문가 공인회계사입니다!

The Korean Institute of
Certified Public Accountants

정확한 회계감사와 경영컨설팅으로
▶ **기업가치를 키우고!**

믿을 수 있는 투자정보 제공으로
▶ **가계자산을 늘리고!**

투명한 회계로
▶ **국가성장을 이끌고!**

회계가 바로 서야 **경제가 바로 섭니다.**

# KICPA
### 한국공인회계사회

# EY 한영

**Building a better
working world**

| | | |
|---|---|---|
| 세무부문대표 | 고경태 | kyung-tae.ko@kr.ey.com |
| 기업세무 | 유정훈 | jeong-hun.you@kr.ey.com |
| | 신장규 | jang-kyu.shin@kr.ey.com |
| | 권성은 | sung-eun.kwon@kr.ey.com |
| | 서석준 | sukjoon.seo@kr.ey.com |
| | 양기석 | ki-seok.yang@kr.ey.com |
| | 양지호 | jiho.yang@kr.ey.com |
| | 염현경 | hyun-kyung.yum@kr.ey.com |
| | 우승엽 | seung-yeop.woo@kr.ey.com |
| | 이정기 | jungkee.lee@kr.ey.com |
| | 임효선 | hyosun.lim@kr.ey.com |
| | 박기형 | ki-hyung.park@kr.ey.com |
| | 심석인 | sug-in.shim@kr.ey.com |
| | 이소연 | serena.souyoun.lee@kr.ey.com |
| | 이지희 | jeehee.lee@kr.ey.com |
| M&A자문 및 국제조세 | 장남운 | nam-wun.jang@kr.ey.com |
| | 정일영 | ilyoung.chung@kr.ey.com |
| | 박병용 | byungyong.park@kr.ey.com |
| | 장소연 | so-yeon.jang@kr.ey.com |
| | 조석일 | shuck-il.cho@kr.ey.com |
| | 김영훈 | yung-hun.kim@kr.ey.com |
| 이전가격 자문 | 정인식 | in-sik.jeong@kr.ey.com |
| | 남용훈 | yong-hun.nam@kr.ey.com |
| | 하동훈 | dong-hoon.ha@kr.ey.com |
| 인적자원 관련 서비스 | 정지영 | jee-young.chung@kr.ey.com |
| 금융세무 | 이덕재 | deok-jae.lee@kr.ey.com |
| | 김동성 | dong-sung.kim@kr.ey.com |
| | 김스텔라 | stella.kim@kr.ey.com |
| | 김창국 | chang-kook.kim@kr.ey.com |
| 상속증여자문 | 이나래 | na-rae.lee@kr.ey.com |
| 지방세자문 | 이정기 | jungkee.lee@kr.ey.com |
| 관세 | 박동오 | dongo.park@kr.ey.com |

서울특별시 영등포구 여의공원로 111
02-3787-6600
www.ey.com/kr

# 대현회계법인
## Daehyun Accounting Corporation

## 세무업무와 회계감사를 함께 수행하는 최고의 전문가 !!!
# 대현회계법인

**대표이사 송재현**

공인회계사, 세무사, 세무전문가  Tel:010-6700-3636
안건회계법인 세무본부근무 7년
개인사무소 개업 12년
대현회계법인 설립, 대표이사 23년
한국공인회계사회 부회장(전), 국세연구위원장(전), 중소회계법인협의회장(전)
세무사징계위원회 위원

### 축산업, 사료업의 세무업무에 전문, 특화된 최고의 세무대리인 대현회계법인

## 세무사업본부 임직원

| 성명 | 전문분야 | 연락처 | 주요경력 |
|---|---|---|---|
| 김태욱 | 세무업무 | 010-4827-6100 | 세무회계업 전업경력 24년, 회계감사 및 원가시스템구축 |
| 최은정 | 세무업무 | 010-4972-6100 | 세무업무전담, 세무본부경력 22년 |
| 정윤성 | 세무업무 | 010-4827-6100 | 세무업무전담, 회계감사 |
| 채희태 | 세무업무 | 010-7139-6100 | 세무대학 1기, 국세청 근무, 세무조사대응 |
| 박창화 | 세무회계 | 010-4996-6100 | 세무회계업 전업경력 27년 |
| 이이건 | 세무회계 | 010-9186-6100 | 세무회계업 전업경력 22년 |

## 회계감사본부 임직원

| 성명 | 전문분야 | 연락처 | 주요경력 |
|---|---|---|---|
| 김재근 | 회계감사 및 컨설팅 | 010-2715-5634 | 상장회사 회계감사, 내부회계구축자문, 기업가치평가 |
| 이지형 | 회계감사 및 컨설팅 | 010-9076-6885 | 회계감사 및 세무자문업무, 세무회계업 전업경력 25년 |
| 박성준 | 회계감사 | 010-5487-0819 | 회계감사 및 세무자문 |

## 파트너 구성원

| 성명 | 전문분야 | 성명 | 전문분야 |
|---|---|---|---|
| 송재현 | 세무업무, 절세전략, 세무자문컨설팅 | 신한철 | 세무자문, 회계감사 |
| 김경태 | 회계감사, 세무업무 | 이태수 | 회계감사 및 컨설팅 |
| 김학중 | 감사세무 및 컨설팅 | 백지건 | 회계감사, 세무업무 |
| 박재민 | 세무자문, 회계감사 | 심완성 | 회계감사, 세무업무 |
| 정화국 | 회계감사, 회생컨설팅 | 백창현 | M&A, 회계감사 |
| 신대용 | 민자사업 | 이상호 | 회계감사, 세무업무 |
| 우필구 | 외국법인컨설팅 | 안태현 | M&A, 회생컨설팅 |
| 김유민 | 회계감사 및 컨설팅 | 원종태 | 회계감사, 세무업무 |
| 강경보 | 회계감사 및 컨설팅 | 최규동 | 회계감사, 세무업무 |

서울특별시 광진구 능동로 7 한강파크빌딩 6층 (우) 05086
Tel : 02-552-6100  Fax : 02-552-0067

# 딜로이트 안진회계법인

서울시 영등포구 국제금융로 10 서울국제금융센터 One IFC 9층 (07326)　　　　Tel : 02-6676-1000

## ■ 세무자문본부 (리더 및 파트너 그룹)

부문대표 : 권지원 02-6676-2416

| 전문분야 | 성명 | 전화번호 | 전문분야 | 성명 | 전화번호 | 전문분야 | 성명 | 전화번호 |
|---|---|---|---|---|---|---|---|---|
| 법인조세 / 국제조세 | 김지현 | 02-6676-2434 | 법인조세 / 국제조세 | 조성문 | 02-6676-2018 | Tax Controversy | 김점동 | 02-6676-2332 |
| | 임홍남 | 02-6676-2336 | | 조원영 | 02-6099-4445 | | 김태경 | 02-6676-2873 |
| | 최승웅 | 02-6676-2517 | | 한홍석 | 02-6676-2585 | | 이호석 | 02-6676-2527 |
| | 이신호 | 02-6676-2375 | M&A 세무 | 우승수 | 02-6676-2452 | | 정환국 | 02-6099-4301 |
| | Scott Oleson | 02-6676-2012 | | Scott Oleson | 02-6676-2012 | | 정광석 | 02-6676-1086 |
| | 고대권 | 02-6676-2349 | | 김영필 | 02-6676-2432 | | 최경원 | 02-6676-1920 |
| | 권기태 | 02-6676-2415 | | 송호창 | 02-6676-2004 | | 최재석 | 02-6676-2509 |
| | 김석진 | 02-6138-6248 | | 유경선 | 02-6676-2345 | | 현희성 | 02-6676-1434 |
| | 곽민환 | 02-6676-2488 | | 이석규 | 02-6676-2464 | Business Process Solutions | 박성한 | 02-6676-2521 |
| | 김선중 | 02-6676-2518 | | 이호진 | 02-6099-4472 | | 이용현 | 02-6676-2355 |
| | 김원동 | 02-6676-1259 | 금융조세 | 김철 | 02-6676-2931 | | 정재필 | 02-6676-2593 |
| | 김중래 | 02-6676-2419 | | 신창환 | 02-6099-4583 | 해외주재원 세무서비스 | 서민수 | 02-6676-2590 |
| | 김한기 | 02-6138-6167 | | 이정연 | 02-6676-2166 | | 권혁기 | 02-6676-2840 |
| | 도강현 | 02-6676-2461 | | 임지훈 | 02-6676-1785 | 일본세무 | 이성재 | 02-6676-1837 |
| | 민윤기 | 02-6676-2504 | | 최국주 | 02-6676-2439 | | 김명규 | 02-6676-1331 |
| | 박동환 | 02-6676-3362 | 이전가격 | 이용찬 | 02-6676-2828 | 개인제세 / 재산제세 | 김중래 | 02-6676-2419 |
| | 박준용 | 02-6676-2363 | | 김태기 | 02-6676-3822 | | 김원동 | 02-6676-1259 |
| | 신기력 | 02-6676-2519 | | 류풍년 | 02-6676-2820 | 관세 | 유정곤 | 02-6676-2561 |
| | 신창환 | 02-6099-4583 | | 송성권 | 02-6676-2507 | | 정인영 | 02-6676-2804 |
| | 안병욱 | 02-6676-1164 | | 신상현 | 02-6676-1799 | 부동산세제 | 장상록 | 02-6138-6904 |
| | 오종화 | 02-6676-2598 | | 인영수 | 02-6676-2448 | | 조원영 | 02-6099-4445 |
| | 윤선중 | 02-6676-2455 | Tax Controversy | 최은진 | 02-6676-2361 | Tax R&D | 김경조 | 02-6099-4279 |
| | 이재우 | 02-6676-2536 | | 정영석 | 02-6676-1507 | | | |
| | 이재훈 | 02-6676-1461 | | 조규범 | 02-6676-2889 | Tax Technology Consulting | 구현모 | 02-6676-2126 |
| | 이종원 | 02-6676-2584 | | 김재신 | 02-6676-3145 | | | |

# 미래회계법인을 만나면
## "Class" 가 달라집니다.

다수의 전문가들이 제공하는 통합경영컨설팅 서비스는
미래회계법인이 제공하는 핵심 고객가치 입니다.

**경영컨설팅 서비스**

창업 컨설팅
투자 유치 자문
코스닥 등 IPO 자문
M&A Consulting

기업 회계감사
기업가치 평가
정책자금 감사
아파트 회계감사

**회계감사 및 회계자문**

기업가치의 극대화

효율적인
조세전략

회계투명성
경영효율성
증대

**세무서비스**

양도·상속·증여세
세무 자문
조세 전략 입안
조세 불복

미래회계법인은 회계감사 및 회계자문, 재무전략 그리고 경영컨설팅 분야에서 고도의 전문지식과 풍부한 실무경험을 바탕으로 50여명
의 공인 회계사, 세무사, 회계 전문가 등 전문가와 실무자들이 고객 사업 특성에 맞는 다양한 전문서비스를 제공합니다.

**MIRAE** 미래회계법인 accounting corporation   경기도 수원시 영통구 광교로 105, 6층 611호(이의동, 경기R&DB센터) T 031-888-5900 F 031-888-5911

| | www.samdukcpa.co.kr | |
|---|---|---|
| 삼덕회계법인 | 본사 | 서울시 종로구 우정국로 48 S&S빌딩 12층 |
| Tel : 02-397-6700 | Fax : 02-730-9559 | E-mail : samdukcpa@nexiasamduk.kr |

## 삼덕회계법인 주요구성원

| 법인본부 | 이름 | 전화번호 | E-mail |
|---|---|---|---|
| 대표이사 | 김덕수 | 02-397-6724 | kimdeogsu@nexiasamduk.kr |
| 경영본부장 | 김현수 | 02-397-6852 | hsk2849@nexiasamduk.kr |
| 품질관리실장 | 손호근 | 02-397-6788 | shonhk@nexiasamduk.kr |
| 준법감시인 | 이용모 | 02-397-6751 | lymcpa@nexiasamduk.kr |
| 감사 | 안영수 | 02-397-5107 | ys@nexiasamduk.kr |
| 감사 | 심형섭 | 02-397-6855 | san6949@nexiasamduk.kr |
| 국제부장 | 권영창 | 02-397-6654 | youngchang.kwon@nexiasamduk.kr |

| 감사본부 | | 본부장 | 전화번호 | E-mail |
|---|---|---|---|---|
| 본사 | 감사1본부 | 금우철 | 02-397-6848 | wch1126@nexiasamduk.kr |
| | 감사2본부 | 김용하 | 02-397-8337 | yhakim@nexiasamduk.kr |
| | 감사3본부 | 신종철 | 02-2076-5527 | jongcheol.shin@nexiasamduk.kr |
| | 감사4본부 | 한일도 | 02-2076-5501 | hanildocpa@nexiasamduk.kr |
| | 감사5본부 | 이녹영 | 02-2076-5521 | nylee@nexiasamduk.kr |
| | 감사6본부 | 성종훈 | 02-739-8543 | jhcpa@nexiasamduk.kr |
| | 감사7본부 | 이병기 | 02-397-6856 | bklee4285@nexiasamduk.kr |
| | 감사8본부 | 권현수 | 02-397-6748 | hskwon@nexiasamduk.kr |
| | 감사9본부 | 김진수 | 02-2076-5468 | kjssac@nexiasamduk.kr |
| | 감사10본부 | 조석훈 | 02-397-6739 | mirage@nexiasamduk.kr |
| | 감사11본부 | 최준영 | 02-739-4681 | pelopelo@nexiasamduk.kr |
| 본사&분사무소 | 감사12본부 | 김도형 | 02-3412-6812 | dhkim@nexiasamduk.kr |

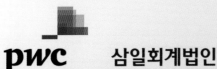

**pwc 삼일회계법인**

삼일회계법인은 4,300여 명의 전문가들이 글로벌 경영을 펼치는 고객 기업의 산업적 특성에 맞는 다양한 전문 서비스를 제공하고 있습니다.

## 세무자문 전문가

### Tax Leader

| | |
|---|---|
| 이중현 | 709-0598 |

### 국내조세 그룹

| | | | | | | | |
|---|---|---|---|---|---|---|---|
| 이영신 | 709-4756 | 오연관 | 709-0342 | 정민수 | 709-0638 | 정복석 | 709-0914 |
| 정선흥 | 709-0937 | 나승도 | 709-4068 | 최유철 | 3781-9202 | 선병오 | 3781-9002 |
| 박기운 | 3781-9187 | 최재표 | 709-0774 | 오혜정 | 3781-9347 | 김윤섭 | 3781-9280 |
| 신윤섭 | 709-0906 | 허윤제 | 709-0686 | 하성훈 | 3781-9328 | 서연정 | 3781-9957 |
| 신정희 | 709-3337 | 나현수 | 709-7042 | 한지용 | 709-8529 | 조영기 | 3781-9521 |
| 이 용 | 3781-9025 | 홍창기 | 3781-9489 | 남형석 | 709-0382 | 전진우 | 3781-2396 |
| 한성근 | 709-8156 | 성창석 | 3781-9011 | 금창훈 | 3781-0125 | 이혜민 | 3781-1732 |
| 김광수 | 709-4055 | 장현준 | 709-4004 | 김성영 | 709-4752 | 남우석 | 3781-9175 |
| 전형진 | 709-7016 | 전종성 | 3781-3185 | 최윤수 | 709-8773 | 조성욱 | 709-8184 |
| 이동복 | 709-4768 | 박종우 | 3781-0181 | 류성무 | 709-4761 | 이민지 | 3781-9200 |
| 오남교 | 709-4754 | 정종만 | 709-4767 | 김원찬 | 709-0348 | 이현종 | 709-6459 |
| 조한철 | 3781-2577 | 정재훈 | 709-0296 | 김태훈 | 3781-2348 | 천승환 | 709-8986 |
| 곽경진 | 709-0799 | 김동명 | 709-8098 | 서승원 | 709-8302 | 이계현 | 3781-3063 |
| 안성민 | 3781-0086 | 조준수 | 3781-2364 | 김대성 | 3781-9285 | | |

#### 지방세

| | | | | | |
|---|---|---|---|---|---|
| 조영재 | 709-0932 | 양인병 | 3781-3265 | 윤예원 | 3781-9201 |

### 국제조세 그룹

#### 구미계

| | | | | | | | |
|---|---|---|---|---|---|---|---|
| 이상도 | 709-0288 | 차일규 | 3781-3173 | 조창호 | 3781-3264 | 양윤정 | 3781-9278 |
| 서백영 | 709-0905 | 김영옥 | 709-7902 | 한규영 | 3781-3105 | 브로웰로버트 | 709-8896 |
| 유정은 | 709-8911 | 이승렬 | 3781-2335 | 윤지영 | 3781-9958 | 이홍석 | 3781-3270 |
| 박승정 | 3781-2576 | | | | | | |

#### 일본계

| | | | | | | | |
|---|---|---|---|---|---|---|---|
| 노영석 | 709-0877 | 진병국 | 709-4077 | 이남선 | 3781-3189 | 이응전 | 3781-2309 |
| 이경택 | 709-0726 | 이진행 | 3781-2581 | | | | |

삼일회계법인

### 이전가격 및 국제통상 서비스

| | | | | | | | |
|---|---|---|---|---|---|---|---|
| 전원엽 | 3781-2599 | 조정환 | 709-8895 | 김영주 | 709-4098 | 김찬규 | 709-6145 |
| 이경민 | 3781-1550 | 이윤석 | 3781-2374 | 김준호 | 709-0791 | 박준환 | 709-8991 |
| Henry An | 3781-2594 | 소주현 | 709-8248 | | | | |

### 해외진출세무자문 서비스

| | | | | | | | |
|---|---|---|---|---|---|---|---|
| 김주덕 | 709-0707 | 이동열 | 3781-9812 | 김홍현 | 709-3320 | 박광진 | 709-8829 |
| 박인대 | 3781-3268 | 성시준 | 709-0284 | | | | |

## FS&그룹

### 금융계

| | | | | | | | |
|---|---|---|---|---|---|---|---|
| 박수연 | 709-4088 | 김종욱 | 3781-9091 | 박주원 | 709-8706 | 정 훈 | 709-3383 |

### 자산운영·사모펀드투자 세무자문 서비스

| | | | | | | | |
|---|---|---|---|---|---|---|---|
| 탁정수 | 3781-1481 | 김경호 | 709-7975 | 이종형 | 709-8185 | 이철민 | 709-8863 |
| 오지환 | 709-0286 | 여주희 | 3781-9074 | 박태진 | 709-8833 | | |

### 고액자산가 – 소득세 / 고액자산가 – 상증세

| | | | | | |
|---|---|---|---|---|---|
| 박주희 | 3781-2387 | | 김운규 | 3781-9304 | 이경행 709-7052 |

## 산업별 감사 전문가

| 산업 구분 | 이름 | 전화번호 | 산업 구분 | 이름 | 전화번호 |
|---|---|---|---|---|---|
| B2C (Retail) | 이승환 | 3781-9863 | Shipbuilding | 주대현 | 3781-9601 |
| Bio & Healthcare | 서용범 | 3781-9110 | Technology | 남상우 | 3781-9400 |
| Food & Beverage | 이승훈 | 709-8729 | Platform, Media & Entertainment | 한종엽 | 3781-9598 |
| K-Beauty | 김영순 | 709-8756 | Telecommunication | 한호성 | 709-8956 |
| Luxury & Fashion | 홍승환 | 709-8822 | E-Commerce | 김기록 | 709-7974 |
| Transportation & Aviation | 원치형 | 3781-9529 | Game | 이재혁 | 709-8882 |
| Chemicals | 김승훈 | 3781-9973 | Banking, Card | 진선근 | 3781-9754 |
| Energy & Utilities | 최성우 | 709-4743 | Insurance | 진봉재 | 709-0349 |
| EV Battery | 정구진 | 3781-9223 | Securities, Savings Bank, Capital, Asset Management | 정수연 | 3781-0154 |
| Metals | 이효진 | 709-0931 | Government & Public Service | 선민규 | 709-3348 |
| Automotive | 전용욱 | 709-7982 | SOC & Non Profit Corpo | 변영선 | 3781-9684 |
| Engineering & Construction | 한재상 | 3781-0102 | | | |

서울특별시 용산구 한강대로 100 (04386) | T: 02-3781-3131

| 리더 | 직위 | 성명 | 사내번호 |
|---|---|---|---|
| CEO | 회장 | 김교태 | 02-2112-0401 |
| COO | 부대표 | 이호준 | 02-2112-0098 |
| 감사부문 | 대표 | 변영훈 | 02-2112-0479 |
| 세무부문 | 대표 | 윤학섭 | 02-2112-0441 |
| 재무자문부문 | 대표 | 김이동 | 02-2112-7676 |
| 컨설팅부문 | 대표 | 박상원 | 02-2112-7501 |

## 세무부문(Tax)

| 부서명 | 직위 | 성명 | 사내번호 |
|---|---|---|---|
| 기업세무 | 부대표 | 한원식 | 02-2112-0931 |
| | 부대표 | 이관범 | 02-2112-0911 |
| | 부대표 | 이성태 | 02-2112-0921 |
| | 전무 | 박근우 | 02-2112-0960 |
| | 전무 | 김학주 | 02-2112-0911 |
| | 전무 | 이상길 | 02-2112-0931 |
| | 전무 | 나석환 | 02-2112-0931 |
| | 전무 | 류용현 | 02-2112-0908 |
| | 전무 | 홍승모 | 02-2112-0911 |
| | 전무 | 이상무 | 02-2112-0269 |
| | 상무 | 이현규 | 02-2112-0960 |
| | 상무 | 오종현 | 02-2112-0908 |
| | 상무 | 최형훈 | 02-2112-0908 |
| | 상무 | 안성기 | 02-2112-7401 |
| | 상무 | 설인수 | 02-2112-0931 |
| | 상무 | 유정호 | 02-2112-0960 |
| | 상무 | 장지훈 | 02-2112-0960 |
| | 상무 | 김병국 | 02-2112-0931 |
| | 상무 | 김세환 | 02-2112-0960 |
| | 상무 | 이근우 | 02-2112-0908 |
| | 상무 | 최은영 | 02-2112-0911 |
| | 상무 | 김형곤 | 02-2112-0908 |
| | 상무 | 김진현 | 02-2112-0921 |
| | 상무 | 홍태선 | 02-2112-0908 |
| | 상무 | 최세훈 | 02-2112-0921 |
| | 상무 | 정연우 | 02-2112-0911 |

| | | | |
|---|---|---|---|
| 상속·증여 및 경영권승계 | 부대표 | 한원식 | 02-2112-0931 |
| | 전무 | 이상길 | 02-2112-0931 |
| | 상무 | 김병국 | 02-2112-0931 |
| 국제조세 | 부대표 | 오상범 | 02-2112-0951 |
| | 전무 | 김동훈 | 02-2112-2882 |
| | 전무 | 이성욱 | 02-2112-2882 |
| | 전무 | 조상현 | 02-2112-0951 |
| | 상무 | 민우기 | 02-2112-2882 |
| | 상무 | 박상훈 | 02-2112-2882 |
| | 상무 | 서유진 | 02-2112-0951 |
| | 상무 | 이진욱 | 02-2112-2882 |
| | 상무 | 김용희 | 02-2112-0951 |
| | 상무 | 이창훈 | 02-2112-0269 |
| | 상무 | 강성원 | 02-2112-0951 |
| | 상무 | 류수석 | 02-2112-0951 |
| 국제조세(일본기업세무) | 전무 | 김정은 | 02-2112-0269 |
| | 전무 | 이상무 | 02-2112-0269 |
| | 상무 | 백천욱 | 02-2112-0269 |
| M&A/PEF 세무 | 부대표 | 오상범 | 02-2112-0951 |
| | 전무 | 이성욱 | 02-2112-2882 |
| | 상무 | 서유진 | 02-2112-0951 |
| | 상무 | 송형우 | 02-2112-0269 |
| | 상무 | 강성원 | 02-2112-0951 |
| | 상무 | 민우기 | 02-2112-2882 |
| | 상무 | 이창훈 | 02-2112-0269 |
| 이전가격&관세 | 부대표 | 강길원 | 02-2112-7953 |
| | 전무 | 백승목 | 02-2112-6676 |
| | 전무 | 김상훈 | 02-2112-6676 |
| | 전무 | 김태주 | 02-2112-0595 |
| | 상무 | 오영빈 | 02-2112-0595 |
| | 상무 | 윤용준 | 02-2112-7953 |
| | 상무 | 이영호 | 02-2112-6676 |

| | | | |
|---|---|---|---|
| 금융조세 | 전무 | 계봉성 | 02-2112-0921 |
| | 전무 | 김성현 | 02-2112-7401 |
| | 상무 | 박정민 | 02-2112-7401 |
| | 상무 | 최영우 | 02-2112-7401 |
| | 상무 | 김지선 | 02-2112-7401 |
| | 상무 | 이동화 | 02-2112-7401 |
| Accounting & Tax Outsourcing | 부대표 | 김경미 | 02-2112-0471 |
| | 전무 | 백승현 | 02-2112-7911 |
| | 상무 | 홍영준 | 02-2112-7911 |
| | 상무 | 이태호 | 02-2112-7911 |
| | 상무 | 홍민정 | 02-2112-0471 |
| | 상무 | 허재영 | 02-2112-0471 |
| Global Mobility Service (주재원, 해외파견 등) | 전무 | 정소현 | 02-2112-7911 |
| | 상무 | 홍민정 | 02-2112-0471 |
| | 상무 | 이태호 | 02-2112-7911 |
| 지방세 | 부대표 | 이성태 | 02-2112-0921 |
| | 전무 | 홍승모 | 02-2112-0911 |
| | 상무 | 김용희 | 02-2112-0951 |

SHINSEUNG
Accounting Corporation

"신승회계법인은 기업의 성공을 돕고
납세자의 권리를 보호하는 세무 동반자인
세무전문 회계법인 입니다."
www.ssac.kr

## ☐ 임원 소개

**김충국 대표세무사**

고려대학교 정책대학원 세정학과    국세청 심사2담당관
중앙대학교 경영학과    국세청 국제세원관리담당관
중부지방국세청 조사3국장    서울지방국세청 국제거래조사국 팀장
서울지방국세청 감사관    조세심판원 근무

**신승회계법인**은 회계사 60명, 세무사 10명 등 200여명의 전문인력이 상근하여
전문지식과 다양한 경험을 바탕으로 고객에 맞춤형 세무 서비스를 제공하는 조직입니다.

## ☐ 주요업무소개

**조세불복, 세무조사대응**
과세전적부심사 / 불복업무 / 조세소송지원

**상속 증여 컨설팅**
상속 증여 신고 대행 / 절세방안 자문

**병의원 세무**
개원 행정절차 / 병과별 병의원 세무 / 교육

**Outsourcing**
기장대행 / 급여아웃소싱 / 경리아웃소싱

**세무 신고 대행**
소득세 / 부가세 / 법인세 등 신고서 작성 및 검토

**기타 세무 서비스**
비상장주식평가 / 기업승계 / 법인청산업무

SHINSEUNG
Accounting Corporation

서울특별시 강남구 삼성로85길 32
(대치동, 동보빌딩 5층)

T. 02-566-8401

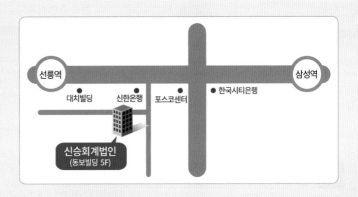

# 예일회계법인 주요구성원

| 구 분 | 성 명 | 자 격 | 전문 분야 |
|---|---|---|---|
| 서 울<br>본 사 | 윤 현 철 | 한국공인회계사 | 회장 |
| | 박 성 용 | 미국공인회계사 | 부회장 |
| | 김 재 율 | 한국공인회계사 | 대표이사 |
| | 문 상 철 | 한국공인회계사 | 회계감사 / 컨설팅 |
| | 이 수 현 | 한국공인회계사 | 회계감사 / 품질관리 |
| | 윤 태 영 | 한국공인회계사 | 회계감사 / NPL |
| | 김 현 수 | 한국공인회계사 | 회계감사 / 회계자문 |
| | 송 윤 화 | 한국공인회계사 | 회계감사 / 기업구조조정 |
| | 이 승 재 | 한국공인회계사 | 회계감사 / 실사 및 평가 |
| | 이 태 경 | 한국공인회계사 | 회계감사 / 국내외 인프라 투자자문 |
| | 이 재 민 | 미국공인회계사 | M&A / 부동산 투자자문 |
| | 주 상 철 | 한국공인회계사/한국변호사 | 정산감사 / 조세쟁송 |
| | 함 예 원 | 한국공인회계사 | 세무조정 / 세무자문 / 세무조사 |
| | 김 종 복 | 세무사 | 세무자문 / 세무조사 / 조세불복 |
| | 김 현 일 | 세무사 | 세무조사 / 조세심판 |
| 부산 본부 | 강 대 영 | 한국공인회계사 | 회계감사 / 세무자문 / 컨설팅 |
| | 하 태 훈 | 한국공인회계사 | 회계감사 / 세무자문 / 컨설팅 |
| Indonesia<br>Jakarta | 정 동 진 | 한국공인회계사 | 회계감사 / 세무자문 |
| Yale America<br>LA | 정 창 우 | 미국공인회계사 | 회계감사 / 세무자문 |
| Yale America<br>Atlanta | 채 현 지 | 한국공인회계사 | 회계감사 / 세무자문 |
| Yale America<br>NY | 이 재 영 | 한국공인회계사 | 미국 법인 총괄 |

**예일회계법인**

우) 06732 서울시 서초구 효령로 72길 60, 5층,6층(한전아트센터)

**T** 02-2037-9290　**F** 02-2037-9280　**E** shyi@yaleac.co.kr　**H** www.yaleac.co.kr

**bakertilly**

# 우리회계법인

Now,
for tomorrow

대표전화 : 02-565-1631     www.bakertilly-woori.co.kr
본사 : 서울 강남구 영동대로86길 17 (대치동, 육인빌딩)
분사무소 : 서울 영등포구 양산로53 (월드메르디앙비즈센터)

우리회계법인은 260여 명의 회계사를 포함한 420여 명의 전문가가 고객이 필요로 하는 실무적이고 다양한 전문 서비스를 제공하고 있습니다.

**Best Solution**

우리는 기업 발전에
이바지한다는 사명감을
가지고 일한다.

우리는 고객의 발전이
우리의 발전임을 명심한다.

**Best Value**

**Best Practice**

우리는 주어진 일을 할 때
항상 최선을 다하여
끊임없이 노력한다.

## 주요업무

**Audit & Assurance**
법정감사, 특수목적감사, 펀드감사, 기타
임의감사 및 검토 업무

**Taxation Service**
세무자문 관련 서비스, 국제조세 관련
서비스, 세무조정 및 신고 관련 서비스,
조세불복 및 세무조사 관련 서비스

**Corporate Finance Service**
M&A, Due Diligence, Financing(상장자문),
Valuation 업무

**Public Sector Service**
공공부문 회계제도 도입 및 회계감사,
공공기관 사업비 위탁정산 업무

**IFRS Service**
Accounting & Reporting, Business Advisory,
System & Process

**Consulting Service**
FTA 자문 서비스, SOC 민간투자사업 및
PF사업 자문 서비스, K-SOX 구축 및 고도화,
ESG(환경 사회 지배구조) 자문 업무

**Business Recovery Service**
회생(법정관리)기업에 대한 회생 Process지원,
법원 위촉에 따른 조사위원 업무, 구조조정 자문 업무

**Outsourcing Service**
세무 및 Payroll Outsourcing 서비스,
외국기업 및 외투기업 One-stop 서비스

# 신뢰와 믿음을 주는
# 정진세림회계법인

투명하고 공정한 경제질서 확립의 파수꾼 역할을 다하기 위하여
최상의 전문서비스를 제공합니다.

**정진세림**회계법인

## 전문적인 최고급 인력을 보유

정진세림회계법인은 2002년 설립된 젊은 회계법인으로써 고객과 함께 성장의 길을 달려가고 있으며 파트너를 포함한
공인회계사와 전문경영컨설턴트.전문직 직원을 포함하여 160명 이상의 최고급 인력을 보유하고 있습니다.

## 최고 수준의 서비스를 제공

또한 소속공인회계사들은 국내 BIG4, 기업체 및 공공기관에서 경력을 쌓으로써 감사,세무,컨설팅 등의 업무수행과
국제적 Network를 통한 최상의 종합적인 전문서비스를 제공하고 있습니다.
회계감사 및 회계관련 서비스, M&A, 세무관련 서비스 및 각종 경영 컨설팅을 통한 다양한 분야에서 전문적인 지식과 경험을 바탕으로
최고 수준의 서비스를 제공하겠습니다.

**Organization**

- 사원총회
  - 감사위원회
    - 대표이사
      전이현 CPA
      - 품질관리실
        문경록 CPA
      - 경영지원실
        성효경 CPA
      - 본점
        이 송 CPA
        구승권 CPA
        문태호 CPA
        신동표 CPA
        한동욱 CPA
        장지환 CPA
        김병순 CPA
      - 지점
        김종연 CPA
        강 원 CPA
        정영한 CPA
        마창훈 CPA
  - 운영위원회

2019년 11월 주권상장법인 감사인등록 금융위원회 승인

본점: 서울시 강남구 역삼로 121(역삼동) 유성빌딩 3~5층
문의전화 : 02-501-9754   팩스번호 : 02-501-9759

지점: 서울시 강남구 역삼로3길 11(역삼동) 광성빌딩 본관2층
문의전화 : 02-563-3133   팩스번호 : 02-563-3020

# 태일회계법인
## Taeil accounting corporation

# 고객의 가치창출과 기업의 지속적인 성장동반자
# 태일회계법인이 함께 합니다.

### 정확한 정보
관련 경영환경에 대한 정확한 분석과 합리적인 의사결정이 필요한 때에
보다 신속·정확한 정보를 제공하고 변화에 능동적 대응할 수 있도록 도와드리겠습니다.

### 업무의 투명성
투명한 업무처리와 신속한 진행상황의 전달은 물론 잘못된 정보의 제공 및
업무의 지연이 없이 고객의 요구를 해결해 드리도록 하겠습니다.

### 적절한 서비스
항상 고객의 요구와 입장을 먼저 생각하고 성실한 자세로 임하여
고객이 만족할 수 있는 최상의 서비스를 제공하도록 하겠습니다.

### 종합적인 서비스
당 법인은 회계감사·세무·컨설팅·기업실무·은행업무 등의 경력을 지닌
회계사들로 구성되어 있어 고객의 요구를 단편적으로 해결하지 않고
향후 발생할 수 있는 상황을 분석하여 종합적인 서비스를 제공하도록 하겠습니다.

## 2020년 2월 주권상장법인 감사인 등록(금융위원회)

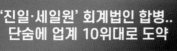

'진일·세일원' 회계법인 합병..
단숨에 업계 10위대로 도약
[조세일보 기사 2024. 5. 28기사]

진일·세일원 합병..
'태일회계법인'으로 새로운 시작
[조세일보 기사 2024. 6.28 기사]

태일회계법인, 통합 본사
사무실 이전 및 현판식 개최
[조세일보 기사 2025.1.22 기사]

본    점] 서울 영등포구 국회대로62길 15(여의도동 17-6), 광복회관 2층, 3층    T(02)6095-2137    F(02)6095-2138
강남지점] 서울 강남구 강남대로 566, 6층(논현동, 신영와코루빌딩)    T(02)594-5620    F(02)534-4224
제일지점] 서울 구로구 경인로 661 104-615(신도림동, 푸르지오)    T(02)3439-7070    F(02)3439-7060
서초지점] 서울 서초구 반포대로 96 석정빌딩 4층    T(02)588-9501    F(02)588-9504
분당지점] 경기 성남시 분당구 성남대로 925-16, 707호, 708호    T 1본부(031)781-9009, 2본부(031)742-9009
F 1본부(031)709-7957, 2본부(031)742-9007

**Crowe** 한울회계법인

## 대표이사 신성섭

공인회계사 / 세무사 (ssscpa@hanulac.co.kr)
한국공인회계사회 윤리조사심의위원회 위원 (전)
한울회계법인 대표이사 (현)
중견회계법인 협의회 회장 (현)

| 성명 | 전문분야 | 이메일 |
|---|---|---|
| 강건호 | 회계감사, 가치평가 | kh.kang@hanulac.co.kr |
| 강신우 | 회계감사, 세무업무 | sw.kang@hanulac.co.kr |
| 권상돈 | 회계감사, 컨설팅 | sd.kwon@hanulac.co.kr |
| 김동현 | 회계감사, 가치평가 | dh.kim1@hanulac.co.kr |
| 김상열 | 회계감사, 컨설팅 | kimsy@hanulac.co.kr |
| 김석진 | 회계감사, 재무실사 | ywbs@hanulac.co.kr |
| 김세영 | 회계감사, 컨설팅 | seyoungkim@hanulac.co.kr |
| 김희태 | 회계감사, 세무업무 | htkim@hanulac.co.kr |
| 노정훈 | 회계감사, 가치평가 | jh.noh@hanulac.co.kr |
| 라현주 | 회계감사, 경영컨설팅 | hj.ra@hanulac.co.kr |
| 문영배 | 회계감사, 컨설팅 | ybmoon@hanulac.co.kr |
| 문일신 | 감사세무가치평가 | is.moon@hanulac.co.kr |
| 문재식 | M&A,상속세무, 회계감사 | jsmoon@hanulac.co.kr |
| 문학기 | 회계감사, 컨설팅 | hk.moon@hanulac.co.kr |
| 민정홍 | 감사, 컨설팅, 회생 | jh.min@hanulac.co.kr |
| 박규욱 | 국제조세 및 BPO | gw.park@hanulac.co.kr |
| 박상현 | 회계감사, 컨설팅 | sh.park@hanulac.co.kr |
| 박성하 | 회계감사, 컨설팅 | sh.park3@hanulac.co.kr |
| 박재우 | 회계감사, 세무자문 | jw.park@hanulac.co.kr |
| 박중엽 | 회계감사, 컨설팅 | jy.park@hanulac.co.kr |
| 박효진 | 회계감사 | hjparka@hanulac.co.kr |
| 서기원 | XBRL, 내부회계 | kw.suh@hanulac.co.kr |
| 성상용 | 회계자문, 가치평가 | sy.sung@hanulac.co.kr |
| 성영수 | 공공/금융기관 | yssung@hanulac.co.kr |
| 성준수 | 건설업/M&A | jssung@hanulac.co.kr |

| 성명 | 전문분야 | 이메일 |
|---|---|---|
| 송종면 | 회계감사, 컨설팅 | jm.song@hanulac.co.kr |
| 신용항 | 회계감사, 가치평가 | yh.shin@hanulac.co.kr |
| 심낙순 | 회계감사, 컨설팅 | ns.shim@hanulac.co.kr |
| 안정화 | 회계감사, IPO/M&A 자문 | jh.ahn@hanulac.co.kr |
| 양정섭 | 회계감사, 가치평가 | jseob.yang@hanulac.co.kr |
| 오성진 | 대규모연결, 지분법 | sg.oh@hanulac.co.kr |
| 윤승철 | 부동산, 회생, 세무 | scyoon@hanulac.co.kr |
| 윤현조 | 감사, PA, 컨설팅 | hj.yoon@hanulac.co.kr |
| 위상영 | 회계감사, 재무실사 | sy.whi@hanulac.co.kr |
| 이상호 | 회계감사, 컨설팅 | sh.lee4@hanulac.co.kr |
| 이준우 | 지자체지방공기업 | jwlee@hanulac.co.kr |
| 이찬호 | SOC, 발전, 부동산 | chlee@hanulac.co.kr |
| 이희윤 | 회계감사, 가치평가 | hygen21@hanulac.co.kr |
| 장지성 | 회계감사, 가치평가 | js.jang@hanulac.co.kr |
| 전은 | 회계감사, 민자사업 | ejun@hanulac.co.kr |
| 정대홍 | 회계감사, 세무업무 | dhjung@hanulac.co.kr |
| 정창용 | 회계감사, 컨설팅 | cy.jeong@hanulac.co.kr |
| 조영득 | 회계감사, 세무업무 | cpacyd@hanulac.co.kr |
| 조용환 | 회계감사, 경영자문 | yh.jo@hanulac.co.kr |
| 조전수 | 회계감사, 세무 | js.cho@hanulac.co.kr |
| 하신평 | 회계감사, 컨설팅 | sp.ha@hanulac.co.kr |
| 한경수 | 국제조세, BPO | ks.han2@hanulac.co.kr |
| 홍경택 | 회계감사, 컨설팅 | kt.hong@hanulac.co.kr |
| 홍상범 | 데이터감사,에너지기업 가치평가 | sbhong@hanulac.co.kr |
| 황인제 | 회계감사, 컨설팅 | ej.hwang@hanulac.co.kr |
| 홍진표 | 회계감사, 내부회계 | jp.hong@hanulac.co.kr |

[서울본사] 서울특별시 강남구 테헤란로88길 14, 신도빌딩 3~8층, 10층    Tel : 02-2009-5700   Fax : 02-554-1373
[대전지점] 대전광역시 대덕구 한밭대로 1027 운암빌딩 4층 (오정동)    Tel : 042-628-6120   Fax : 042-628-6129
[광주지점] 광주광역시 북구 무등로 239 한국씨엔티빌딩 12층 (중흥동)    Tel : 062-385-5252   Fax : 062-382-6622
[부산지점] 부산광역시 부산진구 동천로 116, 721호(전포동)    Tel : 051-811-2245   Fax : 051-811-2246
[창원지점] 경상남도 창원시 성산구 중앙대로227번길 16    Tel : 055-210-0907   Fax : 055-275-0150
        교원단체연합회 별관 3층 (용호동)

# 현대회계법인

전화 : 02-554-0382 / 팩스 : 02-554-0384

주소 : 서울시 강남구 역삼로 542, 5층 (대치동,신사에스앤지)

## 본점

| 이름 | 직급 | 핸드폰 | 이메일 | 이름 | 직급 | 핸드폰 | 이메일 | 이름 | 직급 | 핸드폰 | 이메일 |
|---|---|---|---|---|---|---|---|---|---|---|---|
| 규백 | 대표이사 | 010-3704-9716 | gbaek2000@hdcpa.co.kr | 김영철 | 이사 | 010-3503-9214 | yckim@hdcpa.co.kr | 정서울 | 공인회계사 | 010-2031-0275 | seouljung@hdcpa.co.kr |
| 익표 | 이사 | 010-3744-8217 | tax4u@hdcpa.co.kr | 김정호 | 공인회계사 | 010-6721-0411 | junghokim@hdcpa.co.kr | 백승우 | 공인회계사 | 010-9727-5089 | swoobaek@hdcpa.co.kr |
| 윤 | 이사 | 010-6249-8165 | yoonhahm@hdcpa.co.kr | 김영근 | 공인회계사 | 010-9113-0414 | ygkim@hdcpa.co.kr | 김정원 | 공인회계사 | 010-9686-1179 | jeongwon.kim@hdcpa.co.kr |
| 창우 | 이사 | 010-2692-7284 | changwoo@hdcpa.co.kr | 정영균 | 공인회계사 | 010-7103-6545 | ykjeong00@hdcpa.co.kr | 권준모 | 이사 | 010-3201-3564 | joonmokwon@hdcpa.co.kr |
| 간우 | 이사 | 010-7289-6007 | caw529@hdcpa.co.kr | 강태윤 | 공인회계사 | 010-2229-3447 | tykang@hdcpa.co.kr | 조재성 | 이사 | 010-8822-2161 | joshuacpa@hdcpa.co.kr |
| 혜익 | 공인회계사 | 010-5395-9093 | hipark@hdcpa.co.kr | 한만성 | 공인회계사 | 010-9495-7974 | mshan@hdcpa.co.kr | 민용기 | 이사 | 010-8904-2676 | wkmin@hdcpa.co.kr |
| 삼재 | 이사 | 010-9035-7913 | psj@hdcpa.co.kr | 김상기 | 공인회계사 | 010-5332-5174 | skkim@hdcpa.co.kr | 김병훈 | 이사 | 010-9946-1945 | byunghkim@hdcpa.co.kr |
| 병연 | 공인회계사 | 010-9269-3071 | by_yoo@hdcpa.co.kr | 오민수 | 공인회계사 | 010-6313-6532 | msoh@hdcpa.co.kr | 김용필 | 이사 | 010-8769-1875 | yongphil_kim@hdcpa.co.kr |
| 지동 | 공인회계사 | 010-2888-7380 | jidongkim@hdcpa.co.kr | 유수진 | 공인회계사 | 010-4846-0275 | sjyoo@hdcpa.co.kr | 김재우 | 이사 | 010-9989-5089 | jaewookim@hdcpa.co.kr |
| 경국 | 이사 | 010-5418-3055 | skk3055@hdcpa.co.kr | 김인기 | 공인회계사 | 010-6638-3717 | cpakik@hdcpa.co.kr | 김준기 | 공인회계사 | 010-4694-7894 | junekkim@hdcpa.co.kr |
| 석재 | 이사 | 010-6255-1466 | sjyoon326@hdcpa.co.kr | 김동현 | 공인회계사 | 010-3161-4070 | dhkim@hdcpa.co.kr | 김학현 | 이사 | 010-7744-3562 | hhkim@hdcpa.co.kr |
| 종현 | 이사 | 010-8722-9498 | jonghchoi@hdcpa.co.kr | 박지명 | 이사 | 010-8954-4748 | jimyungpark@hdcpa.co.kr | 장지원 | 공인회계사 | 010-8192-7142 | jjang7142@hdcpa.co.kr |
| 대한 | 이사 | 010-5086-0197 | jhkim@hdcpa.co.kr | 윤성준 | 이사 | 010-2553-8936 | sjyoun@hdcpa.co.kr | 전도영 | 이사 | 010-9402-6194 | dyjeon@hdcpa.co.kr |
| 형석 | 공인회계사 | 010-4277-4078 | hsmoon@hdcpa.co.kr | 김관우 | 이사 | 010-9801-1714 | kwkim2010@hdcpa.co.kr | 정제윤 | 공인회계사 | 010-5248-5945 | cpajaeyoon@hdcpa.co.kr |
| 준영 | 공인회계사 | 010-4721-3436 | junylee67@hdcpa.co.kr | 이가람 | 이사 | 010-3403-7514 | kallee@hdcpa.co.kr | 양재연 | 공인회계사 | 010-5442-9869 | jyyang.cpa@hdcpa.co.kr |
| 경재 | 공인회계사 | 010-9917-1175 | yjwon@hdcpa.co.kr | 김강재 | 이사 | 010-2539-6522 | kjkim@hdcpa.co.kr | 김남훈 | 공인회계사 | 010-2032-3036 | tappower25840@hdcpa.co.kr |
| 은주 | 이사 | 010-8882-4208 | ejmoon@hdcpa.co.kr | 고현진 | 공인회계사 | 010-8889-7585 | hjko@hdcpa.co.kr | 백윤호 | 공인회계사 | 010-5669-3548 | ybackh@hdcpa.co.kr |
| 병근 | 공인회계사 | 010-3396-9306 | hg_ryu@hdcpa.co.kr | 최대현 | 공인회계사 | 010-8345-3541 | jianbba@hdcpa.co.kr | 윤성용 | 이사 | 010-8891-4668 | syyun8304@hdcpa.co.kr |
| 영 | 이사 | 010-7378-9577 | cy_kim@hdcpa.co.kr | 이병찬 | 공인회계사 | 010-9355-3652 | cpa.lbc@hdcpa.co.kr | 이지훈 | 이사 | 010-8934-6997 | jhlee@hdcpa.co.kr |
| 병수 | 이사 | 010-8751-2104 | bskang@hdcpa.co.kr | 김남운 | 이사 | 010-8745-1586 | cpa.knu@hdcpa.co.kr | 석정훈 | 공인회계사 | 010-4311-7655 | jseok@hdcpa.co.kr |
| 호 | 이사 | 010-9072-2928 | tomatina1974@hdcpa.co.kr | 이정환 | 공인회계사 | 010-9848-7579 | leejh@hdcpa.co.kr | 김은이 | 공인회계사 | 010-3014-2010 | eekim@hdcpa.co.kr |
| 환 | 이사 | 010-5261-0576 | jwhan.son@hdcpa.co.kr | 김대영 | 공인회계사 | 010-5506-9089 | dykim@hdcpa.co.kr | 권철우 | 공인회계사 | 010-2751-5664 | cw.kwon@hdcpa.co.kr |
| 학 | 공인회계사 | 010-9274-4343 | sunghakjung@hdcpa.co.kr | 고석환 | 공인회계사 | 010-2886-0327 | shko@hdcpa.co.kr | 이영식 | 이사 | 010-2523-1919 | youngslee@hdcpa.co.kr |
| 영 | 공인회계사 | 010-6777-1473 | jyp@hdcpa.co.kr | 허석구 | 이사 | 010-2167-5428 | hsg@hdcpa.co.kr | 박노경 | 공인회계사 | 010-4655-8798 | nkpark@hdcpa.co.kr |
| 선 | 이사 | 010-8773-6701 | sunlee@hdcpa.co.kr | 박아름 | 공인회계사 | 010-9317-7140 | arp@hdcpa.co.kr | 김승훈 | 공인회계사 | 010-9275-5674 | kimcpa91@hdcpa.co.kr |
| 현1 | 공인회계사 | 010-3896-7531 | jihyunlee@hdcpa.co.kr | 조경아 | 공인회계사 | 010-6340-0975 | jka@hdcpa.co.kr | 박우명 | 이사 | 010-5633-2193 | wmpark@hdcpa.co.kr |
| 중 | 공인회계사 | 010-7137-2420 | hjkwon@hdcpa.co.kr | 강준혁 | 공인회계사 | 010-9861-4300 | jhk@hdcpa.co.kr | 박현준 | 공인회계사 | 010-8887-4465 | hyunjun.park@hdcpa.co.kr |
| 남 | 공인회계사 | 010-5051-7578 | honam.jang@hdcpa.co.kr | 강경진 | 공인회계사 | 010-7121-4575 | kj.kang@hdcpa.co.kr | 임동준 | 이사 | 010-8881-7764 | djlim@hdcpa.co.kr |
| 엽1 | 공인회계사 | 010-8593-9744 | sangyeuplee@hdcpa.co.kr | 허범수 | 공인회계사 | 010-3676-7592 | bsh@hdcpa.co.kr | 심주희 | 공인회계사 | 010-8804-2975 | jhshim@hdcpa.co.kr |
| 진 | 공인회계사 | 010-9483-4467 | minjinlee@hdcpa.co.kr | 김민주 | 공인회계사 | 010-8985-0214 | kmj@hdcpa.co.kr | 서애경 | 공인회계사 | 010-3559-2750 | akseo@hdcpa.co.kr |
| 우 | 이사 | 010-3090-6969 | minwookim@hdcpa.co.kr | 권다영 | 공인회계사 | 010-9462-2516 | dayeong.kwon@hdcpa.co.kr | 허승경 | 공인회계사 | 010-8606-7741 | seukheo@hdcpa.co.kr |
| 성 | 공인회계사 | 010-4533-9508 | haksunglee@hdcpa.co.kr | 염현섭 | 공인회계사 | 010-8830-4635 | yhs@hdcpa.co.kr | 박ون영 | 공인회계사 | 010-5019-1916 | epark@hdcpa.co.kr |
| 철 | 공인회계사 | 010-5207-5363 | cspark@hdcpa.co.kr | 현경훈 | 공인회계사 | 010-7676-1462 | hkh@hdcpa.co.kr | 황유진 | 공인회계사 | 010-4767-3551 | yjhwang@hdcpa.co.kr |
| 철 | 공인회계사 | 010-4521-0381 | hshin@hdcpa.co.kr | 오충헌 | 이사 | 010-9004-1365 | choh9031@hdcpa.co.kr | | | | |

## 대전

대전광역시 서구 유등로 641 타이어뱅크 4층

| 이름 | 직급 | 핸드폰 | 이메일 | 이름 | 직급 | 핸드폰 | 이메일 |
|---|---|---|---|---|---|---|---|
| 용 | 이사 | 010-4917-7630 | KyongKim72@hdcpa.co.kr | 권영환 | 이사 | 010-5330-9209 | 44team@hdcpa.co.kr |
| 근 | 이사 | 010-2373-8154 | cpaikyoo@hdcpa.co.kr | 최봉락 | 이사 | 010-8381-0527 | brchoi@hdcpa.co.kr |
| 형 | 이사 | 010-8596-9141 | shkwon@hdcpa.co.kr | 김용휘 | 이사 | 010-6628-7040 | yhweekim@hdcpa.co.kr |
| 주 | 이사 | 010-4994-6891 | yoseo@hdcpa.co.kr | 최창욱 | 이사 | 010-3379-8982 | changwookchoi@hdcpa.co.kr |

| 이 름 | 직급 | 핸드폰 | 이메일 |
|---|---|---|---|
| 송중호 | 이사 | 010-8915-2746 | sjh7705@hdcpa.co.kr |
| 박종권 | 공인회계사 | 010-5383-7588 | 99pjk@hdcpa.co.kr |
| 최다경 | 공인회계사 | 010-2326-0138 | dakchoi@hdcpa.co.kr |
| 최준영 | 공인회계사 | 010-5413-1351 | wnsdud430@hdcpa.co.kr |
| 안병준 | 이사 | 010-2782-0889 | byungjun_an@hdcpa.co.kr |
| 장숙영 | 공인회계사 | 010-3099-6977 | sukyoung_jang@hdcpa.co.kr |

추가 본점 행:

| 이름 | 직급 | 핸드폰 | 이메일 | 이름 | 직급 | 핸드폰 | 이메일 |
|---|---|---|---|---|---|---|---|
| 철 | 이사 | 010-4940-1104 | jchong@hdcpa.co.kr | 서만규 | 이사 | 010-3762-3486 | amkseo@hdcpa.co.kr |
| 준1 | 이사 | 010-3261-3896 | bear7506@hdcpa.co.kr | 오석 | 이사 | 010-9396-2251 | ohseok00@hdcpa.co.kr |
| 한 | 이사 | 010-9928-0556 | jhanpark@hdcpa.co.kr | 전수아 | 공인회계사 | 010-5657-0044 | sajeon0044@hdcpa.co.kr |
| 훈 | 이사 | 010-7186-8896 | changhoonlee@hdcpa.co.kr | 전종호 | 공인회계사 | 010-9044-0658 | jhjeon@hdcpa.co.kr |
| 훈 | 이사 | 010-2667-0420 | soma3117@hdcpa.co.kr | 최아영 | 공인회계사 | 010-4659-4163 | ahyeong.choi@hdcpa.co.kr |
| 화 | 공인회계사 | 010-4754-2244 | seuhan@hdcpa.co.kr | 가나은 | 공인회계사 | 010-5170-5222 | naeunka@hdcpa.co.kr |
| 규 | 공인회계사 | 010-9650-0809 | hkwon@hdcpa.co.kr | 최종범 | 이사 | 010-9472-9674 | jongbeomchoi@hdcpa.co.kr |
| 병 | 공인회계사 | 010-5098-1265 | wchae@hdcpa.co.kr | 권영우 | 공인회계사 | 010-4453-8864 | yw.kwon@hdcpa.co.kr |
| 희 | 이사 | 010-6734-2981 | sangheekim@hdcpa.co.kr | 박병준 | 공인회계사 | 010-2294-5976 | byungjun.park@hdcpa.co.kr |
| 기 | 공인회계사 | 010-9920-4588 | bumgilee@hdcpa.co.kr | 홍지수 | 공인회계사 | 010-4416-1851 | js.hong@hdcpa.co.kr |
| 환 | 이사 | 010-2631-6539 | kdh@hdcpa.co.kr | 유기석 | 사원 | 010-5261-0708 | kyou@hdcpa.co.kr |
| 결2 | 공인회계사 | 010-9484-5220 | lsy@hdcpa.co.kr | 윤현택 | 이사 | 010-8359-3413 | hyuntaekyoon@hdcpa.co.kr |
| 준 | 공인회계사 | 010-6644-8385 | injko@hdcpa.co.kr | 박용주 | 이사 | 010-9910-1617 | cpapyj@hdcpa.co.kr |
| 훈 | 공인회계사 | 010-7565-7757 | hoon-6604@hdcpa.co.kr | 구민재 | 이사 | 010-9342-3801 | mjku@hdcpa.co.kr |
| 호 | 이사 | 010-5211-8111 | jjcpa@hdcpa.co.kr | 김은용 | 이사 | 010-6555-4154 | eykim@hdcpa.co.kr |
| 현 | 공인회계사 | 010-5762-0682 | woeil1010@hdcpa.co.kr | 조영호 | 공인회계사 | 010-4855-4858 | cho2324@hdcpa.co.kr |

## 부산

부산광역시 해운대구 센텀북대로 60, 센텀IS타워 1206호

| 이 름 | 직급 | 핸드폰 | 이메일 |
|---|---|---|---|
| 김성완 | 이사 | 010-9686-8640 | swkim@hdcpa.co.kr |
| 이민석 | 공인회계사 | 010-5100-8491 | mslee@hdcpa.co.kr |
| 염후람 | 공인회계사 | 010-9231-0938 | hryeom@hdcpa.co.kr |

# 세무사 와 *Check*

## 세금 고민 해결책!

**"** 어떤 일이든 첫 단추가 중요하죠!
세금 고민은 조세전문가 **세무사와 함께 해결하세요**
**절세의 첫걸음은 세무사를 먼저 만나는 것입니다 "**

한국세무사회
홍 보 대 사
**하 지 원**

한국세무사회

# 한국세무사고시회

**"신뢰받는 세무사, 함께 가는 세무사고시회는 회원 사업현장에서 답을 찾겠습니다.**

## 🏛 대국민 신뢰를 구축하기 위한 전문성 확충 사업

- 세무사 업역 확대를 위한 전문교육 전국 실시
- 성장하는 세무사를 위한 실무교육 실시
- 회원 업무에 반드시 필요한 세무실무편람 발간 및 온라인 강좌 개설
- 세무사 전문분야포럼의 분야 확대 실시
- 세법개정(안)에 대한 논평과 불합리한 조세제도 개선 실천
- 세무사 업역 확대를 위한 입법 활동 전개
- 고시회 주관 모든 사업의 보도자료 배포로 대외 홍보 강화
- 마을세무사제도의 안정적 운영과 대국민 세무설명회 개최
- 고시회가 주관하는 모든 행사의 영속성을 위해 사업매뉴얼 작성

## 🏛 회원과 동행하여 함께 발전하는 사업

- 개업 5년 미만 개업 세무사의 청년세무사학교 개최 및 개업매뉴얼 발간
- 신입회원과의 동행을 위한 환영회와 채용박람회 개최 및 수습 기본지침서 발간
- '성장하는 세무사들의 모임' 공식 오픈채팅을 통한 고시회원의 각종 행사 참여 독려 및 확대
- 수도권뿐만 아니라 부산, 광주, 대구, 대전등 전국적인 조직의 면모를 드러내는 고시회로 사업 확
- 한국세무사회, 한국여성세무사회, 한국세무사석박사회 등 세무사단체와 교류·협력 확대
- 한·일·그밖의 우호세무사단체와의 국제협력 확대 및 강화, 세무사제도 발전을 위한 간담회 실시
- 한국시험법무사회, 한국고시관세사회 등 유관기관과의 교류 확대
- 세무사고시회신문에 회원 의견 적극 반영 및 신문으로써의 기능 강화

## 제27대 한국세무사고시회 집행부

| | | | | | | | | | | |
|---|---|---|---|---|---|---|---|---|---|---|
|  |  |  |  |  |  |  |  |  |  |  |
| 회장<br>장보원 | 감사<br>이강오 | 감사<br>박풍우 | 부산고시회장<br>박진수 | 광주고시회장<br>고영동 | 대구고시회장<br>이광욱 | 대전고시회장<br>이현지 | 총무부회장<br>김희철 | 연수부회장<br>강현삼 | 연구부회장<br>김순화 | 기획부회<br>배미 |

| | | | | | | | | | | |
|---|---|---|---|---|---|---|---|---|---|---|
|  |  |  |  |  |  |  |  |  |  |  |
| 사업·대외협력부회장<br>황선웅 | 지방·청년부회장<br>최왕규 | 편람편찬부회장<br>박창현 | 조직부회장<br>강상원 | 홍보부회장<br>김용규 | 국제협력부회장<br>김현배 | 총무상임이사<br>김순기 | 연수상임이사<br>최현의 | 연구상임이사<br>강홍구 | 기획상임이사<br>심재용 | 사업·대외협력상<br>김종 |

| | | | | | | | | | | |
|---|---|---|---|---|---|---|---|---|---|---|
|  |  |  |  |  |  |  |  |  |  | |
| 지방·청년상임이사<br>안준혁 | 편람편찬상임이사<br>임혜영 | 조직상임이사<br>이정근 | 홍보상임이사<br>강현수 | 국제협력상임이사<br>김정윤 | 연수청년이사<br>허영웅 | 연구청년이사<br>안호전 | 사업·대외협력청년이사<br>박예란 | 지방·청년청년이사<br>임해수 | 조직청년이사<br>강현규 | 홍보청년<br>박주 |

| | | | | | | | | | |
|---|---|---|---|---|---|---|---|---|---|
|  |  |  |  |  |  |  |  | | |
| 국제협력청년이사<br>백승수 | 회원연수센터장<br>차주황 | 연구지원센터장<br>황지환 | 기획지원센터장<br>김대중 | 사업지원센터장<br>박혜원 | 청년회원지원센터장<br>안봉훈 | 편람편찬지원센터장<br>조윤주 | 홍보지원센터장<br>김호진 | 국제협력센터장<br>박동국 | |

서울시 강남구 봉은사로 516, 307호(삼성동, 미켈란147)
Tel. 02-581-6700 | Fax. 02-581-6800 | E-mail. gosihoi@hanmail.net
www.gosihoi.or.kr | 유튜브 「세무사고시회TV」 | 인스타그램 「kactae_official」

세무대학 세무사회

1983

국립 세무대학 출신 세무사 모두는
납세자의 권익보호를 위해
최선을 다하겠습니다.

제 12대 이삼문 회장
국립 세무대학 세무사 일동

# 중부지방세무사회

중부지방세무사회는
신축회관 준공으로 수원 광교 시대를
개막하고 힘차게 출발합니다.

이 중 건 회장

이 재 실 부회장

김 대 건 부회장

이 주 락
총무이사

정 찬 빈
연수이사

오 경 식
연구이사

서 범 석
업무이사

이 영 은
홍보이사

송 영 덕
국제이사

박 홍 로
정화위원장

김 갑 수
이 사

허 창 식
이 사

백 종 갑
이 사

허 기 우
이 사

이 남 헌
이 사

이 우 복
이 사

박 현 규
이 사

김 문 학
이 사

김 용 식
이 사

이 숙 희
이 사

지 준 각
자문위원장

배 택 현
연수교육
위원장

양 성 철
조세제도
연구위원장

이 종 현
홍보상담
위원장

정 지 연
국제협력
위원장

유 원 상
청년세무사
위원장

김 효 상
감리위원장

전 구 식
수 원 지 역
세무사회장

유 수 진
동수원지역
세무사회장

김 미 자
화성지역
세무사회장

박 명 삼
동화성지역
세무사회장

송 영 덕
용 인 지 역
세무사회장

정 찬 홍
기흥지역
세무사회장

최 진 구
안 양 지 역
세무사회장

이 종 갑
동안양지역
세무사회장

김 호 성
성 남 지 역
세무사회장

한 우 영
분당지역
세무사회장

김 현 수
안산지역
세무사회장

한 경 호
동안산지역
세무사회장

김 용 진
시흥지역
세무사회장

두 용 균
평택지역
세무사회장

한 승 일
이 천 지 역
세무사회장

김 장 환
경기광주지역
세무사회장

김 상 덕
남양주지역
세무사회장

황 성 훈
구 리 지 역
세무사회장

김 성 규
강릉지역
세무사회장

이 해 운
삼척지역
세무사회장

박 규 동
속초지역
세무사회장

양 종 천
춘천지역
세무사회장

임 홍 규
홍천지역
세무사회장

정 상 열
원주,영월지역
세무사회장

박 종 규
영월지역
세무사회장

중부지방세무사회 / 주소 : 경기도 수원시 영통구 대학로8, 4층(이의동) / 전화 : 031-212-1366 / 팩스 : 031-215-1369

# 광교세무법인이 함께합니다

수원본점: 경기도 수원시 장안구 경수대로 1110-12 4층(광교빌딩) TEL: 031-8007-2900
서울지점: 서울시 강남구 언주로 337 8층(동영문화센터) TEL: 02-3453-8004

WWW.GWANGYO.COM

| 지점 | | 직책 | 성명 | 주요경력 | 전화번호 |
|---|---|---|---|---|---|
| 서울 | 역삼 | 회 장 | 전군표 | 제16대 국세청장 / 국세청 조사국장 / 대통령직 인수위원회 / 서울청 조사1·3국장 / 행시 20회 | 02-3453-800_ |
| | | 회 장 | 백운찬 | 기재부 세제실장 / 조세심판원장 / 관세청장 / 한국세무사회장 역임 / 세무학박사 | |
| | | 세무사 | 박종성 | 제4대 조세심판원장 / 조세심판원 행정실장·상임심판관 / 국세심판소 조사관실 / 행시 25회 | |
| | | 세무사 | 김영근 | 제44대 대전지방국세청장 / 서울청 납세지원국장 / 광주청 조사2국장 / 행시 23회 | |
| | | 세무사 | 김명섭 | 역삼·원주·김제세무서장 / 중부청 조사3국장 / 국세청 조사1과장 / 서울청 조사1국 1·2과장 | |
| | | 세무사 | 김길용 | 강남세무서장 / 서울청 징세관 / 중부청 감사관 / 국세청 상속증여세과장 / 서울청 조사3국1과장 / 조세심판원 / 세제실 / 현기획재정부 자문위원 | |
| | | 세무사 | 송동복 | 경인청 국제조세과 / 서울청 이의신청 심의위원 | |
| | | 변호사 | 김지수 | 이화여자대학교 / 변호사시험 제9회 | |
| | 선릉 | 세무사 | 장남홍 | 종로·양천세무서장 / 서울청·중부청 감사관 / 서울청 조사4국 4과장, 조사2국 1과장 | 02-2097-995_ |
| | | 세무사 | 이호범 | 시흥·영동·진주세무서장 / 부산청 징세과장 / 서울청 조사1국· 2국 / 세무대학 3기 | |
| | 도곡 | 세무사 | 고경희 | 한국여성세무사회 회장 / 국세청 공무원교육원 겸임교수 / 한국세무사회 연수원 교수 / 국세청 24년 근무 | 02-2097-991_ |
| | 서울중앙 | 세무사 | 송우진 | 고양·동울산세무서장 / 서울청 조사1국·조사4국팀장 / 국세청·대전청·부산청 감사관실 | 02-2097-990_ |
| | 강남센터 | 세무사 | 길혜전 | KEB하나은행 신탁상속팀 / 서울시 여성능력개발원 자문위원 / 인하대학교 | 02-2097-990_ |
| | 강남 스타트업 | 세무사 | 박혜경 | 성균관대법학전문대학원 / 서울지방국세청 납세자보호위원 / 서울세관 납세자보호위원 | 02-558-801_ |
| | 성동 | 세무사 | 김대훈 | 군산·성동세무서장 / 국세청 법규과장 / 서울청 감사관 | 02-462-730_ |
| | 금천 | 세무사 | 김영춘 | 한국세무사회 홍보상담위원 / 한국프렌차이즈 경영학회 감사 / 금천세무서 상담위원 / 제39회 세무사 | 02-804-341_ |
| | 광명 | 세무사 | 노기원 | 수원·시흥세무서 / 중부지방국세청 조사국 / 세무대학 7기 | 02-2683-030_ |
| | 논현 | 세무사 | 이미경 | 인하대 수학과 / 한국세무사회 기업진단감리상임위원 / 제40회 세무사 | 02-3446-992_ |
| | 삼성 | 세무사 | 이수연 | 한국해양대학교 / 동현회계법인 / 제52회 세무사 | 02-6203-855_ |

NCE 1999

Gwang Gyo Tax Accounting Corp.

# 광교세무법인이 함께합니다.

수원본점: 경기도 수원시 장안구 경수대로 1110-12 4층(광교빌딩) TEL: 031-8007-2900
서울지점: 서울시 강남구 연주로 337 8층(동영문화센터) TEL: 02-3453-8004

WWW.GWANGYO.COM

| 지점 | | 직책 | 성명 | 주요경력 | 전화번호 |
|---|---|---|---|---|---|
| 수원 | 본점 | 세무사 | 이효연 | 조세심판원 상임심판관·행정실장 / 금융실명단 총괄과장 / 재무부 금융정책과 / 행시 22회 | 031-8007-2900 |
| | | 세무사 | 김운섭 | 동수원· 순천세무서장 / 국세청 조사2과장 / 서울청 법인납세과장 / 세무대학 1기 | |
| | | 세무사 | 정정복 | 중부청 조사3국 / 중부청 조사2국 / 동수원·수원·안양세무서 / 세무대학 7기 | |
| | | 세무사 | 이형진 | 성남·전주세무서장 / 중부청 조사3국 1과장 / 서울청 조사3국 | |
| | | 세무사 | 김보남 | 전주세무서장 / 서울청 조사2국 / 국세공무원 교육원 교수 | |
| | | 세무사 | 서정철 | 동수원 조사과장 / 중부청 조사 1·3국 | |
| | | 세무사 | 오동기 | 국세청 국제조세담당관실 / 중부청 조사1·2국 / 동안양·평택·수원·광주 세무서 / 세무대학 11기 | |
| | | 세무사 | 김일섭 | 중부지방국세청 조사1국1과4팀장 / 안산세무서 법인납세과장 | |
| | | 세무사 | 김진희 | 경기도청 지방세 심의위원 / 충남대학교 경영학과 / 제38회 세무사 | |
| | 영통 | 세무사 | 신규명 | 수원· 동대문· 나주세무서장 / 국세청 감사담당관실 감사1·2팀장 / 동수원세무서 조사과장 | 031-202-5005 |
| | | 세무사 | 배상진 | 동수원세무서 재산계장 / 중부청 조사3국 / 세무대학 5기 | |
| | | 세무사 | 최병열 | 중부청 조사3국 / 평택세무서 / 세무대학 13기 | |
| 동수원 | | 세무사 | 노익환 | 중부청 징세송무국, 조사3국 / 국세청 기획조정관실 / 평택세무서 / 세무대학 4기 | 031-206-3900 |
| 화성 | | 세무사 | 최봉순 | 화성지역세무사회장 / 중부청 조사국 / 재산제세 소송전문 | 031-355-4588 |
| 용인 | 기흥 | 세무사 | 류병하 | 중부청·수원 ·동수원·안산·평택세무서 | 031-255-8500 |
| | 흥덕 | 세무사 | 유병관 | 중부청 법인세과·조사국·국제조세과 / 국세청 조세범조사전문요원 | 031-214-9488 |
| | 수지 | 세무사 | 김선득 | 용인법인세과장 / 중부청 법인세과 / 중부청 납보관실 / 전주세무서 재산법인세과장 | 031-548-2420 |
| | 신갈 | 세무사 | 김진혁 | 고려대학교 / 변호사시험 제8회 / 국세청 변호사 실무수습 / 명진법률사무소 | 031-282-2992 |
| 시흥 | | 세무사 | 이용안 | 시흥·동울산세무서장 / 중부청조사1국 / 중부청 징세송무국 / 국세청 조사기획과 / 세무대 6기 | 031-497-7201 |

# 광교세무법인이 함께합니다

SINCE 1999
Gwang Gyo Tax Accounting Corp.

수원본점: 경기도 수원시 장안구 경수대로 1110-12 4층(광교빌딩) TEL: 031-8007-2900
서울지점: 서울시 강남구 연주로 337 8층(동영문화센터) TEL: 02-3453-8004

WWW.GWANGYO.COM

| 지점 | 직책 | 성명 | 주요경력 | 전화번호 |
|---|---|---|---|---|
| 안양 | 세무사 | 이영은 | 동안양세무서 납세자권익존중위원 / 한국세무사회 법제위원 / 중앙대학교 | 031-459-1700 |
| 안산 | 세무사 | 조준익 | 안산·순천세무서장 / 국세청 감사계장 / 중부청 개인납세 2과장 | 031-401-5800 |
| 장안[안산] | 세무사 | 이철균 | 중부청 조사 2·3국 / 수원·안산·화성·북인천 세무서 / 부산대학교 | 031-365-546 |
| 안성 | 세무사 | 정재권 | 중부청 조사국 / 법인·소득·양도조사 전문 / 세무대학 6기 | 031-674-470 |
| 용인 | 세무사 | 김명돌 | 용인지역세무사회장 / 중부청 / 안동세무서 | 031-339-881 |
| 이천 | 세무사 | 구본윤 | 이천·홍성세무서장 / 중부지방국세청 조사 2·3국 / 중부청 인사계장 / 중부청 조사1국 | 031-635-350 |
| 경기 광주 | 세무사 | 정희상 | 이천·해남세무서장 / 중부청조사2-1과장 / 용인·남양주 세무서 | 031-768-748 |
| 남양주 | 세무사 | 정평조 | 남양주·포천·동울산세무서장 / 중부청 조사1국·조사3국 / 국세청 재산제국·감사관실 | 031-554-368 |
| 평택 | 세무사 | 지용찬 | 인천대 경제학과 / 제43회 세무사 / 평택세무서 영세납세자문위원 / 평택지역 마을세무사 위원 | 031-8094-001 |
| 평택고덕 | 세무사 | 박기환 | 동작납보담당관 / 서초 조사과장 / 서울청 조사국 / 국제거래조사국 / 중부청 조사국 / 세무대 8기 | 031-618-773 |
| 고양 | 세무사 | 신종범 | 동고양·서대구·김천세무서장 / 중부청 조사3국 조사팀장·소비세팀장 / 세무대학 1기 | 031-926-379 |
| 부천 | 세무사 | 나명수 | 부천세무서장 / 서울청 국제거래조사국 팀장 / 국세청 역외탈세담당관실 / 세무대학 2기 / 한양대 석사 | 032-229-200 |
| 인천 | 세무사 | 조명석 | 남인천세무서 / 중부청 법인세과·조사국 / 세무대학 1기 | 032-817-862 |
| 파주중앙 | 세무사 | 이기철 | 파주·인천·영덕세무서장 / 수원·동래 세무서 / 중부청 조사2국 / 기재부 세제실 / 경상대학교 | 031-948-878 |
| 원주 | 세무사 | 권달오 | 국세청 서기관 / 동안양세무서 조사과장 / 중부청 조사 2·3·4국 사무관 | 033-901-595 |
| 울산 | 세무사 | 송정복 | 동울산세무서장 / 서울청 조사3국 팀장 / 금천세무서 법인세 과장 / 국세청 소득세과 | 052-915-335 |
| 대전 | 세무사 | 장광순 | 예산세무서장 / 대전청 조사2국 관리과장 / 대전청 조사2국 3과장 / 대전세무서 법인세과 | 042-257-289 |
| 서광주 | 세무사 | 김성철 | 광주청 세원분석국장 / 광주청 조사1국·2국 조사2과장 / 순천세무서 조사과장 | 062-385-501 |
| 전북 | 세무사 | 정진오 | 국세공무원 교육원 교수과 / 전주세무서 부가세과장 / 군산세무서 조사과장 / 광주청 송무2계장 | 063-213-542 |
| 제주 | 세무사 | 문승대 | 국세청 국세조세국·자료관리관실·납세지원국 / 중부청 조사3국 / 한국외국어대학교 | 064-702-093 |

# 세무법인 THE TAX 는

## "고객의 권익 을 제대로 챙기겠습니다."

노정석(前부산지방국세청장)

남동국(前대구지방국세청장)

김종봉 대표 외 더택스 임직원일동

서울 강남구 테헤란로 514
02-567-5858

" THE TAX 를 함께 이끌어 갈
여러분을 기다립니다."

44

# 세무법인 삼륭

www.samryung.com

"최고의 조세전문가 그룹 「삼륭」은 프로정신으로 기업경영에 보다
창의적이고 효율적인 세무서비스를 제공하도록 최선을 다하겠습니다."

## ☐ 주요업무

세무조사 대리 | 조세관련 불복대리 | 세무신고 대리 | 기업경영 컨설팅

## ☐ 구성원

**서국환** 회장/대표세무사
광주지방국세청장
서울청 조사2국장
서울청 조사4국 3과장
중부청 조사 1국 3과장
국세청 조사·심사·소득 과장
익산·안산세무서장 등 30년 경력

**이정섭** 본사·수원지사 대표세무사
중부청 조사 1국
목포·평택·수원세무서 등 16년 경력
전주대학교 관광경영학 박사

**정인성** 서초지사 대표세무사
서울청·용산·영등포세무서 등 23년 경력
세무사 실무 경력 20년

**최상원** 영통지사 대표세무사

중부지방국세청 법무과
중부지방국세청 특별조사국
영남대학교 졸업

**김대진** 서수원지사 대표세무사

세무사 48회
서울시립대학교 졸업

**정회수** 안양지사 대표세무사

중부·서인천·나주 세무서장
서울청·중부청 조사3국 조사과장
조세심판원 근무
성균관대학교 졸업

**국승훈** 세무사

세무사 55회
명지대학교 경영학과 졸업

**최재석** 세무사

세무사 57회
한양대학교 경영학부 졸업
세무법인 삼륭 영통지사 근무

**강병엽** 세무사

세무사 60회
상명대학교 경제금융학부 졸업

**정 솔** 세무사

세무사 60회
한국체육대학교 졸업

| | | | | |
|---|---|---|---|---|
| **본 사** | 서울시 강남구 강남대로 84길 23, 1603호 (역삼동, 한라클래식) | Tel. 02-3453-7591 | Fax. 02-3453-7594 |
| **수원지사** | 경기도 수원시 영통구 영통로 169, 3층 (망포동 297-8) | Tel. 031-273-2304 | Fax. 031-206-7304 |
| **서초지사** | 서울시 서초구 사임당로 174, 603호 (서초동, 강남미래타워) | Tel. 02-567-6300 | Fax. 02-569-9974 |
| **안양지사** | 경기도 안양시 동안구 시민대로 230, B동 6층 610, 611호 (관양동, 평촌아크로타워) | Tel. 031-423-2900 | Fax. 031-423-2166 |
| **영통지사** | 경기도 수원시 영통구 영통동 998-6 아셈 프라자 401호 (동수원세무서 옆) | Tel. 031-273-7077 | Fax. 031-273-7177 |
| **서수원지사** | 수원시 권선구 매송고색로 636-8, 302호 (고색동) | Tel. 031-292-6631 | Fax. 031-292-6632 |

# 세무법인 위드원
## TAX ACCOUNTING CORP. WITH WIN

**김태호** 대표세무사

**국세청차장**
**대구지방국세청장**
국세청 자산과세국장
중부청 조사2,3국장
제38회행정고시, 서울대경제학과

**김재철** 대표세무사

**중부지방국세청장**
**서울청 조사 3국장**
국세청 대변인
국세청 납세자보호담당관
세무대학 4기

**이병오** 대표세무사

**경기광주세무서장**
**중부청 조사2국 조사관리과장**
보령세무서장
국세청 법인납세국
중부청 조사2국 조사1과
세무대학 5기

**김동욱** 대표세무사

**강서·잠실·평택세무서장**
**서울청 조사1국 조사3과장**
서울청 조사3국 조사관리과장
중부청 조사3국 조사2과장
국세청 징세과장
국세청 소득세과장

**김혁주** 대표세무사

**법무법인 태평양 조세 파트너**
서울청 조사 1국
서울청 조사 2국, 3국
국제거래조사국
세무대학 8기

**오태명** 대표세무사

**서울청 조사 1국**
서울청 조사 3국
화성세무서 법인팀장
반포, 성동 세무서 등
세무대학 18기

**김지현** 대표세무사

**중부청 조사 1국**
중부청 조사 2국
안양, 수원, 안산 세무서 등
세무대학 17기

**이상하** 대표세무사

**서울청 조사 3국**
반포세무서 재산세과
영등포세무서 법인세과
동작, 금천, 성동 세무서 등

**김은주** 세무사

제57회 세무사 시험 합격
마루 택스앤컨설팅

**강병오** 세무사

제58회 세무사 시험 합격
BnH 세무법인

**양새난슬** 세무사

제57회 세무사 시험 합격
세무법인 서진

---

열정과 정성을 다하여 고객과 함께 성장하는
세무법인 위드원이 되겠습니다.

**최고 수준의 전문성을 갖춘**
**세무 전문가가 최상의 서비스를 제공하겠습니다.**

---

세무법인 위드원
TAX ACCOUNTING CORP. WITH WIN

서울 강남구 테헤란로 77길13, 9층(삼성동, 창조빌딩) I T 02-563-2230 I H www.with-win.co.kr

46

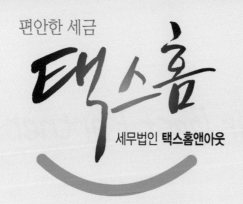

편안한 세금

# 택스홈

세무법인 **택스홈앤아웃**

# Vision

세무서비스의 경계를 허물고
다양한 서비스를 포괄하는 플랫폼(Platform, 場)을 통해,
고객의 일생(一生)을 넘어 후대에 이르기까지
최고의 가치를 제공하는 Only One인 세무법인이 된다.

## " 택스홈앤아웃은 약속을 지키는 전문가그룹입니다. "

### 신웅식 대표이사

성남, 송파, 반포, 제주세무서장
국세청 재산세과장, 부동산거래관리과장
부산지방국세청 조사2국장
서울지방국세청 조사4국 4과장
국세청 심사1과, 납세자보호과, 징세과 계장

### 김문환 부회장

국세청, 지방청 및 세무서 근무
중부지방국세청조사1국장 (전)
사단법인대한주류공업협회장 (전)
국세청총무과장, 조사2과장 (전)
녹조근정훈장 (1994)
홍조근정훈장 (1995)

| | | | | | | | |
|---|---|---|---|---|---|---|---|
| 강남지점대표/세무사 | 김형운 | 이사/세무사 | 이종권 | 세무사 | 김상돈 | 세무사 | 백현우 |
| 부대표/세무사 | 박상혁 | 이사/세무사 | 이민형 | 세무사 | 김원대 | 세무사 | 장지연 |
| 부대표/세무사 | 박상언 | 이사/세무사 | 조아로미 | 세무사 | 류지화 | 세무사 | 신은하 |
| 전무이사/세무사 | 이성우 | 이사/세무사 | 허 재 | 세무사 | 강용한 | 세무사 | 이민우 |
| 상무이사/세무사 | 전유호 | 이사/세무사 | 남장현 | 세무사 | 박초은 | 세무사 | 김하영 |
| 상무이사/세무사 | 박상호 | 이사/세무사 | 지민정 | 세무사 | 이선영 | 세무사 | 박재홍 |
| 상무이사/세무사 | 최규균 | 이사/세무사 | 김지혜 | 세무사 | 박경연 | | |
| 상무이사/세무사 | 김현진 | 이사/세무사 | 최보선 | 세무사 | 박요한 | | |
| 상무이사/세무사 | 안정진 | 세무사 | 김미정 | 세무사 | 민지윤 | | |
| 이사/세무사 | 엄수빈 | 세무사 | 이헌수 | 세무사 | 최유리 | | |
| 이사/세무사 | 고상원 | 세무사 | 김소현 | 세무사 | 맹지언 | | |
| 이사/세무사 | 임인규 | 세무사 | 최원우 | 세무사 | 김한준 | | |

## 지점안내

- 본     점 : 서울 강남구 언주로148길 19 청호빌딩 2층, 7층    T. 02-6910-3000
- 위너스  지점 : 서울 서초구 강남대로99길 45 엠빌딩 202호    T. 02-6910-3090
- 에스에스 지점 : 서울 성동구 성수일로 89 메타모르포빌딩 702호    T. 02-6288-3230
- 마포   지점 : 서울 마포구 양화로 7길 44, 2층    T. 02-6288-3200
- 역삼   지점 : 서울 강남구 역삼로 25길 46 동원빌딩 2층    T. 02-6910-3111
- 영등포  지점 : 서울 영등포구 경인로 775 에이스하이테크시티 제1층 3-102호    T. 02-6910-3160
- 광진   지점 : 서울 광진구 용마산로 18 신성빌딩 2층    T. 02-467-4122
- 강서   지점 : 서울특별시 강서구 마곡동 799-11 파인스퀘어 제3층 제A동 301~303호    T. 02-6910-3114

## "세원세무법인"은 고객의 진정한 동반자입니다.

세원세무법인은 풍부한 실무경험과
양질의 서비스로 고객만족을 추구합니다.

대표이사 · 세무사 **신학순**

## 세원세무법인의 파트너

세무사 · 경영학박사 **김상철**　　세무사 **김종화**　　세무사 · AICPA **공익성**　　세무사 **연제관**　　세무사 · 법무사 **강창규**

## 세원세무법인의 세무사

- **김영환** 세무사　　　- **문종호** 세무사　　　- **김범수** 세무사

## 세원세무법인의 주요업무

**세무컨설팅** : 합병 및 주식평가, 주식이동 관련 세무, 세무진단 및 조사입회, 코스닥등록

**부동산컨설팅** : 양도/상속/증여세 자문, 재개발 관련 용역, 취득세 등 지방세 관련 용역

**국제조세** : 외국법인 등 설립, 조세협약, 기술도입 및 인적용역관련 자문

**조세불복** : 과세전적부심사청구, 이의신청 및 심사청구, 심판청구

**법무자문** : 각종 등기업무, 각종 소장 작성, 일반법무상담 및 자문

**기타** : 공익법인 사무관리, 회사설립 및 법인전환, 법규해석 및 의견서작성

www.sewontax.com

**본사**
서울특별시 강남구 역삼로 170 리오빌딩 4층
TEL : 02-568-0606 FAX : 02-3453-8516

**법무팀**
서울특별시 강남구 역삼로 170 리오빌딩 4층
TEL : 02-568-0608 FAX : 02-565-0811

# 예일세무법인

**ALL THE ANSWERS ABOUT TAXES**

www.yeiltax.co.kr

예일세무법인은 기업들이 어려운 경제환경속에서
경영에만 전념할 수 있도록 최고의 전문가 집단이
최상의 세무서비스를 제공하도록 최선을 다하겠습니다.

## ■ 주요구성원 소개

### 김창섭 대표세무사
주요경력
- 국세공무원교육원장
- 대전지방국세청장
- 국세청 법무심사국장
- 서울청 조사4국장
- 중부청 조사1국장
- 서울청 국제거래조사국장

### 임승환 대표세무사
주요경력
- 중부지방국세청 조사국
- 중부지방국세청 비상장주식평가 심의위원
- 국세청 심사위원
- 한국거래소·불공정공시심의위원
- 국세공무원대학 1회

### 천영익 대표세무사
주요경력
- 국세청 감찰담당관
- 국세청 전자세원과장
- 서울지방국세청 조사1국 1과장
- 제주세무서장
- 서울지방국세청 인사 감사팀장
- 기획재정부 세제실, 국세청 법인세과

### 장권철 대표세무사
주요경력
- 국세청 세원정보과장(부이사관)
- 서울지방국세청 조사국 2과장
- 중부지방국세청 조사 1국 3과장
- 제주세무서장
- 국세청 감사팀장(서기관)
- 국립세무대학 10회

### 권오철 대표세무사
주요경력
- 남대문·북인천·공주·속초세무서 서장
- 서울지방국세청 조사3국 1과장
- 국세청 조사국
- 국세청 청·차장실

### 김상진 대표세무사
주요경력
- 종로·강남·성북·홍천·삼척 세무서장
- 서울지방국세청 조사4국 2과장, 징세과장
- 국세청 재산세과장
- 서울지방국세청 조사국 사무관
- 중부지방국세청 조사3국 사무관
- 한양대 행정대학원 (행정학석사)

### 류득현 대표세무사
주요경력
- 서초·홍천세무서장
- 서울청 조사4국 2과장
- 서울청 조사1국 1과장
- 중부청 조사3국 조사관리1팀장
- 중부청 납세자보호 심사계장
- 남대문·용산·수원·북인천 평택세무서

### 이인기 대표세무사
주요경력
- 잠실세무서장
- 마포세무서장
- 국세청 학자금상환과장
- 기재부 세제실 조세법령개혁팀장
- 국세청 기획예산
- 국립세무대학 1회

### 최성일 대표세무사
주요경력
- 서초, 여수세무서장
- 국세청심사1·2담당관,자본거래관리과장
- 서울지방국세청 조사3국 조사1과장
- 국세공무원교육원 교수(9년)
- 국세청 상속증여세과(11년)
- 국립세무대학 2회

### 서재익 대표세무사
주요경력
- 남대문세무서장
- 종로세무서장
- 영등포세무서장
- 서울지방국세청 조사1국 3과장
- 광주지방국세청 징세법무국장
- 울산세무서 법인세과장

### 양정필 대표세무사
주요경력
- 영등포남대문·북부서·울산세무서장
- 서울지방국세청조사2국 조사2과장
- 국세청 조사기획과 (서기관)
- 조세심판원 파견 (사무관)
- 부산지방국세청 조사1국
- 국립세무대학 5회

### 장태복 대표세무사
주요경력
- 국립세무대학 7기
- 마포,동안양,구리,춘천세무서장
- 서울청 조사4국 조사1과장
- 전주세무서 운영과장
- 국세청 세원정보과(팀장)
- 국세청 조사1과

### 박춘호 대표세무사
주요경력
- 국무조정실 조세심판원 상임조세심판관(6년)
- OECD 한국정책센터 조세نا부장
- 기획재정부 세제실 법인세제과장, 소득세제과장, 부가가치세제과장, 재산세제과장, 조세특례제도과장등
- 기획재정부 예산실 교육예산과장

### 우영철 역삼중앙지점 대표세무사
주요경력
- 역삼세무서장
- 서울지방국세청 조사4국 2과장
- 충남 예산세무서장
- 서울지방국세청 조사4국 17년 근무
- 국세청 31년 근무
- 국립세무대학 2회

### 김남영 대표세무사
주요경력
- 국세청 40년 근무
- 화성, 용인 세무서장
- 중부지방국세청 조사3국 1,2과장
- 중부지방국세청 조사국 감사팀장
- 중부지방국세청 조사2국 사무관

### 김성수 수원지점 대표세무사
주요경력
- 익산세무서장
- 중부지방국세청 1,2,3,4국 근무
- 국세공무원교육원 교수
- 중부지방국세청 감사관실 근무
- 수원, 동수원 세무서 법인세와 조사과장

### 김승현 수원지점 대표세무사
주요경력
- 광명, 동울산세무서장
- 중부지방국세청 납보2담당관
- 중부지방국세청 조사1국 조사팀장
- 평택세무서 조사과장
- 국세청 부가가치세과 사무관
- 국립세무대학 1회

### 조병호 수원지점 대표세무사
주요경력
- 경영학박사
- 동수원세무서 재산세과장
- 중부지방국세청 송무과 법인팀장
- 경기광주세무서 운영지원과장
- 중부지방국세청 조사3국
- 수원,이천,동대문세무서

### 서동선 수원지점 대표세무사
주요경력
- 중부청 조사3국,2국,1국 반장
- 동수원,용인,안산세무서조사과팀장
- 평택세무서 법인세과장
- 용인세무서 납세자보호담당관
- 동화성세무서 부가가치세과장
- 수원,이천,강릉,강동세무서 법인세과 동 근무

### 오용규 수원지점 대표세무사
주요경력
- 서울지방국세청 조사국 등 국세청 20년 경력
- 국립세무대학 6회

### 고광남 경인지점 대표세무사
주요경력
- 시흥, 동수원·홍성 세무서장
- 중부지방국세청 조사국2과장 운영지원과장·조사1국2과1팀장
- 수원세무서 조사과장
- 안산세무서 세원관리과장
- 원주세무서 징세과장
- 재정경제원 근무

### 이진 중부지점 대표세무사
주요경력
- 중부산,시흥세무서장
- 중부지방국세청 조사1국 2과장
- 중부지방국세청 조사1국 1과,2과 팀장
- 중부지방국세청 조사1국 2과 팀장
- 부천남인천시흥 동울국세청 36년 근무
- 국립세무대학 3회

### 김철호 광주지점 대표세무사
주요경력
- 국세청 국제조세관리과실
- 서울지방국세청 조사1국
- 광주지방국세청 조사1국, 간세국
- 국세청 25년 경력
- 국립세무대학 6회

### 신윤철 가산지점 대표세무사
주요경력
- 서울지방국세청 인사팀
- 삼성,동대문,성동세무서법인세과,조사과
- 종로세무서 재산세과 조사팀장퇴직
- 국세청 15년 근무
- 국립세무대학 19회

### 이세협 경서지점 대표세무사
주요경력
- 국립세무대학 6기
- 시흥 안산 익산 남평세무서장
- 중부지방국세청 성실납세지원국
- 중부지방국세청 2,3,4국
- 재정경제부 세제실

### 김용천 고문
주요경력
- 감사원 26년 재직 (국세청 감사, 심사청구 담당)
- 삼일회계법인 고문 (TAX분야 10년 근무)
- (주)쇼박스 사외이사

### 김훈중 총괄부대표
주요경력
- 국세청 심사과
- 서울지방국세청 조사1국, 2국
- 중부지방국세청 특별조사관실
- 국세청 22년 경력
- 국립세무대학 4회

### 이상수 전무 세무본부장
주요경력
- 역삼세무서 법인세과 조사과
- 국세청 법령해석과 부가담당
- 서울지방국세청 조사국
- 남대문세무서 조사과 팀장
- 서울지방국세청 송무국

### 한승욱 상무
주요경력
- 역삼세무서 법인세과 조사과
- 국세청 법령해석과와 부가담당
- 서울지방국세청 조사국
- 남대문세무서 조사과 팀장
- 서울지방국세청 송무국

### 김하영 회계사
주요경력
- 윤성회계법인
- IMM프라이빗에쿼티 관리본부
- 삼일회계법인 감사 및 세무팀
- 공인회계사(2006년)
- 연세대학교 경영학과 졸업

### 정두식 수원지점 부대표
주요경력
- 국세청 23년 근무
- 중부지방국세청 조사2국 (상속,증여,양도,주식변동조사 담당)
- 중부지방국세청 조사3국
- 성남,동수원,부천,인천세무서

### 김진수 수원지점 부대표
주요경력
- 국세청 총 근무경력 14년
- 중부청 조사국4년 근무
- 중부지방국세청 관세세무서 10년 근무
- 국립세무대학 17회

### 성시현 수원지점 부대표
주요경력
- 제41회 세무사
- 중부지방국세청 재산평가심의위원
- 중부지방국세청 세무조정 및 성실신고 감리위원
- 동수원지역세무사회 운영위원
- 법인세,조세불복, 컨설팅,세무조사전문

### 서봉수 경인지점 상무
주요경력
- 국세청 근무경력 12년
- 중부지방국세청 조사3국
- 수원 안양 성남세무서 근무

| | | | | | | | | |
|---|---|---|---|---|---|---|---|---|
| **서울본점** | 김원기 상무 | 김진우 이사 | 이보배 세무사 | 최현준 세무사 | 문지혜 세무사 | 홍창환 세무사 | 박정윤 세무사 | 장은혜 세무사 이찬유 세무사 강국현 세무사 이소영 세무사 이다슬 세무사 |
| | 김태석 세무사 | 이동수 세무사 | 김바울 세무사 | 성기훈 세무사 | 문다휘 세무사 | 장지수 세무사 | 김혜지 세무사 | |
| **수원지점** | 오민서 상무 | 조희진 상무 | 유연찬 이사 | 이선주 이사 | 이재희 세무사 | 신정화 세무사 | 조원준 세무사 | 오수지 세무사 문다희 세무사 차태연 세무사 김현지 세무사 |
| **역삼중앙지점** | 전유진 세무사 | | **경인지점** | 김유진 세무사 | | | | |

50

# 이안세무법인
## IAN TAX FIRM

고객의 가치 창출을 위해
이안(耳眼) 세무법인은
귀 기울여 듣고, 더 크게 보겠습니다

**이 경 열** 고문

- (전) 대전지방국세청장
- (전) 중부지방국세청 조사1국장
- (전) 서울지방국세청 송무국장
- (전) 부산지방국세청 성실납세지원국장
- (전) 국세청 감사담당관, 법무과장
- (전) 정읍세무서장
- (전) 기획재정부 환경에너지세제과장

**장 호 강** 고문

- (전) 영등포세무서장
- (전) 중부청 조사1국 조사1과장
- (전) 포항세무서장
- (전) 서울청 조사 1국·2국 서기관

**윤 문 구** 대표세무사

- 국립세무대학(2기) 졸
- 경영학박사 / 세무학박사
- (현) 서울고검 국가송무상소심의위원
- (전) 서울시 지방세 심사위원
- (전) 국세청 국세심사위원
- (전) 국세청 납세자보호위원
- (전) 서울청 조세범칙심의위원

**이 동 선** 전무

- (전) 서울청 조사1국·2국
- (전) 강남·삼성·역삼·서초·
  영등포세무서

**이 경 근** 상무

- 국립세무대학(13기) 졸
- (전) 서울청 조사1국
- (전) 국세청 국세상담센터
  상속세 및 증여세법 상담관

**문 수 영** 상무

- 국립세무대학(18기) 졸
- (전) 조세심판원
- (전) 서울청 조사1국
- (전) 국세청 국세상담센터
  부가가치세법/기타세법 상담관

**최 은 경** 이사

- 서울시립대학교
  행정학과 졸

**백 승 원** 세무사

- 중국 인민대학교
  금융학과 졸
- (현) 서대문세무서
  나눔세무사

**이 종 태** 세무사

- 단국대학교
  경영학과 졸
- (전) 세무법인
  혜움 근무

이안세무법인
IAN TAX FIRM

서울시 서초구 서초대로 40길 41 2층 (서초동, 대호IR빌딩)
TEL **02.2051.6800**  FAX **02.2051.6006**
www.iantax.co.kr

# 대표관세사

**관세사 김영칠**
인천공항본부

**관세사 정계훈**
서울본부

**관세사 정영화**
부산본부

## 폭 넓은 업무범위와 Total Service제공

축적된 노하우를 바탕으로 수출·수입·환급과 각종 컨설팅을 통합한 Total Service를 제공

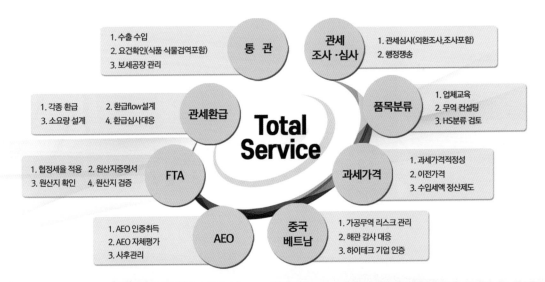

**통 관**
1. 수출 수입
2. 요건확인(식품 식물검역포함)
3. 보세공장 관리

**관세 조사·심사**
1. 관세심사(외환조사,조사포함)
2. 행정쟁송

**품목분류**
1. 업체교육
2. 무역 컨설팅
3. HS분류 검토

**관세환급**
1. 각종 환급   2. 환급flow설계
3. 소요량 설계   4. 환급심사대응

**과세가격**
1. 과세가격적정성
2. 이전가격
3. 수입세액 정산제도

**FTA**
1. 협정세율 적용   2. 원산지증명서
3. 원산지 확인   4. 원산지 검증

**AEO**
1. AEO 인증취득
2. AEO 자체평가
3. 사후관리

**중국 베트남**
1. 가공무역 리스크 관리
2. 해관 감사 대응
3. 하이테크 기업 인증

**Total Service**

---

## 서울 본부 (관세사 총 10명)

윤철수 관세사 (컨설팅본부장)
이형동 관세사 (컨설팅본부)
변재서 관세사 (컨설팅본부)
유호곤 관세사 (컨설팅본부)

임용묵 관세사 (컨설팅본부)
어태룡 관세사 (컨설팅본부)
조성호 관세사 (평택지사장)

## 부산 본부 (관세사 총 22명)

양승권 관세사 (고문)
유명재 관세사 (컨설팅본부장)
권도균 관세사 (컨설팅부본부장)
최윤기 관세사 (컨설팅본부)

김종신 관세사 (김해지사장)
주군선 관세사 (김해지사장)
이귀화 관세사 (컨설팅 본부)

---

**부산본부**
✉ 48928 부산광역시 중구 해관로 83 신대동빌딩
T. 051-988-0123      F. 051-988-0100
www.sdaedong.co.kr
E-mail : shindaedong@hanmail.net

**김해지사**
T. 051-973-6343
F. 051-972-6371

**평택지사**
T. 031-681-1177
F. 031-682-8707

**서울본부**
T. 02-517-0039
F. 02-517-0389

**인천지사**
T. 032-884-8811
F. 032-884-8880

**인천공항본부**
T. 032-744-8008
F. 032-744-8033

**컨설팅본부**
T. 02-3446-2645
F. 02-3446-2668

# KIM & CHANG

## Only

The only
Korean law firm in
ALM Global 100

## 1973

50 years of history
in tandem with
Korea's economic
development

## Top

"Band 1" rankings in
18 practice areas in
Chambers Asia-Pacific 2024

## Innovative

Recognized as the
"Jurisdictional Firm of the
Year: South Korea"
in IFLR Asia-Pacific
Awards 2024

## All

"Tier 1" rankings in
17 practice areas in
The Legal 500 Asia
Pacific 2024

kimchang.com

광고책임변호사: 황광연

다양한 조세 전문가들의 시너지를 통한 최적 솔루션 제시

# 김·장 법률사무소 조세 그룹

조세 분야 Top Tier Rankings 선정

*Chambers Asia-Pacific 2025*
*The Legal 500 Asia Pacific 2024*
*Asialaw Profiles 2024*
*World Tax 2025, World Transfer Pricing 2025*
*Benchmark Litigation Asia-Pacific 2024*

## 조세 일반

| | | | | |
|---|---|---|---|---|
| **이지수** 변호사<br>02-3703-1123 | **백우현** 공인회계사<br>02-3703-1047 | **이종국** 외국회계사<br>02-3703-1016 | **조용호** 공인회계사<br>02-3703-1116 | **최임정** 공인회계사<br>02-3703-1143 |
| **권은민** 변호사<br>02-3703-1252 | **양규원** 공인회계사<br>02-3703-1298 | **김요대** 공인회계사<br>02-3703-1436 | **최효성** 공인회계사<br>02-3703-1281 | **임송대** 공인회계사<br>02-3703-1088 |
| **정광진** 변호사<br>02-3703-4898 | **심윤상** 외국변호사<br>02-3703-1221 | **Sean Kahng** 외국변호사<br>02-3703-1694 | **박소연** 외국변호사<br>02-3703-8471 | **서봉규** 공인회계사<br>02-3703-1015 |
| **류재영** 공인회계사<br>02-3703-1529 | **이인수** 공인회계사<br>02-3703-8140 | **임양록** 공인회계사<br>02-3703-4543 | **황찬연** 공인회계사<br>02-3703-1807 | **권미경** 공인회계사<br>02-3703-1522 |
| **전한준** 외국회계사<br>02-3703-1770 | **민경서** 변호사<br>02-3703-1277 | **이종명** 변호사<br>02-3703-1915 | **이준엽** 변호사<br>02-3703-5827 | **유경란** 변호사<br>02-3703-4583 |
| **김동욱** 변호사<br>02-3703-4683 | **윤여정** 변호사<br>02-3703-4690 | **오광석** 변호사<br>02-3703-4784 | **백새봄** 변호사<br>02-3703-5795 | **조상범** 공인회계사<br>02-3703-4577 |
| **이희국** 공인회계사<br>02-3703-1774 | **박기주** 공인회계사<br>02-3703-1908 | **신상은** 공인회계사<br>02-3703-1561 | **박세진** 외국변호사<br>02-3703-1554 | **윤세진** 외국변호사<br>02-3703-1668 |
| **Paul Stephen Manning**<br>외국변호사<br>02-3703-5796 | | | | |

## 이전가격

| | | | | |
|---|---|---|---|---|
| **여동준** 공인회계사<br>02-3703-1061 | **남태연** 공인회계사<br>02-3703-1028 | **한상익** 공인회계사<br>02-3703-1127 | **이제연** 공인회계사<br>02-3703-1079 | **이규호** 공인회계사<br>02-3703-1169 |
| **이상묵** 공인회계사<br>02-3703-1278 | **박재석** 공인회계사<br>02-3703-1160 | **최동진** 공인회계사<br>02-3703-1319 | **김학주** 공인회계사<br>02-3703-1299 | **백완수** 외국회계사<br>02-3703-1461 |
| **Christopher Sung**<br>외국변호사<br>02-3703-1115 | **성경곤** 외국회계사<br>02-3703-4645 | | | |

## 금융조세

| | | | | |
|---|---|---|---|---|
| **김동소** 공인회계사<br>02-3703-1013 | **임용택** 공인회계사<br>02-3703-1089 | **박정일** 공인회계사<br>02-3703-1040 | **권영신** 공인회계사<br>02-3703-5782 | **임동구** 공인회계사<br>02-3703-1646 |
| **박종현** 공인회계사<br>02-3703-1817 | **박지영** 공인회계사<br>02-3703-4953 | **오명환** 공인회계사<br>02-3703-1364 | **김태환** 공인회계사<br>02-3703-1692 | **민병권** 공인회계사<br>02-3703-4584 |
| **고광원** 공인회계사<br>02-3703-4709 | | | | |

## 세무조사 및 조세쟁송

| | | | | |
|---|---|---|---|---|
| **정병문** 변호사<br>02-3703-1576 | **김의환** 변호사<br>02-3703-4601 | **조성권** 변호사<br>02-3703-1968 | **하상혁** 변호사<br>02-3703-4893 | **하태흥** 변호사<br>02-3703-4979 |
| **김희철** 변호사<br>02-3703-5863 | **이상우** 변호사<br>02-3703-1571 | **양승종** 변호사<br>02-3703-1416 | **박필종** 변호사<br>02-3703-4976 | **전환진** 변호사<br>02-3703-1210 |
| **박재찬** 변호사<br>02-3703-1808 | **이종광** 공인회계사<br>02-3703-1056 | **박동희** 공인회계사<br>02-6390-2625 | **진승환** 공인회계사<br>02-3703-1267 | **박재홍** 공인회계사<br>02-3703-1440 |
| **기상도** 공인회계사<br>02-3703-1330 | **서재훈** 공인회계사<br>02-3703-1845 | **서창우** 공인회계사<br>02-3703-1846 | **정재훈** 공인회계사<br>02-3703-8049 | **김형태** 공인회계사<br>02-3703-1507 |
| **안재혁** 변호사<br>02-3703-1953 | **이은총** 변호사<br>02-3703-4588 | **구종환** 변호사<br>02-3703-4681 | **김정현** 변호사<br>02-3703-4685 | **김현환** 변호사<br>02-3703-4847 |
| **박병현** 변호사<br>02-3703-4787 | **신희영** 변호사<br>02-3703-4902 | **조현진** 공인회계사<br>02-3703-8252 | **윤형민** 공인회계사<br>02-3703-8640 | |

# 주요구성원

## 조세쟁송 및 자문

**이상기 변호사**
기획재정부 고문변호사
한국조세협회 부이사장
Tel: 02-2191-3005

**이인형 변호사**
서울행정법원 부장판사
수원지방법원 평택지원장
Tel: 02-772-5990

**손병준 변호사**
대법원 조세전담 재판연구관
대전지방법원 부장판사
Tel: 02-772-4420

**마옥현 변호사**
대법원 조세전담 재판연구관
광주지방법원 부장판사
Tel: 02-6386-6280

**김성환 변호사**
대법원 조세전담 재판연구관(총괄)
춘천지방법원 부장판사
Tel: 02-6386-7900

**김경태 변호사**
대전지방법원 판사
한국세무학회 부학회장
Tel: 02-772-4414

**박영욱 변호사**
국세청 과세품질혁신위원회 위원
변호사시험(조세법) 출제위원
Tel: 02-772-4422

**김상훈 변호사**
한국지방세연구원 지방세구제업무 자문위원
중부세무서 국세심사위원회 위원
Tel: 02-772-4425

**임수혁 변호사**
중부세무서 납세자보호위원
미국 UC Berkeley School of Law 법학석사(LLM)
Tel: 02-772-4973

**이건훈 변호사**
서울대학교 법과대학 석사과정(조세법 전공)
미국 UCLA School of Law 법학석사(LLM)
Tel: 02-6386-6211

**유정호 변호사**
국세청 정기연수과정 강사(금융조세)
Allianz Global Investors 펀드매니저
Tel: 02-2191-3208

**이정아 변호사**
삼정KPMG
Tel: 02-772-5975

**임한솔 변호사**
서울대학교 법학과 박사과정(세법전공)
서울대학교 법학과 석사(세법전공)
Tel: 02-6386-6367

**박주현 변호사**
NYU International
Tax LLM
Tel: 02-6386-6224

**조필제 변호사**
Ernst & Young U.S. LLP(New York)
NYU – LLM, International Tax
Tel: 02-6386-6665

**김민구 변호사**
한국국제조세협회 산하 YIN 부회장
국세청 법무과 법무관
Tel: 02-772-5922

**장연호 회계사**
국세청 금융업 실무과정 강사
삼일회계법인 금융/보험조세팀 근무
(한국·미국 등록 회계사)
Tel: 02-772-5942

**김한준 회계사**
삼일회계법인 국제조세본부
삼일회계법인 감사본부
Tel: 02-6386-6687

**오진훈 회계사**
삼일회계법인
미국 Michigan State University
Finance 석사과정
Tel: 02-6386-6262

**곽동훈 회계사**
삼일회계법인
Tel: 02-6386-6642

**이진영 회계사**
Tax Counsel at Continental
Deloitte Anjin LLC
Tel: 02-772-5933

**박정우 회계사**
삼일회계법인 국제조세본부
PWC US San Jose Office
Tel: 02-6386-6276

**김태환 회계사**
국세청 국선대리인
삼일회계법인, EY한영회계법인
Tel: 02-6386-0863

## 조세예규 및 행정심판

**김정홍 미국변호사**
기획재정부 국제조세제도과장
대법원 재판연구관(조세조)
Tel: 02-6386-0773

**김병준 세무사**
조세심판원 조정팀장
국세청 심사과
Tel: 02-6386-6376

## 이전가격

**박성한 미국회계사**
EY한영회계법인
삼일회계법인
Tel: 02-6386-7952

**김민후 미국변호사**
Deloitte Anjin LLC
Ernst & Young Korea
Tel: 02-6386-6271

## 고문

**원정희 고문**
부산지방국세청장
국세청 조사국장
Tel: 02-6386-6229

**김재웅 고문**
서울지방국세청장
중부지방국세청장
Tel: 02-6386-7890

**유재철 고문**
국세청 법인납세국장
중부지방국세청장
Tel: 02-6386-1907

**윤영선 고문**
제24대 관세청장
기획재정부 세제실장
Tel: 02-6386-6640

서울 사무소: 서울 중구 남대문로 63 한진빌딩 (우 04532)  I  판교 사무소: 경기도 성남시 분당구 분당내곡로 131, 판교테크원타워 3층 (우 13529)

**"각 분야 탁월한 전문가들이 한자리에 모였습니다"**
조세소송 및 불복, Tax Planning and Consulting, 세무조사, 국제조세, 이전가격 등 한 분의 고객을 위해 변호사, 회계사, 세무사, 고문, 전문위원 등
조세 각 분야 탁월한 전문가들이 힘을 합치는 로펌, 그곳은 광장(Lee & Ko) 입니다.

**"조세분야 최고 등급(Top Tier)의 로펌입니다"**
국제적으로 유명한 평가기관인 Legal 500, Tax Directors Handbook 등에서 최고 등급 평가를 받아온 로펌, 그곳은 광장(Lee & Ko) 입니다.

**"존경받는 로펌, 신뢰받는 로펌이 되겠습니다"**
고객이 신뢰하고 고객에게 존경받는 로펌, 가장 기분좋은 수식어입니다. 대외적으로 인정받고 신뢰받는 로펌, 그곳은 광장(Lee & Ko) 입니다.

초심을 잃지 않고 자만하지 않으며 먼 미래를 내다보며 준비하겠습니다.
항상 고민하고 새로운 도약을 준비하는 로펌,

**'법무법인 (유) 광장(Lee & Ko)'입니다.**

## 국제조세

**권오혁 미국변호사**
Deloitte Anjin LLC
Deloitte Tax LLP
Tel: 02-6386-6627

**김정홍 미국변호사**
기획재정부 국제조세제도과장
대법원 재판연구관(조세조)
Tel: 02-6386-0773

**류성현 변호사**
한국지방세연구원 지방세구제업무 자문위원
중부세무서 국세심사위원회 위원
Tel: 02-772-4425

**이환구 변호사**
중부세무서 납세자보호위원
UCLA Law School LLM(Tax track)
Tel: 02-772-4307

**오혁 미국변호사**
국 Deloitte Tax LLP, Washington National Tax
국 RSM International Inc., International Tax
Tel: 02-772-4349

**김민후 미국변호사**
Deloitte Anjin LLC
Ernst & Young Korea
Tel: 02-6386-6271

**이용지 미국변호사**
Handong International Law
School – J.D.
Tel: 02-772-4392

**김태경 회계사**
한국국제조세협회 이사
한국조세연구포럼 이사
Tel: 02-2191-3246

## 관세

**영기 변호사**
세청 통관지원국 사무관
울본부세관 고문변호사
el: 02-2191-3052

**조재웅 변호사**
관세청 법률고문
관세평가분류원 관세평가협의회 위원
Tel: 02-6386-6617

**신승학 전문위원**
딜로이트 관세법인
서울본부세관 특수조사과
Tel: 02-6386-0761

**김창희 전문위원**
관세법인 한주
관세평가분류원 품목분류협의회 위원
Tel: 02-6386-6645

**김태훈 전문위원**
EY관세법인
Tel: 02-6386-0757

## 세무조사 지원

**조태복 세무사**
동, 중부산 세무서장
세청 법인세과, 법령해석과
el: 02-6386-6572

**장순남 세무사**
서울지방국세청 조사4국 서기관
국세청 조사국 사무관
Tel: 02-772-5928

**김태우 세무사**
서울지방국세청 조사1국 1과장
인천지방국세청 조사2국장
Tel: 02-6386-6584

**유종환 세무사**
서울지방국세청 조사1국 팀장
서울지방국세청 조사4국
Tel: 02-6386-6587

**이호태 세무사**
중부지방국세청
국세청
Tel: 02-6386-6602

**배인수 세무사**
서울지방국세청 조사4국
서울지방국세청 조사1국
Tel: 02-772-5986

**병하 세무사**
울지방국세청 국제거래조사국
세청 국제조사과
el: 02-772-5987

**권태영 세무사**
국세청 자산과세국
서울지방국세청 조사4국
Tel: 02-6386-6583

**이창곤 세무사**
서울지방국세청 조사1국
서울지방국세청 조사3국
Tel: 02-6386-6574

**김태우 세무사**
서울지방국세청 조사1국
종로, 중부 조사과
Tel: 02-6386-6578

**최진구 세무사**
중부지방국세청 운영지원과장
서울지방국세청 조사국 조사팀장
Tel: 02-6386-6577

## 지방세

**해철 전문위원**
정안전부 지방세특례제도과
국지방세연구원 지방세 전문상담위원
el: 02-772-4354

## 형사

**장영섭 변호사**
서울중앙지방검찰청 금융조세조사1부장검사
법무부 법무과장
Tel: 02-772-4845

**전준철 변호사**
서울중앙지방검찰청 반부패 수사부장
수원지방검찰청 특수부장
Tel: 02-6386-0810

## 감사원

**김정하 고문**
감사원 사무총장
감사원 조세심사청구 심사심의관
Tel: 02-6386-6253

 법무법인(유한) 대륜
DAERYUN LAW FIRM LLC.

기업금융·조세 전 분야 완벽 대응,

'회계처리 검토부터 세무조사, 민·형사/행정소송까지'
정당한 이익 보호를 위해 광범위한 분쟁해결 서비스를 제공합니다.

조세쟁송·자문  |  세무조사  |  국제조세  |  관세·국제통상

## | 기업법무 · 조세행정그룹 소속 주요 구성원

**기업법무그룹장**
**손계준** 총괄변호사
(前) 공정거래위원회 서기관·사무관
- 공정거래위원회 조사·심의 대응 전문

**조세행정그룹장**
**곽내원** 최고총괄변호사
- 대한변호사협회 등록 행정전문변호사
- 광역시장·세무서장 상대 행정소송 다수

**조상수** 최고총괄변호사
(前) 헌법재판소 헌법연구관

**김인원** 최고총괄변호사
- 행정소송·금융조사부 검사 경력
- 다수 기업의 행정사건 수행

**이일권** 최고총괄변호사
(前) 예금보험공사 부실채무기업특별조사
2국장

**김진원** 최고총괄변호사
- 조세 전담부 검사 경력
- 조세형사 사건 다수 수행

**박규석** 최고총괄변호사
(前) 세무서 국세심사원
(前) 조세 전담부 검사

**최한식** 최고총괄변호사
(前) 대기업 법무팀장·전무

**김광덕** 최고총괄변호사
(前) 세무서 국세심사위원
(前) 고용노동부 법무행정팀

**정찬우** 최고총괄변호사
(前) 서울특별시 행정심판위원회 위원
(前) 세무회계사무소

**정인호** 총괄변호사
조세쟁송·자문 전문

**김대수** 총괄변호사
조세불복·신용보증 자문

**김원상** 수석변호사
조세불복·행정소송 전문

**김유정** 책임변호사
국세청·대기업 소송대리
다수

**박수진** 회계사
조세불복·세무조사 대응

**박원찬** 회계사
회계감사·기업자문 전문

**임정오** 세무사
기업 세무자문·세무조정

**이원익** 세무사
법인결산·세무자문 전문

서울특별시 영등포구 여의대로 108, 파크원타워1 35층      T.1800-7905      www.daeryunlaw.com      법무법인(유한) 대륜
DAERYUN LAW LLC.

# 법무법인(유)율촌
# 조세부문

## 주요 구성원 소개

**김동수**

변호사

조세자문

**이용섭**

고문

입법, 관세,
조세심판, 지방세

**김낙회**

고문

입법, 관세, 조세심판

**구기성**

고문

입법

**이승호**

고문

특별세무조사

**양병수**

고문

개인자산관리,
세무조사

**박만성**

고문

국제조세, 세무조사

**조윤희**

변호사

조세쟁송

**한원교**

변호사/쟁송팀장

조세쟁송

**장재형**

세무사/부부문장

입법, 예규

**임정훈**

세무사

세무조사, 조세자문

**이창수**

세무사

유권해석, 입법

| | | | | | | | | |
|---|---|---|---|---|---|---|---|---|
| 문준영 | 세무사 | 조세진단 | 최규환 | 회계사 | 조세자문(금융) | 박세훈 | 변호사 | 관세 |
| 채종성 | 세무사 | 조세진단 | 이원주 | 회계사 | 조세자문(금융) | 김형배 | 관세전문위원 | 관세, ACVA |
| 양원봉 | 회계사 | 조세심판 | 최 완 | 변호사 | 조세자문(부동산) | 윤희만 | 관세전문위원 | 관세 |
| 고창보 | 세무사 | 조세심판 | 이강민 | 변호사 | 조세자문, 지방세, 입법 | 전동흔 | 고 문 | 지방세 |
| 박지웅 | 변호사 | 입법 | 전영준 | 변호사 | 조세쟁송, 조세자문 | 이경근 | 세무사 | 국제조세 |
| 김실근 | 세무사 | 감사원 | 신기선 | 변호사 | 조세쟁송 | 김규동 | 외국회계사 | 국제조세 |
| 김근재 | 변호사 | 개인자산관리 | 이종혁 | 변호사 | 조세쟁송, 관세 | 오영석 | 회계사 | 국제조세(일본) |
| 소진수 | 회계사 | 구조조정,기업승계 | 곽태훈 | 변호사 | 조세쟁송 | 안수정 | 외국변호사 | 국제조세 |
| 윤상범 | 변호사 | 구조조정 | 성수현 | 변호사 | 조세쟁송 | 최용환 | 변호사 | 국제조세 |
| 송상우 | 회계사 | 조세자문(금융) | 조정철 | 변호사 | 조세형사, 관세 | 성민영 | 변호사 | 국제조세 |

# 법무법인(유) 지평
# 조세팀

지평은 조세자문, 행정심판, 행정소송, 위헌소송 등
조세 관련 분야에 탁월한 전문성을 가진 로펌입니다.

지평 조세팀은 법인 내 유관 전문서비스팀과
유기적인 결합으로 원스톱 고객서비스를 제공하고 있습니다.

| | |
|---|---|
| 조세쟁송 | 세무 진단 및 세무조사 대응 |
| 조세자문 | 회계규제 |
| 조세형사 | 관세 및 국제통상 |

## 법무법인(유) 지평 조세팀 **주요 구성원**

**최현민** 고문
부산지방국세청장
조세자문 일반
02-6200-1953

**엄상섭** 변호사·공인회계사
대법원 재판연구관(조세조)
조세소송
02-6200-1667

**박영주** 변호사
관세청 고문변호사
조세소송
02-6200-1728

**강원일** 변호사
상속세 및 증여세, 부동산 세법
성년후견업무(자산관리)
조세소송
02-6200-1951

**김강산** 변호사
광주지방법원 부장판사
서울행정법원 조세 전담부
조세형사
02-6200-1903

**박성철** 변호사
서울시
행정심판위원회 위원
조세위헌소송
02-6200-1777

**김태형** 변호사
관세청 정기 자문업무 수행
조세소송
02-6200-1767

**김형우** 변호사·공인회계사
삼일회계법인
금융자문본부
금융조세
02-6200-1839

**고세훈** 변호사
Texas Instruments
제조사업부(원가담당)
조세자문/해외투자
02-6200-1849

**김선국** 변호사
서울고등법원 재판연구원
조세형사
02-6200-1780

**이종헌** 변호사
서울대 박사과정수료(행정법)
UC Berkeley School of Law (LL.M.)
조세소송
02-6200-1825

**천영석** 변호사·공인회계사
삼일회계법인
조세자문 일반
02-6200-1888

**구상수** 공인회계사
법학박사(조세)
조세자문 일반
02-6200-1738

**지명수** 세무사
국세청 조사국
조세자문 일반
02-6200-1623

# 법무법인(유한) 태평양

## 조세업무에 대한 풍부한 경험과 전문성

### 주요 구성원 소개

| 조세자문 | 세무조사 | 조세심판 | 조세소송 | 조세형사 | 관세 |
|---|---|---|---|---|---|
|  |  |  |  |  |  |
| **조학래** 공인회계사 | **최찬오** 세무사 | **최광백** 경제고문 | **심규찬** 변호사 | **박재영** 변호사 | **주성준** 변호사 |
| 02.3404.0580 | 02.3404.7578 | 02.3404.7567 | 02.3404.0679 | 02.3404.7548 | 02.3404.6517 |

| 지방세 | 국제조세 | 해외대체투자 | 회계감리 | 유권해석&법령개정 | 경정청구(조세환급) |
|---|---|---|---|---|---|
|  |  |  |  |  |  |
| **오정의** 경제고문 | **장승연** 외국변호사 (미국 Ohio주) | **채승완** 공인회계사 | **양성현** 공인회계사 | **이주윤** 전문위원 | **이은홍** 공인회계사 |
| 02.3404.7353 | 02.3404.7589 | 02.3404.0577 | 02.3404.0586 | 02.3404.1083 | 02.3404.0575 |

| | | | | | | |
|---|---|---|---|---|---|---|
| **변호사** | **한위수** 02.3404.0541 | **조일영** 02.3404.0545 | **강석규** 02.3404.0653 | **유철형** 02.3404.0154 | **김승호** 02.3404.0659 | **조무연** 02.3404.0459 |
| | **장성두** 02.3404.6585 | **이진우** 02.3404.6579 | **방진영** 02.3404.7578 | **서승원** 02.3404.0964 | **박창수** 02.3404.7659 | **김종우** 외국변호사 (California주) 02.3404.6991 |
| **공인회계사** | **김동현** 02.3404.0572 | **김태균** 02.3404.0574 | **곽시명** 02.3404.0581 | **권용진** 02.3404.0585 | **김영훈** 02.3404.0588 | **Jeremy A. Everett** (AICPA) 02.3404.7578 |
| **세무사** | **김용관** 02.3404.0579 | **곽영국** 02.3404.7572 | **김용수** 02.3404.7568 | **박영성** 02.3404.7573 | **홍수용** 02.3404.7531 | **한의진** 02.3404.0590 |
| **전문위원 (관세)** | **김규석** 02.3404.0579 | **임대승** 02.3404.7572 | **이종현** 02.3404.7568 | | | |
| **경제고문** | **조홍희** (前) 서울지방국세청장 02.3404.0313 | **이전환** (前) 국세청 차장 02.3404.7518 | **박석현** (前) 광주지방국세청장 02.3404.0285 | **이찬기** (前) 관세청 차장 02.3404.5887 | | |

www.pyeonganlawfirm.com

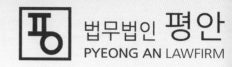
법무법인 평안
PYEONG AN LAWFIRM

# 변화하는 세법, 변함없는 해결책

조세형사 전문성에 관세 분야까지 더한 차별화된 원스톱 법률 서비스

## ── 법무법인 평안 **조세팀 구성원** ──

대법원 대법관
대검찰청 중앙수사부 부장검사
부산고등검찰청 검사장
서울고등검찰청 검사장

저서 : 조세형사법, 2005
조세형사법(최신개정판), 2015
로앤비 온주 조세범처벌법,
조세범처벌절차법 집필대표

**안 대 희**
의장변호사

변호사/공인회계사
CDCS/보세사/원산지관리사
서울시립대학교 세무학 박사

삼일회계법인, 삼정회계법인
인천공항 본부세관 법률고문
서울본부세관 법률고문
대한변호사협회 선정 우수변호사

조세전략포럼 부회장
한국글로벌무역학회 부회장
로앤비 온주 조세범처벌법,
조세범처벌절차법 집필위원
기획재정부 지역활성화 투자펀드
T/F 법률 전문위원
금융감독원 금융분쟁조정 전문위원
대한변협 세무대리 강사(부가가치세법)
서울지방변호사회 강사(조세형법 및
조세헌법)

공인회계사
삼일회계법인
서울시립대학교 세무학 석사
인구보건복지협회 감사
한국세법학회 정회원

**권 형 기**
파트너변호사
(조세팀 총괄팀장)

**이 재 환**
파트너변호사

**김 범 수**
파트너변호사

서울지방국세청
국제거래조사국
삼정회계법인
한국국제조세협회
YIN KOREA

**박 명 우**
파트너변호사

공인회계사
삼일회계법인
한국부동산원 정비사업
자문위원

**조 현 석**
파트너변호사

공인회계사(최연소)
삼정회계법인
안진회계법인
한국글로벌무역학회 이사
한국세법학회 정회원

**진 영 석**
파트너변호사

공인회계사
금융자산관리사
파생상품투자상담사
증권투자상담사
삼일회계법인

**김 한 준**
파트너변호사

미국 공인회계사
개인정보관리사
삼일회계법인
한국세법학회 정회원
한국감정평가학회 정회원

**남 지 훈**
변호사

공인회계사

서울 본사 서울 서초구 서초대로50길 8, 12층 (우)06645
부산 분점 부산 연제구 법원로 20, 12층 1205호 (우)47511

TEL. 02-6010-6565

62

http://www.joseilbo.com/taxguide

# 세금신고 가이드

법 인 세
종합소득세
부가가치세
원 천 징 수

국 민 연 금
건강보험료
고용보험료
산재보험료

지 방 세
재 산 세
자동차세
세 무 일 지

연 말 정 산
양도소득세
상속증여세
증권거래세

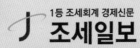

1등 조세회계 경제신문
조세일보

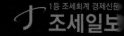

# 재무인명부

세무법인 | 회계법인 | 관세법인 | 로펌

국회기획재정위원회 | 감사원 | 기획재정부 | 금융위 | 금감원 | 상공회의소
중소기업중앙회 | 국세청 | 지방재정경제실 | 조세심판원 | 한국조세재정연구원

## 2025.2.4.현재

1등 조세회계 경제신문
조세일보

# 기관

# 국회기획재정위원회

| 주소 | 서울시 영등포구 의사당대로 1(여의도동) (우) 07233 |
|---|---|
| 대표전화 | 02-6788-2114 |
| 사이트 | finance.na.go.kr |

위원장     송언석

(D) 02-784-3011

| 위원회 조직 | 전화 |
|---|---|
| 최병권 수석전문위원 (차관보급) | 02-6788-5141 |
| 정지은 전문위원(2급) | 02-6788-5142 |
| 김현중 재정정책조사관 (3급) | 02-6788-5148 |
| 주규준 조세정책조사관 (3급) | 02-6788-5157 |
| 임윤섭 재정정책조사관 (4급) | 02-6788-5149 |
| 권혁만 조세정책조사관 (4급) | 02-6788-5155 |
| 문유선 조세정책조사관 (5급) | 02-6788-5160 |
| 노현정 재정정책조사관 (5급) | 02-6788-5151 |
| 김태경 조세정책조사관 (5급) | 02-6788-5161 |
| 김정엽 조세정책조사관 (5급) | 02-6788-5154 |
| 이덕형 재정정책조사관 (5급) | 02-6788-5150 |
| 김승균 조세정책조사관 (5급) | 02-6788-5158 |
| 이건화 재정정책조사관 (5급) | 02-6788-5152 |
| 황용준 재정정책조사관 (6급) | 02-6788-5153 |
| 김정혜 주무관 (6급) | 02-6788-5144 |
| 이인희 주무관 (6급) | 02-6788-5141 |
| 송경희 주무관 (6급) | 02-6788-5142 |
| 오승희 주무관 (6급) | 02-6788-5146 |
| 장우석 행정관 (7급) | 02-6788-5145 |

# 국회기획재정위원회

DID: 02-784-OOOO

위원장: **송 언 석**
DID: 02-784-3011

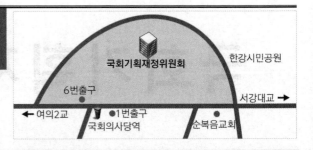

| 주소 | 서울특별시 영등포구 의사당대로 1 (여의도동) (우) 07233 |
|---|---|
| 홈페이지 | finance.na.go.kr |

| 구성 | 간사 | | 위원 | | | |
|---|---|---|---|---|---|---|
| 위원명 | 정태호 | 박수영 | 김영진 | 김영환 | 김태년 | 박홍근 |
| 소속 | 더불어민주당 | 국민의힘 | 더불어민주당 | 더불어민주당 | 더불어민주당 | 더불어민주당 |
| 보좌관 | 김준하, 최기원 | 양일국, 장상택 | 김유현, 최찬민 | 류종철, 민현석 | 강경훈, 전우선 | 나바다, 장석원 |
| 전화 | 5073 | 3760 | 8410 | 8731 | 4570 | 8370 |

| 구성 | 위원 | | | | | |
|---|---|---|---|---|---|---|
| 위원명 | 신영대 | 안도걸 | 오기형 | 윤호중 | 임광현 | 정성호 |
| 소속 | 더불어민주당 | 더불어민주당 | 더불어민주당 | 더불어민주당 | 더불어민주당 | 더불어민주당 |
| 보좌관 | 선학수, 심권택 | 김현호, 여경훈 | 권태준 | 박석윤, 이재승 | 김길전, 이현주 | 서준섭, 정원철 |
| 전화 | 1524~6 | 4441 | 4071 | 4961 | 3181 | 8991 |

| 구성 | 위원 | | | | | |
|---|---|---|---|---|---|---|
| 위원명 | 정일영 | 진성준 | 최기상 | 황명선 | 구자근 | 박대출 |
| 소속 | 더불어민주당 | 더불어민주당 | 더불어민주당 | 더불어민주당 | 국민의힘 | 국민의힘 |
| 보좌관 | 김희철, 장아름 | 김승현, 최완 | 박희정, 홍기돈 | 김민주, 전문학 | 정준용 | 배시열, 최두식 |
| 전화 | 6651~3 | 5725 | 4990 | 9820~22 | 3190 | 6750 |

| 구성 | 위원 | | | | | |
|---|---|---|---|---|---|---|
| 위원명 | 박성훈 | 박수민 | 이인선 | 이종욱 | 최은석 | 차규근 | 천하람 |
| 소속 | 국민의힘 | 국민의힘 | 국민의힘 | 국민의힘 | 국민의힘 | 조국혁신당 | 개혁신당 |
| 보좌관 | 우성필, 임원식 | 기훈종, 윤나영 | 임효권, 조병수 | 김재학, 김화영 | 남완우, 손정갑 | 김진욱, 이대원 | 강은규, 강지은 |
| 전화 | 2855 | 7190 | 7610 | 9630 | 9071 | 4162 | 5364 |

# 국회법제사법위원회

| 주소 | 서울시 영등포구 의사당대로 1(여의도동)<br>(우) 07233 |
|---|---|
| 대표전화 | 02-6788-2114 |
| 사이트 | legislation.na.go.kr |

## 위원장 　 정청래

(D) 02-784-4316

| 위원회 조직 | 전화 | 위원회 조직 | 전화 |
|---|---|---|---|
| 정환철 수석전문위원 (차관보급) | 02-6788-5041 | 박세경 법제사법정책조사관 (5급) | 02-6788-5052 |
| 김성완 전문위원 (2급) | 02-6788-5044 | 박은정 법제사법정책조사관 (5급) | 02-6788-5059 |
| 이은정 전문위원 (2급) | 02-6788-5043 | 최한슬 법제사법정책조사관 (5급) | 02-6788-5053 |
| 박동찬 전문위원 (2급) | 02-6788-5043 | 김경준 법제사법정책조사관 (5급) | 02-6788-5070 |
| 이화실 전문위원 (2급) | 02-6788-5042 | 이상민 법제사법정책조사관 (5급) | 02-6788-5065 |
| 김익두 법제사법정책조사관 (3급) | 02-6788-5055 | 김홍규 법제사법정책조사관 (5급) | 02-6788-5075 |
| 정진욱 행정실장 (4급) | 02-6788-5049 | 이강욱 법제사법정책조사관 (6급) | 02-6788-5064 |
| 이정미 법제사법정책조사관 (4급) | 02-6788-5071 | 김민옥 주무관 (6급) | 02-6788-5067 |
| 박상균 법제사법정책조사관 (4급) | 02-6788-5056 | 박옥서 주무관 (6급) | 02-6788-5050 |
| 김형섭 법제사법정책조사관 (4급) | 02-6788-5048 | 김수자 주무관 (6급) | 02-6788-5069 |
| 최준호 법제사법정책조사관 (4급) | 02-6788-5052 | 이미숙 주무관 (6급) | 02-6788-5066 |
| 이혜미 법제사법정책조사관 (4급) | 02-6788-5058 | 임현숙 주무관 (6급) | 02-6788-5074 |
| 문정호 법제사법정책조사관 (4급) | 02-6788-5060 | 이지영 주무관 (6급) | 02-6788-5041 |
| 류호연 법제사법정책조사관 (4급) | 02-6788-5061 | 임채현 행정관 (6급) | 02-6788-5068 |
| 노경훈 법제사법정책조사관 (4급) | 02-6788-5057 | 김기연 행정관 (7급) | 02-6788-5072 |
| 김태현 법제사법정책조사관 (5급) | 02-6788-5073 | | |

# 국회법제사법위원회

DID: 02-784-OOOO

위원장: **정 청 래**
DID: 02-784-4316

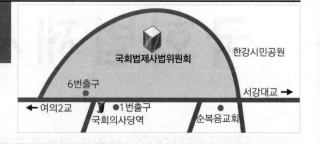

| 주소 | 서울특별시 영등포구 의사당대로 1 (여의도동) (우) 07233 |
|---|---|
| 홈페이지 | legislation.na.go.kr |

| 구성 | 간사 | | 위원 | | | |
|---|---|---|---|---|---|---|
| 위원명 | **박범계** | **유상범** | **김기표** | **김용민** | **박균택** | **박지원** |
| 소속 | 더불어민주당 | 국민의힘 | 더불어민주당 | 더불어민주당 | 더불어민주당 | 더불어민주당 |
| 보좌관 | 문병남, 윤종우 | 김원호, 최영수 | 송동수, 허용 | 박준수, 윤여길 | 이승환, 한호 | 박지웅, 임채송 |
| 전화 | 6960 | 4760 | 4840 | 1530 | 9580 | 0615~7 |

| 구성 | 위원 | | | | | |
|---|---|---|---|---|---|---|
| 위원명 | **박희승** | **서영교** | **이성윤** | **장경태** | **곽규택** | **박준태** |
| 소속 | 더불어민주당 | 더불어민주당 | 더불어민주당 | 더불어민주당 | 국민의힘 | 국민의힘 |
| 보좌관 | 이백휴, 최형규 | 문경희, 안재형 | 강연주 이규진 | 김상혁, 이경수 | 기남형, 한수근 | |
| 전화 | 5031 | 8490 | 3071 | 3106 | 5970 | 6430 |

| 구성 | 위원 | | | | |
|---|---|---|---|---|---|
| 위원명 | **송석준** | **장동혁** | **조배숙** | **주진우** | **박은정** |
| 소속 | 국민의힘 | 국민의힘 | 국민의힘 | 국민의힘 | 조국혁신당 |
| 보좌관 | 류명현, 박범영 | 이승구, 한상필 | 국혁, 김용진 | 이시우, 정성철 | 김순이, 변아영 |
| 전화 | 3161 | 2174 | 5711 | 9423 | 3080 |

# 국회정무위원회

| 주소 | 서울시 영등포구 의사당대로 1 (여의도동) (우) 07233 |
|---|---|
| 대표전화 | 02-6788-2114 |
| 사이트 | policy.na.go.kr |

## 위원장 　　　윤한홍

(D) 02-784-2371

| 위원회 조직 | 전화 |
|---|---|
| 정명호 수석전문위원 (차관보급) | 02-6788-5101 |
| 황승기 전문위원 (2급) | 02-6788-5103 |
| 최기도 전문위원 (2급) | 02-6788-5102 |
| 이지연 금융정책조사관 (3급) | 02-6788-5104 |
| 박민호 행정실장 (4급) | 02-6788-5105 |
| 이종민 보훈정책조사관 (4급) | 02-6788-5110 |
| 홍정 공정거래정책조사관 (4급) | 02-6788-5109 |
| 윤동한 금융정책조사관 (4급) | 02-6788-5111 |
| 이중석 금융정책조사관 (4급) | 02-6788-5106 |
| 이명자 금융정책조사관 (4급) | 02-6788-5113 |
| 이중수 금융정책조사관 (4급) | 02-6788-5108 |
| 한경석 보훈정책조사관 (5급) | 02-6788-5112 |
| 정지연 보훈정책조사관 (5급) | 02-6788-5107 |
| 이지연 입법조사관 (5급) | 02-6788-5114 |
| 강민경 공정거래정책조사관 (6급) | 02-6788-5115 |
| 김유준 행정관 (7급) | 02-6788-5117 |
| 송명례 행정관 (6급) | 02-6788-5116 |
| 윤애심 주무관 (6급) | 02-6788-5101 |
| 손지화 주무관 (6급) | 02-6788-5102 |
| 염혜윤 주무관 (6급) | 02-6788-5103 |

# 국회정무위원회

DID: 02-784-OOOO

위원장: **윤 한 홍**
DID: 02-784-2371

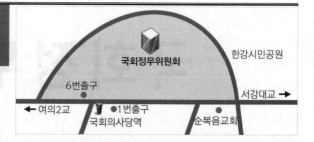

| 주소 | 서울특별시 영등포구 의사당대로 1 (여의도동) (우) 07233 |
|---|---|
| 홈페이지 | policy.na.go.kr |

| 구성 | 간사 | | 위원 | | | |
|---|---|---|---|---|---|---|
| 위원명 | **강준현** | **강민국** | **강훈식** | **김남근** | **김병기** | **김승원** |
| 소속 | 더불어민주당 | 국민의힘 | 더불어민주당 | 더불어민주당 | 더불어민주당 | 더불어민주당 |
| 보좌관 | 박남문, 최인자 | 강민승, 정경섭 | 정의일, 한승민 | 이지백, 이철호 | 김정겸, 유현규 | 고영우, 강래원 |
| 전화 | 6950 | 0797 | 1045~47 | 2470 | 1322 | 5285 |

| 구성 | 위원 | | | | | |
|---|---|---|---|---|---|---|
| 위원명 | **김용만** | **김현정** | **민병덕** | **박상혁** | **유동수** | **이강일** |
| 소속 | 더불어민주당 | 더불어민주당 | 더불어민주당 | 더불어민주당 | 더불어민주당 | 더불어민주당 |
| 보좌관 | 김동현, 한웅희 | 김홍일, 김지성 | 김대경, 김병섭 | 김수철, 김철환 | 김기석, 손민호 | 김예식, 신동림 |
| 전화 | 2634 | 6142 | 9540 | 2417~9 | 3543 | 9401 |

| 구성 | 위원 | | | | | |
|---|---|---|---|---|---|---|
| 위원명 | **이인영** | **이정문** | **전현희** | **강명구** | **권성동** | **김상훈** |
| 소속 | 더불어민주당 | 더불어민주당 | 더불어민주당 | 국민의힘 | 국민의힘 | 국민의힘 |
| 보좌관 | 노창식, 유병문 | 이영구, 조기호 | 김흥수, 이인화 | 김현경, 신중호 | 윤희진, 최영철 | 서태은, 최병용 |
| 전화 | 6811~3 | 2350 | 9530 | 2844~6 | 3396~8 | 2310 |

| 구성 | 위원 | | | | |
|---|---|---|---|---|---|
| 위원명 | **김재섭** | **유영하** | **이헌승** | **신장식** | **한창민** |
| 소속 | 국민의힘 | 국민의힘 | 국민의힘 | 조국혁신당 | 사회민주당 |
| 보좌관 | 강신형, 박소연 | 김해균, 유도영 | 김병하, 김창수 | 박선민, 한경석 | 김상균, 윤호숙 |
| 전화 | 3851 | 5270 | 7911 | 3670 | 8834 |

# 감 사 원

| 주소 | 서울특별시 종로구 북촌로 112 (삼청동 25-23) (우) 03050 |
|---|---|
| 대표전화 | 02-2011-2114 |
| 사이트 | www.bai.go.kr |

## 원장　　　　　　최재해

(D) 02-2011-2000 (FAX) 02-2011-2009

비서실장　　　　심재곤

| 감사위원실 |
|---|
| 조은석 감사위원 |
| 김인회 감사위원 |
| 이미현 감사위원 |
| 이남구 감사위원 |
| 김영신 감사위원 |
| 유병호 감사위원 |

| | |
|---|---|
| 사무총장 | 최달영 |
| 제1사무차장 | 신치환 |
| 제2사무차장 | 김영관 |
| 공직감찰본부장 | 이용출 |
| 국민감사본부장 | 최정운 |
| 기획조정실장 | 황해식 |
| 감사교육원장 | 김순식 |
| 감사연구원장 | |

# 감사원

대표전화 : 02-2011-2114 / DID : 02-2011-OOOO

원장: **최 재 해**
DID: 02-2011-2000

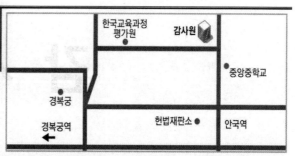

| 주소 | 서울특별시 종로구 북촌로 112 (삼청동 25-23) (우) 03050 |
|---|---|
| 홈페이지 | www.bai.go.kr |

| 실 | 비서실 | 원 | 감사교육원 | | | 감사연구원 | | | | | | |
|---|---|---|---|---|---|---|---|---|---|---|---|---|
| 실장 | 심재곤 | 원장 | 김순식 | | | | | | | | | |
| 과 | | 부장 | 윤병원 | | | 신상훈 | | | | | | |
| 과장 | | 과 | 교육지원 | 교육운영1 | 교육운영2 | 연구지원 | 경제감사연구 | 사회감사연구 | 행정감사연구 | 디지털감사연구 | 인사혁신 | 운영지원 |
| | | 과장 | 서동원 031-940-8810 | 김지현 031-940-8831 | | 최인수 3040 | 김찬수 3010 | 이상혁 3020 | 유승현 3030 | 차경엽 3041 | 김대현 2581 | 정영교 2576 |

| 국 | 감찰관 | 대변인 | 재정경제감사국 | | | | 산업금융감사국 | | | |
|---|---|---|---|---|---|---|---|---|---|---|
| 국장 | 김현철 | 이주형 | 박진원 | | | | 김태우 | | | |
| 과 | 감찰담당 | 홍보담당 | 재정경제1 | 재정경제2 | 재정경제3 | 재정경제4 | 산업금융1 | 산업금융2 | 산업금융3 | 산업금융4 |
| 과장 | 김도형 2676 | 이용익 2491 | 배준환 2111 | 박건율 2121 | 박성대 2131 | 김탁현 2141 | 구민 2211 | 임봉근 2221 | 유영 2231 | 김태성 2241 |

| 국 | 국토환경감사국 | | | | | 공공기관감사국 | | | | 공공재정회계감시국 | | |
|---|---|---|---|---|---|---|---|---|---|---|---|---|
| 국장 | 이윤재 | | | | | 김종운 | | | | 김동석 | | |
| 과 | 국토환경1 | 국토환경2 | 국토환경3 | 국토환경4 | 국토환경5 | 공공기관1 | 공공기관2 | 공공기관3 | 공공기관4 | 재정회계1 | 재정회계2 | 재정회계3 |
| 과장 | 임경훈 2311 | 김경덕 2321 | 권진웅 2331 | 이칠성 2341 | 이용택 2343 | 최규섭 2351 | 전형철 2361 | 정광연 2371 | 문강희 2381 | 홍현식 2601 | 채정관 2602 | 유오현 2603 |

| 국 | 사회복지감사국 | | | | | 행정안전감사국 | | | | 외교국방감사국 | | |
|---|---|---|---|---|---|---|---|---|---|---|---|---|
| 국장 | 홍성모 | | | | | 최재혁 | | | | 윤승기 | | |
| 과 | 사회복지1 | 사회복지2 | 사회복지3 | 사회복지4 | 사회복지5 | 행정안전1 | 행정안전2 | 행정안전3 | 행정안전4 | 외교국방1 | 외교국방2 | 외교국방3 | 국제기구감사 |
| 과장 | 홍정상 2411 | 전용진 2421 | 정진수 2431 | 이시대 2441 | 임보영 2451 | 조윤정 2511 | 정경주 2521 | 김진경 2531 | 홍운기 2541 | 유동욱 2501 | 신현승 2502 | 임승주 2503 | 조양찬 2646 |

| 국 | 미래전략감시국 | | | 특별조사국 | | | | | 지방행정감사1국 | | |
|---|---|---|---|---|---|---|---|---|---|---|---|
| 국장 | 강민호 | | | 김숙동 | | | | | 정광명 | | |
| 과 | 미래전략감사1 | 미래전략감사2 | 미래전략감사3 | 특별조사1 | 특별조사2 | 특별조사3 | 특별조사4 | 특별조사5 | 지방행정1국1 | 지방행정1국2 | 지방행정1국3 |
| 과장 | 한상우 3060 | 임상혁 3070 | 권기영 3080 | 김영호 2701 | 박준욱 2711 | 오갑주 2721 | 조윤나 2731 | 김문준 2741 | 박용준 2611 | 전우승 2621 | 조성익 2631 |

| 국 | 지방행정감사1국 | | 지방행정감사2국 | | | | | 디지털감사국 | | | |
|---|---|---|---|---|---|---|---|---|---|---|---|
| 국장 | 정광명 | | 박완기 | | | | | 김성진 | | | |
| 과 | 지방행정1국4 | 지방행정1국5 | 지방행정2국1 | 지방행정2국2 | 지방행정2국3 | 지방행정2국4 | 지방건설안전감사 | 디지털감사1 | 디지털감사2 | 디지털감사3 | 정보시스템운영 |
| 과장 | 임명효 2641 | 김민정 2642 | 이중호 042-481-8050 | 홍윤석 062-717-5920 | 임정혁 051-718-2300 | 강재구 053-759-4260 | 박병호 2648 | 안광용 2401 | 김현표 2402 | 박정철 2403 | 김태익 2420 |

| 국 | 국민제안감사1국 | | | | | 국민제안감사2국 | | | 심사관리관 | |
|---|---|---|---|---|---|---|---|---|---|---|
| 국장 | 장난주 | | | | | 구경렬 | | | 남우점 | |
| 과 | 국민제안1국1 | 국민제안1국2 | 국민제안1국3 | 국민제안1국4 | 국민제안1국5 | 국민제안2국1 | 국민제안2국2 | 국민제안2국3 | 1담당관 | 2담당관 |
| 과장 | 정연상 2751 | 김종동 2752 | 김남진 2753 | 안광훈 2754 | 김혁 2755 | 강승원 2191 | 김규용 2772 | 박득서 042-481-6731 | 안호선 2291 | 정철 2296 |

| 국 | 기획조정실 | | | 심의실 | | | | 적극행정공공감사지원관 | | | |
|---|---|---|---|---|---|---|---|---|---|---|---|
| 국장 | 황해식 | | | 이수연 | | | | 오준석 | | | |
| 과 | 기획 | 감사전략 | 국제협력 | 법무 | 심의지원 | 재심의 | 감사품질 | 적극행정총괄담당관 | 사전컨설팅담당관 | 공공감사혁신담당관 | 공공감사운영심사담당관 |
| 과장 | 김동진 2171 | 박환대 2172 | 김종관 2186 | 박재영 2281 | 김유홍 2285 | 이관수 2746 | 배재일, 조강호, 장수영 2261 | 여태승 2736 | 이경재 2103 | 권기대 2101 | 안광승 2201 |

# 기획재정부

# 기획재정부

| | |
|---|---|
| 주소 | 세종 도움6로 42 정부세종청사 기획재정부 (우) 30112 |
| 대표전화 | 044-215-2114 |
| 팩스 | 044-215-8033 |
| 계좌번호 | 011769 |
| e-mail | forumnet@mosf.go.kr |

## 부총리 　　최상목

(D) 044-215-2114

| | | |
|---|---|---|
| 자 문 관 | 황순구 | |
| 비 서 실 장 | 천재호 | (D) 044-215-2114 |
| 비 서 관 | 이희곤 | (D) 044-215-2114 |
| 사 무 관 | 김수현 | (D) 044-215-2114 |
| 사 무 관 | 안영훈 | (D) 044-215-2114 |
| 주 무 관 | 김태완 | (D) 044-215-2114 |
| 사 무 원 | 유지혜 | (D) 044-215-2114 |
| 사 무 원 | 이기영 | (D) 044-215-2114 |

| 차관 | 전화 |
|---|---|
| 김범석 제1차관 | (D) 044-215-2001 |
| 김윤상 제2차관 | (D) 044-215-2002 |

# 기획재정부

DID: 044-215-OOOO

부총리 겸 장관: **최 상 목**
DID: 044-215-2114

지도: 연세초등학교, 기획재정부, 환경부, 국토교통부, 해양수산부, 정부세종청사, 공정거래위원회

| 주소 | 세종특별자치시 도움6로 42 정부세종청사 기획재정부 (어진동 572) (우) 30112 |
| --- | --- |
| 홈페이지 | www.moef.go.kr |

| 실 | 대변인 | | | | 제1차관 | |
| --- | --- | --- | --- | --- | --- | --- |
| 실장 | 강영규 2400 | | | | 김범석 2001 | |
| 관 | 홍보담당관 | 장관정책보좌관 | 감사관 | 감사담당관 | 차관보 | 국제경제관리관 |
| 부이사관 | 남경철 5310 | | | | | |
| 관장 | 강준모 2401 | 고광희 2114<br>이한수 2040<br>조상현 2041 | 장영규 2200 | 박찬호 2210 | 윤인대 2003 | 최지영 2004 |
| 팀장 | 김준호 2560<br>이정윤 2760<br>이정희 2760<br>차현종 2410 | | | 김원대 2211 | | |
| 서기관 | 김영돈 2414 | | | | | |
| 사무관 | 조영삼 2431 안준영 2413<br>이현지 2562 김대훈 2418<br>심우진 2433 박영식 2569<br>박지혜 2762 윤영준 2412<br>강병구 2411 전광철 2419<br>김우태 2764 김지석 2416 | | | 임주현 2215<br>박종석 2217<br>강민기 2219<br>황명희 2218<br>김철현 4114<br>김동석 2216 | | |
| 주무관 | 박현우 2564 연영민 2417<br>황은주 2437 최성민 2561<br>강혜숙 2434 이희지 2423<br>이훈용 박진영 2415<br>최성욱 2435 | 이세비 2082 | 권영옥 2201 | 문지연 2208<br>채지웅 2207<br>권동한 2214 | | 이영숙 2034<br>김양언 8906 |
| 직원 | 권기태 2568 김수민 2432<br>이미라 7981 정윤정 2422<br>최은영 7982 유희정 2763<br>김준범 2420 신동균<br>유리나 2421 02-731-1533<br>전성민 2439 서혜원 2761 | 박예나 2042 | | | 이지현 2033 | |
| FAX | 044-215-8033 | | | | | |

수시 업데이트 되는 국세청, 정·관계 인사의 프로필과 국세청, 지방청, 전국세무서, 관세청,
유관기관 등의 인력배치 현황을 볼 수 있는 온라인 재무인명부

1등 조세회계 경제신문 조세일보

| 실 | 제1차관 | | | | 제2차관 |
|---|---|---|---|---|---|
| 실장 | 김범석 2001 | | | | 김윤상 2002 |
| 관 | | | 경제공급망기획관 | | 재정관리관 |
| 관장 | | | 이형렬 7860 | | 안상열 2005 |
| 과 | 인사과 | 운영지원과 | 공급망정책담당관 | 공급망대응담당관 | |
| 과장 | 최영전 2230 | 이준성 2310 | 배병관 7870 | 김도익 7880 | |
| 팀장 | 태원창 2250<br>김태연 2290 | 박해정 2330<br>이상섭 2350 | 손정혁 7885 | | |
| 서기관 | 박효은 2270 | 박종훈 2370 | 김민규<br>02-215-0000 | | |
| 사무관 | 윤진 2251<br>최경남 2252<br>이재환 2292 | 이재우 2351 | 김민진 7871<br>김낙현 7872<br>이경달 7877<br>최인철 7875<br>피재원 7887<br>이상민 7873<br>신정미 7874 | 고상덕 7881<br>신미란 7882<br>전보미 7888 | |
| 주무관 | 문명선 2259<br>이승연 2257<br>정의론 2253<br>김도훈 2254<br>하미령 2255<br>유예지 2271<br>한규택 2258<br>김세은 2294<br>이기민 2299<br>김윤경 2296<br>변은진 2297<br>기예원 2295 | 차연호 2335 김영대 8911<br>이소영 2371 이광훈 8909<br>한선화 2374 신현구 8905<br>안윤정 2372<br>신용순 2334<br>배태랑 2376<br>유미경 2369<br>임은란 2354<br>추여미 2355<br>박선영 2352<br>신기환 2353<br>이나금 2356 | 황보철 7879<br>윤현미 7876 | 김대현 7883 | 고은정 2035 |
| 직원 | 김나영 2239 | 서석제 2333 김상태 8908<br>김종욱 2373<br>이혜정 2357 | | | 박수환 |
| FAX | 044-215-8033 | | | | |

DID : 044-215-OOOO

| 실 | 세제실 | | | | | | | | |
|---|---|---|---|---|---|---|---|---|---|
| 실장 | 정정훈 2006 | | | | | | | | |
| 관 | 조세총괄정책관 | | | 소득법인세정책관 | | | 재산소비세정책관 | | |
| 관장 | 박금철 4100 | | | 조만희 4200 | | | 김병철 4300 | | |
| 과 | 조세정책과 | 조세특례제도과 | 조세분석과 | 소득세제과 | 법인세제과 | 금융세제과 | 재산세제과 | 부가가치세제과 | 환경에너지세제과 |
| 과장 | 양순필 4110 | 김문건 4130 | 윤수현 4120 | 이영주 4210 | 정형 4220 | 조용래 4230 | | 최진규 4320 | 김정주 4330 |
| 팀장 | 김대연 4160<br>김완수 4150 | | | | | | | | |
| 서기관 | 권순배 4111<br>배현중 4653 | | | | | | | | |
| 사무관 | 오다은 4112<br>권은영 4113<br>김진홍 4114<br>이종성 4116<br>박인원 4162<br>전동표 4151<br>이수연 4152 | 김만기 4131<br>김태경 4132<br>주해인 4133<br>송석하 4194 | 서은혜 4121<br>이종혁 4122 | 이수지 4212<br>정윤재 4213<br>우지완 4215 | 이금석 4221<br>남원우 4222<br>김도경 4223 | 강효석 4231<br>김정진 4233<br>유이슬 4232 | 이원준 4311<br>현원석 4312<br>권유림 4313<br>김서윤 4314<br>김지원 4308 | 정호진 4321<br>박병선 4322<br>김서현 4323 | 이정아 4331<br>최관수 4333 |
| 주무관 | 양경모 4117<br>오미영 4118<br>임동호 4154 | 민다연 4136<br>안소현 4195 | 이희범 4126<br>유태건 4124 | 신진욱 4216<br>유석모 4217<br>이경화 4218 | 남지형 4226<br>송재희 4224 | 이건위 4236 | 전해일 4316 | 송유민 4326 | 강원식 4337<br>강희중 4336 |
| 직원 | | | 전지영 4125 | | | | 황예슬 4318<br>김진아 4317 | | |
| FAX | 044-215-8033 | | | | | | | | |

| 실 | 세제실 | | | | | |
|---|---|---|---|---|---|---|
| **실장** | 정정훈 2006 | | | | | |
| **관** | 국제조세정책관 | | 관세정책관 | | | |
| **관장** | 박홍기 4600 | | 최재영 4400 | | | |
| **과** | 국제조세제도과 | 신국제조세규범과 | 관세제도과 | 산업관세과 | 관세협력과 | 자유무역협정관세이행과 |
| **과장** | | 조문균 4660 | 김영현 4410 | 최지훈 4430 | 권기중 4450 | 이종수 4470 |
| **팀장** | 김성수 4670 | | | | 방우리 4460 | |
| **서기관** | | | | | | |
| **사무관** | 고대현 4651<br>박해용 4653<br>김지훈 4652<br>장준영 4671<br>박현애 4675<br>박상현 4672 | 윤민정 4661<br>강동근 4663<br>유선정 4662 | 정지운 4411<br>김동현 4412<br>권병학 4417<br>김선화 4416 | 이재원 4431<br>남한샘 4432<br>양영미 4433 | 임도성 4451<br>최윤희 4453<br>이광태 4462<br>박지현 4461 | 위우주 4472 |
| **주무관** | 공동준 4656<br>이유진 4657 | 양서영 4664<br>이영선 4666 | 이유림 4418 | 김세리 4436<br>박정은 4435<br>변정은 4434 | 주영호 4454<br>이석규 4452<br>유채정 4456 | 이정미 4476<br>원선혜 4473 |
| **직원** | 정다정 4655<br>서윤정 4678<br>박춘목 4677 | 오지연 4665 | | | 김소영 4467<br>이진선 4457 | 이어루 4474 |
| **FAX** | 044-215-8033 | | | | | |

DID : 044-215-OOOO

| 실 | 기획조정실 | | | | |
|---|---|---|---|---|---|
| 실장 | 김진명 2009 | | | | |
| 관 | 정책기획관 | | | | 비상안전기획관 |
| 관장 | 정향우 2500 | | | | 윤정열 2670 |
| 과 | 기획재정담당관 | 혁신정책담당관 | 정보화담당관 | 규제개혁법무담당관 | 비상안전기획팀 |
| 부이사관 | | 홍민석 2710 | | | |
| 과장 | 박경찬 2510 | 박언영 2530 | 안영성 2610 | 김동규 2570 | |
| 팀장 | | 박혜수 2550<br>백누리 2590<br>박선영 2932<br>박준백 2091 | 김진홍 2640 | 차한원 2650 | 조민규 2680 |
| 서기관 | 이기웅 2511 | 김현영 4911<br>이운호 2511<br>진승우 4711 | 이채영 2611 | | |
| 사무관 | 황신현<br>이미숙 2513<br>최대선 2514<br>장유석 2516<br>정민종 2524<br>강민서 2522<br>황영길 2529<br>소재찬 2512<br>허창혁 2526 | 김형은 2533<br>박종운 2544<br>전부선 2541<br>심지애 2991<br>조선형 2551<br>홍지영 2992<br>송일남 2994<br>김유경 2554<br>조성아 2591 | 김기동 2612<br>유경숙 2617<br>방춘식 2613<br>정재성 2615<br>엄승욱 2614<br>권성철 2641<br>이철영 2642<br>전준고 2643 | 이재중 2571<br>주윤호 2572<br>정명수 2574<br>민혜수 7183<br>조용감 2651<br>차승원 2653<br>정하석 2652 | 윤석규 2681<br>강현정 2685 |
| 주무관 | 류은선 2520<br>박수현 2515<br>김혜린 2517<br>임진호 2521<br>전익수 2518<br>이지환 | 이진경 2545<br>장재용 2532<br>홍현아 2543<br>이선영 2553<br>권민정 2993<br>남기범 2592<br>최다영 2594 | 김천진 2645<br>김석헌 2648<br>김유진 2647<br>구교성 2644 | 김수현 2575<br>강성준 2577<br>정회재 2573<br>권혁찬 2654<br>전효진 2655 | |
| 직원 | 김대원 2523 | 김선정 2542 | 김희중 2618<br>김영자 2616 | 정선영 2658 | 한상덕 2683<br>김성학 2682 |
| FAX | 044-215-8033 | | | | |

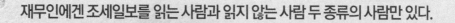

| 실 | 예산실 | | | | | | |
|---|---|---|---|---|---|---|---|
| 실장 | 김동일 2007 | | | | | | |
| 관 | 예산총괄심의관 | | | | | 사회예산심의관 | |
| 관장 | 유병서 7100 | | | | | 조용범 7200 | |
| 과 | 예산총괄과 | 예산정책과 | 예산기준과 | 기금운용계획과 | 예산관리과 | 고용예산과 | 교육예산과 |
| 과장 | 계강훈 7110 | 김경국 7130 | 황희정 7150 | 이근우 7170 | 박환조 7190 | 김정애 7230 | |
| 팀장 | | | | | | | |
| 서기관 | | 신경아 7131 | | | 이석한 7197 | | |
| 사무관 | 이한결 7114<br>허정태 7120<br>송준식 7115<br>손장식 7117<br>곽정환 7112<br>이태왕 7116 | 하치승 7132<br>이상헌 7133<br>유다빈 7134<br>남동현 7135 | 최창선 7151<br>김재영 7152<br>이재학 7158<br>권민상 7154 | 박재현 7171<br>김준성 7172<br>이도회 7174 | 정혁주 7191<br>고병국 7192 | 이정혁 7231<br>김범석 7232<br>심정민 7233<br>문정민 7235 | 권혁순 7251<br>남기인 7252<br>이정훈 7253<br>이진영 7255 |
| 주무관 | 이영임 7122<br>홍주연 7123<br>허장범 7113<br>김상우 7118<br>김동현 7119 | 윤동형 7137<br>김현아 7136 | 최항 7155<br>권혁제 7156 | 조상우 7175<br>이원종 7176 | 최인선 7193 | 진선홍 7234<br>현민섭 7239 | 배희정 7254<br>김현록 7256 |
| 직원 | 김종임 7121 | 이은화 7139 | | | 나채린 7196 | | |
| FAX | 044-215-8033 | | | | | | |

| 실 | 예산실 | | | | | | | |
|---|---|---|---|---|---|---|---|---|
| 실장 | 김동일 2007 | | | | | | | |
| 관 | 사회예산심의관 | | | 경제예산심의관 | | | | |
| 관장 | 조용범 7200 | | | 강윤진 7300 | | | | |
| 과 | 문화예산과 | 기후환경예산과 | 총사업비관리과 | 산업중소벤처예산과 | 국토교통예산과 | 농림해양예산과 | 연구개발예산과 | 정보통신예산과 |
| 과장 | | 이민호 7260 | 이철규 7210 | 박정민 7310 | | 조규산 5210 | 이혜림 7370 | 김혜영 7390 |
| 팀장 | | | | | | | | |
| 서기관 | | | | 구정대 7311 | | | | |
| 사무관 | 안재영 7271<br>박진영 7272<br>서지연 7273<br>한연지 7274 | 강준이 7261<br>이동각 7264<br>엄지원 7262 | 안성희 7211<br>김미선 7214<br>권태균 7215 | 김기문 7312<br>신지호 7313<br>김유현 7316 | 김지수 7331<br>박근형 7332<br>강도영 7342<br>김윤희 7336<br>최나은 7338 | 이홍섭 7351<br>고영록 7363<br>황지은 7354<br>심민준 7352<br>최규원 7353 | 이상후 7371<br>박준영 7373<br>이승민 7374<br>조승호 7372 | 노영래 7391<br>김영수 7392<br>하승원 7393<br>김도희 7395 |
| 주무관 | 최진경 7275<br>김소연 7276 | 이혜인 7266 | 윤한나 7212<br>한상학 7213 | 조래혁 7314<br>임종찬 7315 | 고동성 7337 | 이재현 7356<br>최성호 7355 | 김혜진 7375<br>김승하 7376 | 이정학 7398<br>조효숙 7396 |
| 직원 | | | 강은영 7216 | 주혜진 7318 | | | | |
| FAX | 044-215-8033 | | | | | | | |

| 국 | 예산실 | | | | | | | |
|---|---|---|---|---|---|---|---|---|
| 국장 | 김동일 2007 | | | | | | | |
| 관 | 복지안전예산심의관 | | | | 행정국방예산심의관 | | | |
| 관장 | | | | | 정덕영 7400 | | | |
| 과 | 복지예산과 | 연금보건예산과 | 안전예산과 | 지역예산과 | 법사예산과 | 행정예산과 | 방위사업예산과 | 국방예산과 |
| 과장 | | 강미자 7530 | 정원 7430 | 노판열 7550 | 최용호 7470 | 범진완 7410 | 임대한 7460 | 권기정 |
| 팀장 | | | | | | 신명석 7490 | | |
| 서기관 | | 박민정 7531 | | | | | | 유동훈 7451 |
| 사무관 | 정민철 7511<br>고광민 7512<br>김상민 7199<br>송옥현 7513<br>최지애 7514<br>전수민 7519 | 유동석 7534<br>박재석 7534 | 김형훈<br>주병욱 7431<br>박준수 7434<br>이영광 7432 | 오성태 7551<br>손우성 7552<br>권준수 7554 | 이국희 7471<br>김성용 7474<br>안승현 7476<br>김동훈 7475 | 이재철 7411<br>이정은 7412<br>배준혜 7413<br>김시형 7416<br>오병훈 7491 | 김재오 7461<br>이주찬 7463<br>최현규 7465 | 정채환 7457<br>한현철 7455<br>최동혁 7454 |
| 주무관 | 정성구 7515<br>신반야 7516 | 김현후 7536<br>정성원 7538 | 유석찬 7433 | 장일영 7557 | 노은실 7477 | 윤성경 7415<br>공귀환 7418<br>박병국 7495 | 김광일 7462 | 최재영 7459 |
| 직원 | 이원민 7517 | | | | | | | |
| FAX | 044-215-8033 | | | | | | | |

**DID : 044-215-OOOO**

| 국 | 경제정책국 | | | | | | 정책조정국 | |
|---|---|---|---|---|---|---|---|---|
| 국장 | 김재훈 2700 | | | | | | 강기룡 4500 | |
| 관 | 민생경제정책관 | | | | | | 정책조정기획관 | |
| 관장 | 강태수 2701 | | | | | | 신재식 4501 | |
| 과 | 종합정책과 | 경제분석과 | 자금시장과 | 물가정책과 | 정책기획과 | 거시정책과 | 정책조정총괄과 | 산업경제과 |
| 과장 | 이승한 2710 | 김귀범 2750 | 정일 2750 | 황경임 2770 | 민경신 2810 | 임홍기 2830 | 김승태 4510 | 장보현 4530 |
| 팀장 | | 김준하 2850 | | 박상우 2931 | | | | |
| 서기관 | 최문성 2711 | | | | | | 최연 4511 | |
| 사무관 | 가순봉 2712<br>박진훈 2713<br>원종혁 2715<br>최중원 2718<br>이영훈 2714<br>김경래 2722 | 김형선 2731<br>김영진 2734<br>박철희 2732<br>성지현 2735<br>서지수 2736<br>유형세 2851<br>함진우 2856<br>정동현 2852<br>최종화 2853 | 최봉석 2751<br>이은우 2752<br>정현엽 2753<br>안미진 2755 | 연정은 2771<br>이동석 2772<br>양유진 2775<br>김지현 2774<br>신승헌 2939 | 김지민 2811<br>김문수 2812<br>최규철 2813 | 이동훈 2831<br>김선익 2832<br>오성진 2833 | 김정아 4513<br>하형철 4512<br>박가영 4514<br>홍권일 4515<br>최현주 4516 | 전성준 4531<br>신민경 4532<br>황현 4533<br>이지현 4534 |
| 주무관 | 정승환 2724<br>유선희 2719 | 정유정 2737<br>장영 2739<br>김송희 2954 | 이윤선 2756<br>조수지 2759 | 박은심 2789<br>박새롬 2781<br>김준영 2933 | 이승연 2815<br>서신자 2816 | 정재희 2835 | 김주원 4529<br>송동준 4528 | 강희진 4539<br>이민섭 4536 |
| 직원 | | 석지원 2854<br>최민교 2733 | | | | 정지영 2839 | | |
| FAX | 044-215-8033 | | | | | | | |

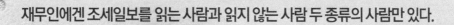
| 국 | 정책조정국 | | | | 경제구조개혁국 | | |
|---|---|---|---|---|---|---|---|
| 국장 | 강기룡 4500 | | | | 주환욱 8500 | | |
| 관 | 정책조정기획관 | | | | | | |
| 관장 | 신재식 4501 | | | | | | |
| 과 | 신성장정책과 | 서비스경제과 | 지역경제정책과 | 기업환경과 | 경제구조개혁총괄과 | 인력정책과 | 노동시장경제과 |
| 과장 | 박진호 4550 | 임혜영 4610 | 배준형 4570 | 구자영 4630 | 권재관 7150 | 조성중 5130 | 장주성 8550 |
| 팀장 | | | | 최시영 4581 | | | |
| 서기관 | 박홍희 4551 | | | | 김요균 8511 | | |
| 사무관 | 안경우 4555<br>박재홍 4552<br>김동연 4553<br>양지연 4554 | 임동현 4611<br>황인환 4612<br>박성우 4613<br>홍혁준 4614 | 박준석 4571<br>황철환 4572<br>안영신 4574<br>정고운 4575 | 김한필 4632<br>박은수 4634<br>정우성 4584 | 심승미 8512<br>권영현 8513<br>이시우 8514 | 박성준 8531<br>송동원 8532<br>김종완 8533<br>이찬 8536 | 서준익 8551<br>이병준 8554<br>김재이 8553 |
| 주무관 | 양혜선 4559 | 유소영 4615 | 이희경 4576 | 박순용 4635<br>이예은 4587 | 박상준 8516<br>이정연 8517 | 장진관 8537 | 임영주 8557<br>이유진 8552 |
| 직원 | | 서혜영 4617 | | | | | |
| FAX | 044-215-8033 | | | | | | |

DID : 044-215-OOOO

| 국 | 경제구조개혁국 | | | 미래전략국 | | | |
|---|---|---|---|---|---|---|---|
| 국장 | 주환욱 8500 | | | 유수영 4900 | | | |
| 관 | | | | | | | |
| 관장 | | | | | | | |
| 과 | 복지경제과 | 연금보건경제과 | 청년정책과 | 미래전략과 | 인구경제과 | 지속가능경제과 | 기후대응전략과 |
| 과장 | 오현경 8570 | 배성현 8590 | 박은영 8580 | 김봉준 7630 | 나윤정 4550 | 전보람 4970 | 서영환 4940 |
| 팀장 | | | | | | 김동원 5970 | |
| 서기관 | | | | | | | |
| 사무관 | 김정희 8571<br>양지희 8572<br>현소형 8573 | 송상목 8591<br>조찬우 8592<br>조윤철 8594<br>김진 8593<br>박준석 8596 | 송기선 8581<br>이수경 8583 | 심지혜 4920<br>김가람 4912<br>김민중 8535<br>정은주 4916<br>이재모 4914<br>김유경 4971<br>오상혁 4972 | 김효진 5911<br>박성훈 5912<br>윤다원 5915 | 이상윤 5931<br>양성철 5933<br>이지영 5971<br>김영옥 5972 | 이재헌 4941<br>임원호 4943<br>윤동욱 4944 |
| 주무관 | 장혜선 8576 | 이규승 8595 | 문성준 8582<br>김령아 8584 | 박소현 4917<br>이연선 4976 | 김태영 5916 | 김동환 5973 | 김미라 4945 |
| 직원 | | | | | 박경수 5917 | 유다영 5937 | 이승준 4947 |
| FAX | 044-215-8033 | | | | | | |

# 1등 조세회계 경제신문 조세일보

| 국 | 국제금융국 | | | | | 대외경제국 | | |
|---|---|---|---|---|---|---|---|---|
| 국장 | 김재환 4700 | | | | | 민경설 7600 | | |
| 관 | 국제금융심의관 | | | | | | | |
| 관장 | 최지영 4701 | | | | | | | |
| 과 | 국제금융과 | 외화자금과 | 외환제도과 | 금융협력과 | 다자금융과 | 대외경제총괄과 | 국제경제과 | 통상정책과 |
| 부이사관 | | | | | | 이승욱 7601 | | |
| 과장 | 유창연 4730 | 김희재 4730 | 정여진 4750 | 곽소희 4830 | 이재우 4810 | 이재완 7610 | 강병중 7630 | 심승현 7670 |
| 팀장 | 배경화 4860 | | | | 고영욱 4840 | | 김지은 7710 | |
| 서기관 | 김종현 4640<br>홍승균 4711 | | | | | 김미진 7611 | | |
| 사무관 | 윤현곤 4712<br>김용준 4713<br>김주민 4714<br>신정원 4715 | 김민주 4731<br>이태윤 4733<br>변재만 4736<br>이창선 4861 | 이용준 4751<br>안근옥 4752<br>안건희 4753<br>김지영 4754 | 권혁률 4834<br>김태호 4835<br>오승훈 4833 | 박세웅 4811<br>하다애 4812<br>전홍규 4814<br>김하린 4813<br>류성열 4841 | 하정현 7612<br>이동휘 7613<br>정찬구 7614<br>권기민 7615<br>박재영 7623 | 채원혁 7631<br>박지혜 5576<br>황예진 7632<br>이동수 7636<br>조선희 7638<br>남궁향 7712 | 김상형 7671<br>홍가람 7672<br>이태수 7673<br>최재원 7674 |
| 주무관 | 이성국 4717<br>김재집 4718<br>강진명 4719<br>김태영 4716<br>홍은표 4863 | 민주영 4737<br>김순옥 4739<br>김시현 4735 | 오미화 4756<br>이승준 4758<br>김옥동 4759 | 송하은 4836<br>신명숙 4839 | | 안주환 7625<br>문예지 7629 | 김경로 7633<br>심경자 7634<br>백지연 7716 | 이송하 7676 |
| 직원 | 박선경 4728 | | | 석민 4838 | 임정숙 4815<br>김샛별 4816 | | 홍수영 7637 | 김민지 7675 |
| FAX | 044-215-8033 | | | | | | | |

| 국 | 대외경제국 | | | 개발금융국 | | | | |
|---|---|---|---|---|---|---|---|---|
| 국장 | 민경설 7600 | | | 문지성 8700 | | | | |
| 관 | | | | | | | | |
| 관장 | | | | | | | | |
| 과 | 통상조정과 | 경제협력기획과 | 남북경제과 | 개발금융총괄과 | 국제기구과 | 개발전략과 | 개발사업과 | 녹색기후기획과 |
| 과장 | 최동일 | 김동진 7740 | 김윤정 7750 | 장의순 8710 | 박정현 8770 | 최지영 8770 | 신희선 8740 | 김태훈 8750 |
| 팀장 | | | 김택수 7730 | | 박준영 8730 | | | |
| 서기관 | | | | 류소윤 8711 | 이상홍 8721 | | 김영수 8742 | |
| 사무관 | 이수현 5632<br>박영우 7652<br>정현오 7653<br>윤휘연 7654 | 서병관 7741<br>정완준 7742<br>임지혜 7743 | 이해인 7731<br>김양희 7752<br>김기홍 7751 | 전종현 8712<br>안광선 8713<br>김요한 8714<br>김정도 8715 | 장주영 8729<br>유경화 8722<br>이보영 8724<br>장효은 8723 | 김지현 8771<br>박현석 8772<br>한예린 8773<br>이동은 8778 | 신태섭 8741<br>장우진 8744 | 이수호 8751<br>이우리 8754<br>연혜정 8753 |
| 주무관 | 정사랑 7657 | 홍희경 7746 | 이동근 7756 | 오한영 8717<br>김재홍 8718<br>이세미 8716 | 최은영 8725<br>노예순 8726 | | 지영미 8748 | 김경애 8756 |
| 직원 | 정혜진 7658<br>한지현 7659 | 오해용 7748 | | 홍에스더 8719 | 추연재 8728<br>성아름 8727 | | | 김보영 8757<br>최서연 8758 |
| FAX | 044-215-8033 | | | | | | | |

| 국 | 재정정책국 | | | | | | 국고국 | |
|---|---|---|---|---|---|---|---|---|
| 국장 | 장문선 5700 | | | | | | 황순관 5100 | |
| 관 | 재정건정성심의관 | | | | | | 국유재산심의관 | |
| 관장 | 정창길 7350 | | | | | | 고종안 5720 | |
| 과 | 재정정책총괄과 | 재정정책협력과 | 재정건전성과 | 재정분석과 | 재정제도과 | 재정정보과 | 국고과 | 국유재산정책과 |
| 과장 | 박재형 5720 | 이한철 5480 | 김완수 7900 | 황희정 7900 | 김건민 5490 | 주영 5770 | 류중재 5110 | 하승완 5150 |
| 팀장 | | | | | | 윤영수 8787 | | |
| 서기관 | | | | | | | 이재홍 5111 | |
| 사무관 | 정윤홍 5741<br>김진수 5723<br>유근정 5725<br>정호석 5727<br>김민준 5722 | 이성한 5481<br>이호일 5489 | 이대권 5744<br>박원준 5742 | 송하늘 7904<br>최덕희 7903<br>김나현 7901 | 김민호 5491<br>정균영 5494<br>박소정 5492 | 안창모 5771<br>장현중 5772 | 전형용 5112<br>김진수 5113<br>이성민 5114<br>정병아 5116<br>홍단기 5121 | 이찬호 5151<br>오승상 5153<br>강석훈 5154<br>정원철 5155 |
| 주무관 | 김현민 5730 | 이효림 5486 | 김동혁 5745 | 정은주 7906 | 김서현 5496 | 이경희 8729<br>천민지 5356 | 심유정 5123<br>조성현 5124<br>김효경 5129 | 황운정 5157<br>이지환 5156 |
| 직원 | 천지연 5728 | 전유빈 5487 | | 손다혜 7905<br>김크리스틴 7902 | | 이성희 5357 | | |
| FAX | 044-215-8033 | | | | | | | |

DID : 044-215-OOOO

| 국 | 국고국 | | | | | | 재정관리국 | |
|---|---|---|---|---|---|---|---|---|
| 국장 | 황순관 5100 | | | | | | 박봉용 5300 | |
| 관 | 국유재산심의관 | | | | | | 재정성과심의관 | |
| 관장 | 고종안 5720 | | | | | | 김명중 5301 | |
| 과 | 계약정책과 | 국채과 | 국유재산조정과 | 출자관리과 | 공공조달정책과 | 국유재산협력과 | 재정관리총괄과 | 재정성과평가과 |
| 과장 | 정동영 5210 | 곽상현 5130 | 김장훈 5250 | 마용재 5170 | 임재정 5230 | 이우형 5160 | 육현수 5310 | 이지원 5370 |
| 팀장 | | | | | 박주언 5214 | | 이고은 8781<br>이기훈 5470 | |
| 서기관 | | | | | | | 윤범식 5410<br>김영민 5311 | |
| 사무관 | 강보형 5211<br>송성일 5212<br>김성훈 5213<br>이범용 5214 | 박재홍 5131<br>박정상 5132<br>김청윤 5133<br>전효선 5134<br>정민기 5135 | 민희경 5252<br>최지원 5254<br>윤홍기 5253 | 석상훈 5171<br>김연수 5172<br>주세훈 5173 | 이민정 5643<br>류남욱 5231<br>송재경 5233<br>전찬익 5232<br>유승은 5236 | 강중호 5161<br>이돈구 5162 | 소병화 5317<br>이성택 5354<br>김진수 5352<br>김철홍 5355<br>박형민 5312<br>김이현 8782<br>정길채 8784<br>김종희 8783<br>한정연 5472<br>이우태 5473 | 김연대 5374<br>이상협 5373<br>김정 5376<br>김선영 5372<br>조유정 5375 |
| 주무관 | 유진목 5218<br>김민지 5217 | 박수영 5139 | 김명옥 5259<br>김유림 5255 | 이재혁 5176 | 이정휘 5641<br>현성훈 5235<br>정혜진 5642 | 심우성 5163<br>박시연 5164 | 주상희 5322<br>김유정 5318<br>고유진 5316<br>김유빈 8785<br>이하늘 5471 | 권미라 5378<br>이훈우 5377 |
| 직원 | | 이혜정 5137 | 최영락 5256 | | | | | |
| FAX | 044-215-8033 | | | | | | | |

92

# 1등 조세회계 경제신문 조세일보

| 국 | 재정관리국 | | | | 공공정책국 | | | |
|---|---|---|---|---|---|---|---|---|
| 국장 | 박봉용 5300 | | | | 박준호 5500 | | | |
| 관 | 재정성과심의관 | | | | 공공혁신심의관 | | | |
| 관장 | 김명중 5301 | | | | 유병희 5501 | | | |
| 과 | 타당성심사과 | 민간투자정책과 | 회계결산과 | 재정지출관리과 | 공공정책총괄과 | 공공제도기획과 | 재무경영과 | 평가분석과 |
| 과장 | 강경구 5410 | 오지훈 5450 | 정석철 5430 | 신대원 5330 | 김유정 5530 | 김준철 5530 | 김수영 5630 | 오정윤 5550 |
| 팀장 | | | 김숙진 5360 | | | | | |
| 서기관 | | | | | 이희한 5511 | | 이윤정 5631 | |
| 사무관 | 김희준 5412<br>한재수 5417<br>이세환 5416<br>김정수 5414<br>전예지 5415 | 조문경 5451<br>신재원 5457<br>이창준 5453<br>최우리 5455<br>박표민 5454 | 안형자 5431<br>이지혜 5432<br>정효경 5435<br>강인주 5433<br>이동훈 5361<br>어우주 5362 | 송현정 5331<br>구본균 5336<br>손정준 5332<br>배민우 5338<br>정재우 5334 | 권기환 5514<br>박주현 5513<br>박지훈 5515<br>이강수 5516 | 이상용 5531<br>전유석 5532<br>황성호 5534<br>김윤찬 5536 | 변지영 5632<br>이하준 5634<br>서혜경 5633 | 안기용 5551<br>김재현 5552<br>임강빈 5553 |
| 주무관 | 유승우 5413<br>황성희 5419 | 정명지 5458<br>함영준 5452 | 조태희 5434<br>심경희 5437<br>송현전 5436<br>이하나 5439 | 신희섭 5339 | 김윤수 5517<br>전광호 5518<br>원지영 5529 | 김민주 5533 | 장윤정 5635 | 김예슬 5558<br>김보현 5569 |
| 직원 | | 문영희 5459 | | 고정희 5337 | | | | |
| FAX | 044-215-8033 | | | | | | | |

| 국 | 공공정책국 | | | | | | |
|---|---|---|---|---|---|---|---|
| 국장 | 박준호 5500 | | | | | | |
| 관 | 공공혁신심의관 | | | | 신성장전략기획추진단 | | |
| 관장 | 유병희 5501 | | | | 신상훈 8860 | | |
| 과 | 인재경영과 | 공공윤리정책과 | 공공혁신기획과 | 경영관리과 | 전략기획팀 | 디지털전환팀 | 미래산업팀 |
| 과장 | 김도영 5570 | 김한준 5620 | 조영욱 5610 | 양재영 5650 | | | |
| 팀장 | | | | | 장도환 8770 | 곽미경 8890 | |
| 서기관 | | | | | 박미정 8874 | | 장혜정 8880 |
| 사무관 | 정효상 5581<br>박중민 5573<br>정현미 5576<br>이경아 5574 | 김정수 5621<br>이숙경 5622<br>김근호 5624<br>이현주 5625 | 이주호 5611<br>최성진 5612<br>남수경 5617<br>김세웅 5616 | 신동호 5651<br>김동욱 5652<br>김희운 5654<br>박윤우 5671<br>유정미 5655 | 백윤정 8873<br>양성미 8875<br>백창현 8871 | 김홍석 8891<br>박영호 8892<br>김정훈 8893 | 도화선 8882<br>박유준<br>044-850-2342<br>윤재웅 8883 |
| 주무관 | 윤종현 5575<br>이수빈 5579 | 김우성 5626<br>윤애진 5627 | 구동원 5613<br>이지은 5615 | 김선주 5656<br>김재인 5657 | 정하영 8872 | | |
| 직원 | | | | | 주혜지 8876 | | |
| FAX | 044-215-8033 | | | | | | |

| 관 | 조세개혁추진단 | | 원스톱수출수주지원단<br>(02-6000-OOOO) | | | |
|---|---|---|---|---|---|---|
| 관장 | 김건영 4350 | | 김동준 044-215-7720 | | | |
| 과 | 상속세개편팀 | 보유세개편팀 | 수출총괄팀 | 금융재정지원팀 | 수주인프라지원팀 | 서비스수출지원팀 |
| 과장 | | | | | | |
| 팀장 | 문경호 4360 | 류병욱 4370 | 주현동 5783 | 이명진 5785 | 공경화 5784 | 이지현 5793 |
| 서기관 | | | | | | |
| 사무관 | 김명환 4361<br>송재열 4362<br>권재효 4364 | 김정훈 4373<br>남혜숙 4372<br>주현오 4372<br>황혜정 4371 | 이장석 5778<br>박미란 5776<br>이주환 5792 | 김지수 5775<br>임동욱 5782 | 김호열 5774<br>이종근 5794 | 안유리 5781 |
| 주무관 | 소보윤 4366 | | 정수진 5777 | | | 김영순 5788 |
| 직원 | 이효진 4365 | | | | | |
| FAX | 044-215-8033 | | | | | |

DID : 044-215-OOOO

| 관 | 국제투자협력단 | 민생안정지원단 | 복권위원회사무처 | | | 국고보조금부정수급관리단 |
|---|---|---|---|---|---|---|
| 관장 | | 이주섭 2860 | 이용욱 7800 | | | 임영진 5720 |
| 과 | | | 복권총괄과 | 발행관리과 | 기금사업과 | |
| 부이사관 | | | | | | |
| 과장 | | | 조현진 7810 | 이원경 5770 | | |
| 팀장 | | 강창기 2861 | | | | |
| 서기관 | | 신태환 2868<br>우창훈 2866<br>한대건 2867 | 김동진 7817 | | | |
| 사무관 | 신채용 4831<br>조자현 7724 | 정재현 2862<br>김형준 7534<br>박준영 2872<br>김태영 2870<br>이상영 2871<br>우승하 2864 | 이범한 7811<br>김지은 7814<br>장효순 7815<br>김숙 7816<br>이원재 7812<br>윤동건 7813 | 문성희 7831<br>유정아 7834<br>박미경 7839 | 박준하 7851<br>나원주 7854<br>이원재 7855<br>안수민 7851<br>박철호 7858 | 박미경 5393<br>최동호 5393<br>문만수 330-1536<br>공주영 5395<br>권승민 5394 |
| 주무관 | 이건희 7726 | 박승연 2865 | 배미현 7819<br>구본옥 7818 | 고광남 7838<br>박양규 7833 | 양고운 7856<br>강재은 7857 | 임동옥 5397 |
| 직원 | | | | | 윤채원 7852 | 이진주 5398 |
| FAX | 044-215-8033 | | | | | |

# 금융위원회

| 주소 | 서울특별시 종로구 세종대로 209 금융위원회 (우) 03171 |
|---|---|
| 대표전화 | **02-2100-2500** |
| 사이트 | **www.fsc.go.kr** |

## 위원장 　　　　김병환

(D) 02-2100-2700 FAX : 02-2100-2715

| 부위원장 | **김소영** | (D) 02-2100-2800 |
|---|---|---|
| 상임위원(금융위) | **이형주** | (D) 02-2100-2701 |
| 상임위원(금융위) | **김범기** | |
| 비상임위원(금융위) | **허범** | |
| 상임위원(증선위) | **이윤수** | |
| 비상임위원(증선위) | **송창영** | |
| 비상임위원(증선위) | **박종성** | |
| 비상임위원(증선위) | **이동욱** | |
| 사무처장 | **권대영** | (D) 02-2100-2900 |

# 금융위원회

대표전화: 02-2100-2500/ DID: 02-2100-OOOO

위원장: **김 병 환**

DID: 02-2100-2700

| 주소 | 서울특별시 종로구 세종대로 209 정부서울청사 (우) 03171 |
|---|---|
| 홈페이지 | www.fsc.go.kr |

| 국실 | 대변인 | | 금융정보분석원 | |
|---|---|---|---|---|
| 국장 | 김진홍 2550 | | 박광 1701 | |
| 과 | | 행정인사과 | 제도운영기획관 | 심사분석심의회 |
| 과장 | | 박재훈 2756, 2765, 2767 | 윤영은 1801 | 이차웅 1881 |
| FAX | | | 02-2100-1738 | |

| 국실 | 금융정보분석원 | | | | | | |
|---|---|---|---|---|---|---|---|
| | 박광 1701 | | | | | | |
| 과 | 기획행정실 | 제도운영과 | 가상자산검사과 | 심사분석실 | 심사분석1과 | 심사분석2과 | 심사분석3과 |
| 과장 | 박주영 1733 | 김미정 1835 | 박정원 1717 | 송명섭 1821 | 박세건 1859 | 김미정 1875 | 길우근 1894 |
| FAX | 1738 | 1838 | 1707 | 1823 | | 1882 | 1898 |

| 국실 | 기획조정관 | | | | 금융소비자국 | | | |
|---|---|---|---|---|---|---|---|---|
| 국장 | 김기한 2770 | | | | 김진홍 2980 | | | |
| 과 | 혁신기획재정담당관 | 규제개혁법무담당관 | 감사담당관 | 의사운영정보팀 | 금융소비자정책과 | 서민금융과 | 가계금융과 | 청년정책과 |
| 과장 | 권주성 2788, 2789, 2772 | 홍수정 2808 | 김동현 2796, 2797 | 박성진 2818 | 김수호 2633, 2635 | 김광일 2617 | 전수한 2512, 2527 | 황기정 1688 |
| FAX | 2778 | 2777 | 2799 | 2899 | 2999 | 2629 | 2639 | |

| 국실 | 금융정책국 | | | | 금융산업국 | | |
|---|---|---|---|---|---|---|---|
| 국장 | 신진창 2820, 2822 | | | | 안창국 2940, 2941 | | |
| 과 | 금융정책과 | 금융시장분석과 | 산업금융과 | 글로벌금융과 | 은행과 | 보험과 | 중소금융과 |
| 과장 | 강영수 2825, 2874, 2839 | 김성준 2856, 2857 | 권유이 2873, 2867, 2868 | 김윤희 2880 | 이진수 2955, 2956, 2957 | 고영호 2965, 2968 | 신장수 2998, 2627 |
| FAX | 2849 | 2829 | 2879 | 2939 | 2948 | 2947 | 2933 |

| 국실 | 자본시장국 | | | | | |
|---|---|---|---|---|---|---|
| 국장 | 박민우 2640, 2641 | | | | | |
| 관 | 자본시장과 | 자산운용과 | 공정시장과 | 회계제도팀 | 자본시장조사총괄과 | 자본시장조사과 |
| 관장 | 고상범 2657, 2658 | 정선인 2665, 2666 | 최치연 2685, 2686 | 태현수 2692 | 이석란 2607 | 정현직 2540 |
| FAX | 2648 | 2679 | 2678 | 2678 | | |

| 국실 | 구조개선정책관 | | 디지털금융정책관 | | | | |
|---|---|---|---|---|---|---|---|
| 국장 | 유영준 2901, 2902 | | 김동환 2580 | | | | |
| 과 | 구조개선정책과 | 기업구조개선과 | 디지털금융총괄과 | 금융데이터정책과 | 금융공공데이터팀 | 금융안전과 | 가상자산과 |
| 과장 | 주홍민 2917, 2918, 2915 | 정종식 2924, 2926 | 신상훈 2537, 2538 | 신상록 2624 | 조대성 2674, 2675 | 이진호 2976, 2978 | 김성진 2575 |
| FAX | 2919 | 2929 | 2548 | 2548 | | 2946 | |

http://www.joseilbo.com/taxguide

# 세금신고 가이드

법 인 세
종합소득세
부가가치세
원 천 징 수

지 방 세
재 산 세
자 동 차 세
세 무 일 지

연 말 정 산
양도소득세
상속증여세
증권거래세

국 민 연 금
건강보험료
고용보험료
산재보험료

1등 조세회계 경제신문
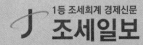
조세일보

# 금융감독원

| 주소 | 서울특별시 영등포구 여의대로 38 (우) 07321 |
|---|---|
| 대표전화 | 02-3145-5114 |
| 사이트 | www.fss.or.kr |

원장 　　　　　 이복현

(D) 02-3145-5001, 5002 (FAX) 785-3475

비　　서　　　유환숙　　　　　　(D)02-3145-5315

| 감사 | 감사 | 김기영 | (D)02-3145-6001 |
|---|---|---|---|
| 기획·보험 | 수석부원장 | 이세훈 | (D)02-3145-5003 |
| 은행·중소금융 | 부원장 | 김병칠 | (D)02-3145-5005 |
| 자본시장·회계 | 부원장 | 함용일 | (D)02-3145-5007 |
| 금융소비자보호처 | 처장(부원장) | 김미영 | (D)02-3145-5009 |
| 기획·전략 | 부원장보 | 황선오 | (D)02-3145-5035 |
| 디지털·IT | 부원장보 | 이종오 | (D)02-3145-5037 |
| 보험 | 부원장보 | 김범준 | (D)02-3145-5025 |
| 은행 | 부원장보 | 박충현 | (D)02-3145-5021 |
| 중소금융 | 부원장보 | 한구 | (D)02-3145-5029 |
| 금융투자 | 부원장보 | 서재완 | (D)02-3145-5027 |
| 공시조사 | 부원장보 | 이승우 | (D)02-3145-5033 |
| 소비자보호 | 부원장보 | 박지선 | (D)02-3145-5023 |
| 민생금융 | 부원장보 | 김성욱 | (D)02-3145-5031 |
| 회계 | 전문심의위원 | 윤정숙 | (D)02-3145-5039 |
| 금융자문관 | 자문관 | 박춘성 | (D)02-3145-5056 |
| 법률자문관 | 자문관 | 천재인 | (D)02-3145-5095 |

# 금융감독원

대표전화: 02-3145-5114/ DID: 02-3145-OOOO

원장: **이 복 현**

DID : 02-3145-5311

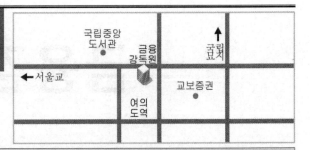

| 주소 | 서울특별시 영등포구 여의대로 38 금융감독원 (여의도동 27) (우) 07321 |
|---|---|
| 홈페이지 | http://www.fss.or.kr |

| 본부 | 기획·보험 | | | | | | | | | |
|---|---|---|---|---|---|---|---|---|---|---|
| 부원장 | 이세훈 5003, 5004 | | | | | | | | | |
| 본부 | 기획·전략 | | | | | | | | | |
| 부원장보 | 황선오 5035, 5036 | | | | | | | | | |
| 국실 | 기획조정국 | | | | 감독총괄국 | | | | | |
| 국장 | 이창규 5900, 5901 | | | | 김충진 8300, 8301 | | | | | |
| 팀 | 전략기획 | 조직예산 | 조직문화혁신 | 대외협력 | 감독총괄 | 감독혁신조정 | 검사총괄 | 감독정보 | 금융복합기업집단 | 금융상황분석 |
| 팀장 | 이희성 5940 | 김정운 5898 | 김흠 5890 | 최호용 5930 | 강병재 8001 | 최범전 8310 | 이철진 8010 | 박귀욱 8290 | 조동연 8299 | 이동영 7005 |

| 국실 | 인사연수국 | | | 금융시장안정국 | | | | |
|---|---|---|---|---|---|---|---|---|
| 국장 | 서영일 5470, 5471 | | | 이진 8170, 8171 | | | | |
| 팀 | 인사기획 | 인사운영 | 연수 | 금융시장총괄 | 거시금융 | 금융시장 | ESG시스템리스크분석 | 미래금융연구 |
| 팀장 | 양유형 5472 | 장종현 5480 | 박민정 6360 | 이원흠 8180 | 이세용 8172 | 조익제 8185 | 이상진 8190 | 최현필 8590 |

| 국실 | 제재심의국 | | | | | 총무국 | | | 비상계획실 |
|---|---|---|---|---|---|---|---|---|---|
| 국장 | 권재순 7800, 7801 | | | | | 이재훈 5250, 5251 | | | 백승필 5350, 5351 |
| 팀 | 제재심의총괄 | 은행·중소금융 | 보험·IT팀장 | 금융투자 | 조사감리 | 급여복지 | 재무회계 | 운영지원 | |
| 팀장 | 나세준 7821 | 서창영 7802 | 오관수 7811 | 이상수 7810 | 임인수 7820 | 한성남 5300 | 김시림 5270 | 도영석 5280 | |

| 국실 | 법무국 | | | | 국제업무국 (금융중심지지원센터) | | | 공보실 | | | 비서실 |
|---|---|---|---|---|---|---|---|---|---|---|---|
| 국장 | 최정환 5910, 5911 | | | | 박성주 7890, 7891 | | | 이지원 5780, 5781 | | | |
| 팀 | 은행 | 금융투자 | 보험·소비자보호 | IT·중소금융 | 국제협력 | 금융중심지지원 | 국제기구 | 공보기획 | 공보운영 | 홍보 | 비서 |
| 팀장 | 장항필 5912 | 김인식 5920 | 장현국 5915 | 허훈 5918 | 박은혜 7892 | 최윤선 7901 | 전혜영 7915 | 이방우 5784 | 한만조 5785 | 김보경 5803 | 임잔디 5090 |

# 1등 조세회계 경제신문 조세일보

| 본부 | 디지털·IT | | | | | | | |
|---|---|---|---|---|---|---|---|---|
| 부원장보 | 이종오 5037, 5038 | | | | | | | |
| 국실 | 디지털금융총괄국 | | | | | 전자금융감독국 | | |
| 국장 | 위충기 7120, 7121 | | | | | 변재은 8780, 8781 | | |
| 팀 | 디지털금융총괄 | 금융보안감독 | 디지털혁신 | 금융데이터감독 | 금융데이터검사 | 전자금융총괄 | 건전경영 | 지급결제제도 |
| 팀장 | 이수인 7125 | 김현돈 7130 | | 이우람 7135 | 김성수 7150 | 김석원 8782 | 류한은 8790 | 류정무 8795 |

| 국실 | 전자금융검사국 | | | | 가상자산감독국 | | | 가상자산조사국 | | |
|---|---|---|---|---|---|---|---|---|---|---|
| 국장 | 심은섭 7160, 7161 | | | | 이석 8160, 8161 | | | 전홍균 7100, 7101 | | |
| 팀 | 검사기획상시 | 검사1 | 검사2 | 검사3 | 가상자산감독총괄 | 가상자산시장감시 | 가상자산검사 | 가상자산조사기획 | 가상자산조사분석 | 가상자산조사 |
| 팀장 | 손인호 7154 | 지행호 7155 | 손정환 7156 | 조익한 7157 | 이주영 8162 | 조강훈 8314 | 김태석 8323 | 고병완 7102 | 구차성 7107 | 김진영 7192 |

| 국실 | IT검사국 | | | | |
|---|---|---|---|---|---|
| 국장 | 유희준 7420, 7421 | | | | |
| 팀 | 검사기획 | IT리스크대응 | IT검사1 | IT검사2 | IT검사3 |
| 팀장 | 안태승 7415 | 노경록 7425 | 이영기 7345 | 박민혁 7330 | 김상록 7340 |

| 국실 | 정보화전략국 | | | | | |
|---|---|---|---|---|---|---|
| 국장 | 이성욱 5370, 5371 | | | | | |
| 팀 | 정보화기획 | 정보화운영 | 감독정보시스템1 | 감독정보시스템2 | 경영정보시스템 | 정보보안 |
| 팀장 | 김송범 5460 | 장길호 5380 | 김현부 5410 | 안성원 5430 | 박용운 5420 | 최진영 5431 |

DID : 02-3145-OOOO

| 본부 | 보험 | | | | |
|---|---|---|---|---|---|
| 부원장보 | 김범준 5025, 5026 | | | | |
| 국실 | 보험감독국 | | | | |
| 국장 | 노영후 7460, 7461 | | | | |
| 팀 | 보험총괄 | 건전경영 | 보험제도 | 특수보험 | 보험리스크감독 |
| 팀장 | 황기현 7450 | 박정현 7455 | 현은하 7474 | 변지영 7471 | 한태진 7466 |

| 국실 | 보험계리상품감독국 | | | | 보험검사1국 | | | | | |
|---|---|---|---|---|---|---|---|---|---|---|
| 국장 | 이권홍 7240, 7241 | | | | 정영락 7790, 7791 | | | | | |
| 팀 | 보험계리상품총괄 | 보험계리 | 보험상품제도 | 보험상품감리 | 검사기획 | 경영정보분석 | 검사1 | 검사2 | 검사3 | 검사4 |
| 팀장 | 박수홍 7242 | 정승원 7245 | 전현욱 7250 | 김현중 7652 | 권순표 7770 | 김성환 7780 | 이재민 7795 | 홍성하 7789 | 김연상 7950 | 윤호진 7955 |

| 국실 | 보험검사2국 | | | | | | 보험검사3국 | | | | |
|---|---|---|---|---|---|---|---|---|---|---|---|
| 국장 | 서창대 7680, 7681 | | | | | | 김재갑 7270, 7271 | | | | |
| 팀 | 검사기획 | 시장감시대응 | 검사1 | 검사2 | 검사3 | 검사4 | 검사기획상시 | 검사1 | 검사2 | 검사3 | 검사4 |
| 팀장 | 임재동 7510 | 최은실 7660 | 김철영 7670 | 김영대 7689 | 조민희 7527 | 오민석 7675 | 이동재 7260 | 우정민 7268 | 김영광 7275 | 양대성 7280 | 백현진 7285 |

| 본부 | 은행·중소금융 | | | | | | | | | | | |
|---|---|---|---|---|---|---|---|---|---|---|---|---|
| 부원장 | 김병칠 5005, 5006 | | | | | | | | | | | |
| 본부 | 은행 | | | | | | | | | | | |
| 부원장보 | 박충현 5021, 5022 | | | | | | | | | | | |
| 국실 | 은행감독국 | | | | | | 은행검사1국 | | | | | |
| 국장 | 김형원 8020, 8021 | | | | | | 김남태 7050, 7051 | | | | | |
| 팀 | 은행총괄 | 건전경영 | 은행제도 | 가계신용분석 | 은행리스크감독 | 금융지주감독 | 검사기획 | 경영개선평가 | 자체정상화계획평가 | 검사1 | 검사2 | 검사3 | 검사4 |
| 팀장 | 최동우 8022 | 김은성 8050 | 송명준 8030 | 이윤선 8040 | 김정일 8060 | 윤석우 8215 | 안병남 7060 | 임연하 7065 | 이상돈 7090 | 이진태 7070 | 박수정 7075 | 라성하 7080 | 서기철 7085 |

| 국실 | 은행검사2국 | | | | | | | 은행검사3국 | | | | |
|---|---|---|---|---|---|---|---|---|---|---|---|---|
| 국장 | 박진호 7200, 7201 | | | | | | | 정은정 8350, 8351 | | | | |
| 팀 | 검사기획 | 경영실태평가 | IT검사 | 검사1 | 검사2 | 검사3 | 검사4 | 검사기획 | 은행리스크검사 | 인터넷전문은행검사 | 외국계은행검사1 | 외국계은행검사2 |
| 팀장 | 이동원 7205 | 김도희 7210 | 이상훈 7435 | 이범승 7215 | 이완 7225 | 손성기 7222 | 김기홍 7220 | 이진아 8330 | 명기영 8340 | 이훈아 8345 | 최우석 8355 | 이승 8360 |

| 국실 | 금융안정지원국 | | | | | 외환감독국 | | | | |
|---|---|---|---|---|---|---|---|---|---|---|
| 국장 | 황준하 8370, 8371 | | | | | 이민규 7920, 7921 | | | | |
| 팀 | 금융안정지원총괄 | 금융안정지원1 | 금융안정지원2 | 금융안정지원3 | 상생금융 | 외환총괄 | 외환건전성감독 | 외환검사기획 | 외환검사1 | 외환검사2 |
| 팀장 | 석재승 8380 | 최영주 8385 | 이성복 8390 | 염준용 8395 | 박계주 8400 | 유상범 7922 | 곽원섭 7928 | 박운규 7938 | 박철웅 7945 | 차영돈 7933 |

DID : 02-3145-OOOO

| 본부 | 중소금융 | | | | | | |
|---|---|---|---|---|---|---|---|
| 부원장보 | 한구 5029, 5030 | | | | | | |
| 국실 | 중소금융감독국 | | | | 여신금융감독국 | | |
| 국장 | 곽범준 6770, 6771 | | | | 박상만 7550, 7551 | | |
| 팀 | 중소금융총괄 | 건전경영 | 중소금융제도 | 중소금융시스템감독 | 여신금융총괄 | 건전경영 | 여신금융제도 |
| 팀장 | 이장희 6772 | 안신원 6773 | 조수경 6775 | 박승민 6774 | 김범준 7447 | 박종호 7552 | 김진형 7440 |

| 국실 | 중소금융검사1국 | | | | | 중소금융검사2국 | | | | |
|---|---|---|---|---|---|---|---|---|---|---|
| 국장 | 이건필 7410, 7411 | | | | | 문선기 8070, 8071 | | | | |
| 팀 | 검사기획 | 상시감시 | 검사1 | 검사2 | 검사3 | 검사기획조정 | 검사1 | 검사2 | 검사3 | 검사4 |
| 팀장 | 이정만 7370 | 황정훈 7380 | 오수진 7385 | 남주호 7392 | | 김대영 8072 | 이진우 8080 | 김시형 8085 | 박순찬 8760 | 이용상 8765 |

| 국실 | 중소금융검사3국 | | | | |
|---|---|---|---|---|---|
| 국장 | 이재석 8810, 8811 | | | | |
| 팀 | 검사기획조정 | 검사1 | 검사2 | 검사3 | 검사4 |
| 팀장 | 박병일 8805 | 서강훈 8816 | 이희중 8830 | 신동우 8822 | 류지성 8800 |

# 10년간 쌓아온 재무인의 역사를 돌려드립니다 '온라인 재무인명부'

수시 업데이트 되는 국세청, 정·관계 인사의 프로필과 국세청, 지방청, 전국세무서, 관세청,
유관기관 등의 인력배치 현황을 볼 수 있는 온라인 재무인명부

1등 조세회계 경제신문 조세일보

| 본부 | 자본시장·회계 | | | | | | | | | | |
|---|---|---|---|---|---|---|---|---|---|---|---|
| 부원장 | 함용일 5007, 5008 | | | | | | | | | | |
| 본부 | 금융투자 | | | | | | | | | | |
| 부원장보 | 서재완 5027, 5028 | | | | | | | | | | |
| 국실 | 자본시장감독국 | | | | | 자산운용감독국 | | | | | |
| 국장 | 임권순 7580, 7581 | | | | | 박시문 6700, 6701 | | | | | |
| 팀 | 자본시장총괄 | 건전경영 | 증권거래감독 | 자본시장제도 | 파생상품시장 | 자산운용총괄 | 자산운용인허가 | 자산운용제도 | 펀드심사1 | 펀드심사2 | 자문·신탁감독 |
| 팀장 | 최지혜 7570 | 김민수 7595 | 김용진 7590 | 김세훈 7587 | 설재훈 7600 | 서현재 6702 | 조현철 6710 | 양승의 6717 | 류지웅 6724 | 석진우 6752 | 이혜진 6540 |

| 국실 | 금융투자검사1국 | | | | | | 금융투자검사2국 | | | | | | |
|---|---|---|---|---|---|---|---|---|---|---|---|---|---|
| 국장 | 김형순 7010, 7011 | | | | | | 이현덕 7690, 7691 | | | | | | |
| 팀 | 증권기획조정 | 검사정보분석 | 검사1 | 검사2 | 검사3 | 검사4 | 검사5 | 자산운용기획조정 | IT검사 | 검사1 | 검사2 | 검사3 | 검사4 | 검사5 |
| 팀장 | 장재훈 7012 | 신용제 7020 | 정용석 7025 | 고승홍 7036 | 김세환 7035 | 김미선 7030 | 황준웅 7110 | 허승환 7620 | 이정운 7615 | 송현철 7645 | 조영석 7631 | 오창화 7641 | 김영중 7651 | 심여희 7621 |

| 국실 | 금융투자검사3국 | | | | | 연금감독실 | |
|---|---|---|---|---|---|---|---|
| 국장 | 이상민 7830, 7831 | | | | | 이동규 5180, 5181 | |
| 팀 | 검사기획 | 검사1 | 검사2 | 검사3 | 검사4 | 연금감독 | 연금검사 |
| 팀장 | 박관우 7832 | 정승미 7836 | 차도식 7837 | 이인규 7833 | 소은석 7834 | 김윤조 5190 | 김용민 5199 |

DID : 02-3145-OOOO

| 본부 | 공시조사 | | | | | | | | | |
|---|---|---|---|---|---|---|---|---|---|---|
| 부원장보 | 이승우 5033, 5034 | | | | | | | | | |
| 국실 | 공매도특별조사단 | 자본시장특별사법경찰국 | | | 기업공시국 | | | | | |
| 국장 | 박재영 5630, 5631 | 김회영 5600, 5601 | | | 조치형 8100, 8101 | | | | | |
| 팀 | 공매도조사기획 | 수사1 | 수사2 | 수사3 | 기업공시총괄 | 증권발행제도 | 전자공시 | 지분공시1 | 지분공시2 | 구조화증권 |
| 팀장 | 김구연 5636 | 장경필 5605 | 신익재 5602 | 이성진 5603 | 이윤길 8475 | 김대일 8482 | 박근태 8610 | 이동혁 8486 | 최경아 8479 | 이상탁 8090 |

| 국실 | 공시심사국 | | | | | | 조사1국 | | | |
|---|---|---|---|---|---|---|---|---|---|---|
| 국장 | 김준호 8420, 8421 | | | | | | 권영발 5550, 5551 | | | |
| 팀 | 공시심사기획 | 특별심사 | 공시심사1 | 공시심사2 | 공시심사3 | 공시조사 | 조사총괄 | 시장정보분석 | 조사1 | 조사2 | 조사3 |
| 팀장 | 심재호 8422 | 홍동균 8431 | 김종환 8450 | 최태민 8456 | 이정환 8463 | 임형준 8470 | 김기복 5582 | 황찬홍 5545 | 형남대 5542 | 정진원 5579 | 박영준 5555 |

| 국실 | 조사2국 | | | | 조사3국 | | | |
|---|---|---|---|---|---|---|---|---|
| 국장 | 류태열 5650, 5651 | | | | 장정훈 5100, 5101 | | | |
| 팀 | 조사1 | 조사2 | 조사3 | 조사4 | 조사1 | 조사2 | 조사3 | 특별조사 |
| 팀장 | 진세동 5653 | 윤지혜 5635 | 이정은 5656 | 고상범 5658 | 이장준 5106 | 이민호 5105 | 송용직 5107 | 강성곤 5103 |

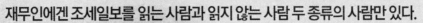

# 재무인과 함께 걸어가겠습니다 '조세일보'

재무인에겐 조세일보를 읽는 사람과 읽지 않는 사람 두 종류의 사람만 있다.

| 본부 | 회계 | | | | | | | | | | |
|---|---|---|---|---|---|---|---|---|---|---|---|
| 부원장보 | 윤정숙 5039, 5040 | | | | | | | | | | |
| 국실 | 회계감독국 | | | | | 회계감리1국 | | | | | |
| 국장 | 김은순 7750, 7751 | | | | | 유형주 7700, 7701 | | | | | |
| 팀 | 회계감독<br>총괄 | 감사제도<br>운영 | 금융회계 | 국제회계<br>기준 | 공인<br>회계사<br>시험관리 | 회계감리<br>총괄 | 디지털<br>감리 | 회계감리<br>1 | 회계감리<br>2 | 회계감리<br>3 | 회계감리<br>4 |
| 팀장 | 김경률<br>7752 | 최진혁<br>7977 | 손희원<br>7970 | 김세리<br>7980 | 최석원<br>7753 | 손기숙<br>7702 | 강대민<br>7725 | 이두형<br>7720 | 한도요<br>7730 | 최동협<br>7710 | 유홍근<br>7731 |

| 국실 | 회계감리2국 | | | | | 감사인감리국 | | | |
|---|---|---|---|---|---|---|---|---|---|
| 국장 | 장영심 7290, 7291 | | | | | 김시일 7860, 7861 | | | |
| 팀 | 기획감리 | 회계감리1 | 회계감리2 | 회계감리3 | 회계감리4 | 감사인감리<br>총괄 | 감사인감리<br>1 | 감사인감리<br>2 | 감사인감리<br>3 |
| 팀장 | 박기현<br>7292 | 이성진<br>7301 | 박성영<br>7306 | 장환생<br>7311 | 김지윤<br>7316 | 정주은<br>7862 | 이성호<br>7863 | 박진영<br>7864 | 허익 7878 |

| 본부 | 감사 | | | |
|---|---|---|---|---|
| 위원장 | 김기영 6001, 6002 | | | |
| 국실 | 감사실 | | 감찰실 | |
| 국장 | 정제용 6060, 6061 | | 오상완 5500, 5501 | |
| 팀 | 감사1 | 감사2 | 감찰총괄 | 직무감찰 |
| 팀장 | 김준욱 6070 | 윤선화 6062 | 허수정 5503 | 김재홍 5502 |

DID : 02-3145-OOOO

| 본부 | 금융소비자보호처 | | | | | | | |
|------|------|------|------|------|------|------|------|------|
| 부원장 | 김미영 5009, 5010 | | | | | | | |
| 본부 | 소비자보호 | | | | | | | |
| 부원장보 | 박지선 5023, 5024 | | | | | | | |
| 국실 | 금융소비자보호총괄국 | | | | 금융소비자보호조사국 | | | |
| 국장 | 김욱배 5700, 5701 | | | | 최성호 8220, 8221 | | | |
| 팀 | 소비자보호 총괄 | 소비자보호 제도 | 공정금융 | 소비자보호 점검 | 소비자보호 조사기획 | 조사1 | 조사2 | 조사3 |
| 팀장 | 조영범 5680 | 김현정 5685 | 이선우 5689 | 안태훈 5693 | 김혜선 8222 | 양지영 8228 | 오동균 8235 | 유환 8240 |

| 국실 | 금융민원국 | | | | | | 분쟁조정1국 | | | |
|------|------|------|------|------|------|------|------|------|------|------|
| 국장 | 주요한 5530, 5531 | | | | | | 손인수 5210, 5211 | | | |
| 팀 | 금융민원 기획 | 원스톱서 비스 | 은행·금융 투자민원 | 중소서민 민원 | 생명보험 민원 | 손해보험 민원 | 분쟁조정 기획 | 보험분쟁 1 | 보험분쟁 2 | 보험분쟁 3 |
| 팀장 | 송상욱 5510 | 성용준 8520 | 이장훈 5762 | 하도훈 5768 | 박슬기 5772 | 최영덕 5775 | 김동훈 5212 | 최진영 5200 | 최은희 5221 | 신창현 5214 |

| 국실 | 분쟁조정2국 | | | | 분쟁조정3국 | | | | |
|------|------|------|------|------|------|------|------|------|------|
| 국장 | 윤세영 5750, 5751 | | | | 김세모 5720, 5721 | | | | |
| 팀 | 분쟁조정 기획 | 제3보험1 | 제3보험2 | 제3보험3 | 분쟁조정 기획 | 은행 | 중소서민 금융 | 금융투자 | 사모펀드 |
| 팀장 | 김동하 5248 | 유명신 5242 | 최영석 5741 | 김충년 5748 | 이종진 5712 | 심서연 5722 | 박재형 5736 | 유준욱 5739 | 송종호 5729 |

| 본부 | 민생금융 | | | | | | |
|---|---|---|---|---|---|---|---|
| 부원장보 | 김성욱 5031, 5032 | | | | | | |
| 국실 | 민생침해대응총괄국 | | | | 금융사기대응단 | | |
| 국장 | 이행정 8270, 8271 | | | | 정재승 8150, 8151 | | |
| 팀 | 민생침해대응<br>총괄 | 불법사금융<br>대응1 | 불법사금융<br>대응2 | 불법사금융<br>대응3 | 금융사기대응<br>총괄 | 금융사기대응1 | 금융사기대응2 |
| 팀장 | 윤동진 8272 | 최승록 8129 | 김수진 8285 | 천성준 8280 | 김태근 8130 | 김호빈 8140 | 강인 8521 |

| 국실 | 보험사기대응단 | | | 서민금융보호국 | | | |
|---|---|---|---|---|---|---|---|
| 국장 | 김태훈 8730, 8731 | | | 송경용 8410, 8411 | | | |
| 팀 | 조사기획 | 보험조사 | 특별조사 | 서민금융보호<br>총괄 | 검사1 | 검사2 | 채권추심업 |
| 팀장 | 김규리 8888 | 이환권 8726 | 박항신 8880 | 신동호 8412 | 김소현 8250 | 김상희 8255 | 홍진섭 8260 |

| 국실 | 자금세탁방지실 | | | 금융교육국 | | |
|---|---|---|---|---|---|---|
| 국장 | 김지웅 7500, 7501 | | | 이석주 5970, 5971 | | |
| 팀 | 자금세탁방지<br>기획 | 자금세탁방지<br>검사1 | 자금세탁방지<br>검사2 | 금융교육기획 | 일반금융교육 | 학교금융교육 |
| 팀장 | 이승훈 7502 | 이연주 7490 | 홍수형 7495 | 정윤미 5972 | 권영수 5956 | 문주환 5964 |

| 지원 | 부산울산지원 | | 대구경북지원 | | 광주전남지원 | | 대전세종충남지원 | | 인천지원 |
|---|---|---|---|---|---|---|---|---|---|
| 지원장 | 이호진 051-606-1710 | | 정우현 053-760-4085 | | 최용욱 062-606-1610 | | 박현섭 042-479-5101 | | 김효희 032-715-4801 |
| 주소 | 부산광역시 연제구 중앙대로 1000 국민연금부산회관 12층 | | 대구광역시 수성구 달구벌대로 2424 삼성증권빌딩 7F, 8F | | 광주광역시 동구 제봉로 225 (광주은행 본점 10층) | | 대전광역시 서구 한밭대로 797 (캐피탈타워 15층) | | 인천광역시 남동구 인주대로 585 한국씨티은행빌딩 19층 |
| 전화 FAX | TEL: (051)606-1700~1 FAX: (051)606-1755 | | TEL: (053)760-4000 FAX: (053)764-8367 | | TEL: (062)606-1600 FAX: (062)606-1630, 1632 | | TEL: (042)479-5151~4 FAX: (042)479-5130-1 | | TEL: (032)715-4890 FAX: (032)715-4810 |
| 팀 | 검사 | 소비자 보호 | 검사 | 소비자 보호 | 검사 | 소비자 보호 | 검사 | 소비자 보호 | 소비자보호 |
| 팀장 | 장재익 1730 | 임형준 1720 | 김경호 4003 | 이은영 4030 | 김상현 1611 | 백성구 1613 | 오우철 5104 | 봉진영 5103 | 김경수 4802 |

| 지원 | 경남지원 | 제주지원 | 전북지원 | 강원지원 | 충북지원 | 강릉지원 |
|---|---|---|---|---|---|---|
| 지원장 | 신규종 055-716-2324 | 김대진 064-746-4205 | 임형조 063-250-5001 | 오정근 033-250-2801 | 김정훈 043-857-9101 | 김부곤 033-642-1901 |
| 주소 | 경상남도 창원시 성산구 중앙대로 110 케이비증권빌딩 4층 | 제주특별자치도 제주시 은남길 8 (삼성화재빌딩 10층) | 전라북도 전주시 완산구 서원로 77 (전북지방중소벤처 기업청 4층) | 강원도 춘천시 금강로 81 (신한은행 강원본부 5층) | 충청북도 충주시 번영대로 242, 충북원예농협 경제사업장 2층 | 강원도 강릉시 율곡로 2806 한화생명 5층 |
| 전화 FAX | TEL: (055)716-2330 FAX: (055)287-2340 | TEL: (064)746-4200 FAX: (064)749-4700 | TEL: (063)250-5000 FAX: (063)250-5050 | TEL: (033)250-2800 FAX: (033)257-7722 | TEL: (043)857-9104 FAX: (043)857-9177 | TEL: (033)642-1902 FAX: (033)642-1332 |
| 팀 | 소비자보호 | 소비자보호 | 소비자보호 | 소비자보호 | 소비자보호 | 소비자보호 |
| 팀장 | 유승동 2325 | 김종호 4204 | 김시원 5003 | 이승원 2805 | 남영민 9102 | 박상준 1902 |

| 해외사무소 | |
|---|---|
| 뉴욕 | Address : 780 Third Avenue(14th floor) NewYork, N. Y. 10017 U.S.A.<br>Tel : 1-212-350-9388<br>Fax : 1-212-350-9392 |
| 런던 | Address : 4th Floor, Aldermary House, 10-15 Queen Street, London EC4N 1TX, U.K.<br>Tel : 44-20-7397-3990~3<br>Fax : 44-20-7248-0880 |
| 프랑크푸르트 | Address : Feuerbachstr.31,60325 Frankfurt am Main, Germany<br>Tel : 49-69-2724-5893/5898<br>Fax : 49-69-7953-9920 |
| 동경 | Address : Yurakucho Denki Bldg. South Kan 1051,7-1, Yurakucho 1- Chome, Chiyoda-Ku, Tokyo, Japan<br>Tel : 81-3-5224-3737<br>Fax : 81-3-5224-3739 |
| 하노이 | Address : #13B04. 13th Floor Lotte Business Center. 54 Lieu Giai Street. Ba Dinh District, Hanoi, Vietnam<br>Tel : 84-24-3244-4494<br>Fax : 84-24-3771-4751 |
| 북경 | Address : Rm. C700D, Office Bidg, Kempinski Hotel Beijing Lufthansa Center, No.50, Liangmaqiao Rd, Chaoyang District, Beijing, 100125 P.R.China<br>Tel : 86-10-6465-4524<br>Fax : 86-10-6465-4504 |

# 상공회의소

대표전화: 02-6050-3114/ DID: 02-6050-OOOO

회장: **최 태 원**

DID: 02-6050-3520

| 주소 | 서울특별시 중구 세종대로 39 상공회의소 회관 (우) 04513 |
|---|---|
| 홈페이지 | www.korcham.net |

| 상근부회장 | 감사실 | 부 | 커뮤니케이션실 | | |
|---|---|---|---|---|---|
| 박일준 | 전인식 3107 | 실장 | 이종명 3680 | | |
| | | 팀 | 플랫폼운영 | 홍보 | 뉴미디어 |
| | | 팀장 | 황미정 3291 | 선병수 3603 | 강민재 3701 |

| 본부 | 기획조정본부 | | | | | |
|---|---|---|---|---|---|---|
| 본부장 | 박동민 3118 | | | | | |
| 팀 | 기획 | 대외협력 | 인사 | 총무 | 회계 | IT지원 |
| 팀장 | 박찬욱 3102 | 김기수 3101 | 김의구 3402 | 최은락 3201 | 박병일 3411 | 김호석 3641 |

| 본부 | 회원본부 | | | |
|---|---|---|---|---|
| 본부장 | 강명수 3401 | | | |
| 팀 | 회원CEO | 회원협력 | 교육개발 | 원산지증명센터 |
| 팀장 | 이강민 3421 | 정일 3871 | 박주영 3491 | 김종태 3333 |

| 본부 | 조사본부 | | | | | |
|---|---|---|---|---|---|---|
| 본부장 | 강석구 3441 | | | | | |
| 팀 | 경제정책 | 기업정책 | 금융산업 | 산업정책 | 규제혁신 | 지역경제 | 고용노동정책 |
| 팀장 | 김현수 3442 | 이수원 3461 | 송승혁 3841 | 김문태 3381 | 이상헌 3720 | 조성환 3861 | 유일호 3481 |

| 본부 | 국제통상본부 | | | | | | | |
|---|---|---|---|---|---|---|---|---|
| 본부장 | 이성우 3540 | | | | | | | |
| 팀 | 구미통상 | 아주통상 | 한일경제협력TF | 통상조사 | 경제협력 | 독일사무소 | 북경사무소 | 베트남사무소 |
| 팀장 | 박소연 3543 | 이승륜 3451 | 이승륜 3451 | 박성주 3364 | 이승륜 3451 | 추정화 49-0157-3679-2281 | 원윤재 86-10-8453-9756 | 김형모 84-24-3771-3719 |

| 본부 | 유통물류진흥원 | | | | 공공사업본부 | | |
|---|---|---|---|---|---|---|---|
| 원장 | 장근무 1414 | | | | 박재근 3740 | | |
| 팀 | 유통물류정책 | 디지털혁신 | 표준협력 | 데이터정보 | 스마트제조혁신 | 사업재편지원 | 샌드박스 |
| 팀장 | 김민석 1510 | 이은철 1500 | 고수현 1500 | 김성열 1480 | 정영석 3850 | 김진곡 3161 | 최현종 3181 |

| 본부 | 지속가능경영원 | | | | | | SGI | 인력개발사업단 |
|---|---|---|---|---|---|---|---|---|
| 단장 | 조영준 3480 | | | | | | 박양수 3135 | 이상복 3505 |
| 팀 | ESG경영 | 공급망ESG지원센터 | 탄소중립 | 탄소감축인증센터 | 그린에너지지원센터 | 국가발전 | | |
| 팀장 | 윤철민 3471 | 김현민 3472 | 김녹영 3804 | 김녹영 3826 | 최규종 7131 | 김종상 3981 | | |

| 본부 | 상공회운영사업단 | 자격평가사업단 | | APEC CEO Summit추진단 | | | 신기업가전신협의회사무국 |
|---|---|---|---|---|---|---|---|
| 단장 | 강명수 3401 | 박재근 3740 | | 박동민 3118 | | | 조영준 3480 |
| 팀 | 상공회운영 | 직업능력기획 | 직업능력운영 | 총괄운영 | 정책지원 | APEC협력센터 | ERT사업 |
| 팀장 | 김오승 3465 | 김승철 3735 | 박영도 3770 | 임충현 3451 | 임충현 3451 | 유종철 3682 | 옥혜정 3631 |

# 중소기업중앙회

대표전화: 02-2124-3114 / DID: 02-2124-OOOO

회장: **김 기 문**

DID: 02-2124-3001

| 주소 | 서울특별시 영등포구 은행로 30 (여의도동) 중소기업중앙회 (우) 07242 |
|------|-----|
| 홈페이지 | www.kbiz.or.kr |

| 상근부회장 | 비서실 | 감사 | 감사실 | 리스크관리실 | 준법지원실 | 편집국 | 홍보실 | 전무이사 |
|------|------|------|------|------|------|------|------|------|
| | 조준호 3003 | 이현호 3009 | 이창희 3370 | 안준연 3100 | 서정헌 4010 | 양옥석 3190 | 성기동 3060 | |

| 본부 | 경영기획본부 | | | |
|------|------|------|------|------|
| 본부장 | 강형덕 3019 | | | |
| 부 | 기획조정실 | 인사실 | 총무회계실 | 사회공헌실 |
| 실장 | 백동욱 3030 | 박경미 3040 | 김종하 3050 | 문철홍 3090 |

| 사업단 | 공제사업단 |
|------|------|
| 단장 | 이창호 3016 |

| 본부 | 공제운영본부 | | | | | | 자산운용본부 | | | |
|------|------|------|------|------|------|------|------|------|------|------|
| 본부장 | | | | | | | 서원철 3017 | | | |
| 부 | 노란우산기획실 | 공제기금실 | 공제운영실 | 공제마케팅실 | 공제서비스실 | PL손해공제실 | 투자전략실 | 금융투자실 | 실물투자실 | 기업투자실 |
| 실장 | 정구현 4320 | 황보훈 4360 | 김기수 3350 | 이은지 4080 | 전혜숙 3310 | 유지흥 4350 | 정부교 3340 | 이응석 3320 | 김태완 3322 | 이경용 3200 |

# 1등 조세회계 경제신문 조세일보

| 본부 | 협동조합본부 | | | |
|---|---|---|---|---|
| 본부장 | | | | |
| 부 | 조합정책실 | 협업사업실 | 회원지원실 | 중소기업협동조합연구소 |
| 실장 | 유진호 3210 | 현준 3220 | 이기중 3180 | 윤위상 4060 |

| 본부 | 경제정책본부 | | | | |
|---|---|---|---|---|---|
| 본부장 | 추문갑 3013 | | | | |
| 부 | 정책총괄실 | 소상공인정책실 | 기업성장실 | 통상정책실 | 조사통계실 |
| 실장 | 이민경 3110 | 손성원 3170 | 박화선 3145 | 김철우 3290 | 김병수 4080 |

| 본부 | 혁신성장본부 | | | |
|---|---|---|---|---|
| 본부장 | 양찬회 3014 | | | |
| 부 | 제조혁신실 | 스마트산업실 | 상생협력실 | 판로지원실 |
| 실장 | 고수진 3120 | 전의준 4310 | 정지연 3130 | 신승재 3260 |

| 본부 | 인력정책본부 | | |
|---|---|---|---|
| 본부장 | 이명로 3015 | | |
| 부 | 인력정책실 | 외국인력지원실 | 교육지원실 |
| 실장 | 정민호 3270 | 김기훈 3280 | 정인과 3300 |

# 국세청
# 소속기관

# 국세청

| 주소 | 세종특별자치시 국세청로 8-14 국세청 (정부세종2청사 국세청동) (우) 30128 |
|------|--------------------------------------------------------------|
| 대표전화 | 044-204-2200 |
| 팩스 | 02-732-0908, 732-6864 |
| 계좌번호 | 011769 |
| e-mail | service@nts.go.kr |

## 청장　　　강민수

(직) 720-2811 (D) 044-204-2201 (행) 222-0730

정책보좌관　이임동 (D) 044-204-2202

국세조사관

## 차장　　　최재봉

(직) 720-2813 (D) 044-204-2211 (행) 222-0731

# 국세청

대표전화: 044-204-2200 / DID: 044-204-OOOO

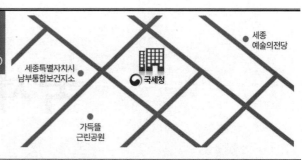

청장: **강 민 수**
DID: 044-204-2201

| 주소 | 세종특별자치시 국세청로 8-14 국세청 (정부세종2청사 국세청동) (우) 30128 | | | | | |
|---|---|---|---|---|---|---|

| 코드번호 | 100 | 계좌번호 | 011769 | 이메일 | service@nts.go.kr |
|---|---|---|---|---|---|

| 과 | 대변인 | | | 운영지원과 | | | | 인사기획과 | | |
|---|---|---|---|---|---|---|---|---|---|---|
| 과장 | 김상범 2221 | | | 최성영 2260 | | | | 이법진 2241 | | |
| 팀 | 공보1 | 공보2 | 공보3 | 행정지원 | 경리복지 | 청사기획 | 노무안전 | 인사1 | 인사2 | 인사3 |
| 팀장 | 채진우 2222 | 송은주 2232 | 김봉승 2237 | 정성훈 2262 | 김주식 2272 | 허선 2282 | 박수영 2292 | 이동현 2242 | 정종룡 2252 | 채정훈 2192 |
| 국세조사관 | 조현승 2223 전다영 2233 | | | 오재경 2263 박양규 2264 | 성유진 2273 김정민 2274 | 김정학 2283 김영한 2285 최성호 2286 | 문지만 2293 | 김정호 2243 성현주 2244 김한성 2245 문동배 2246 | 김수진 2253 김종욱 2254 | 정성진 2193 이영수 2194 |
| | 이동기 2224 | 이은실 2238 | 성기오 2234 | 김창근 2265 이인혁 2266 최진남 2267 | 주우성 2275 박찬승 2276 김유정 2277 | 김도희 2287 이충구 2288 이승환 2289 | | 박지영 2247 | 윤상동 2255 차정우 2256 고유경 2257 | 박경희 2195 신동주 2196 |
| | 박범수 2235 | | | 이설이 2268 | 전재형 2278 | | | 박보경 2248 | 조미란 2258 | 노주아 2197 |
| | | | | | | 정현 2290 | | | | |
| 공무직 | 김태운 2190 조래현 2191 | | | | | | | | | |
| FAX | | | | | | | | | | |

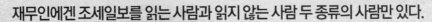

# 재무인과 함께 걸어가겠습니다 '조세일보'

재무인에겐 조세일보를 읽는 사람과 읽지 않는 사람 두 종류의 사람만 있다.

1등 조세회계 경제신문 조세일보

| 국 | 기획조정관 | | | | | | | | |
|---|---|---|---|---|---|---|---|---|---|
| 국장 | 2300 | | | | | | | | |
| 과 | 혁신정책담당관 | | | | 기획재정담당관 | | | | 비상안전담당관 |
| 과장 | 윤순상 2301 | | | | 박상준 2331 | | | | 박향기 2391 |
| 팀 | 총괄 | 혁신 | 조직 | 평가 | 기획1 | 기획2 | 예산1 | 예산2 | 비상 |
| 팀장 | 이우진 2302 | 오수빈 2307 | 안형민 2312 | 박상기 2317 | 송찬규 2332 | 조민성 2337 | 박찬웅 2342 | 최원현 2347 | 손성규 2392 |
| 국세조사관 | 백은혜 2303 유지현 2304 | 김영민 2308 | 고일명 2313 하현균 2314 | 정미란 2318 | 이수현 2333 이태훈 2334 | 홍성민 2338 | 최영철 2343 | 김성한 2348 | |
| | | 박상기 2309 이다솜 2310 | 원대로 2315 김경해 2316 | 박홍기 2319 박소정 2320 | 이재만 2335 | 김승범 2339 | 김성민 2344 | 김재환 2349 | 황규현 2393 |
| | 노승환 2305 | | | | 배지원 2336 | | | | 장한울 2394 |
| | | | | | | | | | |
| 공무직 | 김진 2311 | | | | | | | | |
| FAX | 216-6053 | | | | | | | | |

국세관련 모든 상담은 국번없이 126
전국 어디서나 편리하게 상담받으세요.
평일 9시~18시 (말색제보는 24시간)

DID : 044-204-OOOO

| 국 | 기획조정관 | | | | 정보화관리관 | | | | | | |
|---|---|---|---|---|---|---|---|---|---|---|---|
| 국장 | 2300 | | | | 이성진 2400 | | | | | | |
| 과 | 국세데이터담당관 | | | | 정보화기획담당관 | | | | 빅데이터센터 | | |
| 과장 | 김성기 2361 | | | | 배상록 2401 | | | | 이준목 4501 | | |
| 팀 | 국세데이터총괄 | 국세통계 | 과세정보 | 통계센터 | 총괄 | 예산 | 표준 | 사업관리 | 빅데이터총괄 | 개인분석 | 법인분석 |
| 팀장 | 이준학 2362 | 김미나 2367 김경록(통계) 2370 | 이종민 2372 | 유혜경(통계) 2382 엄광현(전산) 2383 | 김범철 2402 | 김광래 2412 | 강지원 2422 | 장창렬 2432 | 박창오 4502 | 김경아 4512 | 김용보 4522 |
| 국세조사관 | 유은주 2363 | 고덕상 2368 조진용(전산) 2369 | 김부일 2373 | 심지언 2384 | 권진혁 2403 이강현 2404 김지호 2405 | 강대식 2413 조대연 2414 현주호 2415 | 정명숙 2423 최상만 2424 | 정지양 2433 장광석 2434 | 김요한 4503 김영지 4504 | 이기업 4513 | 정은정 4523 |
| | | | 박선영(통계) 2374 | 황미화 2385 | 김지원 2406 심민기 2407 | 차연수 2416 | 김지민 2425 박세창 2426 김병권 2428 | 정용국 2435 조상미 2436 | 오상훈 4505 홍근화 4506 | 김선애 4514 오문탁 4515 김진영 4516 서미연 4517 박시현 4518 | 최은영 4524 김민영 4525 |
| | 최수현 2364 | | | | 김동우 2408 | | 서준석 2429 | | 우지혜 4507 | 정지영 4519 이승한 4520 | 전일권 4526 강민수 4527 |
| | | | | | | | | | 장동근 4508 | 이혜린 4521 | |
| 공무직 | | | | | 김정희 2409 김미선 2411 | 김정남 2417 | | | | | |
| FAX | 216-6053 | | | | 216-6105 | | | | 216-6110 | | |

# 10년간 쌓아온 재무인의 역사를 돌려드립니다 '온라인 재무인명부'

수시 업데이트 되는 국세청, 정·관계 인사의 프로필과 국세청, 지방청, 전국세무서, 관세청, 유관기관 등의 인력배치 현황을 볼 수 있는 온라인 재무인명부

1등 조세회계 경제신문 조세일보

| 국 | 정보화관리관 | | | | | | | | | |
|---|---|---|---|---|---|---|---|---|---|---|
| 국장 | 이성진 2400 | | | | | | | | | |
| 과 | 빅데이터센터 | | | | 정보화운영담당관 | | | | | |
| 과장 | 이준목 4501 | | | | 윤현구 2451 | | | | | |
| 팀 | 자산분석 | 조사분석1 | 조사분석2 | 징세복지분석 | 엔티스총괄 | 인프라관리 | 엔티스포털 | 납보민원정보화 | 고지체납정보화 | 수납환급정보화 |
| 팀장 | 지상준 4532 | 주재현 4542 | 서용석 4552 | 심은진 4562 | 장원식 2452 | 정기환 2462 | 이영미 2472 | 송지은 2482 | 임기향 2492 | 손재락 4962 |
| 국세조사관 | 김은희 4533 | 서영삼 4543 오민경 4544 김승국 4545 | 김수용 4553 이수미 4554 강호종 4555 | 이효진 4563 | 한미영 2453 | 김재현 2463 | 김진영 2473 황치운 2474 | 이서구 2483 이수연 2484 | 임화춘 2493 | 송유진 4963 |
| | 이서영 4534 송지원 4535 하현주 4536 안상원 4537 | 김병휘 4546 박미진 4547 한세영 4548 이정주 4549 | | 박민국 4564 | 이세나 2454 | 김희정 2464 | | 윤기찬 2485 | 장이삭 2494 박정남 2495 곽민혜 2496 | 김동수 4964 조한솔 4965 이무훈 4966 |
| | 김혜진 4538 | 손민정 4550 | 서성현 4556 | 김태훈 4565 송원호 4566 | 이지헌 2455 김지영 2456 박우정 2457 | 이현우 2465 장경호 2466 강태양 2467 | 고대훈 2475 | 하유정 2486 | 김세린 2497 | 하상욱 4967 박지민 4968 |
| | | 이동준 4551 | 박하영 4557 | 윤동현 4567 | 이강혁 2458 | | 고결 2476 | | 이민지 2498 연규빈 2499 | 도아라 4969 |
| 공무직 | | | | | | | | | | |
| FAX | 216-6110 | | | | 216-6106 | | | | | |

DID : 044-204-OOOO

| 국 | 정보화관리관 | | | | | | | | | | |
|---|---|---|---|---|---|---|---|---|---|---|---|
| 국장 | 이성진 2400 | | | | | | | | | | |
| 과 | 홈택스1담당관 | | | | | 홈택스2담당관 | | | | | |
| 과장 | 이주연 2501 | | | | | 이상원 2551 | | | | | |
| 팀 | 홈택스총괄 | 부가정보화 | 전자세원정보화 | 양도종부정보화 | 상증자본거래정보화 | 법인정보화 | 소비국제세원정보화 | 소득정보화 | 원천정보화 | 장려세제정보화 | 소득자료학자금정보화 |
| 팀장 | 윤소영 2502 | 김경선 2512 | 염준호 2522 | 김희재 2532 | 김미경 2542 | 임동욱 2552 | 이정화 2562 | 서지영 2572 | 임지아 2582 | 임미정 2592 | 배인순 4582 |
| 국세조사관 | 강태욱 2503 | 나승운 2513 | 김병식 2523<br>안승우 2524 | 임근재 2533<br>김민경 2534<br>안도형 2535 | 임채주 2543 | 김세라 2553 | 박숙정 2563 | 문숙자 2573<br>이시화 2574 | 안혜은 2583 | 김계희 2593 | 강명수 4583 |
| | 김아름 2504<br>최영우 2505 | 남성호 2514<br>라원선 2515<br>강보미 2516 | 정현주 2525 | 주유미 2536<br>이가현 2537 | 오은정 2544<br>유수정 2545 | 김윤정 2554 | 김현진 2564 | 김건우 2575<br>정선균 2576<br>신은우 2577<br>김용극(동원) 2570<br>민경은 2578 | 이창인 2584<br>김지선 2585 | 이원준 2594<br>강소연 2595 | 박대희 4584 |
| | 김태원 2506<br>박주영 2507 | 김수명 2517 | 김유리 2526<br>홍지연 2527<br>윤성민 2528<br>김진수 2529 | 이철원 2538 | 박성은 2546<br>윤태현 2547<br>조성욱 2548 | 손효현 2555<br>안일근 2556<br>김상미 2557 | 장은석 2565<br>유예림 2566<br>정태영 2567 | 유명선 2579 | 이소원 2586<br>구세윤 2587<br>김하연 2588 | 김육곤 2596<br>김수현 2597 | 정정민 4585<br>김영호 4586<br>남세라 4587 |
| | 주현주 2508 | 이창화 2518<br>이다해 2519 | 김홍기 2530 | 남다영 2539 | 이정택 2549<br>이상현 2550 | 장한별 2558<br>김혜민 2559 | | 류은영 2580<br>이종일 2581 | 유민경 2589<br>안영훈 2590 | 김서연 2598<br>정성연 2599 | 이소연 4588<br>송명섭 4589 |
| 공무직 | | | | | | | | | | | |
| FAX | 216-6107 | | | | | 216-6108 | | | | | |

| 국 | 정보화관리관 | | | | | | | 감사관 | | | |
|---|---|---|---|---|---|---|---|---|---|---|---|
| 국장 | 이성진 2400 | | | | | | | 김지훈 2600 | | | |
| 과 | 정보보호담당관 | | | | 인공지능세정혁신팀 | | | 감사담당관 | | | |
| 과장 | 조수진 4921 | | | | 홍영표 4651 | | | 최지은 2601 | | | |
| 팀 | 정보보호총괄 | 정보보안감사 | 보안네트워크 | 개인정보보호 | 인공지능총괄 | 상담혁신1 | 상담혁신2 | 감사1 | 감사2 | 감사3 | 감사4 |
| 팀장 | 전태영 4922 | 황정만 4932 | 이현진 4942 | 김동윤 4952 | 홍덕표 4652 | 김재석 4662 | 김태형 4672 | 권우태 2602 | 조일성 2612 | 오세정 2622 | 신동익 2632 |
| 국세조사관 | 김은진 4923 | 남현희 4933 | | 최근호 4953 | 최은숙 4653 | 임상민 4663 | 김남용 4673 김경민 4675 | 조현준 황성훈 | 이철민 조병민 조윤경 | 김봉조 김태석 김경진 | 노우정 최태훈 이현호(전) |
| | 서승민 4924 박서진 4925 | 김성주 4934 최정윤 4935 | 하창경 4943 최창훈 4944 이유림 4945 | 김도훈 4954 김현진 4955 | 임동엽 4654 | 윤춘미 4664 이정묵 4665 | 김우성 4674 | 김동현 김서안 | 유명훈 | 김지현 | 이준우 |
| | 김태완 4926 | 문용원 4936 | | | 김종인 4655 | | | | | | |
| | | | | | | | | | | | |
| 공무직 | | | | | | | | | | | |
| FAX | 216-6109 | | | | | | | 216-6060 | | | |

국세관련 모든 상담은 국번없이 126
전국 어디서나 편리하게 상담받으세요.
평일 9시~18시 (탈세제보는 24시간)

**DID : 044-204-OOOO**

| 국 | 감사관 | | | | | 납세자보호관 | | | |
|---|---|---|---|---|---|---|---|---|---|
| 국장 | 김지훈 2600 | | | | | 전지현 2700 | | | |
| 과 | 감찰담당관 | | | | | 납세자보호담당관 | | | |
| 과장 | 이철경 2651 | | | | | 신예진 2701 | | | |
| 팀 | 감찰1 | 감찰2 | 감찰3 | 감찰4 | 윤리 | 납보1 | 납보2 | 납보3 | 민원 |
| 팀장 | 노유경 2652 | 김민석 2662 | 박종성 2672 | 김명수 2682 | 이준영 2692 | 장성기 2702 | 김용우 2712 | 김효진 2717 | 이종영 2722 |
| 국세 조사관 | 정훈 황규봉 김영빈 | 김요왕 박종현 | 이주용 김지웅 장경일 | 김대환 이수진 이은정 김한기 | 이영정 김지은 | 나명균 2703 | 원두진 2713 정병호 2715 | 이현도 2718 조강희 2719 | 이미경 2723 |
| | 황지아 한시윤 | 박노훈 이예지 | 박정화 | | 고정은 임지훈 | 남도욱 2704 신미영 2705 | 이은미 2716 | | 오한솔 2724 |
| | | | | | | | | 김주엽 2720 | 이득규 2725 |
| | | | | | | | | | |
| | | | | | | | | | |
| 공무직 | | | | | | | | | |
| FAX | 216-6061 | | | | 216-6062 | 216-6063 | | | |

126

| 국 | 납세자보호관 | | | | | | | | | | | |
|---|---|---|---|---|---|---|---|---|---|---|---|---|
| **국장** | 전지현 2700 | | | | | | | | | | | |
| **과** | 심사1담당관 | | | | | | 심사2담당관 | | | | | |
| **과장** | 지임구 2741 | | | | | | 남아주 2771 | | | | | |
| **팀** | 심사1 | 심사2 | 심사3 | 심사4 | 심사5 | 심사6 | 심사1 | 심사2 | 심사3 | 심사4 | 심사5 | 심사6 |
| **팀장** | 조병주 2742 | 이강욱 2762 | 최찬배 2763 | 김태영 2764 | 이지연 2765 | 유진 2766 | 박준배 2772 | 김제석 2782 | 조혜정 2783 | 고주석 2784 | | 김명도 2786 |
| **국세 조사관** | 조영혁 2743 이수진 2744 | 이민경 2752 | | | | | 전태훈 2789 | | | 김혜미 2790 | | |
| | 강형규 2745 | | | | | | 김숙기 2773 | | | | | |
| | 우한솔 2746 | | | | | | 진재경 2774 | | | | | |
| | | | | | | | | | | | | |
| **공무직** | | | | | | | | | | | | |
| **FAX** | 216-6064 | | | | | | 216-6065 | | | | | |

## 서울청 사무실 8100-2014~6(국,과,팀장)

| 국 | 국제조세관리관 | | | | | | | | | | |
|---|---|---|---|---|---|---|---|---|---|---|---|
| **국장** | 강성팔 2800 | | | | | | | | | | |
| **과** | 국제조세담당관 | | | | 역외정보담당관 | | | | | | |
| **과장** | 전애진 2801 | | | | 김준우 2901 | | | | | | |
| **팀** | 1 | 2 | 3 | 4 | 1 | 2 | 3 | 4 | 5 | 6 | 7 |
| **팀장** | 류호균 2802 | 김현지 2812 | 박진우 2817 | 이경한 2822 | | | | | | | |
| **국세조사관** | 신종훈 2803 | 신서연 2813 | 문지혜 2818 | 신중현 2823 류명지 2824 | | | | | | | |
| | 유원형 2804 | 성현진 2814 장원일 2815 | 박재철 2819 정주희 2820 | 우형래 2825 | | | | | | | |
| | 강다현 2806 | | | | | | | | | | |
| | | | | | | | | | | | |
| **공무직** | 최영진(사무) 2805 최진희(계약) 2811 | | | | | | | | | | |
| **FAX** | 216-6067 | | | | 216-6068 | | | | | | |

# 1등 조세회계 경제신문 조세일보

| 국 | 국제조세관리관 | | | | | | | | | |
|---|---|---|---|---|---|---|---|---|---|---|
| **국장** | 강성팔 2800 | | | | | | | | | |
| **과** | 국제협력담당관 | | | | 상호합의담당관 | | | | | |
| **과장** | 민회준 2861 | | | | 손채령 2961 | | | | | |
| **팀** | 1 | 2 | 3 | 4 | 1 | 2 | 3 | 4 | 5 | 6 |
| **팀장** | 최정현 2862 | 김지우 2872 | 장지훈 2877 | 엄태현 2882 | 손혜림 2962 | 강민성 2972 | 안광원 2977 | 김성민 2982 | 박주원 2987 | 강서호 2992 |
| **국세 조사관** | 진윤영 2863 | 윤여진 2873 | 정다겸 2878 | 이승환 2883 | 성아영 2963 | 장성하 2973 | 이현주 2978 | 고선하 2983 | 최재덕 2988 | |
| | 김진동 2864 | 박재욱 2874 | 김진석 2879 | | 주보은 2964 | 이미연 2974 | 신헌철 2979 | 조아라 2984 | 김나영 2989 | 박형배 2993 장서라 2994 |
| | | | | | 정진호 2965 이선아 2965 | | | | | |
| | | | | | | | | | | |
| **공무직** | | | | | | | | | | |
| **FAX** | 216-6066 | | | | 216-6069 | | | | | |

DID : 044-204-OOOO

| 국 | 국제조세관리관 | | | 징세법무국 | | | | | |
|---|---|---|---|---|---|---|---|---|---|
| 국장 | 강성팔 2800 | | | 안덕수 3000 | | | | | |
| 과 | 글로벌과세기준추진반 | | | 징세과 | | | | | |
| 과장 | 김문희 2831 | | | 안민규 3001 | | | | | |
| 팀 | 1 | 2 | 3 | 징세1 | 징세2 | 징세3 | 징세4 | 고지체납정보화 | 수납환급정보화 |
| 팀장 | 국우진 2832 | 김영정 2837 | 한윤구 2842 | 장은수 3002 | 신지명 3012 | 성기원 3017 | 백지선 3027 | 임기향(전) 2492 | 손재락(전) 4962 |
| 국세조사관 | 구영진 2833 | 백연하 2838 오미경 2839 | | 안재진 3003 박상범 3004 | 류제성 3013 주미영 3014 | 장창환 3018 이현영 3019 | 이상준 3028 | 임화춘(전) 2493 | 송유진(전) 4963 |
| | 차연아 2834 | 한소연 2840 임보라 2841 | 이수정 2843 | 이태상 3005 백종민 3006 | 김민주 3015 노동균 3016 | 이동경 3020 성준범 3021 박원규 3022 | 홍준영 3029 옥수빈 3030 | 장이삭(전) 2494 박정남(전) 2495 곽민혜(전) 2496 | 김동수(전) 4964 조한솔(전) 4965 이무훈(전) 4966 |
| | | | | 이혜승 3007 | | | | 김세린(전) 2497 | 하상욱(전) 4967 박지민(전) 4968 |
| | | | | | | | | 이민지(전) 2498 연규빈(전) 2499 | 도아라(전) 4969 |
| 공무직 | | | | 윤미라 (비서) 3011 | | | | | |
| FAX | 216-6133 | | | 216-6070 | | | | | |

| 국 | 징세법무국 | | | | | | | | | | |
|---|---|---|---|---|---|---|---|---|---|---|---|
| 국장 | 안덕수 3000 | | | | | | | | | | |
| 과 | 법무과 | | | | | 법규과 | | | | | |
| 과장 | 유영 3071 | | | | | 신상모 3101 | | | | | |
| 팀 | 법무1 | 법무2 | 법무3 | 법무4 | 법무5 | 총괄조정 | 국조기본 | 부가소득 | 법인 | 재산1 | 재산2 |
| 팀장 | 이재은 3072 | 김형태 3077 | 김수현 3082 | 안혜정 3087 | 권영훈 3092 | 전준희 3102 | 박소영 3112 | 노영인 3117 | 이광의 3127 | 한정미 3137 | 최영훈 3142 |
| 국세 조사관 | 김태훈 3073 | 정수경 3078 김경태 3079 | 장진희 3083 | 위지혜 3088 | | 정영선 3103 남궁민 3104 | 전유리 3113 | 송선용 3118 김성희 3119 | 전대웅 3128 최수진 3129 이혜영 3130 | 하구식 3138 김혜정 3139 | 정진학 3143 진재화 3144 |
| | 최선미 3074 | | 서익준 3084 | | 고석중 3093 | | 김지혜 3114 | 김한근 3120 박광춘 3121 | | 김효동 3140 | 곽영경 3145 |
| | 최경락 3075 | | 유예림(전) 2485 | | | 이환희 3105 | | | | | |
| | | | | | | | | | | | |
| 공무직 | | | | | | | | | | | |
| FAX | 216-6071 | | | | | 216-6072, 6073 | | | | | |

국세관련 모든 상담은 국번없이 126
전국 어디서나 편리하게 상담받으세요.
평일 9시~18시 (탈세제보는 24시간)

DID : 044-204-OOOO

| 국 | 개인납세국 | | | | | | | | | | |
|---|---|---|---|---|---|---|---|---|---|---|---|
| 국장 | 심욱기 3200 | | | | | | | | | | |
| 과 | 부가가치세과 | | | | | 소득세과 | | | | 세정홍보과 | |
| 과장 | 김용재 3201 | | | | | 오미순 3241 | | | | 장성우 3281 | |
| 팀 | 부가1 | 부가2 | 부가3 | 부가4 | 부가5 | 소득1 | 소득2 | 소득3 | 소득4 | 홍보기획 | 디지털소통 |
| 팀장 | 최치환 3202 | 최홍신 3212 | 신범하 3217 | 노태천 3222 | 김종현 3227 | 차지훈 3242 | 이한솔 3252 | 박시후 3257 | 김주강 3262 | 이동규 3282 | 이일생 3292 |
| 국세조사관 | 유경근 3203 | 박희자 3213 | 구재흥 3218 정승오 3219 | 최민우 3223 최근수 3224 설미현 3225 | 조현진 3228 | 김영란 3243 | 양미선 3253 이옥녕 3254 | 김창희 3258 유지희 3259 문혜림 3260 | 홍준영 3263 박경희 3264 | 이나영 3283 김성진 3284 | 전민정 3293 현상필 3294 |
| | 한수은 3204 김재관 3205 | 김미영 3214 류지호 3215 | 추명운 3220 임정진 3221 | 김정효 3226 | 김학진 3229 김현성 3230 | 이진주 3244 | 김강훈 3255 | | | 허수범 3285 | 윤혜민 3295 신희범 3296 전진 3297 유혜진 3298 |
| | | | | | | 채희주 3245 | | | | 강임현 3286 | |
| | | | | | | | | | | | |
| 공무직 | 박송은 3211 | | | | | | | | | 김현지 3287 김소리 4648 유계영 4647 | |
| FAX | 216-6075 | | | | | 216-6076 | | | | 216-6074 | |

# 재무인과 함께 걸어가겠습니다 '조세일보'

재무인에겐 조세일보를 읽는 사람과 읽지 않는 사람 두 종류의 사람만 있다.

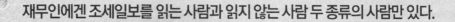

| 국 | 법인납세국 | | | | | | | | | |
|---|---|---|---|---|---|---|---|---|---|---|
| 국장 | 이승수 3300 | | | | | | | | | |
| 과 | 법인세과 | | | | | 공익중소법인지원팀 | | | | |
| 과장 | 황동수 3301 | | | | | 황남욱 3901 | | | | |
| 팀 | 법인1 | 법인2 | 법인3 | 법인4 | 법인정보화 | 지원1 | 지원2 | 지원3 | 지원4 | 법인정보화 |
| 팀장 | 유민희 3302 | 이희범 3312 | 황진하 3317 | 김이준 3322 | 임동욱(전) 2552 | 박운영 3902 | 김선영 3912 | 김경철 3917 | 김영동 3922 | |
| 국세조사관 | 김지연 3303<br>박지암 3304 | 이두원 3313<br>장수정 3314 | 신연주 3318<br>전현혜 3319 | 강성헌 3323<br>김수진 3324 | 김세라(전) 2553 | 정진원 3903 | 이승훈 3913<br>정영건 3914 | 김보석 3918 | 권은경 3923<br>김선자 3924<br>강관호 3926<br>이진숙 3927<br>남민기 3928<br>박경록 3929<br>최희원 3933<br>윤선태 3931<br>이경환 3932<br>한정철 3934 | |
| | | 이교환 3315 | 김현섭 3320 | 김건영 3325 | 김윤정(전) 2554 | 김지원 3904 | 김준호 3915 | 고경수 3919<br>정세영 3920 | 김경민 3925 | |
| | 이호준 3305 | | | | 손효현(전) 2555<br>안일근(전) 2556 | 윤정은 3905 | | | | 김상미(전) 2559 |
| | | | | | 장한별(전) 2557 | | | | | 김혜민(전) 2560 |
| 공무직 | | | | | | | | | | |
| FAX | 216-6078 | | | | | 216-6135 | | | | |

**DID : 044-204-OOOO**

| 국 | 법인납세국 | | | | | | | | 자산과세국 | | |
|---|---|---|---|---|---|---|---|---|---|---|---|
| 국장 | 이승수 3300 | | | | | | | | 박종희 3400 | | |
| 과 | 원천세과 | | | | 소비세과 | | | | 부동산납세과 | | |
| 과장 | 정헌미 3341 | | | | 정희진 3371 | | | | 김영상 3401 | | |
| 팀 | 원천세1 | 원천세2 | 원천세3 | 원천정보화 | 주세1 | 주세2 | 소비세 | 소비국제세원정보화 | 1 | 2 | 3 |
| 팀장 | 한민희 3342 | 홍성훈 3347 | 박상준 3352 | 임지아 (전) 2582 | 이정훈 3372 | 김도영 3382 | 김진현 3392 | 이정화 (전) 2562 | 김준호 3402 | 박현수 3412 | 양창호 3417 |
| 국세조사관 | 오현정 3343 | 이지연 3348<br>백신기 3349 | 곽형신 3353 | 안혜은 (전) 2583 | 정진희 3373<br>권혜정 3374 | 양옥서 3383 | 정혜원 3393 | | 곽지은 3403 | 임은철 3413<br>김지민 3414 | 심윤성 3418<br>김성엽 3419 |
| | 김지현 3344<br>최민 3345 | | 조준영 3354 | 이창인 (전) 2584<br>김지선 (전) 2585 | 천혜진 3375<br>임성준 3376 | 정우도 3384 | 전병헌 3394 | 김현진 (전) 2564 | 류필수 3404 | 송주현 3415 | 권윤구 3420 |
| | | | | 이소원 (전) 2586<br>구세윤 (전) 2587<br>김하연 (전) 2588 | | | | 장은석 (전) 2565<br>유예림 (전) 2566 | 김득중 3405 | | |
| | | | | 유민경 (전) 2589<br>안영훈 (전) 2590 | | | | | | | |
| 공무직 | | | | | | | | | | | |
| FAX | 216-6079 | | | | 216-6080 | | | | 216-6081 | | |

| 국 | 자산과세국 | | | | | | | | | |
|---|---|---|---|---|---|---|---|---|---|---|
| 국장 | 박종희 3400 | | | | | | | | | |
| 과 | 부동산납세과 | | 상속증여세과 | | | | 자본거래관리과 | | | |
| 과장 | 김영상 3401 | | 이상걸 3441 | | | | 최원봉 3471 | | | |
| 팀 | 4 | 5 | 1 | 2 | 3 | 4 | 1 | 2 | 3 | 4 |
| 팀장 | 허재호 3422 | 문도연 3427 | 이정순 3442 | 조상훈 3452 | 서범석 3457 | 백지은 3462 | 이원주 3472 | 정은지 3477 | 김은진 3482 | 김상민 3487 |
| 국세 조사관 | 김은아 3423 | 이창훈 3428 | 나동일 3443 | 신현일 3453 홍소영 3454 | 심재훈 3458 이진희 3459 | 이태호 3463 손성탁 3464 | 이정아 3473 | 박창수 3478 김운주 3479 | 서지민 3483 노혜정 3484 | 진수정 3488 |
| | 신현중 3424 | 김해서 3429 | 김민수 3444 | 심효진 3455 | 박영진 3460 | 장수환 3465 | | 전승현 3480 신지혜 3481 | 이용문 3485 | 고호석 3489 |
| | | | 박세희 3445 | 나환웅 3456 | | | 이계호 3474 | | | |
| | | | | | | | | | | |
| 공무직 | | | | | | | | | | |
| FAX | 216-6081 | | 216-6082 | | | | 216-6083 | | | |

DID : 044-204-OOOO

| 국 | 조사국 | | | | | | | | | |
|---|---|---|---|---|---|---|---|---|---|---|
| 국장 | 민주원 3500 | | | | | | | | | |
| 과 | 조사기획과 | | | | | 조사1과 | | | | |
| 과장 | 신재봉 3501 | | | | | 김휘영 3551 | | | | |
| 팀 | 1 | 2 | 3 | 4 | 5 | 1 | 2 | 3 | 4 | 5 |
| 팀장 | 황민호 3502 | 박승규 3512 | 정성한 3517 | 서주원 3522 | 강재원 3527 | 이용후 3552 | 조현선 3562 | 최일암 3572 | 이성호 3582 | 양영진 3587 |
| 국세<br>조사관 | 박대은 3503<br>임종순 3504<br>안태훈 3505<br>송종민 3506 | 김지영 3513<br>강성화 3514 | 박대경 3518 | 고혜진 3523 | 이치원 3528 | 이우석 3553<br>이지원 3554 | 이명재 3563 | 이승호 3573 | 남선애 3583<br>김은태 3584 | 최동혁 3588<br>이동희 3589 |
| | 김세환 3507<br>손형주 3508 | 김가람 3515 | 오지은 3519<br>정장군 3520 | 박혜진 3524 | 김수현 3529 | 정성호 3555 | 채수민 3564<br>엄재희 3565 | 권민정 3574<br>한준혁 3575 | 손승재 3585 | 엄정임 3590 |
| | 오서주 3509 | | | | | 오철민 3556 | | | | |
| | | | | | | | | | | |
| 공무직 | | | | | | | | | | |
| FAX | | | | | | | | | | |

| 국 | 조사국 | | | | | | | | | | |
|---|---|---|---|---|---|---|---|---|---|---|---|
| **국장** | 민주원 3500 | | | | | | | | | | |
| **과** | 조사2과 | | | 국제조사과 | | | 세원정보과 | | | | |
| **과장** | 이선주 3601 | | | 이인섭 3651 | | | 남영안 3701 | | | | |
| **팀** | 1 | 2 | 3 | 1 | 2 | 3 | 1 | 2 | 3 | 4 | 5 |
| **팀장** | 문성호 3602 | 박용관 3612 | 손태빈 3617 | 이규진 3652 | 이재철 3662 | 조명완 3672 | 김유신 3702 | 최장원 3712 | 정동재 3722 | 이종철 3727 | 고당훈 3737 |
| **국세조사관** | 배유진 3603 | 유상호 3613 박영래 3614 | 정희은 3618 | 강보경 3653 허인범 3654 김나연 3655 최슬기 3656 | 문관덕 3663 김성주 3664 박성은 3668 | 김일국 3673 이재범 3674 김나영 3675 | 이규환 3703 김성은 3704 | 조영숙 3713 | | 김지훈 3728 김재현 3729 | 신철원 3738 이명건 3739 윤주호 3740 |
| | | 임동섭 3615 | 손영대 3619 심지숙 3620 | 강현미 3657 신재원 3658 | 천근영 3665 최원준 3666 이진희 3667 | 백승희 3676 윤성열 3677 | 송다은 3705 오혜성 3706 | 최은지 3715 박범진 3714 정재용 3716 | 김재욱 3723 | 양현모 3730 최선근 3731 | 김창권 3741 |
| | 고정연 3604 | | | 이민희 3659 | | | 김수진 3707 | | | | |
| | | | | | | | | | | | |
| **공무직** | | | | | | | | | | | |
| **FAX** | | | | | | | | | | | |

국세관련 모든 상담은 국번없이 126
전국 어디서나 편리하게 상담받으세요.
평일 9시~18시 (탈세제보는 24시간)

**DID : 044-204-OOOO**

| 국 | 조사국 | | | 복지세정관리단 | | | | | |
|---|---|---|---|---|---|---|---|---|---|
| 국장 | 민주원 3500 | | | 정용대 3800 | | | | | |
| 과 | 조사분석과 | | | 장려세제과 | | | | | |
| 과장 | 김동수 3751 | | | 김동현 3801 | | | | | |
| 팀 | 1 | 2 | 3 | 장려세제1 | 장려세제2 | 장려세제3 | 장려세제4 | 장려세제5 | 장려세제6 |
| 팀장 | 주인규 3752 | 남중화 3762 | 엄태선 3767 | 이승철 3802 | 노원철 3812 | 김지윤 3817 | 박규동 3822 | 장은경 3827 | 윤지환 3832 |
| 국세 조사관 | 박성우 3753 | 곽무철 3763 | 이은혜 3768 | 최지영 3803 송봉선 3804 | 구순옥 3813 | 임진아 3818 | 안혜숙 3823 | 손준혁 3828 | |
| | 심재은 3754 | 김현종 3765 | 오나현 3769 | | 김은경 3814 | 김유나 3819 | 최보령 3824 | 김현지 3829 | 이석화 3833 |
| | | | | 박성준 3805 | | | | | |
| | | | | | | | | | |
| 공무직 | | | | 조윤정(비서) | | | | | |
| FAX | | | | | | | | | |

| | 소득자료1 | 소득자료2 | 소득자료3 | 소득자료4 | 소득자료5 | 상환1 | 상환2 | 장려세제정보화 | 소득자료학자금정보화 |
|---|---|---|---|---|---|---|---|---|---|
| **국** | 복지세정관리단 | | | | | | | | |
| **국장** | 정용대 3800 | | | | | | | | |
| **과** | 소득자료관리과 | | | | | 학자금상환과 | | 홈택스2담당관 | |
| **과장** | 김일환 3841 | | | | | 홍철수 3871 | | 이상원 2551 | |
| **팀** | 소득자료1 | 소득자료2 | 소득자료3 | 소득자료4 | 소득자료5 | 상환1 | 상환2 | 장려세제정보화 | 소득자료학자금정보화 |
| **팀장** | 최명일 3842 | 김상인 3852 | 최영호 3857 | 조재규 3862 | 김말숙 3867 | 진우형 3872 | 최해욱 3882 | 임미정(전) 2592 | 배인순(전) 4582 |
| **국세조사관** | 김홍용 3843 | 임정미 3853 이은영 3854 | 권옥기 3858 여인순 3859 | 차상훈 3863 | 유주연 3868 | 백지훈 3873 | 최봉순 3883 | 김계희(전) 2593 | 강명수(전) 4583 |
| | 김혜민 3844 김민정 3845 | 박지호 3855 홍세정 3856 | 김용남 3860 | 김도현 3864 최설희 3865 | | 강다은 3874 | 김지은 3884 | 이원준(전) 2594 강소연(전) 2595 | 박대희(전) 4584 |
| | 조윤정 3846 | | | | 김현지 3869 | | | 김육곤(전) 2596 김수현(전) 2597 | 정정민(전) 4585 김영호(전) 4586 남세라(전) 4587 |
| | | | | | | | | 김서연(전) 2598 정성연(전) 2599 | 이소연(전) 4588 송명섭(전) 4589 |
| **공무직** | | | | | | | | | |
| **FAX** | | | | | | | | | |

# 국세청주류면허지원센터

대표전화: 064-7306-200 / DID: 064-7306-OOO

센터장: **박 상 배**
DID: 064-7397-601, 064-7306-201

| 주소 | 제주특별자치도 서귀포시 서호북로 36 (서호동 1514) (우) 63568 | | | | |
|---|---|---|---|---|---|
| 팩스 | 064-730-6211 | | | | |

| 과 | 분석감정과 | | 기술지원과 | | 세원관리지원과 | |
|---|---|---|---|---|---|---|
| 과장 | 장영진 240 | | 조호철 260 | | 이은용 280 | |
| 팀 | 업무지원 | 분석감정 | 기술지원1 | 기술지원2 | 세원관리1 | 세원관리2 |
| 팀장 | 배기연 241 | 이충일 251 | 설관수 261 | 박길우 271 | 김시곤 281 | 김종호 291 |
| 국세<br>조사관 | 장영태 242 | 박찬순 252<br>박장기 253 | 강기원 262 | | | 김나현 292 |
| | 위민국 244<br>유미선 243 | 문준웅 255 | | 강경하 272 | | |
| | | 현준혁 256<br>김태영 257 | 강길란 263 | | 채명우 282 | |
| 공무직 | 최태규(8) 245<br>정지용(9) 204<br>설혜수(부속) 202 | | | | | |
| FAX | 730-6212 | 730-6213 | 730-6214 | | 730-6215 | |

# 예규 판례 서비스

| | |
|---|---|
| **차별화된 조세 판례 서비스** | 매주 고등법원 및 행정법원 판례 30건 이상을 업데이트하고 있습니다. (1년 2천여 건 이상) |
| **모바일 기기로 자유롭게 이용** | PC환경과 동일하게 스마트폰, 태블릿 등 모바일기기에서도 검색하고 다운로드할 수 있습니다. |
| **신규 업데이트 판례 문자 안내 서비스** | 매주 업데이트되는 최신 고등법원, 행정법원 등의 판례를 문자로 알림 서비스를 해드립니다. |
| **판례 원문 PDF 파일 제공** | 판례를 원문 PDF로 제공해 다운로드하여 한 눈에 파악할 수 있습니다. |

## 정회원 통합형 연간 30만원 (VAT 별도)

추가 이용서비스 : 온라인 재무인명부 + 프로필,
　　　　　　　　구인정보, 유료기사 등

회원가입　　　　: www.joseilbo.com

# 국세상담센터

대표전화: 064-780-6000 / DID: 064-780-6OOO

센터장: **이 성 호**
DID: 064-730-6001

| 주소 | 제주특별자치도 서귀포시 서호북로 36 (서호동 1514) (우) 63568 |
|---|---|
| 이메일 | callcenter@nts.go.kr |

| 팀 | 업무지원 | 전화상담1 | | 전화상담2 | | 전화상담3 | |
|---|---|---|---|---|---|---|---|
| **팀장** | 김용재 6002 | 최천식 6020 | | 천선경 6060 | | 김성근 6080 | |
| **구분** | 지원/혁신 | 종소 | 원천 | 부가 | 개별소비세 주세/인지세 교육세/교통세 | 양도 | 상증 |
| **국세 조사관** | 권창호 6003<br>송주영 6004<br>김종일(전)<br>02-6312-2981<br>권용훈(전) 6005 | 임경옥 6021<br>선창규 6022<br>박재홍 6023<br>윤만성 6024 | 하진호 6036<br>전종근 6037<br>임석현 6038<br>이영옥 6039 | 정덕주 6061<br>김현희 6062<br>정재임 6063<br>박지현 6064<br>김지연 6065 | 현미정 6172 | 박성희 6081<br>강소라 6082 | 서민철 6096<br>신경식 6098<br>이건준 6099<br>김은영 6102<br>김정실 6103<br>황재원 6104<br>홍광원 6105<br>심혜경 6106<br>고근희 6107 |
| | 강진아 6006<br>나용선 6007<br>김지호 6008<br>유재웅 6010<br>정승기 6015 | 강진성 6025<br>노기숙 6026<br>심란주 6027<br>김주현 6028<br>유훈식 6029<br>김순아 6030<br>편상원 6031<br>고기훈 6032<br>이정은 6033<br>민경진 6034 | 마준호 6040<br>정지혜 6041<br>김건중 6042<br>송윤정 6043<br>김시연 6044<br>노세영 6045<br>김희선 6046<br>최한뫼 6047 | 최윤선 6066<br>최은미 6067<br>정동환 6068<br>배정화 6069<br>윤정무 6070<br>이상욱 6071<br>고원정 6072<br>강호성 6073<br>강미경 6074<br>이진선 6075<br>안혜진 6076 | 권영선 6173<br>한혜선 6174<br>서동우 6177 | 임경섭 6083<br>하승민 6084<br>조춘원 6085<br>김정희 6086<br>고경균 6087<br>여주희 6088<br>장기현 6089<br>주선정 6092<br>김승욱 6093 | 강복희 6108<br>김선정 6109<br>지장근 6051<br>이지석 6052 |
| | 조은희 6011<br>최경철 6012 | 백고은 6035 | 노하나 6048<br>안한솔 6079 | 안지영 6077<br>구아림 6078 | | 이지수 6094<br>서진 6095<br>김해운 6175 | |
| **공무직** | 김은경(사무) 6009<br>이상진(방호) 6014 | | | | | | |
| **FAX** | 780-6199 | 780-6192 | | 780-6193 | | 780-6194 | |

| 팀 | 전화상담4 | | 인터넷1 | | 인터넷2 | 인터넷3 |
|---|---|---|---|---|---|---|
| 팀장 | 천세훈 6110 | | 이효철 6140 | | 박진홍 6160 | 김석찬 6180 |
| 구분 | 법인 | 국조 | 종소/원천 | 국조/기타 | 부가/법인/소비 | 양도/종부/상증 |
| 국세조사관 | 이명례 6111<br>이래하 6112<br>채경수 6113<br>최태현 6114 | 김준용 6119 | 옥석봉 6141<br>조병철 6142<br>이승찬 6143<br>조남욱 6144 | | 채은정 6161<br>김선정 6162<br>유인숙 6163 | 황성원 6181<br>김연실 6182 |
| | 최영준 6115<br>유종현 6116<br>이주우 6117<br>강리복 6118 | 설종훈 6190<br>오유빈 6121 | 송대근 6145<br>오수진 6146<br>이희윤 6147<br>임욱 6148<br>남수진 6149 | 민경준 6151 | 이철용 6164<br>김수호 6165<br>공선미 6166<br>김훈구 6167<br>박지호 6168 | 박원준 6183<br>이원경 6184<br>석민구 6185<br>안예지 6186<br>송준오 6187 |
| | | 한주연 6122 | 손효정 6150 | 이다혜 6152 | 이우남 6169 | 김수남 6188<br>신무성 6189 |
| 공무직 | | | | | | |
| FAX | 780-6191 | | 780-6195 | | 780-6196 | 780-6197 |

# 국세공무원교육원

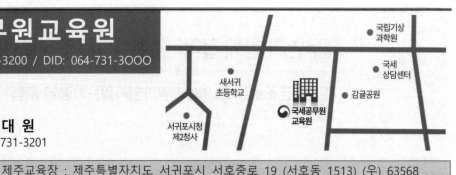

대표전화: 064-731-3200 / DID: 064-731-3OOO

원장: **김 대 원**
DID: 064-731-3201

| 주소 | 제주교육장 : 제주특별자치도 서귀포시 서호중로 19 (서호동 1513) (우) 63568<br>수원교육장 : 경기도 수원시 장안구 경수대로 1110-17 (파장동 216-1) (우) 16206 | | | |
|---|---|---|---|---|
| 이메일 | taxstudy@nts.go.kr | | | |

| 과 | 교육지원과 | | 교육운영과 | | |
|---|---|---|---|---|---|
| 과장 | 조창우 3210 | | 이재영 3240 | | |
| 팀 | 지원1 | 지원2 | 역량개발 | 인재양성 | 플랫폼운영 |
| 팀장 | 문재창 3211 | 이정남 3231 | 고택수 3241 | 김정원 3251 | 허곤 3261 |
| 국세<br>조사관 | 송규호 3212<br>한상민 3213 | 이동곤 3232<br>한송이 3233 | 이권호 3242<br>현승철 3243 | 곽용은 3252 | 염시웅 3262<br>신효경 3263 |
| | 강택훈 3214<br>현정용 3215<br>박세현 3216<br>정영운 3220 | 김선면 3234 | 남현승 3244 | 양진혁 3253<br>이계봉 3254<br>이호승 3255<br>최기영 3256 | 이창욱 3264<br>손윤섭 3265 |
| | 이상미 3217<br>김수민 3218<br>정상원 3219<br>김정훈 3321<br>박홍립 3322<br>김반석 3323<br>송권호 3221 | 김은주 3235 | 김경환 3245<br>오유석 3246 | 조재환 3257<br>한예슬 3258 | |
| | | | | | |
| FAX | 731-3311 | 731-3312 | 731-3314 | | 731-3313 |

# 1등 조세회계 경제신문 조세일보

| 과 | 교수과 | | | | | | | |
|---|---|---|---|---|---|---|---|---|
| **과장** | 황택순 3270 | | | | | | | |
| **팀** | 교육연구 | 기본 | 징수 | 부가 | 소득 | 법인 | 양도 | 상증 |
| **팀장** | 장호수 3271 | 신동훈 3274 | 김기은 3277 | 최미영 3280 | 김한석 3284 | 손병양 3288 | 조준영 3292 | 임형걸 3295 |
| **국세<br>조사관** | | | 최유원 3278<br>홍시운 3279 | 박용진 3281<br>이규수 3282 | 엄기황 3285<br>김동호 3286 | 김희찬 3289<br>김지운 3290 | 한정수 3293<br>임재주 3294 | 이정자 3296<br>고수영 3297 |
| | 임희인 3272 | 김태희 3275 | | 박정우 3283 | 박준범 3287 | 정성훈 3291 | | |
| | | | | | | | | |
| | | | | | | | | |
| **FAX** | 731-3316 | | | | | | | |

# 서울지방국세청 관할세무서

# 서울지방국세청

| 주소 | 서울특별시 종로구 종로5길 86 (수송동)<br>(우) 03151 |
|---|---|
| 대표전화 | **02-2114-2200** |
| 팩스 | **02-722-0528** |
| 계좌번호 | **011895** |
| e-mail | **seoulrto@nts.go.kr** |

## 청장      정재수

(직) 720-2200 (D) 02-2114-2201 (행) 222-0780

| 송무국장 | 김오영 | (D) 02-2114-3100 |
|---|---|---|
| 성실납세지원국장 | 오상훈 | (D) 02-2114-2800 |
| 조사1국장 | 양철호 | (D) 02-2114-3300, 3400 |
| 조사2국장 | 지성 | (D) 02-2114-3600 |
| 조사3국장 | 박해영 | (D) 02-2114-4000 |
| 조사4국장 | 김진우 | (D) 02-2114-4500 |
| 국제거래조사국장 | 한창목 | (D) 02-2114-5100 |

# 서울지방국세청

대표전화: 02-2114-2200 / DID: 02-2114-OOOO

광화문 / 안국역 / 서울지방국세청 / 서울종로경찰서 / 종로구청

청장: **정 재 수**
DID: 02-2114-2201

| 주소 | 서울특별시 종로구 종로5길 86 서울지방국세청 (수송동) (우) 03151 | | | | |
|---|---|---|---|---|---|
| 코드번호 | 100 | 계좌번호 | 011895 | 이메일 | seoulrto@nts.go.kr |

| 과 | 감사관 | | | | 징세관 | | | |
|---|---|---|---|---|---|---|---|---|
| 과장 | 고근수 2400 | | | | 이성글 2500 | | | |
| 팀 | 감사1 | 감사2 | 감찰1 | 감찰2 | 징세 | 체납관리 | 체납추적관리 | 체납추적1 |
| 팀장 | 이호열 2402 | 염경진 2422 | 이원우 2442 | 최승민 2462 | 김현호 2502 | 전영의 2512 | 이응수 2522 | 박재원 2542 |
| 국세조사관 | 김란 2403<br>심재도 2404<br>이창호 2405<br>김영신 2406<br>변성구 2407 | 이애란 2423<br>오지철 2424<br>권오상 2425<br>김용민 2426<br>강유나 2427 | 오태진 2447<br>송기화 2448<br>오대성 2444<br>장재림 2443<br>김세민 2445<br>김병준 2449 | 임종수 2463<br>곽동대 2464<br>김경훈 2466 | 차미선 2503<br>박현정 2504 | 이일성 2513<br>김철 2514 | 이재근 2523<br>장미숙 2524<br>이숙영 2525<br>박희달 2526<br>임재상 2527 | 엄일선 2543<br>이지선 2544<br>김원형 2545<br>임유정 2546 |
| | 김인겸 2408<br>지성은 2409 | 심재희 2428<br>황태문 2429 | 명거동 2446<br>배종섭 2450<br>김재한 2451<br>최용우 2452<br>정소윤 2454 | 송광선 2465<br>최윤호 2467<br>이미영 2468<br>김정엽 2469 | 이은경 2505<br>박현선(사무)<br>2509 | 도창현 2515<br>송정화 2516<br>최유진 2517 | 송종호 2528<br>임기양 2529<br>송지미 2530<br>이상훈 2531 | 강정수 2547<br>최진미 2548<br>전유민 2549<br>김철권 2550 |
| | 정영달 2411 | | | | 김고은 2508 | 김수현 2518<br>권채윤 2519 | 조윤정 2532<br>이명수 2533<br>김시아 2534 | 이류기 2551<br>민호정 2552<br>이재연 2553<br>정상열 2554 |
| | | | | | | | | |
| 공무직 | 유달나라 2401 | | 이보람 2456 | | 강문정 | | | |
| FAX | 736-5945 | | 734-8007 | 780- 1586 | 736-5946 | | 2285-2910 | |

# 1등 조세회계 경제신문 조세일보

| 과 | 징세관 | | 납세자보호담당관 | | | | 과학조사담당관 | |
|---|---|---|---|---|---|---|---|---|
| 과장 | 이성글 2500 | | 김용완 2600 | | | | 남우창 2700 | |
| 팀 | 체납추적2 | 체납추적3 | 납세자보호1 | 납세자보호2 | 심사1 | 심사2 | 과학조사1 | 과학조사2 |
| 팀장 | 고광덕 2562 | 선연자 2582 | 서귀환 2602 | 전동호 2612 | 김미정 2622 | 장미선 2632 | 오성현 2702 | 김현경 2722 |
| 국세조사관 | 백은경 2563<br>김대진 2564<br>김현선 2565 | 김희중 2583<br>송인춘 2584<br>신영희 2585 | 민현순 2603<br>정중호 2604 | 목완수 2613<br>권주희 2614 | 김정숙 2623<br>유진희 2624<br>박은화 2625<br>손혜정 2626 | 이윤희 2633<br>양선욱 2634<br>김희숙 2635<br>손민선 2636 | 박세일 2703<br>백성종 2704<br>정미경 2003 | 김광수 2726<br>임창규 2723 |
| | 김화숙 2566<br>한유경 2567<br>전은수 2568<br>양은정 2569<br>강남영 2570 | 김동훈 2586<br>정난영 2587<br>강지은 2588<br>최하연 2589<br>장정은 2590 | 이상호 2605<br>박세민 2606<br>임하나 2607 | 임거성 2615<br>오승연 2616 | 오배석 2627<br>김재현 2628 | 조혜연 2637<br>오선지 2638<br>문순철 2639 | 이동한 2705<br>이선경 2706 | 김성필 2727<br>공덕환 2790<br>박원준 3191<br>김지연 2724<br>김두수 2736<br>김민진 2738<br>서은철 2740<br>안미진 2735<br>이지연 2737<br>하정민 2739 |
| | 김지혜 2571<br>원상호 2572<br>한창우 2573<br>홍다예 2574<br>박찬규 2575<br>송대섭 2576 | 이주협 2591<br>한충열 2592<br>강정목 2593<br>김효상 2594<br>정민석 2595 | 김혁희 2608 | 배석준 2617 | 김형래 2629 | | 송은지 2707<br>김재윤 2708 | 정명하 2733<br>김구름 2742<br>윤은지 2741<br>권설진 2725<br>최해영 2743<br>강지안 2728<br>배정현 2730 |
| | | | | | | | | |
| 공무직 | | | | | | | 최지경 2701 | |
| FAX | | | 761-1742 | | | | 549-3413 | |

DID : 02-2114-OOOO

| 과 | 과학조사담당관 | | | | 운영지원과 | | |
|---|---|---|---|---|---|---|---|
| 과장 | 남우창 2700 | | | | 권오흥 2240 | | |
| 팀 | 과학조사3 | 과학조사4 | 과학조사5 | 과학조사6 | 행정 | 인사 | 경리 |
| 팀장 | 김효진 3052 | 조병준 2752 | 이경선 2712 | 노주현 2782 | 박경은 2222 | 유지민 2242 | 홍정은 2262 |
| 국세조사관 | 최남철 3053<br>최익성 3056<br>김성일 3054<br>배미경 3055 | 김상일 2753 | 정보경 2713<br>황광국 2714<br>김연신 2715 | 원병덕 2783<br>김현정 2784<br>신희정 2785 | 김하늘 2223<br>김동현 2224<br>주용호 2225<br>정희섭(공업) 2226<br>정용오(기록) 2234 | 유성엽 2243<br>류지현 2244<br>전광현 2245<br>이수빈 2246 | 주선영 2263 |
| | 김난미 2732<br>김상연 2734<br>이재영 6373<br>유수경 3192<br>윤한슬 6374<br>박유미 6375<br>이은종 3193<br>김시태 3194 | 진희성 2764<br>임안나 2761<br>박지현 2755<br>이장영 2765<br>이정훈 2768<br>정종현 2754<br>정연웅 2757<br>정순철 2766<br>김선호 2758 | 안은주 2716<br>오형진 2717<br>이수연 2718<br>이정현 2719<br>홍성희 2720 | 이주경 2786<br>장희원 2787<br>오현호 2788<br>김종석 3061 | 유동균 2227<br>황규형 2228<br>조미영 2229<br>정형준 2230<br>염진옥 2231<br>전유정 2237 | 황태연 2247<br>안준수 2248<br>이창민 2249<br>김영남 2250 | 서예림 2264<br>김미영 2265<br>한장혁 2266<br>한소라 2267 |
| | 문미진 6376<br>안태일 3058<br>김상혁 3195<br>유미선 3057<br>박소연 3196<br>김완태 3059 | 이희령 2759<br>이묘진 2756<br>윤민아 2767<br>김지연 2760<br>이주현 2769<br>인윤희 2763<br>신용석 2762 | | | 김도연 2232<br>임종훈 2233<br>이재열 2234<br>김성민 2235 | 강이은 2251<br>정지영 2252<br>이찬 2253<br>양윤모 2254 | 김효진 2268<br>황하늬 2269<br>김혜영 2270 |
| | | | | | | | |
| 공무직 | | | | | 신소라 2240 | | |
| FAX | | | 3674-7691 | | 722-0528 | 736-5944 | 736-7234 |

| 국실 | 성실납세지원국 | | | | | | | | |
|---|---|---|---|---|---|---|---|---|---|
| 국장 | 오상훈 2800 | | | | | | | | |
| 과 | 부가가치세과 | | | | 소득재산세과 | | | | |
| 과장 | 황정욱 2801 | | | | 이인우 2861 | | | | |
| 팀 | 부가1 | 부가2 | 부가3 | 소비 | 소득1 | 소득2 | 재산 | 복지세정1 | 복지세정2 |
| 팀장 | 표삼미 2802 | 박순주 2812 | 문권주 2832 | 채종일 2842 | 유승환 2862 | 김해영 2872 | 김진범 2882 | 박종경 2892 | 추근식 3072 |
| 국세 조사관 | 추세웅 2803 소종태 2804 | 주세정 2813 정현철 2814 | 변성욱 2833 박선규 2834 | 양태식 2843 이지선 2844 | 곽미나 2863 허정윤 2864 | 백순복 2873 부명현 2874 | 최미리 2883 이진영 2884 이상숙 2885 | 조은희 2893 이남경 2894 | |
| | 차순조 2805 김은미 2806 이규형 2807 차선영 2809 | 전주현 2815 윤동숙 2816 | 박아연 2835 나영주 2836 | 문형민 2845 이근희 2846 이해운 2847 최은유 2848 | 송알이 2865 정교필 2866 권해영 2868 | 정진영 2875 차지원 2876 | 박세하 2886 김정희 2887 김은정 2888 백유진 2889 김형석 2890 김미경 2891 | 김혜숙 2895 | 이선아 3073 |
| | 이명구 2808 | 윤슬기 2817 이선민 2818 | 박슬기 2837 이주경 2838 | 김나연 2849 정혜림 2850 김유진 2851 | 이유정 2867 | 강지훈 2877 | 신동희 2897 오하경 2898 | 윤민호 2896 | |
| | | | | | | | | | |
| 공무직 | 김이라 3000 | | | | | | | | |
| FAX | 736-1503 | | | 3674 -7686 | 736-1501 | | | | |

국세관련 모든 상담은 국번없이 126
전국 어디서나 편리하게 상담받으세요.
평일 9시~18시 (탈세제보는 24시간)

**DID : 02-2114-OOOO**

| 국실 | 성실납세지원국 | | | | | |
|---|---|---|---|---|---|---|
| 국장 | 오상훈 2800 | | | | | |
| 과 | 법인세과 | | | | | |
| 과장 | 김태형 2901 | | | | | |
| 팀 | 법인1 | 법인2 | 법인3 | 법인4 | 국제조세1 | 국제조세2 |
| 팀장 | 김경필 2902 | 김인아 2922 | 이상길 2942 | 이병주 3032 | 류승중 2952 | 김기태 2962 |
| 국세<br>조사관 | 최준 2903<br>김소정 2904<br>황주연 2905 | 박선아 2923<br>송옥연 2924<br>나경영 2925<br>김태수 2926 | 구옥선 2943<br>이여울 2944 | 위주안 3033<br>윤지영 3034 | 홍미라 2953<br>김소연 2954 | 임미라 2963<br>김태현 2964 |
| | 이규혁 2906<br>이유리 2907<br>황보주경 2908<br>김창미 2911 | 강문현 2927<br>김영화 2928<br>정민기 2929<br>김보라 2930 | 문숙현 2945<br>장지혜 2946<br>임보라 2947<br>박은지 2948 | 이은상 3035<br>정수빈 3036<br>윤영랑 3037<br>김별진 3038 | 이정은 2955<br>김순영 2956<br>박은경 2957<br>강은실 2958 | 조유흠 2965<br>송인형 2966 |
| | 조길현 2909<br>김민주 2910 | 조민성 2931<br>원현수 2932 | 서미리 2949<br>최인아 2950<br>박한빛 2951 | 정서영 3039<br>유진아 3040 | 김동환 2959 | 김서은 2967 |
| | | | | | | |
| 공무직 | | | | | | |
| FAX | 736-1502 | | | | | |

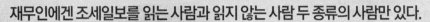

# 재무인과 함께 걸어가겠습니다 '조세일보'

재무인에겐 조세일보를 읽는 사람과 읽지 않는 사람 두 종류의 사람만 있다.

1등 조세회계 경제신문 조세일보

| 국실 | 성실납세지원국 | | | | | |
|---|---|---|---|---|---|---|
| 국장 | 오상훈 2800 | | | | | |
| 과 | 정보화관리팀 | | | | | |
| 과장 | 우연희 2971 | | | | | |
| 팀 | 지원 | 보안감사 | 행정지원 | 정보화센터1 | 정보화센터2 | 정보화센터3 |
| 팀장 | 권현옥 2972 | 이길형 2992 | 김문성 3002 | 강봉선 5302 | 윤영순 5352 | 최진식 5392 |
| 국세<br>조사관 | 박현숙 2973<br>박은희 2984<br>송윤호 2985<br>정혜영 2974<br>조지영 2975 | 김미연 2993<br>김희정 2994 | 윤지형 3003<br>정현숙 3004<br>최연하 3005<br>김형미 3006 | 지점숙 5309<br>김옥연 5310<br>배문경 5311<br>이미경 5312 | 박용태 5353<br>엄명주 5364<br>김옥분 5365<br>이현이 5366 | 이은주 5406<br>주성옥 5407<br>이복희 5408<br>박애슬 5409 |
| | 권정순 2986 | 권혜연 2995<br>김보운 2996 | 백유림 3007<br>이윤희 3008<br>정진영 3009<br>김수영 3010<br>박문영 3011 | 박승희 5303<br>엄영옥 5313<br>김연숙 5315<br>안유희 5316<br>주명화 5317<br>고희경 5319<br>배성연 5320 | 노정애 5367<br>김지연 5368<br>김미영 5369<br>이선정 5370<br>이순화 5371<br>조정희 5372 | 이복자 5410<br>최종미 5411<br>박주현 5412<br>추정현 5413<br>윤인경 5414<br>이경분 5415 |
| | 한민지 2978<br>양지상 2987 | 민정대 2997<br>박남규 2998 | | | | |
| | 우금숙 | | | 간종화<br>이혜정 | | |
| 공무직 | | | | | | |
| FAX | 738-8783 | | | 6929-3793, 3762, 3753 | | |

153

**DID : 02-2114-OOOO**

| 국실 | 송무국 | | | | | | | | | | | |
|---|---|---|---|---|---|---|---|---|---|---|---|---|
| 국장 | 김오영 3100 | | | | | | | | | | | |
| 과 | 송무1과 | | | | | | | | 송무2과 | | | |
| 과장 | 이관노 3101 | | | | | | | | 이봉근 3151 | | | |
| 팀 | 총괄 | 심판 | 법인1 | 법인2 | 개인1 | 개인2 | 상증1 | 상증2 | 법인1 | 법인2 | 법인3 | 개인1 |
| 팀장 | 한기준 3102 | 정성영 3111 | 이윤석 3120 | 문진혁 3125 | 서남이 3130 | 권민정 3133 | 이은규 3136 | 김항범 3139 | 김진희 3152 | 이권형 3156 | 이진혁 3159 | 최혜진 3163 |
| 국세 조사관 | 손옥주 3103 김영종 3105 도정미 3110 | 이문환 3112 김은진 3113 | 이찬 3121 | 최은하 3126 이송하 3127 노수정 3128 | 조주경 3131 | 위평복 3134 | 송정현 3137 이재욱 3138 | 이영주 3140 | 박현영 3153 문소웅 3154 | 이대건 3157 이선의 3184 | 전민정 3160 류윤정 3161 김민관 3162 | 한혜영 3164 이유상 3165 |
| | 정진범 3104 이우석 3107 고미량 3108 김제성 3109 | 문재희 3114 안중훈 3115 | 최은미 3122 | | 유준호 3132 | 이효정 3135 | | 장병국 3141 | 이윤희 3155 | 황인아 3158 | | 이해섭 3166 |
| | | | | | | | | | | | | |
| | | | | | | | | | | | | |
| 공무직 | 신다솜 3200 | | | | | | | | | | | |
| FAX | 780-1589 | | | | | | | | 780-4165 | | | |

| 국실 | 송무국 | | | | | | | | | | |
|---|---|---|---|---|---|---|---|---|---|---|---|
| 국장 | 김오영 3100 | | | | | | | | | | |
| 과 | 송무2과 | | | | 송무3과 | | | | | | |
| 과장 | 이봉근 3151 | | | | 한제희 3201 | | | | | | |
| 팀 | 개인2 | 상증1 | 상증2 | 민사 | 법인1 | 법인2 | 개인1 | 개인2 | 상증1 | 상증2 | 민사 |
| 팀장 | 이재식 3167 | 권충구 3171 | 윤소희 3175 | 이향규 3179 | 이지숙 3202 | 한청용 3207 | 추성영 3212 | 나민수 3216 | 홍석원 3219 | 윤설진 3224 | 박애자 3230 |
| 국세 조사관 | 곽은정 3168 우덕규 3169 장지혜 3170 | 이은 3172 김화영 3173 | 구순옥 3176 박주효 3177 | 김광수 3180 | 이지연 3203 한세희 3204 | 이유진 3208 정주영 3209 강예진 3210 정민수 3211 | 양아열 3213 김윤주 3214 | 김빛나 3217 | 김호영 3220 양동욱 3221 | 차진선 3226 정은하 3227 | 박세령 3231 이현근 3232 |
| | | 이인숙 3174 | 김민주 3178 | 박정민 3181 조진숙 3182 양현준 3183 | 강현웅 3205 | | 김정한 3215 | 손지나 3218 | 이해인 3222 김덕진 3223 | 박영식 3228 | 조수현 3233 정효주 3234 |
| | | | | | | | | | | | |
| | | | | | | | | | | | |
| 공무직 | | | | | 장현영 3206 | | | | | | |
| FAX | 780-4165 | | | | 780-4162 | | | | | | |

DID : 02-2114-0000

**가현택스**

대표세무사 : 임채수 (前잠실세무서장/경영학박사)
서울시 송파구 신천동 11-9 한신코아오피스텔 1016호
전화: 02-3431-1900    팩스: 02-3431-5900
핸드폰: 010-2242-8341    이메일: lcsms57@hanmail.net

| 국실 | 조사1국 | | | | | | | | | |
|---|---|---|---|---|---|---|---|---|---|---|
| 국장 | 양철호 3300, 3400 | | | | | | | | | |
| 과 | 조사1과 | | | | | | | | | |
| 과장 | 박성무 3301 | | | | | | | | | |
| 팀 | 조사1 | 조사2 | 조사3 | 조사4 | 조사5 | 조사6 | 조사7 | 조사8 | 조사9 | 조사10 |
| 팀장 | 이예진 3302 | 옥창의 3322 | 이민창 3332 | 노태순 3342 | 현창훈 3352 | 강우진 3362 | 황지원 3372 | 김은정 3382 | 김내리 3392 | 최형준 3402 |
| 국세 조사관 | 강희경 3303 | 강수원 3324 | 김현재 3333 | 홍지연 3343 | 이충오 3353 | 박수정 3363 | 이기주 3373 | 오세정 3383 | 이지현 3393 | 김재욱 3403 |
| | 원희경 3304 | 김재환 3324 | | | 송환용 3354 | 박준용 3364 | 김유혜 3374 | | 정수인 3394 | |
| | 강동휘 3305 손경진 3306 서민수 3307 박순애 3308 나경아 3309 | 김대우 3325 안주영 3326 | 김주원 3334 제현종 3335 최명현 3336 | 김은정 3344 김일두 3345 이성규 3346 정수진 3347 | 김수진 3355 김동욱 3356 라지영 3357 | 최재규 3365 김다은 3366 | 김푸름 3375 송인용 3376 김수진 3377 | 이재호 3384 정지우 3385 박수연 3386 | 정용수 3395 이대근 3396 | 전병진 3404 허성근 3405 장용경 3406 |
| | 정현우 3310 조한경 3311 | 권영주 3327 이승훈 | 김용준 3337 | 전아라 3348 | 허정희 3358 | 홍나경 3367 | 김해인 3378 | 김유리 3387 | 오유빈 3397 | 고민지 3407 |
| 공무직 | 이한나 3300 | | | | | | | | | |
| FAX | 736-1505 | | | | | | | | | |

156

| 국실 | 조사1국 | | | | | | | | | |
|---|---|---|---|---|---|---|---|---|---|---|
| 국장 | 양철호  3300, 3400 | | | | | | | | | |
| 과 | 조사2과 | | | | | | | | | |
| 과장 | 박국진  3421 | | | | | | | | | |
| 팀 | 조사1 | 조사2 | 조사3 | 조사4 | 조사5 | 조사6 | 조사7 | 조사8 | 조사9 | 조사10 |
| 팀장 | 강찬호 3422 | 김윤 3432 | 양다희 3442 | 전정영 3452 | 고준석 3462 | 노충모 3472 | 고재국 3482 | 안경민 3492 | 김태선 3502 | 김용곤 3512 |
| 국세 조사관 | 박금옥 3423 | 강창호 3433 | 강준원 3443 | 김영규 3453 | 변영시 3463 | 신상일 3473 | 박귀화 3483 | 강동진 3493 | 조소희 3503 | 이세민 3513 |
| | 박병영 3424 | | | | | 안미선 3474 | | 김미경 3494 | | |
| | 고영상 3425 김효원 3426 | 임창범 3434 김민경 3435 | 김정희 3444 조성용 3445 | 신동규 3454 김상은 3455 서은주 3456 | 최은숙 3464 장지윤 3465 김상연 3466 | 이유진 3475 김은주 3476 | 배상윤 3484 정보람 3485 염보희 3486 | 이광연 3495 성경진 3496 | 김혜리 3504 양홍석 3505 김영민 3506 | 이수연 3514 민차형 3515 김성용 3516 |
| | 정지원 3427 김민우 3428 | 이향주 3436 유희민 3437 | 김복희 3446 김지원 3447 | 김미소 3457 황순호 | 백현기 3467 | 류현준 3477 | 황성필 3487 | 김보미 3497 | 최지수 3507 | 양기현 3517 |
| 공무직 | 김꽃말 3429 | | | | | | | | | |
| FAX | 736-1504 | | | | | | | | | |

DID : 02-2114-OOOO

| 국실 | 조사1국 | | | | | | | | |
|------|------|------|------|------|------|------|------|------|------|
| 국장 | 양철호 3300, 3400 | | | | | | | | |
| 과 | 조사3과 | | | | | | | | |
| 과장 | 홍용석 3521 | | | | | | | | |
| 팀 | 조사1 | 조사2 | 조사3 | 조사4 | 조사5 | 조사6 | 조사7 | 조사8 | 조사9 |
| 팀장 | 김재백 3522 | 박상율 3532 | 조성경 3542 | 정민기 3552 | 김선일 3562 | 김기현 3572 | 김지연 3582 | 한성호 3592 | 김수용 3082 |
| 국세조사관 | 안형진 3523 | 손영대 3533 | 김민정 3543 | 이창오 3553 | 윤동석 3563 | 김두환 3573 | 정수진 3583 | 이지숙 3593 | 최영인 3083 |
| | 김은경 3524 | | 윤범일 3544 | | 임병수 3564 | | | | |
| | 안중호 3525 박문수 3526 최서나 3527 김경숙 3528 | 김한결 3534 김명열 3535 이혜란 3536 | 고상현 3545 황혜정 3546 | 이현정 3554 이경호 3555 양혜선 3556 | 김광현 3565 조원철 3566 안재희 3567 | 김동욱 3574 서정호 3575 민정은 3576 | 김대우 3584 이재용 3585 이상근 3586 | 이재성 3594 송지우 3595 허미영 3596 | 조혜원 3084 오화섭 3085 김범준 3086 |
| | 김은호 3529 조영혁 3530 | 전유라 3537 | 고현준 3547 | 최세희 3557 | 김소라 3568 | 곽혜원 3577 | 안인엽 3587 | 변지현 3597 | 정태상 3087 |
| 공무직 | | | | | | | | | |
| FAX | 720-1292 | | | | | | | | |

| 국실 | 조사2국 | | | | | | | | | |
|---|---|---|---|---|---|---|---|---|---|---|
| 국장 | 지성 3600 | | | | | | | | | |
| 과 | 조사관리과 | | | | | | | | | |
| 과장 | 이용선 3601 | | | | | | | | | |
| 팀 | 1 | 2 | 3 | 4 | 5 | 6 | 7 | 8 | 9 | 10 |
| 팀장 | 이인선 3602 | 서형렬 3622 | 최한근 3632 | 정형주 3642 | 손필영 3652 | 오성택 3662 | 조인찬 3672 | 박경은 3682 | 노동렬 3692 | 박창용 3702 |
| 반장 | 이찬희 3603 | 이선하 3623 | 남기훈 3633 | 서명진 3643 | 조은덕 3653 | 이윤주 3663 | 표지선 3673 | 유재연 3683 | 윤경희 3693 | 김성문 3703 |
| 국세 조사관 | 이윤희 3604<br>김향숙 3611<br>이유정 3605<br>김주홍 3606<br>전용수 3607<br>이미라 3608 | 전승환 3624<br>신미경 3625 | 김현주 3634<br>배진근 3635<br>여정주 3636<br>송혜원 3637 | 김영주 3644<br>김순옥 3645<br>이태환 3646<br>이호은 3647 | 방은정 3654<br>이지연 3655<br>소민 3656 | 김도윤 3664<br>한상훈 3665<br>황은영 3666 | 조범래 3674<br>김은정 3675<br>변우환 3676<br>석한결 3677 | 정해천 3684<br>하승훈 3685 | 송현주 3694<br>김성훈 3695 | 정영식 3704<br>최홍서 3705<br>최슬기 3706<br>이용우 3707 |
| | 김현민 3609<br>김경복 3610 | 김기선 3626 | 조경민 3638 | 김미림 3648 | 김치우 3657 | 류지호 3667 | 이지은 3678 | 유소열 3686 | 박지환 3696 | 임지현 3708 |
| | | | | | | | | | | |
| | | | | | | | | | | |
| 공무직 | 임경매 3700 | | | | | | | | | |
| FAX | 737-8138 | 3674-7871 | 730-9517 | 732-6475 | 720-6960 | 735-5768 | 736-6824 | 739-9557 | 3674-7920 | 720-5107 |

국세관련 모든 상담은 국번없이 126
전국 어디서나 편리하게 상담받으세요.
평일 9시~18시 (탈세제보는 24시간)

DID : 02-2114-OOOO

| 국실 | 조사2국 | | | | | | | | | |
|---|---|---|---|---|---|---|---|---|---|---|
| 국장 | 지성 3600 | | | | | | | | | |
| 과 | 조사1과 | | | | | | | | | |
| 과장 | 권태윤 3721 | | | | | | | | | |
| 팀 | 조사1 | 조사2 | 조사3 | 조사4 | 조사5 | 조사6 | 조사7 | 조사8 | 조사9 | 조사10 |
| 팀장 | 김태욱 3722 | 박재광 3732 | 홍명자 3742 | 황태훈 3752 | 조재량 3762 | 서철호 3772 | 권오봉 3782 | 염세영 3792 | 김영근 3802 | 조성훈 3902 |
| 반장 | 정주영 3723 | 이경선 3733 | 김선일 3743 | 문근나 3753 | 이순엽 3763 | 장희철 3773 | 도미영 3783 | 이권식 3793 | 김지연 3803 | 김미주 3903 |
| 국세 조사관 | 최윤영 3724 나덕희 3725 허은석 3726 오세혁 3727 | 신정숙 3734 허남규 3735 임관호 3736 | 정도희 3744 허소미 3745 | 홍영민 3754 정미란 3755 | 홍진국 3764 정지은 3765 조윤아 3766 | 오정민 3774 임선아 3775 최세라 3776 | 최인영 3784 백연주 3785 정준호 3786 | 신정아 3794 곽지훈 3795 황시연 3796 | 박웅 3804 이경 3805 장서영 3806 | 제갈희진 3904 안은정 3905 |
| | 윤지혜 3728 이슬기 3729 | 왕윤미 3737 박철우 3738 | 정진주 3746 송종훈 3747 | 김진영 3756 류승현 3757 | 김아름 3767 | 신홍영 3777 | 박범석 3787 | 이솔 3797 | 이지헌 3807 | 임경준 3906 박주희 3907 |
| | | | | | | | | | | |
| | | | | | | | | | | |
| | | | | | | | | | | |
| 공무직 | 신정식 3730 | | | | | | | | | |
| FAX | 720-9031 | 720-7697 | 723-8543 | 730-8588 | 720-6104 | 720-6105 | 725-2782 | 720-6020 | 732-0514 | |

| 국실 | 조사2국 | | | | | | | | |
|---|---|---|---|---|---|---|---|---|---|
| 국장 | 지성 3600 | | | | | | | | |
| 과 | 조사2과 | | | | | | | | |
| 과장 | 오은정 3811 | | | | | | | | |
| 팀 | 조사1 | 조사2 | 조사3 | 조사4 | 조사5 | 조사6 | 조사7 | 조사8 | 조사9 |
| 팀장 | 신용범 3812 | 임한영 3822 | 박성기 3832 | 이종준 3842 | 김민양 3852 | 송재천 3862 | 도예린 3872 | 박승효 3882 | 오은경 3892 |
| 반장 | 유지은 3813 | 이성환 3823 | 윤영길 3833 | 윤재길 3843 | 이영진 3853 | 김상곤 3863 | 이동희 3873 | 김진성 3883 | 김성욱 3893 |
| 국세 조사관 | 허진 3814 류진규 3815 이주한 3816 | 임샘터 3824 한지원 3825 김선희 3826 | 박정권 3834 황지혜 3835 이동현 3836 | 이은숙 3844 정예린 3845 문명진 3846 | 최수연 3854 주경섭 3855 안진아 3856 | 김은희 3864 김지민 3865 | 문승민 3874 이현희 3875 박정호 3876 | 구명옥 3884 류승남 3885 | 유지희 3894 방형석 3895 |
| | 김나리 3817 박혜민 3818 강동우 3819 | 김수형 3827 이소정 3828 | 차수빈 3837 | 백수경 3847 | 배성진 3857 | 안영채 3866 이건일 3867 | 신지우 3877 | 김윤 3886 김정인 3887 | 신영준 3896 정혜미 3897 |
| | | | | | | | | | |
| | | | | | | | | | |
| 공무직 | 조선덕 3820 | | | | | | | | |
| FAX | 3674-7823 | 3674-7831 | 3674-7839 | 3674-7847 | 3674-7855 | 3674-7863 | 3673-2783 | 743-8927 | 730-4549 |

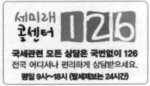

DID : 02-2114-OOOO

| 국실 | 조사3국 | | | | | | |
|---|---|---|---|---|---|---|---|
| 국장 | 박해영 4000 | | | | | | |
| 과 | 조사관리과 | | | | | | |
| 과장 | 박강수 4001 | | | | | | |
| 팀 | 조사관리1 | 조사관리2 | 조사관리3 | 조사관리4 | 조사관리5 | 조사관리6 | 조사관리7 |
| 팀장 | 전종희 4002 | 장윤하 4022 | 원종호 4032 | 김덕은 4052 | 장경화 4062 | 이성필 4082 | 문민규 4092 |
| 국세<br>조사관 | 박용진 4003<br>이현숙 4004<br>박은희 4005<br>박정현 4013 | 권현희 4023<br>유정미 4024<br>권희은 4025 | 박균득 4033<br>송선태 4034<br>윤윤식 4035 | 김상이 4053<br>강경미 4054 | 김혜미 4063<br>박종민 4064<br>이유진 4065 | 권혜정 4083 | 임현진 4093 |
| | 김영찬 4006<br>이승호 4007<br>고예지 4008 | 이형섭 4026<br>석진영 4027 | 장수현 4036<br>김미애 4037<br>김병현 4038 | 전지민 4055<br>배미일 4056<br>남승규 4057 | 김주현 4066<br>양석진 4067<br>이연우 4068<br>최성규 4069 | 오민석 4084 | 유민수 4094<br>김우영 4095 |
| | 이슬기 4009<br>김유림 4010 | 유세종 4028 | 김효림 4039<br>구세진 4040 | 구영민 4058<br>박수지 4059 | 이원영 4070<br>정재영 4071<br>박혜성 4072 | 허지희 4085 | 문영은 4096 |
| | | | | | | | |
| 공무직 | 안현아 4200 | | | | | | |
| FAX | 738-3666 | 722-2124 | 736-3820 | 736-9398 | 736-9399 | | 734-6686 |

| 국실 | 조사3국 | | | | | |
|---|---|---|---|---|---|---|
| 국장 | 박해영 4000 | | | | | |
| 과 | 조사1과 | | | | | |
| 과장 | 송윤정 4121 | | | | | |
| 팀 | 조사1 | 조사2 | 조사3 | 조사4 | 조사5 | 조사6 |
| 팀장 | 김대철 4122 | 박권조 4132 | 이웅진 4142 | 박현수 4152 | 이호 4162 | 김태섭 4172 |
| 국세<br>조사관 | 구본기 4123<br>임소영 4124 | 권경란 4133<br>강승현 4134 | 강상현 4143<br>장서영 4144 | 김형석 4153<br>심연택 4154 | 박미연 4163<br>신성봉 4164 | 이수진 4173<br>김영환 4174 |
| | 임형준 4125<br>김다민 4126<br>김유나 4127<br>전선화 4130 | 한은주 4135<br>김기홍 4136 | 이상덕 4145<br>최윤서 4146 | 성우진 4155<br>손성임 4156 | 최유건 4165<br>최영아 4166 | 김세희 4175<br>홍광식 4176 |
| | 시종원 4128<br>김태경 4129 | 박정화 4137<br>박으뜸 4138 | 조홍준 4147<br>용승환 4148 | 고재민 4157 | 박정임 4167 | 이여진 4177 |
| | | | | | | |
| 공무직 | | | | | | |
| FAX | 733-2504 | 730-9519 | 736-6822 | 730-9638 | 730-5107 | 743-8927 |

국세관련 모든 상담은 국번없이 126
전국 어디서나 편리하게 상담받으세요.
평일 9시~18시 (탈세제보는 24시간)

DID : 02-2114-OOOO

| 국실 | 조사3국 | | | | | |
|---|---|---|---|---|---|---|
| 국장 | 박해영 4000 | | | | | |
| 과 | 조사2과 | | | | | |
| 과장 | 김선주 4211 | | | | | |
| 팀 | 조사1 | 조사2 | 조사3 | 조사4 | 조사5 | 조사6 |
| 팀장 | 이상언 4212 | 김일도 4222 | 김영주 4232 | 고완병 4242 | 박종석 4252 | 주성태 4262 |
| 국세<br>조사관 | 황창훈 4213<br>심아미 4214 | 윤솔 4223<br>이영호 4224 | 조주희 4233<br>조운학 4234 | 최영학 4243<br>김유정 4244 | 이난희 4253<br>김동빈 4254 | 김혜정 4263<br>박준서 4264 |
| | 정상민 4215<br>김대윤 4216<br>임진호 4217 | 김우정 4225<br>정아람 4226 | 안신영 4235<br>윤지원 4236 | 오현식 4245<br>엄영희 4246 | 허지원 4255<br>손원우 4256 | 김재완 4265<br>이수정 4266 |
| | 유휘곤 4218<br>김영재 4219 | 이윤재 4227<br>이성규 4228 | 김혜빈 4237<br>방문용 4238 | 조원영 4247<br>유로아 4248 | 박혜진 4257 | 이지영 4267 |
| | | | | | | |
| 공무직 | 이선영 4220 | | | | | |
| FAX | 929-2180 | 924-5104 | 924-8584 | 929-4835 | 922-3942 | 925-9594 |

| 국실 | 조사3국 | | | | | |
|---|---|---|---|---|---|---|
| 국장 | 박해영 4000 | | | | | |
| 과 | 조사3과 | | | | | |
| 과장 | 김태수 4291 | | | | | |
| 팀 | 조사1 | 조사2 | 조사3 | 조사4 | 조사5 | 조사6 |
| 팀장 | 임경미 4292 | 정영훈 4302 | 김봉기 4312 | 이수빈 4322 | 임행완 4332 | 전왕기 4342 |
| 국세<br>조사관 | 송지은 4293<br>강주영 4294 | 양인영 4303<br>이규석 4304 | 이지호 4313<br>김선주 4314 | 최선우 4323<br>이동수 4324 | 최은정 4333<br>윤형석 4334 | 백동욱 4343<br>박은미 4344 |
| | 류지혜 4295<br>백승호 4296<br>박도윤 4297 | 윤기덕 4305<br>김민지 4306 | 류문환 4315<br>임원주 4316 | 김선주 4325<br>남꽃별 4326 | 이보라 4335<br>이창남 4336 | 최도석 4345<br>박서연 4346 |
| | 윤우찬 4298<br>장서현 4299 | 박소영 4307<br>이진문 4308 | 장형구 4317<br>이태현 4318 | 박건웅 4327 | 김미례 4337 | 신동훈 4347 |
| | | | | | | |
| 공무직 | 김현주 4300 | | | | | |
| FAX | 922-5205 | 921-6825 | 922-6053 | 925-1522 | 924-5106 | 926-6653 |

국세관련 모든 상담은 국번없이 126
전국 어디서나 편리하게 상담받으세요.
평일 9시~18시 (탈세제보는 24시간)

**DID : 02-2114-OOOO**

| 국실 | 조사4국 | | | | | | | | | |
|---|---|---|---|---|---|---|---|---|---|---|
| 국장 | 김진우 4500 | | | | | | | | | |
| 과 | 조사관리과 | | | | | | | | | |
| 과장 | 손영준 4501 | | | | | | | | | |
| 팀 | 1 | 2 | 3 | 4 | 5 | 6 | 7 | 8 | 9 | 10 |
| 팀장 | 임병훈 4502 | 황보영미 4512 | 이용문 4522 | 권석주 4532 | 조주환 4542 | 최용훈 4552 | 문서영 4562 | 홍정연 4572 | 기태경 4582 | 정광륜 4612 |
| 반장 | 오현정 4503 | 김은선 4513 | 유영희 4523 | 이영옥 4533 | 윤선영 4543 | 김윤선 4553 | 조재영 4563 | 백경미 4573 | 이수정 4583 | 이근웅 4613 |
| 국세조사관 | 김희주 4504 | 한주성 4514 배철숙 4515 | 박규송 4524 | 이지선 4534 | 유정희 4544 정애진 4545 | | 김주영 4564 | 강은영 4574 | 조위영 4584 | 이주영 4614 김화준 4615 |
| | 신복희 4505 차혜진 4506 최은수 4507 김태현 4510 | 이정일 4516 최은영 4517 최윤진 4518 | 석지영 4525 김송연 4526 김수현 4527 | 공현주 4535 김윤정 4536 신원섭 4537 | 정혜진 4546 손승진 4547 김수일 4549 이진규 4548 한종환 4550 | 장해성 4554 이숙 4555 심윤정 4556 홍혜인 4557 | 이성애 4565 정동원 4566 김수현 4567 | 조숙연 4575 서용현 4576 김유정 4577 | 김대호 4585 강미영 4586 성봉준 4587 | 조인혁 4616 최병우 4617 윤세정 4618 |
| | 강현주 4508 봉수현 4509 | | 이수진 4528 안기영 4529 | 유인성 4538 | 박서진 4551 | 박서빈 4558 | 이혜민 4568 | 한지운 4578 이인아 4579 | 최은희 4588 송주현 4589 김나현 4590 | 김주현 4619 |
| | | | | | | | | | | |
| 공무직 | 박선아 4700 | | | | | | | | | |
| FAX | 722-7119 | 739-9550 | 720-2206 | 736-4249 | 720-0568 | 3675-6784 | | 736-5545 | 736-5546 | 736-0514 |

**가현택스**

**대표세무사 : 임채수** (前잠실세무서장/경영학박사)
서울시 송파구 신천동 11-9 한신코아오피스텔 1016호
전화: 02-3431-1900    팩스: 02-3431-5900
핸드폰: 010-2242-8341    이메일: lcsms57@hanmail.net

| 국실 | 조사4국 | | | | |
|------|------|------|------|------|------|
| 국장 | 김진우 4500 | | | | |
| 과 | 조사1과 | | | | |
| 과장 | 구성진 4621 | | | | |
| 팀 | 조사1 | 조사2 | 조사3 | 조사4 | 조사5 |
| 팀장 | 한세온 4622 | 고승욱 4632 | 정진욱 4642 | 유동민 4652 | 고명수 4672 |
| 반장 | 심수한 4623 | 이응석 4633 | 문상철 4643 | 박경근 4653 | 이전봉 4673 |
| 국세<br>조사관 | 김노섭 4624<br>송청자 4667 | 정은수 4634 | 이오나 4644 | | 이강경 4674 |
| | 이현수 4625<br>이지혜 4626<br>신용욱 4627<br>박민원 4628<br>김승혜 4629 | 안승화 4635<br>김평섭 4636<br>구승원 4637 | 김경호 4645<br>이건빈 4646<br>이원나 4647 | 남윤수 4654<br>서명진 4655<br>김현진 4656 | 김태인 4675<br>이상헌 4676<br>곽한민(파견) |
| | 최호윤 4630<br>유현식 4631 | 송해영 4638<br>임수진 4639 | 오만석 4648 | 최재형 4657<br>권혁찬 4658 | 채만식 4677 |
| | | | | | |
| 공무직 | | | | | |
| FAX | 765-1370 | 741-5460 | 743-6827 | 765-6828 | 743-5132 |

DID : 02-2114-OOOO

| 국실 | 조사4국 | | | | | | | | | |
|---|---|---|---|---|---|---|---|---|---|---|
| 국장 | 김진우 4500 | | | | | | | | | |
| 과 | 조사2과 | | | | | 조사3과 | | | | |
| 과장 | 주현철 4721 | | | | | 이경순 4791 | | | | |
| 팀 | 조사1 | 조사2 | 조사3 | 조사4 | 조사5 | 조사1 | 조사2 | 조사3 | 조사4 | 조사5 |
| 팀장 | 손창호 4722 | 김석모 4732 | 임창빈 4742 | 강대선 4752 | 박진원 4762 | 이방원 4792 | 김형준 4832 | 방종호 4802 | 이건도 4822 | 김유신 4812 |
| 반장 | 배경직 4723 | 이정은 4733 | 염세환 4743 | 이영진 4753 | 김동환 4763 | 백영일 4793 | 강인혜 4833 | 부혜숙 4803 | 조미화 4823 | 최동혁 4813 |
| 국세조사관 | 이영우 4724 | 이재복 4734 | | | 안미영 4764 | 이영민 4794 이희영 4830 | 김희진 4834 | 김준 4804 | | |
| | 이휘승 4725 한장우 4726 황지은 4727 임석민(파견) | 양동규 4735 문소현 4736 | 이선진 4744 박선영 4745 전영무 4746 김은자 4747 | 김재현 4754 김현우 4755 이지원 4756 | 김용현 4765 김다솜 4766 | 김명진 4795 김정담 4796 이수정 4797 | 서상범 4835 류광현 4836 안민지 4837 | 한승만 4805 강재원 4806 김태연(파견) | 송창녕 4824 홍유종 4825 이지숙 4826 | 이대식 4814 조용석 4815 이규형 4816 |
| | 노수연 4728 김소현 4729 | 황현서 4737 하민영 4738 | 김형후 4748 | 정유리 4757 신승연 4758 | 진선호 4767 | 이채연 4798 김자림 4799 | 노종영 4838 | 홍은기 4807 | 임동영 4827 박정현 4828 | 안초희 4817 |
| | | | | | | | | | | |
| 공무직 | 유경선 4770 | | | | | | | | | |
| FAX | 762-6751 | 766-4996 | 3672-3673 | 764-6669 | | 763-7857 | 763-9106 | 762-6752 | 741-0784 | |

| 국실 | 국제거래조사국 | | | | | | | | |
|---|---|---|---|---|---|---|---|---|---|
| 국장 | 한창목 5100 | | | | | | | | |
| 과 | 국제조사관리과 | | | | | | | | |
| 과장 | 이상훈 5001 | | | | | | | | |
| 팀 | 조사관리1 | 조사관리2 | 조사관리3 | 조사관리4 | 조사관리5 | 조사관리6 | 조사관리7 | 조사관리8 | 조사관리9 |
| 팀장 | 정규명 5002 | 황하나 5012 | 김석제 5022 | 황승화 5032 | 유인선 5042 | 윤성중 5052 | 오지윤 5062 | 홍창규 5072 | 정학순 5082 |
| 반장 | 김규환 5003 | 진민정 5013 | 조용수 5023 | 장인영 5033 | 정태환 5043 | 이상묵 5053 | 이세연 5063 | 이임순 5073 | 장준호 5083 |
| 국세조사관 | 김진희 5009 | | | | | 한주진 5054 | 송주현 5064 | | |
| | 지성수 5004 김예린 5005 서혜란 5006 | 이이네 5015 곽민정 5016 안정우 5017 | 이수연 5024 민샘 5025 | 기재희 5034 이혜린 5035 길민석 5036 | 이은정 5044 박인규 5045 김아영 5046 | 임수진 5055 채정환 5056 이지수 5057 | 홍지흔 5065 김영진 5066 | 김극돈 5074 조희진 5075 신동배 5076 | 이예슬 5084 |
| | 김서현 5007 이석영 5008 | 장덕윤 5018 | 이기숙 5026 박미정 5027 | 이혜진 5037 박노준(파견) | 김소나 5047 | 이충원 5068 | 김신애 5067 소재준 5068 | 명인범 5077 | |
| 공무직 | 문무영 5100 | | | | | | | | |
| FAX | 739-9832 | 725-8287 | 3674-7950 | 3674-7957 | 3674-7964 | 3674-7854 | 3674-7870 | 3674-7862 | |

DID : 02-2114-OOOO

| 국실 | 국제거래조사국 | | | | | | |
|------|------|------|------|------|------|------|------|
| 국장 | 한창목 5100 | | | | | | |
| 과 | 조사1과 | | | | | | |
| 과장 | 배일규 5101 | | | | | | |
| 팀 | 제1조사 | 제2조사 | 제3조사 | 제4조사 | 제5조사 | 제6조사 | 제7조사 |
| 팀장 | 이범석 5102 | 최길만 5112 | 이상필 5122 | 박영건 5132 | 손은희 5142 | 고명효 5152 | 김정미 5162 |
| 반장 | 김혜영 5103 | 이한상 5113 | 오지형 5123 | 이안나 5133 | 권영승 5143 | 나진순 5153 | 이미애 5163 |
| 국세 조사관 | | | | | | | 윤명준 5164 |
| | 양연화 5104 박민우 5105 조예리 5106 정인선 5107 | 한수현 5114 김소연 5115 박다슬 5116 | 이명희 5124 문홍규 5125 | 황아름 5134 이동건 5135 | 최명준 5144 김종수(파견) 양인경 5146 | 오세찬 5154 남송이 5155 서진호 5156 | 이용진 5165 박지숙 5166 |
| | 윤석환 5108 김수정 5110 | 최선주 5117 정서빈 5117 | 이찬 5126 김용재 5127 | 한덕윤 5136 김세린 5137 | 강민정 5147 | 송지윤 5157 | 이용건 5167 |
| | | | | | | | |
| 공무직 | | | | | | | |
| FAX | 3674-5520 | 3674-5537 | 723-5541 | 739-9833 | 725-8286 | 3674-7989 | 725-6967 |

| 국실 | 국제거래조사국 | | | | | |
|---|---|---|---|---|---|---|
| 국장 | 한창목 5100 | | | | | |
| 과 | 조사2과 | | | | | |
| 과장 | 안형태 5201 | | | | | |
| 팀 | 제1조사 | 제2조사 | 제3조사 | 제4조사 | 제5조사 | 제6조사 |
| 팀장 | 양영경 5202 | 김정남 5212 | 최오동 5222 | 여성훈 5232 | 송지현 5242 | 김택근 5252 |
| 반장 | 전선영 5203 | 백송희 5213 | 박원균 5223 | 이윤정 5233 | 이경화 5243 | 이덕화 5253 |
| 국세<br>조사관 | 박진습 5204 | | 강용석 5224 | 전소연 5234 | 정석규 5244 | |
| | 강다영 5205<br>박진희 5206<br>홍민기 5207<br>정세윤 5210 | 최미란 5214<br>양희석 5215<br>이은진 5216 | 강정희 5225<br>박신애 5226 | 송병호 5235<br>이선주 5236<br>김정효 | 김경옥 5245<br>채민기 5246 | 김경미 5254<br>최효진 5255<br>김준영 5256 |
| | 황인화 5208<br>김현주 5209 | 최윤희 5218<br>지상근 5218 | 박종호 5227<br>신유경 5228 | 김인승 5237 | 변혜림 5247 | 황희상 5257 |
| | | | | | | |
| 공무직 | | | | | | |
| FAX | 3674-7932 | 3674-7940 | 3674-5529 | 3674-7684 | 3674-5596 | 3674-5545 |

# 강남세무서

대표전화: 02-5194-200 / DID: 02-5194-OOO

서장: **장 신 기**
DID: 02-5194-201~2

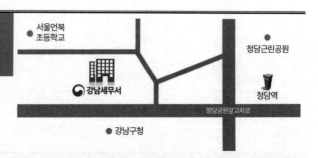

| 주소 | 서울특별시 강남구 학동로 425 (청담동 45번지) (우) 06068 ||||
|---|---|---|---|---|
| 코드번호 | 211 | 계좌번호 | 180616 | 사업자번호 | 120-83-00025 |
| 관할구역 | 서울특별시 강남구 중 신사동, 논현동, 압구정동, 청담동 || 이메일 | gangnam@nts.go.kr ||

| 과 | 징세과 ||| 부가가치세과 || 소득세과 || 재산세1과 ||
|---|---|---|---|---|---|---|---|---|---|
| 과장 | 김형래 240 ||| 윤경희 280 || 윤종상 360 || 신혜숙 480 ||
| 팀 | 운영지원 | 체납추적1 | 체납추적2 | 부가1 | 부가2 | 소득1 | 소득2 | 재산1 | 재산2 |
| 팀장 | 박재홍 241 | 박찬욱 601 | 김영면 621 | 권부환 281 | 권기수 301 | 박정기 361 | 지연우 381 | 이기주 481 | 신창훈 501 |
| 국세조사관 | | | 이선영 622 | 박지현 282<br>최보문<br>김성향 | 이탁수 302 | 박민정 362<br>이고훈 377 | 이은주 382 | 김희정 482<br>이혜은 | 이래경 502<br>정원호 503<br>최영현 504 |
| | 김주애 242<br>이지혜 243<br>이환수 244<br>손정빈 245<br>박민아 246<br>정석훈 247 | 송지선 602<br>여종엽 603<br>김유진 604<br>송경원 605<br>김호경 606 | 신현호 623<br>오경민 630<br>조민지 624<br>금진희 262<br>김윤정 625<br>변수민 263 | 손승희 283<br>강금여 284<br>이애경 285<br>최효선 286<br>남창환 287<br>안모세 288 | 현지희 303<br>박성일 304<br>김명희 305<br>김광호 306 | 김성욱 363<br>남영철 364 | 김민수 383<br>전선희 384 | 유재원 483<br>김은영 484<br>이은희 485<br>조희원 495 | 김민석 507<br>정세인 505 |
| | 김동철 617<br>이창훈 618 | 배현주 607<br>오홍희 608<br>한은정 609<br>김비주 612 | 최영현 264<br>한미현 626<br>김현서 631 | 박신해 289<br>권오현 290 | 강민정 307<br>윤현미 308<br>이선주 309 | 송수현 365<br>박은서 | | 이규은 486 | |
| | | 김보영 610<br>이예지 611 | 마민화 627<br>권민지 628<br>박혜원 629 | 송건주 291 | 오승헌 310 | 장수현 366 | 이난영 385<br>정준영 386<br>정혜정 | | 송혜인 506 |
| 공무직 | 이선화 203<br>서미현 205<br>강인숙 | 박성숙<br>김정애 | | | | | | | |
| FAX | 512-3917 ||| 546-0501 || 546-3175 || 546-3178 ||

## 대원 세무법인

세무사 : 조태윤    대표세무사 : 강영중

서울시 강남구 언주로 129길 20, 2층(논현동, 한국관세사회관2층)

전화 : 02-3016-3800    팩스 : 02-552-4301
대표세무사 강영중 M. 010-5493-4211    E. yjkang@taxdaewon.co.kr
세무사 조태윤    M. 010-7754-6347    E. taxinne@taxdaewon.co.kr

| 과 | 재산세2과 | | 법인세1과 | | 법인세2과 | | 조사과 | | 납세자보호담당관 | |
|---|---|---|---|---|---|---|---|---|---|---|
| 과장 | 박철완 540 | | 김태석 400 | | 조대현 440 | | 김은숙 640 | | 신우교 210 | |
| 팀 | 재산1 | 재산2 | 법인1 | 법인2 | 법인1 | 법인2 | 정보관리 | 조사 | 납세자보호실 | 민원봉사실 |
| 팀장 | 김은중 541 | 서민자 561 | 정승식 401 | 윤재헌 421 | 이지상 441 | 박미정 461 | 정태윤 641 | 이상재 651 | 김성윤 211 | 김정연 221 |
| 국세조사관 | 김광록 542 이형배 543 | 조선희 562 용옥선 563 | 탁서연 | | 이상기 442 신미라 443 | | | 예정욱 663 정민호 654 이승호 657 문태정 660 봉준혁 666 정재훈 669 박은정 672 이혜진 655 홍성일 661 김유미 667 강경영 670 | 배순출 212 동소연 213 | 이지연 222 이재연 223 |
| | 강석관 544 윤신애 545 신현국 546 | 신성근 564 나명호 565 | 부성진 402 이미숙 403 이우진 404 이아름 405 | 고정란 422 음홍식 423 홍민기 424 이주연 425 | 하윤경 444 김청일 445 | 양소영 462 이조은 463 이정아 464 윤정민 465 | 한유진 692 장수진 642 이진화 643 박미진 693 | 장원식 652 천일 664 박준용 673 장한별 658 임선영 674 허문정 665 박규미 671 정민국 675 | 윤은숙 214 이현 216 | 이광성 224 류기수 225 최성화 228 김안나 229 유현 226 장선희 227 |
| | | | 김호진 406 우현승 407 | 고아영 426 | 강지현 446 김민정 447 | 박성혜 466 이정웅 467 | 김재현 644 김형묵 694 | 김진주 653 이윤진 656 | 정다영 217 | 김진달래 230 진윤지 227 |
| | 지소정 547 이강현 548 | | 정해원 408 김수빈 409 | 엄상우 427 구혜진 428 | 유동균 448 마효민 449 | 조성윤 468 배지윤 469 | | 한재영 668 송경아 662 윤성훈 659 | | |
| FAX | 546-3179 | | 546-0505 | | 546-0506 | | 546-0507 | | 546-3181 | |

# 강동세무서

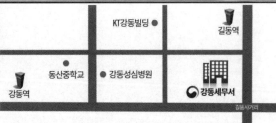

대표전화: 02-22240-200 / DID: 02-22240-OOO

서장: **임 상 진**
DID: 02-22240-201

| 주소 | 서울특별시 강동구 천호대로 1139 (길동, 강동그린타워) (우) 05355 | | | | |
|---|---|---|---|---|---|
| 코드번호 | 212 | 계좌번호 | 180629 | 사업자번호 | 212-83-01681 |
| 관할구역 | 서울특별시 강동구 | | | 이메일 | gangdong@nts.go.kr |

| 과 | 징세과 | | | 부가가치세과 | | 소득세과 | | 법인세과 | |
|---|---|---|---|---|---|---|---|---|---|
| 과장 | 김소연 240 | | | 정지용 280 | | 이귀병 360 | | 박주열 400 | |
| 팀 | 운영지원 | 체납추적1 | 체납추적2 | 부가1 | 부가2 | 소득1 | 소득2 | 법인1 | 법인2 |
| 팀장 | 곽봉섭 241 | 김지영 601 | 정재일 261 | 김혜정 281 | 김민영 301 | 최우성 361 | 김은자 621 | 황은주 401 | 김은정 421 |
| 국세<br>조사관 | | | 김재규 262<br>윤서진 266 | 임아름 282 | 구자옥 302 | 이진수 362 | 이재성 622<br>김민아 295 | 심정보 402 | |
| | 김윤경 242<br>김민정 243 | 한수연 602<br>최승혁 603 | 김미숙 263<br>홍정민 264<br>최수미 267<br>서민경 268 | 박유광 283<br>장희숙 284<br>박선은 285<br>유현아 286<br>김태형 295 | 박준호 302<br>김윤호 304<br>박준원 305<br>김미희 306<br>박경란 307 | 채수향 363<br>고정진 364<br>윤용 365<br>윤미나 366<br>이정희 295 | 이종성 623<br>김문길 624<br>김희연 625<br>강혜지 626 | 정경택 403<br>전샛별 404<br>송고운 405<br>김도엽 406 | 이경임 422<br>이진구 423 |
| | 최진철 244<br>장건식 667<br>채연기 245 | 김다정 604<br>양동혁 605<br>황선화 606 | 홍기선 265 | 임영수 287<br>박경림 288 | 서주아 308<br>이지수 309<br>최유림 295<br>최선주 | 김수연 367<br>김경하 368<br>이대근 369<br>남현주 370 | 민수지 627<br>김세하 628<br>김정우 629<br>조동진 630 | | 이지윤 424 |
| | 이동욱 666<br>전진아 246 | 신새벽 607<br>박나리 608 | | 이주현 289<br>최용호 290 | 박혜정 310 | 함효재 371<br>남도현 372 | 오정욱 631 | 김희연 407 | 김태서 425 |
| 공무직 | 기희정 201<br>김은옥 248<br>정수민 620<br>김순자 248 | | | | | | | | |
| FAX | 2224-0269 | | | 489-3253 | | 489-0666 | | 489-4129 | |

# 1등 조세회계 경제신문 조세일보

| 과 | 재산세과 | | | 조사과 | | 납세자보호담당관 | |
|---|---|---|---|---|---|---|---|
| 과장 | 황연실 480 | | | 안병태 640 | | 박금배 210 | |
| 팀 | 재산1 | 재산2 | 재산3 | 정보관리 | 조사 | 납세자보호실 | 민원봉사실 |
| 팀장 | 이해석 481 | 하기성 501 | 진홍탁 521 | 이동주 641 | 김태우 651 | 박구영 211 | 황호민 221 |
| 국세 조사관 | 정주인 482 | 임정은 502<br>손병석 503 | 전태병 522 | 손선아 691 | 박준홍 652<br>윤철민 653<br>김동욱 654 | | 주윤숙 222<br>이지연 226 |
| | 임영신 483<br>박효신 484<br>김민선 485<br>원대연 486<br>최상임 550 | 박성준 504<br>김태은 505<br>김재희 506<br>양미숙 550 | 최수빈 523<br>전종선 524 | 빈수진 692<br>김진희 642 | 양은영 655<br>김은희 656<br>김현영 657<br>신근모 658<br>박혜진 659<br>김정엽 660 | 한경석 212<br>류관선 213 | 이아린 226<br>김지은 228<br>박형선 |
| | 강정미 487 | 박상희 507 | | 유영준 643 | 장동인 661 | 표선임 214 | 강현주 224<br>김영숙 227<br>정지연 228 |
| | | 조성규 508 | 이윤미 525<br>강수지 526<br>김수빈 527 | | 이지원 662 | | 정직한 225 |
| FAX | 489-4166 | | | 489-4167 | | 489-4463 | |

# 강서세무서

대표전화: 02-26304-200 / DID: 02-26304-OOO

서장: **전 병 오**
DID: 02-26304-201

| 주소 | 서울특별시 강서구 마곡서1로 60 (마곡동 745-1) (우) 07799 | | | | |
|---|---|---|---|---|---|
| 코드번호 | 109 | 계좌번호 | 012027 | 사업자번호 | 109-83-02536 |
| 관할구역 | 서울특별시 강서구 | | 이메일 | | gangseo@nts.go.kr |

| 과 | 징세과 | | | 부가가치세과 | | | 소득세과 | | |
|---|---|---|---|---|---|---|---|---|---|
| 과장 | 이호준 240 | | | 고정선 280 | | | 윤동환 360 | | |
| 팀 | 운영지원 | 체납추적1 | 체납추적2 | 부가1 | 부가2 | 부가3 | 소득1 | 소득2 | 소득3 |
| 팀장 | 심재광 241 | 김은숙 601 | 임영신 621 | 박지양 281 | 전성수 301 | 박정임 321 | 위승희 361 | 최병국 371 | 사명환 381 |
| 국세조사관 | | 장재원 602 | 유향란 622<br>박윤진 261<br>이현희 262 | 변성미 282<br>홍종복 283 | 김진아 302 | 윤선희 322<br>장수안 323 | 심희선 362 | 이성경 372 | 이혜전 382<br>이정민 383 |
| 국세조사관 | 김정민 242<br>이하섬 243<br>박광덕 244 | 이부창 603<br>김윤영 604<br>임유화 605<br>박샛별 606 | 이현희 262<br>유수현 623<br>이민재 624<br>김은령 625<br>이현아 630<br>박재홍 251<br>강정규 626<br>이혜인 627 | 이경하 284<br>남기연 285<br>이유정 286<br>안지은 287 | 황한수 303<br>최효진 304<br>남윤정 305<br>박성준 306<br>조미성 307<br>원수영 308 | 한진혁 324<br>김재성 325<br>임은미 326<br>정미희 327<br>김석규 328 | 노하진 581<br>현승철 363<br>홍수옥 364<br>임길수 365<br>이빈 366 | 김현진 373<br>윤수열 374<br>김예지 375 | 손병수 384<br>김도연 385<br>김현정 386 |
| 국세조사관 | 이주빈 245<br>김덕기 594 | 김상호 607<br>이종관 608 | 이수지 628 | 김경업 288<br>신채영 289<br>김오중 290 | 이익훈 309 | 김지현 329<br>임승명 330<br>김건식 331 | 이도혜 367<br>김진주 368 | 계현희 376<br>신지연 377<br>임인재 378 | 이주현 387<br>김선영 388<br>김진아 389 |
| 국세조사관 | 배혜원 247<br>김민준 246<br>김규성 594 | 김다영 609<br>이윤노 610 | 강한나 629<br>박세린 263 | 김민주 291 | 허문영 310 | 이솔아 582 | 곽현주 369<br>이성원 370 | 이은영 379 | 최서연 390 |
| 공무직 | 김효식 649<br>박숙자 649<br>정순희 649<br>오기정 620<br>조하정 202 | | | | | | | | |
| FAX | 2679-8777 | 2678-0556 | | 2671-5162, 2068-0448 | | | 2679-9655, 2068-0447 | | |

| 과 | 법인세과 | | 재산세과 | | | 조사과 | | 납세자보호담당관 | |
|---|---|---|---|---|---|---|---|---|---|
| 과장 | 홍순영 400 | | 하정권 480 | | | 박성민 640 | | 변영희 210 | |
| 팀 | 법인1 | 법인2 | 재산1 | 재산2 | 재산3 | 정보관리 | 조사 | 납세자보호실 | 민원봉사실 |
| 팀장 | 정순욱 401 | 황병권 421 | 송민수 481 | 진정록 501 | 김영수 521 | 신만호 641 | 최재철 651<br>주민석 654<br>김호근 657<br>김태오 660<br>박지혜 663<br>한이수 666 | 서미영 211 | 변동석 221 |
| 국세조사관 | 최미순 402 | 이유영 422 | 국승원 482 | 박태훈 502 | 온상준 522<br>박치원 523 | | | 류병호 212 | |
| 국세조사관 | 이재일 403<br>고현숙 404<br>임순종 405<br>신향식 412 | 김진아 423<br>박희상 424 | 정지현 483<br>장미혜 484 | 이동우 503<br>김영운 586<br>박지희 504<br>이보라 505 | 김태호 524<br>김성혜 525 | 남성윤 642<br>최정아 643 | 전혜영 655<br>김민희 658<br>김영석 652<br>정인선 661<br>김주혜(파견) 667<br>심호정 664 | 조소연 213<br>김대희 214 | 이미정 222<br>김예원 223<br>김원규 224 |
| 국세조사관 | 노미현 406<br>이동열 407<br>백은실 408 | 박미주 425<br>권순호 426<br>원시열 427 | 이승현 485<br>김소연 486 | 여경규 506 | 이지영 526<br>전현우 527 | 윤혜수 644<br>박연진 645 | 왕지선 656<br>이경수 668 | | 박경화 225<br>염예나 226<br>김경혜 227 |
| 국세조사관 | 배상철 409<br>조경태 410<br>이상미 411<br>조융 412 | 홍단비 428<br>김유경 429<br>강지혜 430<br>오영서 431 | 고현일 487<br>유규호 488 | 고현주 507 | | | 유학승 662<br>권진혁 665<br>김은혜 653<br>이혜리 659 | 구본하 215 | 김유미 228<br>전미애 229<br>김태민 230 |
| FAX | 2678-3818 | | 2634-0758 | | | 2678-6965 | | 2678-4163 | 2635-0795 |

# 관악세무서

대표전화: 02-21734-200 / DID: 02-21734-OOO

서장: **허 준 영**
DID: 02-21734-201

 남서울중학교

● 성보중학교  ● 관악세무서
● 난우공원

| 주소 | 서울특별시 관악구 문성로 187 (신림1동 438-2) (우) 08773 | | | | |
|---|---|---|---|---|---|
| 코드번호 | 145 | 계좌번호 | 024675 | 사업자번호 | 114-83-01179 |
| 관할구역 | 서울특별시 관악구 | | 이메일 | | |

| 과 | 징세과 | | | 부가가치세과 | | 소득세과 | | |
|---|---|---|---|---|---|---|---|---|
| **과장** | 오광철 240 | | | 김희대 270 | | 남동균 340 | | |
| **팀** | 운영지원 | 체납추적1 | 체납추적2 | 부가1 | 부가2 | 소득1 | 소득2 | 소득3 |
| **팀장** | 장영환 241 | 최연희 601 | 유기무 621 | 문극필 271 | 최미경 291 | 김미숙 341 | 최재현 361 | 최영환 381 |
| **국세조사관** | | 배수진 602 | 김미진 622<br>김제은 623 | | 이미라 292 | 노아영 342 | 이광재 379 | |
| | 홍현승 242<br>황보현 243<br>김대권(방호) | 전인향 603<br>박현혜 604 | 조영성 624<br>김은혜 262<br>황순하 625 | 손수정 272<br>이영빈 273<br>한누리 639<br>노지현 274<br>여정재 275<br>문미경 276<br>임정호 277 | 정혜윤 293<br>김현우 294<br>김소영 295<br>박병주 296<br>김태영 297 | 김혜성 343<br>임승하 344<br>강나영 345<br>김진식 346<br>박혜숙 379 | 김정숙 362<br>홍태영 363<br>김영옥 364<br>강은실 365<br>손준성 366 | 황현주 382<br>오경화 383<br>김민숙 384<br>이은제 385 |
| | 윤창용 245 | 김주원 605<br>김다원 606<br>윤정민 607<br>임종헌 608 | 강다영 263<br>김양수 626 | 김문영 639<br>조아라 278<br>김수현 279 | 박효진 298<br>이재석 299<br>조영주 301 | 조예훈 347 | | 김지영 386 |
| | 김미란<br>손지원 246<br>김진구 | | | 우가람 280<br>최지우 281 | 한가희 302<br>김지훈 303 | 지희창 348<br>석호정 349<br>손유리 350 | 조민재 367<br>김유승 368<br>윤희정 369 | 오영주 387<br>장지원 388 |
| **공무직** | 주원영<br>201,202<br>임선화 259<br>최은희<br>신삼순 | | | | | | | |
| **FAX** | 2173-4269 | | | 2173-4339 | | 2173-4409 | | |

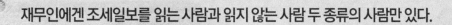

# 재무인과 함께 걸어가겠습니다 '조세일보'

재무인에겐 조세일보를 읽는 사람과 읽지 않는 사람 두 종류의 사람만 있다.

| 과 | 재산법인세과 | | | 조사과 | | 납세자보호담당관 | |
|---|---|---|---|---|---|---|---|
| 과장 | 노병현 460 | | | 어기선 640 | | 이평년 210 | |
| 팀 | 재산1 | 재산2 | 법인 | 정보관리 | 조사 | 납세자<br>보호실 | 민원봉사실 |
| 팀장 | 김미순 461 | 김현태 481 | 주현식 531 | 양영규 641 | 박정민 651 | 양현숙 211 | 김정숙 221 |
| 국세<br>조사관 | 김선아 462 | 김창수 482 | 오대창 532 | | 박안제라 655<br>문용식 658<br>이준규 659 | 함석광 212 | 김태윤 226 |
| | 황정화 463<br>김윤미 471<br>김자현 464<br>김남희 465<br>전우범 466 | 손영란 483<br>권규원 484<br>유병창 485 | 유인혜 533<br>오재헌 534<br>김철현 535<br>최광신 536 | 전확 643<br>최일 644<br>김태훈 642 | 민경희 660 | 정인선 213<br>김주현 214 | 박혜진 222 |
| | 박신영 309<br>최호림 467 | 홍미영 486<br>이주희 487 | 박윤환 537 | 나한결 645 | 홍윤석 656<br>이소영 652<br>김한오 654 | 고현주 215 | 서보미 228<br>김용 224<br>형유경 223 |
| | 김아리수 468<br>이서준 469 | | 오서영 538<br>윤동희 539<br>나성빈 540 | | 박지원 657 | | 김충현 227<br>정재희 225 |
| FAX | 2173-4550 | | | 2173-4690 | | 2173-4220 | 2173-4239 |

# 구로세무서

대표전화: 02-26307-200 / DID: 02-26307-OOO

서장: **권 석 현**
DID: 02-26307-201

| 주소 | 서울특별시 영등포구 경인로 778 (문래동 1가) (우) 07363 | | | |
|---|---|---|---|---|
| 코드번호 | 113 | 계좌번호 | 011756 | 사업자번호 | 113-83-00013 |
| 관할구역 | 서울특별시 구로구 | | 이메일 | guro@nts.go.kr |

| 과 | 징세과 | | | 부가가치세과 | | | 소득세과 | |
|---|---|---|---|---|---|---|---|---|
| 과장 | 정현중 240 | | | 맹충호 280 | | | 이정걸 360 | |
| 팀 | 운영지원 | 체납추적1 | 체납추적2 | 부가1 | 부가2 | 부가3 | 소득1 | 소득2 |
| 팀장 | 류인용 241 | 김동원 601 | 김혜영 621 | 김성두 281 | 안동섭 301 | 이선재 321 | 김용삼 361 | 정현숙 381 |
| 국세조사관 | | 윤진희 602 | 김영숙 622 | 김미경 340<br>황진하 282 | 김은숙 302<br>안효진 303<br>강문자 304 | 박영애 322<br>권민수 323 | 정한신 362 | 김선미 |
| 국세조사관 | 이정숙 242<br>강미진 243<br>정화승 244 | 황윤숙 603<br>송기원 604<br>박근식 605<br>김희은 606<br>박은희 607 | 김영남 623<br>김세일 624<br>이영수 625<br>조윤미 626<br>곽동윤 627<br>김유진 261 | 이규웅 283<br>국예름 284<br>최하나 285 | 안선희 305 | 양종선 324<br>이은정 325<br>정용관 326 | 서해나 363<br>박세림 364<br>서승혜 365<br>조애정 366<br>홍정표 367 | 김경미 382<br>김경태<br>김하림 383<br>안종호 384<br>표우중 385 |
| 국세조사관 | 김태식 595<br>강현성 596 | 이정상 608<br>박인규 609 | 주나라 628<br>방선우 262<br>차유미 263 | 양원석 286 | 조성문 306<br>임성영 307<br>이은영 308 | 김효남 327<br>박혜진 340<br>정방현 328 | 송의미 368<br>장서윤<br>최웅 369 | 민지은 386<br>이현지 387<br>박근영 388 |
| 국세조사관 | 최지현 245<br>김동욱 246 | 송승원 610 | 김은민 629 | 최아름 287<br>임예은 288 | 정찬호 309 | 김정은 329 | 김지수 370 | 박지연 389 |
| 공무직 | 김인진 202<br>임희정<br>지미란 | | | | | | | |
| FAX | 0503-111-9520 | | | 0503-111-9513 | | | 0503-111-9514 | |

| 과 | 법인세과 | | 재산세과 | | 조사과 | | 납세자보호담당관 | |
|---|---|---|---|---|---|---|---|---|
| 과장 | 권영진 400 | | 신미순 480 | | 정봉균 640 | | 장기웅 210 | |
| 팀 | 법인1 | 법인2 | 재산1 | 재산2 | 정보관리 | 조사 | 납세자보호실 | 민원봉사실 |
| 팀장 | 김미원 401 | 장민 421 | 최용규 481 | 김미정 501 | 송태준 641 | | 박윤정 211 | 곽윤희 221 |
| 국세조사관 | 박주철 402 최연수 403 | 전영균 이동연 422 이수화 423 | 임영아 482 강지현 483 | 최원석 502 박선주 503 | 윤명희 692 이상헌 693 | 한경화 651 박정민 654 강경수 657 위경환 661 | 윤지영 212 | 조헌일 222 정혜정 223 |
| | 이지현 404 한재식 405 이현일 406 김대환 407 김현경 408 | 이민영 424 이가영 425 박가은 426 유신혜 427 | 편혜란 484 정경화 진혜경 485 이기영 486 | 최선규 504 | 고은주 642 | 조한영 652 최인규 655 전태원 658 이영훈 664 함광주 665 | 이선주 213 이성복 214 조다현 215 | 주희진 224 김선임 225 오선희 226 배진경 227 김고은 228 |
| | 안소라 409 이유영 410 | 이화영 428 권용학 429 | | 이규태 507 | 장하용 694 최수인 643 김혜진 645 | 김별나 653 김선주 659 남윤종 662 권정우 666 | | 강유미 229 오은지 230 |
| | 노지은 411 양상민 412 | 김규리 430 김성진 431 | 이영욱 487 백지연 488 | 김현선 506 김수진 505 | | 강주빈 656 정수진 663 | | 도수정 231 |
| FAX | 0503-111-9511 | | 0503-111-9515 | | 0503-111-9512 | | 0503-111-9502 | |

# 금천세무서

대표전화: 02-8504-200 / DID: 02-8504-OOO

서울독산동유적발굴전시관
금천세무서
금나래 초등학교
시흥베르빌아파트
서울금천경찰서
금천구청역

서장: **최 이 환**
DID: 02-8504-201

| 주소 | 서울특별시 금천구 시흥대로 315 금천롯데캐슬골드파크4차 업무시설동 (우) 08608 | | | |
|---|---|---|---|---|
| 코드번호 | 119 | 계좌번호 014371 | 사업자번호 | 119-83-00011 |
| 관할구역 | 서울특별시 금천구 전체 | | 이메일 | geumcheon@nts.go.kr |

| 과 | 징세과 | | | 부가가치세과 | | 소득세과 | |
|---|---|---|---|---|---|---|---|
| 과장 | 김정섭 240 | | | 박노헌 280 | | 박찬만 320 | |
| 팀 | 운영지원 | 체납추적1 | 체납추적2 | 부가1 | 부가2 | 소득1 | 소득2 |
| 팀장 | 이찬주 241 | 김인숙 601 | 조형석 621 | 배진희 281 | 양찬영 301 | 유선종 321 | 전경란 341 |
| 국세조사관 | | 이상민 602 | 김수연 262<br>최남원 622 | 이정로 282<br>김원호 283 | 정은아 302<br>김신우 303<br>손영이 304 | 서재필 322<br>정은하 323 | 장은정 342 |
| | 김상희 242<br>변유경 248<br>김병윤 243<br>한보경 244 | 김익환 603 | 임형철 623<br>조수빈 263<br>김민우 264<br>이영희 624<br>정안석 625 | 이언종 284<br>박영숙 285<br>김수진 286 | 권현신 305<br>위경진 306<br>이수철 307 | 최영호 324<br>진민희 325 | 권은숙 343 |
| | 최은영 245<br>유한웅 595<br>유태준 595 | 복경아 604<br>공기영 605<br>정수영 606 | 김보연 626<br>최진규 627 | 이송향 288<br>성경옥 289 | 장혜미 308<br>정의범 309<br>정혜지 592 | 강민주 326 | 김영순 592<br>송오은 344 |
| | 정효준 246 | 이근아 607<br>이은상 608<br>김다연 609 | | 조서현 290<br>최병길 291<br>이광형 292 | 김민재 310<br>최지영 311 | 김민주 327<br>김강휘 328 | 김찬우 345<br>이소정 346 |
| 공무직 | 김선주 202<br>최진희 247<br>이의숙<br>이상은<br>원방재 | | | | | | |
| FAX | 850-4635 | | | 850-4631 | | 850-4632 | |

## 세림세무법인

**대표세무사 : 김창진**

서울시 금천구 시흥대로 488, 701호, 601호(독산동, 혜전빌딩)

1본부(701호) T. 02)854-2100 F. 02)854-2120
2본부(601호) T. 02)501-2155 F. 02)854-2516
홈페이지: www.taxoffice.co.kr 이메일: taxmgt@taxemail.co.kr

| 과 | 재산법인세과 | | | 조사과 | | 납세자보호담당관 | |
|---|---|---|---|---|---|---|---|
| **과장** | 양석재 400 | | | 하명림 640 | | 김동영 210 | |
| **팀** | 재산 | 법인1 | 법인2 | 정보관리 | 조사 | 납세자보호실 | 민원봉사실 |
| **팀장** | 설미숙 481 | 연덕현 401 | 강정화 421 | 정영희 641 | | 김미연 211 | 권보성 221 |
| **국세조사관** | 홍지혜 482 | 안성진 402<br>이정숙 403 | 이동진 422 | 김영미 642 | 이준혁 651<br>최선호 661<br>김영준 671<br>박인철 681<br>최미선 691 | | 이수정 230<br>신동혁 223 |
| | 강규철 483<br>정우선 484<br>강아름 485<br>안성민 486 | 김광현 404<br>정회훈 405<br>김혜정 406<br>오덕희 407<br>송호필 408<br>김경태 409 | 김지범 423<br>이경옥 424<br>마정윤 425<br>김주아 426<br>박민주 427 | 윤현주 643<br>이민지 644 | 이은비 652<br>이정훈 662<br>성기영 672<br>장현성 682<br>이은혜 683<br>최민석 692 | 정민주 212<br>윤정화 213 | 허진화 222<br>이선미 228 |
| | 김민형 487 | 이미현 410<br>김나연 411 | 조성광 428<br>김현정 429 | 김세빈 645<br>유은지 646 | 정명린 653<br>김찬미 673 | 김현곤 214 | 이하나 224<br>한정아 226 |
| | | 한지윤 412<br>김민혜 413<br>강수경 414<br>장민주 415 | 민지현 430<br>김수현 431<br>허정희 432 | 조서현 646 | 정제준 663<br>박지화 693 | | 신유동 229 |
| **FAX** | 850-4633 | | | 850-4616 | | 850-4634 | |

# 남대문세무서

대표전화: 02-22600-200 / DID: 02-22600-OOO

서장: **이 석 봉**
DID: 02-22600-201

| 주소 | 서울특별시 중구 삼일대로 340 (저동1가) 나라키움저동빌딩 (우) 04551 | | | | |
|---|---|---|---|---|---|
| 코드번호 | 104 | 계좌번호 | 011785 | 사업자번호 | 104-83-00455 |
| 관할구역 | 서울특별시 중구 중 남대문로 1·3·4·5가, 을지로 1·2·3·4·5가, 주교동, 삼각동, 수하동, 장교동, 수표동, 저동 1·2가, 입정동, 산림동, 무교동, 다동, 북창동, 남창동, 봉래동 1·2가, 회현동 1·2·3가, 소공동, 태평로 1·2가, 서소문동, 정동, 순화동, 의주로 1·2가, 중림동, 만리동 1·2가, 충정로 1가 | | | 이메일 | namdaemun@nts.go.kr |

| 과 | 징세과 | | 부가소득세과 | | |
|---|---|---|---|---|---|
| 과장 | 김정흠 240 | | 김을령 280 | | |
| 팀 | 운영지원 | 체납추적 | 부가1 | 부가2 | 소득 |
| 팀장 | 김태균 241 | 문민숙 601 | 김보경 281 | 박하윤 301 | 김동만 321 |
| 국세 조사관 | 신봉식 246 | 윤미경 602 염성희 603 | 서윤주 282 | 김혜란 302 | 천미진 322 |
| | 이인권 242 공선영 243 김은석 593 | 강현철 604 변애정 261 박지완 262 유은미 605 | 함연의 329 유민정 283 김명화 284 | 김연홍 309 이창남 303 | 이성애 323 |
| | 전연주 244 | 임혜빈 606 장지우 607 | | 남만우 304 이지연 329 | |
| | 한상철 247 남현준 245 | 김선화 608 노정연 609 | 문혜원 285 김광석 286 | 서예율 305 | 김소희 324 |
| 공무직 | 홍옥선 209 이영애 202 | | | | |
| FAX | 755-7146 | | 755-7145 | | |

184

# 10년간 쌓아온 재무인의 역사를 돌려드립니다 '온라인 재무인명부'

수시 업데이트 되는 국세청, 정·관계 인사의 프로필과 국세청, 지방청, 전국세무서, 관세청, 유관기관 등의 인력배치 현황을 볼 수 있는 온라인 재무인명부

1등 조세회계 경제신문 조세일보

| 과 | 재산법인세과 | | | | 조사과 | | 납세자보호담당관 | |
|---|---|---|---|---|---|---|---|---|
| 과장 | 채혜정 400 | | | | 김재철 640 | | 풍관섭 210 | |
| 팀 | 재산 | 법인1 | 법인2 | 법인3 | 정보관리 | 조사 | 납세자보호실 | 민원봉사실 |
| 팀장 | 이정희 481 | 곽세운 401 | 박준서 421 | 이우철 441 | 이호필 641 | | 김준연 211 | 김지영 221 |
| 국세조사관 | 김진석 486<br>임현영 482 | 김민경 402<br>안진영 403 | 정호형 422 | 오수현 442 | 윤현식 691 | 여태환 651<br>남기훈 654<br>황윤섭 657<br>신희웅 674<br>오상훈 671 | 박은선 214<br>한정희 212 | 정미영 223<br>김재련 224 |
| | 황선익 487<br>유주만 483 | 신미선 404<br>이성원 405<br>김미란 406<br>김경덕 407 | 남미라 423<br>박용태 424<br>문석빈 425<br>김정은 426 | 박정희 443<br>백아영 444<br>김신자 445<br>김승희 446 | 김영하 642<br>송도영 643<br>이지윤 692 | 석지윤 652<br>정석훈 675<br>김성호 655<br>이정현 658<br>심주영 672 | | 윤미희 222 |
| | | 이현정 408 | 김민영 427<br>김영천 428<br>이소현 429<br>김효섭 430 | 오대철 447<br>김지현 448 | | 이다경 676<br>강명은 653<br>박한승 659<br>김보송 656 | | 주성희 225 |
| | 김유권 484<br>최보현 485 | 김솔아 409 | | | | 황찬연 673 | 이상덕 213 | 조수연 226 |
| FAX | 755-7730 | 755-7714 | | | 755-7923 | | 755-7903 | 755-7944 |

# 노원세무서

대표전화: 02-34990-200 / DID: 02-34990-OOO

서장: **우 창 용**
DID: 02-34990-201

| 주소 | 서울특별시 도봉구 노해로69길 14 (창4동 15) (우) 01415 | | | | |
|---|---|---|---|---|---|
| 코드번호 | 217 | 계좌번호 | 001562 | 사업자번호 | 217-83-00014 |
| 관할구역 | 서울특별시 노원구 전지역, 도봉구 중 창동 | | | 이메일 | nowon@nts.go.kr |

| 과 | 징세과 | | | 부가가치세과 | | 소득세과 | |
|---|---|---|---|---|---|---|---|
| 과장 | 박옥련 240 | | | 강연성 280 | | 고미경 360 | |
| 팀 | 운영지원 | 체납추적1 | 체납추적2 | 부가1 | 부가2 | 소득1 | 소득2 |
| 팀장 | 고태일 241 | 유경민 601 | 권기현 621 | 양희재 281 | 김기환 301 | 오재현 361 | 양미영 381 |
| 국세조사관 | | | 용연주 622<br>오광선 623<br>김희정 262 | 김영선 282<br>최성일 283 | 김혜숙 302<br>주동철 303<br>김문영 304<br>황미영 305 | 이동백 362<br>최기웅 363 | 김기덕 382<br>윤순녀 383 |
| | 이범규 242 | 황정미 602<br>윤영숙 603<br>신예민 604<br>배은호 605 | 정화영 624<br>정하영 625<br>배원희 626<br>김지혜 263<br>안지윤 264 | 이승학 284<br>김행복 285<br>최수진 286<br>김경자 399<br>김미나 287<br>이상호 399<br>김규진 288<br>김일하 289 | 서정이 306<br>고현웅 307<br>정연선 308<br>조연상 309<br>이재완 310<br>이명선 311 | 김영아 364<br>정흥자 368<br>백승현 365<br>박애란 366<br>강복길 367<br>조은비 369<br>배우리 399 | 김민섭 384<br>강선미 385<br>김재우 386<br>정애정 387<br>조서혜 388<br>문종빈 389<br>김대길 390 |
| | 권용상 593<br>박민우 243<br>이종룡 244 | 박준우 606<br>김수빈 607<br>최지현 608 | | | 임소연 312 | 이강산 370<br>황서하 399<br>홍영실 371<br>최소라 372 | 구동욱 391<br>송현주 392<br>조영호 393 |
| | 노재윤 593<br>조민수 246<br>송예린 247 | | 백지원 627<br>안찬종 628 | 김민수 290<br>서진희 291 | 여가은 313 | 김태호 373<br>김유진 374<br>권오민 375 | 송형승 395 |
| 공무직 | 이숙현 202<br>형수경 550<br>김춘옥 698<br>유미조 698 | | | | | | |
| FAX | 992-1485 | | | 992-0112 | | 992-0574 | |

| 과 | 재산법인세과 | | | | 조사과 | | 납세자보호담당실 | |
|---|---|---|---|---|---|---|---|---|
| 과장 | 박양운 400 | | | | 김영근 640 | | 신성철 210 | |
| 팀 | 재산1 | 재산2 | 재산3 | 법인 | 조사관리 | 조사 | 납세자보호 | 민원봉사 |
| 팀장 | 박승문 481 | 윤지수 501 | 김수영 521 | 배민우 401 | 양재중 641 | 최규식 651 | 서경철 211 | 김진호 221 |
| 국세<br>조사관 | | | 유성두 522 | 정효숙 402 | | 유희준 654<br>김지욱 657 | 이현순 212 | 안병옥 222 |
| | 조해영 482<br>이미화 483<br>우승철 484<br>안소영 485 | 김성수 502<br>곽진후 503<br>안정호 504<br>강미수 505 | 정명훈 523<br>박준명 524<br>박주영 527 | 송유석 403<br>남수주 404<br>김경원 405 | 홍수현 642<br>박지영 644<br>강민수 691 | 이민욱 660<br>정철우 652<br>박성애 655 | 엄기관 213 | 육송희 223 |
| | 임윤택 486<br>정류빈 487 | 김미덕 506<br>김혜영 507<br>곽인혜 508 | 정의주 525 | 고민석 406 | 송보화 643 | 조성익 661<br>조경아 658<br>최길섭 659 | 안해송 214<br>문다영 215 | 최선희 224<br>허수진 225<br>박혜미 226<br>문현희 227<br>빈효준 228<br>한승완 229 |
| | 이혜선 488<br>김수헌 489 | 오제만 509 | 이선민 526 | 이주영 407<br>김경아 408 | | 김미선 662<br>이효원 656<br>양문혜 653 | | 최민규 227<br>이아름 230 |
| FAX | 992-2695 | | | | 992-2747 | | 992-0272<br>992-6753 | |

# 도봉세무서

대표전화: 02-9440-200 / DID: 02-9440-OOO

서장: **김 상 원**
DID: 02-9440-201

| 주소 | 서울특별시 강북구 도봉로 117 (미아동 327-5) (우) 01177 | | | | | |
|---|---|---|---|---|---|---|
| 코드번호 | 210 | 계좌번호 | 011811 | 사업자번호 | 210-83-00013 | |
| 관할구역 | 서울특별시 강북구, 도봉구 (창동 제외) | | | 이메일 | dobong@nts.go.kr | |

| 과 | 징세과 | | | 부가가치세과 | | 소득세과 | |
|---|---|---|---|---|---|---|---|
| 과장 | 진병환 240 | | | 서민정 280 | | 김재광 360 | |
| 팀 | 운영지원 | 체납추적1 | 체납추적2 | 부가1 | 부가2 | 소득1 | 소득2 |
| 팀장 | 우지수 241 | 허형철 601 | 최선희 621 | 탁용성 281 | 황주현 301 | 이은영 361 | 채용찬 381 |
| 국세<br>조사관 | 김순근 248<br>박시춘 595 | 박선희 602 | 김영숙 261 | 민경화 282<br>최인옥 283 | 이응선<br>김미정 302 | 김동범 362 | 문광섭 382<br>강대규 383<br>심현희 384 |
| | 여원모 242<br>류장혁 595<br>정현진 243 | 임미영 603<br>정승갑 604<br>이지숙 605<br>유지영 606<br>한승범 607 | 김만숙 622<br>한주성 623<br>강현주 624<br>이서현 625<br>홍성애 262 | 임경미 284<br>오은경 285<br>이지현 286<br>백기량<br>오동석 287<br>이정은 288<br>홍은아<br>류기현 289 | 배현정 303<br>정미경 304<br>강보아 305<br>조아라 306<br>진성욱 307<br>이재은 308 | 이호연 363<br>최연희<br>한효주 364 | 손명 385<br>조정미 386<br>차중협 387 |
| | 김태영 244 | 이진실 608 | 김동하 626 | 김세명 290<br>신이나 291 | 황인환 309<br>조재훈 310 | 백남훈 365<br>김경록 366<br>이은진 367<br>이선우 368<br>김소라 369 | 권혁진 388<br>황지영 389<br>장우석 390<br>전상현 |
| | 손유진 245 | 손지아 609 | 오민우 627 | 박종훈 292 | 남혜진 311<br>신해인 312 | 이현우 370<br>백만리 371<br>이세은 372 | 박슬기 391<br>강다애 392<br>김재원 393 |
| 공무직 | 심지영<br>이윤정<br>유안선<br>이윤금 | | | | | | |
| FAX | 0503-111-9771 | | | 0503-111-9774 | | 0503-111-9775 | |

| 과 | 재산법인세과 | | | 조사과 | | 납세자보호담당관 | |
|---|---|---|---|---|---|---|---|
| 과장 | 윤만식 400 | | | 김민광 640 | | 임용걸 210 | |
| 팀 | 재산1 | 재산2 | 법인 | 조사관리 | 조사 | 납세자보호실 | 민원봉사실 |
| 팀장 | 김재훈 481 | 이성 501 | 고성순 401 | 최향성 641 | 이승호 651 | 조승모 211 | 박성호 221 |
| 국세<br>조사관 | 고정수<br>신영진 482 | 임재현 502 | 김영필 | 황영규 692 | 도상옥 671 | 이서원 212 | 이상열 222<br>이상현 223<br>이세정 224 |
| | 김지윤 483<br>오영은 484<br>강민지 485 | 안승현 503<br>김인경 504 | 박성현 402<br>전성훈 403<br>김미란 404 | 박지영 642<br>박성희 643 | 권우택 661<br>박은정 662<br>김소희 652 | 김경라 213 | 권용익 225<br>이영민 226 |
| | 김은미 486 | 정일범 505 | 방유미 405<br>이애신 406 | | 조성찬 672 | 하태연 214 | 박소연 227<br>정지문 228 |
| | 최영보 487<br>김가림 488 | 정희재 506<br>김다현 507 | 변하윤 407 | | 조예린 653<br>최원희 663<br>곽정은 673 | | |
| FAX | 0503-111-9776 | | | | | 0503-111-9<br>772 | 0503-111-9<br>773 |

189

# 동대문세무서

대표전화: 02-9580-200 / DID: 02-9580-OOO

서장: **윤 재 갑**
DID: 02-9580-201

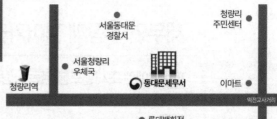

| 주소 | 서울특별시 동대문구 약령시로 159 (청량리동 235-5) (우) 02489 | | | | |
|---|---|---|---|---|---|
| 코드번호 | 204 | 계좌번호 | 011824 | 사업자번호 | 209-83-00819 |
| 관할구역 | 서울특별시 동대문구 | | | 이메일 | dongdaemun@nts.go.kr |

| 과 | 징세과 | | | 부가가치세과 | | 소득세과 | |
|---|---|---|---|---|---|---|---|
| 과장 | 박종주 240 | | | 이종록 280 | | 윤석태 360 | |
| 팀 | 운영지원 | 체납추적1 | 체납추적2 | 부가1 | 부가2 | 소득1 | 소득2 |
| 팀장 | 정종국 241 | 이은정 601 | 정선화 621 | 윤선기 281 | 김용원 301 | 이원정 361 | 김고환 381 |
| 국세<br>조사관 | | 송설희 602 | 양동규 622<br>전진수 623<br>황다검 624 | 이평호 282 | 강혜림 302<br>유선화 | 윤미숙 | 유극종 382<br>김형미 |
| | 유순희 242<br>박연선 243<br>김미진 244<br>이경애 600<br>유동철 247 | 임보현 603<br>김동훈 604<br>김현주 605<br>권종기 606 | 박서정 625<br>금잔디 261<br>박재영 262 | 김혜진 283<br>김주찬 284<br>박혜옥 285<br>김소희 286<br>김두희 287 | 한승욱 303<br>김영옥 304<br>이상훈 305<br>심지섭 306 | 황순영 362<br>표윤미 144<br>곽용석 363<br>이은영 144<br>황민철 364 | 김수연 383<br>김경성 384 |
| | 안성빈 590<br>김정현 592<br>김민수 245 | 정금미 607<br>전윤아 608 | 조연우 626<br>이승희 627 | 강지은 141<br>김지미 288<br>유성안 141<br>이은정 289 | 박상원 312<br>편나래 307 | | 이진우 385 |
| | | | | 박찬우 290 | 이예지 309<br>박수진 310 | 김은정 365<br>강성률 366<br>송수빈 367<br>송혜린 368 | 박찬송 386<br>조세현 387<br>이예진 388 |
| 공무직 | 최정희 202<br>김금자 596<br>염옥희 | | | | | | |
| FAX | 927-9461 | | | 927-9462 | | 927-9464 | |

190

| 과 | 재산세과 | | 법인세과 | | 조사과 | | 납세자보호담당관 | |
|---|---|---|---|---|---|---|---|---|
| 과장 | 임희운 480 | | 전종상 400 | | 송종철 640 | | 오성철 210 | |
| 팀 | 재산1 | 재산2 | 법인1 | 법인2 | 정보관리 | 조사 | 납세자보호 | 민원봉사 |
| 팀장 | 장은정 481 | 금봉호 521 | 이귀영 401 | 배두진 421 | 오영석 641 | | 문태흥 211 | 최경희 221 |
| 국세조사관 | 박종인 482<br>윤미자 493 | | | | | 심규연 651<br>김경국 660<br>왕훈희 654<br>조용석 657 | 강승희 212<br>유정림 213 | 최창주 222 |
| | 조재평 483<br>이원희 484 | 강정구 522<br>최창호 523<br>임지영 524 | 박유정 402<br>이은희 403<br>조송희 404<br>정채영 405 | 박태호 422<br>이수인 423<br>김준우 424 | 장혜경 642<br>김지현 643 | 김주희 663<br>이승철 655<br>이윤미 661<br>김지영 652<br>이지응 664 | 정성민 214 | 장소영 223 |
| | 김선아 485<br>이승주 486 | 이소정 525<br>박주연 526<br>이용권 527 | 이한송 406 | 이나래 425 | | 황재홍 656<br>이예슬 658<br>김경아 653 | | 김용호 224<br>김미연 225 |
| | 황미향 487<br>길영은 488 | | | | 이정은 644 | 최지민 665<br>김소연 659<br>양인환 662 | | 김다영 226<br>김예지 227<br>박지연 228 |
| FAX | 927-9466 | | 927-9465 | | 927-4200 | | 927-9463 | 927-9469 |

# 동작세무서

대표전화: 02-8409-200 / DID: 02-8409-OOO

- 강남중학교
- 메트하임 아파트
- 보라매역
- 서울공업 고등학교
- 세마을금고
- 동작세무서
- 보라매 요양병원

서장: **박 광 식**
DID: 02-8409-201

| 주소 | 서울특별시 영등포구 대방천로 259 (신길동 476) (우) 07432 | | | | |
|---|---|---|---|---|---|
| 코드번호 | 108 | 계좌번호 | 000181 | 사업자번호 | 108-83-00025 |
| 관할구역 | 서울특별시 동작구, 영등포구 중 신길동, 대림동, 도림동 | | 이메일 | dongjak@nts.go.kr | |

| 과 | 징세과 | | | 부가가치세과 | | | 소득세과 | | |
|---|---|---|---|---|---|---|---|---|---|
| 과장 | 강석구 240 | | | 심재걸 280 | | | 김성일 360 | | |
| 팀 | 운영지원 | 체납1 | 체납2 | 부가1 | 부가2 | 부가3 | 소득1 | 소득2 | 소득3 |
| 팀장 | 김소연 241 | 김진수 601 | 김선순 621 | 김영민 281 | 이승훈 301 | 안상현 321 | 김태연 341 | 성시우 361 | 조준 381 |
| 국세조사관 | | 김환규 602 | 배주섭 622<br>최금해 623<br>장명숙 262 | | 이은영 302<br>서정석 303 | 곽민석 322 | | 노재호 362 | 정성훈 382 |
| | 김경진 242<br>홍기연 243 | 홍세진 603<br>강동석 604<br>김성숙 605<br>김혜정 606 | 유은주 624<br>한현숙 263<br>권민수 625<br>최은경 628 | 정인월 282<br>서경원 283<br>최선학 284<br>이경민 285<br>김지연 286 | 정상화 304<br>신종웅 305<br>박유리 306 | 전윤석 323<br>김승환 324<br>신윤경 325 | 권오광 342<br>김경숙 343<br>박경복 393<br>채종희 351<br>정창우 344<br>고유나 345 | 박은주 363<br>김미연 364<br>박정연 365<br>권준화 366 | 황선우 383<br>김용수 384<br>박자영 385 |
| | 최정영 244<br>김정호 614 | 정현철 607<br>정문희 608 | 노익환 626<br>이정림 264 | 이지우 394<br>이지은 287 | 황송이 307 | 장민영 326<br>윤태훈 | 박민수 346<br>주영상 347<br>한혜성 348 | 최익영 367 | 윤선용 393<br>이병도 386<br>이서은 387<br>소윤지 388 |
| | 임광훈 246<br>김도훈 248 | 윤경희 609 | 배경환 629<br>주윤재 627 | 최재득 288 | 이철원 308 | 윤지원 327<br>정다혜 328 | 김영일 349<br>서병학 350 | 이해성 368<br>김정민 369 | 유정찬 389 |
| 공무직 | 김지윤 202<br>김옥순 619<br>김경희 619<br>김정희 619 | | | | | | | | |
| FAX | 831-4136 | | | 833-8775 | | | 833-8774 | | |

# 1등 조세회계 경제신문 조세일보

| 과 | 재산세과 | | | 법인세과 | | 조사과 | | 납세자보호담당관 | |
|---|---|---|---|---|---|---|---|---|---|
| 과장 | 김태형 480 | | | 오시원 400 | | 강은호 640 | | 김영동 210 | |
| 팀 | 재산1 | 재산2 | 재산3 | 법인1 | 법인2 | 정보관리 | 조사 | 납세자보호실 | 민원봉사실 |
| 팀장 | 이영주 481 | 박종렬 501 | 조성용 521 | 옥혁규 401 | 이수락 421 | 권민선 641 | 손진욱 651 | 김용만 211 | 김수정 221 |
| 국세조사관 | 박우현 482 | | 황상인 522 | 정미선 402 | 권정기 422 | 함두화 691<br>윤청연 692 | 유수권 655<br>김재곤 658<br>김원종 661<br>배주환 652 | 박정민 212<br>박성탄 213 | 김순정 222 |
| | 김진희 483<br>이진하 484<br>최민경 485<br>김효정 396 | 정선영 502<br>전기승 503<br>손재하 504<br>구재효 505 | 김성표 523<br>황혜정 524<br>장일영 525 | 이수란 403<br>권재선 404 | 조현아 423 | 김경민 643<br>양상원 693<br>이충섭 642 | 이지은 656<br>김대원 662<br>심상미 653<br>강민호 659<br>백우현 663 | 권윤희 214 | 손동영 223<br>손미견 224<br>오은진 225<br>김은희 226<br>민상원 227<br>이유선 228 |
| | 이가원 486<br>김제성 487 | 김효진 395<br>심윤미 506<br>홍혜진 | 김용정 526<br>이수현 527<br>이원기 528 | 김지혜 405 | 방원석 424 | | 이고운 657<br>조한송이 660 | 김미정 215<br>이호성 216 | 홍연옥 229<br>박수연 230 |
| | 이미진 488<br>이병주 489 | 성수연 507<br>전희은 508<br>황선민 509 | 박민지 529 | 박동규 405 | 이보라 425<br>장서희 426 | 최가은 644 | | | 김유주 231 |
| FAX | 836-1445 | | | 836-1658 | | 825-4398 | | 836-1626 | |

# 마포세무서

대표전화: 02-7057-200 / DID: 02-7057-OOO

서장: **고 만 수**
DID: 02-7057-201

| 주소 | 서울특별시 마포구 독막로 234 (신수동 43) (우) 04090 | | | | |
|---|---|---|---|---|---|
| 코드번호 | 105 | **계좌번호** | 011840 | **사업자번호** | 105-83-00012 |
| 관할구역 | 서울특별시 마포구 | | | **이메일** | mapo@nts.go.kr |

| 과 | 징세과 | | | 부가가치세과 | | | 소득세과 | |
|---|---|---|---|---|---|---|---|---|
| **과장** | 양해준 240 | | | 백성기 280 | | | 박인국 360 | |
| **팀** | 운영지원 | 체납1 | 체납2 | 부가1 | 부가2 | 부가3 | 소득1 | 소득2 |
| **팀장** | 현혜은 241 | 강태호 601 | 김현정 621 | 한숙향 281 | 윤용구 301 | 유성문 321 | 김선항 361 | 이남형 381 |
| **국세<br>조사관** | 윤점희 242 | 전미영 602<br>박상훈 603<br>이정화 604 | 최우일 622<br>이경희 261<br>유후양 623<br>유동원 624 | 윤상건 282<br>정여원 283 | 양영동 302 | 심영일 322<br>최현정 323 | 이미선 362 | 박경수 382 |
| | 박희진 243 | 유진옥 605<br>김진호 606<br>정유진 607 | 천명선 262<br>이희진 263<br>김은실 625<br>노영희 264<br>김형욱 626 | 김효진 284<br>안현주 285<br>김서이 286 | 김라영 303<br>김현정 304<br>윤지윤 305<br>송정아 306<br>임서윤 307 | 손은정 324<br>신영순<br>신영빈 325<br>오혜실 326<br>박유미 327 | 신미경<br>김가영 363<br>김지헌 364<br>이주희 365<br>오은희 366 | 이유진 383<br>유소정 384<br>진병훈 385 |
| | 김규완 244<br>허송이 245 | 김희선 608<br>이강혁 609 | 유환성 627<br>이성진 628 | 박지혜 287<br>오신형 288<br>장원주 289 | 박혜근 308<br>김승희 309 | 손주희 328 | 위다현 367<br>김연지 368 | 권기연 386<br>심수연 387<br>이준희 388 |
| | 정준호 591<br>박천우 247<br>조성진 246 | 우미라 610<br>유다정 611 | 조호준 265 | 성솔 290<br>조재령 291 | 정병민 310 | 권윤섭 329 | 이재윤 369<br>임은경 370 | 김혜영<br>박유리 389<br>김영명 390 |
| **FAX** | 717-7255 | | 702-2100 | 718-0656 | | | 718-0897 | |

| 과 | 법인세과 | | | 재산세과 | | | 조사과 | | 납세자보호담당관 | |
|---|---|---|---|---|---|---|---|---|---|---|
| 과장 | 김성진 400 | | | 김보석 480 | | | 시현기 640 | | 김미나 210 | |
| 팀 | 법인1 | 법인2 | 법인3 | 재산1 | 재산2 | 재산3 | 정보관리 | 조사 | 납세자보호실 | 민원봉사실 |
| 팀장 | 공태운 401 | 권정운 421 | 구우형 441 | 최영실 481 | 정건 501 | 김령도 521 | 박상준 641 | 권정희 651 | 양미경 211 | 권순찬 221 |
| 국세조사관 | 정소영 402 | | | 박한상 482 오다혜 노경민 483 | 송병섭 502 | 최정열 522 | 정보기 691 | 권영칠 655 김준기 683 김봉찬 675 백승학 663 최현석 680 정미영 660 조현은 664 송진미 681 | 문성진 212 | 서은정 222 이정희 223 |
| | 김형진 403 정규호 404 박소영 405 감동윤 406 | 전민재 422 박성찬 423 임성도 424 강영묵 425 | 최진 442 주현경 김종문 443 임엽 444 최종수 445 | 구진영 484 윤병진 485 | 이진 503 유지선 504 | 임규만 525 허진혁 527 유형래 529 김희경 523 김민아 526 | 임금자 692 유병수 642 이신혜 693 김양경 643 | 정경영 652 박윤수 656 이유경 676 이응찬 661 | 안희석 213 이원복 214 | 정유진 224 김형태 225 |
| | 주소희 407 박미진 408 정동욱 409 | 지신영 426 김혜원 427 신동호 428 | 성민규 446 이승현 447 김효진 448 | 오현석 486 | 진성민 505 | 표정범 524 | 김한별 644 | 한광일 684 김보라 685 김보원 665 | 신동준 215 | 이금옥 226 윤정민 227 문선영 228 김지은 229 |
| | 신지연 410 채성운 411 | 백가연 429 | 김태훈 449 이윤정 450 신유림 451 | 이효진 487 노강래 488 | 권관수 506 박수연 507 | 김진솔 528 박선영 530 | | 강인혜 653 신수빈 657 이슬비 677 이나경 682 김한슬 662 | | 최민성 230 |
| FAX | 3272-1824 | 3273-3349 | | 718-0264 | | | 718-0856 | | | 701-5791 |

# 반포세무서

대표전화: 02-5904-200 / DID: 02-5904-OOO

서장: **이 요 원**
DID: 02-5904-201~2

방배4동
주민센터

동호주택
아파트

서리풀
공원

반포세무서

예광빌딩

내방역교차로

제일병원

내방역

| 주소 | 서울특별시 서초구 방배로163 (방배동 874-4) (우) 06573 | | | | |
|---|---|---|---|---|---|
| 코드번호 | 114 | **계좌번호** | 180645 | **사업자번호** | 114-83-00428 |
| 관할구역 | 서울특별시 서초구 중 잠원동, 반포동, 방배동 | | **이메일** | banpo@nts.go.kr | |

| 과 | 징세과 | | | 부가가치세과 | | 소득세과 | | 법인세과 | |
|---|---|---|---|---|---|---|---|---|---|
| 과장 | 신영주 240 | | | 이선미 280 | | 이선구 360 | | 이영석 400 | |
| 팀 | 운영지원 | 체납추적1 | 체납추적2 | 부가1 | 부가2 | 소득1 | 소득2 | 법인1 | 법인2 |
| 팀장 | 김민수 241 | 조광래 601 | 정영진 621 | 임문숙 281 | 임한균 301 | 고형관 361 | 김춘례 381 | 양재영 401 | 김제우 421 |
| 국세<br>조사관 | | 김도경 602<br>김재현 603 | 임지숙 263<br>유진희 622<br>서미 262 | 양명숙 282 | 임태호 302 | 남혜윤 362 | 송춘희 382 | 주기환 402 | 이지은 422 |
| | 이우근 242<br>이세진 243<br>임담윤 593 | 양준권 604<br>이홍숙 605<br>박형우 606 | 정기선 627<br>송성철 628<br>정민화 623<br>김명주 | 김수현 283<br>최성호 284<br>이희영 285 | 주수미 303<br>강미나 304<br>전보현 305<br>김상경 306 | 이지숙 233<br>구태경 363<br>한성일 364<br>홍성한 365 | 김혜인 383<br>김푸른솔<br>384 | 심진용 403<br>홍찬희 404<br>정지열 405<br>윤소윤 406<br>김현준 407 | 윤지혜 423<br>이다혜 424<br>이혜성 425<br>이영호 427 |
| | 김세령 244 | 임미송 607<br>오수영 608 | 고민지 264<br>권혜지 624 | 김혜민 232 | 황아름 232 | 이시은 366<br>김성미 367<br>임지남 233 | 유혜란 385<br>박호일 386<br>정형범 387 | 조대훈 408 | 강혜정 430<br>조윤희 428 |
| | 문호승 245<br>장혜진 246<br>송병희 582<br>이용욱 594 | 오선주 609 | | 김형주 286<br>이정민 287 | 류가향 307 | 김경은 368<br>임재욱 369 | 양웅비 388<br>박승필 389 | 서현지 409 | 김슬기 429 |
| 공무직 | 박지호 202<br>백강영 596<br>이영미<br>신옥순<br>변인창 | | | | | | | | |
| FAX | 536-4083 | | | 590-4517 | | 590-4518 | | 590-4426 | |

| 과 | 재산세1과 | | 재산세2과 | | 조사과 | | 납세자보호담당관 | |
|---|---|---|---|---|---|---|---|---|
| 과장 | 임종수 480 | | 윤영호 540 | | 곽종욱 640 | | 조성희 210 | |
| 팀 | 재산1 | 재산2 | 재산1 | 재산2 | 정보관리 | 조사 | 납세자보호 | 민원봉사 |
| 팀장 | 강수민 481 | 이국근 501 | 김선율 541 | 박정한 561 | 백주현 641 | 김치호 651 | 홍정기 211 | 황상욱 221 |
| 국세조사관 | 권민철 482 | 신이길 502<br>이창준 503<br>여호철 504 | 박소희 542 | 김창호 562<br>김봉재 564<br>현정아 | 박상현 642 | 조동표 655<br>서영준 659<br>문승진 662<br>김동환 665 | 유미라 212<br>박승재 213 | 김윤이 222<br>최영봉 223 |
| | 이정미 483<br>장지은 484<br>박찬호 485<br>정태경 486<br>고유영 487 | 김종협 505<br>고성헌 506<br>정용승 507 | 정현정 543<br>임지영 544<br>이동훈 545<br>박정화 546<br>이석준 547 | 이연지 567<br>백정훈 563 | 장은영 643<br>이명희 644 | 김윤미 652<br>최솔 660<br>황창연 656<br>김재욱 663<br>박장미 666<br>구승민 657 | 안유현 214<br>유민희 215 | 김현수 224<br>김진희 225<br>이연호 226 |
| | 이주선 488<br>곽성준 489 | 송승철 508 | 임규성 548 | 장윤희 568<br>정인영 565 | 김찬웅 645 | 박혜인 664<br>박소은 653<br>서정은 667 | 현윤영 216 | 김수진 227<br>임정희 228 |
| | 조민경 490<br>박현빈 491 | | 김도형 549<br>옥영주 550 | 금가비 566 | | | | 김서은 229 |
| FAX | 591-2662 | | 590-4513 | | 523-4339 | | 590-4686 | |

# 삼성세무서

대표전화: 02-30117-200 / DID: 02-30117-OOO

서장: **최 영 철**
DID: 02-30117-201

| 주소 | 서울특별시 강남구 테헤란로 114 (역삼1동) 1,5,6,9,10층 (우) 06233 | | | | |
|---|---|---|---|---|---|
| 코드번호 | 120 | 계좌번호 | 181149 | 사업자번호 | 120-83-00011 |
| 관할구역 | 서울특별시 강남구(신사동, 논현동, 압구정동, 청담동, 역삼동, 도곡동 제외) | | | 이메일 | samseong@nts.go.kr |

| 과 | 징세과 | | | 부가가치세과 | | 소득세과 | | 법인세1과 | |
|---|---|---|---|---|---|---|---|---|---|
| **과장** | 원종일 240 | | | 주은화 280 | | 김희정 360 | | 임양건 400 | |
| **팀** | 운영지원 | 체납추적1 | 체납추적2 | 부가1 | 부가2 | 소득1 | 소득2 | 법인1 | 법인2 |
| **팀장** | 정완수 241 | 김강훈 601 | 이지영 621 | 양동준 281 | 박선희 301 | 노아영 361 | 정경원 381 | 이석재 401 | 강정일 421 |
| **국세<br>조사관** | | 이진균 602<br>박정숙 603<br>정정희 604 | 이종순 622<br>이선경 261<br>박성근 623 | 권효준 282 | 박주현 302<br>배석 | 김지현 362 | 김미경 382 | | 이경란 422 |
| | 권유미 242<br>조보연 243<br>오정언 249<br>이재경 160 | 송찬미 605<br>유성희 606<br>류대훈 607<br>김수정 608<br>서봉우 609 | 손민자 262<br>정미경 624<br>손기혜 625<br>전미숙 626<br>이재영 620<br>임태윤 627<br>이승진 263 | 이은영 283<br>류지은 284<br>김민영 285<br>이경자 291 | 유정훈 303<br>박배근 304<br>이주영 305 | 민경은 363<br>박수연 364<br>강석순 365<br>권혜미 366<br>함지영 367<br>유승연 368<br>이현주 371 | 김래하 383<br>오경자 384<br>손현숙 385<br>이서아 399<br>이기섭 386<br>이성진 387 | 은진용 402<br>김은호 403<br>전세정 404<br>강지인 405 | 홍여주 423<br>이진재 424<br>김효정 425<br>김선윤 426<br>최태용 427 |
| | 강동인 245 | | 김보미 610<br>이현지 628<br>오자영 264<br>김은지 629 | 송미화 319<br>김성우 286<br>이유경 287 | 심윤보 306<br>윤보람 307 | 이보름 399 | 송혜리 388 | 나혜영 406<br>구은주 407<br>최정민 408 | 박영 428 |
| | 전다솜 244<br>노영돈 247<br>박래인<br>최치권 250 | 이재욱 611 | 권은호 630 | 정호영 288<br>임도은 289 | 신동민 308 | 김동완 369<br>장진영 370 | 정현석 389 | 홍차령 409<br>최정우 410<br>이종훈 411 | 강민주 429<br>조영도 430 |
| **공무직** | 신효정 202 | | | | | | | | |
| **FAX** | 564-1129 | 501-5464 | | 552-5130 | | 552-4095 | 552-4757 | 552-4148 | |

| 과 | 법인세2과 | | 재산세1과 | | 재산세2과 | | 조사과 | | 납세자보호담당관 | |
|---|---|---|---|---|---|---|---|---|---|---|
| 과장 | 심정식 440 | | 문형민 480 | | 이주석 540 | | 염귀남 640 | | 송수희 210 | |
| 팀 | 법인1 | 법인2 | 재산1 | 재산2 | 재산1 | 재산2 | 정보관리 | 조사 | 납세자보호실 | 민원봉사실 |
| 팀장 | 김은정 441 | 조병성 461 | 전승훈 481 | 신갑수 501 | 윤미성 541 | 안정섭 561 | 진인수 641 | 홍상기 661 | 진성범 211 | 변정 221 |
| 국세조사관 | 구영대 442 | 이재혁 464 이효진 463 | 이영신 482 김민정 483 | 김동진 502 전은상 503 | 차양호 542 전후영 554 김수지 543 | 이미영 562 조혜진 563 | 구보경 642 송진희 | 윤태준 665 조성오 668 강명부 671 정민호 675 김현철 678 황재민 683 임명규 681 강성은 691 | 박윤정 212 윤현숙 213 | 오경애 556 |
| | 김서연 443 유정화 449 배지영 450 김준하 444 | 최형화 468 유필립 466 이인재 467 | 김지연 484 이민정 497 신수민 485 이광은 486 김유리 487 | 홍성천 504 | 김정란 544 최지영 545 최재영 546 박희진 547 신지현 548 이소정 549 | 김윤호 564 조승호 오종민 565 김중우 566 | 곽희경 643 박미선 644 김광미 645 | 이세진 666 조아름 682 천영수 676 김동욱 661 한광희 679 조민영 677 정해진 692 | 조예림 214 김소연 215 | 김효정 556 신지연 556 이승민 556 김보라 556 |
| | 오도훈 445 박은혜 446 권순엽 451 | 정자단 470 | 김주희 497 박명진 488 송현수 489 | 김수현 507 | 조서연 554 박범우 550 | | 구훈모 646 | 한수정 684 김은경 680 윤지현 669 박진희 672 박하송 685 | 최원화 216 김유진 217 | 김수경 556 이호정 556 원정윤 556 |
| | 이윤선 448 심영은 447 | 정혜경 469 윤주희 462 최선효 465 | 김용철 490 최초로 491 | 박상길 505 김도연 506 | 우유정 552 | 김다정 567 | | 주영석 670 김상천 683 김준상 663 김태랑 673 정희연 667 | | 박민철 556 김지은 556 |
| FAX | 564-0588 | | 552-6880 | 552-4277 | 564-1127 | | 552-4781 | 552-4093 | 569-0287 | |

# 서대문세무서

대표전화: 02-22874-200 / DID: 02-22874-OOO

서장: **김 민 기**
DID: 02-22874-201

| 주소 | 서울특별시 서대문구 세무서길 11 (홍제동 251) (우) 03629 | | | | |
|---|---|---|---|---|---|
| 코드번호 | 110 | 계좌번호 | 011879 | 사업자번호 | 110-83-00256 |
| 관할구역 | 서울특별시 서대문구 | | 이메일 | seodaemun@nts.go.kr | |

| 과 | 징세과 | | 부가가치세과 | | 소득세과 | |
|---|---|---|---|---|---|---|
| 과장 | 김장근 240 | | 최영수 280 | | 강기헌 360 | |
| 팀 | 운영지원 | 체납추적 | 부가1 | 부가2 | 소득1 | 소득2 |
| 팀장 | 김지혜 241 | 박준규 601 | 쳔영현 281 | 장준재 301 | 신경수 361 | 김승일 381 |
| 국세<br>조사관 | 여민호 249 | 김임경 602<br>이인자 263 | | | 문형빈 362 | 이현석 382<br>김영숙 383 |
| | 윤순옥 242<br>김성주 243<br>김재호 244 | 양윤선 262<br>복은주 603<br>강은숙 604<br>김경욱 605<br>고경만 606<br>박진현 607 | 주현경 282<br>한지영 283<br>이선영 284<br>이상혁 285 | 김영선 302<br>이중훈 303<br>조안나 304<br>양옥진 305<br>노민경 306 | 이혜인<br>고병석 363<br>이선민 364 | 이혜연 384<br>한수현 385 |
| | 손은태 249<br>조현희 243 | 강혜성 608<br>지대진 609<br>최효영 610 | 김현아 286<br>한아름 313 | 윤성귀 313 | 임진영 365<br>김하연 313<br>조인영 366 | 김남희 313 |
| | | 김예리 611<br>김민수 612 | 박서연 287<br>탁희경 288 | 차용희 307 | 송여경 367 | 김현정 386<br>김가영 387 |
| FAX | 379-0552 | 395-0543 | 395-0544 | | 395-0546 | |

| 과 | 재산법인세과 | | | 조사과 | | 납세자보호담당관 | |
|---|---|---|---|---|---|---|---|
| 과장 | 박상정 400 | | | 손상현 640 | | 백승한 210 | |
| 팀 | 재산1 | 재산2 | 법인 | 정보관리 | 조사 | 납세자보호실 | 민원봉사실 |
| 팀장 | 정원영 481 | 김영미 501 | 정의재 401 | 장동훈 641 | 김세훈 651 | 김진홍 211 | 이은길 221 |
| 국세조사관 | 김은아 482<br>서영순 483<br>이영주 484 | | 윤현숙 402 | | 강재형 654 | 이진주 212 | 김소희 222<br>최진영 224 |
| | 박문숙 485<br>이창민 486<br>변혜정 491<br>안현준 487 | 김두성 502<br>조한덕 503<br>이건술 504 | 기은진 403<br>배성한 404<br>채현진 405<br>안성은 406 | 최웅 642<br>배은아 643<br>최윤미 644 | 이계승 657<br>이지민 652<br>진수환 655 | 노민정 213<br>김은해 214 | 노인선 226 |
| | 강혜연 488<br>임지민 489<br>김서영 491<br>김영 490 | 차무중 505<br>김대용 506<br>남지은 | 남보영 407 | 정소정 645 | 이은준 658 | | 차연주 230<br>이상욱 225 |
| | | 이제일 507 | 심경섭 408<br>최명훈 409<br>장예라 410 | | 장재영 653<br>윤단비 656 | | 박수미 227<br>우현구 223 |
| FAX | 379-5507 | | | 391-3582 | | 395-0541 | 395-0542 |

# 서초세무서

대표전화: 02-30116-200 / DID: 02-30116-OOO

서장: **김 수 현**
DID: 02-3011-6201

| 주소 | 서울특별시 강남구 테헤란로 114 역삼빌딩 (우) 06233 | | | | | |
|---|---|---|---|---|---|---|
| 코드번호 | 214 | 계좌번호 | 180658 | 사업자번호 | 214-83-00015 | |
| 관할구역 | 서울특별시 서초구(방배동, 반포동, 잠원동 제외) | | | 이메일 | seocho@nts.go.kr | |

| 과 | 징세과 | | | | 부가가치세과 | | 소득세과 | | 법인세1과 | |
|---|---|---|---|---|---|---|---|---|---|---|
| 과장 | 임정숙 240 | | | | 성승용 280 | | 류오진 360 | | 김승욱 400 | |
| 팀 | 운영지원 | 체납추적1 | 체납추적2 | 징세 | 부가1 | 부가2 | 소득1 | 소득2 | 법인1 | 법인2 |
| 팀장 | 한정식 241 | 이정노 601 | 정수인 621 | | 박지상 281 | 김윤희 301 | 남승호 361 | 류명옥 381 | 이선민 401 | 김기중 421 |
| 국세조사관 | | | 김희정 622 원정일 623 | | 조은희 282 박은영 283 | 황태연 302 | 윤정재 362 이정은 363 | 정명주 382 | 이광수 402 | |
| 국세조사관 | 진미선 242 설재형 243 정소영 244 | 정은이 602 정순삼 603 정상근 604 | 김태은 624 | 이효주 262 박찬희 263 | 박정아 홍승표 284 양은영 285 박상현 286 배을주 287 | 이선영 303 백경훈 304 박지성 305 김홍래 306 민지혜 307 박현규 | 김나연 364 이솔 365 | 주아름 383 홍진표 384 최병석 385 | 장윤정 403 김효정 404 최하나 405 정봉훈 406 권현식 407 현종헌 408 | 오동문 422 이금조 423 최해원 424 김승구 425 이규미 426 정영선 427 |
| 국세조사관 | 최윤정 245 박배열 278 안진모 246 | 이미경 605 조선희 606 김민성 607 최세진 | 박주혜 625 서경희 626 고주연 627 박철한 628 김다미 629 | 김지은 264 | 이은지 6286 조대훈 6287 | 강유미 308 | 최정인 | | 강수빈 409 김선아 410 | 조성원 428 하주원 429 |
| 국세조사관 | 김상진 277 | 안재현 608 탁성찬 609 박혜진 610 박경빈 611 | 김석준 630 김상규 631 | | 안진모 6288 안재현 6289 | 배민주 309 임한솔 310 | 박종윤 366 김한율 367 | 육근영 386 안세미 387 | 백진주 411 | 김아현 430 김은정 431 |
| 공무직 | 권은영 249 양혜란 202 | | | | | | | | | |
| FAX | 563-8030 | 561-2271 | | | 561- 2682 | | 561- 3202 561- 2948 | | 561- 3230 561- 1647 | |

## 예일세무법인

**대표세무사 : 류득현 (前서초세무서장)**

서울특별시 강남구 테헤란로 313 3층 (역삼동, 성지하이츠1차)

전화 : 02-2188-8100  팩스 : 02-568-0030
이메일 : r7294dh@naver.com

| 과 | 법인세2과 | | 재산세1과 | | 재산세2과 | | 조사과 | | | 납세자보호담당관 | |
|---|---|---|---|---|---|---|---|---|---|---|---|
| **과장** | 정진혁 440 | | 최동일 480 | | 윤광현 540 | | 진선조 640 | | | 이우재 210 | |
| **팀** | 법인1 | 법인2 | 재산1 | 재산2 | 재산1 | 재산2 | 정보관리 | 조사 | 세원정보 | 납세자보호 | 민원봉사 |
| **팀장** | 김한규 441 | 정대수 461 | 김남구 481 | 최미옥 501 | 김태언 541 | 김영석 561 | 김상배 641 | 한순규 651 | | 권성대 211 | 권혁성 221 |
| **국세조사관** | 손가희 442 | 김현희 462 | 김기미 482<br>황혜윤 483<br>유종일 484<br>공주희 485 | 신현삼 502<br>김성향 503<br>김대준 504 | 이성재 542<br>노경수 549<br>정희라 543 | 김병만 562<br>박보경 563 | | 최경호 652<br>최태진 653<br>최종래 654<br>김병기 655<br>박종화 656<br>민혜아 657<br>서승원 658<br>이용수 659<br>조남건 660<br>송준승 671 | 엄준희 645 | 이승연 212 | 박상미 556<br>김상목 556<br>김윤정 556 |
| | 이지현 443<br>정유진 444<br>박범규 445<br>정진아 446 | 전희경 463<br>김지선 464<br>이병직 465<br>김초롱 466 | 황명희<br>권민지 486 | 정대혁 505<br>원지혜 506 | 손정욱 544<br>배진원 545 | 김예슬 564<br>주성진 565<br>이승하 566 | 장혜진<br>성연일 642 | 정규식 661<br>김현 663<br>안병현 665<br>김동원 667<br>임신희 669<br>여효정 670<br>노영배 672<br>김내현 673<br>차유라 675<br>정진택 677<br>김난희 679<br>박지숙 | 장영훈 646 | 유제근 213<br>한혜린 214<br>김주영 215<br>박가희 216<br>김주영 217 | 양문희 556<br>배주현 556<br>윤소연 556<br>윤영민 556<br>박예림 556 |
| | 어재경 447<br>조은영 448 | 고아라 467<br>김서연 468<br>고우성 469 | | | 조정원 | 김영기 567 | 장준원 643 | 이윤정 674<br>차지해 676<br>이혜수 680 | | | 최소영 556<br>김지학 556<br>조영수 556<br>노지혜 556 |
| | 이서영 449<br>김세현 450 | 박정민 470<br>김병우 471 | 신지원 487 | 최현지 507 | 윤기섭 546<br>이소연 547 | 최문경 6470<br>김상규 6471 | 최은진 644 | 최문경 662<br>서진형 664<br>이지은 666<br>박푸른 668 | | | |
| **FAX** | 561-3291<br>561-1683 | | 561-3378 | | 561-3750 | | 561-3801 | | | 561-4521 | 3011-6600 |

# 성동세무서

대표전화: 02-4604-200 / DID: 02-4604-OOO

서장: **이 은 규**
DID: 02-4604-201

| 주소 | 서울특별시 성동구 광나루로 297 (송정동 67-6) (우) 04802 | | | | |
|---|---|---|---|---|---|
| 코드번호 | 206 | 계좌번호 | 011905 | 사업자번호 | 206-83-00561 |
| 관할구역 | 서울특별시 성동구, 광진구 | | | 이메일 | seongdong@nts.go.kr |

| 과 | 징세과 | | | | 부가가치세1과 | | 부가가치세2과 | | 소득세과 | | |
|---|---|---|---|---|---|---|---|---|---|---|---|
| 과장 | 윤기성 240 | | | | 정홍석 280 | | 반종복 320 | | 조중현 360 | | |
| 팀 | 운영지원 | 체납추적1 | 체납추적2 | 체납추적3 | 부가1 | 부가2 | 부가1 | 부가2 | 소득1 | 소득2 | 소득3 |
| 팀장 | 김옥환 241 | 박문철 601 | 염미정 621 | 이유선 261 | 송희성 281 | 이지영 301 | 이유상 321 | 김진경 341 | 백상엽 361 | 오윤화 374 | 권오성 387 |
| 국세조사관 | 김명순 249 | 이강구 602 | 김창범 622<br>박정은 623<br>김지만 624 | 김준수 635<br>이소민 262 | 최숙현 282<br>류호민 283 | 최선이 302 | 문주란 322 | 이금숙 342 | 윤은미 362<br>성준희 | 조정화 375 | 박명하 388<br>김정미 389 |
| 국세조사관 | 박민재 242<br>박숙희 243 | 최은수 603<br>김혜원 604<br>김형주 605<br>안지영 606<br>차유해 607 | 강동효 625<br>조정미 626<br>이후건 627 | 이경수 636 | 장혜경 284<br>박현준 285<br>김영신 286<br>윤혜숙 | 박정숙 303<br>심주호 304<br>김보미<br>강형석 305<br>한금순 306 | 변지야 323<br>변행열<br>김은미 324<br>양수정 325 | 오현주 343<br>김지연 344<br>윤지현 | 전한식 363<br>김태균<br>김효영 364<br>석종훈 365<br>신준철 366 | 이순영 376<br>오정환 377<br>진현서 378<br>김은하 | 변정기 390<br>정연경 391<br>황순희<br>양영철 392 |
| 국세조사관 | 김세빈 244<br>민경상 245<br>송은우 596 | 조민현 608<br>이성근 609<br>송명림 610<br>김세현 611 | 이윤경 628<br>김수인 629<br>김재연 630<br>서혁준 631 | 이혜지 263<br>이은희 264<br>허진수 637 | 이선영 287<br>정인희 288 | 김나영 307<br>이가현 308<br>민혜선 309 | 송지훈 326 | 이동건 345<br>오지훈 346 | 김상균 367<br>임하경 368<br>박도은 369 | 심상희 379<br>윤기숙 380<br>신유진 381 | 임지혜 393<br>모희산 394 |
| 국세조사관 | 윤소윤 246<br>김동현 247<br>김영환 250 | 최형윤 612 | 이경서 632 | 한승아 638 | 전수연 289<br>김동현 290 | 권태우 310 | 박소정 327<br>곽종훈 328 | 장해연 347<br>허재희 348 | 백보민 370<br>최지원 371 | 한장미 382<br>곽현승 383<br>박준현 384 | 조수정 395<br>구경수 396<br>김나현 397 |
| 공무직 | 김미연 206<br>김정은 203 | 조해영<br>이경아<br>김정숙 | | | | | | | | | |
| FAX | 468-8455 | | | | 497-6719 | | 466-2100 | | 498-2437 | | |

| 과 | 재산세1과 | | 재산세2과 | | 법인세과 | | | 조사과 | | 납세자보호담당관 | |
|---|---|---|---|---|---|---|---|---|---|---|---|
| 과장 | 유원재 480 | | 문영한 540 | | 박재성 400 | | | 강신태 640 | | 김춘경 210 | |
| 팀 | 재산1 | 재산2 | 재산1 | 재산2 | 법인1 | 법인2 | 법인3 | 정보관리 | 조사 | 납세자보호실 | 민원봉사실 |
| 팀장 | 강민석 481 | 유형대 501 | 김영수 541 | 이풍훈 561 | 이승호 401 | 이희경 421 | 이정민 441 | 하태희 641 | 황제헌 651 | 김경원 211 | 김선하 221 |
| 국세조사관 | 오주해 482<br>정성은 483 | 백영선 502<br>류동균 503 | 이준석 542<br>이승일 543<br>진혜정 544 | 최성순 562 | 김창명 402 | | 안순호 442 | 전혜정 693<br>홍지성 | 황병규 654<br>이재철 657<br>조문현 660<br>김흥곤 663<br>전종상 669<br>김명진 672<br>김대현 675<br>최태주 678 | 홍미숙 212<br>채규홍 213<br>이은경 214 | 신현준 222<br>지상수 223<br>이수진 224 |
| | 임홍철 484<br>최민수 485<br>김옥재 486<br>함지훈 487<br>유미나 488<br>신주현 489<br>윤혜미 490 | 이재성 504 | 반미경 545<br>김미영 546<br>최진원 547<br>김미진 548<br>최미경 549 | 이진호 563<br>하상철 564<br>조영탁 565 | 정화선 403<br>서승현 404<br>문정희 405<br>유호경 406 | 김성덕 422<br>안지현 423<br>안경화 424<br>조아라 425 | 정도영 443<br>이명용 444<br>노이주 445<br>이준권 446 | 범정원 642<br>이강윤 643<br>김은영 694<br>김인화 644 | 김충상 655<br>홍범식 676<br>한종범 679<br>양영희 658<br>박준식 679<br>문윤호 670<br>김주하 673<br>김지영 661<br>이준표 667<br>황정미 656<br>조현진 676 | 김수경 215<br>이서연 216<br>권현서 217 | 홍영선 223<br>김현진 224<br>설정란 225<br>백연희 226<br>정희선 227 |
| | 김화도 491<br>이장훈 492 | 김동현 505 | 김광환 550<br>김현우 551 | 서미래 566<br>김시훈 567 | 박지은 407<br>황지영 408<br>강건희 409 | 이성준 426<br>이현석 427<br>박지혜 428 | 박세인 447<br>이현주 448<br>백태훈 449 | 최기웅 | 임지은 653<br>유동석 677 | 이지혜 218 | 이병수 228<br>김희선 229<br>김태윤 230 |
| | 강희윤 493 | 이제헌 506<br>이주경 507 | 정부교 552 | | 서미선 410<br>신은수 411<br>양동범 412 | 남정태 429<br>추다솔 430 | 황웅재 450 | | 황경주 662<br>조영현 659<br>안미진 668<br>허지현 671<br>성가현 674 | | 김재훈 231 |
| FAX | 468-3768 | | 460-4571 | | 460-4572 | | | 469-2120 | | 2205-0919 | 2205-0911 |

# 성북세무서

대표전화: 02-7608-200 / DID: 02-7608-OOO

서장: **조 영 탁**
DID: 02-7608-201

한성대입구역 / 서울동소문동 우체국 / 하나은행 / 가톨릭대학교 성신교정 / 성북세무서 / 삼성SK뷰 아파트 / 서울성북 경찰서

| 주소 | 서울특별시 성북구 삼선교로 16길 13(삼선동 3가 3-2) (우) 02863 | | | | | | |
|---|---|---|---|---|---|---|---|
| 코드번호 | 209 | | 계좌번호 | 011918 | | 사업자번호 | 209-83-00046 |
| 관할구역 | 서울특별시 성북구 | | | | | 이메일 | seongbuk@nts.go.kr |

| 과 | 징세과 | | | 부가가치세과 | | 소득세과 | |
|---|---|---|---|---|---|---|---|
| 과장 | 임준빈 240 | | | 이승현 280 | | 조미희 360 | |
| 팀 | 운영지원 | 체납추적1 | 체납추적2 | 부가1 | 부가2 | 소득1 | 소득2 |
| 팀장 | 이용제 241 | 김우정 601 | 엄세진 621 | 박선영 281 | 강상길 301 | 정상술 361 | 박정곤 381 |
| 국세 조사관 | 배수일 207 | 정동환 602<br>박승혜 | 이승필 622<br>이다영 622 | 고상석 282 | 이성훈 302<br>김선덕 303 | 홍세민 362 | 이봉숙 381 |
| | 김미정 242 | 김은화 604<br>조은정 605<br>이찬무 606<br>최서진 603 | 정수용 624<br>신주현 623<br>유아람 625 | 김윤정 283<br>정유정 284<br>이수진 297<br>최재원 285 | 이연경 297<br>강성환 304<br>정세연 305<br>김가영 306 | 한진옥 363<br>홍지석 364<br>유소정 294<br>김우성 365<br>서인숙 366<br>나진희 372 | 박미영 382<br>변성익 383<br>신선 384<br>장아름미 294<br>안진성 385 |
| | 김상혁 244<br>류유선 243<br>최정원 208 | 장두영 607<br>김지현 608 | | 허준원 286<br>강송현 287 | 정연주 307 | 김혜림 367<br>노소영 368<br>정유빈 369 | 채정화 386<br>이한나 387<br>정현수 388<br>박계희 389 |
| | 김초아 245 | | 조윤수 627 | 정인아 288 | 이동준 308<br>이경석 309 | 이은선 370 | 박혜정 390 |
| 공무직 | 이은정 202<br>이보연 247<br>서경숙 255<br>이군자 209<br>이등옥 209 | | | | | | |
| FAX | 744-6160 | | | 760-8672 | 760-8677 | 760-8673 | 760-8678 |

# 10년간 쌓아온 재무인의 역사를 돌려드립니다 '온라인 재무인명부'

수시 업데이트 되는 국세청, 정·관계 인사의 프로필과 국세청, 지방청, 전국세무서, 관세청,
유관기관 등의 인력배치 현황을 볼 수 있는 온라인 재무인명부

1등 조세회계 경제신문 조세일보

| 과 | 재산법인세과 | | | 조사과 | | 납세자보호담당관 | |
|---|---|---|---|---|---|---|---|
| 과장 | 황영남 400 | | | 양광준 640 | | 정승원 210 | |
| 팀 | 재산1 | 재산2 | 법인 | 정보관리 | 조사 | 납세자보호실 | 민원봉사실 |
| 팀장 | 박수한 481 | 정승렬 501 | 박인홍 401 | 안진수 641 | | 남궁재옥 211 | 김일동 221 |
| 국세조사관 | 김경희 482<br>김경선 298<br>정주현 298 | 김경희 502 | 김대훈 402 | 정철 642 | 조인옥 651<br>장문근 660<br>최영진 655 | 이미경 212<br>서지영 213 | 박현숙 222 |
| | 최은애 483<br>이화진 484<br>이보배 485 | 엄익춘 503<br>이지훈 504<br>서하영 505 | 홍승희 403<br>정남숙 404 | 이상직 643<br>이영경 644<br>김동진 645 | 두준철 652<br>김희정 661<br>홍성혜 656 | | 김은주 223<br>류한상 224<br>이존열 225<br>윤희영 226 |
| | 정현기 486<br>여호종 487 | 석승운 506<br>김상걸 507 | 김혜원 405<br>이유진 406 | | 이은실 657<br>노은호 662 | 곽민정 214 | 조혜리 227 |
| | 서수현 488<br>노혜리 489<br>김남주 490<br>이금미 491<br>신기용 492 | 김동현 508<br>김진아 509 | 김종연 407<br>양민정 408 | | 한윤채 653 | | |
| FAX | 760-8675 | 760-8679 | 760-8419 | 760-8671, 8674 | | 760-8676 | 742-8112 |

# 송파세무서

대표전화: 02-22249-200 / DID: 02-22249-OOO

서장: **류 지 용**
DID: 02-22249-201~2

| 주소 | 서울특별시 송파구 강동대로 62 (풍납동 388-6) (우) 05506 | | | |
|---|---|---|---|---|
| 코드번호 | 215 | 계좌번호 | 180661 | 사업자번호 | 215-83-00018 |
| 관할구역 | 서울특별시 송파구 중 송파동, 장지동, 거여동, 마천동, 가락동, 문정동, 석촌동 | | | 이메일 | songpa@nts.go.kr |

| 과 | 징세과 | | | 부가가치세과 | | 소득세과 | |
|---|---|---|---|---|---|---|---|
| 과장 | 이민구 240 | | | 박성신 280 | | 양한철 360 | |
| 팀 | 운영지원 | 체납추적1 | 체납추적2 | 부가1 | 부가2 | 소득1 | 소득2 |
| 팀장 | 강하규 241 | 곽미경 601 | 오남임 621 | 강체윤 281 | 황기오 301 | 박기정 361 | 임정미 381 |
| 국세조사관 | | 김명희 602 | 박란수 262<br>채수필 622<br>이정학 632<br>박자음 263 | 윤은지 282 | 류선주 141<br>은지현 302 | 김소영 362 | |
| | 백은경 242<br>천문희 243<br>송진호(공업) 615<br>오잔디 244 | 양순희 603<br>박미영 604<br>윤상용 605<br>김현정 606 | 김은수 623<br>김양근 624<br>이윤경 633<br>양승복 625<br>김선경 264 | 이난영(사무) 291<br>류순영 283<br>박현정 284<br>김은희 285<br>신동한 286<br>정인지 287 | 김재은 303<br>조성주 304<br>김경인 305<br>엄순영 306<br>김현정 307<br>김윤정 308 | 김애라 363<br>안유라 364<br>이진동 365<br>김은진 143 | 김종성 382<br>심지은 383<br>윤종훈 384<br>문진호 385 |
| | 유경원 245<br>신구호 246<br>김성진(운전) 594 | 김솔 607<br>강가윤 608<br>박현진 609<br>박세환 610 | 방선미 626<br>이선미 627 | 정준채 288 | 윤희원 309 | 윤선민 366<br>김진희 367<br>박용업 368 | 이희숙 389<br>장민경 143<br>김주예 390<br>김현선 386 |
| | 김동민(방호) 593 | 전민지 611 | 노혜림 628 | 용연훈 141<br>김태희 289<br>황소은 290 | 양현우 310<br>김보경 311 | 성명은 369 | 구현정 388<br>신준호 387 |
| 공무직 | 엄명숙(우편) 249<br>이나은(비서) 205 | 서경식(미화)<br>김동해(미화) 117 | 양시원(공익)<br>김태환(공익)<br>장우혁(공익) | | | | |
| FAX | 483-1929 | | | 477-0135 | | 483-1927 | |

208

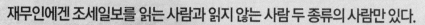

# 재무인과 함께 걸어가겠습니다 '조세일보'

재무인에겐 조세일보를 읽는 사람과 읽지 않는 사람 두 종류의 사람만 있다.

1등 조세회계 경제신문 조세일보

| 과 | 재산세과 | | | 법인세과 | | 조사과 | | 납세자보호담당관 | |
|---|---|---|---|---|---|---|---|---|---|
| 과장 | 최용근 540 | | | 박성수 400 | | 윤권욱 640 | | 노수현 210 | |
| 팀 | 재산1 | 재산2 | 재산3 | 법인1 | 법인2 | 정보관리 | 조사 | 납세자보호 | 민원봉사 |
| 팀장 | 김주애 541 | 양나연 561 | 배덕렬 581 | 이민용 401 | 신영섭 421 | 구현 641 | 1팀 김선한(6) 651<br>고혁준(8) 652<br>이지윤(8) 653 | 김수현 211 | 동철호 230 |
| 국세조사관 | 문미라 542<br>박종태 543<br>유수정 544 | 서정연 562<br>김숙자 563<br>김진곤 564 | 최운환 582<br>서정우 585 | 공효신 402 | 예찬순 422 | | 2팀 이동일(6) 654<br>박준홍(7) 655<br>정보경(9) 656 | 이아름 212 | 곽주희 231 |
| 국세조사관 | 손정희 144<br>김계영 545 | 장희정 144<br>권경해 565 | 박세웅 587<br>김성욱 589<br>박효진 588 | 박금지 403<br>정월옥 404<br>노미현 405<br>이승준 406<br>정일영 407 | 박명열 423<br>고보해 424<br>권규종 425<br>한규진 426<br>하경아 427 | 송민영 691<br>노지형 642 | 3팀 고영지(6) 657<br>박정섭(7) 658<br>박소미(9) 659<br><br>4팀 허장(6) 660<br>김수진(7) 661<br>최예은(8) 662 | 이지혜 213<br>김은실 214<br>서민우 215 | 손선화 232<br>서미영 233<br>김지현 234 |
| 국세조사관 | 이혜민 546<br>조주희 547 | 유주희 566<br>남장우 567 | 박재성 583<br>이제안 590 | 최원영 408<br>이현미 409<br>여길동 410 | 윤양경 428<br>김연희 429 | 김수정 692<br>노종옥 643 | 5팀 권경범(6) 663<br>안태수(7) 664<br>김하은(8) 665<br><br>6팀 정주영(6) 667<br>홍성훈(7) 668<br>강혜수(8) 669 | | 김다현 235<br>손지선 236 |
| 국세조사관 | 차승기 548 | 유승희 568 | 김경현 584<br>제은아 586 | 김명수 411<br>김주형 412 | 최준영 430<br>이도현 431 | 양민영 644 | 7팀 박상봉(6) 645<br>이현우(7) 693 | | 추교석 237 |
| FAX | 472-3742 | | | 482-5495 | | 482-5494 | | 487-3842 | 409-6939 |

209

# 양천세무서

대표전화: 02-26509-200 / DID: 02-26509-OOO

서장: **김 승 현**
DID: 02-26509-201

| 주소 | 서울특별시 양천구 목동동로 165 (우) 08013<br>별관(조사과) : 서울특별시 양천구 신목로2길 66, 씨티프라자 3층 301호 (우) 08007 | | | | | | | |
|---|---|---|---|---|---|---|---|---|
| **코드번호** | 117 | **계좌번호** | | 012878 | | **사업자번호** | | 117-83-00505 |
| **관할구역** | 서울특별시 양천구 | | | | | **이메일** | | yangcheon@nts.go.kr |

| 과 | 징세과 | | | 부가가치세과 | | | 소득세과 | | |
|---|---|---|---|---|---|---|---|---|---|
| **과장** | 모상용 240 | | | 박상별 280 | | | 윤일호 360 | | |
| **팀** | 운영지원 | 체납추적1 | 체납추적2 | 부가1 | 부가2 | 부가3 | 소득1 | 소득2 | 소득3 |
| **팀장** | 김보연 241 | 이세주 601 | 김우진 621 | 김규성 281 | 김보미 301 | 조민숙 321 | 김성덕 361 | 차순백 381 | 성이택 461 |
| **국세조사관** | 최진영 | | 한윤정 262 | 박현자 282 | 안혜영 302<br>소영석 303 | 윤석준 322<br>박정순 323 | 정상원 362 | | 이재하 462<br>이순희 |
| | 송진영 242<br>김병진 243<br>김민정 244 | 손미량 602<br>정수영 603<br>정경진 604<br>신나리 605<br>최은영 606 | 김경희 622<br>조원준 623<br>용수화 263<br>박옥희 264<br>이민정 624<br>임수진 625<br>박대윤 626<br>김행순 627 | 신명수<br>남경일 283<br>이광식 284<br>기중화 285<br>권범진 313<br>이나영 332 | 임지형 304<br>이미선 305<br>고명성 306 | 윤성준 324<br>임효선 325 | 김현준 363<br>이재훈 364<br>박정순 372 | 김희연 150<br>나종현 382<br>박숙영 383<br>김유미 384<br>장철성 385 | 강현우 464 |
| | 심희열 591 | 김민경 607 | 유선애 628 | 이지혜 286 | | 최봉렬 326 | 박선영 365<br>장건수 150<br>김서윤 366 | 손태욱 386<br>이채원 387 | 손상익 465<br>임유진 466 |
| | 신현경 245<br>최상혁 591 | 서효정 608 | | 문장환 287 | | | 김지완 367<br>임정민 369 | | 손은경 467<br>박현규 468 |
| **공무직** | 이정미 202<br>권순례<br>김진숙 | | | | | | | | |
| **FAX** | 2652-0058 | | | 2654-<br>2291 | 2654-2292 | | 2654-2294 | | |

# 1등 조세회계 경제신문 조세일보

| 과 | 재산세과 | | | 법인세과 | | 조사과 | | 납세자보호담당관 | |
|---|---|---|---|---|---|---|---|---|---|
| **과장** | 이용식 480 | | | 김성준 400 | | 신세용 640 | | 이동원 210 | |
| **팀** | 재산1 | 재산2 | 재산3 | 법인1 | 법인2 | 정보관리 | 조사 | 납세자<br>보호실 | 민원봉사 |
| **팀장** | 계준범<br>481 | 심선미<br>501 | 손광섭<br>521 | 정중원<br>401 | 이기현<br>421 | 이수미<br>641 | | 강승구<br>211 | 김유균<br>221 |
| **국세<br>조사관** | 허세욱<br>482 | 김우수<br>502 | 박성민<br>522<br>구민성<br>523 | 손성국<br>402 | 최성균<br>422 | | 김기만<br>651<br>황경희<br>654<br>김정화<br>657<br>최상 661 | | |
| | 김소연<br>483<br>유강훈<br>484<br>박미정<br>485 | 송유정<br>503<br>최기환<br>504<br>김지혜<br>505<br>정순임<br>506 | 이승훈<br>524<br>조재윤<br>525<br>황유성<br>526 | 연지연<br>최진아<br>404 | 김보미<br>423 | 김경희<br>642<br>김하림 | 지현배<br>658<br>이현성<br>662 | 변선정<br>212<br>손창수<br>213<br>박미연<br>214 | 유경숙<br>222 |
| | 홍국희<br>486 | | 신상민<br>527 | | 황인태<br>424 | 김영무<br>643<br>박지원<br>644<br>신민서<br>645 | 조혜리<br>652<br>류신우<br>655<br>강인한<br>653<br>박아름<br>663<br>조성현<br>656 | | 남경자<br>223<br>조현수<br>224<br>최보선<br>225<br>배은경<br>226 |
| | 한정현<br>487<br>이서형<br>488 | 오수연<br>507<br>차정미<br>508 | 강재신<br>528<br>김은진<br>529 | 김준철<br>405<br>서선 406 | 김명선<br>425 | 이선아<br>646 | 강나루<br>659 | 도준 215 | 박진아<br>227<br>현은지<br>228 |
| **FAX** | 2654-2295 | | | 2654-2296 | | 2650-9601 | | 2654-<br>2297 | 2649-<br>9415 |

# 역삼세무서

대표전화: 02-30118-200 / DID: 02-30118-OOO

서장: **한 상 현**
DID: 02-30118-201

| 주소 | 서울특별시 강남구 테헤란로 114 (역삼동 824) 역삼빌딩 7, 8층 및 9층 일부 (우) 06233 | | | | |
|---|---|---|---|---|---|
| 코드번호 | 220 | 계좌번호 | 181822 | 사업자번호 | 220-83-00010 |
| 관할구역 | 서울특별시 강남구 역삼동, 도곡동 | | | 이메일 | yeoksam@nts.go.kr |

| 과 | 체납징세과 | | | 부가가치세과 | | 소득세과 | | 법인세1과 | |
|---|---|---|---|---|---|---|---|---|---|
| 과장 | 박미란 240 | | | 전우식 280 | | 고은정 360 | | 정병록 400 | |
| 팀 | 운영지원 | 체납추적1 | 체납추적2 | 부가1 | 부가2 | 소득1 | 소득2 | 법인1 | 법인2 |
| 팀장 | 박은주 241 | 김민선 601 | 김남정 621 | 최영은 281 | 안상순 301 | 최차영 361 | 김병석 371 | 공진배 401 | 조규창 421 |
| 국세조사관 | | 권은영 602<br>심민경 603 | 류기수 622 | | 이성수 302<br>이민순 | 임현정 362 | | 권종욱 402<br>홍경헌 403 | 노일호 422<br>김동직 |
| | 전훈희 242<br>최미영 243 | 김민래 604<br>김경민 605<br>최용민 606 | 유동완 623<br>이선희 262<br>강명신 624 | 정찬진 282<br>고강민 283<br>최혜옥<br>박효숙 284 | 강하영 303<br>이대정 304 | 김경아 363<br>한보름 364 | 박주영 372<br>민인녀 373 | 문정민 404<br>박연주 405<br>진정호 406<br>박재현 407<br>신현영 408<br>주화연 409<br>허지연 | 신정현 423<br>김영균 424<br>이수원 425<br>강경진 426<br>김정배 427<br>김나영 428 |
| | 이선영 244<br>박지훈 592 | 장희정 625<br>한재일 607<br>장영진 608<br>이민철 609<br>정미경 610 | 김나연 626<br>이종경 263<br>백수희 627<br>김윤영 264<br>김희준 628 | 김영지 285<br>박용석 286 | 양근성 305<br>김찬주 306 | 김찬희 | 곽수연<br>박소미 374 | | 이지호 429 |
| | 이지영 245<br>백진우 246<br>강지석 247<br>김현근 595 | 오소현 611 | 김형완 629<br>조현우 630<br>이성도 631 | 노지우 287 | 김연규 307<br>구용모 308<br>고수민 309 | 이미지 365<br>손은우 366 | 유진 375<br>곽경훈 376 | 이다예 410 | 정성욱 430 |
| 공무직 | 한은주 | | | | | | | | |
| FAX | 558-1123 | 561-6684 | | 501-6741 | | 564-0311 | | 552-0759 | |

| 과 | 법인세2과 | | 재산세과 | | | 조사과 | | 납세자보호담당관 | |
|---|---|---|---|---|---|---|---|---|---|
| 과장 | 송영채 440 | | 오명준 480 | | | 허천회 640 | | 오규철 210 | |
| 팀 | 법인1 | 법인2 | 재산1 | 재산2 | 재산3 | 정보관리 | 조사 | 납세자보호실 | 민원봉사실 |
| 팀장 | 장영림 441 | 이봉희 461 | 전만기 481 | 강인태 501 | 전현정 521 | 이미정 641 | | 박정우 211 | 홍규선 221 |
| 국세조사관 | 박소연 442 | 이형원 462 | 김수용 482<br>강혜은<br>유현정 483 | 권혁순 502<br>안수정<br>박서현 503 | 최태규 522<br>김호 523<br>김상훈 524 | 금현정 642 | 권진록 651<br>류옥희 656<br>김동환 660<br>정승호 663<br>이종경 670<br>이기덕 673<br>이윤주 677<br>임근재 680<br>송화영 653 | 심준 212<br>김현민 213 | 박승호 556 |
| | 박소현 451<br>최근창 443<br>한지예 444<br>최여은 445<br>이상문 446<br>신규식 447 | 이자연 463<br>서용준 464<br>백두열 465<br>이호재 466<br>홍수영 467<br>한영수 468 | 조정진 484<br>권혁 485 | 이영주 504<br>김효정 505 | 고태영 525<br>정호철 526 | 황인주 643<br>차지현 691<br>민우빈 692<br>김오미 644 | 박서연 654<br>김가이 657<br>장현진 661<br>조인정 664<br>허송 671<br>김수현 674<br>최지현 678<br>서재운 681 | 신미덕 214 | 김새미 556 |
| | 최민정 448 | 이주선 469<br>박진우 470 | 전진효 486 | | 천혜빈 527 | 김용희 645 | 박우경 658<br>이신화 662<br>이승연 665<br>윤지원 672<br>문아연 675<br>박재형 679<br>공자빈 682 | 박지언 215<br>박하니 216 | 김화숙 556<br>이민영 556<br>오푸른 556<br>배지영 556<br>장수원 556 |
| | 정우중 449<br>황주이 450 | | 조선진 487 | 손기봉 506 | | | | | |
| FAX | 561-0371 | | 539-0852 | | | 501-6743 | | 552-2100 | |

# 영등포세무서

대표전화: 02-26309-200 / DID: 02-26309-OOO

서장: **김 필 식**
DID: 02-26309-201, 202

| 주소 | 서울특별시 영등포구 선유로 243 (양평동4가 24) (우) 07261 | | | | | |
|---|---|---|---|---|---|---|
| 코드번호 | 107 | 계좌번호 | 011934 | 사업자번호 | 107-83-00599 |
| 관할구역 | 서울특별시 영등포구 (신길동, 도림동, 대림동 제외) | | | 이메일 | yeongdeungpo@nts.go.kr |

| 과 | 징세과 | | | 부가가치세1과 | | 부가가치세2과 | | 소득세과 | |
|---|---|---|---|---|---|---|---|---|---|
| 과장 | 김정열 240 | | | 김진석 280 | | 박종무 320 | | 권오현 360 | |
| 팀 | 운영지원 | 체납추적1 | 체납추적2 | 부가1 | 부가2 | 부가1 | 부가2 | 소득1 | 소득2 |
| 팀장 | 최현석 241 | 김건웅 601 | 심종숙 621 | 이재상 281 | 박옥주 301 | 이재원 321 | 박찬웅 341 | 이승준 361 | 안상욱 381 |
| 국세<br>조사관 | | 배현우 602<br>엄태자 603 | 김은실 622<br>박애자 262 | 천경필 282 | 한수현 302<br>오도열 303 | 임봉숙 322 | 이서현 342<br>김성대 343<br>신영심 552 | 정혜영 362 | 최인귀 382 |
| | 고영숙 242<br>정여명 243<br>김정훈 244<br>남전우 208<br>김동완 618 | 박원영 604<br>김정희 605<br>박순희 606<br>이성호 607 | 임은화 623<br>조미진 624<br>심민정 625<br>윤정미 263<br>김수경<br>주성재 626 | 김유나 283<br>이선영 552<br>김윤미 285 | 이은정 304<br>백윤정 305<br>이현아 306 | 이수련 323<br>최순희 324<br>유기성 325 | 이완배 344<br>박민희 345 | 이명희 540<br>안연찬 363<br>임효정 364 | 유명옥 383<br>이정훈 384<br>박연주 385 |
| | 전형민 245<br>배상철 619<br>오세종 591 | 이민경 608<br>송지혜 609 | 박순진 627<br>안다경 628<br>김혜정 264<br>김민석 629 | 유소현 308 | 황민정 307 | 김유진 326 | 이윤주 346 | 이현욱 365 | |
| | | 허정인 610<br>최보영 611 | 전주희 630 | 송필섭 286<br>강서의 290 | | | 노은지 347 | 김종민 366 | 김해진 386<br>박진영 387 |
| | 신정미 201<br>심소연 253 | 박기옥 617<br>전해숙 | 전은주<br>신동구 | | | | | | |
| FAX | 2678-4909 | | | 2679-4971 | | 2679-4977 | | 2679-2627 | |

# 10년간 쌓아온 재무인의 역사를 돌려드립니다 '온라인 재무인명부'

수시 업데이트 되는 국세청, 정·관계 인사의 프로필과 국세청, 지방청, 전국세무서, 관세청, 유관기관 등의 인력배치 현황을 볼 수 있는 온라인 재무인명부

1등 조세회계 경제신문 조세일보

| 과 | 재산세과 | | 법인세1과 | | 법인세2과 | | 조사과 | | 납세자보호담당관 | |
|---|---|---|---|---|---|---|---|---|---|---|
| 과장 | 박희도 480 | | 이경수 400 | | 이재영 440 | | 남호성 640 | | 선봉관 210 | |
| 팀 | 재산1 | 재산2 | 법인1 | 법인2 | 법인1 | 법인2 | 정보관리 | 조사 | 납세자보호실 | 민원봉사실 |
| 팀장 | 박범진 481 | 윤수현 501 | 이승구 401 | 김영웅 421 | 강지성 441 | 주경탁 461 | | | 유지유 211 | 박찬경 221 |
| 국세조사관 | 김해림 482<br>김경미 483 | 이춘근 502<br>당만기 503 | 박상희 402 | 이민정 422<br>김기남 423 | 깁병찬 442 | 이윤하 462 | 강선희 691<br>하신호 642 | 김한태 651<br>조병만 655<br>박광용 659<br>김민주 663<br>김철민 666<br>김현웅 | 송도관 212<br>김은숙 213 | 장재훈 222 |
| | 이지원 484<br>황희진 485<br>심수민 486<br>신동호 487<br>장성우 488<br>석혜조 515 | 윤종현 504<br>박수지 505<br>곽주권 506 | 김영일 403<br>유승규 404<br>이민지 405<br>구미선 406<br>이선미 407<br>여주연 414 | 안성진 424<br>유지영 425<br>전경일 426<br>윤현경 427 | 윤난영 443<br>홍은결 444<br>이성혜 445<br>김인호 446<br>조정훈 447 | 권오정 463<br>이진아 464<br>지원민 465<br>박재춘 466 | 권우건 692<br>박준현 693 | 최정훈 669<br>전우찬 660<br>전인경 656<br>김문균 670<br>김석현 664 | 최성미 214 | 염은영 223<br>김지영 224 |
| | | 이경진 507<br>박효준 508 | 이재민 408<br>류두현 409<br>박소희 410<br>이선영 411 | 최인석 428<br>김시홍 429<br>김수진 430 | 채민정 448<br>이명원 449 | 윤소라 467<br>이연실 468<br>홍성옥 469 | 김윤성 643<br>김주만 645 | 김혁 652<br>윤서울 667<br>이세영 661 | 배민정 215<br>송진수 216 | 김보영 225<br>김유정 226<br>김예주 227<br>정영화 228<br>김지현 229<br>강성은 230 |
| | 장이지 489<br>황혜주 490 | 변병돈 509 | 남종현 412<br>박제영 413 | 신동진 431<br>서한슬 432 | 최민정 450<br>최연우 452 | 박소연 470<br>연성준 471 | 김지은 644 | 조인영 668<br>임진주 665<br>김예지 653<br>이은아 657 | | |
| FAX | 2679-4361 | | 2633-9220 | | 2679-0732 | | 2679-0953, 0185 | | 2631-9220 | 2637-9295 |

215

# 용산세무서

대표전화: 02-7488-200 / DID: 02-7488-OOO

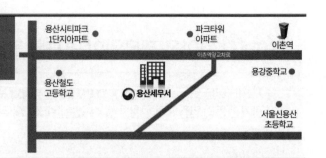

서장: **김 시 현**
DID: 02-7488-201~2

| 주소 | 서울특별시 용산구 서빙고로24길 15 (한강로3가) (우) 04388 | | | | | |
|---|---|---|---|---|---|---|
| 코드번호 | 106 | **계좌번호** | 011947 | **사업자번호** | 106-83-02667 | |
| 관할구역 | 서울특별시 용산구 | | | **이메일** | youngsan@nts.go.kr | |

| 과 | 징세과 | | | 부가가치세과 | | 소득세과 | |
|---|---|---|---|---|---|---|---|
| **과장** | 최병태 240 | | | 조진희 280 | | 권순일 360 | |
| **팀** | 운영지원 | 체납추적1 | 체납추적2 | 부가1 | 부가2 | 소득1 | 소득2 |
| **팀장** | 최영지 241 | 박성호 601 | 장인수 621 | 천진해 281 | 이미경 301 | 김성묵 361 | 김병홍 381 |
| **국세<br>조사관** | | 유은숙 602<br>임미선 603 | 김상근 622<br>이인숙 261<br>황은옥 627<br>손한준 623 | 김기은 282<br>김명희 299<br>강미성 283 | 정미원 302<br>김종현 303 | 주혜령 369<br>김수진 362 | 백은경 382 |
| | 안소영 242<br>김동은 243<br>한윤숙 244 | 양신 604<br>김정미 605<br>배이화 606 | 김지민 624<br>권태인 262 | 한예숙 284<br>김해리 285<br>임혜진 286<br>조미애 287 | 박혜림 299<br>김기현 304<br>김화은 305 | 최운식 363<br>이창흠 364 | 권대식 383<br>유소진 384 |
| | 김경두 614<br>이정주 245<br>이창수 246 | 김연주 607 | 홍경원 628<br>양종열 625<br>김단아 626 | 성주호 288 | 박소영 306<br>권윤회 307 | 권태준 268<br>김미연 365<br>장희정 366<br>나영미 | 손국 385<br>최송아 386<br>임종희 388 |
| | 조창규 615 | 김한성 608 | 박신정 263 | 서자앵 289 | 박소정 308 | 이예지 367<br>허준혁 368 | 안영준 387 |
| **공무직** | 이지연 205<br>임은옥 202<br>이희자<br>박정화 | | | | | | |
| **FAX** | 748-8269 | 792-2619 | | 748-8296 | | 748-8160, 8169 | |

# 1등 조세회계 경제신문 조세일보

| 과 | 재산세과 | | | 법인세과 | | 조사과 | | 납세자보호담당관 | |
|---|---|---|---|---|---|---|---|---|---|
| 과장 | 정승환 480 | | | 김선봉 400 | | 김미경 640 | | 금승수 210 | |
| 팀 | 재산1 | 재산2 | 재산3 | 법인1 | 법인2 | 정보관리 | 조사 | 납세자보호실 | 민원봉사실 |
| 팀장 | 김요수 481 | 전용원 501 | 이정민 521 | 이수은 401 | 배옥현 421 | 김주현 641 | 박시용 651 | 최정규 211 | 이지영 221 |
| 국세조사관 | 한미경 482<br>김찬일 483 | 홍해성 502<br>김수열 503 | 이범준 522 | 김수영 402 | 임세창 422 | 조명상 642 | 이경표 659<br>조재범 663<br>김형수 667<br>고영훈 670 | | 한재희 222 |
| | 강선영 484<br>유주민 485<br>나은경 486 | 남호철 504<br>정민순 505<br>김선우 506 | 오강재 523<br>안성준 524<br>송영석 525<br>박기태<br>김소연 528 | 이지은 403<br>최문석 404<br>이희창<br>김선미 405 | 유은진 423<br>배은율 424<br>고완구 425<br>임선진 426 | 강화수 691<br>강병순 692 | 배원만 652<br>이윤애 653<br>박진영 655<br>김문기 657<br>홍선아 660<br>조우성 664<br>김호서 668<br>이은선 671<br>주윤정 672 | 부윤신 212<br>김차남 214 | 김민경 223<br>황연희 224<br>조세진 225<br>김소리 226 |
| | 전미례 490<br>김수민 487 | 박형호 507 | 박진성 526<br>정해시 529 | 여은수 406<br>제우성 407<br>이주연 408 | 도명준 427<br>임형은 428 | 박대광 643 | 김유리 658<br>나인애 661<br>최현준 669 | 김여진 213 | 장예지 226 |
| | 임찬혁 488 | 김건우 508 | 박소현 527 | 윤성호 409<br>최정은 410<br>김송화 411 | 황수진 429<br>이은우 430 | 정혜원 644 | 어수임 654<br>채연주 665<br>김희선 673 | | |
| FAX | 748-8512, 748-8515 | | | 748-8604, 8190 | | 748-8605,<br>748-8696 | | 796-0187 | |

# 은평세무서

대표전화: 02-21329-200 / DID: 02-21329-OOO

서장: **임 형 태**
DID: 02-21329-201

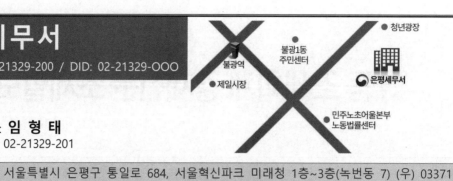

| 주소 | 서울특별시 은평구 통일로 684, 서울혁신파크 미래청 1층~3층(녹번동 7) (우) 03371 | | | | |
|---|---|---|---|---|---|
| 코드번호 | 147 | 계좌번호 | 026165 | 사업자번호 | 268-83-00026 |
| 관할구역 | 서울특별시 은평구 | | | 이메일 | |

| 과 | 징세과 | | | 부가가치세과 | | 소득세과 | |
|---|---|---|---|---|---|---|---|
| 과장 | 하수현 240 | | | 김종두 280 | | 이병준 360 | |
| 팀 | 운영지원 | 체납추적1 | 체납추적2 | 부가1 | 부가2 | 소득1 | 소득2 |
| 팀장 | 김웅 241 | 김수진 601 | 고영수 621 | 김주생 281 | 박평식 301 | 이수경 361 | 김종국 381 |
| 국세<br>조사관 | | 이주한 602<br>정기선 603 | 이성진 622 | 박하란 282 | 이기순 302 | 오현주 362 | 조수현 382 |
| | 이경애 242<br>김민영 243<br>이수민 244<br>김진몽 246<br>하륜광 591 | 이태경 604<br>윤민정 605<br>여혜진 606 | 황유숙 627<br>김희선 623<br>권기홍 624<br>김현준 625 | 김은정 283<br>최근영 284<br>이민석 285<br>박원희 288 | 윤공자 303<br>김찬옥 304<br>김은재 305<br>최다연 306 | 이혜리 363<br>이윤경 364<br>김혜영 365<br>김태은 366 | 안정훈<br>정희진<br>고희선 383<br>윤장원 384<br>진형석 385<br>김유연 386 |
| | 김성율 245 | 어장규 607<br>박성하 608 | 윤수향 628 | 김유진 286 | 강민영<br>금민진<br>김지은 307 | 조한아 367<br>홍서준 368<br>주아람 369<br>박송이 370 | 김현희 387<br>김지은 388 |
| | 김정범 247 | 권보현 609 | 박정은 626 | 박영주 287<br>안희엽 289 | 이경희 308 | 김하나 371<br>정진원 372 | 강민주 389<br>김보경 390 |
| 공무직 | 김미선<br>원정순<br>양진화 | | | | | | |
| FAX | 2132-9571 | 2132-9505 | | 2132-9572 | | 2132-9573 | |

| 과 | 재산법인세과 | | | 조사과 | | 납세자보호담당관 | |
|---|---|---|---|---|---|---|---|
| 과장 | 최영호 400 | | | 서재기 640 | | 김찬 210 | |
| 팀 | 재산1 | 재산2 | 법인 | 정보관리 | 조사 | 납세자보호실 | 민원봉사실 |
| 팀장 | 이섭 481 | 안무혁 501 | 정운형 401 | 한상범 641 | 김종진 651 | 황윤숙 211 | 박혜정 221 |
| 국세<br>조사관 | 김기연 482<br>도혜순 483 | 김경환 502 | | | 김호준 654<br>김희겸 657<br>노수정 | 박복영 212 | 윤현경 222<br>김미성 223 |
| | 윤현미 484 | 성창임 503<br>정소연 504 | 임보람 402<br>안정수 403 | 성대경 642<br>천새봄 643<br>유희정 644 | 김홍기 652<br>김예지 653<br>김형섭 658 | 조혜정 213<br>김경모 214 | 김지영 224 |
| | 황혜란 485<br>배지민 486<br>정주희 487<br>김도균 488 | 최명식 505 | 부나리 404<br>이슬 405<br>이다훈 406<br>김민정 407 | | 윤국한 655 | | 김채원 225 |
| | 박현철 489<br>류선아 490<br>김미란 491 | 나희영 506<br>권태인 507<br>최소은 507 | | 박서희 645 | 김민경 659 | | 박준희 226<br>이현진 224 |
| FAX | 2132-9574 | | | 2132-9505 | | 2132-9576 | |

# 잠실세무서

대표전화: 02-20559-200 / DID: 02-20559-OOO

서장: **권 순 재**
DID: 02-20559-201

| 주소 | 서울특별시 송파구 강동대로 62 (풍납2동 388-6) (우) 05506 | | | | | |
|---|---|---|---|---|---|---|
| 코드번호 | 230 | | 계좌번호 | 019868 | 사업자번호 | 230-83-00017 |
| 관할구역 | 송파구 중 잠실동, 신천동, 삼전동, 방이동, 오금동, 풍납동 | | | | 이메일 | |

| 과 | 징세과 | | | 부가가치세과 | | 소득세과 | | 법인세과 | |
|---|---|---|---|---|---|---|---|---|---|
| 과장 | 이성복 240 | | | 임일훈 280 | | 이성종 360 | | 유탁균 400 | |
| 팀 | 운영지원 | 체납추적1 | 체납추적2 | 부가1 | 부가2 | 소득1 | 소득2 | 법인1 | 법인2 |
| 팀장 | 전학심 241 | 박범진 601 | 김승룡 621 | 이희태 281 | 김은주 301 | 윤희정 361 | 이용진 381 | 김강현 401 | 노석봉 421 |
| 국세<br>조사관 | | 조윤서 602<br>김진수 603 | 최은영 262<br>정은정 263 | 임성찬 282<br>박은혜 283 | 강종식 302 | 김진희 362 | 이미경 379 | 김율희 402<br>장은정 403 | 임종민 422<br>황은미 423 |
| | 윤민수 242<br>차유경 244<br>서지원 246 | 구선영 604<br>박경애 605<br>이현준 606<br>성지연 607 | 마선희 622<br>채용문 623<br>장혜주 624<br>주용태 625<br>서연진 626 | 박재현 284<br>윤보영<br>정준호 285<br>정혜지 286 | 이원도 303<br>최정임<br>김성환 304<br>노미선 305 | 김주수 363<br>권예원 364<br>양순영 392 | 강혜경 382<br>배현옥 383<br>한영섭 384<br>강귀희 392 | 최상채 404<br>구인선 405<br>오아름 406 | 정현진 424<br>김준하 425 |
| | 정교민 243<br>허윤재 599<br>류경탁 596 | 위진성 608<br>임수민 609 | 최민정 264 | 조은효 287 | 김정주 306<br>김보미 307<br>이륜경 308 | 이서희 365<br>김선규 366<br>김우호 367 | 박지은 385<br>한지혜 386 | 박보화 407 | 정다은 426<br>정은선 427 |
| | 송지예 245 | | 장윤서 627 | 도건민 288 | | 이지원 368<br>최혜연 369 | 조은솔 387<br>고혜진 388<br>허준영 389 | 이주영 408 | |
| 공무직 | 손희정 203<br>김순미 247<br>현혜란 598<br>이은희 | | | | | | | | |
| FAX | 475-0881 | 476-4757 | | 483-1926 | | 475-7511 | | 486-2494 | |

| 과 | 재산세과 | | | 조사과 | | 납세자보호담당관 | |
|---|---|---|---|---|---|---|---|
| 과장 | 이의태 480 | | | 문정오 640 | | 김명규 210 | |
| 팀 | 재산1 | 재산2 | 재산3 | 정보관리 | 조사 | 납세자보호실 | 민원봉사실 |
| 팀장 | 신지성 481 | 노명희 501 | 하행수 521 | 김철민 641 | 홍창호 | 한정희 211 | 최미자 221 |
| 국세조사관 | 이지현 482<br>김현옥 483 | 김윤정 502<br>권교범 503<br>김인숙 519 | 송기동 522<br>윤석 523 | | 도경민 651<br>백성태 656<br>박향미 661<br>이두원 664 | 이진영 212 | 문여리 222 |
| | 김은애 484<br>김보미 515<br>이한배울 485<br>오수진 515<br>김수경 486 | 정혜영 504<br>안혜정 505<br>김도영 506 | 류나리 524<br>김태현 525<br>장효섭 526 | 박명희 642<br>안승용 643<br>전병준 644<br>박상미 645 | 김기천 667<br>윤소월 652<br>최은정 657 | 박금숙 213 | 이해미 223<br>윤선화 224<br>김정미 225<br>정대영 226 |
| | 김혜진 487<br>김유리 488 | 김영심 507<br>우지영 508<br>최범식 509 | 최수현 527 | 김예진 646 | 심수빈 662<br>박현경 665<br>김민영 668<br>길혜선 653<br>김상원 658<br>강범준 666 | 유예림 214<br>장철현 215 | 김주영 227 |
| | 손홍필 489<br>김유진 490 | | 한석영 528<br>이미숙 529<br>임성미 530<br>김선휘 531 | | 이태원 669<br>김유림 663 | | |
| FAX | 476-4587 | | | 475-6933 | | 485-3703 | 470-0241 |

# 종로세무서

대표전화: 02-7609-200 / DID: 02-7609-OOO

서장: **이 승 신**
DID: 02-7609-201

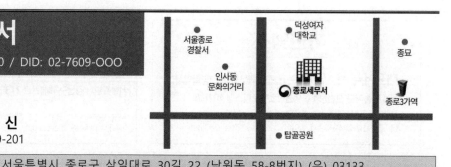

| 주소 | 서울특별시 종로구 삼일대로 30길 22 (낙원동 58-8번지) (우) 03133 | | | | | | |
|---|---|---|---|---|---|---|---|
| 코드번호 | 101 | | 계좌번호 | 011976 | | 사업자번호 | 101-83-00193 |
| 관할구역 | 서울특별시 종로구 | | | | 이메일 | | jongno@nts.go.kr |

| 과 | 징세과 | | | 부가가치세과 | | | 소득세과 | |
|---|---|---|---|---|---|---|---|---|
| 과장 | 조구영 240(4층), 250(3층) | | | 이유원 280 | | | 서문교 360 | |
| 팀 | 운영지원 | 체납추적1 | 체납추적2 | 부가1 | 부가2 | 부가3 | 소득1 | 소득2 |
| 팀장 | 김기열 241 | 김종식 601 | 이은배 621 | 민승기 281 | 안규상 301 | 김유미 321 | 임희원 361 | 성기동 381 |
| 국세조사관 | | 권미경 602 | 김현아 622<br>오임순 623<br>김혜정 624<br>임정희 262 | 김보연 282 | 정갈렙 302<br>정동혁 303 | | 오해정 362 | 이주희 312<br>김광미 382 |
| | 김성희 242<br>정미화 243<br>조천령 620 | 이홍욱 603<br>김난경 604<br>도영림 605<br>진솔민 607 | 권혁빈 625<br>손선미 263<br>박연주 626 | 이현지 283<br>홍경옥 284 | 윤지미 305<br>황미경 307<br>유호영 297<br>백승범 306<br>황보주연 304 | 황주현 322<br>박은정 323<br>손승모 324<br>하은혜 325 | 최미리 312 | 김숙영 383 |
| | 양웅 245<br>박종서 249<br>유예림 244 | 최유림 608 | 박희수 627<br>권예지 264 | 서운용 285<br>박수현 297<br>윤서영 287 | | 김성현 326 | 남기홍 363<br>최원길 364 | |
| | 박홍균 246<br>이정모 248 | 정현호 609<br>전하영 610 | 정광표 628 | 강한덕 288<br>이지원 289 | 이채린 308 | 이재영 328 | 김지혜 365<br>유세영 366 | 이솔아 384<br>한지원 385 |
| 공무직 | 조혜연<br>김준희<br>박서례<br>윤선자 | | | | | | | |
| FAX | 744-4939 | 760-9632 | | 760-9600 | | | 747-4253 | |

# 1등 조세회계 경제신문 조세일보

| 과 | 재산세과 | | 법인세과 | | | 조사과 | | 납세자보호담당관 | |
|---|---|---|---|---|---|---|---|---|---|
| **과장** | 정소영 480 | | 홍영국 400 | | | 서영미 640 | | 이승종 210 | |
| **팀** | 재산1 | 재산2 | 법인1 | 법인2 | 법인3 | 정보관리 | 조사 | 납세자보호실 | 민원봉사실 |
| **팀장** | 배성호 481 | 지은섭 501 | 엄형태 401 | 최병석 421 | 나우영 441 | 김남훈 641 | | 정한욱 211 | 정희숙 221 |
| **국세 조사관** | 정윤미 482<br>진한일 483 | 진관수 502 | 심상우 402 | 김재형 422 | 손길진 442 | | 이명욱 661<br>강석종 656<br>윤상욱 651<br>김대중 681<br>민근혜 676<br>권지은 671<br>손민정 662 | 양미선 212 | 허태욱 223 |
| | 김은영 484<br>강민형 489<br>양명지 485 | 한선배 503<br>김경식 504<br>김보미 505<br>박민중 506 | 김미옥 403<br>박혜경 404<br>예수빈 405 | 최준웅 423<br>이경민 424<br>정형진 425 | 백유영 443<br>김지인 444<br>이강민 445 | 곽병길 691<br>박희근 692<br>박정희 642<br>권은경 693<br>심경연 643<br>김재훈 644 | 박창묵 657<br>임호진 652<br>노재희 682<br>김주헌 671<br>임수연 672<br>김수민 683<br>양국현 677<br>임윤종 678<br>차동희 | 채민호 213<br>임옥경 214<br>조광호 215 | 신주령 224<br>임미애 225<br>임은형 229<br>김수정 228 |
| | 양심영 486 | 심연수 507 | 장원미 406<br>송현화 407<br>안정은 408<br>송인범 409 | 양희승 426<br>문윤정 427<br>최혜련 428 | 이정은 446<br>채예지 447<br>조은기 448 | 김은지 645 | | | 이상화 226<br>김민아 227 |
| | 유동준 487<br>인순영 488 | | 박은지 410<br>오서연 411 | 문예서 429 | 박세인 449 | | 박창묵 653<br>박소미 673<br>방솔비 674 | | |
| **FAX** | 747-9154 | | 760-9454 | | | 747-9156 | | 747-9157 | 760-9543<br>747-9602 |

# 중랑세무서

대표전화: 02-21700-200 / DID: 02-21700-OOO

서장: **이 철**
DID: 02-21700-201

| 주소 | 서울특별시 중랑구 망우로 176 (상봉동 137-1) (우) 02118 | | | | |
|---|---|---|---|---|---|
| 코드번호 | 146 | 계좌번호 | 025454 | 사업자번호 | 454-83-00025 |
| 관할구역 | 서울특별시 중랑구 | | | 이메일 | jungnang@nts.go.kr |

| 과 | 징세과 | | | 부가가치세과 | | 소득세과 | |
|---|---|---|---|---|---|---|---|
| 과장 | 김영정 240 | | | 민진기 270 | | 김권 340 | |
| 팀 | 운영지원 | 체납추적1 | 체납추적2 | 부가1 | 부가2 | 소득1 | 소득2 |
| 팀장 | 윤선희 241 | 안연숙 601 | 김민제 621 | 조판규 271 | 전경호 291 | 어명진 341 | 박애경 361 |
| 국세조사관 | | 이재향 602<br>이희라 603 | 김상희 622 | 동남일 272 | 김양수 292 | 오주원 342 | |
| | 김지현 242<br>노현선 243<br>강장욱 595<br>유승종 595 | 박민영 604<br>김인숙 605<br>윤석주 606<br>이은진 607<br>김윤정 609 | 홍지화 623<br>김명숙 262<br>이은희 624<br>김은영 625 | 전광준 273<br>임영은 275<br>차현근 274<br>김도연 763<br>이지희 276<br>임은주 280 | 박마래 294<br>이진호 278<br>강현정 295<br>김선미 296<br>김선영 | 김은경 343<br>오주희 344<br>조명근 345<br>송연주 346 | 박선용 362<br>권세혁 363<br>이윤행 765<br>백설희 364<br>임세영 3656 |
| | | | 고은지 263 | | 임혜연<br>김형우 763 | 박은정 347<br>정혜윤 765 | 이윤정 366<br>김혜현 370<br>홍수지 367<br>신현주 368 |
| | 서영호 244 | 임수진 610<br>이다경 608 | | 한재식<br>이상민 | 최하나 300<br>변광호 299<br>박주해 301 | 장조희 348<br>김은혜 349 | 이현아 369 |
| 공무직 | 홍은주 246<br>황성숙 600<br>김수미 202<br>김부순<br>정성순 | | | | | | |
| FAX | 493-7315 | | | 493-7313 | | 493-7312 | |

| 과 | 재산법인세과 | | | 조사과 | | 납세자보호담당관 | |
|---|---|---|---|---|---|---|---|
| 과장 | 이서행 460 | | | 조성식 640 | | 김상원 210 | |
| 팀 | 재산1 | 재산2 | 법인 | 정보관리 | 조사 | 납세자보호실 | 민원봉사실 |
| 팀장 | 최동수 461 | 강민완 481 | 정한진 531 | 이진경 641 | 김두연 651 | 신지영 211 | 이성희 221 |
| 국세조사관 | 김난형 462<br>최연정 463<br>김형정 464 | 강미순 482 | | 정진환 642 | 오민숙 654 | 정성현 212<br>이지선 213 | 김나나 222<br>배상미 226 |
| | 한영규 703<br>안미라 703 | 이찬형 483 | 김현숙 532<br>박민서 533 | 신나영 643 | 박상언 657<br>이중승 652 | 김대연 214 | 성혜전 223<br>정경순 226<br>김경익 224 |
| | 김대연 465<br>한혜빈 467 | 황신원 484<br>강선이 485<br>김상현 486 | 이세란 534<br>정석훈 535 | 문정식 644 | 이승범 658<br>한정호 655 | | 정현숙 225 |
| | 이예진 466 | | 김수진 536<br>김지안 537 | 최시온 645 | 이지율 653<br>김현정 656<br>이동훈 659 | | |
| FAX | 493-7316 | | | 493-7317 | | 493-7311 | 493-7310 |

# 중부세무서

대표전화: 02-22609-200 / DID: 02-22609-OOO

명동역 / 충무로역 / 대한극장 / 서울남산 초등학교 / 이회영기념관 / 중부세무서 / 남산골공원

서장: **이 철 재**
DID: 02-22609-201

| 주소 | 서울특별시 중구 퇴계로 170 (남학동 12-3) (우) 04627 | | | | |
|---|---|---|---|---|---|
| 코드번호 | 201 | 계좌번호 | 011989 | 사업자번호 | 202-83-30044 |
| 관할구역 | 중구 중 광희동 1,2가, 남대문로 2가, 남산동 1,2,3가, 남학동, 명동 1,2가, 무학동, 묵정동, 방산동, 신당동, 쌍림동, 예관동, 예장동, 오장동, 을지로 6,7가, 인현동 1,2가, 장충동 1,2가, 주자동, 초동, 충무로 1,2,3,4,5가, 필동 1,2,3가, 황학동, 흥인동 | | | 이메일 | jungbu@nts.go.kr |

| 과 | 징세과 | | | 부가가치세과 | | 소득세과 | |
|---|---|---|---|---|---|---|---|
| **과장** | 이명기 240 | | | 조성호 280 | | 한예환 360 | |
| **팀** | 운영지원 | 체납추적1 | 체납추적2 | 부가1 | 부가2 | 소득1 | 소득2 |
| **팀장** | 이승희 241 | 이정미 601 | 이재원 621 | 한상민 281 | 채종철 301 | 이문수 361 | 김지원 381 |
| **국세 조사관** | | 정영건 602 | 김영준 622 | 홍미영 282<br>최영숙 283<br>김원필 284 | 이길채 302<br>박옥진 303 | 이경숙 362 | 이미영 382 |
| | 마경진 242<br>신은경 243 | 차은정 603<br>정세나 604 | 강주은 623<br>임미영 624<br>김은화 625<br>신지숙 626 | 이상민 285<br>정혜영 286<br>류희정 287<br>최수연 288<br>박연정 289<br>김지현 290<br>남용희 291 | 정민철 304<br>유상윤 305<br>왕지은 306<br>김수연 307<br>이동규 308 | 이미형 363<br>이상훈 364<br>유서진 365 | |
| | 김유식 595 | 강동원 605<br>임수기 606<br>유정현 607 | 김효정 627<br>정재호 628 | 장규복 292 | 정현진 309 | | 정희연 383<br>남경민 384 |
| | 김명규 244<br>박동수 245<br>엄하은 246 | 윤성민 608 | | 송채원 293<br>전민채 294 | 김예실 401<br>윤희수 402 | 정승현 366 | |
| **FAX** | 2268-0582 | 2268-0583 | | 2260-9582 | | 2260-9583 | |

| 과 | 재산법인세과 | | | 조사과 | | 납세자보호담당관 | |
|---|---|---|---|---|---|---|---|
| 과장 | 남영우 400 | | | 박주담 640 | | 서영일 210 | |
| 팀 | 재산 | 법인1 | 법인2 | 정보관리 | 조사 | 납세자보호실 | 민원봉사실 |
| 팀장 | 강명준 481 | 박경오 401 | 김용배 421 | 이필 641 | 배장완 651 | 이경호 211 | 이태순 221 |
| 국세 조사관 | 곽영미 482<br>최길숙 483<br>최상연 484 | 양철원 402<br>박소영 403<br>정혜영 404 | 김희윤 422 | | 정진욱 652<br>백원일 653<br>김충만 654 | 김영찬 212 | 김재희 222<br>이지형 223 |
| | 김수연 485 | 김낙용 405<br>정지혜 406 | 김보연 423<br>강유진 424<br>권오석 425 | 이성민 642<br>이수연 644<br>제갈융 645 | 김경달 655<br>김정윤 656<br>이권승 657<br>김희애 658<br>한종문 659<br>조민석 660 | 이규현 213 | |
| | 이지혜 486<br>복권일 487 | | | | 김지연 661<br>이은아 661<br>강민균 663<br>김혜빈 664 | 유희수 214 | 전미라 224<br>박선욱 225 |
| | 조경진 488 | 한소백 407<br>김은령 408<br>신예주 409 | 조슬기 426<br>송민 427 | 정유현 643 | 안희성 665<br>황지현 666 | | 황은진 226 |
| FAX | 2260-9584 | | | 2260-9586 | | 2260-9581 | |

# 중부지방국세청
# 관할세무서

# 중부지방국세청

| | |
|---|---|
| 주소 | 경기도 수원시 장안구 경수대로 1110-17 (파장동 216-1) (우) 16206 |
| 대표전화 & 팩스 | 031-888-4200 / 031-888-7612 |
| 코드번호 | 200 |
| 계좌번호 | 000165 |
| 사업자등록번호 | 124-83-04120 |
| e-mail | jungburto@nts.go.kr |

## 청장 　　　 박재형

(D) 031-888-4201

비　　서　　김재중　　　(D) 031-888-4204

| 성실납세지원국장 | 최영준 | (D) 031-888-4420 |
|---|---|---|
| 징세송무국장 | 김태호 | (D) 031-888-4340 |
| 조사1국장 | 유재준 | (D) 031-888-4660 |
| 조사2국장 | 박정열 | (D) 031-888-4480 |
| 조사3국장 | 공석룡 | (D) 031-888-4080 |

# 중부지방국세청

대표전화: 031-888-4200 / DID: 031-888-OOOO

청장: **박 재 형**
DID: 031-888-4201

경기도 인재개발원 · 중부지방국세청 · 삼익아파트 · 대영프라자 · 아주편한병원 · 청운자동차 매매상사 · 화남1차 아파트 · 파장초등학교

| 주소 | 경기도 수원시 장안구 경수대로 1110-17 (파장동 216-1) (우) 16206 | | | | |
|---|---|---|---|---|---|
| 코드번호 | 200 | 계좌번호 | 000165 | 사업자번호 | 124-83-04120 |
| 관할구역 | 경기도 일부, 강원도(철원군 제외) [중부지방국세청 관내 22개 세무서 : 안양, 동안양, 안산, 수원, 동수원, 화성, 평택, 성남, 분당, 이천, 남양주, 구리, 시흥, 용인, 춘천, 홍천, 원주, 영월, 삼척(태백지서), 강릉, 속초, 경기광주(하남지서), 기흥] | | | 이메일 | jungburto@nts.go.kr |

| 과 | 운영지원과 | | | 감사관 | | | |
|---|---|---|---|---|---|---|---|
| 과장 | 이창수 4240 | | | 강상식 4300 | | | |
| 팀 | 인사 | 행정 | 경리 | 감사1 | 감사2 | 감찰1 | 감찰2 |
| 팀장 | 이봉숙 4242 | 이규완 4252 | 이주일 4262 | 허영섭 4302 | 이남진 4312 | 임재규 4322 | 김웅 4290 |
| 국세조사관 | 김홍균 4243<br>여우주 4244<br>곽호현 4245<br>김지원 4246 | 하재봉(시설) 4255<br>안지은 4253<br>양혜민 4254<br>박종일(방호) 4613 | 오은경 4263 | 천만진 4303<br>박영웅 4304<br>석용훈 4305<br>최상운 4306<br>염선경 4307 | 이정민 4313<br>고경아 4314<br>최성용 4315<br>김윤정 4316 | 공석환 4323<br>김혜원 4327<br>김형욱 4328<br>전대진 4329<br>김도훈 4330 | 이준성 4291<br>김종훈 4292<br>서은화 4293 |
| | 최현정 4247<br>김은호 4248<br>유승우 4285<br>김종훈 4249 | 이은실(기록) 4261<br>김기식 4256<br>이범주 4257<br>조용재 4259<br>윤지혜 4258<br>강복남(전화) 4990 | 박정민 4267<br>이승수 4264<br>유시은 4268 | 권택경 4308<br>김주원 4309 | 진수민 4317<br>김다운 4318 | 김수현 4331<br>최연욱 4324<br>임유진 4332 | 김태용 4295<br>윤상목 4294 |
| | 정연득 4250<br>이민우 4251<br>이경현 4286 | 김준호 4236<br>김수지 4234<br>최준환 4235<br>박지현(공업) 4260<br>장연택(방호) 4613<br>김승철(운전) 4615<br>이도현(운전) 4615 | 김영훈 4270<br>김태범 4269<br>이윤선 4266 | | | 전병우 4325 | |
| | | 박재민(시설) 4237<br>고태정(운전) 4615 | | | | | |
| 공무직 | 박지은 4284 | 임나영 4238<br>전미란 4203<br>우희영 4240 | | 안기회 4301 | | | |
| FAX | 888–7613 | 888–7612 | 888–7614<br>888–7615 | 888-7616 | | 888- 7618 | 888- 7617 |

230

| 국실 | | | | 성실납세지원국 | | |
|---|---|---|---|---|---|---|
| 국장 | | | | 최영준 4420 | | |
| 과 | 납세자보호담당관 | | | 부가가치세과 | | |
| 과장 | 오상휴 4600 | | | 이순용 4451 | | |
| 팀 | 납세자보호1 | 납세자보호2 | 심사 | 부가1 | 부가2 | 소비 |
| 팀장 | 최현주 4601 | 남용우 4621 | 박효서 4631 | 김성미 4422 | 함은정 4452 | 박진혁 4872 |
| 국세<br>조사관 | 박주리 4602<br>김은주 4603<br>박수현 4604 | 김광태 4622 | 김성호 4632<br>박종화 4633<br>이신화 4634<br>유진희 4635 | 이민수 4423<br>주진아 4424 | 김선영 4453<br>조행순 4454 | 고은선 4873<br>곽병철 4874 |
| | 김정화 4605 | 박현우 4623<br>최다예 4624<br>진동욱 4625 | 이헌석 4636<br>조희정 4637<br>이동준 4638 | 이연석 4425<br>윤준호 4426<br>김순영(사무) 4428 | 서유식 4455<br>김민교 4456<br>이윤정 4457 | 김상옥 4875<br>김지윤 4876 |
| | 송휘종 4606 | | | 이소라 4427 | 노주호 4371<br>임청하 4370 | 김다이 4877<br>여지수 4878 |
| | | | | | | |
| 공무직 | 정인순 4600 | | | 임보화 4420 | | |
| FAX | 888-7619 | | | 888-7633 | | 888-7630 |

DID : 031-888-OOOO

| 국실 | 성실납세지원국 | | | | | | | | |
|---|---|---|---|---|---|---|---|---|---|
| 국장 | 최영준 4420 | | | | | | | | |
| 과 | 소득재산세과 | | | | 법인세과 | | | | |
| 과장 | 전일수 4381 | | | | 김광민 4831 | | | | |
| 팀 | 소득 | 재산 | 복지세정1 | 복지세정2 | 법인1 | 법인2 | 법인3 | 법인4 | 국제조세 |
| 팀장 | 이승미 4430 | 김종수 4460 | 김주원 4382 | 공효정 4884 | 노승진 4832 | 정용석 4840 | 윤재웅 4851 | 김상엽 4962 | 이윤희 4952 |
| 국세조사관 | 방미숙 4431<br>문선희 4432 | 곽혜정 4461<br>이강석 4462<br>김지향 4463 | 이재혁 4383 | | 이준용 4833<br>이재관 4834 | 정선현 4841<br>이주연 4842 | 박형주 4852<br>김진덕 4853 | 최미정 4963<br>서윤희 4964 | 이상현 4953<br>문규환 4954 |
| | 박병훈 4433<br>송우람 4434<br>남명기 4435<br>박현정 4436 | 김남영 4464<br>우희정 4465<br>유진호 4466 | 남경희 4384 | 심현수 4885 | 박은아 4835<br>전은정 4836<br>김주란(사무) 4838 | 임승수 4843<br>이하나 4844<br>신요한 4845<br>강민구 4846 | 강병수 4854<br>이해영 4855 | 김학송 4965<br>김유정 4966<br>구혜란 4967<br>정현정 4968 | 손지아 4955<br>송예지 4956 |
| | 권미경 4437<br>허진주 4438 | 곽미송 4467 | 임석준 4385<br>김수진 4386 | | 강병극 4837 | 양다희 4847 | 홍지민 4856 | 노태경 4969 | 우보람 4957 |
| 공무직 | | | | | | | | | |
| FAX | 888-7631 | 888-7629 | | | 888-7635 | | | | |

| 국실 | 성실납세지원국 | | | | | 징세송무국 | |
|---|---|---|---|---|---|---|---|
| 국장 | 최영준 4420 | | | | | 김태호 4340 | |
| 과 | 정보화관리팀 | | | | | 징세과 | |
| 과장 | 권영림 4401 | | | | | 최현창 4341 | |
| 팀 | 지원 | 보안감사 | 정보화센터1 | 정보화센터2 | 정보화센터3 | 징세 | 체납관리 |
| 팀장 | 이영주 4402 | 황신영 4412 | 송영춘 290-3002 | 장석오 290-3052 | 권오진 290-3102 | 김근수 4342 | 김시욱 4352 |
| 국세 조사관 | 이문원(전산) 4403<br>정윤희(전산) 4404<br>고현주(전산) 4405<br>전유림(전산) 4406 | 박은숙(전산) 4413<br>고양숙(전산) 4414 | 최영미(전산) 3003<br>서미숙(사무) 3004<br>정복순(사무) 3005<br>김숙영(사무) 3006 | 박만기(전산) 3053<br>장용자(사무) 3054<br>노은복(사무) 3055<br>장문경(사무) 3056 | 정을영(전산) 3103<br>강미애(사무) 3104 | 오수연 4343<br>윤지영 4344 | 박미숙 4353<br>박수안 4354<br>황병광 4355 |
| | 조수연(전산) 4407<br>강윤경 4408 | 정병창 4415 | 이성훈(사무) 3007 | 김현숙(전산) 3057 | 정현주 3107<br>이윤정(사무) 3105<br>박명숙(사무) 3106 | 정현준 4345<br>이현지 4346 | 문혜경 4356<br>서형민 4357 |
| | 박범석 4409<br>유재상 4410 | 최석종 4416 | 정지나 3008 | 윤아름 3058 | 이용재(전산) 3108 | 김용희 4347 | 김지현 4358<br>이송이 4359<br>김희재 4360 |
| 공무직 | | | | | | 최정은 4340 | |
| FAX | 888-7627 | | 290-3148 | 290-3099 | | 888-7621 | |

세미래 콜센터 126
국세관련 모든 상담은 국번없이 126
전국 어디서나 편리하게 상담받으세요.
평일 9시~18시 (탈세제보는 24시간)

**DID : 031-8012-OOOO(체납추적과)**

| 국실 | 징세송무국 | | | | | | | |
|---|---|---|---|---|---|---|---|---|
| 국장 | 김태호 4340 | | | | | | | |
| 과 | 송무과 | | | | | 체납추적과 | | |
| 과장 | 변희경 4011 | | | | | 고병재 7901 | | |
| 팀 | 총괄 | 법인 | 국제조세 | 개인 | 상증 | 체납추적관리 | 체납추적1 | 체납추적2 |
| 팀장 | 홍강표 4012 | 김성곤 4022 | 김은수 4032 | 김정현 4042 | 김보윤 4062 | 이영재 7902 | 장영일 7922 | 신진규 7942 |
| 국세<br>조사관 | 신지선 4013 | 윤경림 4023<br>이정용(변)<br>4024 | 윤대호 4033<br>박대현(변)<br>4035 | 조미옥 4043<br>박상우 4044 | 이하나 4063<br>김희선(변)<br>4064<br>김지애(변)<br>4065 | 김민선 7903<br>백승우 7904 | 윤호연 7923<br>최옥구 7924<br>김유진 7925 | 김주란 7943<br>한효숙 7944<br>남궁준 7945 |
| | 김미나 4014<br>김유경 4015 | 박현수 4025<br>이경수 4026 | 조창국 4036<br>김태효 4037 | 하유정 4045<br>김소정 4046<br>백은혜 4047 | 구태환 4066<br>이여성 4067 | 박희경 7905<br>강상준 7906<br>조민희 7907 | 황정태 7926<br>김광준 7927<br>문성운 7928<br>송기순 7929 | 권기정 7946<br>장익성 7947<br>이원락 7948<br>김광혜 7949 |
| | 채연식 4016 | 김운중 4027 | | | 문지선 4068 | 한그루 7908<br>김서경 7909 | 유창인 7930<br>허지은 7931<br>노현민 7932 | 홍근배 7950<br>고운이 7951<br>김민경 7952 |
| 공무직 | 이승기(법무관) 4034 | | | | | | | |
| FAX | 888-7624 | | | | | 888-7622, 7623 | | |

| 국실 | 조사1국 | | | | | | | | | | | | |
|---|---|---|---|---|---|---|---|---|---|---|---|---|---|
| 국장 | 유재준 4660 | | | | | | | | | | | | |
| 과 | 조사1과 | | | | | | | 조사2과 | | | | | |
| 과장 | 박지원 4661 | | | | | | | 김항로 4741 | | | | | |
| 팀 | 조사1 | 조사2 | 조사3 | 조사4 | 조사5 | 조사6 | 조사7 | 조사1 | 조사2 | 조사3 | 조사4 | 조사5 | 조사6 |
| 팀장 | 권순락 4662 | 김윤용 4672 | 허진 4682 | 김동조 4692 | 김형준 4702 | 변유솔 4712 | 문창전 4722 | 장태성 4742 | 정윤석 4752 | 이연선 4762 | 최동주 4772 | 김가원 4782 | 박선열 4792 |
| 국세조사관 | 김정관 4663<br>임철우 4664 | 김한진 4673<br>황재웅(변) 4674 | 최돈희 4683 | 강주연 4693<br>김재중 4694 | 신정훈 4703 | 오기일 4713<br>김진희 4714 | 김동호 4723 | 오경선 4743<br>박제웅 4744 | 신영림 4753 | 이윤주 4763 | 염유섭 4773 | 허정무 4783<br>김경랑 4784 | 이창훈 4793 |
| | 박다빈 4665<br>하영우 4666<br>박미혜(사무) 4669 | 채혜인 4675<br>정준희 4676<br>정지환 4677 | 박건우 4684<br>강정선 4685<br>이희석 4686 | 김영석 4695<br>구자호 4696<br>김지민 4697 | 김상민 4704<br>김광현 4705 | 김현일 4715<br>오유나 4716 | 박미현 4724<br>강용수 4725 | 송홍철 4745<br>안진환 4746<br>양성욱 4748 | 국경호 4754<br>염가연 4755<br>김명선 4756 | 허용 4764<br>주은미 4765<br>정효민 4766 | 염정식 4774<br>천혜미 4775<br>이지우 4776 | 이상준 4785 | 안현자 4794<br>김은실 4795<br>고재윤 4796 |
| | 임지혜 4667<br>박지예 4668 | | 명경자 4687<br>강화리 4688 | 강수림 4697 | 정유진 4706<br>이은수 4707 | 최우현 4717 | 현은영 4726<br>김효진 4727 | 황동형 4747<br>김수진 4750 | 민재영 4757 | 한다은 4767 | 김은성 4777 | 김준영 4786<br>박지혜 4787 | 장은심 4797 |
| 공무직 | 박성은 4660 | | | | | | | 김민정 4749 | | | | | |
| FAX | 888-7636 | | | | | | | 888-7640 | | | | | |

235

세미래 콜센터 126

국세관련 모든 상담은 국번없이 126
전국 어디서나 편리하게 상담받으세요.
평일 9시~18시 (탈세제보는 24시간)

**DID : 031-888-OOOO(1~3팀), 031-8012-OOOO(4~6팀)**

| 국실 | 조사1국 | | | | | | 조사2국 | | | |
|---|---|---|---|---|---|---|---|---|---|---|
| 국장 | 유재준 4660 | | | | | | 박정열 4480 | | | |
| 과 | 국제거래조사과 | | | | | | 조사관리과 | | | |
| 과장 | 전진 4801 | | | | | | 천주석 4481 | | | |
| 팀 | 국제거래조사1 | 국제거래조사2 | 국제거래조사3 | 국제거래조사4 | 국제거래조사5 | 국제거래조사6 | 관리1 | 관리2 | 관리3 | 관리4 |
| 팀장 | 최찬민 4802 | 박광석 4812 | 배병석 4822 | 최찬규 1802 | 강새롬 1822 | 박흥현 1832 | 김종민 4482 | 양구철 4492 | 전동철 4502 | 임재승 4512 |
| 국세조사관 | 김병주 4803 | 김주연 4813 서기원 4814 | 임승빈 4823 | 송영석 1803 | 김성문 1823 | 김찬섭 1833 | 김동현 4483 양종훈 4484 | 이도연 4493 | 김현경 4503 김란주 4504 | 윤재연 4513 한경태 4514 |
| | 정희경 4804 최우석 4805 | 심민정 4815 김창윤 4816 김수지 4817 | 김영석 4824 송민철 4825 방여진 4826 | 한승철 1804 김지현 1805 강윤지 1806 | 김건우 1824 양서용 1825 반승민 1827 | 최현수 1834 | 최인영 4485 이향섭 4486 김경민 4487 | 김송이 4495 | 서현준 4505 백하나 4506 | 윤일주 4515 이원진 4516 |
| | 김동준 4806 염관진 4807 | 조현우 4818 | 박승철 4827 | 김재욱 1807 | 김수아 1826 | | 김민경 4488 진영석 4489 | 최성현 4496 | 권진솔 4507 | 류예림 4517 |
| 공무직 | | | | | | | 홍주연 4480 | | | |
| FAX | 888-7643 | | | | | | 888-7654 | | | |

| 국실 | 조사2국 | | | | | | | | | |
|---|---|---|---|---|---|---|---|---|---|---|
| 국장 | 박정열 4480 | | | | | | | | | |
| 과 | 조사관리과 | | | | | 조사1과 | | | | |
| 과장 | 천주석 4481 | | | | | 송원영 4571 | | | | |
| 팀 | 관리5 | 관리6 | 관리7 | 관리8 | 관리9 | 조사1 | 조사2 | 조사3 | 조사4 | 조사5 |
| 팀장 | 박중기 4522 | 정경화 4532 | 이원섭 4542 | 윤광섭 4552 | 정성우 4562 | 박정민 4572 | 노정민 4582 | 노신남 4592 | 최고은 1842 | 임상현 1852 |
| 국세 조사관 | 김숙경 4523 | 최명진 4533 | 김민정 4543 | 김신덕 4553 서경원 4554 | 이민희 4563 | 김혜령 4573 윤장현 4574 | 인찬웅 4583 김기훈 4584 | 곽재승 4593 임세실 4594 | 방치권 1843 이미희 1844 | 장창하 1853 |
| | 최지연 4524 | 방민식 4534 최혜진 4535 박성용 4536 | 장성환 4544 | 김영은 4555 남유승 4556 | 김병호 4564 | 오민선 4576 유희태 4575 | 김지혜 4586 최준완 4587 | 이현정 4598 양진석 4596 | 박현준 1846 황세웅 1847 | 임우현 1856 강주현 1854 |
| | 김충배 4525 | 정다운 4537 | 전혜영 4545 이현익 4546 | 황한나 4557 양가은 4558 | 하정민 4665 | 김은혜 4578 강순택 4577 | 김지현 4585 이재원 4588 | 이현주 4595 권영진 4597 | 윤효준 1848 조해정 1845 | 배진령 1855 여진동 1857 |
| 공무직 | | | | | | 김영경 4579 | | | | |
| FAX | 888–7654 | | | | | 888-7659 | | | | |

DID : 031-8012-OOOO(조사2과 1~4팀), 031-888-OOOO(조사2과 5팀)

| 국실 | 조사2국 | | | | | 조사3국 | | | | | |
|---|---|---|---|---|---|---|---|---|---|---|---|
| 국장 | 박정열 4480 | | | | | 공석룡 4080 | | | | | |
| 과 | 조사2과 | | | | | 조사관리과 | | | | | |
| 과장 | 채중석 1861 | | | | | 김태훈 4081 | | | | | |
| 팀 | 조사1 | 조사2 | 조사3 | 조사4 | 조사5 | 관리1 | 관리2 | 관리3 | 관리4 | 관리5 | 관리6 |
| 팀장 | 지선영 1862 | 최준성 1872 | 유한진 1882 | 박경옥 1892 | 남상웅 4072 | 김영진 4082 | 서유미 4092 | 황영희 4102 | 김영민 4112 | 신효경 4122 | 이승규 4132 |
| 국세조사관 | 김재형 1866 이광철 1863 | 정맹헌 1873 조은용 1876 | 박재홍 1883 전채환 1886 | 정현덕 1893 권미희 1896 | 이지원 4073 | 강선경 4083 | 이소영 4093 김남열(변) 4094 | 윤영상 4103 박상주 4104 유득렬 4105 | 이순철 4113 신승수 4114 | 김은혜 4123 | 박은정 4137 이양래 4133 |
| | 임정은 1864 한범희 1867 | 김종선 1874 김주연 1877 | 원종민 1887 차송근 1884 | 민경석 1897 이유리 1894 | 박경수 4074 | 유승천 4084 김수연 4085 조해동 4086 | 이슬비 4095 | 신미리 4106 신문정 4107 | 신유미 4115 홍지우 4116 한성미 4117 | 한수현 4124 성민수 4125 | 이남곤 4138 이유라 4134 구아현 4139 임애리 4136 |
| | 강미정 1865 추근우 1869 장해성 1868 | 강진영 1878 현미선 1875 | 김별아 1888 김민성 1885 | 채상윤 1895 김성훈 1898 | 김예연 4075 | 박은비 4087 나윤수 4088 최명호 4089 | 최지은 4096 | 황정미 4108 어영준 4109 | 김석주 4118 조성수 4119 | 김상아 4126 강진선 4127 이승배 4128 | 홍주희 4140 임정환 |
| 공무직 | 원지현 1870 | | | | | 원유미 4080 | | | | | |
| FAX | 888-7644 | | | | | 888-7673 | | | | | |

238

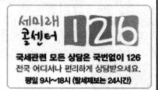

세미래 콜센터 126
국세관련 모든 상담은 국번없이 126
전국 어디서나 편리하게 상담받으세요.
평일 9시~18시 (탈세제보는 24시간)

**DID : 031-250-OOOO(조사2과 1팀~5팀)**

| 국실 | 조사3국 | | | | | | | | | |
|---|---|---|---|---|---|---|---|---|---|---|
| 국장 | 공석룡 4080 | | | | | | | | | |
| 과 | 조사1과 | | | | | 조사2과 | | | | |
| 과장 | 이순민 4151 | | | | | 최병구 5601 | | | | |
| 팀 | 조사1 | 조사2 | 조사3 | 조사4 | 조사5 | 조사1 | 조사2 | 조사3 | 조사4 | 조사5 |
| 팀장 | 이재현 4152 | 이재성 4162 | 이주형 4172 | 장현주 4182 | 정국일 4192 | 장인섭 5602 | 정용수 5612 | 조성인 5622 | 최정희 5632 | 김송주 5642 |
| 국세 조사관 | 박선범 4153 도주희 4154 | 편대수 4163 | 김은숙 4173 | 조용진 4183 | 강여정 4193 | 박세민 5603 손민석 5604 | 고영욱 5613 | 강지원 5623 | 이영태 5633 고경진 5634 | 이창수 5643 |
| | 임재미 4155 김완 4156 이경심(사무) 4158 | 이은정 4164 김해진 4165 김동구 4166 | 팽동준 4174 이은선 4175 박동완 4176 | 이오형 4184 송은호 4185 이지원 4186 | 김준희 4194 이대훈 4195 유성은 4196 | 강경식 5605 김보미 5606 | 이동호 5614 김현숙 5615 송민경 5616 | 정휘섭 5624 민옥정 5625 여진혁 5626 | 고지현 5635 김도헌 5636 | 임수정 5644 최완규 5645 이진호 5646 |
| | 최진화 4157 | 임재혁 4167 | 박미리 4177 | 하나임 4187 | 정상오 4197 | 임정혁 5607 | 정태식 5617 | 김경훈 5627 | 이유민 5637 | 고은혜 5647 |
| 공무직 | | | | | | 이지연 5608 | | | | |
| FAX | 888–7678 | | | | | 888-7683 | | | | |

# 구리세무서

대표전화: 031-3267-200/DID: 031-3267-○○○

서장: **강 정 훈**
DID: 031-3267-201

구리세무서

| 주소 | 경기도 구리시 안골로 36 (교문동736-2) (우) 11934 | | | | |
|---|---|---|---|---|---|
| 코드번호 | 149 | 계좌번호 | 027290 | 사업자번호 | 149-83-00050 |
| 관할구역 | 경기도 구리시, 남양주시(별내면, 별내동, 퇴계원읍, 다산1,2동, 양정동, 와부읍, 조안면) | | | 이메일 | |

| 과 | 징세과 | | | 부가가치세과 | | 소득세과 | |
|---|---|---|---|---|---|---|---|
| 과장 | 홍소영 240 | | | 조성우 280 | | 홍필성 360 | |
| 팀 | 운영지원 | 체납추적1 | 체납추적2 | 부가1 | 부가2 | 소득1 | 소득2 |
| 팀장 | 전국휘 241 | 최상림 441 | 이관열 461 | 오승철 281 | 강선희 301 | 이환운 361 | 유한순 381 |
| 국세<br>조사관 | | 한주희 442 | | | 김구호 302 | 윤혜정 362 | |
| | 송지선 242<br>이정현(시) 612 | 김인숙 443<br>김은희 445 | 김미선 262<br>이나래 462<br>김하니 463<br>최지원(사무)<br>468 | 유경진(시)<br>곽훈 282<br>오원정 283<br>한희자 284<br>이우현 285<br>황시윤 286 | 김주애 303<br>김보성(시)<br>김태진 304<br>신영철 305<br>김민수 306 | 남기선 363<br>채정석 364<br>이정하 365<br>김태은 366<br>최재진(시) | 이중재 382<br>태종배(시)<br>인정덕 383<br>이효진 384<br>이동현 385 |
| | 송정은 243<br>이길호(방호)<br>245 | 양일환 446<br>안지영(시) 447 | 박금찬 464<br>홍진기 465<br>김주헌 466 | 전다인 287<br>조재훈 288<br>정수길 289<br>장미진 290 | 최수인 307<br>조지현 308<br>전영지 309<br>김종빈 310 | 김경난 367 | 양지연 386 |
| | 박원준 244<br>김차돌(운전)<br>246 | 김찬우(시) 448<br>김승주 449<br>이기연 450<br>한수연 451 | 김건우 467<br>정재윤 263<br>지영은 264 | 이하연 291 | 김진호 311 | 김두정 368 | 윤정임 387<br>구혜영 388 |
| 공무직 | 최홍인(비서)<br>202<br>손혜자<br>박지현 | | | | | | |
| FAX | 326-7249 | 326-7469 | | 326-7359 | | 326-7399 | |

| 과 | 재산법인세과 | | | 조사과 | | 납세자보호담당관 | |
|---|---|---|---|---|---|---|---|
| 과장 | 손병중 480 | | | 김영승 640 | | 김상동 210 | |
| 팀 | 재산1 | 재산2 | 법인 | 정보관리 | 조사 | 납세자보호실 | 민원봉사실 |
| 팀장 | 박진흥 481 | 우정은 491 | 김상우 401 | 차윤중 641 | 최연구 651 | 신충민 211 | 김승석 221 |
| 국세<br>조사관 | 이범주 482 | 문전안 492 | 조요한 402 | 양시범 645 | 정종원 654<br>박은정 658 | 송윤식 212 | |
| | 한승기 483<br>한영준 484<br>김세진 485<br>서윤석(시)<br>윤도식(시)<br>이소원 486 | 홍성민 493<br>박상훈 494<br>신명관 495 | 변상미 403<br>강성구 404<br>이영석 405<br>심새별 406<br>정경민 407 | 우해나 642 | 정수연 652 | 안문철 213<br>김난영 214 | 심별 222<br>이우경 223 |
| | 이성민 487<br>안지영 488 | 이유안 496 | 김나영 408<br>이주현 409 | 양지현 643<br>이예연 644 | 유지환 659<br>박성희 655<br>이소연 653 | | 정영미(시) 228<br>황인선(시) 229<br>신주현 224<br>장소영 225<br>김수영 226 |
| | 전건욱 488 | 심수진 497 | 이수빈 410<br>전세영 411<br>김현경 412 | 김기민 646 | 김선종 656<br>박나혜 660 | | 강문이 227 |
| 공무직 | | | | | | | |
| FAX | 326-7439 | | | 326-7699 | | 326-7219 | 554-2100 |

# 기흥세무서

대표전화: 031-80071-200/DID: 031-80071-OOO

서장: **함 민 규**
DID: 031-80071-201

| 주소 | 경기도 용인시 기흥구 흥덕2로117번길 15 (영덕동974-3) (우) 16953 | | | | |
|---|---|---|---|---|---|
| 코드번호 | 236 | 계좌번호 | 026178 | 사업자번호 | |
| 관할구역 | 경기도 용인시 기흥구 | | | 이메일 | giheung@nts.go.kr |

| 과 | 징세과 | | 부가소득세과 | | 재산법인세과 | | |
|---|---|---|---|---|---|---|---|
| 과장 | 김동우 240 | | 황순영 280 | | 장석진 400 | | |
| 팀 | 운영지원 | 체납추적 | 부가 | 소득 | 재산1 | 재산2 | 법인 |
| 팀장 | 정진영 241 | 전병천 441 | 김동수 281 | 박훈수 301 | 신연준 481 | 한종훈 501 | 김영민 401 |
| 국세조사관 | | 이현정 442<br>김봄 261 | 이정 282 | 강수미 302 | 김영근 482 | 차성수 502 | 박준영 402<br>박인경 403 |
| | 류진희 242<br>차순화(사무)<br>244<br>허채연(시) 246 | 최숙희 443<br>이고운 444<br>윤창 445<br>김보경 446<br>정윤기 447<br>정희(시) 453<br>이은정 262<br>서홍석 448 | 최근영 283<br>김연아 284<br>한대희 285<br>황유진 286<br>정동기 287<br>신유미(시) 625<br>김선화 288 | 고진숙 303<br>조영은 304<br>서희선(시) 626<br>정지영 305<br>김민정 306<br>이성현 307<br>문영건 308 | 유훈희(시) 628<br>정해란 483<br>곽정수 484<br>공선영 485<br>김고희 486 | 정종원 503 | 유정선 404<br>정기호 405<br>김동욱 406 |
| | 박소현 243<br>황영훈(운전)<br>송진용 248 | 윤현경 449 | 조해리(시) 625<br>이유정 289 | 임민경 309<br>이수연(시) 626<br>박병헌 310 | 조혜정(시) 628<br>홍문희 487<br>이다연 488 | 김유나 504 | 김보경 407<br>정소연(시) 414<br>최수진 408<br>정혜윤 409 |
| | 최석준(방호)<br>249 | 김미경 450<br>박규하 451<br>김소영 452 | 김유진 290<br>김채아 291 | 강수아 311<br>권정은 312<br>윤여준 313 | 유승연 489<br>박재우 490 | 나하은 505 | 지혜주 410<br>한미연 411<br>최근호 412<br>전세리 413 |
| 공무직 | 신은숙(비서)<br>202<br>이태자<br>최병례 | | | | | | |
| FAX | 895-4902 | 895-4903 | 895-4904 | | 895-4905 | | |

| 과 | 조사과 | | 납세자보호담당관 | |
|---|---|---|---|---|
| 과장 | 양동석 640 | | 김분희 210 | |
| 팀 | 정보관리 | 조사 | 납세자보호실 | 민원봉사실 |
| 팀장 | 정지영 641 | 이태욱 651 | 임영교 211 | 이은정 221 |
| 국세<br>조사관 | 이은창 642 | 염훈선 654 | 김경민 212 | |
| | | 박용훈 657<br>주미진 658<br>왕윤세 652<br>최우영 655 | 이상범 213 | 황혜조<br>성은경 222 |
| | 송보경(시) 644<br>이혜민 643 | 안의진(시) 656 | 최인경 214 | 김단비(시) 226<br>우지수 223 |
| | | 김유현 653<br>김다솔 659 | | 인애선(시) 226<br>창보라(시) 224<br>김경모 225 |
| 공무직 | | | | |
| FAX | 895-4907 | | 895-4908 | 895-4951 |

243

# 남양주세무서

대표전화: 031-5503-200 / DID: 031-5503-OOO

서장: **김 수 섭**
DID: 031-5503-201

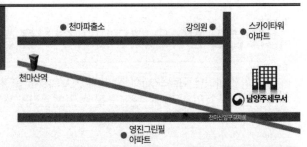

| 주소 | 경기도 남양주시 화도읍 경춘로 1807 (묵현리) 쉼터빌딩 (우) 12167<br>가평출장소 : 경기도 가평군 청평면 은고개로 19 (청평리) | | | | |
|---|---|---|---|---|---|
| 코드번호 | 132 | **계좌번호** | 012302 | **사업자번호** | 132-83-00014 |
| 관할구역 | 경기도 남양주시(별내면, 별내동, 퇴계원읍,<br>다산1,2동, 양정동, 와부읍, 조안면 제외), 가평군 | | **이메일** | namyangju@nts.go.kr | |

| 과 | 징세과 | | | 부가가치세과 | | 소득세과 | |
|---|---|---|---|---|---|---|---|
| **과장** | 고윤하 240 | | | 황인하 280 | | 김정남 360 | |
| **팀** | 운영지원 | 체납추적1 | 체납추적2 | 부가1 | 부가2 | 소득1 | 소득2 |
| **팀장** | 한상윤 241 | 이용배 441 | 최세영 461 | 김성준 281 | 최용 301 | 김헌우 361 | 이기현 381 |
| **국세<br>조사관** | | 김민철 442 | 임광열 461 | | | | 홍선영 382 |
| | 임현구 242<br>박지현 243 | 서승경(사무)<br>451<br>김주형 443<br>김민성 445<br>주태웅 446<br>함태희 447 | 조아름 463<br>정하미 263<br>임부선 262<br>박성훈 464 | 오동호 282<br>안지은 283<br>김나윤 284<br>김소영(시) | 임소연 302<br>민백기 304<br>김동근 303<br>오은희 305 | 엄영석 362<br>김지혜 363<br>김민희 364 | 김주연 383<br>서승화(시)<br>하한울 384<br>지수연 385 |
| | 전명구(운전)<br>244 | 신승현 448 | 손영주 465<br>김혜진 466 | 김도형 285<br>손정아 286<br>표다은 287<br>나환영 288 | 신수정 306<br>진주원(시)<br>이관희 307<br>최혜림 308 | 이현문(시)<br>박인희 365 | |
| | 김성용 245<br>한대훈(방호)<br>246 | 송지은 449<br>김소연 450 | 최누리 467<br>이은지 468<br>김용민 469 | 황길하 289 | 윤경효<br>정민 309<br>유지인 310 | 오세영 366<br>박재형 367<br>이명곤 368<br>이현아 369 | 장정윤 386<br>남기홍 387<br>김태경 388 |
| **공무직** | 장소영(비서)<br>202<br>임선주<br>손창열 | | | | | | |
| **FAX** | 550-3249 | 550-3268 | | 550-3329 | | 550-3399 | |

| 과 | 재산법인세과 | | | 조사과 | | 납세자보호담당관 | |
|---|---|---|---|---|---|---|---|
| 과장 | 양동구 480 | | | 박성배 640 | | 이정아 210 | |
| 팀 | 재산1 | 재산2 | 법인 | 정보관리 | 조사 | 납세자보호실 | 민원봉사실 |
| 팀장 | 박종환 481 | 김정건 501 | 유철 401 | 조한용 641 | 김민태 651 | 양재호 211 | 김규호 221 |
| 국세<br>조사관 | 김은순(시)<br>김철호 482 | 신준규 502 | | | 류호정 661 | | 안용수(가평)<br>박태구 222 |
| | 차정은 483<br>심단비(시)<br>이우정 484 | 장혜진 503 | 박준범 402<br>김태우 403<br>유현민 404<br>정소연 405<br>안윤종 406 | 김봉수 692<br>오승배 642 | 이동구 671<br>최동휘 662<br>박정현 652 | 방정기 212<br>권은정 213<br>육현수 214 | 나정학 228<br>박경아 223<br>정강미 224 |
| | 장정수 485<br>정은재 486 | | 정예원 407 | | 김민정 672<br>전세연 673<br>진소현 653 | | 정주희 225<br>정주리 226 |
| | 권오광 487<br>남예진 488<br>김햇살 489 | 이승은 505<br>김남희 504 | 박보경 408<br>유혜빈 409 | 박지연 643<br>류정윤 644 | 김유진 663 | | 박경민 227 |
| 공무직 | | | | | | | |
| FAX | 550-3519 | | | 550-3669 | | 550-3219 | |

# 동수원세무서

대표전화: 031-6954-200 / DID: 031-6954-OOO

서장: **김 호 현**
DID: 031-6954-201

| 주소 | 경기도 수원시 영통구 청명남로 13 (영통동) (우) 16704 | | | | |
|---|---|---|---|---|---|
| 코드번호 | 135 | **계좌번호** | 131157 | **사업자번호** | |
| 관할구역 | 경기도 수원시 영통구, 권선구 일부 | | **이메일** | dongsuwon@nts.go.kr | |

| 과 | 징세과 | | 부가소득세과 | | |
|---|---|---|---|---|---|
| 과장 | 박길대 240 | | 정명순 360 | | |
| 팀 | 운영지원 | 체납추적 | 부가1 | 부가2 | 소득 |
| 팀장 | 윤혜진 241 | 오영철 441 | 지영환 281 | 조일제 301 | 박종석 361 |
| 국세조사관 | | 성수미 262<br>문경 442 | 김신애 282<br>이예림 283 | 최재성 302<br>이원구 303 | 정영욱 362 |
| 국세조사관 | 박혜진 242<br>이치웅 243<br>신현일(운전) 247 | 김혜란 443<br>윤희선 444<br>곽은선 263<br>곽경미 445 | 조주현 284<br>박정현 285<br>김현주(시)<br>장혜주(사무) 286 | 이향선 304<br>이동엽 305 | 김영애 363<br>이기혁 364<br>이현진 365<br>장경희 366<br>조광희 367<br>유혜정 368 |
| 국세조사관 | 김동엽 244<br>남다미(시) 245 | 이대훈 446<br>김상덕 447<br>박원경 448<br>김예슬 449<br>김서미 450 | 선가희 287<br>김정은(시) | 이미정 306<br>최지연 307 | 오현서(시)<br>민천일 369<br>한비룡 370<br>노현서 371<br>박윤수(시)<br>김민선 373 |
| 국세조사관 | 문용준(방호) 246 | 이다인 451<br>박희연 452 | 엄재연 288 | 최지은 308 | 석진호 372 |
| 공무직 | 이혜원(비서) 201<br>조미경<br>이미선<br>박천왕 | | | | |
| FAX | 273-2416 | | 273-2427 | | |

# 1등 조세회계 경제신문 조세일보

| 과 | 재산법인세과 | | | 조사과 | | 납세자보호담당관 | |
|---|---|---|---|---|---|---|---|
| 과장 | 김희숙 400 | | | 김성근 640 | | 이정관 210 | |
| 팀 | 재산1 | 재산2 | 법인 | 정보관리 | 조사 | 납세자보호실 | 민원봉사실 |
| 팀장 | 류종수 481 | 배영섭 501 | 윤희상 401 | 김명숙 641 | 허두영 657<br>한은우 651<br>박정미 654 | 김영곤 211 | 소수정 221 |
| 국세<br>조사관 | 김소영 482 | 배원준 502 | | | | 고영철 212 | 김미향(시) 228 |
| | 강희호 483<br>최윤영 484<br>소미현 485 | 차영석 503 | 강한수 402<br>권미애 403<br>권혜민(시) 409<br>한상영 404<br>이승균 405 | 김태형 642<br>김미래 643 | 김인숙 658<br>김나경 659<br>유현정 652 | 지용권 213 | 윤영우 226<br>이주미 227 |
| | 안지영(시)<br>김지안 486<br>김진영(시) | 박영훈 504<br>정은해 505 | 박선영 406 | | 이종영 655 | 김새봄 214 | 강혜진(시) 228<br>김유미 224 |
| | 백소희 487<br>박지은 488<br>이준학 489 | | 김규원 407<br>이그린 408 | 김도현 644 | 김대연 653<br>선소임 656 | | |
| 공무직 | | | | | | | |
| FAX | 273-2412 | | | 273-2454 | | 273-2461 | 273-2470 |

# 동안양세무서

대표전화: 031-3898-200 / DID: 031-3898-OOO

안양과천 교육지원청 · 동안양세무서 · 수원지방검찰청 안양지청 · 수원지방법원 안양지원 · 국토교통 과학기술진흥원 · 평촌역사거리 · 평촌역

서장: **조 종 호**
DID: 031-3898-201

| 주소 | 경기도 안양시 동안구 관평로 202번길 27 (관양동) (우) 14054 | | | | | | |
|---|---|---|---|---|---|---|
| 코드번호 | 138 | | 계좌번호 | 001591 | 사업자번호 | 138-83-02489 |
| 관할구역 | 경기도 안양시 동안구, 과천시, 의왕시 | | | | 이메일 | donganyang@nts.go.kr |

| 과 | 징세과 | | | 부가가치세과 | | 소득세과 | |
|---|---|---|---|---|---|---|---|
| 과장 | 임민철 240 | | | 정은숙 280 | | 김국현 360 | |
| 팀 | 운영지원 | 체납추적1 | 체납추적2 | 부가1 | 부가2 | 소득1 | 소득2 |
| 팀장 | 김경숙 241 | 신영수 551 | 김수진 571 | 장해순 281 | 위현후 301 | 문선우 361 | 김예숙 381 |
| 국세<br>조사관 | | 서영춘 552 | 유정은 572 | 이종완 282 | 이명희 302 | 김태연 362 | 김재일 382 |
| | 정치권 242 | 이형구 553<br>구성민 554 | 한미영 578<br>이송이 573<br>송재성 579<br>성은정(사무)<br>263 | 김은선 283<br>심완수 284<br>장명섭 285<br>김나현(시) | 이재훈 303<br>권영호 304<br>노승옥 305<br>채거환 311<br>이수현 306 | 김범준 363 | 송우락 383<br>홍순호(시)<br>김묘정 384<br>이윤선 385 |
| | 우동희 243<br>이남길(방호)<br>615<br>송민준(운전)<br>616 | 안유미 555<br>이연수 556 | 김수민 261<br>이화 264<br>안소현 262 | 강혜연 286<br>노시인 287 | 양선미 307<br>장혜지(시) | 고다혜(시)<br>류대현 364<br>박의현 365 | 이동수 386 |
| | 지유미 244<br>박민선 245 | 이영아 557<br>탁봉진 558<br>전미경 559<br>소혜린 560 | 이기훈 574<br>이현준 575 | 김민관 288<br>최웅 289<br>이재희 290 | 손미옥 308<br>양송이 309<br>황윤정 310 | 김선미 366<br>채동준 367<br>박소연 368 | 전인아 387<br>오은진 388<br>황정미 389 |
| 공무직 | 이정화(비서)<br>202<br>서달석(미)<br>최명희(미)<br>한명숙(미) | | | | | | |
| FAX | 389-8628 | 476-9787 | | 476-9784, 383-0428 | | 383-0429, 0486 | |

| 과 | 재산세과 | | | 법인세과 | | 조사과 | | 납세자보호담당관 | |
|---|---|---|---|---|---|---|---|---|---|
| 과장 | 윤기철 480 | | | 장승희 400 | | 함상봉 640 | | 김향미 210 | |
| 팀 | 재산1 | 재산2 | 재산3 | 법인1 | 법인2 | 정보관리 | 조사 | 납세자보호 | 민원봉사 |
| 팀장 | 남숙경 481 | 허필주 501 | 문태범 521 | 유병욱 401 | 김진우 421 | 진수진 641 | 김석훈 650 | | 유은주 221 |
| 국세<br>조사관 | 이학승 482<br>양월숙(사무) 490 | | 박종찬 522 | 임치성 402 | 남유진 422 | | 임현주 654<br>강성훈 657 | 박종호 212 | 박제효 222 |
| | 한승우 483<br>한진선 484 | 김태영 502<br>박승진 503<br>안현수 504 | 홍현기 523<br>김은영 524<br>황성연 525<br>김혜리(시) | 이현진 403<br>류승윤 404 | 박수현 423<br>김현기 424 | 유기연 642<br>김지혜 643 | 박찬희 660<br>김효일 663<br>김용연 651<br>장현준 664<br>김민기 667<br>최인영 655 | 최미영 213 | 정현주 228<br>이승찬 223<br>노정윤 228<br>최주현 229<br>한지수 224 |
| | | 서수아 505 | 박해란(시)<br>김지수 526 | 박상민 405 | | | 김정혜 658<br>나예영 665<br>홍서윤 652 | 김주미 214 | 민병웅 229 |
| | 김은진 485<br>송재은 486<br>이범 487<br>전재홍 488 | 박세연 506<br>임아름 507 | 백유진 527<br>김지연 528<br>강태훈 529 | 김진우 406<br>지민영 407<br>안재민 408 | 이형진 425<br>박선영 426<br>정나눔 427<br>전은애 428 | 송지인 644<br>서지은 645 | 배윤진 653<br>조민석 661<br>허준 659<br>고윤형 662<br>안광혁 656 | 조승철 215 | 박지인 225<br>이우영 226<br>최현신 227 |
| 공무직 | | | | | | | | | |
| FAX | 383-0435~7 | | | 476-9785 | | 476-9786 | | 476-9782 | 389-8629 |

# 분당세무서

대표전화: 031-2199-200 DID: 031-2199-OOO

서장 : **이 광 섭**
DID : 031-2199-201

| 주소 | 경기도 성남시 분당구 분당로 23 (서현동 277) (우) 13590 | | | | |
|---|---|---|---|---|---|
| 코드번호 | 144 | 계좌번호 | 018364 | 사업자번호 | |
| 관할구역 | 경기도 성남시 분당구 | | | 이메일 | bundang@nts.go.kr |

| 과 | 징세과 | | | 부가가치세과 | | 소득세과 | |
|---|---|---|---|---|---|---|---|
| 과장 | 이병현 240 | | | 서원식 280 | | 유제연 360 | |
| 팀 | 운영지원 | 체납추적1 | 체납추적2 | 부가1 | 부가2 | 소득1 | 소득2 |
| 팀장 | 임승섭 241 | 이규원 441 | 김정범 461 | 최종호 281 | 황대근 301 | 김인수 361 | 김선아 381 |
| 국세조사관 | | 최경식 442<br>박진영 444 | 정선이 462 | 임선희 282<br>김혜령(P) | | | 김경란 382 |
| | 김재일 242 | 강은영 448<br>정원석 446<br>나상진 443<br>이혜진 445 | 이현정 262<br>박은정 263<br>김건호 264<br>김성미 463<br>안진희 464 | 이경이 283<br>박철민 284 | 김강미 302<br>김영환 313<br>서가현 304 | 김정기(P)<br>민애희 362<br>남현정 363 | 조광제 383 |
| | 이하림 243 | 권민경 469<br>서지민 449 | 이선희 465<br>최태완 265 | 전화영 285<br>박혜진 286<br>김소연 287 | 김지현 305<br>김다솔 306<br>김효미 307 | 최선균 364<br>김수지 365<br>김윤한 366 | 유다래 384<br>김현정 385 |
| | 권민수 244<br>차수현 245<br>박병철(방호)<br>247<br>서원준(운전)<br>248 | 윤민경 447<br>김민주 450 | 한요섭 466<br>이혜서 467 | 박정은(A)<br>김범겸 288 | 최윤성 308<br>양진우 309 | 진주연(시)<br>유어진 367<br>나현규 368<br>정주희 369 | 조채연 386<br>고병준 387<br>김은진 388<br>신가은 389 |
| 공무직 | 조혜정<br>박명화<br>박순남<br>손금주 | | | | | | |
| FAX | 219-9580 | 718-6852 | | 718-8961 | | 718-8962 | |

| 과 | 재산세과 | | | 법인세과 | | 조사과 | | 납세자보호담당관 | |
|---|---|---|---|---|---|---|---|---|---|
| 과장 | 기노선 480 | | | 김수원 400 | | 이수형 640 | | 김소영 210 | |
| 팀 | 재산1 | 재산2 | 재산3 | 법인1 | 법인2 | 정보관리 | 조사 | 납세자보호 | 민원봉사 |
| 팀장 | 송현종 481 | 윤명로 501 | 강영구 521 | 정지선 401 | 이경숙 421 | 최상미 641 | 김재진 651 | 이수미 211 | 김보성 221 |
| 국세 조사관 | 손기만(파견) | 지소영 502 | 이재택 522 | 송종범 402 | | 김수진 643<br>김태진 691 | 백두산 654<br>김영근 657<br>조경호 660 | 고현숙 | |
| | 정진희 482<br>김경희(사) 490<br>이유진 483<br>김명인 484 | 노원준 503<br>유윤희 504<br>최유연 505 | 김영식 523<br>하종수 526<br>박성은 528<br>차선주 530<br>박보영 537 | 강명호 403<br>구자헌 404 | 우주연 422<br>정신영 423<br>오정환 424 | 김영은 692 | 백인희 663<br>이보배 652<br>김동우 658<br>채호정 655<br>유희진 661 | 신지영 213<br>김경향 214<br>홍지은 212<br>문호균 215 | 조홍섭 222<br>진승연 227<br>박연미 225<br>박세라(P) 228<br>박영은 226 |
| | 유혜정(A)<br>김미정 485<br>박한나 486<br>원효정(P)<br>이상영 487 | 강주영 506<br>이명욱 507 | 조혜진 529<br>김보경 527 | 지상선 405<br>김경미 406 | 박민욱 425<br>김진주 426 | 박소현 642<br>김장섭 644 | 유형진 664<br>유혜영 659 | 문시현 216 | 최수정 223<br>이한솔 229<br>김보람 224 |
| | 성유빈 488 | 강수현 508 | 이인심 523<br>김은영 533<br>류승화 531<br>오상철 534 | 선우영진 407<br>심지현 408<br>조현하 409<br>이서연 410 | 박소연 427<br>조가연 428<br>박미선 429<br>임온순 430 | 박하용 645 | 심재현 656<br>강보은 662<br>이지현 665<br>유현지 653 | | 정인혜(A) 231 |
| 공무직 | | | | | | | | | |
| FAX | 718-6849 | | | 718-4721 | | 718-4722 | | 718-4723 | 718-4724 |

# 성남세무서

대표전화: 031-7306-200 / DID: 031-7306-OOO

서장: **엄 인 찬**
DID: 031-7306-201

성남서중학교 · 단대동행정복지센터
성남제1 공단근린공원 · 단대성경아파트
🏛 성남세무서
🗑 단대오거리역

| 주소 | 경기도 성남시 수정구 희망로 480 (단대동) (우) 13148 | | | | |
|---|---|---|---|---|---|
| 코드번호 | 129 | 계좌번호 | 130349 | 사업자번호 | 129-83-00018 |
| 관할구역 | 경기도 성남시 수정구, 중원구 | | | 이메일 | seongnam@nts.go.kr |

| 과 | 징세과 | | 부가가치세과 | | 소득세과 | |
|---|---|---|---|---|---|---|
| 과장 | 권범준 240 | | 송찬주 280 | | 이준호 360 | |
| 팀 | 운영지원 | 체납추적 | 부가1 | 부가2 | 소득1 | 소득2 |
| 팀장 | 송은영 241 | 위종 261 | 정아영 281 | 김성은 301 | 안지영 361 | 원한규 381 |
| 국세<br>조사관 | | 최미옥 441<br>이정균 442 | 남봉근 282<br>박성순(사무) 291 | 이명수 302<br>이하나 303 | 강덕수 362 | |
| | 권혜영 242<br>조하나 243<br>유구현(운전) 246 | 전영준 443<br>권민선 445<br>김희연 446<br>조효신 447<br>김수연 448<br>노기란 262<br>강미선 449 | 김주옥 283<br>김진광(시) 506<br>조희정 284 | 이평재 304<br>이은애 305<br>정희태 306 | 박희영 363<br>김안나 364<br>이창희 365 | 조희근 382<br>노현주 383<br>김숙영 384 |
| | | 손은하 263 | 정현빈 285<br>송창식 286<br>유현수 287 | 박미희 307<br>박민수 308 | 박인애(시) 505<br>김호영 366 | 최혜승(시) 505<br>박유진 385<br>최한솔 386 |
| | 허광녕 244 | 설재혁 450<br>강성길 451<br>안태균 452<br>정아름 453 | 이지수 288<br>함다운 289<br>남경아 290 | 권서영 309<br>임하섭 310<br>이서정 311 | 구자윤 367<br>이홍비 368 | 전수연 387<br>김선진 388 |
| 공무직 | 유은정 245<br>박윤이 202<br>박월례<br>이미화<br>정인순 | | | | | |
| FAX | 736-1904 | | 734-4365 | | 743-8718 | |

**택스홈앤아웃**

**대표이사: 신웅식**

서울시 강남구 언주로 148길 19 청호빌딩 2층
전화번호 : 02 – 6910 – 3000    팩스 : 02-3443-5170
이메일 : taxhomeout@naver.com

| 과 | 재산법인세과 | | | 조사과 | | 납세자보호담당관 | |
|---|---|---|---|---|---|---|---|
| 과장 | 문한별 400 | | | 박순준 640 | | 주원숙 210 | |
| 팀 | 재산1 | 재산2 | 법인 | 정보관리 | 조사 | 납세자보호실 | 민원봉사실 |
| 팀장 | 강병구 481 | 박윤석 491 | 이현준 401 | 김수희 641 | 임흥식 651 | 김웅렬 211 | 송정숙 221 |
| 국세조사관 | 김경숙 482 | 류훈민 493 | | 진영한 691 | 최락진 657<br>김중현 654 | 정보근 212 | |
| | 도유정 483<br>양주희 484<br>고인수 485<br>이창한 486<br>신민아 487<br>최영환 488 | 이진규(시) 502<br>김혜연 492 | 이건석 402<br>박동민 403<br>장석만 404<br>김상욱 405<br>김은주 406<br>손예빈 407 | 이우현 692<br>손영미 642 | 김종우 655<br>유형우 652<br>박채은 653 | 신시영 213 | 한영임 222<br>홍혜영 223<br>노승미 224 |
| | | 윤희경(시) 502 | | 김경연 643 | 김인애 658 | | 임상록 225<br>서은애 226<br>이혜연(시) 227<br>송유란(시) 228 |
| | 박재현 489 | 이현지 495 | 안수민 408<br>백지연 409<br>류제현 410<br>박지우 411 | | 이용훈 659<br>김누리 656 | 이예지 214 | |
| 공무직 | | | | | | | |
| FAX | 8023-5836 | | 8023-5834 | 736-1900, 1905,<br>721-8611 | | 745-9472 | 732-8424 |

# 수원세무서

대표전화: 031-2504-200 / DID: 031-2504-OOO

서장: **김 치 태**
DID: 031-2504-201

| 주소 | 경기도 수원시 팔달구 매산로61 (매산로3가 28) (우) 16456 | | | | |
|---|---|---|---|---|---|
| 코드번호 | 124 | 계좌번호 | 130352 | 사업자번호 | 124-83-00124 |
| 관할구역 | 경기도 수원시 장안구, 팔달구, 권선구 일부 | | | 이메일 | suwon@nts.go.kr |

| 과 | 징세과 | | | 부가가치세과 | | | 소득세과 | |
|---|---|---|---|---|---|---|---|---|
| 과장 | 강표 240 | | | 오항우 280 | | | 조상옥 360 | |
| 팀 | 운영지원 | 체납추적1 | 체납추적2 | 부가1 | 부가2 | 부가3 | 소득1 | 소득2 |
| 팀장 | 한순근 241 | 서성철 441 | 이영환 461 | 김용진 281 | 장소영 301 | 최윤기 321 | 이종남 361 | 한민규 381 |
| 국세조사관 | | | | 최성민 282 | | 기두현 322 | 박하홍 362 | 강미애 382 |
| 국세조사관 | 이정언 242<br>김소영 243<br>이상규(열)<br>685<br>박득란(교)<br>259<br>천진호(운)<br>246 | 김소연 442<br>이문희 443<br>정진웅 444<br>이성현 445<br>김지영 446<br>황성희(시)<br>451 | 윤기순 462<br>박은정 470<br>유지호 463<br>김효숙 263<br>박훈미(시)<br>472<br>김석준 464<br>김유리(사)<br>262 | 좌현미 283<br>허은정(시)<br>조숙영 284<br>지민경 285<br>서기영 286<br>엄현정 287 | 김현준 302<br>한수현 303<br>원희정 304<br>전선희 305<br>김수연 306<br>이미나(시)<br>김새롬 307 | 김종만 324<br>하민정(시)<br>이재혁 325<br>이순아 326<br>최우영 327<br>배진호 323 | 김수연 364<br>이령조 365<br>권예리 366 | 김정태 383<br>한경란 384 |
| 국세조사관 | | 이상일 447 | 주에나 465<br>공신혜 471 | 김유나(시)<br>임수현 288 | 김민균 308<br>강미영 309 | 정지수 328 | 조정은 367<br>강준 368<br>이다은 369 | 지석란 385<br>허미림 386<br>강지현 392<br>김연지(시) |
| 국세조사관 | 장호욱 244<br>오승민 245<br>김일근(방)<br>247 | 최희재 448<br>정완규 449<br>김영은 450 | 우민지 466<br>육소연 264<br>김지성 467 | 한기연 289<br>여상호 290 | 전혜영 310<br>최필규 311 | 조혜경 329 | 송현정(시)<br>박정욱 370<br>이하은 371<br>백미나 372<br>최재우 373 | 엄혜림(시)<br>오규원 388<br>김혜영 389<br>서주원 390 |
| 공무직 | 이주화 202<br>소선희<br>이명숙 | | | | | | | |
| FAX | 258-9411 | 258-0454 | | 258-9413 | | | 258-9415 | |

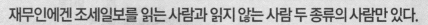

# 재무인과 함께 걸어가겠습니다 '조세일보'

재무인에겐 조세일보를 읽는 사람과 읽지 않는 사람 두 종류의 사람만 있다.

1등 조세회계 경제신문 조세일보

| 과 | 재산법인세과 | | | 조사과 | | 납세자보호담당관 | |
|---|---|---|---|---|---|---|---|
| 과장 | 김용환 400 | | | 이강석 640 | | 이민철 210 | |
| 팀 | 재산1 | 재산2 | 법인 | 정보관리 | 조사 | 납세자보호실 | 민원봉사실 |
| 팀장 | 이종우 481 | 박현종 501 | 김도원 401 | 양금영 641 | 윤용호 651 | 연제열 211 | 홍준만 221 |
| 국세<br>조사관 | 김경만 482 | 장민재 502 | | 조선미 642 | 구홍림 654<br>손세종 657<br>박민규 660<br>송창용 663 | 백민웅 212 | 연명희 223 |
| | 이국성 483<br>한희수 484 | 박수범 503<br>김인겸 504<br>문희제 505 | 김성진 402<br>장윤정 403<br>정미진 404<br>금상화 405 | 하경종 643<br>이미선 645<br>강다희 644 | 이은정 652<br>박홍규 655<br>박순영 658 | 김지윤 213<br>박수경 214<br>조은상 215 | 김윤경(시) 233<br>김미나(시) 232<br>구명희 225<br>진선애 229<br>황재인(시) 233 |
| | 유주희 485<br>소연경(시)<br>이요셉 486<br>송상율 487 | | 김기환 406<br>이주현 407 | | 정현주 659<br>이재민 661<br>김지선 664<br>신지혜 665 | | 함용식 226 |
| | 정지혜(시)<br>오재열 488<br>박여준 489<br>노솔비 490 | 최진욱 506<br>김윤아 507 | 신승훈 408<br>강휘 409<br>김수인 410<br>유미선 411<br>가주희 412 | 이두호 647 | 김문형 653<br>전희선 656<br>강윤형 668<br>장혜림 662 | | 이혜나 227<br>유제언 224<br>공채원 231<br>한서연 230 |
| 공무직 | | | | | | | |
| FAX | 250-4494 | | 258-0497 | 258-0453 | | 248-1596 | 258-1011 |

# 시흥세무서

대표전화: 031-3107-200 / DID: 031-3107-OOO

서장: **백 승 권**
DID: 031-3107-201

| 주소 | 경기도 시흥시 마유로 368 (정왕동) (우) 15055 대야민원실 : 시흥시 비둘기공원7길 51 (대야동,대명프라자) 대명프라자 3층 (우) 14912 | | | | | | | |
|---|---|---|---|---|---|---|---|---|
| 코드번호 | 140 | | 계좌번호 | 001588 | | 사업자번호 | 140-83-00015 | |
| 관할구역 | 경기도 시흥시 | | | | | 이메일 | siheung@nts.go.kr | |

| 과 | 징세과 | | | 부가가치세과 | | | 소득세과 | |
|---|---|---|---|---|---|---|---|---|
| **과장** | 최선미 240 | | | 정병진 280 | | | 김영선 360 | |
| **팀** | 운영지원 | 체납추적1 | 체납추적2 | 부가1 | 부가2 | 부가3 | 소득1 | 소득2 |
| **팀장** | 하광무 241 | 진승호 441 | 강성현 461 | 김승훈 281 | 이봉림 301 | 장남식 321 | 권중훈 361 | 정규남 381 |
| **국세 조사관** | | 양준석 442 | 김상천 462 김은진 263 | 신정환 283 이소영 284 | 백승화 302 조창일 303 | 박명수 323 | 김형선 362 | 송승한 382 |
| | 한희윤 242 김반디 243 | 이한희 443 변철용 444 김선중(전) 268 하준찬 445 김진형 446 | 김민 463 박미라 464 김민수 468 정수현 264 | 이경아 285 김재곤 286 유진아 287 | 김야영 304 정경윤 305 이현주 306 | 김남주 327 남기현 333 최지현 324 김성현 326 이재남 330 | 이동훈 363 | 김이준 383 소규철 384 |
| | 김용선(운) 246 박순웅 244 | 김성수 447 서태웅 448 이예지 449 박수지 450 | 함윤선 465 황유경 265 장소연(후) 268 박광태 466 황석현 469 | 이지우 288 | 강태경 307 김재성 308 최유영(후) 김용국 309 | 이혜진 332 이명길 한지희 325 | 이현정 364 주하나 365 정지헌 366 | 박경일 390 박선양(시) 385 최은선 386 |
| | 이종민 245 양우현(방) 247 | 이승아 451 연지원 452 | 김성은 467 | 김유선(전) 김택준 289 이은정 290 김세민 291 | 모혜연 310 박경주 311 | 박나연 329 윤정환 328 | 이수연 367 박윤채 368 조수빈 369 | 곽길영 387 백현심 388 |
| **공무직** | 강민교(비서) 202 홍혜숙(환경) 함옥선(환경) | | | | | | | |
| **FAX** | 310-7551 | | | 314-2174, 313-6900 | | | 314-3979 | |

# 1등 조세회계 경제신문 조세일보

| 과 | 재산법인세과 | | | | 조사과 | | 납세자보호담당관 | |
|---|---|---|---|---|---|---|---|---|
| 과장 | 박병남 400 | | | | 맹환준 640 | | 전기석 210 | |
| 팀 | 재산1 | 재산2 | 법인1 | 법인2 | 정보관리 | 조사 | 납세자보호 | 민원봉사 |
| 팀장 | 김애숙 481 | 윤영택 501 | 성창화 401 | 김환 421 | 서현희 641 | 전상훈 651 | 박수홍 211 | 김현정 221 |
| 국세 조사관 | 최정헌 482 | | 이창원 402 | | 김미라 644 | 김용덕 661 | | |
| | 김주옥 483<br>황혜선 484<br>이초롱(전)<br>권영인(후)<br>김정준 485 | 조현성 502<br>조수영 503<br>김원중 504<br>김햇님 505 | 송은희 403<br>임정경 404 | 김은경 422<br>한상수 423 | 송재봉 642<br>정경민 645<br>박준선 643 | 정원석 671<br>한세훈 662<br>황종욱 681<br>정현수 652 | 이윤옥 212<br>이진영 216 | 김춘화(사무)<br>230<br>최윤정 222<br>조소윤 224 |
| | 정윤정 486 | | 한수현 405 | 장원용 424 | | 유화진 682<br>박기현 672 | 김종호 213 | 윤소현 226<br>민기원 225<br>조혜민 227<br>현덕진 223 |
| | 박세원 487 | | 윤준희 406<br>김하늘 407<br>정현석 408 | 김태현 425<br>신여경 426<br>장지은 427 | | 서예원 673<br>김미현 683<br>노다혜 653<br>한예슬 663 | | 신승훈 228<br>김중헌 229 |
| 공무직 | | | | | | | | |
| FAX | 314-2178 | | 314-3975 | | 314-3977, 3978 | | 314-3971 | 314-3972<br>8041-322<br>6(대야동) |

# 경기광주세무서

대표전화: 031-8809-200 / DID: 031-8809-OOO

서장: **박 옥 임**
DID: 031-8809-201

광주시 보건소 · 광주시 공설운동장 · 공설운동장앞교차로 · 누리유치원 · 중앙노인센터 · 경기광주 세무서

| 주소 | 경기도 광주시 문화로 127 (경안동) (우) 12752 |
|---|---|
| | 하남지서 : 경기도 하남시 하남대로 776번길 91 (신장동 521-4) (우) 12947 |
| | 별관 : 경기도 광주시 파발로 151번길 5-5 부국빌딩2층 (우) 12755 |
| | 하남지서별관 : 경기도 하남시 대청로 15 트레벨오피스텔 209호 (신장동 519) (우) 12950 |

| 코드번호 | 233 | 계좌번호 | 023744 | 사업자번호 | |
|---|---|---|---|---|---|
| 관할구역 | | 경기도 광주시, 하남시 | | 이메일 | Singwangju@nts.go.kr |

| 과 | 징세과 | | | 부가소득세과 | | | 재산법인세과 | | 조사과 | |
|---|---|---|---|---|---|---|---|---|---|---|
| 과장 | 심미현 240 | | | 신승수 280 | | | 이정원 480 | | 전정호 640 | |
| 팀 | 운영지원 | 체납추적1 | 체납추적2 | 부가1 | 부가2 | 소득 | 재산 | 법인 | 정보관리 | 조사 |
| 팀장 | 배정숙 241 | 서효우 441 | 최재천 461 | 유준영 281 | 안홍갑 301 | 이은수 361 | 임희정 481 | 황준성 401 | 이봉형 641 | 이선옥 651 |
| 국세조사관 | | 강승조 442 | 김승미 264 | 박진수 282 | | | 한유정 490 강석원 482 | 이승재 402 김희화 403 | | 박동균 654 조해일 660 반흥찬 667 강신국 663 이준무 657 |
| | 박수태 242 안지은 243 | 홍서연 443 황계순 444 최안나 445 박미영 446 | 임대근 464 이현주 462 하윤희 263 김송이 463 이민의 465 | 오수경 283 나영수 284 김수현(시) 김재민 285 | 손정희(시) 안광민 302 장미숙 303 이민성 304 | 강태길 364 송현철 366 정윤희 373 한봉수 368 한명수 363 | 윤정환 492 박진희(시) 이희정 483 이재룡 484 윤종율 488 박미경(시) | 양승우 404 박라영 405 임종훈 406 | 이향은 642 박은진 691 | 신상훈 668 이정현 661 주향미 655 김도연 664 안대엽 652 김선균 658 |
| | 송민석 244 박완식 (방호) 246 박준원 (운전) 247 | 이철원 447 김기덕 448 | 김순옥 466 | 박나영 286 김민주 287 | 김신애 305 김두수 306 | 이현진 366 남지윤 371 신소희 362 | 최효임 486 이현정 493 | 임경수 407 김진환 408 | 유태호 643 이상윤 692 | 황지연 662 한상범 653 김예원 659 최규선 665 |
| | 오광호 245 | 권예림 449 | 최진경 467 김성경 468 권혁주 469 | 이윤의 288 김현배 289 | 박세용 307 박담비 308 | 이창진 367 김용준 369 김태연 370 | 김하나 487 정원준 485 임빛나 491 염수진 489 | 조윤영 409 정회정 410 | 허정미 644 | 김예지 656 임수현 669 |
| 공무직 | 윤미경 202 | | | | | | | | | |
| FAX | 769-0416 | 769-0417 | | 769-0746 | | | 769-0773 | | 769-0685 | |

| 과 | 납세자보호담당관 | | 하남지서(031-7922-100) | | | | | |
|---|---|---|---|---|---|---|---|---|
| 과장 | 조일훈 210 | | 김진숙 790–3400 | | | | | |
| 팀 | 납세자보호 | 민원봉사 | 체납추적 | 납세자보호 | 부가 | 소득 | 재산 | 법인 |
| 팀장 | 최승복 211 | 김남호 221 | 황민 461 | 권흥일 410 | 이상희 421 | 김남헌 431 | 류장훈 441 | 김영호 451 |
| 국세조사관 | | 이병진 222 | 김옥남 462 | 강계현 411 | 이승훈 422 | 윤주영 437 | 정성은 442 | |
| | 박동일 212<br>백경모 213<br>이은미 214 | 김혜진 223<br>김은경(사) 224 | 김윤희 463<br>조영미 464<br>한민수 465<br>송선영 466<br>권정석 | 김도훈 412<br>정택주 413<br>이미령 414<br>김동민 415 | 김동희 423<br>오현수 424<br>양이지(시)<br>최민애 425<br>강승호 426<br>심선희 427 | 정희정 432<br>최영조 433<br>임장섭 435 | 정재윤 443<br>서효영 444<br>박양숙 445<br>김강 446<br>배상원 450 | 최우신 452<br>윤연주 453<br>임훈 454<br>박승현 455<br>김지암 456 |
| | | 권승희 225<br>장금희 226 | 이정형 467 | 이주연(시)<br>김동현 (방호)<br>502 | 이강은 428<br>김혜정 429<br>서정우 430<br>박다인 471 | 정영현 436<br>정호식 477<br>이빛나 438<br>이성수 434<br>이수진 439 | 박지영(시)<br>김동석 460<br>윤미경 447 | 이강희 457<br>윤병현 458 |
| | | | 김규희 468<br>권택형 469<br>김하은 470 | 허지원 416 | 이수지 472<br>이태영 473<br>박은지 474<br>임수빈 475<br>황수지 476 | 황승규 440 | 조서영 448<br>김민정 449 | 남가인 459 |
| 공무직 | | | | | | | | |
| FAX | 769- 0842 | 769-0768<br>769-0803 | 793-2097 | 793-2098 | 791-3422 | | 795-5193 | |

259

# 안산세무서

대표전화: 031-4123-200 / DID: 031-4123-OOO

서장: **정 경 철**
DID: 031-4123-201

| 주소 | 경기도 안산시 단원구 화랑로 350 (고잔동 517) (우) 15354 | | |
|---|---|---|---|
| 코드번호 | 134 | 계좌번호 131076 | 사업자번호 134-83-00010 |
| 관할구역 | 경기도 안산시 단원구 | 이메일 | ansan@nts.go.kr |

| 과 | 징세과 | | | 부가가치세과 | | 소득세과 | |
|---|---|---|---|---|---|---|---|
| 과장 | 이성호 240 | | | 박수용 280 | | 김정래 360 | |
| 팀 | 운영지원 | 체납추적1 | 체납추적2 | 부가1 | 부가2 | 소득1 | 소득2 |
| 팀장 | 변인영 241 | 엄남식 441 | 신지훈 461 | 서용훈 281 | 권영진 301 | 인길식 361 | 김남주 381 |
| 국세<br>조사관 | | 이철환 442 | | 이은주 282 | 박영실 302 | | |
| | 김미애 243<br>고영필 242 | 박재훈 443<br>이석아 444<br>김혜진 445 | 신영두 467<br>김은주 462<br>강민주 463<br>박혜경 464<br>김은주 261<br>이은성 262<br>배자강 465 | 박승욱 283<br>정유진 284<br>장경애 285<br>안성선 287 | 이경현 303<br>배수영 305<br>박창선 304<br>강성현(시)<br>설수미 306 | 김재희 362<br>정명기 363 | 정혜정 382<br>이은경(시)<br>이혜민 383 |
| | 윤창식(운전)<br>246<br>김지언 244 | 윤혜원 446 | 이원자 466<br>한정현 468 | 강아람(시)<br>박보경 286<br>조하나 288<br>권영은 289 | 오진욱 309<br>고은비 308<br>고아라 307 | 김세식 364<br>조소현(시) | 조은희 384 |
| | 진준 245<br>최진혁(방호)<br>247 | 이종보 447<br>이동현 448 | | 박성진 291<br>김태영 290 | | 김보연 365<br>유지원 366 | 배지연 385 |
| 공무직 | 박진영(비서)<br>202<br>유화진<br>신수빈<br>김옥녀 | | | | | | |
| FAX | 412-3268 | | | 412-3531 | | 412-3380, 412-3550 | |

| 과 | 재산세과 | | 법인세과 | | 조사과 | | 납세자보호담당관 | |
|---|---|---|---|---|---|---|---|---|
| 과장 | 조성수 480 | | 심희준 400 | | 박영인 640 | | 왕춘근 210 | |
| 팀 | 재산1 | 재산2 | 법인1 | 법인2 | 정보관리 | 조사 | 납세자보호 | 민원봉사 |
| 팀장 | 김경희 481 | 이주희 521 | 김대혁 401 | 오선경 421 | 송주희 641 | 김학진 651 | 이수호 211 | 이성진 221 |
| 국세조사관 | 김찬(시)<br>이준배 482 | | | | | 장희진 654 | 공정민 212 | 정민재 222 |
| | 김다영 483<br>정한나 484 | 서승화 522<br>정인경 523 | 유현상 402<br>임건아 403<br>박윤배 404 | 박종호 422<br>정재욱 423 | 이미연 642<br>이아름 643 | 박성찬 663<br>김명호 657<br>채성호 660<br>홍솔아 652<br>문지선 664<br>정은솔 658<br>장재영 655<br>박준영 661 | 서정훈 213<br>이은경 214 | |
| | 김상훈(시) | | 박지선 405<br>정다솔 406<br>이예미 407 | 송상우 424<br>김경아 425<br>백진현 426<br>류민하 427 | 연송이 644 | 안재현 653<br>박수진 665 | | 오혜미(시)<br>이푸르미 224<br>이승리 225<br>박상우 226<br>채희원 227 |
| | 김성범 485 | 민정은 524 | 은성도 408<br>임지은 409 | 장명훈 428 | | 홍장원 662<br>조은비 656<br>한수진 659 | | 김경희 228 |
| 공무직 | | | | | | | | |
| FAX | 412-3495 | | 412-3350 | | 412-3580 | | 412-3340, 487-1127 | |

# 동안산세무서

대표전화: 031-9373-200 / DID: 031-9373-OOO

서장: **임 상 훈**
DID: 031-9373-201

| 주소 | 경기도 안산시 상록구 상록수로 20 (본오동 877-6) (우) 15532 | | | | |
|---|---|---|---|---|---|
| 코드번호 | 153 | 계좌번호 | 027707 | 사업자번호 | |
| 관할구역 | 경기도 안산시 상록구 | | | 이메일 | dongansan@nts.go.kr |

| 과 | 징세과 | | 부가가치세과 | | 소득세과 | |
|---|---|---|---|---|---|---|
| 과장 | 하광열 240 | | 김용선 280 | | 서인창 360 | |
| 팀 | 운영지원 | 체납추적 | 부가1 | 부가2 | 소득1 | 소득2 |
| 팀장 | 김백규 241 | 양재우 441 | 유성주 281 | 이상훈 301 | 정동욱 361 | 이상욱 381 |
| 국세<br>조사관 | | 전은영 262 | 구본섭 282 | 조병섭 302 | | 이은주 382 |
| | 이해진 242 | 조현경 442<br>구현영 443<br>정진형 444<br>신미식 445 | 전진우(시)<br>김문희 283<br>최하나 284 | 장종현 303<br>이주미 304<br>김서은(시) | 김보경 367<br>강기수 362<br>김민정 363 | 강정호 383<br>손택영 384 |
| | 옥경민 243 | 송보혜 263<br>김형식 446<br>정현민 447<br>윤샛별 448 | 이지연 285 | 김소정 305 | 윤선수 364 | 정유진 385 |
| | 박기백 244<br>최경식(운전) 245<br>김청수(방호) 246 | 조현민 449 | 조정미 286 | | 신혜정 365<br>박은비 366 | 허민주 386 |
| 공무직 | 김영란 202 | | | | | |
| FAX | 8042-4602, 8042-4603 | | 8042-4604 | | 8042-4605 | |

262

| 과 | 재산법인세과 | | | 조사과 | | 납세자보호담당관 | |
|---|---|---|---|---|---|---|---|
| 과장 | 강성필 400 | | | 윤진일 640 | | 양종명 210 | |
| 팀 | 재산1 | 재산2 | 법인 | 정보관리 | 조사 | 납세자보호실 | 민원봉사실 |
| 팀장 | 권창위 481 | | 선형렬 401 | 박홍자 641 | 이남주 654 | 박경휘 211 | 오진숙 221 |
| 국세조사관 | | 조아라 501 | 김원택 402 | | 이오섭 651 | | 심우택 222 |
| | 이은영 482<br>정은순 483<br>장민기(시)<br>김은진(시)<br>나경태 484 | 주재명 502 | 김대환 403 | 박정옥 642<br>전진무 643 | 장형보 657<br>차은영 655<br>한혜경 658 | 김철호 212<br>민덕기 213<br>김보미 214 | 김미경(시) 225<br>김혜진 223 |
| | 김동윤 485 | | 임희정 404<br>윤가연 405<br>박선화 406 | | 이희정 652<br>송보섭 659 | | 김미희(시) 225<br>류재성 224 |
| | | 장선미 503<br>유용환 504 | 김민중 407 | 정의선 644 | 김지원 656<br>김다영 653 | | |
| 공무직 | | | | | | | |
| FAX | 8042-4606 | | | 8042-4607 | | 8042-4608, 8042-4609 | |

# 안양세무서

대표전화: 031-4671-200 / DID: 031-4671-OOO

서장: **송 명 섭**
DID: 031-4671-201

안양대학교
안양캠퍼스

새마을금고

안양119
안전센터

안양세무서

| 주소 | 경기도 안양시 만안구 냉천로 83 (안양동) (우) 14090<br>군포민원실 : 군포시 청백리길 6 군포시청내 1층 민원봉사실 (금정동 844) (우) 15829 | | | | |
|---|---|---|---|---|---|
| 코드번호 | 123 | 계좌번호 | 130365 | 사업자번호 | 123-83-00010 |
| 관할구역 | 경기도 안양시 만안구, 군포시 | | 이메일 | | anyang@nts.go.kr |

| 과 | 징세과 | | | 부가가치세과 | | 소득세과 | |
|---|---|---|---|---|---|---|---|
| 과장 | 용환희 240 | | | 장재영 280 | | 박봉철 360 | |
| 팀 | 운영지원 | 체납추적1 | 체납추적2 | 부가1 | 부가2 | 소득1 | 소득2 |
| 팀장 | 최성례 241 | 이응찬 441 | 노영훈 461 | 전기희 281 | 박동현 301 | 전원실 361 | 송석철 381 |
| | | | 김선미 262 | 전범철 282 | | | 문병남 388 |
| 국세<br>조사관 | 홍정욱 242<br>조숙의(전화)<br>620<br>최광석(운전)<br>628 | 한상범 442<br>고은선 443<br>김슬아 444 | 한만훈 462 | 손선영 283<br>김지현 284<br>황현희 285<br>노환빈 286 | 정영희(시)<br>이병옥 302<br>이준흥 303<br>김기선 304<br>김용일 305 | 안중현 362<br>정가희 363<br>이민희(시)<br>임석봉 368<br>한아림 364<br>최명화(사무)<br>370 | 진영상 382<br>서강현 384<br>황수빈(시)<br>정다운 385 |
| | 오지현 243 | 강수빈 445 | 장인영 463<br>장유리 464<br>임주원 465<br>최세은 263 | 김수지 287<br>오병관 288<br>진솔 289<br>김미령(시) | 이영은 306<br>이노을 307<br>이찬송 308<br>이재욱 309 | 김상록 365<br>박유린 366 | 안애선 387 |
| | 남효정 244 | 한수민 446<br>신은송 447 | 구정래(시) 264 | 오승연 290 | 정이수 310 | 이종원 367 | 곽윤정 386 |
| 공무직 | 한경희(사무)<br>246<br>김예림(비서)<br>203 | | | | | | |
| FAX | 467-1600 | 467-1300 | | 467-1350 | | 467-1340 | |

| 과 | 재산법인세과 | | | 조사과 | | 납세자보호담당관 | |
|---|---|---|---|---|---|---|---|
| 과장 | 윤영진 400 | | | 정태경 640 | | 이삼기 210 | |
| 팀 | 재산1 | 재산2 | 법인 | 정보관리 | 조사 | 납세자보호실 | 민원봉사실 |
| 팀장 | 이재현 481 | 백규현 501 | 김태우 401 | 김교성 641 | | 강경근 211 | 정순남 221 |
| 국세조사관 | 유미영 482 | 김지은 502<br>최청림 503 | 윤길성 402 | | 박영민 651<br>김경진 655<br>유경훈 659<br>최동기 652 | | 김정훈 222 |
| | 하재은(시)<br>임소영(시)<br>이재상 483<br>김동희 484 | 김유현 504 | 김은령 403<br>황성윤 404 | 송창훈 642<br>정미호 643 | 조미진 662<br>최승훈 656<br>정영석 660 | 송준호 212<br>박송이 213 | 윤민혜 223<br>허양숙(시)<br>오효정 224 |
| | | | 박은희 405<br>이근우 406 | 박미성 644<br>이혜규 645 | 허영렬 657<br>김진슬 653<br>김윤혁 654<br>박소윤 658 | 박수진 214 | 박현수(임)<br>구진선 225 |
| | 김소현 485<br>김정하 486<br>이세연 487 | 이지현 505<br>최윤미 506<br>김성의 507 | 유민설 407<br>나은비 408<br>김정섭 409<br>차연주 410 | | 이주환 661 | | 김가윤(시) |
| 공무직 | | | | | | | |
| FAX | 467-1419 | | | 469-9831 | | 469-4155 | 467-1229 |

# 용인세무서

대표전화: 031-329-2200 / DID: 031-329-2OOO

서장: **문 홍 승**
DID: 031-329-2201

용인
교육지원청

용인세무서

용인우체국

처인구
보건소

용인시청

용인동부
경찰서

| 주소 | 경기도 용인시 처인구 중부대로 1161번길 71 (삼가동) (우) 17019<br>수지민원실 : 용인 수지구 문인로54번길2 수지하우비상가 214호 (동천동 887) | | | | | | |
|---|---|---|---|---|---|---|---|
| **코드번호** | 142 | | **계좌번호** | 002846 | **사업자번호** | 142-83-00011 |
| **관할구역** | 경기도 용인시 처인구, 수지구 | | | | **이메일** | yongin@nts.go.kr |

| 과 | 징세과 | | | 부가가치세과 | | 소득세과 | |
|---|---|---|---|---|---|---|---|
| **과장** | 박요철 240 | | | 함명자 280 | | 강부덕 360 | |
| **팀** | 운영지원 | 체납추적1 | 체납추적2 | 부가1 | 부가2 | 소득1 | 소득2 |
| **팀장** | 이정미 241 | 장석준 441 | 조성훈 461 | 최은창 281 | 김동열 301 | 박병관 361 | 엄태영 381 |
| **국세<br>조사관** | | 유영근 442 | 오현정 261<br>김승국 462 | 구응서 282 | | 김동진(시)<br>남경희 362 | 유인식 382 |
| | 전운 242<br>문하나 243 | 이진희 443<br>김상용 444<br>윤정희 445<br>한경화 446<br>윤한미 447 | 권대웅 463<br>오연경 464<br>이해남 465<br>조은빈 466<br>홍대건 467 | 최병화 283<br>한수철 284<br>이남경 285<br>김준이(시)<br>이수지 286 | 이해자 302<br>조한정 303<br>문혁 304<br>최우성<br>최윤성 306 | 어윤제 363<br>홍보희 364 | 허진이 383<br>김지연 384 |
| | 신정무(운) 246 | 석혜원 448<br>신예슬 449 | 김가민 468<br>정다은 262<br>최영 469 | 노수지 287<br>임성연 288<br>정상아 289 | 윤일한 307<br>문가은(시)<br>노혜선 305<br>신나영 308 | 권희갑 365<br>이미지 366<br>이준규 367<br>김찬수 368<br>한상화 369 | 이수빈(시)<br>김가연 385<br>지창익 386 |
| | 이택민(방호)<br>247<br>박지성 244<br>김아영 245 | 김재홍 450 | 오지은 470 | 홍새로미 290 | 안광식 309<br>이지은 310 | 김지은 370<br>이준호 371 | 김서경 387<br>최병민 388<br>강성수 389 |
| **공무직** | 김윤희(비서)<br>202 | | | | | | |
| **FAX** | 321-8933 | 329-2687 | | 321-1627 | | 321-1251 | 321-1628 |

# 1등 조세회계 경제신문 조세일보

| 과 | 재산세과 | | | 법인세과 | | 조사과 | | 납세자보호담당관 | |
|---|---|---|---|---|---|---|---|---|---|
| 과장 | 이태균 500 | | | 조숙연 400 | | 박금철 640 | | 윤경 210 | |
| 팀 | 재산1 | 재산2 | 재산3 | 법인1 | 법인2 | 정보관리 | 조사 | 납세자보호 | 민원봉사 |
| 팀장 | 오경택 481 | 최인범 501 | 김병일 521 | 조창권 401 | 경재찬 421 | 김강산 641 | 엄선호 651 | 김영환 211 | 홍경 221 |
| 국세조사관 | 라영채 482 | | 최성도 522 | | 박제상 422 | | 임교진 654<br>윤종근 657<br>박희경 660 | 곽은희 212 | |
| | 정택준 483<br>이훈희 484<br>이창민 485<br>김민정 486 | 김창우 502<br>김민규 503<br>배진 504 | 장유경 523<br>전범수 524<br>이효나 528 | 김영지 402<br>황주성 403<br>김소은 | 김진태 423 | 안태준 642<br>김정진 692 | 김한선 655<br>김도희 658<br>천수현 661 | 김윤희 213<br>유준호 214 | 박영종<br>박지수 222 |
| | 나선(시) | 김해경(시)<br>류승혜 505<br>정예지 506 | 백소이 525<br>진향미 527 | 지영환 404<br>이소연 405<br>곽한울 406<br>이은정 407 | 류혜영 424<br>권이혁 425 | 조현정 643 | 최영진 652<br>정은지 653<br>박조이 659<br>장보수 662 | 송성희 215 | 이진희(시)<br>박수옥(시)<br>선수아(시)<br>하태욱 229<br>김예지 224<br>오현주225<br>박현명(시) |
| | 신수경 487<br>오동현 488 | 조병욱 507<br>최윤정 508 | 김태은 526<br>이한설 529 | 김경민 408 | 김소영 426<br>김혜경 427 | | 양준모 656 | | 김소연(시)<br>정현정 226 |
| 공무직 | | | | | | | | | |
| FAX | 321-1641 | | | 321-1626 | | 321-1643 | | 321-7210 | |

# 이천세무서

대표전화: 031-6440-200 / DID: 031-6440-OOO

서장: **김 성 한**
DID: 031-6440-201

| 주소 | 경기도 이천시 부악로 47(중리동) (우) 17380<br>여주민원실 : 경기도 여주시 세종로10 여주시청 2층 (우) 12619<br>양평민원실 : 경기도 양평군 양평읍 군청앞길2 양평군청1층 (우) 12554 | | | | | | | |
|---|---|---|---|---|---|---|---|---|

| 코드번호 | 126 | 계좌번호 | 130378 | 사업자번호 | |
|---|---|---|---|---|---|
| 관할구역 | 경기도 이천시, 여주시, 양평군 | | | 이메일 | icheon@nts.go.kr |

| 과 | 징세과 | | | 부가가치세과 | | 소득세과 | | 재산법인세과 | |
|---|---|---|---|---|---|---|---|---|---|
| 과장 | 한광인 240 | | | 강덕근 280 | | 김태진 520 | | 이오혁 400 | |
| 팀 | 운영지원 | 체납추적1 | 체납추적2 | 부가1 | 부가2 | 소득1 | 소득2 | 재산1 | 재산2 |
| 팀장 | 이영호 241 | 이용욱 441 | 이현주 461 | 김정식 281 | 송원기 301 | 박일환 521 | 권희숙 541 | 길요한 481 | 이은경 501 |
| 국세<br>조사관 | | 이기언 442 | 이종하 462 | | 김성훈 311<br>이중한 302 | | 박순철 542 | 박주열 482 | |
| | 양성봉 242<br>김양희 243 | 김환진 443<br>조덕상 444 | 인한용 463 | 이수덕 282<br>김성식 283<br>최강원 372<br>선승민 284<br>진현석 285 | 김아름 303<br>손석호 304<br>오광현 305 | 김의동 522<br>이상윤 523 | 연근영 543<br>송민섭 544 | 김태경 496<br>채상조 483<br>김용철 484<br>장인섭 485 | 허성훈 502<br>황용택 503 |
| | 이정구(운전) 246<br>김영삼(방호) 597<br>김두리 244 | 김승래 445<br>강현 446<br>남훈현 447 | 박현정 262<br>김성현 464<br>최혜정 263<br>유가현 465 | 이수정 286<br>방민주 287 | 권구성 306<br>유지원 307 | 정연주 524<br>예성민 525 | 이진서 545<br>김형준 546 | 남현두 486<br>정현위 487<br>이경원 488<br>곽보경 489 | |
| | 정보성 245 | 장혜지 448<br>강유정 449<br>정찬영 450 | 윤석영 466<br>정혜진 467 | 김나예 288<br>김기웅 289<br>김지훈 290 | 최재강 308<br>김재우 309<br>이경민 310 | 전병무 526<br>안윤석 527<br>김채연 528 | 한미희 547<br>손정서 548 | 박지우 490<br>남연경 491<br>윤우식 492<br>박혜원 493 | 채민재 506<br>이효원 504 |
| 공무직 | 이수연<br>이서현<br>태혜숙<br>문묘연 | | 김재윤 468 | 이현숙 297 | | 서강훈 529 | | | |
| FAX | 634-2103, 637-0142 | | | 637-3920,<br>638-0148 | | 637-4037, 0144 | | 638-8801 | |

| 과 | 재산법인세과 | | 조사과 | | 납세자보호담당관 | | | |
|---|---|---|---|---|---|---|---|---|
| 과장 | 이오혁 400 | | 김종학 640 | | 조영규 210 | | | |
| 팀 | 법인1 | 법인2 | 정보관리 | 조사 | 납세자보호 | 민원봉사 | 여주민원실 | 양평민원실 |
| 팀장 | 이광희 401 | 신호균 421 | 김수정 641 | 박상민 651 | 이만식 211 | 이준표 221 | | |
| 국세조사관 | | | | 김준오 654<br>김경현 657<br>이정수 660<br>이연화 652 | | 임병석 222<br>김안순(사무) 223 | | |
| 국세조사관 | 김기홍 402<br>시현민 403 | 박진호 422 | 이상근 642 | 홍제용 655<br>오아람 658<br>유제이 661<br>조영준 653 | 안인기 212<br>이승환 213 | 권기주 224<br>문선웅 225 | 강근영<br>883-8551 | 권현회<br>773-2100 |
| 국세조사관 | 윤민경 404 | 김훈민 423 | 양영진 643<br>이후인 644 | | | 이석임 226<br>도주현 227 | | 안광인<br>773-2100 |
| 국세조사관 | 서채은 405<br>석정훈 406<br>김강휘 407 | 송혜연 424<br>임민식 425<br>정은정 426 | 박석현 645 | 한재민 656<br>김현성 662<br>최세진 659 | 강준호 214 | | | |
| 공무직 | | | | | | | | |
| FAX | 634-2115 | | 644-0381 | | 632-8343 | 638-3878 | 883-8553 | 771-0524 |

# 평택세무서

대표전화: 031-6500-200 / DID: 031-6500-○○○

서장: **최 영 호**
DID: 031-6500-201

| 주소 | 경기도 평택시 죽백6로 6 (죽백동 796) (우) 17862 안성지서 : 경기 안성시 대덕면 중앙로 13 (대덕면) (우) 17545 | | | | | | | |
|---|---|---|---|---|---|---|---|---|
| 코드번호 | 125 | | 계좌번호 | 130381 | | 사업자번호 | | 125-83-00016 |
| 관할구역 | 경기도 평택시, 안성시 | | | | | 이메일 | | pyeongtaek@nts.go.kr |

| 과 | 징세과 | | | 부가가치세과 | | | 재산세과 | | |
|---|---|---|---|---|---|---|---|---|---|
| 과장 | 서민성 240 | | | 이창준 280 | | | 박정훈 500 | | |
| 팀 | 운영지원 | 체납추적1 | 체납추적2 | 부가1 | 부가2 | 부가3 | 재산1 | 재산2 | 재산3 |
| 팀장 | 이명훈 241 | 김영욱 441 | 임관수 461 | 정성곤 281 | 노명환 301 | 임병일 321 | 이우섭 481 | 이현균 501 | |
| 국세 조사관 | | 김혜선 442 | 한은정 262 이삼섭 462 | 조미영 282 | 강경래 302 | 김문환 322 권철균 | 주기영 482 | | 임승원 521 정효중 522 |
| | 배재학 242 | 김선 444 이승근 443 이경민 445 | 도종호 469 유다연 263 | 김보영 283 박수용 284 | 송주한 303 | 김서연 323 임유리 341 | 김수진(시) 김초희 483 박관중 484 이하나 485 | 최복기 502 정승용 503 | 김연광 523 김다희 524 박형기 525 |
| | 박유천 243 성유미 244 남덕희(방호) 247 정승기(운전) 246 | 권지용 446 장세원 447 | 이한나 463 임인혁 464 임우영 264 김지혜 465 | 강상희(시) 문창환 285 이혜인 286 김주환 287 전가람 288 손경미 289 | 김현경 304 최원익 305 서정원 306 | | 정예은 486 한성호 487 | 이채원 504 김태은 505 | 공영은 526 |
| | 안해준 245 | 이지현 448 안윤혜 449 강민기 450 윤희 451 하민정 452 | 조봉경 466 박만경 470 최윤진 467 이호용 468 | 김예은 290 송승종 291 | 이민정 307 김종천 308 손희지 309 | 차나리 324 조아라 325 이혜진 326 채민석 340 | | 안서윤 506 | |
| 공무직 | 임순이(전) 680 윤지현(비서) 202 강순자 정용남 송노화 | | | | | | | | |
| FAX | 658-1116 | 658-1107 | | 652-8226 | | | 655-4786, 7103 | | |

| 과 | 소득세과 | | 법인세과 | | 조사과 | | 납세자보호담당관 | | 안성지서(031-6190-2200) | | | |
|---|---|---|---|---|---|---|---|---|---|---|---|---|
| 과장 | 고병덕 360 | | 김시정 400 | | 최태형 640 | | 조병옥 210 | | 김훈 201 | | | |
| 팀 | 소득1 | 소득2 | 법인1 | 법인2 | 정보관리 | 조사 | 납세자보호실 | 민원봉사실 | 체납추적 | 납세자보호실 | 부가소득 | 재산법인 |
| 팀장 | 김진오 361 | 최종훈 381 | 송기원 401 | 황용연 421 | 정호성 641 | 정현표 651 | 정선아 211 | 양종렬 221 | 이수용 441 | 황지유 221 | 이충인 281 | 황우오 481 |
| 국세조사관 | 김미영 362 | 윤환 382 | | | | 김현미 654<br>이호광 657<br>변종희 660<br>안성호 663<br>안유진 666 | | | 박수열 442 | | 안정민 362 | 정인교 362 |
| | 권영빈 363 | 윤이슬 383 | 김정우 402<br>신영호 403<br>곽수진 404 | 우성식 422<br>이유미 423<br>김훈기 424 | 박재우 642<br>이예지 643 | 박영규 669<br>정세미 661<br>조강우 664<br>장재민 655<br>권소현 652<br>서가은 656<br>나희선 667 | 전진철 212<br>최현정 213<br>이정은 214 | 변광호 222<br>홍윤선 223<br>정지숙(시) 228<br>조상희 224 | 김기영 447<br>곽준옥 445<br>이규선 444 | | 최재광 282<br>최근형 363<br>원설희 283<br>김근한 285 | 윤미진 402<br>김유창 483<br>정준영 484<br>위성호 403 |
| | 김슬빛 364<br>이정표 365<br>김은정(시) | 전형정 384<br>박상희(시)<br>조성원 385<br>김준범 386 | 박일주 405<br>조소영 406<br>조학준 407 | | 박상흠 645<br>박태윤 644 | 이은서 653<br>최소영 670<br>이상은 662<br>조한우 658<br>조계호 671 | 정훈 215 | 최지우 225<br>김성룡 226<br>김용진 227<br>송정하(시) 228 | 서정아 446 | 우세진 222<br>이후돈 223 | 이현정 364<br>진나현 365 | 오병걸 485 |
| | 박찬호 366<br>임수민 367<br>권영서 368<br>정다움 369<br>민성희 370 | 이민주 387<br>김성욱 388 | 정문승 408<br>황혜미 409 | 김도현 425<br>김보현 426<br>김소현 427 | 우진원 646 | 최슬기 665<br>조현진 659<br>김민주 668 | | 안서진 229<br>황나경 230 | | 반영주(방호) 225 | 채준형 284<br>김다영 285<br>장현봉 366<br>손가영 367<br>강은희 286<br>이동환 287 | 강수현 486<br>이지영 404<br>김준혁 405<br>손새봄 406<br>이수환 407 |
| 공무직 | | | | | | | | | | 배명수 | | |
| FAX | 618-6234 | | 656-7113 | | 655-7112 | | 655-0196 | 656-7111 | 6190-2251 | 6190-2256 | 6190-2252 | 6190-2253 |

271

# 동화성세무서

대표전화: 031-9346-200 DID: 031-9346-OOO

서장 : **이 미 진**
DID: 031-9346-201

롯데백화점 ●
동탄역
동탄역롯데캐슬
아파트
● 동탄역시범더샵
센트럴시티1차아파트
● 동화성세무서

| 주소 | 경기도 화성시 동탄오산로 86-3 MK 타워 3,4,9,10,11층 (우) 18478<br>오산민원실 : 경기도 오산시 성호대로 141 오산시청 1층 (우) 18132 | | | | | | | |
|---|---|---|---|---|---|---|---|
| **코드번호** | 151 | | **계좌번호** | 027684 | | **사업자번호** | |
| **관할구역** | 경기도 오산시, 화성시 중<br>정남면·진안동·능동·기산동·반정동·병점동·반월동·배양동·기안동·황계<br>동·송산동·안녕동·반송동·석우동·청계동·영천동·중동·오산동·방교동·<br>금곡동·송동·산척동·목동·신동·장지동 | | | | | **이메일** | |

| 과 | 징세과 | | | 부가가치세과 | | | 소득세과 | |
|---|---|---|---|---|---|---|---|---|
| **과장** | 마동운 240 | | | 오승찬 280 | | | 이윤우 360 | |
| **팀** | 운영지원 | 체납추적1 | 체납추적2 | 부가1 | 부가2 | 부가3 | 소득1 | 소득2 |
| **팀장** | 한미자 241 | 나송현 441 | 김진수 461 | 최송엽 281 | 문창수 301 | 이숙정 321 | 윤희경 361 | 장현수 381 |
| **국세조사관** | | 전경선442 | 박남숙 | 박연우 282<br>백정화(사무)<br>296 | 황보람 302 | 유정희 322 | 나형욱 362 | 김현미 382 |
| | 김혜경 243<br>권선화 242<br>백진원(운전)<br>246 | 안순주 443<br>이도영 444<br>문강민 445<br>임혜영 446 | 김현진 462<br>최현숙 261<br>이재희 262<br>홍우환 463<br>김미란 464<br>이화경 465 | 하효연 283<br>신영민 284<br>오상택 285<br>장순임 286<br>김연호(시)<br>최은희(시) | 김선애 305<br>정현정 307<br>고윤석 309<br>최미정 303 | 김상현 323<br>정재훈 324<br>편정아 325 | 성지은 363<br>김승범 364<br>문종걸 365 | 김하강 383<br>김진환 384 |
| | | 이지연 447<br>박은지 448<br>한선희 449<br>유진선 450 | 송현정466 | 최두이 287 | 서혜수 310<br>김형준 306 | 임승용 330<br>김린 326 | 이혜리나(시)<br>김지영(시)<br>김형민 366<br>이정은 367<br>김은서 368 | 장혜미 385<br>박지영 386<br>김지연 387<br>김채린 388 |
| | 김찬기 244<br>임재빈 245<br>노성태(방호)<br>247 | 김지수 451 | 하상돈 467<br>김지혜 468 | 김수정 288<br>김채아 289 | 정희정 311<br>최윤석 304<br>남승훈 308 | 남유현 327<br>우수희 328<br>박새롬 329 | 김진화 369<br>박미림 370<br>신수영 371 | 왕혜연 389<br>최지은 390<br>유승현 391 |
| **공무직** | 김경선(비서)<br>202<br>김말순(미화)<br>강혜란(미화) | | | | | | | |
| **FAX** | 934-6249 | 934-6269 | | 934-6299 | | | 934-6379 | |

| 과 | 재산법인세과 | | | | 조사과 | | 납세자보호담당관 | |
|---|---|---|---|---|---|---|---|---|
| 과장 | 박진영 400 | | | | 유병선 640 | | 양정주 210 | |
| 팀 | 재산1 | 재산2 | 법인1 | 법인2 | 정보관리 | 조사 | 납세자보호 | 민원봉사 |
| 팀장 | 이재준 481 | 이영미 491 | 최윤회 401 | 주경관 421 | 이영태 641 | 윤석배 651 | 김현미 211 | 홍성권 221 |
| 국세조사관 | 김인철 482<br>이영은 483 | 김기배 492<br>나기석 493 | 김수현 402 | | | 김민희 654 | 류승우 212 | 김지영227 |
| 국세조사관 | 박서연 484<br>김소영(시)<br>신미애(시)<br>고빛나 485<br>김정희 486<br>최혁진 487<br>오진선 488 | 박미선 494 | 조은비 403<br>김정규 404<br>위장훈 405<br>이문희 406 | 선화영 422<br>박시현 423<br>김규혁 424<br>김민정 425 | 정경화 642<br>김태현 643 | 정웅교 657<br>박성현 660<br>조아라 652<br>이호수 655<br>현병연 658 | 김정은 213<br>정지현 214 | 이철우<br>김용선(시)<br>232<br>박수련 228<br>고민경 222 |
| 국세조사관 | 정두레 489<br>김혜인 490 | 신원정 495 | 문지은 407 | 이재훈 426<br>강민지 427 | | 양미란 661<br>김현석 656<br>고경아 653<br>어현서 662<br>홍다원 659 | 차지숙 215 | 이유림(시)<br>232<br>천소현(시)<br>231<br>김수진 224<br>김민경(시)<br>231 |
| 국세조사관 | 이은범 496<br>김온유 497<br>김정미 498 | | 정필윤 408<br>박서연 409<br>안정민 410 | 박성원 428<br>이명규 429<br>박진석 430 | 박은서 644 | | | 조은옥 223<br>피정빈 225<br>송승현 229 |
| 공무직 | | | | | | | | |
| FAX | 934-6479 | | 934-6419 | | 934-6649 | 934-6699 | 934-6219 | 934-6239 |

# 화성세무서

대표전화: 031-80191-200  DID: 031-80191-OOO

서장 : **정 순 범**
DID: 031-80191-201

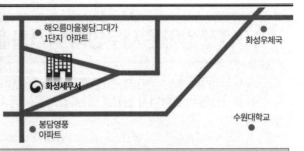

| 주소 | 경기도 화성시 봉담읍 참샘길 27(와우리 31-16) (우) 18321<br>남양민원실 : 화성시 남양읍 시청로 159 화성시청 1층 세정과 내 | | | | | |
|---|---|---|---|---|---|---|
| 코드번호 | 143 | 계좌번호 | | 018351 | 사업자번호 | |
| 관할구역 | 경기도 화성시 4개 읍, 8개 면과 새솔동 * 제외지역 : 정남면,<br>진안동, 능동, 기산동, 반정동, 병점1,2동, 반월동, 배양동, 기안동,<br>황계동, 송산동, 안녕동, 동탄1,2,3,4,5,6,7,8동(반송동, 석우동, 능동,<br>청계동, 영천동, 중동, 오산동, 방교동, 금곡동, 송동, 산척동, 목동,<br>신동, 장지동) | | | 이메일 | hwaseong@nts.go.kr | |

| 과 | 징세과 | | | | 부가소득세과 | | |
|---|---|---|---|---|---|---|---|
| 과장 | 조원희 240 | | | | 조영수 280 | | |
| 팀 | 운영지원 | 체납추적1 | 체납추적2 | 체납추적3 | 부가1 | 부가2 | 소득 |
| 팀장 | 정해란 241 | 서원상 441 | 박선영 451 | 박기택 461 | 하희완 281 | 주충용 291 | 김세훈 301 |
| 국세<br>조사관 | | 권현정 442 | 박근용 452 | 원은미 468<br>박병선 462 | 황순진(시) | 박준희 292 | 박민정(시) 312<br>윤윤숙 302 |
| | 유환동 242<br>김은애(전화)<br>258<br>김정은 243 | 김보름 443<br>김성미 444<br>이지현 445<br>김선이 446<br>박소연 447 | 정미애 457<br>최은수 453<br>이수민 454<br>최완규 458<br>문정희 455 | 인경훈 463<br>이영아 469<br>최정심 464<br>최성일 465 | 김은숙 282<br>김도경 283<br>박주연 284<br>김다람 285 | 박가영 293<br>강유나(시)<br>강지은 294<br>박은미 295<br>양승민 296 | 이진명(시) 313<br>서미경 303<br>허석룡 304<br>윤미영 305<br>김수현 306<br>이혜진 316 |
| | 이정환 244<br>정광현(운전) | 장지혜 448<br>임양미 449 | 김예지 456 | 정지윤 466 | 서예빈 286<br>김수종 287<br>임한섭 288<br>김남이 289 | 이다운 297<br>이수영 298<br>원계연 299<br>백해정(시) 300 | 고유진 307<br>정은주 308<br>황지환 309<br>박정민 310 |
| | 안정원(방호)<br>249<br>최승빈 245 | 이유영 450 | 송예람 459 | 이경규 467 | 권문경 290<br>이지원 314 | 주윤중 315 | 김현정 311 |
| 공무직 | 안명순(비서)<br>205 | | | | | | |
| FAX | 8019-8211 | | | | 8019-8257 | | 8019-8202 |

| 과 | 재산세과 | | 법인세과 | | 조사과 | | 납세자보호담당관 | |
|---|---|---|---|---|---|---|---|---|
| 과장 | 이낙영 480 | | 전봉준 400 | | 노중권 640 | | 조금식 210 | |
| 팀 | 재산1 | 재산2 | 법인1 | 법인2 | 정보관리 | 조사 | 납세자보호 | 민원봉사 |
| 팀장 | 강지윤 481 | 구규완 501 | 임희경 401 | 조규상 421 | 김성길 641 | 김현승 651 | 정은미 211 | 이길녀 221 |
| 국세조사관 | 김수정 482<br>한동훈(시) | 정직한 502 | | | | 박진규 654 | 최연주 212 | |
| | 심수경 483<br>신보경 484<br>배상용 485 | 남도영 503 | 박재윤 402<br>박유정 403<br>윤지은 404<br>윤주휘 405<br>문은식 406<br>한수정 407<br>최현영(시)<br>412<br>배정민 408 | 김태영 422<br>정태형 423<br>장주아 424<br>최정연 425<br>문희원(시)<br>431<br>전신희 426 | 이범수 682<br>곽진희 683 | 유홍재 657<br>양승규 660<br>장민수 658<br>김상민 655<br>박지혜 663 | 김수인 213<br>이경희 214 | 김정표 222<br>김정림 223 |
| | 이란희 486<br>이가령 487<br>이나래(시) | 정지수 504 | 김주찬 409 | 이재영 427<br>이지영 428<br>노주연 429 | 임아사(시)<br>642 | 김민정 652<br>송혜인 661<br>이재준 664<br>여원선 662 | | 이혜리(시)<br>방은미 224<br>송이(시)<br>최용호 225 |
| | | 장석화 505 | 석지원 410<br>김지원 411 | 고호경 430 | 이유정 643 | 장재희 653<br>김정은 656<br>김승주 659<br>이화섭 665 | | 강현규 226 |
| 공무직 | | | | | | | | |
| FAX | 8019-1758 | | 8019-8227 | 8019-8270 | 8019-8251 | | 8019-8245 | 8019-8231 |

# 강릉세무서

대표전화: 033-6109-200 / DID: 033-6109-OOO

 동부지방 산림청  강릉세무서  강릉 올림픽파크

강릉종합 운동장

서장: **권 경 환**
DID: 033-6109-201

| 주소 | 강원도 강릉시 수리골길 65 (교동) (우) 25473 | | | | |
|---|---|---|---|---|---|
| 코드번호 | 226 | 계좌번호 | 150154 | 사업자번호 | |
| 관할구역 | 강원도 강릉시, 평창군 중 대관령면, 진부면, 용평면, 정선군 중 임계면 | | | 이메일 | gangneung@nts.go.kr |

| 과 | 징세과 | | 부가소득세과 | | |
|---|---|---|---|---|---|
| 과장 | 강양구 240 | | 조예현 280 | | |
| 팀 | 운영지원 | 체납추적 | 부가1 | 부가2 | 소득 |
| 팀장 | 김재형 241 | 정의성 441 | 이인숙 281 | 최덕선 301 | 홍석의 361 |
| 국세조사관 | | 강근효(시) 261<br>김옥선(시) 261 | 김영숙 282 | 김동윤 302 | 함영록 362 |
| | 조상미 242<br>서동원 243<br>정하나 244<br>김성수(운전) 245 | 김연화 262<br>김종흠 442 | 조윤방 283<br>정나영 | 조현숙 303<br>박혜진 304<br>신진섭 305 | 박정수 363<br>김시윤 364<br>김병곤 365 |
| | 강태규(방호) 246 | 박찬웅 443 | 이서진 284 | | 전현주 366 |
| | | 임영선 444<br>장준혁 445<br>홍지수 446 | 김지운 285 | 남경민 306 | 김민재 367 |
| 공무직 | 최유성 666<br>김나윤 202<br>박희숙 247<br>박서정<br>오영주 | | | | |
| FAX | 641-4186 | 641-4185 | 646-8914 | | |

# 1등 조세회계 경제신문 조세일보

| 과 | 재산법인세과 | | 조사과 | | 납세자보호담당관 | |
|---|---|---|---|---|---|---|
| **과장** | 정국교 400 | | 김대옥 650 | | 김향일 210 | |
| **팀** | 재산 | 법인 | 정보관리 | 조사 | 납세자보호실 | 민원봉사실 |
| **팀장** | 신명진 481 | 김원경 401 | 문승덕 661 | 김진관 651<br>김민호 653 | 민현석 211 | 박선미 221 |
| **국세<br>조사관** | 김형수 482 | | | | 박미정 212 | |
| | 이신정 483<br>김가인 484 | 노용승 402<br>김민선 403<br>김산 404<br>안지훈 405<br>박일찬 406 | 함인한 662<br>김다영 | 권택만 654<br>정대환 656<br>유수현 652 | | 이주영(시) 222 |
| | | | | | | 유가량(시) 222<br>강민재 223<br>김지현 224 |
| | 육지원 485<br>박재민 486 | | 이진주 663 | | | |
| **공무직** | | | | | | |
| **FAX** | 648-2181 | | 646-8915 | | 641-2100 | 648-2080 |

# 삼척세무서

대표전화: 033-5700-200 / DID: 033-5700-OOO

서장: **최 승 일**
DID: 033-5700-201

교동
청솔아파트

신동아아파트

삼척세무서

삼척시
평생학습관

강부
아파트

| 주소 | | 강원도 삼척시 교동로 148 (우) 25924<br>태백지서 : 태백시 황지로 64 (우) 26021<br>동해민원봉사실 : 강원 동해시 천곡로 100-1 (천곡동) (우) 25769 | | | | |
|---|---|---|---|---|---|
| 코드번호 | 222 | 계좌번호 | 150167 | 사업자번호 | 142-83-00011 |
| 관할구역 | | 강원도 삼척시, 동해시, 태백시 | | 이메일 | samcheok@nts.go.kr |

| 과 | 징세과 | | | 세원관리과 | | |
|---|---|---|---|---|---|---|
| 과장 | 홍학봉 240 | | | 채상철 280 | | |
| 팀 | 운영지원 | 체납추적 | 조사 | 부가 | 소득 | 재산법인 |
| 팀장 | 김지현 241 | 유승현 441 | 권혁찬 651 | 김진희 281 | 탄정기 361 | 임무일 401 |
| 국세<br>조사관 | | 홍승영 442 | | 김정희 282 | 김범채 362 | 이충환 402 |
| 국세<br>조사관 | 윤하정 242<br>이현숙 244<br>전수만(운전) 247 | 육강일 443<br>임진묵 447 | 김광식 652<br>김은주 655 | 이성희 283 | 장현진 363 | 이덕종 481<br>전소희 482 |
| 국세<br>조사관 | 김유영(방호) 246 | 최정인 444 | | | | 이형석 403 |
| 국세<br>조사관 | 허성문 243 | 임재일 445 | 김용태 654<br>문준현 657<br>조재식 656 | 이정우 284<br>이하림 285<br>한현준 286 | 송재덕 364<br>채다빈 365<br>한지혜 366 | 조현희 404<br>김진경 483 |
| 공무직 | 이정옥(비서) 203<br>김필선 626<br>최유선 242 | | | | | |
| FAX | 574-5788 | 570-0668 | 570-0640 | 570-0408 | | |

| 과 | 납세자보호담당관 | | 태백지서(033-5505-200) | | |
|---|---|---|---|---|---|
| 과장 | 김삼수 210 | | 김선희 201 | | |
| 팀 | 납세자보호실 | 민원봉사실 | 납세자보호 | 부가소득 | 재산법인 |
| 팀장 | | 김태경 221 | | | 김영주 401 |
| 국세조사관 | | 정홍선(동해) | | 정경진 282<br>남영우 283 | |
| 국세조사관 | 김태민 211 | 장호윤(동해)<br>535-2100<br>이보라 222<br>조성용(동해)<br>532-2100<br>박미옥(사무) 223 | 이순정(사무) 222<br>안태길(방호) 242 | 박성준 284 | 박상언 482<br>형비오 481 |
| 국세조사관 | | | 김경록 223 | | |
| 국세조사관 | | | | 임호성 284<br>최민우 285 | |
| 공무직 | | | 조영미 364 | | |
| FAX | 574-6583<br>532-2161(동해) | | 552-9808 | 553-5140 | 552-2501 |

# 속초세무서

대표전화: 033-6399-200 / DID: 033-6399-OOO

서장: **신 현 석**
DID: 033-6399-201

속초청초 아파트 · 노학동 행정복지센터 · 속초시 생활체육관 · 속초세관
속초시보건소 ·
속초세무서
속초세관

| 주소 | 강원도 속초시 수복로 28 (교동) (우) 24855 | | | | |
|---|---|---|---|---|---|
| 코드번호 | 227 | 계좌번호 | 150170 | 사업자번호 | |
| 관할구역 | 강원도 속초시, 고성군, 양양군 | | | 이메일 | sokcho@nts.go.kr |

| 과 | 징세과 | | |
|---|---|---|---|
| 과장 | 김동식 240 | | |
| 팀 | 운영지원 | 체납추적 | 조사 |
| 팀장 | 이경열 241 | 서의성 441 | 최진석 651 |
| 국세<br>조사관 | | | 김광묵 652<br>이효경 653 |
| | 박용범 242<br>김민정(사무) 244 | 안승현 442 | 김정은 654 |
| | | 편수진 443<br>진누리 444 | |
| | 신종수(방호) 246<br>황효정 243 | 최현태 445<br>윤건주 446 | 김휘호 655 |
| 공무직 | 김수미 203<br>백귀숙 | | |
| FAX | 633-9510 | | 631-7920 |

# 재무인과 함께 걸어가겠습니다 '조세일보'

재무인에겐 조세일보를 읽는 사람과 읽지 않는 사람 두 종류의 사람만 있다.

| 과 | 세원관리과 | | | | 납세자보호담당관 | |
|---|---|---|---|---|---|---|
| 과장 | 김유학 280 | | | | 양희석 210 | |
| 팀 | 부가 | 소득 | 재산 | 법인 | 납세자보호실 | 민원봉사실 |
| 팀장 | 정회창 281 | 양성철 361 | 방용익 481 | 조성구 401 | | |
| 국세<br>조사관 | 최승철 282 | | 박상태 482 | | | |
| | 서지상 283<br>박원기<br>신혜민 284<br>유현정 285 | 김진만 362 | 장연숙 483 | 함귀옥 402<br>홍기범 403 | 박기태 212 | 김현성 222<br>조민경(시) 223 |
| | | | 김지윤 484 | 김상혁 404 | | |
| | 신효상 286<br>김호준 287<br>장윤정 288 | 신원식 363<br>이유진 364<br>김혜지 365 | 이한민 485 | 홍요셉 | | 양준혁 224 |
| 공무직 | | | | | | |
| FAX | 632-9523 | | 631-9243 | | 639-9670 | 632-9519 |

# 영월세무서

대표전화: 033-3700-200 / DID: 033-3700-OOO

서장: **방 선 아**
DID: 033-3700-201

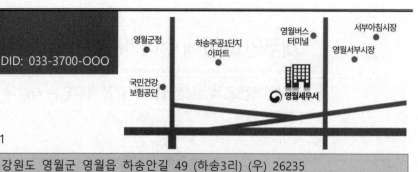

| 주소 | 강원도 영월군 영월읍 하송안길 49 (하송3리) (우) 26235 | | | | |
|---|---|---|---|---|---|
| 코드번호 | 225 | 계좌번호 | 150183 | 사업자번호 | |
| 관할구역 | 강원도 영월군, 정선군(임계면 제외), 평창군(평창읍, 미탄면) | | | 이메일 | yeongwol@nts.go.kr |

| 과 | 징세과 | | |
|---|---|---|---|
| 과장 | 신상희 240 | | |
| 팀 | 운영지원 | 체납추적 | 조사 |
| 팀장 | 채칠용 241 | 이미정 441 | 강인욱 651 |
| 국세<br>조사관 | 손희정 242 | 백윤용 442<br>심수현 443 | 최진규 652 |
| | 김선근 246<br>이영미(사무) 243<br>홍성대(방호) 244 | 정희정(사무) 445 | 강태진 653 |
| | 이종호(운전) 245 | | |
| | 박현우 247 | 연재연 444 | 송지협 654 |
| 공무직 | 신미정(비서) 203<br>우청자 | | |
| FAX | 373-1315 | | |

| 과 | 세원관리과 | | | 납세자보호담당관 | |
|---|---|---|---|---|---|
| 과장 | 전익선 280 | | | 원진희 210 | |
| 팀 | 부가소득 | 재산법인 | | 납세자보호실 | 민원봉사실 |
| | | 재산 | 법인 | | |
| 팀장 | 박태진 281 | 임영수 401 | | | |
| 국세<br>조사관 | 이세호 282<br>문민호 283<br>김재용 284 | | | 엄봉준 211 | 박형주(사북) |
| | 이우영 285 | 최경아 481 | 박애리 402 | | 김은희 221 |
| | | | 최경준 403 | | 윤한철 222 |
| | 김원민 286<br>김선영 287<br>오종현 288 | 은진우 482 | 하명진 404<br>장지영 405 | | |
| 공무직 | | | | | |
| FAX | 373-1316 | 373-2100 | | 373-3105 | |

# 원주세무서

대표전화: 033-7409-200 / DID: 033-7409-OOO

서장: **김 광 대**
DID: 033-7409-201

북원여자
고등학교

치악중학교

원주세무서

학성근린공원

단계동
행정복지센터

| 주소 | 강원도 원주시 북원로 (단계동) 2325 (우) 26411 | | | | |
|---|---|---|---|---|---|
| 코드번호 | 224 | **계좌번호** | 100269 | **사업자번호** | |
| 관할구역 | 강원도 원주시, 횡성군, 평창군 중 봉평면, 대화면, 방림면 | | | **이메일** | wonju@nts.go.kr |

| 과 | 징세과 | | | 부가소득세과 | | |
|---|---|---|---|---|---|---|
| 과장 | 김혜랑 240 | | | 김재준 280 | | |
| 팀 | 운영지원 | 체납추적1 | 체납추적2 | 부가1 | 부가2 | 소득 |
| 팀장 | 김태범 241 | 김남주 441 | 임순하 461 | 황상진 281 | 전소현 361 | 김석일 621 |
| 국세<br>조사관 | | 주승철 442 | 장광식 462<br>김중삼 463 | 김정희 282 | 노경민 362<br>권경훈 363 | 황일섭 622<br>김경일 623 |
| | 신정미 242<br>김병구(열관리)<br>245<br>지경덕(운전) 246 | 박승훈 443<br>강정민 444 | 엄은주(사무) 464 | 이동욱 283<br>김다빈 284 | 정재영 364<br>전영훈 365<br>진선미 366 | 윤정도<br>박순천 624<br>강명호 625<br>한혜영 626 |
| | 최성지 243<br>정의남(방호) 613 | 이종민 445 | 김아람 465<br>이송희 466 | 이원희 285<br>최연우 286<br>정슬기 287 | 한승일 367 | 홍석민 627 |
| | 신재희 244 | 김하은 446<br>이동언 447 | 양기태 467 | 윤은수 288 | 이상윤 368<br>김지은 369<br>최근보 370 | 정상헌 628<br>인소영<br>천세희 629<br>진윤영 631 |
| 공무직 | 권태희 247<br>박란희 251<br>최돈순 202<br>장현옥<br>박봉순 | | | | | |
| FAX | 746-4791 | | | 745-8336, 740-9635 | | |

# 10년간 쌓아온 재무인의 역사를 돌려드립니다 '온라인 재무인명부'

수시 업데이트 되는 국세청, 정·관계 인사의 프로필과 국세청, 지방청, 전국세무서, 관세청,
유관기관 등의 인력배치 현황을 볼 수 있는 온라인 재무인명부

1등 조세회계 경제신문 조세일보

| 과 | 재산법인세과 | | 조사과 | | 납세자보호담당관 | |
|---|---|---|---|---|---|---|
| 과장 | 윤영순 480 | | 원정재 650 | | 임태일 210 | |
| 팀 | 재산 | 법인 | 정보관리 | 조사 | 납세자보호실 | 민원봉사실 |
| 팀장 | 최중진 481 | 이순옥 401 | 이창열 691 | 이현규 651<br>최형지 654<br>이준 657 | 이부자 211 | 이수빈 221 |
| 국세<br>조사관 | 정윤선 482 | 김진영 402 | 김강주 692 | 박기우 655 | 이상민 212 | 임성혁 222<br>정호근 223<br>김경란 224 |
| | 임창현 483<br>이종훈 484<br>조영래 485 | 박연수 403<br>이형근 404<br>김상빈 405<br>김두영 406 | | 김보미 652<br>이진영 658 | 신민규 213 | 문주희(시) 225<br>박현주(시) 226<br>배수영 227 |
| | 정민수 486 | | 배설희 693 | 정병호 656 | 백윤헌 214 | 김천섭 228<br>김민주(임) 229 |
| | 김수환 487<br>김세원 488<br>김혜민 489<br>이수복 490 | 김주상 407<br>최영우 408<br>왕아림 409<br>박현서 410 | | 최은지 653 | | |
| 공무직 | | | | | | |
| FAX | 740-9420 | 740-9204 | 743-2630 | | 740-9220 | 740-9425 |

# 춘천세무서

대표전화: 033-2500-200 / DID: 033-2500-OOO

서장: **김 현 승**
DID: 033-2500-201

| 주소 | 강원도 춘천시 중앙로 115 (중앙로3가) (우)24358<br>화천민원실 : 강원도 화천군 화천읍 중앙로5길 5 (우) 24124<br>양구민원실 : 강원도 양구군 양구읍 관공서로 14 (우) 24523 | | | | |
|---|---|---|---|---|---|
| 코드번호 | 221 | 계좌번호 | 100272 | 사업자번호 | 142-83-00011 |
| 관할구역 | 강원도 춘천시, 화천군, 양구군 | | | 이메일 | chuncheon@nts.go.kr |

| 과 | 징세과 | | 부가소득세과 | | |
|---|---|---|---|---|---|
| 과장 | 김지태 240 | | 노수진 280 | | |
| 팀 | 운영지원 | 체납추적 | 부가1 | 부가2 | 소득 |
| 팀장 | 이연호 241 | 진봉균 441 | 강동훈 281 | 정영훈 301 | 유인호 361 |
| 국세<br>조사관 | | 김경훈 442<br>김여경 443 | 이건일 282 | 김화완 302<br>이성삼 303 | 홍재욱 362 |
| | 이지혜 242<br>김미경(사무) 244<br>김세호(운전) 245 | 박찬영 444<br>노정민 445<br>김태화 450 | 박현경 283<br>박경미 284 | 강양우 304 | 김다연 363<br>최혁 364<br>박세근 365 |
| | 지정훈(방호) 246<br>좌길훈 247<br>조정연 243 | 차지훈 446 | | | 김성민 366<br>우문연 367 |
| | | 김태기 447<br>양재한 448<br>김설빈 449 | 이홍준 285<br>진수민 286 | 박채영 305<br>김나휘 306 | 안양순 368<br>남궁은 369<br>방휘연 370 |
| 공무직 | 백진주 202<br>오점순<br>이명숙 | | | | |
| FAX | 252-3589 | | 257-4886 | | |

| 과 | 재산법인세과 | | 조사과 | | 납세자보호담당관 | |
|---|---|---|---|---|---|---|
| 과장 | 김경돈 400 | | 박대현 640 | | 김광용 210 | |
| 팀 | 재산 | 법인 | 정보관리 | 조사 | 납세자보호실 | 민원봉사실 |
| 팀장 | 김영빈 481 | 이경자 401 | 정봉석 651 | 강문자 652<br>홍기남 653 | 김훈태 211 | 유광선 221 |
| 국세<br>조사관 | 심종기 486<br>윤동호 482<br>조준기 483 | 조성문 402<br>최상재 403 | 박건준 692 | 남상준 654 | 정재상 212 | 변대원 224<br>이창호(화천)<br>윤상락(양구)<br>강영화(시) 223 |
| | 이은규 484 | 최호영 404<br>이윤형 405 | 김달님 656 | | 진보람 213 | 황재연 225<br>정선애(시) 223 |
| | 전인지 485 | | | | | 윤혜원 226<br>김소윤 227 |
| | 이현란 487<br>권승소 488 | 백미연 406 | | 임경수 655<br>김주은 657 | | |
| 공무직 | | | | | | |
| FAX | 244-7947 | | 254-2487 | | 252-3793 | 252-2103 |

# 홍천세무서

대표전화: 033-4301-200 / DID: 033-4301-OOO

서장: **안 수 아**
DID: 033-4301-201

무궁화공원　청솔아파트　느티나무 어린이공원

홍천읍 생활체육공원　홍천세무서　홍천생명 건강과학관

| 주소 | 강원도 홍천군 홍천읍 생명과학관길 50 (연봉리) (우) 25142<br>인제민원실 : 강원도 인제군 인제읍 비봉로 43 인제종합터미널 내 (우) 24635 | | | | |
|---|---|---|---|---|---|
| 코드번호 | 223 | 계좌번호 | 100285 | 사업자번호 | |
| 관할구역 | 강원도 홍천군, 인제군 | | | 이메일 | hongcheon@nts.go.kr |

| 과 | 징세과 | | |
|---|---|---|---|
| 과장 | 신영웅 240 | | |
| 팀 | 운영지원 | 체납추적 | 조사 |
| 팀장 | 김용진 241 | 김두수 441 | 김완종 651 |
| 국세<br>조사관 | | | 김국성 652 |
| | 이남호 242<br>임재영(방호) 244 | 정석환 442<br>유원숙 443<br>임현석 444 | 손선수 654 |
| | 민영규(운전) 245 | 곽락원 445 | |
| | 이난주 243 | | |
| 공무직 | 허미경(비서) 202<br>박미자(미화) | | |
| FAX | 433-1889 | | |

288

| 과 | 세원관리과 | | | | 납세자보호담당관 | |
|---|---|---|---|---|---|---|
| 과장 | 최경화 280 | | | | 이춘호 210 | |
| 팀 | 부가소득 | | 재산법인 | | 납세자보호실 | 민원봉사실 |
| | 부가 | 소득 | 재산 | 법인 | | |
| 팀장 | 남정림 281 | | 이현무 401 | | 남호규 211 | |
| 국세<br>조사관 | 석장수 282<br>박원규 283 | | 김경숙 482<br>최성희 483<br>황인범 484 | 김진수 402 | | 최병용(시) 222<br>정의숙 221 |
| | | 이금연 302<br>안진경 303 | 김동련 485 | 김민비 403 | | 이병규(인제)<br>461-2105 |
| | | | | | | |
| | 이걸 284<br>문성원 285<br>강태현 285 | 권혜경 304 | | 박승찬 404 | | 김영현 223 |
| 공무직 | | | | | | |
| FAX | 434-7622 | | | | 435-0223 | |

# 인천지방국세청
# 관할세무서

# 인천지방국세청

| | |
|---|---|
| 주소 | 인천광역시 남동구 남동대로 763 (구월동)<br>(우) 21556 |
| 대표전화 & 팩스 | 032-718-6200 / 032-718-6021 |
| 코드번호 | 800 |
| 계좌번호 | 027054 |
| 사업자등록번호 | 1318305001 |
| e-mail | incheonrto@nts.go.kr |

## 청장　　　　김국현

(D) 032-718-6201

비　서　　이영실　　　　(D) 032-718-6202

| | | |
|---|---|---|
| 성실납세지원국장 | 반재훈 | (D) 032-718-6400 |
| 징세송무국장 | 김충순 | (D) 032-718-6500 |
| 조사1국장 | 박근재 | (D) 032-718-6600 |
| 조사2국장 | 김봉규 | (D) 032-718-6800 |

# 인천지방국세청

대표전화: 032-7186-200 / DID: 032-718-OOOO

청장: **김 국 현**
DID: 032-7186-201

한국씨티은행
예술회관역
인천경찰청
구월여자중학교
금화오피스텔
방한빌딩
인천지방국세청
길병원사거리

| 주소 | 인천광역시 남동구 남동대로 763 (구월동) (우) 21556 | | | | |
|---|---|---|---|---|---|
| 코드번호 | 800 | 계좌번호 | 027054 | 사업자번호 | 1318305001 |
| 관할구역 | 인천권(인천, 김포, 부천, 광명), 경기 북부권(의정부, 양주, 포천, 동두천, 연천, 철원, 고양, 파주)(관내 세무서 : 인천,북인천,서인천,남인천,연수,김포,부천,남부천,의정부,포천,고양,동고양,파주,광명) | | 이메일 | | incheonrto@nts.go.kr |

| 과 | 운영지원과 | | | 감사관 | |
|---|---|---|---|---|---|
| 과장 | 조민호 6240 | | | 김민 6310 | |
| 팀 | 인사 | 행정 | 경리 | 감사 | 감찰 |
| 팀장 | 이동훈 6242 | 공원재 6252 | 현선영 6262 | 김민수 6312 | 최병재 6322 |
| 국세조사관 | 송충호 6243 | 박창환 6253<br>최수지 6254 | 김효진 6263 | 이진호 6313<br>박지원 6314<br>박우영 6315 | 추원옥 6323<br>박상영 6324<br>심주용 6325 |
| | 이승우 6244<br>이태곤 6245<br>이근호 6246<br>배성혜 6247<br>김영호 6248 | 조혜민(시설) 6256<br>진승철 6257<br>김한나 6258<br>이민훈 6259<br>나종일 6255 | 조혜진 6264<br>이준형 6265 | 공민지 6316<br>서경석 6317<br>송보라 6319 | 이영수 6326<br>이동락 6327<br>여현정 6328<br>배경은 6329 |
| | 박주희 6249<br>정호영 6250 | 홍성준 6260<br>김주아 6273<br>김예슬 6274 | 김한범 6266<br>김소윤 6267 | | 송영지 6330 |
| | | 서동천(방호) 6281<br>이희범(방호) 6282<br>양승훈(운전) 6286<br>박지훈(운전) 6283<br>김준수(운전) 6287 | | | |
| 공무직 | | 이영실 6202<br>허유나 6241<br>여옥희 6284<br>이정희 6285 | | | |
| FAX | 718-6022 | 718-6021 | 718-6023 | 718-6025 | 718-6026 |

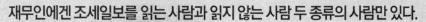

# 재무인과 함께 걸어가겠습니다 '조세일보'

재무인에겐 조세일보를 읽는 사람과 읽지 않는 사람 두 종류의 사람만 있다.

1등 조세회계 경제신문 조세일보

| 국 | | | | 성실납세지원국 | | | | | | |
|---|---|---|---|---|---|---|---|---|---|---|
| 국장 | | | | 반재훈 6400 | | | | | | |
| 과 | 납세자보호담당관 | | | 부가가치세과 | | | 소득재산세과 | | | |
| 과장 | 이규열 6350 | | | 김성동 6401 | | | 김현호 6431 | | | |
| 팀 | 보호 | 심사 | 공항납세지원 | 부가1 | 부가2 | 소비세 | 소득 | 재산 | 복지세정1 | 복지세정2 |
| 팀장 | 고선혜 6352 | 이진아 6362 | | 김은정 6402 | 방성자 6412 | 구수정 6422 | 오수미 6432 | 류경아 6452 | 안성경 6462 | 조진동 6392 |
| 국세조사관 | 이병용 6353 | | | | | | | | | |
| 국세조사관 | 이상수 6354 김민경 6355 | 윤애림 6363 이선 6364 이연수 6365 정지은 6366 김경애 6367 | | 백찬주 6403 정다은 6404 유남렬 6505 | 김용학 6413 김성재 6414 | 이영옥 6423 이재훈 6424 | 변성경 6433 전지연 6434 강경호 6435 | 이현준 6453 김경미 6454 김준영 6455 진영근 6456 | 정현정 6463 한상재 6464 | |
| 국세조사관 | 신혜란 6356 윤지원 6357 | 곽승훈 6368 | 남관덕 6163 박진아 6164 | 윤주영 6406 반재욱 6407 | 김홍경 6415 이다은 6416 | 김하얀 6425 최경화 6426 | 배윤정 6437 장엄지 6436 | 김종주 6457 | | 선경식 6393 |
| 공무직 | | | | 김청희 6499 | | | | | | |
| FAX | 718-6027 | 718-6028 | | 718-6029 | | | 718-6030 | | | |

293

DID : 032-718-OOOO

| 국 | 성실납세지원국 | | | | | | | |
|---|---|---|---|---|---|---|---|---|
| 국장 | 반재훈 6400 | | | | | | | |
| 과 | 법인세과 | | | | 정보화관리팀 | | | |
| 과장 | 김홍식 6471 | | | | 최윤미 6101 | | | |
| 팀 | 법인세1 | 법인세2 | 법인세3 | 법인세4 | 지원 | 보안감사 | 정보화1 | 정보화2 |
| 팀장 | 김영수 6472 | 송숭 6482 | 강혜진 6488 | 이은섭 6493 | 안형수(전) 6102 | 김용우(전) 6112 | 김경민(전) 6121 | |
| 국세조사관 | | | | | 조광진(전) 6103 | | | |
| 국세조사관 | 김혜윤 6473 한지연 6474 홍준경 6475 | 전유영 6483 윤지희 6484 | 김지수 6489 손태영 6490 | 김우현 6494 오영 6495 | 조은정(전) 6104 | 김덕교 6113 신의현(전) 6116 | 배효정 6122 김한나 6136 정미경(사무) 6138 한연주(사무) 6128 김복임(사무) 6129 김진희(사무) 6130 | 추은정 6142 조정자(사무) 6147 최명순(사무) 6148 김정희(사무) 6137 권정숙(사무) 6149 |
| 국세조사관 | 김선영 6476 김태용 6477 김지혁 6478 | 이다영 6485 가준섭 6486 | 이은정 6491 | 백다정 6496 | 남은빈 6105 섭지수 6106 | 정보길 6114 | 김송정 6124 박혜선 6125 정지연 6126 | 김영아 6143 조연화 6145 |
| 국세조사관 | | | | | | | | 조영상(전) 6146 |
| 공무직 | | | | | | | | |
| FAX | 718-6031 | | | | 718-6032 | | | |

# 1등 조세회계 경제신문 조세일보

| 국실 | 징세송무국 | | | | | | | |
|---|---|---|---|---|---|---|---|---|
| 국장 | 김충순 6500 | | | | | | | |
| 과 | 징세과 | | 송무과 | | | | 체납추적과 | |
| 과장 | 정철화 6501 | | 길수정 6541 | | | | 김민수 6571 | |
| 팀 | 징세 | 체납관리 | 총괄 | 법인 | 개인 | 상증 | 추적관리 | 추적 |
| 팀장 | 이기련 6502 | 안세연 6512 | 김진우 6542 | 이창현 6546 | 이정희 6550 | 이강연 6558 | 김관홍 6572 | 황미영 6582 |
| 국세조사관 | 한송희 6503 | | | 이주영 6247<br>윤현호(임)<br>6558 | 이승은(임)<br>6551 | 심재익(임)<br>6559 | | |
| | 김복래 6505<br>인윤경 6504 | 현보람 6513<br>김향주 6514<br>이지연 6515 | 양홍철 6543<br>이종찬 6544 | 윤은 6549 | 문성희 6552<br>홍석희 6553<br>박태완 6554<br>차일현 6555 | 이아름 6560<br>김재윤 6561 | 서유진 6573<br>홍지아 6574<br>김용민 6575<br>노상우 6576 | 채미옥 6583<br>이준희 6584<br>양이곤 6585<br>임진혁 6586 |
| | 박슬기 6506<br>현유진 6507 | 이문형 6516 | 하수정 6545 | | 조다인 6556 | | 박효은 6577<br>박진실 6578<br>박세윤 6579 | 주소미 6587<br>김혜성 6588<br>유승현 6589<br>김은송 6590 |
| 공무직 | 구청수 6599 | | | | | | | |
| FAX | 718-6033 | | 718-6034 | | | | 718-6035 | |

**DID : 032-718-OOOO**

| 국실 | 조사1국 | | | | | | | | | |
|---|---|---|---|---|---|---|---|---|---|---|
| 국장 | 박근재 6600 | | | | | | | | | |
| 과 | 조사관리과 | | | | | | 조사1과 | | | |
| 과장 | 우철윤 6601 | | | | | | 김동형 6651 | | | |
| 팀 | 1 | 2 | 3 | 4 | 5 | 6 | 조사1 | 조사2 | 조사3 | 조사4 |
| 팀장 | 김정대 6602 | 임준일 6612 | 정홍주 6622 | 박수진 6632 | 김지영 6642 | 박종석 6772 | 배동희 6652 | 유대현 6662 | 김대범 6672 | 이수진 6682 |
| 국세조사관 | | 문제출(임) 6613 | | | | | | | | |
| 국세조사관 | 김명경 6603<br>권혁준 6604<br>박창현 6605<br>유홍근 6606 | 권병묵 6614<br>박선미 6615 | 김가람 6623<br>남은정 6624<br>이선행 6625<br>방미경 6626 | 이슬비 6634<br>이정문 6635<br>이용주 6633<br>김수정1 6636 | 이재춘 6643<br>정구휘 6644<br>김규원 6645<br>유진영 6646 | 방경섭 6773 | 전연주 6653<br>전현정 6654<br>고대근 6655<br>박준식 6656 | 조원석 6663<br>이광환 6664<br>손종대 6665 | 고영주 6673<br>우은혜 6674<br>정지명 6675 | 전준호 6683<br>김혜연 6684<br>김진아 6685 |
| 국세조사관 | 정혜인 6607 | 주보영 6616<br>김준철 6617 | 한수지 6627<br>최상연 6628 | 서문영 6637<br>고동현 6638<br>노종대 6639 | 정기주 6647 | | 박수지 6657 | 송채영 6666 | 이진우 6676<br>박유라 6677 | 최유성 6686 |
| 공무직 | 함미란 6799 | | | | | | | | | |
| FAX | 718-6036 | | | | | | 718-6037 | | | |

| 국실 | 조사1국 | | | | | | 조사2국 | | | |
|---|---|---|---|---|---|---|---|---|---|---|
| 국장 | 박근재 6600 | | | | | | 김봉규 6800 | | | |
| 과 | 조사2과 | | | 조사3과 | | | 조사관리과 | | | |
| 과장 | 이지훈 6701 | | | 김동진 6741 | | | 유경원 6801 | | | |
| 팀 | 조사1 | 조사2 | 조사3 | 조사1 | 조사2 | 조사3 | 1 | 2 | 3 | 4 |
| 팀장 | 최현 6702 | 양숙진 6712 | 박진석 6722 | 이영진 6742 | 김생분 6752 | 임태호 6762 | 이기수 6802 | 김미나 6812 | 최창현 6822 | 김한진 6832 |
| 국세조사관 | 김보나 6703<br>김명진 6704<br>조현지 6705<br>황인성 6706 | 박좌준 6713<br>우진하 6714<br>조초희 6715 | 김수정 6723<br>정도령 6724<br>이연주 6725 | 김봉완 6743<br>장선영 6744<br>김태진 6745 | 이규의 6753<br>임은식 6754<br>조현준 6755 | 박정은 6763<br>박일호 6764<br>윤재현 6765 | 김재철 6803<br>이혜경 6804 | 유성훈 6813<br>박일수 6814<br>안주희 6815 | 남일현 6823<br>김동준 6825 | 박인제 6833<br>강성민 6834<br>이익진 6835<br>이아연 6836<br>김현경 6837 |
| | 채희문 6707 | 전홍근 6716<br>이민지 6717 | 김도협 6726 | 여의주 6746<br>정지연 6747 | 황정하 6756<br>이주환 6757 | 강현창 6766 | 이재민 6805<br>안수지 6806<br>강현우 6807 | 원규호 6816 | 오경선 6827<br>오수현 6824 | 윤지현 6838<br>오재경 6839 |
| 공무직 | | | | | | | 유영미 6999 | | | |
| FAX | 718-6038 | | | 718-6039 | | | 718-6040 | | | |

DID : 032-718-OOOO

| 국실 | 조사2국 | | | | | | | | | |
|---|---|---|---|---|---|---|---|---|---|---|
| 국장 | 김봉규 6800 | | | | | | | | | |
| 과 | 조사1과 | | | | | 조사2과 | | | | |
| 과장 | 최현진 6851 | | | | | 배호기 6901 | | | | |
| 팀 | 조사1 | 조사2 | 조사3 | 조사4 | 조사5 | 조사1 | 조사2 | 조사3 | 조사4 | 조사5 |
| 팀장 | 윤경주 6852 | 강신준 6862 | 김상윤 6872 | 엄의성 6882 | 김훈 6892 | 박근엽 6902 | 김병찬 6912 | 문인섭 6922 | 조용식 6932 | 김하성 6942 |
| 국세 조사관 | 권기완 6853 안재현 6854 | 남현철 6863 전세진 6864 | 장선정 6873 김보경 6874 | 이규호 6883 | 조현국 6893 | 신창영 6903 용진숙 6904 | 김상진 6913 장성진 6914 | 김동현 6923 박소정 6934 | 박미진 6933 조혜정 6934 | 김성록 6943 김영숙 6944 |
| | 강한얼 6855 복지현 6856 | 전원진 6865 | 김대범1 6875 | 신지은 6884 윤혜미 6885 | 문영미 6894 고유나 6895 | 홍영호 6905 김영재 6906 | 송지원 6915 조윤영 6916 | 심한보 6925 | 유준상 6935 | 한완상 6945 |
| 공무직 | | | | | | | | | | |
| FAX | 718-6041 | | | | | 718-6042 | | | | |

298

재무인의 가치를 높이는 변화

# 조세일보 정회원

**온라인 재무인명부** — 수시 업데이트되는 국세청, 정·관계 인사의 프로필, 국세청, 지방국세청, 전국 세무서, 관세청, 공정위, 금감원 등 인력배치 현황

**예규·판례** — 행정법원 판례를 포함한 20만 건 이상의 최신 예규, 판례 제공

**구인정보** — 조세일보 일평균 10만 온라인 독자에게 구인 정보 제공

**업무용 서식** — 세무·회계 및 업무용 필수서식 3,000여 개 제공

**세무계산기** — 4대보험, 갑근세, 이용자 갑근세, 퇴직소득세, 취득/등록세 등 간편 세금계산까지!

**묶음 상품**

**개별 상품**

### 정회원 기본형

유료기사 + 문자서비스
+
온라인 재무인명부 + 구인정보

= 15만원 / 연

### 정회원 통합형

정회원 기본형
+
예규·판례

= 30만원 / 연

온라인 재무인명부

= 10만원 / 연

구인정보

= 10만원 / 연

※ 자세한 조세일보 정회원 서비스 안내 http://www.joseilbo.com/members/info/

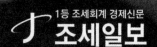

1등 조세회계 경제신문
조세일보

# 남동세무서

대표전화: 032-4605-200 / DID: 032-4605-OOO

서장: **홍 순 택**
DID: 032-4605-201

전기자동차 충전소

인천터미널역

인천종합 터미널

남동세무서

인천남동 경찰서

| 주소 | 인천광역시 남동구 인하로 548 (구월동 1447-1) (우) 21582 | | | | | |
|---|---|---|---|---|---|---|
| 코드번호 | 131 | 계좌번호 | 110424 | 사업자번호 | 131-83-00011 | |
| 관할구역 | 인천시 남동구 | | | 이메일 | namincheon@nts.go.kr | |

| 과 | 징세과 | | | 부가가치세과 | | 소득세과 | |
|---|---|---|---|---|---|---|---|
| 과장 | 정진원 240 | | | 채지현 280 | | 김영노 360 | |
| 팀 | 운영지원 | 체납추적1 | 체납추적2 | 부가1 | 부가2 | 소득1 | 소득2 |
| 팀장 | 김혜진 241 | 진경철 441 | 정경돈 461 | 송우경 281 | 김유경 301 | 정종천 361 | 손의철 381 |
| 국세조사관 | | | | | | 김용철(시간) 298 | |
| | 유선정 242 민경준 243 이일환(운전) 246 | 김대영 442 박소혜 443 | 이진숙 262 최종욱 470 노연숙 462 양성철 463 | 양경애 282 이호정 283 도승호 284 | 김은주 302 신동진 303 유지현 304 안은정(시간) 297 | 권은경 362 박정진 363 이재현 369 | 함상현 382 이하경 383 정선영 384 |
| | | 유선영 444 전유완 445 | 김진희(시간) 264 이혜미 471 서은지 464 | 김관우 285 이예슬 286 최윤정 287 | 임지민 305 조남명 306 임광빈 307 박세영 308 | 박경완 364 김태화 365 | 최이진 385 황경서(시간) 298 |
| | 강다연 244 유광열 245 김선근(방호) 247 | 김혜정 446 송길웅 447 함송희 448 박다인 449 | 김민중 신희라 263 오담인 465 | 김혜영(시간) 297 윤종혁 288 윤다은 289 김태규 290 김연주 291 이효승 292 | 장슬빈 309 주민희 310 | 서지형(시간) 366 송치성 367 정윤환 368 | 서세형 386 김규희 387 정유희 388 |
| 공무직 | 장정순 202 이미영 370 김귀희 정화자 | | | | | | |
| FAX | 463-5778 | | | 461-0658 | | 461-0657, 3291, 3743 | |

| 과 | 재산법인세과 | | | | 조사과 | | 납세자보호담당관 | |
|---|---|---|---|---|---|---|---|---|
| 과장 | 김월웅 400 | | | | 이율배 640 | | 김용웅 210 | |
| 팀 | 재산1 | 재산2 | 법인1 | 법인2 | 정보관리 | 조사 | 납세자보호 | 민원봉사실 |
| 팀장 | 유재식 481 | 조성덕 522 | 김은기 401 | 류수현 411 | 강선영 641 | 배성수 657 | 김순영 211 | 한덕우 221 |
| 국세조사관 | | 윤양호 523 | 박장수 402 | | 김치호 691 | 배인수 656<br>이경석 652<br>고현호 653<br>고정주 655 | 고배영 212 | 김영미 222 |
| 국세조사관 | 이지숙 482<br>차세원 483 | 이창우 524<br>최민경 525 | 신경섭 403 | 장재웅 412<br>김향숙 413 | 최지민 642<br>이서연 643 | 조재희 663<br>이신숙 658 | 하정욱 213 | 이찬수 223 |
| 국세조사관 | 임자혁 484<br>최보미 485<br>한혜진 486<br>박민희(시간)<br>251<br>김현지 487<br>정희수 488 | | 김주희 404<br>변정연 405 | 이경혜 414<br>김태희 415 | | 김성영 665 | 이상곤 214 | 김유경 224<br>이지안 225<br>윤수인(시간)<br>228<br>이주은(시간)<br>229<br>최연주 226 |
| 국세조사관 | | | 이은지 406<br>김해리 407 | 김나은 416 | | 윤정현 659<br>노마로 654 | 서문경 215 | 이기택 227 |
| 공무직 | 박은주 490 | | | | | | | |
| FAX | 464-3944, 461-6877 | | | | 462-4232, 471-2101 | | 463-7177, 461-2613 | |

# 서인천세무서

대표전화: 032-5605-200 / DID: 032-5605-OOO

서장: **김 성 철**
DID: 032-5605-201

| 주소 | 인천광역시 서구 청라사파이어로 192 (우) 22758 | | | | |
|---|---|---|---|---|---|
| 코드번호 | 137 | 계좌번호 | 111025 | 사업자번호 | 137-83-00019 |
| 관할구역 | 인천광역시 서구 | | | 이메일 | seoincheon@nts.go.kr |

| 과 | 징세과 | | | 부가가치세과 | | | 소득세과 | |
|---|---|---|---|---|---|---|---|---|
| **과장** | 김민완 240 | | | 유현인 280 | | | 김봉섭 620 | |
| **팀** | 운영지원 | 체납추적1 | 체납추적2 | 부가1 | 부가2 | 부가3 | 소득1 | 소득2 |
| **팀장** | 신희명 241 | 김기식 441 | 서위숙 461 | 한세영 281 | 박한중 301 | 장기승 321 | 고민수 361 | 송승용 621 |
| **국세<br>조사관** | 임은영(사무)<br>244 | 임경순 442 | 조은희 462 | | 조종식 302 | 김세영 322 | | |
| | 안국찬 242 | 한인정 443<br>윤도현 444<br>이동열(시간)<br>551<br>노재훈 445 | 전영출 462<br>이주희 463<br>정미영 464 | 최석운 282<br>백장미 283 | 강인행 303<br>이은석(시간)<br>김봉재 304 | 문하림 323<br>천수진(시간)<br>천현창 324<br>김준희 325 | 박일수 362<br>김태훈 363<br>이송이 364 | 김정기 622<br>송윤미 623 |
| | 김다영 243<br>이성엽(운전)<br>이영도(방호)<br>615 | 차지연<br>이승형 446<br>최윤석(시간)<br>551<br>고설민 448 | 엄장원 471<br>장진아 261<br>여수민 465<br>이연경 262<br>김정환 466 | 유정훈 284<br>김지숙 285<br>박미리<br>안수민 286 | 곽동훈 305 | 김규호 326<br>김영훈 327 | 홍윤석 365<br>김하원 366 | 안소영 624<br>조가영(시간)<br>채명훈 625 |
| | 최건호 246<br>김하운 245 | 황윤영 450<br>권순환 451 | 조혜인 467<br>김성민 469 | 박유리 287<br>라윤상 288<br>오윤미 289<br>조주형 290 | 심자민 306<br>장유림 307<br>홍영유 308<br>최진영 309<br>이용환 310 | 신연주 328 | 유동재(시간)<br>김현민 367<br>심은지 368<br>신채원 369<br>김승원 370 | 임연우 626<br>소진영 627<br>이동광 628<br>신기완 629<br>한은정 630<br>김태욱 631 |
| **공무직** | 노현주 202 | | | | | | | |
| **FAX** | 561-5995 | | | 561-4144 | | | 562-8210 | |

| 과 | 재산법인세과 | | | | 조사과 | | 납세자 보호담당관 | |
|---|---|---|---|---|---|---|---|---|
| 과장 | 고현 400 | | | | 오태진 640 | | 이경모 210 | |
| 팀 | 재산1 | 재산2 | 법인1 | 법인2 | 정보관리 | 조사 | 납세자보호 | 민원봉사실 |
| 팀장 | 김화정 481 | 박민규 501 | 신민철 401 | 조성리 421 | 문현 641 | 임옥규 651 | 조상현 211 | 이순모 221 |
| 국세조사관 | 최광민 482 | | 이병노 402 | 이승환 422 | | 강석균 654<br>이용희 657<br>채송화 660<br>김동진 663 | 김슬기 212 | |
| | 김동열 483<br>이혜영 484<br>장은용(시간) 485<br>국봉균 485<br>정도진 486 | 고명훈 502<br>이영선 503 | 김민형 403<br>정승훈 405 | 이인이 423<br>김우환 424 | 김선옥 642<br>윤한수 691<br>최아라 643 | 조용권 652<br>이창학 658<br>이종현 661<br>정영인 664 | 박종원 213 | 신현원 222<br>이영란(시간) 227 |
| | 김주영(시간)<br>이정인 487<br>전소윤 488 | | 정은아 406<br>김영규 407 | 김동수 425 | 윤정욱 644 | 박미연 653<br>정은아 655<br>박모린 656<br>안소형 659 | 하성우 214 | 정신애 225<br>이은경(시간) 227<br>유순희 229<br>권서영(시간) 228<br>박현우 223<br>이채형(시간) 228<br>한진규 224 |
| | 박한열 489<br>양진주 490 | 최희주 504 | 변효정 408<br>김정권 409 | 김정인 426<br>최흥진 427 | 남영탁 693 | 허유범 662<br>류여경 665 | | 김세은 226 |
| 공무직 | | | 김미선 430 | | | | | |
| FAX | 561-3395 | | 561-4423 | | 562-5673 | | 561-0666 | 569-8032 |

# 인천세무서

대표전화: 032-7700-200 / DID: 032-7700-OOO

서장: **윤 재 원**
DID: 032-7700-201

| 주소 | 인천광역시 동구 우각로 75 (창영동 41-3) (우) 22564<br>별관 : 인천 미추홀구 인중로 22, 2층 조사과(숭의동, 용운빌딩) (우) 22171<br>영종도민원실 : 인천시 중구 신도시남로 142번길 17, 301호 (운서동) (우) 22371 | | | | | |
|---|---|---|---|---|---|---|
| 코드번호 | 121 | 계좌번호 | 110259 | 사업자번호 | 121-83-00014 | |
| 관할구역 | 인천광역시 미추홀구, 중구, 동구, 옹진군 | | | 이메일 | incheon@nts.go.kr | |

| 과 | 징세과 | | | 부가가치세과 | | | 소득세과 | |
|---|---|---|---|---|---|---|---|---|
| 과장 | 이정현 240 | | | 황경숙 280 | | | 공희현 340 | |
| 팀 | 운영지원 | 체납추적1 | 체납추적2 | 부가1 | 부가2 | 부가3 | 소득1 | 소득2 |
| 팀장 | 임덕수 241 | 김윤희 441 | 장윤호 461 | 원범석 281 | 김수민 301 | 오정일 321 | 이영민 341 | 김정동 361 |
| 국세<br>조사관 | | | 김성연 261 | | | | 김영환 342<br>한지원 343 | 신기주(시간)<br>352 |
| | 남은영 242 | 정지운 442<br>권현택 443<br>이승호 444<br>이진영 445 | 김인수 462<br>배은상 469<br>최병국 463<br>임유화 464 | 임해숙 282<br>이병재 283 | 김보람 302 | 김인성 322<br>권혜화(시간)<br>391 | 송나영 344<br>장유정 345 | 이소영 362<br>전유광 363<br>김아름 364 |
| | 차수빈 243<br>서현석(운전) | 최주희 446<br>최규환 447 | 신현진 470 | 신지수 284<br>박경은 285<br>조윤경 286<br>최승규 287<br>윤미라(시간)<br>288<br>정연선 289 | 송호연 303<br>김지은 304<br>장연화 305<br>김혜린 306<br>심기보 307 | 김기송 332<br>이종훈 323<br>김득화(시간)<br>391<br>김소연 324 | 김성진 346 | 이준호 365 |
| | 김준 244<br>전예진 245<br>권도현 246<br>노수현(방호) | 유희봉 448<br>유혜영 449<br>홍아름 450<br>윤예진 451<br>유채민 452 | 김정은 465<br>김소담 262<br>이상현 466<br>손영준 467<br>윤예지 468 | 유현주 290<br>임정묵 291<br>김소윤 292 | 윤영섭 308<br>유정완 309<br>길동환 310<br>양대균 311 | 고민경 325<br>김연서 326<br>권예은 327<br>박예지 328 | 김태훈 347<br>이소정 348<br>송호근 349<br>배철진 350 | 정호성 366<br>김준환 367<br>박은영 368<br>김예성 369<br>이효진 370 |
| 공무직 | 정지혜 202<br>김미순<br>정찬문 | | | | | | | |
| FAX | 763-9007 | | | 765-1604 | | | 777-8105 | |

# 재무인과 함께 걸어가겠습니다 '조세일보'

재무인에겐 조세일보를 읽는 사람과 읽지 않는 사람 두 종류의 사람만 있다.

| 과 | 재산세과 | | 법인세과 | | 조사과 | | 납세자보호담당관 | |
|---|---|---|---|---|---|---|---|---|
| 과장 | 이지선 480 | | 최진선 400 | | 김항중 640 | | 김선주 210 | |
| 팀 | 재산1 | 재산2 | 법인1 | 법인2 | 정보관리 | 조사 | 납세자보호 | 민원봉사실 |
| 팀장 | 장동은 481 | 정은정 521 | 고석철 401 | 김창호 421 | 박창길 641 | 김태원 651 | 강경진 211 | 이영숙 221 |
| 국세조사관 | | 주승윤 522 | | | | 남정식 661<br>황창혁 671<br>김미옥 681<br>오명진 691<br>김승희 696 | | 김선영 222<br>박미선(시간)<br>228 |
| | 유정아 482<br>류민경 483<br>한인표 484<br>김현진(시간) | 박두원 523 | 김민정 402<br>이규종 403<br>김은향 404 | 박정배 422<br>고유경 423 | 송주형 642<br>장수영 643 | 유진하 692<br>김택우 672<br>이재한 652<br>이금희 697 | 조영기 212<br>전예은 213 | 김성기 223<br>서원식(영종)<br>신진희(시간)<br>229<br>이경록(영종) |
| | 김수아 485<br>권효정 486<br>이원희 487 | 박서우 524 | 이성혼 405<br>강유정 406<br>이하림 407 | 이민희 424<br>김혜빈 425 | 기영준 644<br>정지윤 645 | 김민애 682<br>나태춘 662 | 최지웅 214 | 고명현 224<br>강유진 225 |
| | 여승구 488<br>김건형 489 | | 강희천 408 | 김대욱 426<br>김병관 427 | | 이유경 663<br>박모우 698<br>김수민 673<br>조민경 653<br>이유상 683<br>곽채윤 693 | 안지혜 215 | 조정해 226<br>황수인 227 |
| 공무직 | | | | | | | | |
| FAX | | | 777-8109 | | 885-8334, 888-1454 | | 765-6044 | 765-6042 |

# 계양세무서

대표전화: 032-4598-200 / DID: 032-4598-OOO

서장: **임 경 환**
DID: 032-4598-201

| 주소 | 인천광역시 계양구 효서로 244 (작전동 422-1) (우) 21120 | | | | |
|---|---|---|---|---|---|
| 코드번호 | 154 | 계좌번호 | 027708 | 사업자번호 | |
| 관할구역 | 인천광역시 계양구 | | | 이메일 | |

| 과 | 징세과 | | 부가가치세과 | | 소득세과 | |
|---|---|---|---|---|---|---|
| 과장 | 공용성 240 | | 정종오 280 | | 정철 360 | |
| 팀 | 운영지원 | 체납추적 | 부가1 | 부가2 | 소득1 | 소득2 |
| 팀장 | 방윤희 241 | 김성열 441 | 황광선 281 | 홍예령 301 | 김용석 361 | 이종기 381 |
| 국세<br>조사관 | 박진서 242<br>최윤주 243 | 김수영 442<br>최성환 443 | 최정환 282<br>양현식(시간) | 윤미경 302<br>이유정(시간) | 양정미 362<br>안성호 363 | 이영숙 382<br>김유진 383 |
| | 송찬빈 246<br>김복현(방호) 245 | 박소연 444<br>홍다영 263<br>박인선 445 | 민윤식 283 | 박지해 303 | 홍슬기(오후) | 소서희(시간)<br>최창열 384 |
| | 김병주 244<br>이천해(시설) 247 | 김수지 262<br>정수영 446<br>김혜원 447 | 엄남용 284<br>송승아 285 | 김태웅 304<br>배기헌 305 | 김소연 364<br>임수진 365 | 안상현 385 |
| 공무직 | 최수정 202<br>전순화<br>안미희<br>윤석부 | | | | | |
| FAX | 544-9152 | 544-9160 | 544-9153<br>544-9154 | | 544-9156<br>544-9157 | |

# 1등 조세회계 경제신문 조세일보

| 과 | 재산법인세과 | | | 조사과 | | 납세자보호담당관 | |
|---|---|---|---|---|---|---|---|
| 과장 | 이상민 480 | | | 박영길 640 | | 이찬희 210 | |
| 팀 | 재산1 | 재산2 | 법인 | 정보관리 | 조사 | 납세자보호실 | 민원봉사실 |
| 팀장 | 박성호 481 | 천현식 501 | 김동현 401 | 송영우 641 | 진호범 651 | 김혜령 211 | 우인식 221 |
| 국세조사관 | 김상만 482<br>이선기(시간) | 민종권 502 | | 김태완 643 | 허준용 654 | 김진도 212 | |
| | 윤지현 483<br>최은경 486 | 안혜영 503 | 조재웅 402<br>현민웅 403 | | | 김혜은 213 | 김민주 222 |
| | 박주호 484 | 김혜정(시간) | 박지은 404 | 안민희(시간) 644 | 곽성용 655<br>현종원 652<br>이병욱 653 | | 정효성(시간) 227<br>김진웅 223 |
| | 김시은 485 | | 신지아 405 | 정다빈 642 | 엄경화 656 | | 김태린 224<br>이혜진 225 |
| 공무직 | | | 이은설 410 | | | | |
| FAX | 544-9158<br>544-9159 | | | 544-9155 | | 544-9971 | 544-9972 |

# 고양세무서

대표전화: 031-9009-200 / DID: 031-9009-OOO

서장: **정 상 수**
DID: 031-9009-201

경기도 고양교육지원청 / 일산동구청 / 법무부고양 준법지원센터 / 고양일산 우체국 / 정발산역 / 고양세무서 / 일산문화공원

| 주소 | 경기도 고양시 일산동구 중앙로 1275번길 14-43 (장항동774) (우) 10401 | | | | |
|---|---|---|---|---|---|
| 코드번호 | 128 | 계좌번호 | 012014 | 사업자번호 | 128-83-00015 |
| 관할구역 | 경기도 고양시 일산동구, 일산서구 | | | 이메일 | goyang@nts.go.kr |

| 과 | 징세과 | | | 부가가치세과 | | | 소득세과 | |
|---|---|---|---|---|---|---|---|---|
| 과장 | 강용 240 | | | 나선일 280 | | | 조대규 360 | |
| 팀 | 운영지원 | 체납추적1 | 체납추적2 | 부가1 | 부가2 | 부가3 | 소득1 | 소득2 |
| 팀장 | 안준 241 | 고영환 441 | 김근화 461 | 이상락 281 | 신동훈 301 | 정인선 321 | 이동근 361 | 김근영 381 |
| 국세조사관 | | 윤혜영 442 | | 이경빈(시간) 공태웅 282 | 고상용 302 | | | |
| 국세조사관 | 나혁균 242 주성숙 243 황창기(운전) 613 추연우(방호) 614 | 임진영 443 구현지 444 송자연 445 강성훈 446 | 계희재 462 김민상 463 장미향 263 장정엽 464 윤선영 264 정선재 465 | 안재학 283 김민욱 284 김동우 285 | 임경석(시간) 조수영 303 윤형식 304 | 조정은 322 장설희 323 태영연 324 김인찬(시간) | 김대일 362 김정섭 363 서지우 364 신정원(시간) | 윤희수(시간) 송명진(시간) 이화선 382 김혜진 383 |
| 국세조사관 | 이효정 245 | 이주한 447 김민석 448 박예은 449 | 황화숙 466 홍지혜 467 | 김진원 286 | 이현민 305 손주영 306 | 박상봉 325 문지현 326 | 허세미(시간) 마재정 365 최우녕 366 | 이동훈 384 최성욱 385 장진혁 386 |
| 국세조사관 | 최웅렬 246 | 박수경 450 | 권민재 468 임준환 469 | 이혜련(시간) 심수현 287 박지혜 | 권자인 307 | 박주미 327 | 정맑음 367 이현화 368 유우용 369 | 김혜원 387 김승현 388 강은솔 389 |
| 공무직 | 박정희(부속) 202 김지현(교환) 258 양순임 이경숙 | 임소연 451 | | | | | | |
| FAX | 907-0678 | | | 907-0677 | | | 907-1812 | |

308

| 과 | 재산세과 | | | 법인세과 | | 조사과 | | 납세자보호담당 | |
|---|---|---|---|---|---|---|---|---|---|
| 과장 | 오민철 480 | | | 이미진 400 | | 임인정 640 | | 성종만 210 | |
| 팀 | 재산1 | 재산2 | 재산3 | 법인1 | 법인2 | 정보관리 | 조사 | 납세자보호 | 민원봉사실 |
| 팀장 | 남기형 481 | 이기정 491 | 권대영 501 | 김현규 401 | 김태환 421 | 신거련 641 | 서광열 651 | 임형우 211 | 왕태선 221 |
| 국세조사관 | 이한택 482 | 김태형 492 | 임지혁 502 | 안지은 402 | 민수진 422 | | 서동옥 655<br>조민재 660<br>김광연 663<br>김종화 667<br>김영주 670 | 고성희 212 | 최해철 232 |
| | 염정은 483<br>심정연 484<br>김지현 488 | 송인화 496<br>강혜진 495<br>조연심 494 | 이용우 503<br>김현서 504 | 한은영 403<br>조민철 404 | 김지훈 423<br>김지혜 424 | 유수재 692 | 문진희 652<br>박희경 656<br>이학승 661<br>이윤수 664<br>이현철 668<br>노규현 671 | 박지선 213<br>최은영 214 | 현양미<br>(시간) 225<br>최은영 233<br>최연경<br>(시간) 232 |
| | 곽윤정<br>(시간)<br>송승한 485<br>김웅 486 | 임재은<br>(시간) | 전건모 505<br>최우정<br>(시간) 506<br>이원진 507 | 주애란 405<br>송선영 406<br>윤여준 407 | 어정아 425<br>윤하영 426 | 이재원 642<br>이윤호 643 | 신중훈 657 | | 류매란 229<br>박경란<br>(시간) 231<br>홍지안<br>(시간) 228<br>조은애 234 |
| | 정보연 487 | 문지홍 493<br>조성조 497 | | 정지은 408 | 최현호 427 | 김희영 693<br>윤석현 644 | 천주헌 653<br>박경환 662<br>김감채 665<br>정채연 669 | 김건웅 215 | 신은지 226<br>정현규 224<br>권도진<br>(시간) 227<br>백범식 235 |
| 공무직 | | | | | | 장점선 645 | | | |
| FAX | 907-0672 | | | 907-0973 | | 907-0674 | | | |

# 광명세무서

대표전화: 02-26108-200 / DID: 02-26108-OOO

서장: **김 재 산**
DID: 02-26108-201

| 주소 | 경기도 광명시 철산로 3-12(철산동 251) (우) 14235<br>별관: 경기도 광명시 철산로 5 (철산동 250) (우) 14235 | | | | |
|---|---|---|---|---|---|
| 코드번호 | 235 | 계좌번호 | 025195 | 사업자번호 | 702-83-00017 |
| 관할구역 | 경기도 광명시 | | | 이메일 | |

| 과 | 징세과 | | 부가소득세과 | |
|---|---|---|---|---|
| 과장 | 오승연 240 | | 박진혁 300 | |
| 팀 | 운영지원 | 체납추적 | 부가 | 소득 |
| 팀장 | 송인규 241 | 하미숙 441 | 김성길 301 | 강경덕 351 |
| 국세조사관 | | | 김윤주 302<br>송성심(사무) 303 | 조영진(시간) |
| | 양희정 242<br>이현채(운전) 245 | 김지현 444<br>강석훈(징세) 262<br>장선희 445 | 박진아 304<br>민소윤 305<br>남현주 306<br>김재원(시간)<br>박창수 307<br>이도형 308 | 박찬민 352<br>차지원 353 |
| | 이송하(시간) 247 | 안경우(출장) | | 송영빈(시간)<br>박병태 354<br>김한솔 355<br>이우재 356 |
| | 이주은 243<br>고정근 244 | 박수지(징세) 263<br>이지후 443<br>최기현 442 | 주은영 309<br>정장환 310<br>심희준 311 | 남궁민아 357<br>전유빈 358<br>김찬수 359 |
| 공무직 | 손다솜 202<br>김제랑<br>최연숙 | | | |
| FAX | 2614-8443 | | 2617-1486 | |

# 10년간 쌓아온 재무인의 역사를 돌려드립니다 '온라인 재무인명부'

수시 업데이트 되는 국세청, 정·관계 인사의 프로필과 국세청, 지방청, 전국세무서, 관세청,
유관기관 등의 인력배치 현황을 볼 수 있는 온라인 재무인명부

1등 조세회계 경제신문 조세일보

| 과 | 재산법인세과 | | 조사과 | | 납세자보호담당 | |
|---|---|---|---|---|---|---|
| 과장 | 이광 500 | | 성보경 640 | | 고종관 210 | |
| 팀 | 재산 | 법인 | 정보관리 | 조사 | 납세자보호실 | 민원봉사실 |
| 팀장 | 임혜령 401 | 안태동 501 | 이옥선 647 | 김광영 641 | 강정모 211 | 김영기 221 |
| | | 최종묵 502 | | 서보림 643<br>곽재형 645 | 김중재 212 | 유성춘 222 |
| 국세<br>조사관 | 한송희 402<br>최희정 403<br>박수춘 410<br>장지영 404<br>김효정(시간) | 백승범 503 | 양주원 648<br>맹선영 682 | 최영환 644 | | 정희원 223 |
| | 차인혜(시간)<br>정혜아 412<br>권혜련 411<br>배준영 405<br>이주연 406<br>배상연 407<br>백정하 413 | 신치원 504 | | 박수미 642 | 이도형 213 | 김슬기 224 |
| | | 김희수 505<br>오주학 506 | | 손채원 646 | | 임보금 225 |
| 공무직 | | | | | | |
| FAX | 2060-0027 | | 2685-1992 | | 2617-1485 | 2615-3213 |

# 김포세무서

대표전화: 031-9803-200 / DID: 031-9803-OOO

서장: **김 태 수**
DID: 031-9803-201

초당마을휴먼시아
1단지아파트
고창마을
신영지웰아파트
고창중학교
장기초등학교    솔내근린공원
고창마을반도    김포세무서    장기고등학교
유보라아파트

| 주소 | 경기도 김포시 김포한강1로 22 장기동 (우) 10087 | | | | | | | |
|---|---|---|---|---|---|---|---|---|
| | 강화민원봉사실 : 인천광역시 강화군 강화읍 강화대로 394 (우) 23031 | | | | | | | |

| 코드번호 | 234 | | 계좌번호 | 023760 | | 사업자번호 | | |
|---|---|---|---|---|---|---|---|---|
| 관할구역 | 경기도 김포시, 인천광역시 강화군 | | | | | 이메일 | gimpo@nts.go.kr | |

| 과 | 징세과 | | | 부가가치세과 | | | 소득세과 | |
|---|---|---|---|---|---|---|---|---|
| 과장 | 고덕환 240 | | | 윤영식 280 | | | 조형준 340 | |
| 팀 | 운영지원 | 체납추적1 | 체납추적2 | 부가1 | 부가2 | 부가3 | 소득1 | 소득2 |
| 팀장 | 김정륜 241 | 김세종 441 | 신혜주 461 | 김광천 281 | 김학규 301 | 이영휘 321 | 이광용 341 | 김태승 361 |
| 국세<br>조사관 | | | 최서윤 462 | 신연희 282 | | | | |
| | 오현지 242<br>신용섭(방호)<br>황선길(운전) | 손승희 442<br>김민희 452<br>신기섭 443<br>채혜란 444<br>진주희(시간)<br>450 | 배인애 470<br>김대관 472<br>최형준 463 | 장현주 283<br>이기철 284<br>장선영(시간)<br>방혜선 285 | 정수지(시간)<br>박윤하 302<br>안선미 303<br>민경원 304 | 이혜영 322<br>김광식 323<br>전창선(파견)<br>박찬우 324<br>설병환 325 | 최회윤 342<br>최혜진(시간)<br>이상미 343 | 박혜진 362<br>안지혜 363<br>강현주(시간) |
| | 강효정 244<br>박용운 243 | 정현지 445<br>정혜린 446<br>김가연 447 | 김동준 473<br>조송화 464<br>강윤영 465<br>이민정 466 | 윤현정 286<br>이현주 287 | 박상규 305<br>강소라 306<br>유환일 307 | 이정욱 326<br>이은지 327 | 박종률 344<br>최보윤 345<br>이민지 346 | 김인환 364<br>김일용 365<br>박희원 366 |
| | 고연우 245 | 이선아 448<br>김태영 449<br>이은비 451 | 강예린 467<br>천준환 468<br>김재연 471 | 박지수 288<br>송남경 289<br>박송희 290 | 김아정<br>김재형 308<br>김소연 309 | 김은비 328<br>김연희 329 | 김원욱 347<br>김태희 348<br>한석윤 349 | 안수빈 367<br>박선화 368<br>박성일 369 |
| 공무직 | 최지선 202<br>이옥분<br>김문자<br>이견희 | | | | | | | |
| FAX | 987-9932 | 987-9862 | | 998-6973 | | | 983-8028 | |

| 과 | 재산세과 | | 법인세과 | | 조사과 | | 납세자보호담당관 | |
|---|---|---|---|---|---|---|---|---|
| 과장 | 이선우 400 | | 이종윤 500 | | 정준모 600 | | 김판준 210 | |
| 팀 | 재산1 | 재산2 | 법인1 | 법인2 | 정보관리 | 조사 | 납세자보호 | 민원봉사실 |
| 팀장 | 여종구 401 | 유의상 421 | 박병민 501 | 남형주 521 | 최원석 601 | 박기룡 621 | 조현관 211 | 윤민오 221 |
| 국세<br>조사관 | 송영욱(시간)<br>심소영 402 | 이준년 422 | | | 전강희 602 | 김상욱 624<br>박태훈 629<br>고은희 633<br>박종진 637 | | 박영기(강화)<br>조영순 222<br>김병규 228 |
| | 김진교 403<br>정다혜 404<br>김인희 405<br>이온유(시간) | 박성혁 424<br>이동규 423 | 오상엽 502<br>이미란 503<br>김상민 504<br>구지은 505 | 최주광 522<br>최유나 523<br>선종국 524<br>정다이 525 | | 정형석 638<br>석산호 634<br>김승희 630<br>김미영 625 | 최지현 212<br>박민규 213<br>류치선 214 | 김만덕(강화)<br>채원식 225 |
| | 정지영 406<br>이종석 407 | 이여경 425<br>김건호 426<br>최현성 427 | 이동찬 506<br>한연근 507<br>이동석 508 | 이희정(시간)<br>530<br>한승구 526<br>이현선 527 | 안미영 603<br>정은주 605 | 한무현 622<br>김영익 626 | 김윤희 215 | 김아영(시간)<br>224<br>예민희(시간)<br>224<br>정진숙 223 |
| | 최선혜 408<br>노용현 409<br>이지은 410 | | 선현우 509<br>유예진 510 | 장영애 528<br>이수민 529<br>이범훈 531 | 신민철 604 | 장일웅 635<br>이민정 639<br>신승진 623<br>서기훈 631 | | 민지호 229 |
| 공무직 | | | | | | | | |
| FAX | 998-6971 | | 986-2801 | | 986-2769 | | 986-2806 | 982-8125<br>983-8125 |

# 동고양세무서

대표전화: 031-9006-200 / DID: 031-9006-OOO

서장: **이 슬**
DID: 031-9006-201

은빛마을6단지
프라웰아파트

화정고등학교

동고양세무서

화정역

화정역광장

화정역버스
터미널

| 주소 | 경기도 고양시 덕양구 화중로104번길 16 (화정동)<br>화정아카데미타워 3층(민원실), 4층, 5층, 9층 (우) 10497 | | | | |
|------|------|------|------|------|------|
| 코드번호 | 232 | **계좌번호** | 023757 | **사업자번호** | |
| 관할구역 | 경기도 고양시 덕양구 | | | **이메일** | |

| 과 | 징세과 | | | 부가소득세과 | | | |
|---|---|---|---|---|---|---|---|
| **과장** | 임진옥 240 | | | 조홍기 280 | | | |
| **팀** | 운영지원 | 체납추적1 | 체납추적2 | 부가1 | 부가2 | 소득1 | 소득2 |
| **팀장** | 조민영 241 | 임창섭 441 | 강승룡 461 | 조양선 281 | 박수정 301 | 최환규 321 | 박희정 381 |
| **국세<br>조사관** | | 최은옥 442 | 임경태 462<br>한은숙(사무)<br>262 | | 조석균 302 | 김진기 322 | 이선아 382 |
| | 김완석 242<br>박종현(방호)<br>245 | 이승환 443<br>최미경 444<br>유미성 445 | 이루리 263<br>한승협 463<br>이현아 464 | 이종현 282<br>남석주 283<br>이정화 284 | 김태두(시간)<br>이은옥 303 | 태대환 333<br>김자영 334 | 박노승 383<br>길미정(시간)<br>정건희 384 |
| | 이민규 243<br>이지원 244 | 황선진 446<br>박건규 447 | | 김지수 285<br>민윤선 286 | 김민조 304<br>배형은 305<br>지영주 306 | 황지혜(시간) | 김중규 385 |
| | 이동주 247<br>성승진(운전)<br>246 | | 백진이 465 | 박형준 287<br>김민선 288<br>이도경(시간)<br>유가연 289<br>고승연(수습) | 김의연 307<br>서영원 308<br>신창섭 309 | 이지영 335<br>문해령 336<br>김영주 337 | 이유민 386<br>변해일(시간)<br>박서연 387 |
| **공무직** | 양은혜<br>김희성<br>이명진 | | | | | | |
| **FAX** | 963-2979 | | | 963-2089 | | | |

314

| 과 | 재산법인세과 | | | 조사과 | | 납세자보호담당관 | |
|---|---|---|---|---|---|---|---|
| 과장 | 정문현 400 | | | 김근수 640 | | 김몽경 210 | |
| 팀 | 재산1 | 재산2 | 법인 | 정보관리 | 조사 | 납세자보호실 | 민원봉사실 |
| 팀장 | 정환철 481 | 심형섭 501 | 최헌순 401 | 김현정 641 | 홍성걸 651 | 허비은 211 | 송주규 221 |
| 국세조사관 | | | | | 서기열 671<br>박윤지 661 | 임정현 212 | 이윤우 222 |
| | 김정미(시간)<br>송선주 482<br>이광희 483<br>강지수 484<br>강희정 485 | 홍근표 502 | 신경아 402<br>정정우 403<br>최다인 404<br>김재권 405 | 김정혁 642<br>김봉식 643<br>박미진 644 | 이형철 652 | | 조지영 223<br>하명선(시간)<br>224<br>오은숙 225 |
| | 김민정<br>봉선영 486<br>이혜지(시간)<br>김미혜 487 | 안지영 503<br>김민상 504 | 피연지 406 | | 김도희 672<br>심재일 662<br>변태민 653<br>조영종 663 | 조영진 213 | 김경업(시간)<br>226 |
| | 김나미 488<br>나길제 489<br>변성희 490 | | 조지윤 407<br>송나연 408 | 김승화 645 | 오윤라 673 | | 이건희 227 |
| 공무직 | | | | | | | |
| FAX | 963-2983 | | | 963-2972 | | 963-2271 | |

# 남부천세무서

대표전화: 032-4597-200 / DID: 032-4597-OOO

서장: **임 식 용**
DID: 032-4597-201

● 일신건영휴먼하임아파트

← 소사역

남부천세무서

드라포레
아파트

부천동여자
중학교

부천동
중학교

부천부안
초등학교

| 주소 | 경기도 부천시 경인옛로 115 (우) 14159 | | | | |
|---|---|---|---|---|---|
| 코드번호 | 152 | 계좌번호 | 027685 | 사업자번호 | |
| 관할구역 | 부천시 부천동 부천동, 심곡동, 대산동, 소사본동, 범안동 | | | 이메일 | |

| 과 | 징세과 | | 부가가치세과 | | 소득세과 | |
|---|---|---|---|---|---|---|
| 과장 | 남무정 240 | | 민희망 280 | | 권혁란 360 | |
| 팀 | 운영지원 | 체납추적 | 부가1 | 부가2 | 소득1 | 소득2 |
| 팀장 | 허광규 241 | 양지선 441 | 김미선 281 | 박동수 301 | 김순석 361 | 함광수 381 |
| 국세<br>조사관 | | | 김인천 282 | 박대협 302<br>오경택(시간) | 오은희(시간) | |
| | 남도경 242<br>차지연 243 | 이주성 442<br>김혜연 443<br>김재경 444 | 김정미 283 | 김효민 303<br>박영수 304 | 이영례 362<br>최민규 363 | 김동휘 383<br>정지훈 384 |
| | 김재호 244<br>이다민(운전) 258 | 장승연 445<br>손경선 446<br>오정은 451<br>최은진 446<br>심희정 447 | 채진병 284<br>전유나 285 | | 기승호 364 | 강혜인(시간)<br>김수빈 384<br>전지영 385 |
| | 서태영(방호) 259 | 홍영진 448 | 김은하(시간)<br>박하은 286<br>고영록 287 | 이다원 305<br>지현배 306 | 김기환 365<br>홍수현 366 | 권소연 386 |
| 공무직 | 최지은 202<br>장현숙<br>손수정 | | | | | |
| FAX | 459-7249 | | 459-7299 | | 459-7379 | |

316

| 과 | 재산법인세과 | | | 조사과 | | 납세자보호담당관 | |
|---|---|---|---|---|---|---|---|
| 과장 | 이동출 480 | | | 권영희 640 | | 배성심 210 | |
| 팀 | 재산1 | 재산2 | 법인 | 정보관리 | 조사 | 납세자보호실 | 민원봉사실 |
| 팀장 | 도영만 481 | 이종우 501 | 김창현 401 | 김종곤 641 | 범수만 651 | 김준호 211 | 이수민 221 |
| 국세조사관 | | | 민성기 402 | | 권성미 653<br>신기룡 655 | 유미연 212 | |
| | 홍석후(시간)<br>피근영(시간)<br>오미정 482<br>김지엽 483 | 이진례 502<br>오경환 503 | 서은미(사무)<br>408<br>박성태 403<br>남채윤 404 | 박선민 642 | 박미래 652<br>김이섭 656 | 최은정 213 | 조윤주(시간) |
| | | | 황재승 405 | 이은지 643 | 허지영 654 | 한민우 214 | 나연주(시간)<br>이유영 222 |
| | 박태우 484 | 이은자 504 | 이윤경 406 | 윤겸주 644 | | | 황태희 223<br>이은경 224 |
| 공무직 | | | | | | | |
| FAX | 459-7499 | | | 349-8971 | 349-8972 | 459-7219<br>459-7231 | |

317

# 부천세무서

대표전화: 032-3205-200 / DID: 032-3205-OOO

중3동우체국　부천세무서
중흥초등학교　중흥중학교　부천부흥중학교
신중동역

서장: **김 영 기**
DID: 032-3205-201

| 주소 | 경기도 부천시 원미구 계남로227 (중동) (우) 14535 | | | | |
|---|---|---|---|---|---|
| 코드번호 | 130 | 계좌번호 | 110246 | 사업자번호 | 130-83-00022 |
| 관할구역 | 경기도 부천시 고강동, 내동, 대장동, 도당동, 삼정동, 상동, 약대동, 여월동, 오정동, 원종동, 작동, 중동 | | | 이메일 | bucheon@nts.go.kr |

| 과 | 징세과 | | | 부가가치세과 | | 소득세과 | |
|---|---|---|---|---|---|---|---|
| 과장 | 표석진 240 | | | 장대완 280 | | 박동찬 360 | |
| 팀 | 운영지원 | 체납추적1 | 체납추적2 | 부가1 | 부가2 | 소득1 | 소득2 |
| 팀장 | 윤경옥 241 | 박기범 441 | 김재석 451 | 강옥향 281 | 노현정 301 | 황선태 361 | 박은희 371 |
| 국세조사관 | | | | 임현정 282 임명숙(사무) 292 | 오유미 302 | | |
| 국세조사관 | 김정이 242 최옥미(교환) 252 | 김희환 442 정미라 443 | 주민희 262 임채경 454 범지호(시간) 263 | 이소정 283 최정명 284 | 길은영 304 손현명 305 김유진(시간) 350 조영미 306 | 오진택 362 차연아 363 안윤미 364 김수정 366 | 이준우 372 김동준 373 김수원 374 |
| 국세조사관 | 박호빈 234 김용희(방호) 618 한은표(운전) 259 | 김효은 444 김지영 445 이수진 446 허원석 447 조강희 448 | 김선화 455 김희경 456 명경철 458 박신우 458 | 박형규 285 장형원(오전) 350 최서윤 286 안종근 287 | 김은정 307 백승윤 308 | 박성민(시간) 350 김영은 367 전지원 368 | 최은진 375 박주영(시간) 350 김유철 376 |
| 국세조사관 | 성다진 244 이소연 245 | 김현기 449 | 문예린 459 | 안성국 288 임해균 289 신윤주 290 조민지 291 | 박진한 309 정윤주 310 | 김나영 369 임예진 370 | 유승민 377 |
| 공무직 | 최연수 202 김후희 문선미 이은경 | | | | | | |
| FAX | 328-5248 | | | 328-6936 | | 320-5476 | |

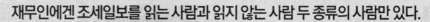

# 재무인과 함께 걸어가겠습니다 '조세일보'

재무인에겐 조세일보를 읽는 사람과 읽지 않는 사람 두 종류의 사람만 있다.

1등 조세회계 경제신문 조세일보

| 과 | 재산법인세과 | | | 조사과 | | 납세자보호담당관 | |
|---|---|---|---|---|---|---|---|
| 과장 | 이철우 480 | | | 안미경 640 | | 배성심 210 | |
| 팀 | 재산1 | 재산2 | 법인 | 정보관리 | 조사 | 납세자보호실 | 민원봉사실 |
| 팀장 | 민경삼 481 | 이순영 522 | 김병수 401 | 김종훈 641 | 박상훈 651 | 류송 212 | 윤난희 221 |
| 국세조사관 | 박형민(시간) 491<br>황태영 482 | 김재중 523 | 한재영 402<br>이현주(사무) 412 | | 김진미 654<br>정병숙 657 | | 박미연 222<br>임석호(시간) 223 |
| 국세조사관 | 남동완 483<br>이상왕 484<br>조가람(시간) 491<br>심홍채 485 | | 이태용 403<br>고봉균 404<br>엄희진 405<br>김건희 406 | 이종섭 642<br>김수연 691 | 김해아 661<br>윤다영 652<br>김태규 662<br>서창덕 655 | 김병희 212 | 나영 224<br>이선아 225<br>한상희 226 |
| 국세조사관 | 유희근 486 | 권다혜 524 | 이규석 407 | 안지은 643 | 강오라 658<br>정수진 656 | 김향숙 213<br>한승민 214 | 조유영 227<br>이성인(시간) 228<br>신예원(오후) 228 |
| 국세조사관 | 심현주 487<br>배형천 488 | 유광근 525 | 방서주 408<br>김민주 409<br>정희선 410<br>한혜민 411 | | 남기은 659<br>이영롱 653<br>염효송 663 | | 김호찬 229 |
| 공무직 | | | | | | | |
| FAX | 320-5431 | | | 328-6935 | | 328-5941, 328-6428 | |

# 부평세무서

대표전화: 032-5406-200 / DID: 032-5406-OOO

서장: **손 호 익**
DID: 032-5406-201

지도 (약도):
- 인천부평경찰서
- 부평구청역
- 부평세림병원
- 부평구청
- 인천광역시교육청 북구도서관
- 신트리공원
- 부평세무서
- 신한타워아파트

| 주소 | 인천광역시 부평구 부평대로 147 (부평동 44-9) (우) 21366 | | | | |
|---|---|---|---|---|---|
| 코드번호 | 122 | 계좌번호 | 110233 | 사업자번호 | |
| 관할구역 | 인천광역시 부평구 | | | 이메일 | |

| 과 | 징세과 | | | 부가가치세1과 | | 부가가치세2과 | | 소득세과 | |
|---|---|---|---|---|---|---|---|---|---|
| 과장 | 유재복 240 | | | 오상원 280 | | 하종면 300 | | 전경옥 360 | |
| 팀 | 운영지원 | 체납추적1 | 체납추적2 | 부가1 | 부가2 | 부가1 | 부가2 | 소득1 | 소득2 |
| 팀장 | 탁경석 241 | 이민철 461 | 최준재 261 | 김형봉 281 | 박병곤 291 | 장현수 301 | 조미현 311 | 송충종 361 | 손민 381 |
| 국세조사관 | | | 이상민 470 | 권영균 282 | | 김기훈 302 | 김명준 312 | | |
| 국세조사관 | 이상희 245<br>이종우 242<br>곽진우 243 | 최혜진 463<br>김찬주 464 | 홍은지 262<br>가성원 469 | 이충원 287<br>조세원 283<br>권순규 284 | 이재우 292<br>이원경 293<br>홍보경 294 | 이병노 303 | | 송동규 362<br>이수아<br>(시간)<br>김상철 363 | 신준호 382<br>이환주 383 |
| 국세조사관 | 정기열<br>(방호) 246<br>정민우<br>(운전) 247 | 최은화 467<br>정근욱 465<br>김태희 462<br>최다혜 466 | 황민희 473 | 황정록 285 | | | 박규빈 313 | 김빛누리<br>364<br>손현진 365 | 김영한<br>(오후)<br>성해리 384 |
| 국세조사관 | 박미래 244 | 황명하 468 | 허예린 472<br>송정은 263 | 문용인 286<br>박성재<br>(시간) 299 | 김정수 295 | 이지현 304<br>이채빈 305 | 유민상 314<br>김한진 315<br>함수정 316 | 최익훈 366<br>이건민 367<br>김효용 368 | 김준혁 385<br>윤수정 386<br>남예리 387 |
| 공무직 | 유수진 202 | | | | | | | | |
| FAX | 545-0411 | | | 543-2100 | | 546-0719 | | 542-5012 | |

| 과 | 재산법인세과 | | | 조사과 | | 납세자보호담당관 | |
|---|---|---|---|---|---|---|---|
| 과장 | 이명문 480 | | | 김민후 530 | | 이도경 210 | |
| 팀 | 재산1 | 재산2 | 법인 | 정보관리 | 조사 | 납세자보호실 | 민원봉사실 |
| 팀장 | 강정원 481 | 이미영 521 | 안형선 421 | 김영조 531 | 임세혁 541 | 고진곤 211 | 이영길 221 |
| 국세<br>조사관 | 최용선 482 | 조지현 522 | | | | | 강소여 226 |
| | 장예원 483<br>이미애(시간)<br>김현일(시간) | 진혜진 523<br>박세라 524 | 김남중 422<br>조정훈 423<br>정성익 424 | 위은혜 532<br>이택수 533 | 이은수 551<br>이상곤 581<br>구표수 552<br>정기선 542 | 배정미 213<br>이현민 214 | 하윤정(시간)<br>225 |
| | 안혜진 484<br>이유빈 485 | | | 장은경 534 | 김봉호 582<br>박은지 543<br>유선영 553 | 조종수 215 | 박미나 224<br>강민정 222<br>김지애(시간)<br>225 |
| | 정성훈 486<br>김수연 487 | | 신지환 425<br>이영주 426<br>남예원 427<br>안소명 428 | 이지영 535 | 태민성 583 | | 오태경 227 |
| 공무직 | | | | | | | |
| FAX | 542-6175 | | | 551-0666 | | 542-0132 | 549-6766 |

# 연수세무서

대표전화: 032-6709-200 / DID: 032-6709-OOO

서장: **양 순 석**
DID: 032-6709-201

| 주소 | 인천광역시 연수구 인천타워대로 323 센트로드 A동 1층~5층 (송도동) (우) 22007 | | | | |
|---|---|---|---|---|---|
| 코드번호 | 150 | 계좌번호 | 027300 | 사업자번호 | |
| 관할구역 | 인천광역시 연수구 | | | 이메일 | |

| 과 | 징세과 | | 부가가치세과 | | 소득세과 | |
|---|---|---|---|---|---|---|
| 과장 | 박상돈 240 | | 김승임 280 | | 박정준 360 | |
| 팀 | 운영지원 | 체납추적 | 부가1 | 부가2 | 소득1 | 소득2 |
| 팀장 | 임용주 241 | 임재석 441 | 김수한 281 | 박성찬 301 | 배재호 361 | 김인숙 381 |
| 국세<br>조사관 | | 김보균 | 하두영 282 | 이영권 302 | 강소라 362 | |
| | 백수빈 242 | 신연주 442 | 정치헌 283<br>김정한 284 | 이미진 303<br>서지희 304<br>조인호 305<br>신성규(시간) 599 | 김제주(시간) 399<br>이재홍 363 | 홍순화 383<br>김은주(시간) 399 |
| | 정도연 244<br>구대현(운전) 248 | 이지현 262<br>이명훈 443<br>서은영 444 | 오로지 285<br>문은진(시간) 599 | 서경덕 306<br>전하준 307 | 윤지연 364<br>최나연 | 이정혜 382 |
| | 이정훈 243<br>우민석 245 | 강지수 445<br>김가영 446<br>신은주 447<br>오나현 448<br>최승욱 263<br>강승현 449 | 서진혜 286<br>장윤미 287<br>변지수 288 | 박지희 308 | 이문진 368<br>강지현 366<br>권아영 365 | 김하나 385<br>황윤재 384<br>김진세 387 |
| 공무직 | 이지혜 202<br>박경숙<br>이수연 | | | | | |
| FAX | 858-7351 | 858-7352 | 858-7353 | | 858-7354 | |

| 과 | 재산법인세과 | | | 조사과 | | 납세자보호담당관 | |
|---|---|---|---|---|---|---|---|
| 과장 | 오흥수 400 | | | 장필효 640 | | 박인수 210 | |
| 팀 | 재산1 | 재산2 | 법인 | 정보관리 | 조사 | 납세자보호실 | 민원봉사실 |
| 팀장 | 천미영 481 | 김종율 501 | 최장영 401 | 한원찬 641 | 박범수 651 | 강흥수 211 | 정성일 221 |
| 국세<br>조사관 | 박광욱 482<br>백선애(시간)<br>299 | | 정성은 402 | | 김재석 657 | | 김미정(시간)<br>224 |
| | 정정섭 483<br>정다운 484<br>박주현(시간)<br>299<br>신채영 485 | 하현정 502 | 최경아 403<br>이준남 404 | 신유나 642 | 이은송 652<br>이승찬 653<br>박미소 658 | 박소연 212<br>신나혜 213 | 이아영(시간)<br>226<br>김혜인(시간)<br>224 |
| | 박준영 486<br>박종성 487 | 박주연 503 | 김준호 405<br>채혜미 406 | 박형준 643<br>민예지 644 | 천인호 659 | | 조경화 222 |
| | 배지은 488<br>김병민 489<br>김환희 490<br>방훈호 491<br>안윤석 492 | 김다형 505 | 박태희 407<br>송혜원 408<br>김보선 409<br>조봉기 410<br>강인영 411 | | | 전영우 214 | 서석현 223<br>김인욱 225 |
| 공무직 | | | | | | | |
| FAX | 858-7355 | | | 858-7356 | | 858-7357 | 858-7358 |

# 의정부세무서

대표전화: 031-8704-200 DID: 031-8704-OOO

서장: **최 미 숙**
DID: 031-8704-201

| 주소 | 경기도 의정부시 의정로 77 (의정부동) (우) 11622 | | | | |
|---|---|---|---|---|---|
| 코드번호 | 127 | 계좌번호 | 900142 | 사업자번호 | 127-83-00012 |
| 관할구역 | 경기도 의정부시, 양주시 | | | 이메일 | uijeongbu@nts.go.kr |

| 과 | 징세과 | | | 부가가치세과 | | | 소득세과 | |
|---|---|---|---|---|---|---|---|---|
| 과장 | 이민규 240 | | | 강세희 280 | | | 정태민 360 | |
| 팀 | 운영지원 | 체납추적1 | 체납추적2 | 부가1 | 부가2 | 부가3 | 소득1 | 소득2 |
| 팀장 | 박회경 241 | 정윤철 441 | 장연근 461 | 한문식 281 | 김종환 301 | 오승필 321 | 이지훈 361 | 장민우 381 |
| 국세<br>조사관 | 이명희 242 | | 조명기 471<br>박미숙 462 | 문성인 282 | 박송복 302 | 노은영 322 | | |
| | 김연정 243 | 안동민 442<br>김대현 443<br>조다혜 444 | 박애심 463<br>김희영(시간)<br>464<br>김선영 262 | 김희명 283<br>이정윤 284<br>이명행 285<br>한승배 286 | 한희정 303<br>원종훈 304<br>김주희 305<br>박은지(시간) | 김계정 323<br>정민재 330<br>전혜윤 324<br>송현권 325 | 안선(시간)<br>양강진 362 | 장연경 382<br>천영환 383<br>박지연 385 |
| | 전주완(운전)<br>이승재 244 | 채문석 445<br>오현경 446 | 고민경 263<br>최재혁 472<br>김은설 465 | 이재환 287 | 박수진 306<br>박정호 307 | 안진영(시간)<br>임진영 326<br>이미소 327 | 김보근 363<br>김영권 364<br>조병덕 365<br>김종서 366 | 김민희 386<br>이수현 387 |
| | 김홍영(방호)<br>이정기 245<br>박보민 246 | 김경아 447<br>김민정 448<br>이상현 449<br>주승찬 450 | 이다혜 264<br>임주형 466<br>김미림 467 | 이유민 288<br>장주환 289 | 김지은 308<br>오영석 309 | 박성한 328 | 이민경 367<br>이은수 368<br>박소영 369<br>윤광태 370 | 최지우 388<br>정은채(시간)<br>서동철 389<br>김보경 390<br>조혜정 391 |
| 공무직 | 이영자 100<br>정금란(환경)<br>송완호(환경) | | | | | | | |
| FAX | 875-2736 | | | 871-9015, 874-9012 | | | 871-9012, 9013 | |

# 1등 조세회계 경제신문 조세일보

| 과 | 재산법인세과 | | | 조사과 | | 납세자보호담당관 | |
|---|---|---|---|---|---|---|---|
| 과장 | 윤상섭 400 | | | 이창석 640 | | 김현숙 210 | |
| 팀 | 재산1 | 재산2 | 법인 | 정보관리 | 조사 | 납세자보호실 | 민원봉사실 |
| 팀장 | 정용효 481 | 이수안 521 | 김병옥 401 | 장주열 641 | 김진규 651 | 서광원 211 | 임상규 221 |
| 국세조사관 | | | | 유은선 692 | 하태상 651<br>이승훈 661<br>형성우 671<br>이상선 681 | 조성수(파견) | 조태욱(양주) |
| | 박근애 482<br>민용우 483<br>임칠성(시간) | 이준형 522<br>서래훈 523<br>노일도 524 | 천광진 402<br>김정훈 403 | 정영화 642<br>이효재 693 | 김영재 652<br>이재균 662<br>이재준 672<br>임기문 682 | 오정식 212 | 이계승 222<br>이용희(양주)<br>김남철 223<br>신동영(시간)<br>225 |
| | 이주희 484<br>채유진 485<br>김한솔 486 | 이은기 525 | 강연우 404<br>황연성 405<br>신명섭 406<br>경지수 407 | 김은경 644 | 이소진 663<br>강나영 673 | 전은선 213<br>함영은 214 | 한길택 228<br>주혜옥(시간)<br>225 |
| | 윤재원 487<br>윤지현 488<br>배지환 489<br>조유빈 490 | 최혜정 526<br>양은지 527 | 이진수 408<br>박효선 409<br>조성윤 410<br>최호영 411 | 임진옥 643 | 권지원 653<br>최수경 683 | | 김준형(시간)<br>226<br>양윤숙 227<br>이재우 224 |
| 공무직 | | | | | | | |
| FAX | 871-9014 | 837-9010,<br>871-9017 | | 871-9018 | | 877-2104 | 877-2104 |

# 파주세무서

대표전화: 031-9560-200 / DID: 031-9560-OOO

서장: **서 기 열**
DID: 031-9560-201

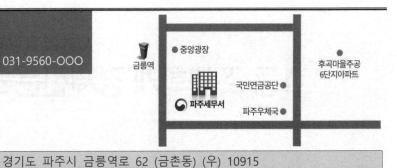

| 주소 | 경기도 파주시 금릉역로 62 (금촌동) (우) 10915 | | | | |
|---|---|---|---|---|---|
| 코드번호 | 141 | 계좌번호 | 001575 | 사업자번호 | |
| 관할구역 | 경기도 파주시 | | | 이메일 | paju@nts.go.kr |

| 과 | 징세과 | | | 부가소득세과 | | | |
|---|---|---|---|---|---|---|---|
| 과장 | 유상욱 240 | | | 박선수 280 | | | |
| 팀 | 운영지원 | 체납추적1 | 체납추적2 | 부가1 | 부가2 | 소득1 | 소득2 |
| 팀장 | 김육노 241 | 강장환 441 | 김성영 461 | 정선례 281 | 최연지 301 | 김영국 361 | 김연수 381 |
| 국세<br>조사관 | | | 박용주 462 | 박형진 282 | 신선주 302<br>강지연 303 | 김도윤 362 | 김호 382 |
| | 송지혜 242<br>정연철(운전)<br>최유진 243 | 황은희 442<br>박인순 443<br>신수범 444<br>안지선 448 | 김희정 466<br>김현정 262<br>여선 463<br>채연학 468<br>백진화(시간)<br>최희경 263 | 송효선 283<br>고상권 284<br>김인애 285 | 신지은 304<br>임현우 305 | 류승진 370<br>박종주 363 | 김범석 384<br>유길웅 385 |
| | 이보라 244<br>유창수(방호) | 안혜원 445<br>남궁훈 447 | 남화영 467<br>박선영 469 | 장정욱 286<br>문서윤 287 | 배휘정 306<br>우수정 307 | 김현지 364 | 배준용 386 |
| | 황희태 245 | 한주희 449 | | 이지현 288<br>김한울 289<br>김남은 290 | 이혁재 308<br>박상현 309<br>서동국 310 | 정현준 365<br>허은진 366<br>윤태진 368<br>이영림 369 | 김경희 387<br>이해욱 388 |
| 공무직 | 김지선 202<br>윤경선<br>성미숙 | | | | | | |
| FAX | 957-0315 | 956-0450 | | 946-6048 | | | |

| 과 | 재산법인세과 | | | | 조사과 | | 납세자보호담당관 | |
|---|---|---|---|---|---|---|---|---|
| 과장 | 황재선 400 | | | | 서승원 640 | | 한철희 210 | |
| 팀 | 재산1 | 재산2 | 법인1 | 법인2 | 정보관리 | 조사 | 납세자보호 | 민원봉사실 |
| 팀장 | 김춘동 481 | 문삼식 501 | 최완규 401 | 오병태 421 | 이유미 641 | 서명국 681 | 황영삼 211 | 이강일 221 |
| 국세<br>조사관 | 신해규 482 | 윤영섭 502 | | 유정식 422 | | 조영호 651<br>김정식 661<br>이영욱 671 | | 김무남 222 |
| | 이정현 483<br>김승태 484<br>김은영(시간) | 오기철 503 | 오상준 402<br>김지우 403<br>나유림 404 | 이헌규 423<br>유래경 424 | 유래연 692<br>기아람 642 | 이은영 672<br>조정은<br>김명규 652<br>박윤미 682 | 허인규 212 | 구성민(시간)<br>228<br>김윤경 223<br>김규림(시간)<br>228 |
| | 진민정 485<br>백한나(시간)<br>정경숙 487 | 모충서 504<br>이예슬 505 | 김유미 405<br>최혜원 406<br>장승원 | 나경훈 425<br>박근호 426 | 배명선 645<br>유다영 643 | 송일훈 662 | 류영리 213<br>최은경 214 | 이은영 224 |
| | 김찬진 486 | | 신승우 407<br>김소정 408 | 정슬기 427<br>박수진 428 | | 김민아 673<br>신미미 663<br>김창민 683<br>강혜수 653 | | 김도형 225<br>박정현 226<br>임소라 227 |
| 공무직 | | | | | | | | |
| FAX | 957-3654 | | | | 957-0319 | | 957-0313 | 943-2100 |

# 포천세무서

대표전화: 031-5387-200 / DID: 031-5387-OOO

서장: **손 유 승**
DID: 031-5387-201

● 신봉초등학교
국민연금공단 ●
송우초등학교 ●
송우고등학교 ●
🏛 포천세무서

| 주소 | 경기도 포천시 소흘읍 송우로 75 (우) 11177<br>동두천지서 : 경기도 동두천시 중앙로 136 (우) 11346<br>포천시청민원실 : 경기도 포천시 중앙로 87 포천시청 본관 1층 세정과 (우) 11147<br>철원민원실 : 강원도 철원군 갈말읍 명성로 158번길 85 (우) 24039 |||||
|---|---|---|---|---|---|
| **코드번호** | 231 | **계좌번호** | 019871 | **사업자번호** | |
| **관할구역** | 경기도 포천시, 동두천시, 연천군, 강원도 철원군 ||| **이메일** | pocheon@nts.go.kr |

| 과 | 징세과 ||| 부가소득세과 || 재산법인납세과 ||
|---|---|---|---|---|---|---|---|
| **과장** | 소섭 240 ||| 김혜경 280 || 류현수 400 ||
| **팀** | 운영지원 | 체납추적1 | 체납추적2 | 부가 | 소득 | 재산 | 법인 |
| **팀장** | 김영문 241 | 신현철 441 | 이문영 461 | 김성우 281 | 송기선 301 | 오동구 481 | 조동혁 401 |
| **국세조사관** | | | 정용석 462 | | 강경인 302 | 김종문 482<br>민정기 483 | 류자영 402 |
| | 김황경(운전)<br>612<br>김주홍 242<br>최병문(방호)<br>613 | 김성진 442 | 나선회 463<br>이정기 464<br>박미영 465<br>강정민 466 | 김정호 285<br>오세민 282<br>홍승범 283<br>박세진 284 | 문성은 303 | 최은복 484 | 정영무 403<br>박신영 404 |
| | 오소운 243 | 김기완 443 | | 박용현 286<br>안재국 287<br>김진주(시간)<br>293 | 양향임 304<br>김혜수 305<br>김희주 306 | 박정린 485<br>이로아 486 | 홍혜연 405 |
| | 박희근 245<br>이은빈 244 | 김선웅 444<br>김성준 445 | 유솔리 467 | 유정환 288<br>김보라 289<br>김정호 290<br>정유형 291<br>윤시원(수습) | 박채원(수습) | 김세건 487<br>임소형 488 | 박미경 406<br>신은정(수습) |
| **공무직** | 장복동<br>전정숙 | | | | | | |
| **FAX** | 544-6090 | 538-7249 || 544-6091 || 544-6093 | 544-6094 |

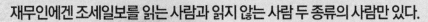

# 재무인과 함께 걸어가겠습니다 '조세일보'

재무인에겐 조세일보를 읽는 사람과 읽지 않는 사람 두 종류의 사람만 있다.

1등 조세회계 경제신문 조세일보

| 과 | 조사과 | | 납세자보호담당관 | | 동두천지서(031-8606-200) | | | |
|---|---|---|---|---|---|---|---|---|
| 과장 | 박윤주 640 | | 오희준 210 | | 전주석 201 | | | |
| 팀 | 정보관리 | 조사 | 납세자보호 | 민원봉사실 | 체납추적 | 납세자보호 | 부가소득 | 재산법인 |
| 팀장 | 김진섭 641 | 강세정 651 | 이대일 211 | | 전상호 271 | | 신성환 300 | 장병찬 250 |
| 국세조사관 | 한창규 642 | 김대현 652<br>손동칠 653 | 박영용 212 | 강태완(철원) | 김희정 273 | 한희수(연천) | 엄주원 301 | 김제봉 256 |
| | 유재은 643 | 유진우 656<br>오현준 654<br>권두홍 655 | 이영숙 214 | 정민섭 222<br>박대순 223 | | 천승범 234<br>허승호 230 | 박진수 302 | 장건후 251 |
| | 김근우 645 | 박소현 659 | | 박민서 224<br>장혜인(시간)<br>225 | 강슬기 272 | 김진아 232 | 박성수 303<br>이윤희 310<br>강지현 305<br>김도애 306 | 손성수 252<br>권오찬 254 |
| | | 노기훈 657<br>양문욱 658 | | 김경준 226<br>이한솔 227 | 권기성 274 | 이경환(방호)<br>231 | 김도균 307<br>이병석 308<br>이찬웅(시간)<br>304 | 박찬용 255<br>임소영 253 |
| 공무직 | | | | | 김은미 | | | |
| FAX | 544-6095 | | 544-6097 | 544-6098 | 867-2115 | | 860-6279 | 860-6259 |

# 대전지방국세청
# 관할세무서

# 대전지방국세청

| | |
|---|---|
| 주소 | 대전광역시 대덕구 계족로 677(법동)<br>(우) 34383 |
| 대표전화 & 팩스 | 042-615-2200 / 042-621-4552 |
| 코드번호 | 300 |
| 계좌번호 | 080499 |
| 사업자등록번호 | 102-83-01647 |
| 관할구역 | 대전광역시 및 충청남·북도, 세종특별자치시 |

## 청장　　양동훈

(D) 042-6152-201~2

| | | |
|---|---|---|
| 성실납세지원국장 | 고영일 | (D) 042-615-2400 |
| 징세송무국장 | 이슬 | (D) 042-615-2500 |
| 조사1국장 | 김학선 | (D) 042-615-2700 |
| 조사2국장 | 조윤석 | (D) 042-615-2900 |

# 대전지방국세청

대표전화: 042-615-2200 / DID: 042-615-OOOO

청장: **양 동 훈**
DID: 042-615-2201

| 주소 | 대전광역시 대덕구 계족로 677 (법동) (우) 34383 | | | | | |
|---|---|---|---|---|---|---|
| 코드번호 | 300 | | 계좌번호 | 080499 | 사업자번호 | 102-83-01647 |
| 관할구역 | 대전광역시 및 충청남·북도, 세종특별자치시 | | | | 이메일 | |

| 과 | 감사관 | | 납세자보호 | | 운영지원과 | | |
|---|---|---|---|---|---|---|---|
| 과장 | 강덕성 2300 | | | | 양용산 2240 | | |
| 팀 | 감사 | 감찰 | 보호 | 심사 | 행정 | 인사 | 경리 |
| 팀장 | 김원덕 2302 | 박한석 2312 | 문정기 2232 | 박찬희 2342 | 이주한 2252 | 이정훈 2242 | 이준현 2262 |
| 국세조사관 | 남택원 2303<br>최영권 2304 | 최진옥 2313<br>채홍선 2314<br>윤은택 2315 | 구명옥 2333 | 장은주 2343 | 이호 2253<br>김태환 2254<br>전호순(기록연구) 2259<br>이경순(사무운영) 2257 | 김명진 2243<br>조선영(세무, 임기) 2280 | 박지혜 2263 |
| | 김승주 2305<br>김현웅 2306<br>이동규 2307<br>박민우 2308 | 박기정 2316<br>백인정 2317<br>이철우 2318<br>안재문 2319 | 이휴련 2334 | 김경미 2344<br>오건우 2345<br>조민정 2346 | 김태훈 2255<br>심준석 2256<br>홍성각(운전) 2634<br>유일찬(운전) 2632<br>이성주(운전) 2631 | 양영진 2244<br>권혜지 2245<br>이준탁 2246 | 조항진 2265<br>황소원 2267<br>이영화(사무운영) 2266 |
| | 이수민 2309 | | 김태헌 2335 | | 한종태 2258<br>이병권 2260 | 이연희 2247<br>어경윤 2248 | 권유빈 2268 |
| | | | | | 정무현(방호) 2613<br>김영환(방호) 2613 | | |
| 공무직 | 전교선<br>최영찬<br>노경철 | 이은희<br>오영진<br>이미향 | 정옥경<br>김현주<br>이대훈 | 오정미<br>성광모<br>이청우 | 유승갑<br>김선순<br>백승분 | 김효중<br>조영옥<br>박우순 | |
| FAX | 634-5098 | | 636-4727 | | 621-4552 | | |

# 10년간 쌓아온 재무인의 역사를 돌려드립니다 '온라인 재무인명부'

수시 업데이트 되는 국세청, 정·관계 인사의 프로필과 국세청, 지방청, 전국세무서, 관세청, 유관기관 등의 인력배치 현황을 볼 수 있는 온라인 재무인명부

1등 조세회계 경제신문 조세일보

| 국실 | 성실납세지원국 | | | | | | | | | | | | | |
|---|---|---|---|---|---|---|---|---|---|---|---|---|---|---|
| 국장 | 고영일 2400 | | | | | | | | | | | | | |
| 과 | 부가가치세과 | | | 소득재산세과 | | | | 법인세과 | | | | 정보화관리팀 | | |
| 과장 | 신혜선 2401 | | | 김윤용 2431 | | | | 윤동규 2461 | | | | 왕성국 2131 | | |
| 팀 | 부가1 | 부가2 | 소비 | 소득 | 재산 | 복지세정1 | 복지세정2 | 법인1 | 법인2 | 법인3 | 법인4 | 지원 | 보안감사 | 포렌식지원 |
| 팀장 | 강민석 2402 | 전지현 2412 | 정영웅 2422 | 김희란 2432 | 전옥선 2442 | 김현숙 2452 | 문미희 2602 | 한숙란 2462 | 김정수 2472 | 차건수 2482 | 박태정 2492 | 이영구 2132 | 이홍조 2142 | 박승현 2192 |
| 국세조사관 | 박미진 2403 | | | 전혜영 2433 | 장미영 2443 | | | | | | | 서정은 2133 이채윤 2137 김상진 2138 | 정주희 2143 | |
| | 정선군 2404 | 이현상 2413 박세환 2414 류성권 2415 | 원대한 2423 이영 2424 선명우 2426 | 김태서 2434 김진기 2435 | 정윤정 2444 김홍근 2445 배경희 2446 | 김영기 2453 | 윤석창 2603 | 김태건 2463 한란 2464 김명진 2465 김덕영 2466 | 강정숙 2473 홍상우 2475 | 이선영 2483 김동혁 2484 | 임현철 2493 이경욱 2494 박상옥 2495 | 양선미 2135 송향희 2134 주재철 2139 | 오백진 2144 | 이정아 2193 이해진 2194 |
| | 김승현 2405 | 유경모 2416 | 장유민 2425 | | 황후용 2447 | 강정현 2454 | | 오하라 2467 | 나유숙 2474 | 김재민 2485 | | 장영석 2136 | | 송재호 2195 |
| 공무직 | 임영신 황미경 | | | | | | | | | | | | | |
| FAX | 625-9751 | | | 634-6129 | | | | 632-7723 | | | | 625-8472 | | |

DID : 042-615-OOOO

| 국실 | 성실납세지원국 | | | | | | | |
|---|---|---|---|---|---|---|---|---|
| 국장 | 고영일 2400 | | | | | | | |
| 과 | 정보화관리팀 | | 개발지원1팀 | | | 개발지원2팀 | | |
| 과장 | 왕성국 2131 | | 김명원 2021 | | | 정기숙 2081 | | |
| 팀 | 정보화센터1 | 정보화센터2 | 정보분석 | 엔티스개발1 | 엔티스개발2 | 정보화개발 | 개발교육1 | 개발교육2 |
| 팀장 | 최영둘 2152 | 이정미 2172 | 김상숙 2022 | 정의진 2042 | 손석임 2062 | 하창수 2082 | 정기원 2652 | |
| 국세조사관 | 김태순(사무운영) 2160<br>신상례(사무운영) 2154<br>최금년(사무운영) 2161<br>신선희(사무운영) 2155 | 김광순(사무운영) 2173<br>한도순(사무운영) 2174<br>박진숙(사무운영) 2180<br>김영선(사무운영) 2175<br>유수향(사무운영) 2176 | 이미라 2023<br>조명순 2024<br>강선홍 2025<br>최학규 2026<br>김은희 2027 | 이상수 2045<br>최오미 2046<br>안수림 2050<br>최윤호 2047 | 최진숙 2063<br>임수현 2066 | 김숙희 2083<br>라유성 2084<br>김주영 2085<br>박미경 2086<br>김은기 2087 | | |
| | 천은영(사무운영) 2162<br>송인희(사무운영) 2156<br>김양미(사무운영) 2157<br>김수영(사무운영) 2163 | 권인숙(사무운영) 2181<br>김홍란(사무운영) 2182<br>김명순(사무운영) 2177<br>강영자(사무운영) 2183 | 주현아 2028 | 윤창인 2051<br>윤민지 2052<br>이원일 2054 | 염문환 2064<br>조은지 2070<br>이규화 2067<br>임여경 2068 | 최수영 2089<br>박신영 2088<br>이성호 2090 | 정혜임 2667<br>유덕규 2663 | 고명훈 2662 |
| | 박수진 2153 | | | 김시백 2043<br>문찬우 2044 | 최홍열 2065<br>박용병 2071 | | | |
| | | | | 김현아 2048 | 김성진 2073<br>유승우 2069 | 이효진 2094 | 최지희 2666<br>임은총 2653 | 김동규 2665<br>정지훈 2664 |
| 공무직 | 임영신<br>황미경 | | | | | | | |
| FAX | 615-2170 | 615-2190 | | | | | | |

334

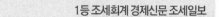

# 재무인과 함께 걸어가겠습니다 '조세일보'

재무인에겐 조세일보를 읽는 사람과 읽지 않는 사람 두 종류의 사람만 있다.

1등 조세회계 경제신문 조세일보

| 국실 | 징세송무국 | | | | | | 조사1국 | | | | | |
|---|---|---|---|---|---|---|---|---|---|---|---|---|
| 국장 | 이슬 2500 | | | | | | 김학선 2700 | | | | | |
| 과 | 징세과 | | 송무과 | | 체납추적과 | | 조사관리과 | | | | | |
| 과장 | 유은영 2501 | | 이상현 2521 | | 김완구 2541 | | 이창수 2701 | | | | | |
| 팀 | 징세 | 체납관리 | 송무1 | 송무2 | 체납추적관리 | 체납추적 | 조사관리1 | 조사관리2 | 조사관리3 | 조사관리4 | 조사관리5 | 조사관리6 |
| 팀장 | 여미라 2502 | 송칠선 2512 | 황경애 2522 | 양주희 2532 | 이덕주 2542 | 연수민 2552 | 김영교 2702 | 조영자 2712 | 차광섭 2719 | 정혜진 2732 | 윤상호 2742 | 신미영 2722 |
| 국세조사관 | 이정선 2503 | 최인옥 2513 | 박신정 2523 권준경(세무, 임기) 2524 | 고의환 2533 | 노은아 2543 | | 박은정 2703 | | 신상수 2724 | 윤지희 2733 | 이제현 2743 | |
| | 이상봉 2504 | 임한준 2514 김수월 2515 | 최지훈 2525 정영화 2526 이수현 2527 권원호 2528 | 신방인 2534 박옥길 2535 이성준 2536 | 노용래 2544 김양수 2545 이지윤 2546 | 전명진 2553 윤상탁 2554 이석재 2555 | 박성룡 2704 임정혜 2705 서원희 2706 | 노영실 2713 남기태 2714 | 손신혜 2725 김진주 2726 이재명 2720 윤수환 2727 정호석 2721 | 정인애 2734 장석현 2735 | 태상미 2744 고정환 2745 박제영 2746 | 권동원 2723 |
| | 임수민 2505 | | | | 박재우 2547 김효근 2548 | 박노욱 2556 임유리 2557 | 김병철 2707 | 조우진 2715 | 박요안나 2728 | | 이수빈 (파견) | |
| | | | | | | | | | | | | |
| 공무직 | 이푸른 신민정 | | | | | | 김길정 오수진 | | | | | |
| FAX | 632-1798 | | 626-4512 | | 625-9758 | | 634-6325 | | | | | |

335

국세관련 모든 상담은 국번없이 126
전국 어디서나 편리하게 상담받으세요.
평일 9시~18시 (탈세제보는 24시간)

**DID : 042-615-OOOO**

| 국실 | 조사1국 | | | | | | | | | | |
|---|---|---|---|---|---|---|---|---|---|---|---|
| 국장 | 김학선 2700 | | | | | | | | | | |
| 과 | 조사1과 | | | | 조사2과 | | | | 조사3과 | | |
| 과장 | 장훈 2751 | | | | 김진술 2781 | | | | 김성민 2811 | | |
| 팀 | 조사1 | 조사2 | 조사3 | 조사4 | 조사1 | 조사2 | 조사3 | 조사4 | 조사1 | 조사2 | 조사3 |
| 팀장 | 금영송 2752 | 임길묵 2762 | 진종호 2772 | 이경숙 2882 | 김장용 2782 | 송태정 2792 | 정현원 2802 | 김효순 2842 | 김수진 2812 | 백인억 2822 | 이병용 2832 |
| 국세조사관 | 장덕구 2753 손정화 2754 장세연 2755 | 박종호 2763 신광철 2764 | 박상욱 2773 박진숙 2774 | 허지혜 2883 이준혁 2884 | 이현상 2783 이환규 2784 김수원 2785 | 강경묵 2793 강병수 2794 | 윤재두 2803 주진수 2804 | 구승완 2843 윤희창 2844 | 박주오 2813 이연주 2814 사현민 2815 | 강안나 2823 김상현 2824 | 이한기 2833 연제석 2834 |
| | 조성빈 2756 | 유승아 2765 | 고병준 2775 | 이권희 2885 | 권명윤 2786 | 김이수 2795 | 황석규 2805 | 신용식 2845 | 박승권 2816 | 최우진 2825 | 한용 2835 |
| | | | | | | | | | | | |
| 공무직 | 김길정 오수진 | | | | | | | | | | |
| FAX | 634-6128 | | | | 626-4513 | | | | 636-0372 | | |

| 국실 | 조사2국 | | | | | | | | | |
|------|---------|---|---|---|---|---|---|---|---|---|
| 국장 | 조윤석 2900 | | | | | | | | | |
| 과 | 조사관리과 | | | 조사1과 | | | | 조사2과 | | |
| 과장 | 김혜경 2901 | | | 신승태 2931 | | | | 최재명 2961 | | |
| 팀 | 조사관리1 | 조사관리2 | 조사관리3 | 조사1 | 조사2 | 조사3 | 조사4 | 조사1 | 조사2 | 조사3 |
| 팀장 | 조은애 2902 | 이종호 2912 | 박영주 2922 | 조정주 2932 | 이영찬 2942 | 김아경 2952 | 진소영 2992 | 민양기 2962 | 이정임 2972 | 오진성 2982 |
| 국세 조사관 | 한경수 2903 | | 이원근 2923 | 백승민 2933 | | | | | | |
| | 김선애 2904 | 김선기 2913 황은지 2914 강현영 2915 강현애 2916 | 지상수 2924 유지현 2925 육재하 2926 최윤경 2927 | 오승희 2934 | 신숙희 2943 | 이화용 2953 | 장시찬 2993 김준익 2994 | 이현진 2963 강훈 2964 | 최미숙 2973 이건흥 2974 | 차보미 2983 정준희 2984 |
| | 김근아 2905 | 박영일 2917 | 한원주 2928 | 정재남 2935 | 조한규 2944 | 권대근 2954 | | 이승택 2965 | 추원규 2975 | 고민철 2985 |
| | | | | | | | | | | |
| 공무직 | 정영숙 최은지 | | | | | | | | | |
| FAX | 626-4514 | | | 626-4515 | | | | 625-9432 | | |

# 대전세무서

대표전화: 042-2298-200 / DID: 042-2298-OOO

서장: **임 영 미**
DID: 042-2298-201

중구국민
체육센터

대전세무서
농산물관리원
충남지원

유안타증권
빌딩

←호수돈여중고

대전시민대학    ↓중구청네거리

| 주소 | 대전광역시 중구 보문로 331 (선화 188) (우) 34851<br>금산민원실 : 충청남도 금산군 금산읍 인삼약초로 42 (중도리 16-1) (우) 32739 | | | | | | | |
|---|---|---|---|---|---|---|---|---|
| 코드번호 | 305 | | 계좌번호 | 080486 | | 사업자번호 | 305-83-00077 | |
| 관할구역 | 대전광역시 동구, 중구, 충청남도 금산군 | | | | | 이메일 | daejeon@nts.go.kr | |

| 과 | 징세과 | | | 부가가치세과 | | | 소득세과 | |
|---|---|---|---|---|---|---|---|---|
| **과장** | 신현국 240 | | | 박재근 280 | | | 정인숙 360 | |
| **팀** | 운영지원 | 체납추적1 | 체납추적2 | 부가1 | 부가2 | 부가3 | 소득1 | 소득2 |
| **팀장** | 이용환 241 | 이동환 551 | 신원영 571 | 임창수 281 | 임상빈 301 | 박인국 321 | 도해구 361 | 맹창호 381 |
| **국세<br>조사관** | | 이응구 552 | 박정숙 572 | 김균태 282 | 홍창표 302<br>황성희 303 | 이기수 322<br>이창권 323<br>노영하 324 | 이주한 362 | 이영호 382 |
| | 곽문희 242<br>정미영 243<br>이현우 244<br>황순금(교환)<br>250<br>안형식(열관<br>리) 248 | 이안희 553<br>오왕석 554 | 조하영 262<br>유연우(추적<br>전담반) 573<br>이상요 263<br>정해은(추적<br>전담반) 574 | 방경선 283<br>배효정 284<br>김나희 285<br>신연주 286 | 백민정 304<br>김보혜 305<br>김선미 306 | 이호영 325<br>박인선 326 | 최현정 363<br>정미현 364<br>정유진 365 | 이주성 383<br>허남주 384<br>윤석진 385 |
| | 박문수 245<br>박동규(운전)<br>251 | 박길원 555 | | 김혜리 287 | 이준석 307 | 하미현 327 | 유관호 366 | 강민주 386 |
| | 박병규 247<br>서강룡(방호)<br>249 | 유채원 556<br>김유진 558 | 곽민지 575 | 안지민 288<br>김홍선 289<br>박수미 290 | 이권열 308<br>정지예 309 | 양세현 328 | 석지훈 367<br>남서윤 368 | 김태윤 387<br>배예빈 388 |
| **공무직** | 이선영 202<br>김민정 246<br>임춘희(환경)<br>황순하(환경) | | | | | | | |
| **FAX** | 253-4990 | | 253-4205 | 257-9493, 257-3783 | | | 257-3717 | |

# 1등 조세회계 경제신문 조세일보

| 과 | 재산법인세과 | | | | 조사과 | | | | 납세자보호담당관 | |
|---|---|---|---|---|---|---|---|---|---|---|
| 과장 | 차은규 400 | | | | 서민덕 640 | | | | 조치상 210 | |
| 팀 | 재산1 | 재산2 | 법인1 | 법인2 | 정보관리 | 조사1 | 조사2 | 조사3 | 납세자보호 | 민원봉사실 |
| 팀장 | 김용호 481 | 주구종 501 | 강원경 401 | 이왕수 421 | 조민영 641 | | | | 조연숙 211 | 권영조 221 |
| 국세조사관 | 이영락 482 이인숙 483 | 임진규 502 | 박진우 402 | 송인광 422 | 박종인 643 이명해 644 | 김동현 651 이재열 652 이건우 653 오양금 654 | 송인한 661 이지민 662 박대현 663 | 이명석 671 박지은 672 이진수 673 | 황대림 212 박준형 213 | 양병문 222 이영재 223 |
| | 김미선 484 최영미 485 | 윤문원 503 이수미 504 | 김지현 403 | 안주희 423 | 이영순 642 | | | | 신유현 214 | 엄태성 224 박정연 225 최민정 226 최혜경 227 윤희민 228 |
| | 이유진 486 장혜린 487 | 이호제 505 | 정계승 404 | 전재령 424 | | | | | 김민정 215 | 김수량 229 |
| | | | 장효선 405 송재현 406 | 권태민 425 | | | | | | 이영범 230 |
| 공무직 | | | | | | | | | | |
| FAX | 254-9831 | | 252-4898 | | 255-9671 | | | | 253-5344 | 253-4100 |

# 북대전세무서

대표전화: 042-6038-200 / DID: 042-6038-OOO

서장: **김 선 수**
DID: 042-6038-201

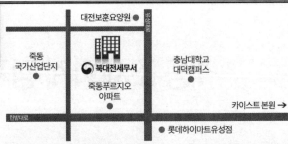

| 주소 | 대전광역시 유성구 유성대로 935번길7 (죽동 731-4) (우) 34127 | | | | |
|---|---|---|---|---|---|
| 코드번호 | 318 | 계좌번호 | 023773 | 사업자번호 | |
| 관할구역 | 대전광역시 유성구, 대덕구 | | | 이메일 | Bukdaejeon@nts.go.kr |

| 과 | 징세과 | | | 부가가치세과 | | 소득세과 | | 재산세과 | |
|---|---|---|---|---|---|---|---|---|---|
| 과장 | 김신흥 240 | | | 정현철 280 | | 안승호 360 | | 김병식 480 | |
| 팀 | 운영지원 | 체납추적1 | 체납추적2 | 부가1 | 부가2 | 소득1 | 소득2 | 재산1 | 재산2 |
| 팀장 | 이미영 241 | 박미숙 551 | 이명하 571 | 김진영 281 | 하정영 301 | 허충회 361 | 도우형 381 | 홍문선 481 | 김윤진 501 |
| 국세조사관 | 편무창 242 | 김동일 553 | 김인호 572<br>옹주현(징) 262<br>박정수 574<br>김응남(징) 263 | 서정원 282<br>위정호(시) 614 | 백선주 302 | 노기우 362 | 김영철(시) 615 | 박은정 482 | |
| | 조혜민 243<br>정근선(운전) 245<br>최미진 246 | 황영숙 552<br>이숙희 554<br>문미영 558 | 양전옥 573<br>나경미 578<br>이신영 575<br>엄소정 576 | 강병조 283<br>박성희 284<br>박윤주 285 | 이재욱 310<br>안재욱(시) 614<br>임선영 303<br>임송빈 304<br>박은경 305 | 서명옥 363<br>김보경 364<br>서승의 365<br>전현아(시) 615<br>구효진 366 | 여중구 382<br>박수아 383<br>김선주 384 | 탁현희 483<br>백수아 484<br>김은경 485 | 강지은 502<br>김윤희 503 |
| | 김병훈(방호) 244 | 안슬기 555<br>최유리 557 | 최지은(징) 264<br>김용석 577 | 한정희 286<br>이정은 287<br>서경하 288<br>이미정 289 | 안수진 306<br>장민환 307 | 전지은 367 | 김주영 385<br>김세호 386<br>정휘언 387 | 신성호 486 | 노준호 504<br>조은애 505 |
| | 손태희 247 | 박세희 556<br>백승아 559 | | 손범수 290<br>박일도 291 | 정현주 308<br>김민지 309 | 김상호 368<br>문민지 369 | 이건희 388 | 박혜빈 487<br>김지현 488<br>박완다 489 | |
| 공무직 | 김현숙 620<br>경유림 202<br>강천순(환경)<br>정소영(환경) | | | 김지윤(실무수습) | | | | | |
| FAX | 823-9662 | 603-8560 | | 823-9665 | | 823-9646 | | 823-9648 | |

| 과 | 법인세과 | | 조사과 | | | | | 납세자보호담당관 | |
|---|---|---|---|---|---|---|---|---|---|
| 과장 | 서문석 400 | | 김영덕 640 | | | | | 이은영 210 | |
| 팀 | 법인1 | 법인2 | 정보관리 | 조사1 | 조사2 | 조사3 | 조사4 | 납세자보호실 | 민원봉사실 |
| 팀장 | 박병수 401 | 김명제 421 | 유장현 641 | | | | | 오정탁 211 | 노태송 221 |
| 국세조사관 | 배문수 402<br>이태희 403 | 심준보 422<br>윤영준 423 | 이정길 642 | 조석정 652 | 김민준 655 | 김재열 658 | 심영찬 661<br>김인태 662 | 양광식 212 | 원광호(대덕)<br>강희석 222<br>배준(시) 224<br>이동근 223 |
| | 전시영 404<br>최혜지 405 | 김유경 424<br>김혜미 425<br>김수정 426 | 공은주 643 | 오현민 653 | 유다형 656 | | | 유경희 213 | 김진환 225<br>김영간 226 |
| | 심현이(시) 406 | 박성재 427 | 고석희 644<br>백경령 645 | 김재현 654 | 임형빈 657 | 박성원 659<br>성소윤 660 | 정성모 662<br>송지은 663 | 가혜미 214 | 최동훈 227 |
| | 이하승 407<br>임지완 408<br>주영철 409 | 박소연 428<br>김나은 429 | | | | | | | 박성재(시) 224 |
| 공무직 | | | | | | | | | 김민준(사회복무) |
| FAX | 823-9616 | | 823-9617 | | | | | 823-9619 | 823-9610 |

# 서대전세무서

대표전화: 042-4808-200 / DID: 042-4808-OOO

서장: **이 완 희**
DID: 042-4808-201

| 주소 | 대전광역시 서구 둔산서로 70 (둔산동 1296) (우) 35239 | | | | |
|---|---|---|---|---|---|
| 코드번호 | 314 | **계좌번호** | 081197 | **사업자번호** | 314-83-01385 |
| 관할구역 | 대전광역시 서구 | | | **이메일** | seodaejeon@nts.go.kr |

| 과 | 징세과 | | 부가가치세과 | | 소득세과 | |
|---|---|---|---|---|---|---|
| 과장 | 김영식 240 | | 이종길 280 | | 신동우 360 | |
| 팀 | 운영지원 | 체납추적 | 부가1 | 부가2 | 소득1 | 소득2 |
| 팀장 | 이한성 241 | 강인성 551 | 윤문수 281 | 김은철 301 | 박선영 361 | 김완주 381 |
| 국세<br>조사관 | | 김은혜 552<br>김기숙(징세) 262<br>전윤희 553<br>장명화 554 | 이충근<br>김년호<br>유경열 282 | 라기정 302<br>김성연 303 | 박현정 362 | 신계희 382 |
| | 황연주 242<br>구민채 243 | 김정근 555<br>김은덕 556 | 양선숙 283<br>구은정 284 | 이은숙 304<br>임선근 305<br>송수은 306 | 양유미 363<br>이명한 364 | 박금숙 383<br>이선미 384 |
| | 배형기(운전) 245 | 김미영 557<br>이남영 558 | 박선민 285<br>송민우 286 | 조태희 307<br>조한민 308 | | 김경오(오전) |
| | 전종호 244<br>정남용(방호) 246,<br>611 | 이재성(징세) 263<br>유선희 559<br>최현주 560<br>홍정화 561 | 하형준 287<br>유다원 288<br>김지윤 289 | 최진하 309 | 정윤수 368<br>길기윤 365<br>김명철 366<br>서하늘 367 | 김의연 385<br>최호열 386<br>송하늘 387 |
| 공무직 | 신민화(교환) 618<br>박다솜(행정) 247<br>김기복(비서) 202<br>배문선(환경)<br>김지영(환경) | | | | | |
| FAX | 486-8067 | 480-8687 | 472-1657 | 480-8682 | 480-8683 | |

# 10년간 쌓아온 재무인의 역사를 돌려드립니다 '온라인 재무인명부'

수시 업데이트 되는 국세청, 정·관계 인사의 프로필과 국세청, 지방청, 전국세무서, 관세청, 유관기관 등의 인력배치 현황을 볼 수 있는 온라인 재무인명부

1등 조세회계 경제신문 조세일보

| 과 | 재산법인세과 | | | 조사과 | | | | 납세자보호담당관 | |
|---|---|---|---|---|---|---|---|---|---|
| 과장 | 최수종 400 | | | 박일병 640 | | | | 이인근 210 | |
| 팀 | 재산1 | 재산2 | 법인 | 정보관리 | 조사1 | 조사2 | 조사3 | 납세자보호실 | 민원봉사실 |
| 팀장 | 유인숙 481 | 전수진 501 | 김영건 401 | 신광재 641 | | | | 최용세 211 | 이정기 221 |
| 국세 조사관 | 신대수 482 | 가재윤 502 | 오용락 402 | 한수이 642 | 배은경 651 | 오승훈 661 박태구(파견) | 심용주 671 | 윤홍덕 212 한석희 213 | 박진수 222 김은주 223 이채민(사) 224 |
| | 황현순 483 이지은 484 | 김기미 503 | 박소연 403 김수정 404 오현석 405 | 권경숙 643 | 전형주 652 | 정영석 662 | | 이성민 214 | 김은의(오후) 225 박유자 226 강윤학 227 김혜원 228 |
| | | 김세령 504 | 정금희 406 김자경 407 고영임 408 | | | 정인형 663 | 김석현 672 이채민 673 | | 이은지 229 황지연(오전) 230 |
| | 김민석 485 임채현 486 김세현 487 | | 이재현 409 박소연 410 | 진원용 644 | 석진서 653 | | | | |
| 공무직 | | | | | | | | | |
| FAX | 480-8685 | 480-8684 | | 480-8686 | | | | 486-8062 | 486-2086 |

# 공주세무서

대표전화: 041-8503-200 / DID: 041-8503-OOO

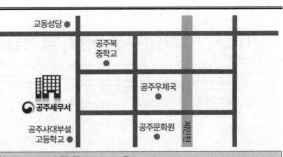

서장: **박 재 성**
DID: 041-8503-202

| 주소 | 충청남도 공주시 봉황로 87 (반죽동 332) (우) 32550 | | | | |
|---|---|---|---|---|---|
| 코드번호 | 307 | 계좌번호 | 080460 | 사업자번호 | |
| 관할구역 | 충청남도 공주시 | | | 이메일 | gongju307@nts.go.kr |

| 과 | 징세과 | | | 부가소득세과 | |
|---|---|---|---|---|---|
| 과장 | 이정선 240 | | | 유경룡 280 | |
| 팀 | 운영지원 | 체납추적 | 조사 | 부가소득 | |
| | | | | 부가 | 소득 |
| 팀장 | 국윤미 241 | 송영화 551 | 주정권 671 | 김상훈 281 | |
| 국세<br>조사관 | | | 이혜림 672 | 임유란 282 | 김현민 291 |
| | 서민경 242<br>박만기(운전) 243<br>조아연 244 | 김소민 552<br>권혁수 553 | 신용직 673 | 마승진 283<br>최희경 284<br>이진석 285 | 허재혁 292<br>이원희 293 |
| | | | 송인경 674 | | 이상금 294 |
| | 윤상준(방호) 245 | 김영중 554<br>최다솜 555 | | 최다연 286 | |
| 공무직 | 김지연 202<br>이명희(환경) | | | | |
| FAX | 850-3692 | | | 850-3691 | |

| 과 | 재산법인세과 | | 납세자보호담당관 | |
|---|---|---|---|---|
| 과장 | 조영우 400 | | 양회수 210 | |
| 팀 | 재산법인 | | 납세자보호실 | 민원봉사실 |
| | 재산 | 법인 | | |
| 팀장 | 김인화 421 | | 신명식 211 | 박세국 221 |
| 국세조사관 | 손영희 422 | 박준규 521 | | 김동훈 222 |
| | 장현수 423 | 이재승 522<br>이신열 523 | | 서혜진(오후) 223<br>이미희 224<br>박소연(오전) 223 |
| | | | | |
| | 방지선 424<br>김윤성 425 | 송승윤 524 | | |
| 공무직 | | | | |
| FAX | 850-3693 | | 850-3690 | |

# 논산세무서

대표전화: 041-7308-200 / DID: 041-7308-OOO

서장: **민 강**
DID: 041-7308-201, 202

| 주소 | 충청남도 논산시 논산대로 241번길 6 (강산동) (우) 32959<br>부여지역민원실 : 충청남도 부여군 부여읍 사비로 41 군민회관내 (우) 33153<br>계룡출장소 : 충청남도 계룡시 장안로 46 계룡시청내 (우) 32823 | | | | |
|---|---|---|---|---|---|
| 코드번호 | 308 | **계좌번호** | 080473 | **사업자번호** | |
| 관할구역 | 충청남도 논산시, 계룡시, 부여군 | | | **이메일** | nonsan@nts.go.kr |

| 과 | 징세과 | | | 부가소득세과 | |
|---|---|---|---|---|---|
| 과장 | 윤승갑 240 | | | 조종연 280 | |
| 팀 | 운영지원 | 체납추적 | 조사 | 부가 | 소득 |
| 팀장 | 이철효 241 | 문찬식 551 | 박주항 651 | 정용협 281 | 이화용 361 |
| 국세<br>조사관 | | 강기진 552 | 최성호 652 | | |
| 국세<br>조사관 | 김정수 242<br>안영희 243 | 안은경 553<br>김희은 554<br>김정훈 555 | 이우현 653 | 김수옥 282<br>오수연 284<br>유영주 283<br>서은영 285<br>오미영(시) 290 | 안현정 362<br>김영보 363<br>최진이 364<br>이선림 365 |
| 국세<br>조사관 | 홍동기(운) 244 | 황윤철 556 | 홍은화 654 | 문찬웅 286 | |
| 국세<br>조사관 | 이환호(방) 245 | 김성은 557 | 김민형 655 | 류보람 287<br>이종욱 289<br>정소정 291 | 김경빈 366 |
| 공무직 | 이혜진(비서) 201<br>김춘기(시설) 615<br>황윤진(환경)<br>김형훈(사회복무) | | | | |
| FAX | 730-8270 | 733-3137 | 733-3140 | 733-3139 | |

| 과 | 재산법인세과 | | 납세자보호담당관 | |
|---|---|---|---|---|
| 과장 | 황인자 400 | | 석영일 210 | |
| 팀 | 재산 | 법인 | 납세자보호 | 민원봉사 |
| 팀장 | 우창제 481 | 강재근 401 | 강선규 211 | 송채성 221 |
| 국세<br>조사관 | 김재철 482 | | 종만 | |
| | 이경선 483 | 이봉현 402<br>안은경 403<br>조윤민 404 | 이민호 212 | 이은숙 222<br>김초혜(부여, 시)<br>강성우 223<br>이가희 224 |
| | | 변다연 405 | | 한정민 223 |
| | 오정선 484<br>장윤규 485<br>안소영 486 | 김우주 406<br>한규민 407 | | |
| 공무직 | | | | |
| FAX | 735-7640 | 730-8630 | 733-3136<br>042-551-6013(계룡)<br>832-7932(부여) | |

# 보령세무서

대표전화: 041-9309-200 / DID: 041-9309-OOO

서장: **이 정 민**
DID: 041-9309-201

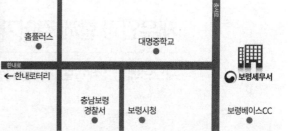

| 주소 | 충청남도 보령시 옥마로 56 (명천동) (우) 33482<br>장항민원실 : 충청남도 서천군 장항읍 장항로 193 (창선2리) (우) 33674 | | | |
|---|---|---|---|---|
| 코드번호 | 313 | **계좌번호** | 930154 | **사업자번호** |
| 관할구역 | 충청남도 보령시, 서천군 | | **이메일** | boryeong313@nts.go.kr |

| 과 | 징세과 | | | 세원관리과 | |
|---|---|---|---|---|---|
| 과장 | 정필영 240 | | | 강신혁 205 | |
| 팀 | 운영지원 | 체납추적 | 조사 | 부가 | 소득 |
| 팀장 | 오연균 241 | 윤태요 551 | 조복환 651 | 최승오 281 | 이성호 290 |
| 국세<br>조사관 | | | 박한수 652<br>김남훈 653 | 최지영 282 | 이재희 291 |
| | 백귀순 242<br>엄유환 243 | 이영주(징세) 261<br>최지영 552 | 장기원 654 | 양종혁(오후) 283<br>민찬근(오전) 284<br>이송미 285 | |
| | 문안전(운전) 244 | 이성윤 553<br>김보미 554 | | | 김유식 292<br>김세욱 293 |
| | 이성엽(방호) 245 | 김수진 555<br>김효진 556 | 박민주 655 | 문형식 286<br>오정은 287 | 김하임 294 |
| 공무직 | 김가영(비서) 202<br>박경화(청사미화) | | | | |
| FAX | 936-7289 | | 936-2289 | 930-9299 | |

348

| 과 | 세원관리과 | | 납세자보호담당관 | |
|---|---|---|---|---|
| 과장 | 강신혁 205 | | 김동형 210 | |
| 팀 | 재산법인 | | 납세자보호실 | 민원봉사실 |
| | 법인 | 재산 | | |
| 팀장 | 정상천 401 | | 박삼용 221 | |
| 국세<br>조사관 | 김진식 482 | 서옥배 402 | 이종신 211 | 이기순 222<br>임종화(장항) 956-2100 |
| | 김훈수 483<br>구은숙 484 | 박미경 403 | | |
| | 임소현 485 | | | |
| | | 이혜민 404<br>문서림 405 | | 박은영(오후) 223<br>노혜원 224 |
| 공무직 | | | | |
| FAX | 930-5160 | 934-9570 | 931-0564<br>956-5292(장항) | |

# 서산세무서

대표전화: 041-6609-200 / DID: 041-6609-OOO

서장: **박 달 영**
DID: 041-6609-201

| 주소 | 충청남도 서산시 덕지천로 145-6 (석림동 398-10) (우) 32003<br>태안민원실 : 충청남도 태안군 태안읍 후곡로 121 (우) 32144 | | | | |
|---|---|---|---|---|---|
| 코드번호 | 316 | 계좌번호 | 000602 | 사업자번호 | |
| 관할구역 | 충청남도 서산시, 태안군 | | | 이메일 | seosan@nts.go.kr |

| 과 | 징세과 | | | 부가소득세과 | |
|---|---|---|---|---|---|
| 과장 | 국태선 240 | | | 최익수 280 | |
| 팀 | 운영지원 | 체납추적 | 조사 | 부가 | 소득 |
| 팀장 | 김재구 241 | 박인수 551 | 문강수 651 | 박순규 281 | 이한승 361 |
| 국세<br>조사관 | | | 박지윤 652 | 유미숙 282 | |
| | 윤숙영(사무) 245<br>김진화 242<br>김현태 243 | 최환석 552<br>최동찬 553<br>홍혜령 554 | 이경노 653 | 이대연 283<br>김영균 284<br>주환욱(파견) | 김봉진 362<br>정재경 363<br>변상미 364 |
| | 강태헌(방호) 246 | 김수현 555<br>이규림 556 | 한송희 654<br>송연서 655 | 최준영 285<br>이나미 286 | |
| | 조욱(운전) 244 | 오로라(징세) 559<br>육예연 557<br>김준성 558 | 안수안 656 | 박종훈 287<br>변재영(실무수습) 288 | 박지수 365<br>김민성 366<br>우정규 367 |
| 공무직 | 김지현(부속)<br>유숙남(조리) | | | | |
| FAX | 660-9259 | 660-9569 | 660-9659 | 660-9299 | |

# 1등 조세회계 경제신문 조세일보

| 과 | 재산법인세과 | | 납세자보호담당관 | |
|---|---|---|---|---|
| 과장 | 진정욱 400 | | 한현섭 210 | |
| 팀 | 재산 | 법인 | 납세자보호실 | 민원봉사실 |
| 팀장 | 장찬순 481 | 이성영 401 | 박광수 211 | 허원갑 221 |
| 국세<br>조사관 | 홍성준 482 | 서창완 402 | 이동구 212 | |
| | 서범수 483 | 이영주 403 | | 박민호 222<br>김현태 223 |
| | 김보영 484<br>김아영 485<br>최유정 486<br>지혜연 487<br>홍성수 488 | 황수민 404<br>이주연 405 | | |
| | | 이민지 406<br>최민지 407 | | 김영래 224<br>김지우 225 |
| 공무직 | | | | |
| FAX | 660-9499 | | 660-9219<br>675-1281(태안) | |

# 세종세무서

대표전화: 044-8508-200 / DID: 044-8508-OOO

서장: **고 승 현**
DID: 044-8508-201

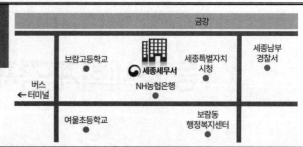

| 주소 | 세종특별자치시 시청대로 126 (보람동 724) (우) 30151<br>조치원민원실 : 세종특별자치시 조치원읍 충현로 193 (침산리 256-6) (우) 30021 | | | | |
|---|---|---|---|---|---|
| 코드번호 | 320 | **계좌번호** | 025467 | **사업자번호** | |
| 관할구역 | 세종특별자치시 | | | **이메일** | |

| 과 | 징세과 | | 부가가치세과 | | 소득세과 |
|---|---|---|---|---|---|
| **과장** | 최은미 240 | | 김종문 270 | | 김민규 340 |
| **팀** | 운영지원 | 체납추적 | 부가1 | 부가2 | 소득 |
| **팀장** | 홍성자 241 | 우제선 551 | 박승원 271 | 이덕형 281 | 이정희 341 |
| **국세<br>조사관** | | 김경애 552 | 강성대 272 | 손경아 282 | |
| | 문영임 242<br>성화진 243 | 양명호 553<br>백미순 554<br>홍명숙(징세) 262 | 심민주 273 | 장진화 283<br>김영석 284 | 최서현 342<br>전소희 343<br>고종철 344<br>이만준 345<br>권윤희(오전) 311<br>오지윤 346 |
| | 신은지 244<br>윤여룡(방호) 245<br>김성준(운전) 246 | 조현구 555<br>문진영 556<br>김미라 557 | 김금립 274<br>정은아 275 | | 이은경(오후) 312 |
| | | 최두현 558 | 임선정 276<br>안수영 277 | 정명용 285<br>명은정 286 | 김동민 347<br>윤지영 348<br>조상원 349 |
| **공무직** | 송문주(교환)<br>박지혜(비서)<br>조은희(미화)<br>정종순(미화)<br>박상현(공익)<br>홍성웅(공익) | | | | |
| **FAX** | 850-8431 | 850-8443,<br>850-8432 | 850-8433 | | 850-8434 |

| 과 | 재산법인세과 | | | 조사과 | | | 납세자보호담당관 | |
|---|---|---|---|---|---|---|---|---|
| 과장 | 오승호 460 | | | 정지석 640 | | | 이신영 210 | |
| 팀 | 재산1 | 재산2 | 법인 | 정보관리 | 조사1 | 조사2 | 납세자보호실 | 민원봉사실 |
| 팀장 | 지대현 461 | 김현하 491 | 이계홍 531 | 이상수 641 | | | 정은주 211 | 이상용 221 |
| 국세조사관 | 김대진 462 | | | | 이주영 651<br>이원형 652 | 이보라 661 | 김남중 212 | |
| 국세조사관 | 진수민 463<br>조미혜 464<br>안지연 465<br>강현정 466 | 이종태 492<br>김두연 493 | 오영우 532<br>한효경 533<br>김병현 534 | 이안희 642<br>심민정 643 | | 윤여중 662 | 박민채 213 | 주윤정(오후) 222<br>표미경 223<br>구정인(오후) 224<br>백준호 225 |
| 국세조사관 | | 박엘리 494<br>임슬기 495 | 강수지 535<br>고재우 536 | 최민지 645 | | | | 최우경(오전) 222<br>이혜연 226<br>이정주(오전) 224 |
| 국세조사관 | 차규현 467<br>이성일 468 | | 성은영 537<br>배민혜 538<br>오영섭 539<br>서진희 540 | | 기민정 653 | | | |
| 공무직 | | | | | | | | |
| FAX | 850-8435 | 850-8441 | 850-8436 | 850-8437 | | | 850-8439 (본서)<br>850-8440 (조치원) | |

# 아산세무서

대표전화: 041-5367-200 / DID: 041-5367-OOO

서장: **임 경 수**
DID: 041-5367-201

| 주소 | 충청남도 아산시 배방읍 배방로 57-29 (공수리 282-15) 토마토빌딩 (우) 31486 | | | | |
|---|---|---|---|---|---|
| 코드번호 | 319 | 계좌번호 | 024688 | 사업자번호 | |
| 관할구역 | 충청남도 아산시 | | 이메일 | asan@nts.go.kr | |

| 과 | 징세과 | | 부가소득세과 | | | 재산법인세과 | |
|---|---|---|---|---|---|---|---|
| 과장 | 공원택 240 | | 김순복 280 | | | 박영민 400 | |
| 팀 | 운영지원 | 체납추적 | 부가1 | 부가2 | 소득 | 재산 | 법인 |
| 팀장 | 서대성 241 | 유재남 551 | 석혜숙 281 | 박기민 291 | 권순일 301 | 황진구 481 | 이모성 401 |
| 국세<br>조사관 | 한상원 242 | 강은실 261 | 양희연(오전)<br>심재진 282 | 이석기 292<br>한상훈 293 | | 구문주 482<br>서동민 483 | 안선일 402 |
| | 문미란 243<br>김영남(운) 244 | 장현하 552<br>김정옥 262<br>오택민 553 | 진현정 283 | 신순영 294<br>한서희 295 | 김수미 302<br>송승호 303<br>유가연 304 | 한동희 484 | 윤연심 403<br>김의규 404 |
| | 한명철(방) 245 | 이상민 554<br>양소라 555<br>오경미 556<br>최슬기 557<br>류원석 558<br>홍덕길 559 | 이상재 284 | 임한솔 296 | 허정필 305<br>안세영 306 | 양상원 485<br>박재곤 486<br>안호진 487<br>이수영 488 | 김준영 405<br>이지연 406 |
| | 심국보 246 | 정수연 560<br>배종호 561 | 전소민 285<br>이지훈 286<br>김예림 287 | 이유나 297<br>김승호(오후) | 이종용 307<br>석용희 308<br>김기환 309<br>박보름 310<br>박선희 311 | 박재욱 489 | 안은지 407<br>이은서 408<br>한정화 409<br>이효진 410<br>이강희 411 |
| 공무직 | 김수진 202 | | | | | | |
| FAX | 536-7770 | 533-1352 | 533-1325 | | | 533-1327 | 533-1328 |

| 과 | 조사과 | | | | 납세자보호담당관 | |
|---|---|---|---|---|---|---|
| 과장 | 김영두 640 | | | | 박성일 210 | |
| 팀 | 정보관리 | 조사1 | 조사2 | 조사3 | 납세자보호실 | 민원봉사실 |
| 팀장 | 김한민 641 | | | | 김은하 211 | 유범상 221 |
| 국세<br>조사관 | | 이상석 651 | 김희영 661 | | | 엄태진 222<br>서준용(오후) 223 |
| | 이희종 642<br>김정화 643 | | 육정섭 662 | 김두섭 671 | 지은정 212 | 심혜정(오전) 223<br>박찬규 224 |
| | | 홍충 652<br>이미현 653 | | | 홍경표 213 | |
| | 전지현 644 | | | 한동규 672 | | 정형창 225 |
| 공무직 | | | | | | |
| FAX | 533-1354 | 533-1353 | | | 533-1385 | 533-1384 |

# 예산세무서

대표전화: 041-3305-200 / DID: 041-330-5OOO

서장: **정 승 태**
DID: 041-3305-201

| 주소 | 충청남도 예산군 오가면 윤봉길로 1883 (좌방 19-69) (우) 32425<br>당진지서 : 충청남도 당진시 원당로 88 (원당동 790-4) (우) 31767 | | | | |
|---|---|---|---|---|---|
| 코드번호 | 311 | 계좌번호 | 930167 | 사업자번호 | |
| 관할구역 | 충청남도 예산군, 당진시 | | | 이메일 | yesan@nts.go.kr |

| 과 | 징세과 | | | 세원관리과 | | 납세자보호담당관 | |
|---|---|---|---|---|---|---|---|
| **과장** | 이문원 240 | | | 박인환 280 | | 안주훈 210 | |
| **팀** | 운영지원 | 체납추적 | 조사 | 부가소득 | 재산법인 | 납세자보호실 | 민원봉사실 |
| **팀장** | 변종철 241 | 최기순 551 | 기회훈 651 | 김병일 281 | 최영준 481 | 김정수 211 | 오승진 221 |
| **국세<br>조사관** | | | 송인용 652 | 윤현숙(소득)<br>285 | | | |
| | 남경 242<br>강태곤(방호)<br>245 | 김효정 552<br>권혜원 553 | 김주현 653<br>한기룡(파견)<br>이진수 654 | 유주상(소득)<br>286<br>이미선(부가)<br>282 | 선봉래(재산)<br>482<br>오서진(법인)<br>402 | 임돈희 212 | 안태유 222 |
| | 양동현(운전)<br>246<br>김경숙 243 | | 강민정 655 | 조세희(부가)<br>283 | 최인혜(재산)<br>483 | | |
| | 한수관 244 | 오수빈 554<br>이다희 555 | | 이진하(소득)<br>287<br>정용화(부가)<br>284 | 이정원(법인)<br>403<br>임재돈(재산)<br>484<br>박채영(법인)<br>404 | | 박재형 223 |
| **공무직** | 김미나 202<br>이재실 | | | | | | |
| **FAX** | 330-5305 | 330-5302 | | 334-0614 | 334-0615 | 334-0612 | |

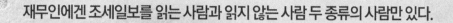

# 재무인과 함께 걸어가겠습니다 '조세일보'

재무인에겐 조세일보를 읽는 사람과 읽지 않는 사람 두 종류의 사람만 있다.

1등 조세회계 경제신문 조세일보

| 과 | 당진지서(041-3509-200) | | | | | |
|---|---|---|---|---|---|---|
| 과장 | 김장년 201 | | | | | |
| 팀 | 체납추적 | 부가 | 소득 | 재산 | 법인 | 납세자보호실 |
| 팀장 | | 김찬규 281 | 염태섭 361 | 노학종 481 | 김기성 401 | 이무황 221 |
| 국세<br>조사관 | | | | | | 조미영(오전) 222 |
| 국세<br>조사관 | 유미숙 452 | 손화승 282<br>이연실 283<br>이한나 284 | 신보경 362 | 박준규 482 | 양대식 402<br>변정미 403 | 박두용(오후) 222<br>고성진 223 |
| 국세<br>조사관 | 윤용화 453<br>이준서 454<br>박희정 455<br>김유빈 456 | | 이다빈 363<br>이익중 364 | 홍성희 483<br>김진서 484 | | 이경아 224 |
| 국세<br>조사관 | 김소연 457<br>김예림 458 | 강혜리 285<br>노종호 286 | 천상미 365<br>유현희 366 | 이예진 485<br>윤옥진 486 | 손영주 404<br>김현지 405 | 선지원 225 |
| 공무직 | | | | | | |
| FAX | 350-9424 | 350-9410 | | 350-9369 | | 350-9229 |

# 천안세무서

대표전화: 041-5598-200 / DID: 041-5598-OOO

서장: **오 원 균**
DID: 041-5598-201~2

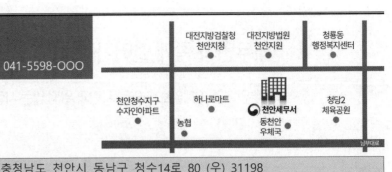

| 주소 | 충청남도 천안시 동남구 청수14로 80 (우) 31198 | | | | |
|---|---|---|---|---|---|
| 코드번호 | 312 | 계좌번호 | 935188 | 사업자번호 | 312-83-00018 |
| 관할구역 | 충청남도 천안시 | | | 이메일 | cheonan@nts.go.kr |

| 과 | 징세과 | | | 부가가치세과 | | 소득세과 | | 재산세과 | |
|---|---|---|---|---|---|---|---|---|---|
| 과장 | 김진형 240 | | | 한구환 280 | | 마삼호 360 | | 하상진 480 | |
| 팀 | 운영지원 | 체납추적1 | 체납추적2 | 부가1 | 부가2 | 소득1 | 소득2 | 재산1 | 재산2 |
| 팀장 | 안승연 241 | 백성옥 551 | 이성호 571 | 김경호 281 | 원순영 301 | 김진희 361 | 장정우 381 | 김구봉 481 | 서용하 521 |
| 국세조사관 | 조성빈 | 박현석 552 | 문성호 262<br>이건호 581<br>우창영 582 | 강지연 282 | | 차수빈 362 | 이순영 382 | 하정우 482 | 이정운 522<br>신상훈 523 |
| 국세조사관 | 김윤환 242<br>박동일 245<br>강현주 243<br>이재성 244 | 박선영 553<br>박상민 554<br>오소진 555 | 신경희 572<br>황승미 573<br>김은규 574<br>한정필 575 | 정소라 283<br>남기범 284<br>이유정 285<br>엄진숙 286<br>나유선 287 | 김영희 302<br>김미희 303<br>서규호 304<br>안용수 305<br>이재진 306 | 배성진 363<br>신동주 364 | 이순길 383<br>김황경 384 | 김현중 483<br>육경아 484<br>장혜린(시) 495<br>임희지 485 | 권혁희 524<br>추원득 525 |
| 국세조사관 | 조지훈(운전) 614 | 전창우 556<br>이재봉 557 | 박미현 263<br>강기철 576<br>황선유 577 | 김선돌 288<br>이은혜 289<br>채희준 290<br>이민규 291 | 정태윤 307<br>박민아 308<br>김유진 309 | 진승환 365<br>김태균 366<br>임다림 367 | 이민경(시) 374<br>송효주 385<br>한송이 386 | 이주형 486<br>김태규 487 | 신은주 526 |
| 국세조사관 | 김기대(방호) 248<br>김지운 246 | 한민아 558<br>조지훈 559<br>강동훈 560 | 이헌진 265<br>김다솜 578<br>이종혁 579<br>금현지 264<br>권혜연 580 | 유인수 292<br>최지훈 293<br>이선아 294 | 유채원 310<br>김덕민 311<br>황유진 312<br>한빛나 313<br>이용수(수습) | 최수인 368<br>장서현 369<br>김은비(수습) | 김장현 387<br>신미연 388<br>이수빈 389<br>홍성현(수습) | 이유진 488<br>이상각 489<br>권혁주 490<br>문혜영 491 | |
| 공무직 | 천혜란 202<br>김은주 247<br>강동완 608<br>정현옥(환경)<br>홍계숙(환경) | | | | | | | | |
| FAX | 559-8250 | | 559-8699 | 551-2062 | | 555-9556 | | 563-8723 | |

| 과 | 법인세과 | | 조사과 | | | | | 납세자보호담당관 | |
|---|---|---|---|---|---|---|---|---|---|
| 과장 | 조병길 400 | | 박종영 640 | | | | | 박종빈 210 | |
| 팀 | 법인1 | 법인2 | 정보관리 | 조사1 | 조사2 | 조사3 | 조사4 | 납세자보호 | 민원봉사실 |
| 팀장 | 김성진 401 | 전상배 421 | 최승식 641 | | | | | 김형기 211 | 장석안 221 |
| 국세조사관 | | 박병주 422 | 김지현 642 | 두진국 651 | 김범전 654 | 문상균 657 | 김문수 660 | 김상린 212 | |
| 국세조사관 | 손진이 402<br>송재하 403<br>김원길 404 | 황규동 423<br>이양로 424<br>김수연 425 | 김택창 692 | 문병권 652 | 임재철 655 | 안진영 658 | 유하선 661 | 박성경 213<br>김현아 214<br>박혜경 215 | 신진아 222 |
| 국세조사관 | 방준석 405<br>김나리아 406 | 마숙연 426 | 김유나 643<br>김호겸 644 | 김태은 653 | 이의신 656 | 민효정 659 | 권호용 662 | | 왕수현 223<br>손권호 224<br>한주희 225 |
| 국세조사관 | 박현정 407<br>이예솔 408<br>이기원 409<br>오세정 410 | 정지영 427<br>임선하 428<br>곽지훈 429<br>이슬 430 | | | | | | | 김수빈 226<br>김도연 227<br>최종욱 228<br>최노용 229 |
| 공무직 | | | | | | | | | |
| FAX | 553-7523 | | 561-2677<br>551-4175 | | | | | 551-4176 | 553-4356<br>562-4677 |

# 홍성세무서

대표전화: 041-6304-200 / DID: 041-6304-OOO

서장: **박 찬 주**
DID: 041-6304-201

홍주
종합경기장

홍덕서로
← 서산, 수덕사

● 홍성향군
웨딩홀

● 홍성세무서

SK-LPG ●
소향충전소

월산부영
1차아파트

월산부영
2차아파트

| 주소 | 충청남도 홍성군 홍성읍 홍덕서로 32 (우) 32216<br>청양민원실 : 충청남도 청양군 청양읍 중앙로 158 (우) 33327 | | | | |
|---|---|---|---|---|---|
| 코드번호 | 310 | **계좌번호** | 930170 | **사업자번호** | |
| 관할구역 | 충청남도 홍성군, 청양군 | | | **이메일** | hongseong@nts.go.kr |

| 과 | 징세과 | | | 세원관리과 | |
|---|---|---|---|---|---|
| 과장 | 유재원 240 | | | 김우성 280 | |
| 팀 | 운영지원 | 체납추적 | 조사 | 부가소득 | |
| | | | | 부가 | 소득 |
| 팀장 | 윤철원 241 | 박종호 551 | 염주선 651 | 박규서 281 | |
| 국세<br>조사관 | | 김영목 552 | | | |
| | 김지연(사) 243<br>정희남 242 | 김유정 553 | 이홍순 652 | 양세희 282<br>도미선 283<br>최인애 284<br>문호영 285 | 강미영 292<br>김경환 293 |
| | 이진희(운) 245<br>이인기(방) 244 | 김수현 554 | 이지은 653 | 김영길 286 | 우재은 294<br>김준하 295 |
| | | 황은서(징세) 555<br>한수영 556 | | 이태영 287 | 임진이 296 |
| 공무직 | 이경아(비) 202<br>전병미(환) | | | | |
| FAX | 630-4249 | 630-4559 | 630-4659 | 630-4335<br>0503-113-9173 | |

| 과 | 세원관리과 | | 납세자보호담당관 | |
|---|---|---|---|---|
| **과장** | 김우성 280 | | 정헌호 210 | |
| **팀** | 재산법인 | | 납세자보호실 | 민원봉사실 |
| | 재산 | 법인 | | |
| **팀장** | 홍성도 481 | | 정승재 211 | |
| **국세 조사관** | | 황지은 402 | | |
| | 윤기송 482<br>이형섭 483 | 유태응 403 | | 우은주(사) 223<br>박현아(오전) 222<br>김영아(오후) 222 |
| | | 서동화 404 | | |
| | 임지혜 484<br>김지호 485 | 임진영 405 | | 정주관 221<br>한승희 221 |
| **공무직** | | | | |
| **FAX** | 630-4489<br>0503-113-9173 | | 630-4229<br>0503-113-9172<br>944-1060(청양) | |

# 동청주세무서

대표전화: 043-2294-200 / DID: 043-2294-OOO

서장: **김 동 근**
DID: 043-2294-201

| 주소 | 충청북도 청주시 청원구 1순환로 44 (율량동 2242) (우) 28322<br>괴산민원실 : 충청북도 괴산군 괴산읍 임꺽정로 90 (서부리 125) 괴산군청 1층 민원과 (우) 28026<br>증평민원실 : 충청북도 증평군 증평읍 광장로 88 (창동리 100번지) 증평군청 종합민원실 (우) 27927 | | | | |
|---|---|---|---|---|---|
| **코드번호** | 317 | **계좌번호** | 002859 | **사업자번호** | 301-83-07063 |
| **관할구역** | 청주시 상당구, 청원구, 증평군, 괴산군 | | | **이메일** | dongcheongju@nts.go.kr |

| 과 | 징세과 | | | 부가가치세과 | | 소득세과 |
|---|---|---|---|---|---|---|
| **과장** | 김용주 240 | | | 류성돈 280 | | 박미란 360 |
| **팀** | 운영지원 | 체납추적1 | 체납추적2 | 부가1 | 부가2 | 소득 |
| **팀장** | 김덕규 241 | 변문건 551 | 권민형 571 | 임현수 281 | 연태석 301 | 박예규 361 |
| **국세<br>조사관** | 이정환 242 | | 김은경(징세) 261 | 최성한 282 | 정년숙 302 | 임인택 362<br>김은기 363 |
| | 최은혜 243 | 손민영 552<br>한인수 553<br>김수진 554 | 윤여용 572<br>손현정(징세) 262<br>연상훈 573 | 이남정 283<br>한성준 284<br>황다영 285<br>정은미 286 | 김유림 303<br>옥지웅 304<br>염나래(오전) 271<br>김세진 305 | 임성옥 364<br>김대운 365<br>최경인 366<br>김선주 367<br>장성미 368<br>서덕성 369 |
| | 남명수(방호) 244 | 이하경 555<br>오인택(시간채용)<br>556 | | | | |
| | 이경호(운전) 245<br>박세진 246 | 김상엽 557<br>허은정 558 | 한수진 574 | 이준혁 287<br>노관우 288<br>최강이 289<br>최다연 290<br>이동헌(수습) | 손경식(시간채용)<br>306<br>김가은 307<br>백주연 308<br>김태영(수습) | 박수현 370<br>박재민 371 |
| **공무직** | 박용선(교환) 620<br>이은숙(부속) 202<br>김태문(환경)<br>황정희(환경) | | | | | |
| **FAX** | 229-4601 | | | 229-4605 | | 229-4602 |

# 1등 조세회계 경제신문 조세일보

| 과 | 재산법인세과 | | | 조사과 | | | | 납세자보호담당관 | |
|---|---|---|---|---|---|---|---|---|---|
| 과장 | 이완표 400 | | | 이상우 640 | | | | 이수영 210 | |
| 팀 | 재산1 | 재산2 | 법인 | 정보관리 | 조사1 | 조사2 | 조사3 | 납세자보호실 | 민원봉사실 |
| 팀장 | 임헌진 481 | 신진우 501 | 안남진 401 | 조선영 641 | | | | 이평희 211 | 남현우 221 |
| 국세조사관 | 유승원 482<br>신승우 483 | | | 나용호 643<br>정진걸 642 | 류영상 651 | 전영 652 | 조남웅 653<br>이수진 656 | 정성무 212 | 최윤선(오후) 222<br>최은희 223 |
| | 김연이 484<br>정영은(오전) 274 | 정영철 502<br>홍은정 503 | 이영희 402<br>여은희 403<br>오진용 404<br>오광석 405 | 황남돈 | | | | 천소진 213 | 박연옥 224<br>김재완 225 |
| | 연소정 485<br>손규리 274 | 김국현 504 | 이오령 406 | 이강원 644 | 나은주 654 | 노건호 655 | 송수빈 659 | | 조미겸 226<br>정지선 227<br>왕지영 228 |
| | 최슬기 486<br>주영서 487 | | 박수현 407<br>전수연 408<br>윤덕현 409<br>고민철 410 | | | 손은채 657 | | | 전요셉 229 |
| 공무직 | | | | | | | | | |
| FAX | 229-4609 | 229-4606 | | 229-4607 | | | | 229-4603 | 229-4604<br>229-4133 |

# 영동세무서

대표전화: 043-7406-200 / DID: 043-7406-OOO

서장: **허 양 원**
DID: 043-7406-201

| 주소 | 충청북도 영동군 영동읍 계산로2길 10 (계산리 681-4) (우) 29145<br>옥천민원실 : 충청북도 옥천군 옥천읍 동부로 15 옥천읍행정복지센터 3층 (우) 29040<br>보은민원실 : 충청북도 보은군 보은읍 삼산로 50 보은읍행정복지센터 2층 (우) 28947 | | | | |
|---|---|---|---|---|---|
| 코드번호 | 302 | 계좌번호 | 090311 | 사업자번호 | 306-83-02175 |
| 관할구역 | 충북 영동군, 옥천군, 보은군 | | | 이메일 | yeongdong@nts.go.kr |

| 과 | 징세과 | | |
|---|---|---|---|
| 과장 | 오길춘 240 | | |
| 팀 | 운영지원 | 체납추적 | 조사 |
| 팀장 | 정규삼 241 | 전현정 551 | 고철호 651 |
| 국세<br>조사관 | | | |
| | 이지호(운전) 244<br>이가희 242 | 이재숙 552<br>손정훈 553<br>금종희 554 | 김중규 652 |
| | 김규원 243<br>정성관(방호) 245 | | 홍유민 653 |
| | | 이선관 555<br>김지선(수습) 556 | 박채린 654 |
| 공무직 | 신수인(비서) 202<br>이금희(환경미화) | | |
| FAX | 740-6250 | 740-6260 | |

| 과 | 세원관리과 | | | | 납세자보호담당관 | |
|---|---|---|---|---|---|---|
| 과장 | 이기활 280 | | | | 황규용 210 | |
| 팀 | 부가소득 | | 재산법인 | | 납세자보호실 | 민원봉사실 |
| 팀 | 부가 | 소득 | 재산 | 법인 | 납세자보호실 | 민원봉사실 |
| 팀장 | 이석원 281 | | 정창훈 481 | | | 조대서(옥천) 733-2157 |
| 국세 조사관 | 김창순 282 | | | 차정환 402 | 유은주 212 | |
| 국세 조사관 | 양지현 283 | 송현희 288 조영주 289 | 최상형 482 정판균 483 | 조명상 403 윤순영 404 | | 최연옥 221 |
| 국세 조사관 | 위태홍 284 이근수 285 | | | | | 신승환(옥천) |
| 국세 조사관 | 정희옥 286 김준기(시보) 287 | 안용환 290 정나겸 292 | 박상희 484 | 박상경 405 | | 전서연 222 |
| 공무직 | | | | | | |
| FAX | 740-6600 | | 743-5283 | | (영동) 743-1932 (옥천) 731-5805 (보은) 543-2640 | |

# 제천세무서

대표전화: 043-6492-200 / DID: 043-6492-OOO

서장: **허 남 승**
DID: 043-6492-201, 202

| 주소 | 충청북도 제천시 복합타운1길 78 (우) 27157 | | | | |
|---|---|---|---|---|---|
| 코드번호 | 304 | 계좌번호 | 090324 | 사업자번호 | |
| 관할구역 | 충청북도 제천시, 단양군 | | | 이메일 | jecheon@nts.go.kr |

| 과 | 징세과 | | | 세원관리과 | |
|---|---|---|---|---|---|
| 과장 | 김진배 240 | | | 김원호 280 | |
| 팀 | 운영지원 | 체납추적 | 조사 | 부가 | 소득 |
| 팀장 | 송호근 241 | 김영달 551 | 신열석 651 | 송연호 281 | 반병권 361 |
| 국세<br>조사관 | | 김정섭 552 | 박승권 652 | 김기태 282<br>최광식 283 | 황은희 367<br>원진희 362 |
| | 석원영 242<br>박익상(운전) 244 | 박현희 553<br>명혜란 557<br>김석채 554<br>이문석 555 | 강희웅 653<br>강윤화 654 | 김종필 284 | 이철주 363<br>방재필 365 |
| | 김다현 243 | | | 신형원 286<br>박영임 287 | |
| | 국주헌(방호) 245 | 김윤겸 556 | 강지훈 655 | 조혜연 285 | 엄윤서 366 |
| 공무직 | 김경숙(운영) 246<br>정유정(비서) 202<br>강미애(환경) 242 | | | | |
| FAX | 648-3586 | | 653-2366 | 645-4171 | |

| 과 | 세원관리과 | | 납세자보호담당관 | |
|---|---|---|---|---|
| 과장 | 김원호 280 | | 최재균 210 | |
| 팀 | 재산법인 | | 납세자보호실 | 민원봉사실 |
| | 재산 | 법인 | | |
| 팀장 | 김무영 401 | | 홍기오 211 | 윤태경 221 |
| 국세조사관 | 김종현 482 | 김문철 402 | | 오재홍 222 |
| | 인길성 483 | 조정헌 403 | | 김용진 223 |
| | 나정현 484 | 김희창 404 | | |
| | 김로환 485 | 윤하서 405 | | 김미솔 224 |
| 공무직 | | | | |
| FAX | 652-2495 | | 652-2630 | |

# 청주세무서

대표전화: 043-2309-200 / DID: 043-2309-OOO

서장: **오 원 화**
DID: 043-2309-201

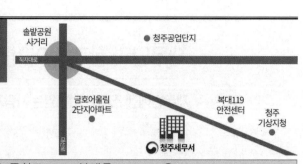

| 주소 | | 충청북도 청주시 흥덕구 죽천로 151 (복대동 262-1) (우) 28583 | | | | | |
|---|---|---|---|---|---|---|---|
| 코드번호 | | 301 | 계좌번호 | 090337 | 사업자번호 | | 301-83-00395 |
| 관할구역 | | 충청북도 청주시 흥덕구, 서원구 | | | 이메일 | | cheongju@nts.go.kr |

| 과 | 징세과 | | | 부가가치세과 | | 소득세과 | |
|---|---|---|---|---|---|---|---|
| 과장 | 김창미 240 | | | 고상기 280 | | 이호 360 | |
| 팀 | 운영지원 | 체납추적1 | 체납추적2 | 부가1 | 부가2 | 소득1 | 소득2 |
| 팀장 | 전중원 241 | 이형훈 551 | 백오숙 571 | 김종일 281 | 황재중 301 | 서혜숙 361 | 임달순 381 |
| 국세<br>조사관 | | 오상은 552 | 권경미 262 | 이은혜 282 | 박철수 302<br>송석중 303 | | |
| | 이동준(열관리)<br>242<br>전광희 243<br>정연경 244 | 김현숙 553<br>이혜정 554 | 백영신 572<br>최희권(추적전<br>담반) 581<br>이은선 573 | 김지원 290<br>박미진 283<br>서나윤 284<br>손경숙 285 | 박희정 304<br>이승석 308<br>박미정 305 | 박미경 362<br>권오성 363<br>유세곤 364 | 경지민 382<br>성은숙 383<br>조현희 384<br>문형민 385 |
| | 남보라 245<br>김두환(방호)<br>246 | 양준복 555<br>손정연 556 | | 김다혜 286<br>유성운 287<br>임새봄 288 | 박시형 306 | 김근하 365<br>장동환 366 | 홍석우 386 |
| | 김승훈(운전)<br>247<br>홍관의 248 | 김예름 557<br>조은비 558 | 김승범 574<br>이지영 263<br>강필원(추적전<br>담반) 582 | 김민석 289 | 전범준 307 | 정은유 367 | 임해리 387<br>강다향 388 |
| 공무직 | 박미정(교환)<br>620<br>양진실(부속)<br>202<br>신지현(환경)<br>최진수(환경) | | | | | | |
| FAX | 235-5417 | 235-5410 | | 235-5415 | | 235-5414 | |

| 과 | 재산법인세과 | | | 조사과 | | | | 납세자보호담당관 | |
|---|---|---|---|---|---|---|---|---|---|
| 과장 | 장상우 400 | | | 윤영현 640 | | | | 유은빈 210 | |
| 팀 | 재산1 | 재산2 | 법인 | 정보관리 | 조사1 | 조사2 | 조사3 | 납세자보호실 | 민원봉사실 |
| 팀장 | 박병문 481 | 송성호 501 | 엄기붕 401 | 남상균 641 | | | | 성백경 211 | 김승환 221 |
| 국세조사관 | 김연수 482 | 최봉수 502 | 윤명한 402<br>오관택 403 | 김철웅 692 | 최시은 651 | 정승복 652 | 류다현 653 | 오철규 212 | 신언순 222<br>고영경 223<br>채상희 224 |
| | 신미라 492 | 이동욱 503 | 백혜진 404<br>이원경 405<br>서민원 406 | 강소령 642<br>정성화 643 | 최충일 654 | 원지연 656 | | 정소라 213 | 이화진 225<br>이혜경 226<br>정미현 227<br>박은미 228 |
| | 정미화 492<br>김민영 483<br>이보라 484 | | 손재원 407 | | | | 박찬오 658 | | 백선아 229 |
| | 임찬휘 485<br>오세준 486<br>신윤환 487 | 임경수 504<br>김성환 505 | 민수호 408<br>장영준 409<br>박민근 410<br>변은지 411 | | 이유선 655 | 조상준 657 | | | |
| 공무직 | | | | | | | | | |
| FAX | 235-5419 | | 234-6445 | 234-6446 | | | | 235-5412 | 235-5418 |

# 충주세무서

대표전화: 043-8416-200 / DID: 043-8416-OOO

서장: **최 행 용**
DID: 043-8416-201

지도: GS충주 주유소, 충주세무서, 금제2구 마을회관, 충주시청, ←남한강, 무지개삼일 아파트, 금능현대 아파트, 번영대로

| 주소 | 충청북도 충주시 충원대로 724 (금릉동) (우) 27338<br>충북혁신지서 : 충청북도 음성군 맹동면 대하1길10 센텀CGV타워 3층 (우) 27738 | | | | |
|---|---|---|---|---|---|
| 코드번호 | 303 | 계좌번호 | 090340 | 사업자번호 | 303-83-00014 |
| 관할구역 | 충주세무서(충청북도 충주시),<br>충북혁신지서(충청북도 음성군, 진천군) | | | 이메일 | chungju@nts.go.kr |

| 과 | 징세과 | | 부가소득세과 | | 재산법인세과 | | 조사과 | | | |
|---|---|---|---|---|---|---|---|---|---|---|
| 과장 | 유선우 240 | | 남자세 280 | | 이영규 400 | | 임종찬 640 | | | |
| 팀 | 운영지원 | 체납추적 | 부가 | 소득 | 재산 | 법인 | 정보관리 | 조사1 | 조사2 | 조사3 |
| 팀장 | 한상배 241 | 김붕호 551 | 손영진 281 | 신혁 361 | 김영일 481 | 신기철 401 | 김관수 641 | | | |
| 국세조사관 | | | 전현숙 282 | 김광섭 362 | | | | 이승재 651 | 권석용 654 | 정진성 657 |
| 국세조사관 | 최용복 242 | 김재민 552<br>임수정(사무) 263<br>강윤정 553<br>류희식 554<br>이솔(오전) 555 | 김이영 283<br>김용현 284 | | 김유라 482<br>금기태 483 | 최경하 402<br>김민정 403<br>이동섭 404 | 신용규 642<br>엄채연 644 | | 이원종 655 | 허성민 658 |
| 국세조사관 | 허천일(운전) 245<br>심진영 243 | 김효선 262 | | 한성경 363 | | | | 안수용 652<br>성진혁 653 | | |
| 국세조사관 | 임은경 244<br>임유리(방호) 246 | 이예은 556<br>한웅희 557 | 허성진 285<br>정지윤 286<br>성은진 287<br>윤상원 288 | 정유진 364<br>심혜원 365<br>강지우 366 | 최휘철 484<br>조은서 485 | 김지희 405<br>이충원 406 | 황준석 643 | | 이현주 656 | |
| 공무직 | 안진숙(교환) 235<br>이문형(부속) 202 | 정혜원(환경)<br>강기순(환경) | 박성호(사회복무요원) | 최정희(실무수습)<br>김예림(실무수습) | | | | | | |
| FAX | 845-3320 | | 845-3322 | | 851-5594 | | 845-3323 | | | |

| 과 | 납세자보호 | 민원봉사실 | 체납추적 | 부가 | 소득 | 재산 | 법인 | 납세자보호 |
|---|---|---|---|---|---|---|---|---|
| **과** | 납세자보호담당관 | 충북혁신지서(043-8719-200) | | | | | | |
| **과장** | 이영호 210 | 이화명 8382-201 | | | | | | |
| **팀** | 납세자보호 | 민원봉사실 | 체납추적 | 부가 | 소득 | 재산 | 법인 | 납세자보호 |
| **팀장** | 권오찬 211 | 노정환 221 | 송경진 551 | 윤영재 281 | 이양호 361 | 오세덕 481 | 전서동 401 | 이종희 221 |
| **국세조사관** | | 최병분 221 | | 이은숙 282 | | | 차회윤 402 | 한광우 221<br>이선영(오후) 222 |
| | 이재현 212 | 정명숙(사무) 222<br>정희정 223 | 정상남 552<br>안미분 553<br>김동현 554 | 유혜민 283<br>이다원 284 | 최윤정 362<br>박용 363<br>최병천 364 | 김근환 482<br>권진영 483 | 김병철 403 | 박소영(오후) 223 |
| | 김가원 213 | | 송수인 555 | 신우열 285<br>김민선 286<br>이병욱 287 | | 문보경 484 | 윤보배 404<br>이혜진 405 | 박승욱(오전) 223 |
| | | 문지원 224 | 문채은 556<br>이수비 557 | 계예슬 288<br>곽용세 289 | 양희윤 365<br>문성일 366 | 이수빈 485<br>문선진 486 | 박수연 406<br>박재홍 407<br>송윤태 408<br>조훈연 409<br>박준성 410 | 이승찬 224<br>정상수 225 |
| **공무직** | | | 류호용(실무수습)<br>김훈(실무수습) | | | | | |
| **FAX** | 851-5595 | 847-9093 | 871-9631 | 871-9632 | | 871-9633 | | 871-9634 |

# 광주지방국세청
# 관할세무서

# 광주지방국세청

| 주소 | 광주광역시 북구 첨단과기로 208번길 43 (오룡동 1110-13) (우) 61011 |
|---|---|
| 대표전화 & 팩스 | 062-236-7200 / 062-716-7215 |
| 코드번호 | 400 |
| 계좌번호 | 060707 |
| 사업자등록번호 | 102-83-01647 |
| e-mail | gwangjurto@nts.go.kr |

## 청장 　　박광종

(D) 062-236-7200

| 징세송무국장 | 김시형 | (D) 062-236-7500 |
|---|---|---|
| 성실납세지원국장 | 유상화 | (D) 062-236-7400 |
| 조사1국장 | 한지웅 | (D) 062-236-7700 |
| 조사2국장 | 백계민 | (D) 062-236-7900 |

# 광주지방국세청

대표전화: 062-236-7200 / DID: 062-236-OOOO

청장: **박 광 종**
DID: 062-236-7201

| 주소 | 광주광역시 북구 첨단과기로 208번길 43 (오룡동) (우) 61011<br>별관 : 광주광역시 서구 월드컵4강로 101길 (화정4동 896-3) (우) 61997 | | | | | | |
|---|---|---|---|---|---|---|
| **코드번호** | 400 | **계좌번호** | 060707 | **사업자번호** | 410-83-02945 | |
| **관할구역** | 광주광역시, 전라남도, 전라북도 전체 | | | **이메일** | gwangjurto@nts.go.kr | |

| 과 | 운영지원과 | | | 감사관 | | 납세자보호담당관 | |
|---|---|---|---|---|---|---|---|
| **과장** | 민준기 7240 | | | 김덕호 7300 | | 이상준 7330 | |
| **팀** | 행정 | 인사 | 경리 | 감사 | 감찰 | 납세자보호 | 심사 |
| **팀장** | 임성민 7252 | 황인철 7242 | 김경주 7272 | 오경태 7302 | 손충식 7312 | 이건주 7332 | 박정일 7342 |
| **국세조사관** | 오은주 7253 | 박종근 7243 | 송윤민 7273 | 박연 7303 | 박은재 7313<br>임수경 7314 | 목영주 7333 | 이건주 7343 |
| | 김세곤 7615<br>홍정기 7254<br>김현진 7255 | 노성은 7244<br>박환 7245<br>서민하 7246 | 윤희겸 7274<br>양진호 7275 | 김민경 7304<br>김승수 7305<br>유민희 7306<br>한용희 7307<br>한국일 7308 | 안호정 7315<br>김우신 7316<br>최창무 7317<br>박란영 7318 | 양정희 7334 | 김재은 7344<br>한일용 7345 |
| | 김재경 7256<br>유재룡 7257<br>신나영 7258<br>서영조 7616<br>김환 7617 | 곽재원 7247<br>박승연 7248 | 이동엽 7276<br>김남이 7277 | 하경아 7309 | | 한나라 7335 | 박종근 7346 |
| | 오종권 7259<br>정에녹 7618 | | | | | | |
| **공무직** | 이혁재(기록연<br>구사) 7261<br>김윤희 7202<br>배슬지 7260<br>한미숙 | 박혜현 7249 | | | | | |
| **FAX** | 716-7215 | 371-4911 | | 376-3102 | | 376-3108 | |

| 국실 | 성실납세지원국 | | | | | | | | | |
|---|---|---|---|---|---|---|---|---|---|---|
| 국장 | 유상화 7400 | | | | | | | | | |
| 과 | 부가가치세과 | | | 소득재산세과 | | | | 법인세과 | | |
| 과장 | 박정국 7401 | | | 김현성 7431 | | | | 채규일 7461 | | |
| 팀 | 부가1 | 부가2 | 소비 | 소득 | 재산 | 복지세정1 | 복지세정2 | 법인1 | 법인2 | 법인3 |
| 팀장 | 윤병준 7402 | 신용호 7412 | 강현아 7422 | 정희경 7432 | 강지선 7442 | 박선영 7452 | 윤연자 7456 | 임철진 7462 | 최영임 7472 | 정병주 7482 |
| 국세조사관 | 김태원 7403 | | 최신호 7423 | | | | 박정아 7457 | 정재훈 7463 | 전수영 7473 | |
| | 기민아 7404 | 장수연 7413 장슬미 7414 오세철 7415 | 최환석 7424 강태양 7425 | 배민예 7433 양은진 7434 | 강종만 7443 김민정 7444 | 김미진 7453 | | 강희정 7464 유주미 7465 | 민지홍 7474 이승훈 7475 류진영 7476 | 정혜화 7483 백철주 7484 황지선 7485 |
| | 양현황 7405 | 정혜진 7416 | 강윤지 7426 | 김재원 7435 김영지 7436 | 김지민 7445 | 김재욱 7454 황선진 7455 | | 박설희 7466 임수미 7467 | 김화영 7477 | 김득수 7486 |
| 공무직 | 김진 7400 | | | | | | | | | |
| FAX | 236-7651 | | | 236-7652 | | | | 716-7224 | | |

국세관련 모든 상담은 국번없이 126
전국 어디서나 편리하게 상담받으세요.
평일 9시~18시 (말세제보는 24시간)

DID : 062-236-OOOO

| 국실 | 성실납세지원국 | | | | | | 징세송무국 | |
|---|---|---|---|---|---|---|---|---|
| 국장 | 유상화 7400 | | | | | | 김시형 7500 | |
| 과 | 정보화관리팀 | | | | | | 징세과 | |
| 과장 | 김민철 7131 | | | | | | 정찬성 7501 | |
| 팀 | 지원 | 보안감사 | 포렌식지원 | 인프라지원 | 정보화센터1 | 정보화센터2 | 징세 | 체납관리 |
| 팀장 | 김옥희 7132 | 정현호 7142 | 오수진 7152 | 김보현 7162 | 박원석 7172 | 안래본 7182 | 노은주 7502 | 이정복 7512 |
| 국세<br>조사관 | 김미애 7134<br>이성 7133<br>윤여관 7136 | 백근허 7143 | 김운기 7153 | 김영오 7163 | 박귀자 7173<br>신미숙 7174<br>이혜경 7175<br>김영미 7176 | 김경례 7183<br>김은자 7184<br>김혜영 7185<br>황경숙 7186 | 나채용 7503 | |
| | 조선경 7135 | 정태호 7144 | 류진 7154 | | 이향화 7177<br>유희경 7178<br>강진 7179<br>염현주 7180 | 이승희 7187<br>김경임 7188<br>윤희경 7189<br>김희숙 7190 | 최향미 7504 | 정옥진 7513<br>이성민 7514 |
| | | | 홍영준 7155 | 송재윤 7164 | | | 김은솔 7505 | 임정민 7515 |
| 공무직 | | | | | | | 주선미 7500 | |
| FAX | 716-7221 | | | | | | 716-7219 | |

# 10년간 쌓아온 재무인의 역사를 돌려드립니다 '온라인 재무인명부'

수시 업데이트 되는 국세청, 정·관계 인사의 프로필과 국세청, 지방청, 전국세무서, 관세청,
유관기관 등의 인력배치 현황을 볼 수 있는 온라인 재무인명부

1등 조세회계 경제신문 조세일보

| 국실 | 징세송무국 | | | | 조사1국 | | | | | |
|---|---|---|---|---|---|---|---|---|---|---|
| 국장 | 김시형 7500 | | | | 한지웅 7700 | | | | | |
| 과 | 송무과 | | 체납추적과 | | 조사관리과 | | | | | |
| 과장 | 노정운 7521 | | 양석범 7541 | | 김창현 7701 | | | | | |
| 팀 | 송무1 | 송무2 | 추적관리 | 추적 | 1 | 2 | 3 | 4 | 5 | 6 |
| 팀장 | 최영주 7522 | 박남주 7532 | 박성진 7542 | 황득현 7552 | 김철호 7702 | 정소영 7712 | 최정욱 7722 | 문영권 7732 | 임주리 7742 | 강미화 7812 |
| 국세 조사관 | 고복님 7523 양승정 7526 | 최문영 7534 최소담 7533 | 김대일 7543 신덕규 7548 | | 김혜란 7703 | | 임미란 7723 | | | |
| | 이호석 7524 이상철 7528 이성 7527 | 나인엽 7535 고선미 7536 최훈 7537 | 강경희 7545 김성준 7544 이재아 7546 | 송재중 7553 한채윤 7554 이정화 7555 | 오진명 7704 박민주 7705 이채현 7706 | 정미라 7713 성미경 7714 | 김은정 7724 박진웅 7725 | 강윤성 7733 주은상 7735 민호성 7734 | 한정용 7743 이진택 7744 김진광 7745 | 조성재 7813 |
| | 김영석 7525 | | 박지은 7547 | 최창욱 7557 김주현 7556 | 안이슬 7707 김현재 7708 | 강성현 7716 | 김효수 7726 | 조연종 7736 | 이정우 7746 | |
| 공무직 | | | | | 김여진 | | | | | |
| FAX | 716-7220 | | 716-7223 | | 716-7225 | | | | | |

**DID : 062-236-OOOO**

| 국실 | 조사1국 | | | | | |
|---|---|---|---|---|---|---|
| 국장 | 한지웅 7700 | | | | | |
| 과 | 조사1과 | | | 조사2과 | | |
| 과장 | 정완기 7751 | | | 송창호 7781 | | |
| 팀 | 조사1 | 조사2 | 조사3 | 조사1 | 조사2 | 조사3 |
| 팀장 | 강성준 7752 | 문형민 7762 | 하봉남 7772 | 김기정 7782 | 최지훈 7792 | 박수인 7802 |
| 국세<br>조사관 | 신정용 7753 | | | | | |
| | 배주애 7754 | 김형주 7763<br>박슬기 7764 | 서영우 7773<br>윤정익 7774<br>조해정 7775 | 박석환 7783<br>최원규 7784 | 문윤진 7793<br>성명재 7794 | 이승완 7803<br>한창균 7804<br>조정효 7805 |
| | 박태준 7755 | 이승준 7765 | | 김학민 7785 | 송희진 7795 | |
| 공무직 | | | | | | |
| FAX | 236-7653 | | | 236-7654 | | |

378

| 국실 | 조사2국 | | | | | | | | |
|---|---|---|---|---|---|---|---|---|---|
| 국장 | 백계민 7900 | | | | | | | | |
| 과 | 조사관리과 | | | 조사1과 | | | 조사2과 | | |
| 과장 | 박진찬 7901 | | | 문미선 7931 | | | 유태정 7961 | | |
| 팀 | 1 | 2 | 3 | 조사1 | 조사2 | 조사3 | 조사1 | 조사2 | 조사3 |
| 팀장 | 김만성 7902 | 윤석헌 7912 | 김윤희 7922 | 변재만 7932 | 김희석 7942 | 이진환 7952 | 이수진 7962 | 김완주 7972 | 한기청 7982 |
| 국세 조사관 | | | | | | | 민혜민 7963 | | |
| | 신영남 7903 | 김희진 7913 김수희 7914 문경애 7915 김윤정 7916 | 문홍배 7923 정수현 7925 김명희 7927 | 송원호 7933 | 박지연 7943 | 정수자 7953 | 강경완 7964 | 이진우 7973 | 한정규 7983 |
| | 이소연 7904 | 김혜원 7917 박태완 7918 | 김한림 7926 나유민 7924 | 장지원 7934 | 문준규 7944 | 안지섭 7954 | 최보영 7965 | 박재환 7974 | 최장균 7984 |
| 공무직 | 장효승 | | | | | | | | |
| FAX | 716-7228 | | | 716-7229 | | | 716-7230 | | |

# 광산세무서

대표전화: 062-9702-200 /DID: 062-9702-OOO

서장: **강 병 수**
DID: 062-9702-201

| 주소 | 광주광역시 광산구 하남대로 83, 87 (하남동 1276, 1277) (우) 62232 | | | | | |
|------|------|------|------|------|------|------|
| 코드번호 | 419 | **계좌번호** | 027313 | **사업자번호** | | |
| 관할구역 | 광주광역시 광산구, 전라남도 영광군 | | | **이메일** | | |

| 과 | 징세과 | | | 부가가치세과 | | 소득세과 | |
|------|------|------|------|------|------|------|------|
| **과장** | 김봉재 240 | | | 임광준 280 | | 이시형 360 | |
| **팀** | 운영지원 | 체납추적1 | 체납추적2 | 부가1 | 부가2 | 소득1 | 소득2 |
| **팀장** | 김윤주 241 | 박준규 511 | 오두환 531 | 김정임 281 | 마현주 301 | 이영태 361 | 박행진 381 |
| **국세 조사관** | | 양행훈 512<br>정초희 513 | 김정아 537<br>심성연 538<br>강지만 532 | 유수호 625<br>한아름 282 | 김규표 302<br>고수영 303 | 윤민숙 362 | 강혜린 382<br>최기환 623 |
| | 강소정 242<br>최철승 247 | 이지연 514<br>이승환 515<br>김현진 516<br>박찬후 517<br>이유미 518 | 김광성 533<br>서우석 534<br>박명철 535 | 이승준 283<br>선경숙 284<br>김민재 285 | 최영임 304<br>김공해 625<br>조현국 310 | 전태현 363<br>장시원 623<br>송용기 364 | 모성하 383<br>김다혜 384<br>남준서 385 |
| | 최고든 243 | 정예슬 519 | | 이호승 286 | 정한록 305 | 유재곤 365<br>류지윤 366 | 안제은 386 |
| | 조유리 244<br>염정훈 245 | | 최다혜 536 | 김지수 287<br>권소연 288<br>이지은 289<br>강은지 290 | 이지은 306<br>박민솔 307<br>신명화 308 | | 이종훈 387 |
| **공무직** | 정혜진 202<br>김현숙 617 | | | | | | |
| **FAX** | 970-2259 | 970-2269 | | 970-2299 | | 970-2379 | |

| 과 | 재산법인세과 | | | | 조사과 | | 납세자보호담당관 | |
|---|---|---|---|---|---|---|---|---|
| 과장 | 김균열 400 | | | | 조영빈 640 | | 김은오 210 | |
| 팀 | 재산1 | 재산2 | 법인1 | 법인2 | 조사관리 | 조사 | 납세자보호 | 민원봉사실 |
| 팀장 | 박용우 481 | 이환 501 | 정찬일 401 | 김진호 421 | 김안철 641 | 정성수 651 | 박기홍 211 | 김성렬 221 |
| 국세조사관 | 고부경 482<br>박홍범 483<br>고서연 621 | 김진영 502 | 곽민호 402 | | 이일재 642 | 김현철 654<br>조종필 657<br>김성희 658<br>이승현 655 | 하세일 212 | 김옥천 222 |
| 국세조사관 | 양명희 484<br>엄하얀 621 | 이창훈 503<br>박상준 504 | 정미선 403 | 유훈주 422 | | 하남우 652 | 김주현 213 | 신우영 223<br>이은아 224<br>박금옥 225<br>김기아 226 |
| 국세조사관 | 최미혜 485 | 이지영 505 | 노우성 404<br>정종은 405 | 허경숙 423<br>김명중 424 | 이윤선 643<br>오현창 644 | 정형필 659 | | 양현진 227<br>이수라 228 |
| 국세조사관 | 김경숙 486<br>인보현 487 | | 이다예 406<br>김정석 407 | 김재완 425<br>정원중 426 | | 정주리 653<br>김도훈 656 | | 박지선 229 |
| 공무직 | | | | | | | | |
| FAX | 970-2419 | | 970-2649 | | 970-2219 | | 970-2238~9 | |

# 광주세무서

대표전화: 062-6050-200 /DID: 062-6050-OOO

서장: **장 영 수**
DID: 062-6050-201

| 주소 | 광주 동구 중앙로209 (대인동 163번지) (우) 61473 | | | | |
|---|---|---|---|---|---|
| 코드번호 | 408 | 계좌번호 | 060639 | 사업자번호 | 408-83-00186 |
| 관할구역 | 광주광역시 동구, 남구, 전라남도 곡성군, 화순군 | | 이메일 | gwangju@nts.go.kr | |

| 과 | 징세과 | | 부가가치세과 | | | 소득세과 | |
|---|---|---|---|---|---|---|---|
| 과장 | 오현미 240 | | 김형국 280 | | | 김형숙 360 | |
| 팀 | 운영지원 | 체납추적 | 부가1 | 부가2 | 부가3 | 소득1 | 소득2 |
| 팀장 | 정란 241 | 이상무 511 | 김정연 281 | 박정희 301 | 권영훈 321 | 손삼석 361 | 남궁화순 381 |
| 국세<br>조사관 | 구윤희 242 | 최문자 513<br>이정민 514<br>김소영 521 | 이성률 282 | 염지영 302 | 장재영 322 | 이창근 362<br>조규봉 363<br>유관식 364 | 문형진 382<br>정형준 383 |
| | 박신아 243<br>박홍일 244<br>방해준 246 | 정재원 515<br>정숙경 516<br>신명희 517<br>김현진 522<br>김영하 523 | 정명숙 283<br>양혜성 284 | 김세나 303<br>김규태 304 | 김상훈 397<br>박정환 323 | 김은영 365<br>오종호 398<br>주온슬 366 | 이숙경 384 |
| | 고문수 247 | 노유선 518<br>김자희 520 | 서은지 285 | 정세미 397 | | | 송진희 398<br>기은지 385 |
| | 정윤기 245 | 김진희 524<br>최연서 525 | 공다인 286<br>김정주 287 | 김법열 305<br>고채영 306 | 김병무 324<br>정희원 325 | 박선영 367<br>이다애 368 | 이예은 386<br>노성지 387 |
| 공무직 | 권민정 202<br>김은주 620<br>한용철<br>이현<br>안구임 | | | | | | |
| FAX | 716-7232 | | 716-7233~4 | | | 716-7235 | |

| 과 | 재산법인세과 | | | 조사과 | | 납세자보호담당관 | |
|---|---|---|---|---|---|---|---|
| **과장** | 장성재 400 | | | 김대학 640 | | 박정식 210 | |
| **팀** | 재산1 | 재산2 | 법인 | 정보관리 | 조사 | 납세자보호실 | 민원봉사실 |
| **팀장** | 손선미 481 | 김광섭 501 | 박홍균 401 | 천경식 641 | 윤석길 651 | 김종의 211 | 손경근 221 |
| **국세<br>조사관** | 백남중 482 | | 박찬열 402 | | 정성문 661<br>김창진 671<br>정상미 662 | 한영수 212<br>김승진 213 | 장미랑 222<br>박경미 223<br>한윤희 224<br>허선덕 225 |
| | 김미화 431<br>최방석 483<br>김혜정 484<br>양정숙 485 | 정재훈 502<br>오종수 503<br>문영규 504 | 이상훈 403<br>조성애 404<br>고재성 405 | 심현주 642<br>이춘형 643<br>홍연희 644 | 한연식 652 | 사혜원 214 | 김희정 226<br>김민정 223<br>염보미 226 |
| | 양재훈 431<br>안현아 486<br>백지은 487 | 채숙경 505 | 김효희 406<br>박준후 407 | 배성관 643 | 박상은 672<br>강정님 663 | | 안소연 228<br>임형용 227 |
| | 임다윗 488 | | 강성윤 408<br>이은지 409<br>윤지인 410<br>임세현 411 | 박효열 645 | 유의지 673<br>박현주 653 | | |
| **공무직** | | | | | | | |
| **FAX** | 716-7236~7 | | | 716-7238 | 716-7239 | 227-4710 | |

# 북광주세무서

대표전화: 062-5209-200 / DID: 062-5209-OOO

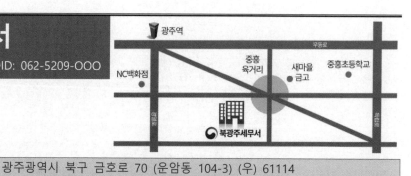

서장: **노 현 탁**
DID: 062-5209-201

| 주소 | 광주광역시 북구 금호로 70 (운암동 104-3) (우) 61114 | | | |
|---|---|---|---|---|
| 코드번호 | 409 | 계좌번호 060671 | 사업자번호 | 409-83-00011 |
| 관할구역 | 광주광역시 북구, 전라남도 장성군, 담양군 | | 이메일 | bukgwangju@nts.go.kr |

| 과 | 징세과 | | | 부가가치세과 | | | 소득세과 | |
|---|---|---|---|---|---|---|---|---|
| 과장 | 진중기 240 | | | 김성수 280 | | | 이강영 360 | |
| 팀 | 운영지원 | 체납추적1 | 체납추적2 | 부가1 | 부가2 | 부가3 | 소득1 | 소득2 |
| 팀장 | 박미선 241 | 남상훈 511 | 조영숙 531 | 김영호 281 | 박이진 301 | 송경희 321 | 최재혁 361 | 김철호 381 |
| 국세<br>조사관 | | 이백용 512<br>강정희 513 | 김영순 532<br>문해수 533<br>전종태 534 | 김남수 282<br>정혜경 283 | 김기옥 302<br>최연희 303<br>최정이 304 | 정오영 322<br>나미선 323<br>홍완표 324 | 안유정 362 | 손광민 382 |
| | 방현정 242<br>한송이 243<br>최윤주 244<br>정현태 245 | 지은호 514<br>문지원 515<br>김영심 516 | 기남국 535<br>한주성 536<br>이경희 537 | 서동현 318<br>이승재 318<br>김대호 284 | 박은영 305 | 박소영 325 | 박현화 363<br>김광성 364<br>김화경 365<br>박소영 320 | 정성오 383<br>박지현 384 |
| | 신영주 610 | 신평화 517 | 곽새미 538 | 김민승 285 | | 황경미 326 | 서유진 320<br>천서정 366 | 양유진 385<br>한송이 386 |
| | 최원영 246<br>강민규 247<br>정유리 248<br>최정용 249 | 김평화 518 | 박경호 539<br>주소영 540 | 김금정 286<br>김희승 287<br>노연우 288 | 박종화 306<br>이원정 307<br>안정현 308 | 윤여흔 327 | 유형근 367<br>김윤호 368<br>박서정 369 | 윤다니엘 387<br>유지수 388<br>이나라 389 |
| 공무직 | 최지현 203<br>김영균 250<br>윤명자 250<br>김경희 250 | | | | | | | |
| FAX | 716-7280 | | | 716-7282~3 | | | 716-7287 | |

| 과 | 재산세과 | | 법인세과 | | 조사과 | | 납세자보호담당관 | |
|---|---|---|---|---|---|---|---|---|
| 과장 | 노남종 480 | | 손오석 400 | | 오금탁 640 | | 김용오 210 | |
| 팀 | 재산1 | 재산2 | 법인1 | 법인2 | 정보관리 | 조사 | 납세자보호 | 민원봉사 |
| 팀장 | 이동진 481 | 박태훈 501 | 이호 401 | 최용철 421 | 임수봉 641 | 김환국 671 | 정은영 211 | 박소현 221 |
| 국세조사관 | 주재정 482<br>최연희 510<br>김영숙 483 | 하철수 502<br>김용일 503 | 정우철 402 | 장기영 422<br>공대귀 423<br>이창언 424 | 김현자 642 | 박인환 675<br>구대중 679<br>최종선 683<br>나윤미 686<br>최연수 684 | 강성기 212 | 신은화 222<br>정성의 223 |
| | 노민경 484<br>박문상 485<br>김예준 510 | 차경진 504 | 한은정 403 | 김희관 425 | 나혜경 643<br>장성필 644 | 김정진 672<br>황정현 676<br>김정아 680<br>오자은 685<br>김용태 687 | 위광환 213 | 이연희 224<br>김송심 225<br>주선영 226<br>김광현 227<br>이다미 227 |
| | 조완정 486<br>음지영 487 | 전미선 505 | 최다혜 404 | 나진희 426 | | 조유정 673<br>양시은 677<br>한도혼 681 | 김아영 214 | 정주희 228<br>이정호 229<br>안지혜 228 |
| | 이현 488<br>나누리 489 | | 정샛별 405<br>김다영 406<br>이재균 407 | 손정인 427<br>임광섭 428 | 심유정 645 | 김백승 688 | | |
| 공무직 | | | | | | | | |
| FAX | 716-7286 | | 716-7285 | | 716-7289 | | 716-7284 | 716-7291 |

# 서광주세무서

대표전화: 062-3805-200 / DID: 062-3805-OOO

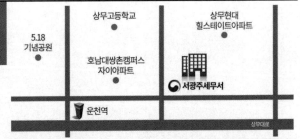

서장: **정 장 호**
DID: 062-3805-201

| 주소 | 광주광역시 서구 상무민주로 6번길 31 (쌍촌동 627-7) (우) 61969 | | | |
|---|---|---|---|---|
| 코드번호 | 410 | 계좌번호 060655 | 사업자번호 | 410-83-00141 |
| 관할구역 | 광주광역시 서구 | | 이메일 | seogwangju@nts.go.kr |

| 과 | 징세과 | | 부가가치세과 | | 소득세과 | |
|---|---|---|---|---|---|---|
| 과장 | 김재만 240 | | 박권진 280 | | 장동규 360 | |
| 팀 | 운영지원 | 체납추적 | 부가1 | 부가2 | 소득1 | 소득2 |
| 팀장 | 김정운 241 | 박철성 511 | 서근석 281 | 김명숙 301 | 우재만 361 | 이상준 381 |
| 국세<br>조사관 | | 백광호 512<br>배현옥 513<br>김준석 514<br>이성창 515 | 한상용 282<br>정미연 283 | 류진 302<br>한수홍 303<br>김혜정 442 | 추지연 362 | 박무수 382 |
| | 황동욱 242<br>안진영 243<br>김정진 247 | 박향엽 516<br>오재란 517<br>이승주 518 | 이경환 284<br>김상민 442<br>하지영 285 | 박복심 304<br>임치영 306 | 김영준 441<br>김현옥 363<br>박상일 364 | 서정숙 383<br>김동구 384<br>김미경 441 |
| | 형신애 244<br>조재연 248 | 이서정 519<br>박유나 520 | 주은영 286 | 한정관 305 | 조식 365 | |
| | 문대우 245 | 김영유 521<br>이돈영 522 | 이혜선 287<br>김시영 288 | 조세은 307 | 이수현 366<br>조은진 367 | 정다희 385<br>김시원 386 |
| 공무직 | 장경화 201<br>박금아 610<br>김정숙<br>김현숙<br>진선아 | | | | | |
| FAX | 716-7260 | 716-7264 | 371-3143 | | 376-0231 | |

상무고등학교
5.18 기념공원
상무현대 힐스테이트아파트
호남대쌍촌캠퍼스 자이아파트
서광주세무서
운천역
상무대로

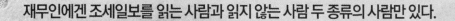
| 과 | 재산법인세과 | | | 조사과 | | 납세자보호담당관 | |
|---|---|---|---|---|---|---|---|
| 과장 | 김희봉 400 | | | 박영수 640 | | 이철웅 210 | |
| 팀 | 재산1 | 재산2 | 법인1 | 정보관리 | 조사 | 납세자보호실 | 민원봉사실 |
| 팀장 | 김종숙 481 | 한동석 501 | 우영만 401 | 김재춘 641 | 이태훈 655 | 김자회 211 | 이성용 221 |
| 국세<br>조사관 | 박경단 482<br>서범석 443<br>박은영 443 | 남기정 502<br>김영선 503 | 박종현 402 | | 배진우 658<br>윤여찬 661<br>정이준 662 | | 정선옥 222 |
| | 조혜진 483<br>성동연 484 | | 이윤경 403<br>유자연 404<br>김주일 405 | 손상필 642<br>김재환 643 | 김병기 656 | 이정 212 | 강문승 223<br>송은영 224<br>이경화 225<br>차은정 226 |
| | 정시온 485<br>문수미 486 | 김희창 504<br>이하연 505 | 강성식 406<br>한수현 407 | 송은선 644 | 장진혁 659 | 유광호 213 | 윤지현 227<br>김효근 228 |
| | | | 서상호 408<br>박예진 409<br>김민지 410<br>윤가연 411 | | 정찬우 657<br>하은지 660<br>정승기 663 | | 박혜민 229 |
| 공무직 | | | | | | | |
| FAX | 716-7265 | | | 716-7266 | | 716-7267 | |

# 나주세무서

대표전화: 061-3300-200 / DID: 061-3300-OOO

서장: **윤 명 덕**
DID: 061-3300-201

남양휴튼더퍼스트
나주송월부영
아파트
엘리시아웨딩
LG화학
나주공장
광주지방법원
나주시법원
나주세무서
나주로

| 주소 | 전라남도 나주시 재신길 33 (송월동 1125) (우) 58262 | | | | |
|---|---|---|---|---|---|
| 코드번호 | 412 | **계좌번호** | 060642 | **사업자번호** | 412-83-00036 |
| 관할구역 | 전라남도 나주시, 영암군(삼호읍 제외), 함평군 | | **이메일** | naju@nts.go.kr | |

| 과 | 징세과 | | | 부가소득세과 | |
|---|---|---|---|---|---|
| 과장 | 김창오 240 | | | 조호형 280 | |
| 팀 | 운영지원 | 체납추적 | 조사 | 부가 | 소득 |
| 팀장 | 윤성두 241 | 고균석 511 | 박경수 651 | 전해철 281 | 문주연 361 |
| 국세<br>조사관 | 배명우 242 | 전홍석 514<br>강병관 512<br>양창헌 513 | 김근우 653<br>신승훈 652<br>오금선 652 | 오근님 282<br>김도연 283<br>진문수 286 | 박인수 362 |
| | 소찬희 243<br>전은상 245 | 이인숙 516<br>조은지 515<br>박지혜 517 | 박현준 655<br>정리나 657 | 남승원 284<br>이승엽 285 | 김근형 367<br>양은정 363<br>이지현 364 |
| | 이승훈 247 | 노현정 519 | 김정선 654 | 범서희 287 | |
| | 최상혁 246 | 윤지원 520 | 조화경 658<br>이유진 658 | 김중연 288<br>김우정 289<br>김희철 290 | 기하민 365<br>이설희 366 |
| 공무직 | 나유선 248<br>김지수 201<br>조은향 338<br>최세희 338 | | | | |
| FAX | 332-8583 | | 333-2100 | 332-8581 | |

# 1등 조세회계 경제신문 조세일보

| 과 | 재산법인세과 | | 납세자보호담당관 | |
|---|---|---|---|---|
| 과장 | 박숙희 400 | | 남애숙 210 | |
| 팀 | 재산 | 법인 | 납세자보호실 | 민원봉사실 |
| 팀장 | 김대현 481 | 최권호 401 | 김성호 211 | 임종안 221 |
| 국세<br>조사관 | 정영천 482 | 채남기 402<br>이동훈 403 | | 김아란 222<br>이기순 222<br>이영민 223 |
| | 황원복 483<br>설영석 296<br>정세훈 296<br>조혜선 484 | 진혁환 404<br>정지연 405<br>김은정 406<br>조호연 407 | 박시연 212 | 이효정 224 |
| | 윤채린 485 | | | 문보라 225 |
| | 염래경 486 | 조정현 408<br>문은서 409 | | |
| 공무직 | | | | |
| FAX | 332-2900 | | 333-2100 | 332-8570 |

# 목포세무서

대표전화: 061-2411-200 / DID: 061-2411-OOO

서장: **이 진 재**
DID: 061-2411-201

| 주소 | 전라남도 목포시 호남로 58번길 19 (대안동 3-2번지) (우) 58723 | | | | |
|---|---|---|---|---|---|
| 코드번호 | 411 | 계좌번호 | 050144 | 사업자번호 | 411-83-00014 |
| 관할구역 | 전라남도 목포시, 신안군, 무안군, 영암군 삼호읍 | | | 이메일 | mokpo@nts.go.kr |

| 과 | 징세과 | | 부가가치세과 | | 소득세과 | |
|---|---|---|---|---|---|---|
| 과장 | 김은미 240 | | 김진수 280 | | 양길호 360 | |
| 팀 | 운영지원 | 체납추적 | 부가1 | 부가2 | 소득1 | 소득2 |
| 팀장 | 김옥현 241 | 송정희 511 | 서병희 281 | 강석제 301 | 이선화 361 | 박형희 621 |
| 국세조사관 | | 이정미 512<br>정명근 513<br>최전환 524<br>한유현 514<br>박정순 515 | 오성실 282<br>조윤경 283<br>강석구 284 | 이은경 302<br>신종식 309 | 최성배 362 | |
| | 박봉주 242<br>최원정 243<br>문승식 247<br>유승철 246 | 신영아 516<br>장형욱 517<br>오승섭 518 | 박용희 286<br>정미선 285 | 박해연 303<br>최지혜 304<br>전혜정 305<br>박지희 307 | 박세인 363 | 구혜숙 622<br>강선희 623 |
| | | 오가원 519<br>박명수 520 | 홍주연 290 | 김미리 308 | 방영화 364<br>최종민 365 | 최나영 624<br>양한별 625 |
| | 최준민 244 | 김지민 521<br>김수민 522<br>김시영 523 | 안소이 287<br>박나예 288 | | 장서영 366<br>윤재도 367 | 정유진 626<br>이수환 627<br>강지하 628 |
| 공무직 | 홍은실 202<br>나경희 242<br>조미 242 | | | | | |
| FAX | 244-5915 | | 247-2900 | | 241-1349 | |

| 과 | 재산법인세과 | | | 조사과 | | 납세자보호담당관 | |
|---|---|---|---|---|---|---|---|
| 과장 | 강용구 400 | | | 강채업 640 | | 박정환 210 | |
| 팀 | 재산1 | 재산2 | 법인 | 조사관리 | 조사 | 납세자보호실 | 민원봉사실 |
| 팀장 | 설영태 481 | 이정훈 491 | 이혜경 401 | 김영호 641 | 오민수 651<br>임선미 654<br>김요환 657 | 공병국 211 | 이수창 221 |
| 국세<br>조사관 | 오춘택 482 | 이주현 492 | 정희섭 402<br>박미애 403 | 은희도(정) 692 | 윤현웅 655 | | 김정화 222<br>최순옥 223<br>최제후 224 |
| | 류호진 483<br>선양기 484<br>박봉현 485 | 박민원 493 | 이점희 404<br>정현아 405<br>김지훈 406 | 양윤성 642 | 이철 652<br>엄지혜 656<br>김민석 658 | 권인오 212<br>최수현 213 | 박성정 225<br>이현지 226 |
| | | 강희다 494 | 강용명 407<br>박은지 408 | 이종률 643 | 윤수연 659 | | 정덕균 227<br>손혜은 228 |
| | 강민지 486 | | 김시온 409<br>임채영 410<br>한지혜 411 | | 김단비 653 | | |
| 공무직 | | | | | | | |
| FAX | 241-1602 | | | 245-4339 | | 241-1214 | |

# 순천세무서

대표전화: 061-7200-200 / DID: 061-7200-○○○

서장: **정 해 동**
DID: 061-7200-201

| 주소 | 전라남도 순천 연향번영길 64 (연향동 1379) (우) 57980<br>벌교지서 : 전라남도 보성 벌교 채동선로 260 (우) 59425<br>광양지서 : 전남 광양 중마중앙로 149 (우) 57785 | | | | |
|---|---|---|---|---|---|
| **코드번호** | 416 | **계좌번호** | 920300 | **사업자번호** | 416-83-00213 |
| **관할구역** | 전라남도 순천시, 광양시, 구례군, 보성군, 고흥군 | | | **이메일** | suncheon@nts.go.kr |

| 과 | 징세과 | | 부가가치세과 | | 소득세과 | | 재산법인세과 | | |
|---|---|---|---|---|---|---|---|---|---|
| **과장** | 김행곤 240 | | 서순기 280 | | 배삼동 360 | | 박후진 400 | | |
| **팀** | 운영지원 | 체납추적 | 부가1 | 부가2 | 소득1 | 소득2 | 재산1 | 재산2 | 법인 |
| **팀장** | 박연서 241 | 최인광 511 | 임향숙 281 | 류영길 301 | 최미영 361 | 이용철 381 | 백기호 541 | 박귀숙 561 | 황교언 401 |
| **국세<br>조사관** | | 류성주 512<br>노시열 518<br>서미순 262 | 심성환 322<br>박용문 282 | 고길현<br>차지연 308 | 김정현 362<br>김미영 363 | 전용현 382 | 이세라 313 | 배숙희 562 | 최수민 403 |
| | 강혜정 242<br>홍미숙 243<br>김재찬 248 | 김문희 513<br>김상훈 514<br>곽민경 515 | 김임순 283<br>황승진 285 | 김상호 302<br>김예진 303 | 박정란 364 | 오인철 383 | 박광천 542<br>신수정 543 | 김광호 563<br>최보람 564 | 안민숙 404<br>김현정 402<br>김소망 405<br>박지언 406<br>김재호 407 |
| | 박유진 247<br>조상진 244 | 박지현 516<br>박동진 517 | | | 김은지 321 | | 홍해라 544 | 김태원 565 | |
| | 구태휴 246 | 배한솜 263 | 강초희 284<br>양철웅 288<br>장유나 287 | 강아라 305<br>이재원 304<br>류선남 306 | 강성민 365<br>김민정 366 | 송애림 384<br>강미하 385<br>강예원 386 | 정지은 545 | | 송현진 408<br>배은정 409 |
| **공무직** | 한지호 202<br>김지현 200<br>김현주<br>이청엽 | | | | | | | | |
| **FAX** | 723-6677 | | 723-6673 | | 720-0330 | | 720-0410 | | |

# 10년간 쌓아온 재무인의 역사를 돌려드립니다 '온라인 재무인명부'

수시 업데이트 되는 국세청, 정·관계 인사의 프로필과 국세청, 지방청, 전국세무서, 관세청, 유관기관 등의 인력배치 현황을 볼 수 있는 온라인 재무인명부

1등 조세회계 경제신문 조세일보

| 과 | 조사과 | | 납세자보호담당관 | | 벌교지서(061-8592-○○○) | | | 광양지서(061-7604-○○○) | | | |
|---|---|---|---|---|---|---|---|---|---|---|---|
| 과장 | 염삼열 640 | | 김진규 210 | | 양용환 201 | | | 김훈 201 | | | |
| 팀 | 정보관리 | 조사 | 납세자보호실 | 민원봉사실 | 납세자보호실 | 부가소득 | 재산법인 | 납세자보호실 | 부가 | 소득 | 재산법인 |
| 팀장 | 현경 641 | 이동현 651 윤승철 656 윤길성 661 정경종 666 | 심재용 211 | 민동준 221 | 박주하 211 | 서삼미 301 | 심재운 401 | 홍은영 212 | 이종필 281 | 황희정 361 | 박영수 401 |
| 국세조사관 | 하성철 644 정경식 691 | | 곽용재 212 | 이윤호 222 김진희 223 | 진정 212 조광덕 213 | 신덕수 305 이호남 302 | 신찬호 402 천우남 403 | | 이성호 291 정일 292 | | 정현미 402 최병윤 481 |
| | 이용욱 642 서현영 643 | 김보람 652 우남준 657 김은영 662 임정미 667 | 정선태 213 | 신상덕 224 강구남 225 | | 김진우 310 유영근 306 박지은 303 | 최선 404 김동선 450 최상영 451 | | 한은정 293 김효정 283 김종율 284 | 강선대 362 박소미 363 | 김정희 482 한송이 403 |
| | | 문한솔 653 윤다희 658 김태진 663 손세민 668 | | | | 류지훈 304 이수빈 311 | | 이보람 213 | 정지운 285 양환준 286 이아림 287 정인환 294 | | 박민 404 이수진 483 |
| | | | | 김지현 226 오영서 227 | | 윤준영 307 | 김초현 452 | 전은지 214 최시은 215 최영진 216 | 박정배 295 | 김성규 364 김태경 365 | 노승규 405 |
| 공무직 | | | | | 김명엽 | | | | | | |
| FAX | 720-0420 | | 723-6676 | | 857-7707 | 857-7466 | 859-2267 | 760-4238 | 760-4379, 4299(체납) | | |

# 여수세무서

대표전화: 061-6880-200 / DID: 061-6880-OOO

서장: **이 성 일**
DID: 061-6880-201

| 주소 | 전라남도 여수시 좌수영로 948-5 (봉계동 726-36번지) (우) 59631 ||||||
|---|---|---|---|---|---|---|
| 코드번호 | 417 || 계좌번호 | 920313 | 사업자번호 | 417-83-00012 |
| 관할구역 | 전라남도 여수시 ||| 이메일 | yeosu@nts.go.kr ||

| 과 | 징세과 || 부가소득세과 |||
|---|---|---|---|---|---|
| 과장 | 송형희 240 || 김경민 280 |||
| 팀 | 운영지원 | 체납추적 | 부가1 | 부가2 | 소득 |
| 팀장 | 박도영 241 | 윤정필 511 | 김혜경 281 | 정종대 301 | 서동정 361 |
| 국세<br>조사관 |  | 윤유선 512 | 강이근 282 | 김종철 302 |  |
| | 이은진 242<br>유지화 243<br>김성진 246 | 강태민 262<br>최인효 513<br>이성실 514<br>남상진 515 | 문형일 283<br>김금영 289<br>강경수 284<br>신솔지 285 | 박은화 303<br>권상일 307<br>이호철 308<br>김채민 304 | 손명희 362<br>임현택 363<br>윤경희 365<br>최현아 366 |
| | 서도진 244 | 박혁 516 | 김지영 287 | 채우리 306 | 류은미 367 |
| | 양태영 245 | 주희은 517<br>유지영 263<br>오현서 518 | 선아영 286<br>나선이 288 | 이효선 305 | 이다영 368<br>송윤주 369<br>나한솔 364 |
| 공무직 | 박누리 203<br>김유선 620<br>김효숙<br>장점자 |  |  |  |  |
| FAX | 688-0600 | 682-1649 | 682-1652 |||

| 과 | 재산법인세과 | | 조사과 | | 납세자보호담당관 | |
|---|---|---|---|---|---|---|
| 과장 | 강경진 400 | | 이용혁 640 | | 장민석 210 | |
| 팀 | 재산 | 법인 | 정보관리 | 조사 | 납세자보호실 | 민원봉사실 |
| 팀장 | 김진재 481 | 이재갑 401 | 김용주 651 | 이탁신 661 | 박병환 211 | 박진갑 221 |
| 국세조사관 | 박천주 482 | 이철승 402 | | 이창주 671<br>배제섭 662 | | 박상희 222<br>주연봉 226 |
| | 류숙현 483<br>손성희 484 | 류성백 403<br>김정은 404 | 황선태 692 | 정찬조 672 | 채명석 212 | |
| | 임강혁 485 | 김경현 405 | 손수아 652 | | 차유곤 213 | 전주화 226<br>김은진 223<br>김서현 224 |
| | 엄석찬 486<br>강여울 487 | 김재은 406<br>정지은 408<br>정지훈 407 | 박채연 653 | 나형배 663 | | |
| 공무직 | | | | | | |
| FAX | 682-1656 | | 682-1653 | | 682-1648 | |

# 해남세무서

대표전화: 061-5306-200 / DID: 061-5306-OOO

서장: **박 현 주**
DID: 061-5306-201

| 주소 | 전라남도 해남군 해남읍 중앙1로 18 (우) 59027<br>강진지서 : 전라남도 강진군 강진읍 사의재길 1 (우) 59226<br>완도민원실 : 전남 완도군 완도읍 중앙길 11, 4층 (우)58922<br>진도민원실: 전남 진도군 진도읍 남문길 13, 2층 | | | | |
|---|---|---|---|---|---|
| 코드번호 | 415 | 계좌번호 | 050157 | 사업자번호 | 415-83-00302 |
| 관할구역 | 전라남도 해남군, 강진군, 완도군, 진도군, 장흥군 | | | 이메일 | haenam@nts.go.kr |

| 과 | 징세과 | | | 세원관리과 | | |
|---|---|---|---|---|---|---|
| 과장 | 우인제 240 | | | 문동호 280 | | |
| 팀 | 운영지원 | 체납추적 | 조사 | 부가 | 소득 | 재산법인 |
| 팀장 | 이장원 241 | 김익상 511 | 김종일 651 | 김광현 281 | 김명선 361 | 고재환 401 |
| 국세<br>조사관 | | 심상원 512<br>배은선 513<br>나소영 517 | 이영은 652<br>유춘선 653 | 김수영 282 | 정병철 362 | 나승창 485 |
| | 국명래 243<br>한상춘 242<br>지행주 246 | 김민수 514 | 김창훈 654<br>문은성 655<br>유판종 655 | 박남중 290<br>임창관 283 | 정인재 363 | 정호영 482<br>김현철 402<br>양용희 483 |
| | 권혁일 245 | | | 김다혜 284 | 김세린 364<br>장수희 365 | 최예린 484<br>김형연 403<br>김동신 404<br>황선우 405 |
| | 임채현 247 | 문성윤 515 | | 강설화 285<br>노영명 286 | 최가인 366 | 정종호 406 |
| 공무직 | 조희주 202<br>함용숙 200<br>서정애 200 | | | | | |
| FAX | 530-6249 | 530-6132 | 536-6131 | | | 534-3995 |

396

| 과 | 납세자보호담당관 | | 강진지서(061-4302-○○○) | |
|---|---|---|---|---|
| 과장 | 하상진 210 | | 백홍교 201 | |
| 팀 | 납세자보호실 | 민원봉사실 | 납세자보호 | 세원관리 |
| 팀장 | | 문식 221 | 김영하 210 | 박철우 300 |
| 국세<br>조사관 | | | | 노미경 511<br>이지영 401<br>이재남 361<br>정미진 402 |
| | 이재성 211 | | | 박병민 321<br>오윤정 321<br>서경무 481<br>박형민 482<br>백지원 362<br>김태준 512 |
| | | 박명식 223<br>유상원 544-5997<br>강기호 224 | | |
| | | 박신우 222<br>박지연 224 | 전성준 211 | 강예은 483<br>김혜원 322 |
| 공무직 | | | 윤길남 200 | |
| FAX | 534-3540 | 534-3541 | 433-0021 | 434-8214 |

# 군산세무서

대표전화: 063-4703-200 / DID:063-4703-OOO

서장: **박 임 선**
DID: 063-4703-201

| 주소 | 전라북도 군산시 미장13길 49 (미장동 525) (우) 54096 | | | | |
|---|---|---|---|---|---|
| 코드번호 | 401 | 계좌번호 | 070399 | 사업자번호 | 401-83-00017 |
| 관할구역 | 전라북도 군산시 | | | 이메일 | gunsan@nts.go.kr |

| 과 | 징세과 | | 부가소득세과 | | |
|---|---|---|---|---|---|
| 과장 | 김성엽 240 | | 안정민 280 | | |
| 팀 | 운영지원 | 체납추적 | 부가1 | 부가2 | 소득 |
| 팀장 | 이수현 241 | 김춘배 511 | 김준연 281 | 채수정 291 | 이민호 361 |
| 국세<br>조사관 | 오미경 | 김성호 512 | 김은아 282<br>장현숙 283 | 진수영 292<br>정한길 | 박성란 362 |
| | 양수빈 243<br>박성수 242<br>설진원 244 | 박현수 513<br>박상곤 514<br>박정숙 262 | 박효진 284<br>김중휘 285<br>이정호 286 | 허유경<br>류아영 293 | 김병삼 363<br>조홍수 364<br>박종원 365<br>심미선 366<br>서동완 367 |
| | 최정연 245 | 김예슬 515<br>박가영 263 | 김애영 287 | 고현재 294<br>문희원 295 | 김미경 368 |
| | 최호일 246 | 김민주 516<br>윤성민 517<br>최지은 518 | 김도영 288 | 류일한 296 | 백승헌 369<br>이수진 370 |
| 공무직 | 최지선 202<br>유순자<br>이현주 | | | | |
| FAX | 470-3249 | 468-2100 | 467-2007 | | |

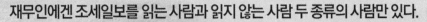

# 재무인과 함께 걸어가겠습니다 '조세일보'

재무인에겐 조세일보를 읽는 사람과 읽지 않는 사람 두 종류의 사람만 있다.

1등 조세회계 경제신문 조세일보

| 과 | 재산법인세과 | | 조사과 | | 납세자보호담당관 | |
|---|---|---|---|---|---|---|
| 과장 | 오기범 400 | | 송지원 640 | | 고진수 210 | |
| 팀 | 재산 | 법인 | 정보관리 | 조사 | 납세자보호실 | 민원봉사실 |
| 팀장 | 한권수 481 | 이광선 401 | 박윤규 651 | 고선주 654 | 김영규 211 | 김광희 221 |
| 국세<br>조사관 | 이은경 482 | 허진성 402<br>권은숙 403 | 전봉철 652<br>장완재 | 이용출 657 | 이병재 212 | |
| | 전요찬 483<br>이광열 484 | 김은옥 404 | 김지혜 653 | 박동진 658<br>이영민 655 | 이소은 213 | 문은수 222<br>황현주 223<br>이다현 224<br>한수경 225 |
| | | 채준석 405<br>오유진 406 | | 김상현 656<br>이민영 659 | | 김남덕 226 |
| | 김진만 485<br>박현아 486 | 박성윤 407<br>김윤환 408<br>황형석 409 | | | | |
| 공무직 | | | | | | |
| FAX | 470-3636 | | 470-3344 | | 470-3214 | 470-3441 |

# 남원세무서

대표전화: 063-6302-200 / DID: 063-6302-OOO

서장: **박 신 재**
DID: 063-6302-201

| 주소 | 전라북도 남원시 동림로 91-1 (향교동) (우) 55741 | | | | |
|---|---|---|---|---|---|
| 코드번호 | 407 | 계좌번호 | 070412 | 사업자번호 | 407-83-00015 |
| 관할구역 | 전라북도 남원시, 순창군, 임실군, 장수군(천천면, 장계면, 계북면 및 계남면 제외) | | 이메일 | | namwon@nts.go.kr |

| 과 | 징세과 | | | 세원관리과 | |
|---|---|---|---|---|---|
| 과장 | 이경섭 240 | | | 기연희 280 | |
| 팀 | 운영지원 | 체납추적 | 조사 | 부가 | 소득 |
| 팀장 | 이화섭 241 | 김종운 511 | 권정용 651 | 박병일 281 | 정준 361 |
| 국세<br>조사관 |  | 양향열 512<br>천명길 513 |  | 김춘광 282<br>임경선 283 |  |
| | 정기종 242<br>허미나 243 | 박지혜 516 | 정영현 652<br>이은광 653 | 이은진 284<br>이병조 285<br>방경규 286 | 이성은 362<br>한다정 363<br>이소영 364 |
| | 윤영원(방) 244 | 안자영 514<br>김다예 515 | 김효원 654<br>나선영 655<br>고혜진 656 | 박유미 287 | 오동화 365 |
| | 박일우(운) 245 |  |  | 강혜송 288 | 김관호 366 |
| 공무직 | 박소현 202<br>한광숙<br>김주희 |  |  |  |  |
| FAX | 632-7302 | | | 631-4254 | |

| 과 | 세원관리과 | | 납세자보호담당관 | |
|---|---|---|---|---|
| 과장 | 기연희 280 | | 신명숙 210 | |
| 팀 | 재산법인 | | 납세자보호실 | 민원봉사실 |
| 팀장 | 정은연 401 | | | 박경란 221 |
| 국세<br>조사관 | 심현석 481 | 전복진 403 | | 유희경 223 |
| | 기대원 482<br>송희조 483 | 이정환 402 | 김정호 211 | 차영준 222 |
| | 박형지 484 | 이아라 404 | | 강선양(임) 224 |
| | 김초원 485 | 조가윤 405<br>심태섭 406 | | 신세연 225 |
| 공무직 | | | | |
| FAX | 630-2419 | | 635-6121 | |

# 북전주세무서

대표전화: 063-2491-200 / DID: 063-2491-OOO

서장: **최 은 경**
DID: 063-2491-201

| 주소 | 전라북도 전주시 덕진구 벚꽃로 33 (진북동 416-11) (우) 54937<br>진안지서 : 전라북도 진안군 진안읍 중앙로 45 (우) 55426 | | | | |
|---|---|---|---|---|---|
| 코드번호 | 418 | 계좌번호 | 002862 | 사업자번호 | 402-83-05126 |
| 관할구역 | 전주시 덕진구, 진안군, 무주군, 장수군 중 일부 | | | 이메일 | bukjeonju@nts.go.kr |

| 과 | 징세과 | | 부가소득세과 | | | 재산법인세과 | |
|---|---|---|---|---|---|---|---|
| 과장 | 김관오 240 | | 정명수 280 | | | 김진환 400 | |
| 팀 | 운영지원 | 체납추적 | 부가1 | 부가2 | 소득 | 재산 | 법인 |
| 팀장 | 오은영 241 | 강원 511 | 김연수 281 | 유근순 301 | 김은정 361 | 정종철 481 | 이현주 401 |
| 국세<br>조사관 | | 백원철 512<br>안형숙 522<br>이선림 | | 노동호 312<br>김정원 311<br>김선영 302 | 이종호 362 | | 최세현 402 |
| | 최순희 243<br>유종선 242 | 박인숙 521<br>염보름 522<br>김종화 514<br>박수정 515 | 방귀섭 282<br>유제석 283<br>강성희 284<br>이원교 285 | 금윤순 303 | 장미영 363<br>임소희 364<br>이혁재 365 | 장형준 492<br>박승훈 482<br>유진선 483<br>김지호 484 | 김희태 403<br>배영태 404<br>이규호 405 |
| | 조준철 247<br>김광괄 246 | 홍현지 516 | 임우찬 286 | 이보영 305 | 강수성 366<br>최지희 367<br>장영주 368 | 김지유 485<br>심혜진 486 | 양지연 406 |
| | 권륜아 245<br>김수현 244 | 김이경 518<br>임희선 519 | 장선균 288<br>고한빛 289<br>조우현 290 | 석채희 304 | 허예린 369<br>배윤정 370 | 박신현 487<br>정수진 488 | 전유진 407<br>송하준 408<br>최준성 409 |
| 공무직 | 최지영 202<br>김상욱<br>김행정 | | | | | | |
| FAX | 249-1555 | 249-1558 | 249-1682 | | | 249-1681 | 249-1687 |

# 1등 조세회계 경제신문 조세일보

| 과 | 조사과 | | 납세자보호담당관 | | 진안지서(063-4305-200) | |
|---|---|---|---|---|---|---|
| **과장** | 염대성 640 | | 조혜영 210 | | 홍기석 201 | |
| **팀** | 정보관리 | 조사 | 납세자보호실 | 민원봉사실 | 납세자보호실 | 세원관리 |
| **팀장** | 설진 641 | 이명준 651 | 이규 211 | 유요덕 221 | 채희영 212 | 정용주 300 |
| **국세조사관** | | 이승용 661<br>공미자 671<br>김현주 642<br>고석춘 662 | | 김복기 225<br>김정은 223<br>조용식 224<br>강인석 222 | 최영근 213 | 손현태 215<br>양용환 511<br>김회광 501 |
| | 이용진 643<br>장지안 644<br>조가을 652 | 손종현 663<br>김준석 672 | 박지명 212 | 김환옥 223 | | 백원길 401<br>김덕진 301 |
| | | 최은철 653 | 김현주 213 | | | 최건희 303 |
| | | | | 이태진 225 | | 천민근 512<br>이근원 304<br>송상민 402<br>이승호 302 |
| **공무직** | | | | | 구성숙 | |
| **FAX** | 249-1683 | | 249-1684 | | 433-5996 | 432-1225 |

# 익산세무서

대표전화: 063-8400-200 / DID: 063-8400-OOO

서장: **강 삼 원**
DID: 063-840-0201

| 주소 | 전라북도 익산시 선화로 425 (우) 54630<br>김제지서 : 전라북도 김제시 신풍길 205 (신풍동 494-20) (우) 54407 | | | | | |
|---|---|---|---|---|---|---|
| **코드번호** | 403 | **계좌번호** | 070425 | **사업자번호** | | 403-83-01083 |
| **관할구역** | 전라북도 익산시, 김제시 | | | **이메일** | | iksan@nts.go.kr |

| 과 | 징세과 | | 부가소득세과 | | | 재산법인세과 | |
|---|---|---|---|---|---|---|---|
| **과장** | 오세인 240 | | 지승환 280 | | | 안선표 400 | |
| **팀** | 운영지원 | 체납추적 | 부가1 | 부가2 | 소득 | 재산 | 법인 |
| **팀장** | 최현선 241 | 양정희 511 | 조형오 281 | 김용례 301 | 이승일 621 | 허윤봉 481 | 최병하 401 |
| **국세<br>조사관** | | 조현경 261<br>최성관 512<br>안춘자 262 | | 유은애 304<br>이미선 302 | 이정애 622<br>김수경 623 | 조경제 482 | 전수현 402<br>이수현 403 |
| | 이정은 242 | 김진철 513<br>김해강 514 | 허경란 282<br>소윤섭 283<br>정필경 284<br>조란 285 | 배종진 305<br>황호혁 303<br>곽호진 306 | 최지인 624<br>민경훈 625 | 김학수 483<br>이성준 484<br>김희주 485 | 서동진 404<br>김보미 405 |
| | 임아련 243<br>최경배 244 | 황현 515<br>이승하 516 | | 최수연 307 | 백연비 626 | 임지훈 486<br>반장윤 487 | 조성현 406<br>이현주 407 |
| | 손수현 245<br>김대석 246 | 진예슬 517<br>이승재 518 | 박지은 286<br>이재성 287<br>오치호 288 | | 장하영 627<br>조지영 628<br>나혜정 629<br>강민우 630 | 송채원 488 | 양원 408 |
| **공무직** | 전미희 202 | | | | | | |
| **FAX** | 851-0305 | 840-0447 | 840-0448 | | | 840-0549 | |

| 과 | 조사과 | | | | 납세자보호담당관 | | 김제지서 (063-5400-200) | | |
|---|---|---|---|---|---|---|---|---|---|
| 과장 | 정흥기 640 | | | | 권혁준 210 | | 장영철 201 | | |
| 팀 | 정보관리 | 조사1 | 조사2 | 조사3 | 납세자보호 | 민원봉사실 | 납세자보호 | 부가소득 | 재산법인 |
| 팀장 | 조준식 641 | 차상윤 651 | 채웅길 661 | 이훈 671 | 최미경 211 | 서명권 221 | 이사영 210 | 김웅진 280 | 백승학 400 |
| 국세조사관 | | | | | 윤정호 212 | 이재희 222<br>김은미 223 | 박진규 221 | 강석 511 | |
| | 강태진 642<br>이한일 643<br>진실화 644 | 박인 652 | 김용선 662 | | 조민주 213 | 최미란 224<br>최칠성 225 | 문은희 222<br>이경진 223 | 김경희 281<br>김효진 282<br>박선영 621<br>임정석 512<br>송미소 283 | 류종규 401<br>이주형 481<br>김세웅 482<br>임소미 483 |
| | 박시원 645 | 김세연 653 | 한상훈 663 | 홍윤기 672 | | 박효정 226 | | 권수진 622 | |
| | | | | | | 전찬희 227 | | 김선경 284<br>윤한빛 623 | 조혜진 402<br>김경은 403 |
| 공무직 | | | | | | | 박수현 | | |
| FAX | 840-0509 | | | | 851-3628 | | 540-0202 | | |

# 전주세무서

대표전화: 063-2500-200 / DID: 063-2500-OOO

서장: **강 신 웅**
DID: 063-2500-201

| 주소 | 전라북도 전주시 완산구 서곡로 95 (효자동3가 1406번지) (우) 54956 | | | | |
|---|---|---|---|---|---|
| 코드번호 | 402 | 계좌번호 | 070438 | 사업자번호 | 418-83-00524 |
| 관할구역 | 전라북도 전주시 완산구, 완주군 | | | 이메일 | jeonju@nts.go.kr |

| 과 | 징세과 | | | 부가가치세과 | | 소득세과 | |
|---|---|---|---|---|---|---|---|
| 과장 | 이종운 240 | | | 민훈기 280 | | 함태진 360 | |
| 팀 | 운영지원 | 체납추적1 | 체납추적2 | 부가1 | 부가2 | 소득1 | 소득2 |
| 팀장 | 고선주 241 | 박정재 511 | 이기웅 521 | 박기호 281 | 김영민 301 | 김지홍 361 | 김명숙 621 |
| 국세<br>조사관 | | 박종호 512 | 박인숙 527 | 이동영 282 | 김재실 311<br>문정미 302 | | 손안상 622 |
| | 김소영 242<br>한성희 243<br>김경환 425<br>구판서 258<br>유행철 259 | 조성훈 513<br>허정순 514<br>최재규 515<br>한설희 516 | 백종현 522<br>이주은 528<br>이기원 523 | 이승훈 283<br>이지희 582<br>황지현 284<br>정우진 285<br>김종호 286 | 남주희 303<br>문선택 304 | 김주현 362<br>김형만 583<br>소수혜 363<br>최연평 364 | 손현주 623<br>김소영 624<br>황병준 625<br>김중석 626 |
| | | | 전혜진 524 | 박미진 287<br>장현정 288 | 안성민 305<br>정새하 306 | 배정주 365 | |
| | 고필권 244 | 박신영 517<br>김지수 518 | 정현지 525 | 김하경 289<br>김민채 290<br>허지선 291 | 류해경 307<br>한석원 308<br>김영진 309<br>조윤주 310 | 서재창 366<br>박재만 367<br>황지현 368 | 최민정 627<br>한지우 628 |
| 공무직 | 박지현 202<br>정서연 421<br>조인숙<br>김복순 | | | | | | |
| FAX | 277-7708 | | | 277-7706 | | 250-0449 | 250-0632 |

| 과 | 재산법인세과 | | | 조사과 | | 납세자보호담당관 | |
|---|---|---|---|---|---|---|---|
| 과장 | 양천일 400 | | | 변승철 640 | | 방정원 210 | |
| 팀 | 재산1 | 재산2 | 법인 | 정보관리 | 조사 | 납세자보호실 | 민원봉사실 |
| 팀장 | 정애리 481 | 장해준 491 | 임기준 401 | 김용수 641 | 이현기 651 | 송방의 211 | 김영관 221 |
| 국세<br>조사관 | 한길완 482 | 이선경 492<br>김용태 493 | 한원윤 402 | 최현옥 642<br>노화정 643 | 한숙희 652<br>곽미선 661<br>정유성 671 | 박지원 212<br>이철호 213 | 박혜선 222 |
| | 김재만 483<br>박태신 484<br>조길현 485<br>성정민 486<br>유항수 487 | | 고의환 403<br>김새롬 404<br>허현 405<br>이두호 406<br>김기동 407<br>신새보미 408 | 한겨레 644 | 윤은미 653<br>지승룡 662<br>양영훈 672 | 오신영 214 | 김애령 223<br>심재옥 224<br>임완진 225<br>최현영 226<br>김희숙 226<br>박성주 227 |
| | 장용준 488<br>이하은 581<br>양다은 489 | 박소희 494<br>손정현 495 | 김성용 409<br>노명진 410 | | 최현진 663 | | 문미나 228 |
| | | | 한소은 411<br>박주형 412<br>나영 413 | | | | 김귀종 229 |
| 공무직 | | | | | | | |
| FAX | 250-0505 | 250-7311 | | 250-0649 | | 275-2100 | |

# 정읍세무서

대표전화: 063-5301-200 / DID: 063-5301-OOO

서장: **송 평 근**
DID: 063-5301-201

| 주소 | 전라북도 정읍시 중앙1길 93 (수성 610) (우) 56163 | | | | |
|---|---|---|---|---|---|
| 코드번호 | 404 | 계좌번호 | 070441 | 사업자번호 | 404-83-01465 |
| 관할구역 | 전라북도 정읍시, 고창군, 부안군 | | | 이메일 | jeongeup@nts.go.kr |

| 과 | 징세과 | | | 부가소득세과 | |
|---|---|---|---|---|---|
| 과장 | 김현 240 | | | 선희숙 280 | |
| 팀 | 운영지원 | 체납추적 | 조사 | 부가 | 소득 |
| 팀장 | 김엘리야 241 | 박봉선 511 | 홍수경 651 | 유성진 281 | 임양주 361 |
| 국세조사관 | 조상미 243 | 조미옥 512<br>오혜경 513 | 김민지 652 | 이정길 671<br>이영훈 282 | 신동용 362<br>김용범 363 |
| | 박상종 245<br>이서진 242<br>김종호 246 | 정성택 514 | 진동권 653 | 김미영 283<br>문찬영 291<br>문가영 284<br>김혜인 671<br>정다희 285 | 강길주 364 |
| | | 박현진 515<br>이기훈 516 | 김기동 654<br>전이나 655 | 양아름 286<br>이윤정 287 | 지정국 365 |
| | | 정소영 517 | 송다영 656 | 정민욱 288<br>정동인 289 | 김정은 366<br>김한비 367 |
| 공무직 | 나영희 202<br>김영례<br>홍미영 | | | | |
| FAX | 533-9101 | | 535-0040 | 535-0042 | 535-0041 |

# 1등 조세회계 경제신문 조세일보

| 과 | 재산법인세과 | | 납세자보호담당관 | |
|---|---|---|---|---|
| 과장 | 이상두 400 | | 김영선 210 | |
| 팀 | 재산 | 법인 | 납세자보호실 | 민원봉사실 |
| 팀장 | 이동규 481 | 이종현 401 | 홍용길 211 | 국승미 221 |
| 국세<br>조사관 | | 선경미 402 | | 김미선 222<br>양동혁 223 |
| | 이성식 482<br>진수성 483<br>윤정호 484<br>이하현 485 | 허문옥 403<br>김재경 404 | 김필선 212 | 김은미 224<br>김병주 225 |
| | 조성우 486 | 송송이 405 | | 이효선 226 |
| | 변지수 487 | 정보현 406<br>김용운 407 | | |
| 공무직 | | | | |
| FAX | 535-0043 | 535-6816 | 535-5109 | 530-1691 |

# 대구지방국세청
# 관할세무서

# 대구지방국세청

| 주소 | 대구광역시 달서구 화암로 301 (대곡동) (우) 42768 |
|---|---|
| 대표전화 | 053-661-7200 |
| 코드번호 | 500 |
| 계좌번호 | 040756 |
| 사업자등록번호 | 102-83-01647 |
| e-mail | daegurto@nts.go.kr |

## 청장    한경선

(D) 053-6617-201

| 징세송무국장 | 이동훈 | (D) 053-6617-500 |
|---|---|---|
| 성실납세지원국장 | 김범구 | (D) 053-6617-400 |
| 조사1국장 | 강동훈 | (D) 053-6617-700 |
| 조사2국장 | 이병탁 | (D) 053-6617-900 |

# 대구지방국세청

대표전화: 053-661-7200 / DID: 053-661-OOOO

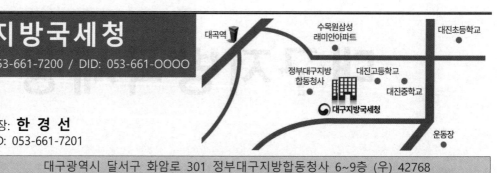

청장: **한 경 선**
DID: 053-661-7201

| 주소 | 대구광역시 달서구 화암로 301 정부대구지방합동청사 6~9층 (우) 42768 | | | | | |
|------|------|------|------|------|------|
| 코드번호 | 500 | 계좌번호 | 040756 | 사업자번호 | 102-83-01647 |
| 관할구역 | 대구광역시, 경상북도 | | | 이메일 | daegurto@nts.go.kr |

| 과 | 운영지원과 | | | 감사관실 | | 납세자보호담당관실 | |
|---|---|---|---|---|---|---|---|
| 과장 | 최종기 7240 | | | 김상섭 7300 | | 이진 7330 | |
| 팀 | 행정 7252-7261 | 인사 7242-8 | 경리 7262-6 | 감사 7302-10 | 감찰 7312-8 | 납세자보호 7332-5 | 심사 7342-6 |
| 팀장 | 박진영 | 이상헌 | 정경남 | 명기룡 | 김정환 | 이형우 | 이병주 |
| 국세조사관 | 김동욱 황길례(기록) | 김대훈 | 오주경 | 한정환 장현기 오춘식 | 김경한 김상우 | | 한재진 |
| 국세조사관 | 이영주 공성웅 서인현 소충섭 | 남동우 정중현 이혜란 | 이경아 김경희 | 김자헌 김상균 김연희 | 김인 김민창 임채홍 김태형 | 배영옥 김민주 | 박지연 김경수 김영은 |
| 국세조사관 | 도민지 손근희 김소연 | 서장은 김지민 | 박정희 | 최병준 | | 이유지 | |
| 국세조사관 | | | | | | | |
| 공무직 | 성주연(부) 7150 김현숙 7155 김재민(사회복무) 7104 | | | 백효진 7310 | | | |
| FAX | 661-7052 | | | 661-7054 | | 661-7055 | |

412

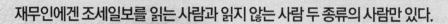

# 재무인과 함께 걸어가겠습니다 '조세일보'

## 재무인에겐 조세일보를 읽는 사람과 읽지 않는 사람 두 종류의 사람만 있다.

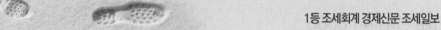

1등 조세회계 경제신문 조세일보

| 국실 | 성실납세지원국 | | | | | | | | | |
|---|---|---|---|---|---|---|---|---|---|---|
| 국장 | 김범구 7400 | | | | | | | | | |
| 과 | 부가가치세과 | | | 소득재산세과 | | | | 법인세과 | | |
| 과장 | 최은호 7401 | | | 이병주 7431 | | | | 이동일 7461 | | |
| 팀 | 부가1 7402-6 | 부가2 7412-6 | 소비세 7422-6 | 소득 7432-6 | 재산 7442-6 | 복지세정1 7452-4 | 복지세정2 7456-7 | 법인1 7462-7 | 법인2 7472-7 | 법인3 7482-7 |
| 팀장 | 이소영 | 김효경 | 김태형 | 김혜진 | 정호선 | 이선희 | 오향아 | 임치수 | 김지인 | 정창근 |
| 국세 조사관 | 양미례 | | 도인현 | | | | | | 김규진 | |
| 국세 조사관 | 임정관 | 김재환 장근철 유현숙 | 최민석 정대석 | 정경미 이동균 이선이 | 조명석 이주석 | 조은경 | | 김정환 이동규 김종연 | 이슬 안진희 김두영 | 김선영 양세영 장한슬 권순모 |
| 국세 조사관 | 권민규 남정민 | 도이광 | 박재규 | 박시현 | 김지향 박수빈 | 권은경 | 김규식 | 정혜진 김종석 | 최유철 | 이승휘 |
| 국세 조사관 | | | | | | | | | | |
| 공무직 | 백지혜(부) 7151 | | | | | | | | | |
| FAX | 661-7056 | | | 661-7057 | | | | 661-7058 | | |

세미래콜센터 126
국세관련 모든 상담은 국번없이 126
전국 어디서나 편리하게 상담받으세요.
평일 9시~18시 (탈세제보는 24시간)

**DID : 053-661-OOOO**

| 국실 | 성실납세지원국 | | | | | 징세송무국 | | | | | |
|---|---|---|---|---|---|---|---|---|---|---|---|
| 국장 | 김범구 7400 | | | | | 이동훈 7500 | | | | | |
| 과 | 정보화관리팀 | | | | | 징세과 | | 송무과 | | 체납추적과 | |
| 과장 | 정영순 7621 | | | | | 김자영 7501 | | 정희석 7521 | | 유종호 7541 | |
| 팀 | 지원 7622-8 | 보안감사 7632-5 | 포레식지원팀 7682-5 | 센터1 7642-7659 | 센터2 7662-7678 | 징세 7502-5 | 체납관리 7512-5 | 송무1 7522-7 | 송무2 7532-5 | 체납추적관리 7542-8 | 체납추적 7552-7 |
| 팀장 | 최상복 | 정이천 | 송재준 | 서계주 | 전현정 | 강경미 | 안해찬 | 김부자 | 이정국 | 최지숙 | 김정철 |
| 국세조사관 | 김은진 서영지 박경련 강지용 | 손동민 | 박주환 | 김연숙 주명오 | 박경미 | | | 서은혜 이한솔 | | 김경택 | 김구하 |
| | 채명신 | 김미량 이은주 | | 이해진 | 최유진 | 조은영 박수범 | 이연진 배태호 | 최현주 유병모 | 정수호 이호열 | 박현하 이상욱 권순홍 | 김지윤 김혜진 서소담 |
| | | | 김남규 안지민 | | 김윤호 | 조남철 | 장선희 | 김지은 | 정정하 | 임효신 김태완 | 진언지 |
| | | | | | | | | | | | |
| 공무직 | | | | | | 한은라(부) 7152 | | | | | |
| FAX | 661-7059 | | | | | 661-7060 | | 661-7061 | | 661-7062 | |

414

| 국실 | 조사1국 | | | | | | | | | |
|---|---|---|---|---|---|---|---|---|---|---|
| 국장 | 강동훈 7700 | | | | | | | | | |
| 과 | 조사관리과 | | | | | | 조사1과 | | | |
| 과장 | 권병일 7701 | | | | | | 김성호 7751 | | | |
| 팀 | 제1조사<br>관리<br>7702-7 | 제2조사<br>관리<br>7712-4 | 제3조사<br>관리<br>7722-9 | 제4조사<br>관리<br>7732-6 | 제5조사<br>관리<br>7742-6 | 제6조사<br>관리<br>7792-3 | 조사1<br>7752-5 | 조사2<br>7762-5 | 조사3<br>7772-5 | 조사4<br>7782-4 |
| 팀장 | 이장환 | 황지영 | 김성균 | 장경희 | 황재섭 | 황보웅 | 이석진 | 김태영 | 이기동 | 오세민 |
| 국세<br>조사관 | 남상헌<br>박찬녕<br>허성은 | 황지성 | 권소연<br>박재찬<br>우상준<br>채주희<br>신성용 | 최지영<br>김성호<br>임영진 | 김연희<br>김수민<br>김혁동 | 이상훈 | 이채윤<br>김재락<br>김덕현 | 류춘식<br>김경림 | 윤종훈<br>이주형 | 김상우 |
| | 손가영<br>송민준 | 장은영 | 임재학<br>이수정 | 정지헌 | 신진우 | | | 조성민 | 이지영 | 정현준 |
| | | | | | | | | | | |
| 공무직 | 이가영(부)<br>7153 | | | | | | 정소영<br>7757 | | | |
| FAX | 661-7063 | | | | | | 661-7065 | | | |

국세관련 모든 상담은 국번없이 126
전국 어디서나 편리하게 상담받으세요.
평일 9시~18시 (탈세제보는 24시간)

DID : 053-661-OOOO

| 국실 | 조사1국 | | | 조사2국 | | |
|---|---|---|---|---|---|---|
| 국장 | 강동훈 7700 | | | 이병탁 7900 | | |
| 과 | 조사2과 | | | 조사관리과 | | |
| 과장 | 이동원 7801 | | | 김기형 7901 | | |
| 팀 | 조사1 7802-6 | 조사2 7812-5 | 조사3 7822-5 | 조사관리1 7902-5 | 조사관리2 7912-7 | 조사관리3 7922-7 |
| 팀장 | 정윤철 | 하성호 | 윤근희 | 박정길 | 김성제 | 이현수 |
| 국세 조사관 | | | | | | 조현덕 |
| | 이정호 서민수 | 손세규 추혜진 | 김종민 배진희 | 백승훈 | 김민호 서동원 | 성원용 이강석 김나영 |
| | 허정미 | 박청진 | 홍준혁 | 김송원 | 박민주 홍은지 장진영 | 정학기 |
| | | | | | | |
| 공무직 | 서지나 7806 | | | 배금숙(부) 7154 김애영 7905 | | |
| FAX | 661-7066 | | | 661-7067 | | |

# 10년간 쌓아온 재무인의 역사를 돌려드립니다 '온라인 재무인명부'

수시 업데이트 되는 국세청, 정·관계 인사의 프로필과 국세청, 지방청, 전국세무서, 관세청,
유관기관 등의 인력배치 현황을 볼 수 있는 온라인 재무인명부

1등 조세회계 경제신문 조세일보

| 국실 | 조사2국 | | | | | |
|---|---|---|---|---|---|---|
| 국장 | 이병탁 7900 | | | | | |
| 과 | 조사1과 | | | 조사2과 | | |
| 과장 | 조희선 7931 | | | 박경춘 7961 | | |
| 팀 | 조사1<br>7932-5 | 조사2<br>7942-4 | 조사3<br>7952-4 | 조사1<br>7962-5 | 조사2<br>7972-5 | 조사3<br>7982-5 |
| 팀장 | 권갑선 | 이홍규 | 최영윤 | 김영인 | 이승은 | 박순출 |
| 국세<br>조사관 | 박종원<br>서정은 | 배재현 | 김소희 | 구근랑<br>안지연 | 김미현<br>고광환 | 배건한<br>송시운 |
| | 김길영 | 김정미 | 권대호 | 박승호 | 최도영 | 이창우 |
| | | | | | | |
| 공무직 | 김현정 7936 | | | | | |
| FAX | 661-7068 | | | 661-7069 | | |

417

# 남대구세무서

대표전화: 053-6590-200 / DID: 053-6590-OOO

서장: **김 진 업**
DID: 053-6590-201

| 주소 | 대구광역시 남구 대명로 55 (대명10동 1593-20) (우) 42479<br>달성지서 : 대구광역시 달성군 현풍읍 테크노대로 40 (중리 509-4) (우)) 43020 | | | | |
|---|---|---|---|---|---|
| 코드번호 | 514 | 계좌번호 | 040730 | 사업자번호 | 410-83-02945 |
| 관할구역 | 대구광역시 남구, 달서구 중 월성동, 대천동, 월암동, 상인동,<br>도원동, 진천동, 대곡동, 유천동, 송현동, 본동, 달성군 | | | 이메일 | namdaegu@nts.go.kr |

| 과 | 징세과 | | 부가가치세과 | | 소득세과 | | 재산세과 | | 법인세과 | |
|---|---|---|---|---|---|---|---|---|---|---|
| 과장 | 전찬범 240 | | 이대희 280 | | 홍경란 360 | | 이현종 480 | | 이창규 400 | |
| 팀 | 운영지원 | 체납추적 | 부가1 | 부가2 | 소득1 | 소득2 | 재산1 | 재산2 | 법인1 | 법인2 |
| 팀장 | 정환동 241 | 박재진 441 | 장현미 281 | 이제욱 301 | 전미자 381 | 신상우 621 | 김성종 481 | 정문제 501 | 도영수 401 | 황왕규 421 |
| 국세<br>조사관 | 이성훈 242 | 조호연 442<br>김태우 443<br>전영현(징세) 262<br>장형순(오후) | 윤석천 282 | 김병훈 302<br>곽철규 303 | 이명수 382 | | 엄경애 482<br>김동훈 483<br>윤미경 484 | 최종운 502<br>김경훈 503 | | 김상철 422 |
| | 장명진 244<br>정민주 243<br>배시환 245<br>민재영 248<br>이안섭 246 | 정동철 444<br>이경숙(징세) 263<br>김혜정 445<br>최기용 446<br>정현정 447 | 이연경 283<br>최윤영(오후)<br>김현진 284<br>신익철 285<br>장현정 286<br>안소진 | 김혜영 304<br>김동원 305<br>천정희 306 | 김경현 383<br>배은경 384<br>배진우<br>(오전) | 정연옥 622<br>김유진 623<br>김재형<br>(오후) | 신원경 485<br>정민아<br>(오전) 510<br>김현정 486 | 조영태 504<br>정다운 505<br>박재형 506 | 김석호 402<br>최재협 403<br>이경민 404 | 김안나 423<br>임정훈 427 |
| | 정찬호 247 | 김은경 448<br>임성훈 449<br>성민지 450 | 안진우 287<br>신지연 288 | 노현진 307 | 최주영 385<br>이혜영 386 | 최경미 624<br>진미란 625 | | | 이순임 405 | 김지수 424 |
| | 정녕현 249 | 최유나 451<br>하나정(징세) 264<br>이홍엽 452 | 이도겸 289 | 소혜령 308 | 이승환 387<br>김태원 388<br>조은비 389 | 노헌우 626<br>이대헌 627<br>전소원 628 | 송은지 487 | 박혜영 507 | 박상욱 406 | 이상분 425<br>장유진 426 |
| 공무직 | 이숙희(교환) 200<br>차은실(부속) 202 | 이점숙(환경)<br>김도경(환경) | | | | | | | | |
| FAX | 627-0157 | 625-9726 | 627-7164 | | 627-5281 | | 626-3742 | | 627-0262 | |

418

| 과 | 조사과 | | 납세자보호담당관 | | 달성지서(053-6620-200) | | | | |
|---|---|---|---|---|---|---|---|---|---|
| 과장 | 이승괄 640 | | 공정원 210 | | 김경식 201 | | | | |
| 팀 | 정보관리 | 조사 | 납세자보호 | 민원봉사 | 체납추적 | 납세자보호 | 부가 | 소득 | 재산법인 |
| 팀장 | 허재훈 641 | <1팀> 윤희진(6) 651 김대업(7) 652 박진아(7) 653 | 연상훈 211 김도숙 212 정경희 (오후) 213 | 손예정 221 권현주 222 | 신근수 241 이정선 242 장연숙 243 | 여제현 221 이백춘 222 | 고재근 301 정현규 302 | 오찬현 401 이재현 402 윤희범 403 | 황수진 601 강대일(재) 501 |
| 국세조사관 | 민은연 642 | <2팀> 소현철(6) 654 조재영(7) 655 이지하(9) 656 <3팀> 배창식(6) 657 | | 이윤주 (오전) 228 우병호 223 | 김형욱 244 이재홍 246 | 정미연 223 | 양철승 303 강용철 304 김도민 305 유보아 305 송홍준 306 이은주 307 | | 김영록(법) 602 구병모(법) 603 김상온(법) 604 이상민(법) 605 박원돈(재) 503 |
| | 이영재 643 이선영 644 | 이현영(7) 658 하예진(9) 659 <4팀> 김승년(6) 660 | 배리라 214 김유진 215 | 장호우 224 | | 함희원 224 | 정승아 308 박효임 309 김정현 (오전) 312 이보람 310 | 안재근 404 이시형 405 | 임완수(재) 504 |
| | 이선애 645 | 김은경(7) 661 한규리(9) 662 <5팀> 조용길(6) 663 | | 강대화 225 이승은 226 이지미 227 | 신문정 247 오진석 248 | | 최원준 311 | 안대근 406 이은석 407 | 유창진(재) 504 류광오(법) 606 허환(법) 607 |
| 공무직 | | 김민수(7) 664 | | | 권도경 (환경) | | | | |
| FAX | 627-0261 | | 627-2100 | 622-7635 | 662-0259 | 662-0229 | 662-0329 | 662-0329 | 662-0259 |

# 동대구세무서

대표전화: 053-7490-200 / DID: 053-7490-OOO

서장: **김 지 훈**
DID: 053-7490-201

| 주소 | 대구광역시 동구 국채보상로 895 (우) 41253 | | | | |
|------|------|------|------|------|------|
| 코드번호 | 502 | 계좌번호 | 040769 | 사업자번호 | 410-83-02945 |
| 관할구역 | 대구광역시 동구 | | 이메일 | | dongdaegu@nts.go.kr |

| 과 | 징세과 | | 부가가치세과 | | 소득세과 | |
|------|------|------|------|------|------|------|
| 과장 | 유병길 240 | | 김대중 280 | | 이춘희 360 | |
| 팀 | 운영지원 | 체납추적 | 부가1 | 부가2 | 소득1 | 소득2 |
| 팀장 | 최재혁 241 | 이용균 441 | 박정환 281 | 박영진 301 | 정인현 361 | 이금순 381 |
| **국세 조사관** | | 이동호 442<br>백경은 443<br>우명주 444 | 길성구 282 | 박주현 302<br>김혜경 303 | 이경순 362 | 김하수 382<br>이승환(오후) 373<br>이원명 383 |
| | 신대환 242<br>도세영 245<br>송혜정 243 | 마성혜 262<br>방미주 263<br>이상협 445<br>이나현 446<br>박수현 447 | 김보정 283<br>양준호 284<br>복현경 285 | 김남정 304<br>김정국 305 | 진민혜 363<br>성소현 364 | 도명선 384 |
| | 이형욱 246<br>장수연 249<br>박판식 247<br>김진규 248 | 하은석 448 | | 이상미 309<br>서애영(오후) 313 | 이인호 365<br>백종헌(오전) 373 | 이동민 385 |
| | 공인호 244 | 최유미 449<br>구소림 450 | 김동영 286<br>박민경 287 | 김성우 306<br>김예민 307 | 강지원 366 | 송채연 386<br>은혜민 387<br>배한준 388 |
| **공무직** | 전소영(비서) 202  장우혁(사회복무)<br>김승희(교환) 542  구민성(환경)<br>신찬영 (사회복무)  이미희(환경) | | | | | |
| **FAX** | 756-8837 | | 754-0392 | | 756-8106 | |

# 1등 조세회계 경제신문 조세일보

| 과 | 재산법인세과 | | 조사과 | | | | 납세자보호담당관 | |
|---|---|---|---|---|---|---|---|---|
| 과장 | 김성진 400 | | 김민웅 640 | | | | 장시원 210 | |
| 팀 | 재산 | 법인 | 정보관리 | 조사1 | 조사2 | 조사3 | 납세자보호실 | 민원봉사실 |
| 팀장 | 전영호 481 | 조철호 401 | 권용덕 641 | | | | 권영대 211 | 김훈 221 |
| 국세조사관 | | | 김하영 642 | 류재현 651 | 황성진 654 | 김미애 656 | 윤성아 212 | 유영숙 222 |
| 국세조사관 | 이경향 482 신미영 483 한성욱 484 이미선(오전) 490 신유림 485 | 신진연 402 백근민 403 김재홍 404 | 유수현 643 최재우 644 | | | | 이창구 213 조라경(오전) 214 | 임수경 223 박자윤 224 정성희(오후) 225 |
| 국세조사관 | 이가영 486 오가은 487 | 최경화 405 김재연 406 김동범 407 | 손신혜 645 | 이성욱 652 | 권민정 655 | 조민제 657 | | 서이현 226 |
| 국세조사관 | 안규민 488 최영은 489 | 강민경 408 김대성 409 | | 정지혜 653 | | | | 정상열 227 |
| 공무직 | | | | | | | | |
| FAX | 744-5088 | 756-8104 | 742-7504 | | | | 756-8111 | |

# 북대구세무서

대표전화: 053-3504-200/ DID: 053-3504-OOO

서장: **이 미 애**
DID: 053-3504-201

| 주소 | 대구광역시 북구 원대로 118 (침산동) (우) 41590 | | | | |
|---|---|---|---|---|---|
| 코드번호 | 504 | 계좌번호 | 040772 | 사업자번호 | 410-83-02945 |
| 관할구역 | 대구광역시 북구, 중구 | | | 이메일 | bukdaegu@nts.go.kr |

| 과 | 징세과 | | | 부가가치세과 | | | 소득세과 | | |
|---|---|---|---|---|---|---|---|---|---|
| 과장 | 최지안 240 | | | 이충형 280 | | | 이창훈 360 | | |
| 팀 | 운영지원 | 체납추적1 | 체납추적2 | 부가1 | 부가2 | 부가3 | 소득1 | 소득2 | 소득3 |
| 팀장 | 이지안 241 | 김용한 441 | 김창구 461 | 하철수 281 | 정영일 301 | 임주환 321 | 이동우 361 | 고재봉 371 | 석수현 381 |
| 국세조사관 | 김일룡 242 | 임유선 442<br>이도경 443 | 박승용 462<br>김삼규 463<br>이춘복 464<br>배익준 465 | 정현중<br>김현두 282<br>이광민 283 | 정성희 302<br>손경수 303 | 엄유섭 322<br>신정연<br>(소비) 323 | 권순식 362<br>이인우<br>(오후) 572 | 김연희 372 | 정호용 382<br>이광재 383 |
| | 백효정<br>(사무) 244<br>박수정 243 | 조윤주 443<br>이근호 444<br>이충호 445 | 여창숙 266<br>박동열 267<br>양혜진 268 | 천해자 284<br>이병영 285<br>조준환 286<br>전지희 287<br>김혜영 288<br>하영미<br>(오후) 573 | 박진희<br>장창호 304<br>신재은 305<br>최지은 306<br>오형주 307 | 김민철 324<br>강덕주 325<br>이치욱 326 | 정형태 363<br>이영애 364 | 이상규 373<br>박미정 374 | 김순자 384<br>조미경 385<br>김이레 386 |
| | 강홍일<br>(운전) 250 | 김도훈 446<br>정지환 447 | 서빛나 466 | 염지혜 289<br>김정훈 290 | 류재리 308<br>황다영 309<br>강은비 310 | 최혜경 327<br>정은진 328<br>최은애 329 | 김향희<br>(오전) 572 | | |
| | 김지원 245<br>김민석 246<br>김윤수<br>(방호) 248<br>김종우<br>(공업) 249 | 허규진 468<br>김수지 449<br>권유심 450 | 강고운 467<br>박성우 468<br>김혜영 269 | 주현정 291<br>김혜인 292 | 김시현 311 | 이승언 330<br>박정은 331 | 조혜원 365<br>심형철 366 | 안창남 375<br>김문민 376 | 임상희 387<br>박소연 388 |
| 공무직 | 이은지(비서)<br>202<br>문한선(환경)<br>홍성우(환경)<br>채미영(환경) | | | | | | | | |
| FAX | 354-4190 | | 354-4190 | 356-2557 | | | 355-7511 | | |

# 재무인과 함께 걸어가겠습니다 '조세일보'

재무인에겐 조세일보를 읽는 사람과 읽지 않는 사람 두 종류의 사람만 있다.

1등 조세회계 경제신문 조세일보

| 과 | 재산세과 | | 법인세과 | | 조사과 | | 납세자보호담당관 | |
|---|---|---|---|---|---|---|---|---|
| 과장 | 권성구 480 | | 박성학 400 | | 강정석 640 | | 이정범 210 | |
| 팀 | 재산1 | 재산2 | 법인1 | 법인2 | 정보관리 | 조사 | 납세자보호 | 민원봉사실 |
| 팀장 | 김진건 481 | 유현종 501 | 백미주 401 | 박정성 421 | 김규수 641 | <1팀><br>고기태(6) 651<br>김상련(7) 652<br>엄수민(8) 653 | 추은경 211 | 권영숙 221 |
| 국세<br>조사관 | 신윤숙(오전)<br>575 | | 이현수 402 | | | | 송재민 212 | |
| | 김태호 482<br>유혜진 483<br>전은혜(오후)<br>575<br>황주미 484<br>강수은 485 | 이재욱 502<br>황순영 503<br>석종국 504<br>서상순 505 | 김덕환 403<br>안우형 404<br>장진욱 405 | 추시은 422<br>김상조 423<br>김혜인 424 | 노은미 642<br>전혜진 643<br>서보연 644 | <2팀><br>윤종현(6) 654<br>윤지연(7) 655<br>임지수(8) 656 | 김병모 213<br>천혜정 214<br>유진선 215 | 이혜경 222<br>신은정 223 |
| | 오은비 486<br>박은옥 487 | | | 구수목 425 | 김진경<br>김도훈 645 | <3팀><br>김성대(6) 657<br>이민우(7) 658<br>우현지(9) 659<br><br><4팀><br>김희정(6) 660<br>김진희(6) 661<br>오정훈(8) 662 | | 김은경(오전)<br>229<br>이현정 224<br>노동영 225<br>신지애 226<br>손은식 227 |
| | 조은미 488<br>박근영 489 | | 이윤주 406<br>이지은 407<br>김동범 408 | 이종현 426<br>이수연 427 | | <5팀><br>한창수(6) 663<br>장창걸(7) 664 | 최재은 216 | 유헌정 228 |
| 공무직 | | | | | | <6팀><br>정성호(6) 665<br>이하나(7) 666<br>김호승(9) 667 | | |
| FAX | 356-2556 | | 356-2030 | | 357-4415 | 351-4434 | 356-2016 | 358-3963 |

# 서대구세무서

대표전화: 053-6591-200 / DID: 053-6591-OOO

서장: **조 성 래**
DID: 053-6591-201

| 주소 | 대구광역시 달서구 당산로38길 33 (두류동) (우) 42645<br>고령민원봉사실 : 경상북도 고령군 고령읍 왕릉로 55 (지산리 190번지) (우) 40138 | | | | |
|---|---|---|---|---|---|
| 코드번호 | 503 | **계좌번호** | 040798 | **사업자번호** | 410-83-02945 |
| 관할구역 | 대구광역시 서구, 달서구 중 갈산동, 감삼동, 두류동, 본리동,<br>성당동, 신당동, 용산동, 이곡동, 장기동, 장동, 죽전동, 호산동,<br>파호동, 호림동, 경상북도 고령군 | | | **이메일** | seodaegu@nts.go.kr |

| 과 | | 징세과 | | | 부가가치세과 | | | 소득세과 | | |
|---|---|---|---|---|---|---|---|---|---|---|
| **과장** | | 권대명 240 | | | 최병달 280 | | | 김재섭 360 | | |
| **팀** | 운영지원 | 체납추적1 | 체납추적2 | 부가1 | 부가2 | 부가3 | 소득1 | 소득2 | 소득3 |
| **팀장** | 박형우 241 | 홍동훈 441 | 이기연 461 | 이종숙 281 | 김상희 301 | 이상호 321 | 이정노 361 | 임용규 381 | 마명희 621 |
| **국세<br>조사관** | | 이은정 442 | 김인덕 469<br>하경섭 463<br>배현숙 464 | 김준우<br>(오후) 314<br>신정석 282 | 배소영<br>(오전) 314 | | 양희정 362 | 박만용 382 | |
| | 김완섭 242<br>구혜림 243<br>최태용(열관<br>리) 248<br>김정목<br>(운전) 247 | 정운월 443<br>남미숙 444<br>이동하 445<br>박순주 446 | 백유정 465<br>좌혜미<br>(징세) 262<br>이선영<br>(징세) 264<br>김대영 466<br>김현숙 467 | 황영숙 283<br>김민주 284<br>최춘자<br>(사무) 291<br>신혜경 285<br>이수영 286<br>손소희 | 정순재 302<br>박영주 303<br>김정옥 304<br>이승훈 305<br>이현정 306<br>김단아 307 | 배영환 322<br>전은미 323<br>이경준 325<br>배혜진 324 | 이승아 363 | 이연숙 383<br>구광모<br>(오전) 389 | 우제경 622<br>박석흠 623<br>박준욱<br>(오후) 389 |
| | 최현석<br>(방호) 249 | 장효경 447 | 김현주<br>(징세) 263<br>강주원 469 | 조현진 287<br>이영수 288 | | 이종휘 326<br>박미선 327 | 문진희 364 | | 이종민 624 |
| | 전현진 244<br>도지회 245 | 황은아 448 | 이진욱 468 | 정나영 289<br>김선진 290 | 권성현 308<br>박수빈 309 | 정강훈 329 | 김유진 365<br>이승현 366 | 원종화 384 | 박수호 625<br>공혜민 626 |
| **공무직** | 석미애<br>(비서) 202<br>최지연<br>(교환) 200<br>오미숙<br>이성숙<br>박옥연 | | | | | | | | |
| **FAX** | 627-6121 | 629-3642 | | 622-4278, 653-2515 | | | 624-6001 | | |

# 10년간 쌓아온 재무인의 역사를 돌려드립니다 '온라인 재무인명부'

수시 업데이트 되는 국세청, 정·관계 인사의 프로필과 국세청, 지방청, 전국세무서, 관세청, 유관기관 등의 인력배치 현황을 볼 수 있는 온라인 재무인명부

1등 조세회계 경제신문 조세일보

| 과 | 재산법인세과 | | | | 조사과 | | 납세자보호담당관 | |
|---|---|---|---|---|---|---|---|---|
| 과장 | 김종근 400 | | | | 장석현 640 | | 김선민 210 | |
| 팀 | 재산1 | 재산2 | 법인1 | 법인2 | 정보관리 | 조사 | 납세자보호 | 민원봉사 |
| 팀장 | 김진환 481 | 조래성 501 | 전상규 401 | 박환협 421 | 김진도 641 | | 이명희 211 | 강정호 221 |
| 국세<br>조사관 | 이은영 482 | 김은희 502<br>변영철 503 | 김영숙 402<br>황은영 403 | 김미현 422<br>정은주 423<br>이기돈 424 | 이재원 642 | <1팀><br>이덕원(6) 651<br>최선희(7) 652<br>이수지(9) 653 | 김상무 212 | 김현수<br>박명우 222 |
| | 강인순(오후)<br>492<br>서소진 483<br>김태희 484<br>김선미(오전)<br>492 | 도연정 504 | 강승묵 404<br>이진욱 405 | 권정석 425 | 신선혜 643<br>유미나(정보)<br>644 | <2팀><br>이중구(6) 654<br>임중균(7) 655<br>강률인(9) 656 | 남영호 213<br>이유진 214 | 김민지 223<br>권오신 224<br>최미나 225 |
| | 김성민 485 | 박해정 505 | 나지윤 406 | | | <3팀><br>김종인(6) 657<br>복소정(8) 658<br>강민지(9) 659 | | |
| | | | 김민정 407<br>이소희 408 | 구신영 426<br>김은영 427 | | <4팀><br>윤판호(6) 671<br>주홍준(8) 672<br>김혜림(8) 673 | | 최은진 226<br>최근재 227<br>최정은 228<br>엄주영 229 |
| 공무직 | | | | | | <5팀><br>허성길(7) 674<br>손윤령(8) 675<br>김효인(9) 676 | | |
| FAX | 624-6003, 629-3643 | | | | 629-3373, 624-6002 | | 627-5761, 625-2103 | |

# 수성세무서

대표전화: 053-7496-200 / DID: 053-7496-OOO

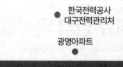

서장: **최 재 현**
DID: 053-7496-201~2

| 주소 | 대구광역시 수성구 달구벌대로 2362 (수성동3가5-1) (우) 42115 | | | | |
|---|---|---|---|---|---|
| 코드번호 | 516 | 계좌번호 | 026181 | 사업자번호 | |
| 관할구역 | 대구광역시 수성구 | | 이메일 | suseong@nts.go.kr | |

| 과 | 징세과 | | 부가가치세과 | | 소득세과 | |
|---|---|---|---|---|---|---|
| 과장 | 박영언 240 | | 김상훈 280 | | 한순국 360 | |
| 팀 | 운영지원 | 체납추적 | 부가1 | 부가2 | 소득1 | 소득2 |
| 팀장 | 김정석 241 | 윤원정 441 | 김정섭 281 | 임한경 301 | 이도영 361 | 황일성 381 |
| 국세<br>조사관 | 류기환 242 | 이해봉 442<br>최성실(징세) 262<br>변지흠 443<br>이정훈 444 | | 권혁도 302 | 김봉수 362 | 류상효 382 |
| | 배경순(사무) 244<br>이미영 242<br>고영석 243<br>윤태희 244 | 김경석 445<br>최현희 446<br>이민해 447 | 이승택 282<br>이정훈 283 | 이재복 303<br>서미정(소비) 304 | 서대영(오후) 272<br>박정길 363<br>안미경 364<br>도성희 365<br>윤성욱 366 | 김광련 383<br>김수호 384<br>조준서 385<br>박선혜 386<br>김진영 387 |
| | 이범철(운전) 246 | 서현지(징세) 264<br>김현희(징세) 264 | 박선희 284<br>여소정 285<br>이성한(오전) 271 | 황준순 305 | | |
| | 권기창(방호) 248<br>안준현 247 | 권덕환 448<br>유영환 449<br>김영민 450<br>이수현 451 | 박정아 286<br>윤재철(수습) | 김진희 306<br>김은정 307 | 김주영 367<br>박나은 368<br>김민정 369<br>양유림 370 | 신유정 388<br>조예흠 389 |
| 공무직 | 신은숙(비서) 202<br>박정희(환경)<br>김봉애(환경)<br>이상원(공익)<br>안수빈(공익) | | | | | |
| FAX | 749-6602<br>749-6623(체납) | | 749-6603 | | 749-6604 | |

| 과 | 재산법인세과 | | | 조사과 | | | | 납세자보호담당관 | |
|---|---|---|---|---|---|---|---|---|---|
| 과장 | 장경숙 400 | | | 이동범 640 | | | | 지재홍 210 | |
| 팀 | 재산1 | 재산2 | 법인 | 정보관리 | 조사1 | 조사2 | 조사3 | 납세자보호실 | 민원봉사실 |
| 팀장 | 김광석 501 | 이원희 541 | 이영철 401 | 이유조 641 | | | | 임채현 211 | 이경옥 221 |
| 국세조사관 | 정호태 502<br>김영화 503<br>최재화 504 | 안영길 542<br>정재현 543<br>김종현 544<br>윤일식 545 | 김옥현 402<br>이상원 403 | | 김상균 651 | 도해민 654 | 이종현) 656 | 배재호 212 | 김수현 222 |
| | 정소영 505<br>김현진(오전) 274<br>이정순 506 | 박서형 546<br>강은진 547 | | 김대열 642<br>안성덕 643 | 장교준 652<br>권우현(파견) | 최장규(파견)<br>이대호 655 | 신영준 657<br>김지연 658 | 박종연 213 | 전재희(오후) 223<br>정수현 224 |
| | 이재락 507<br>김윤종 508 | | 손태우 404<br>서용준 405<br>김하나 406<br>김정숙 407 | | 우상훈 653 | | | | 이동우 225 |
| | 김동현 509<br>박예진 510 | 예성진 548 | 장유나 408<br>김관형 409 | 임수현 644 | | | | | 임정아(오전) 226<br>김송희(오후) 227<br>조인애 228 |
| 공무직 | | | | | | | | | |
| FAX | 749-6605 | | | 749-6606 | | | | 749-6607 | 749-6608 |

# 경산세무서

대표전화: 053-8193-200 / DID: 054-8193-OOO

서장: **조 승 현**
DID: 053-8193-201

| 주소 | 경상북도 경산시 박물관로 3 (사동 633-2) (우) 38583<br>청도민원실 : 경상북도 청도군 화양읍 청화로 70(화양읍 범곡리 133) (우) 38330 | | | |
|---|---|---|---|---|
| 코드번호 | 515 | 계좌번호 042330 | 사업자번호 | 410-83-02945 |
| 관할구역 | 경상북도 경산시, 청도군 | | 이메일 | gueongsan@nts.go.kr |

| 과 | 징세과 | | 부가소득세과 | |
|---|---|---|---|---|
| 과장 | 권호경 240 | | 백희태 280 | |
| 팀 | 운영지원 | 체납추적 | 부가 | 소득 |
| 팀장 | 류희열 241 | 장수정 441 | 장현우 281 | 이영우 301 |
| 국세<br>조사관 | | 전창훈 442 | 이동곤 282 | 박무성 302 |
| | 이효진 243<br>윤상환 242<br>류성주(운전) 244 | 이선미 443<br>김형준(징세) 263<br>이광용 444<br>이보영(징세) 262 | 공윤미(소비) 289<br>김서희(오전) 312<br>박영미 283<br>이지영 284<br>이원형 285<br>김준엽 286 | 이경옥 312<br>조정혜(오후) 312<br>강현구 303 |
| | 염길선(방호) 245 | 이윤정 445<br>전호종 446 | 전수진 287 | 이주안<br>김상운 305<br>심규민 306 |
| | 차재익 246 | 서지현 447<br>김민애 448<br>정현정 449<br>김도혁 450 | 임현지 291<br>서효일 292<br>안혜리 294<br>정재한 295<br>배동찬 296 | 정혜림 306<br>이유정 307<br>정정오 308<br>하연정 309<br>강재훈 310<br>김덕희(수습) |
| 공무직 | 배가야(사무) 202<br>신영미(행정) 247<br>임수연(교환) 523<br>김중남(미화)<br>강순열(미화)<br>송범근(사회복무)<br>박정승(사회복무) | | | |
| FAX | 811-8307 | 802-8300 | 802-8303 | |

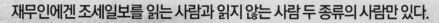

# 재무인과 함께 걸어가겠습니다 '조세일보'

재무인에겐 조세일보를 읽는 사람과 읽지 않는 사람 두 종류의 사람만 있다.

1등 조세회계 경제신문 조세일보

| 과 | 재산법인세과 | | 조사과 | | | | 납세자보호담당관 | |
|---|---|---|---|---|---|---|---|---|
| 과장 | 이동훈 400 | | 김순석 620 | | | | 이종훈 210 | |
| 팀 | 재산 | 법인 | 정보관리 | 조사1 | 조사2 | 조사3 | 납세자보호실 | 민원봉사실 |
| 팀장 | 정재호 481 | 정이열 401 | 문창규 621 | | | | 신옥희 211 | 이동준 221 |
| 국세조사관 | 임상진 482<br>김홍경 483 | 김병욱 402 | | 김진도 631 | 김태겸 634 | 박영호 636 | 황성만 212 | 백경엽(청도)<br>054-372-2100 |
| 국세조사관 | 장훈 484<br>김지숙(오후)<br>최용훈(오전)<br>강동호 485 | 박정용 403<br>채승훈 404<br>정인회 405<br>이언주 406 | 이승엽 622 | 심재훈 632 | 장병호 635 | 엄슬희 637 | | 배민경 222<br>박승현 223<br>정쌍화(오후)<br>224 |
| 국세조사관 | | 김세현 407 | 김지은 623 | 박주현 633 | | | | 원효주 225 |
| 국세조사관 | 권인석 486<br>성주희 487<br>김채은 488 | 오준오 408<br>김소현 409<br>김민주 410<br>홍진주 411 | 이동명 624 | | | | | |
| 공무직 | | | | | | | | |
| FAX | 802-8305 | 802-8304 | 802-8306 | | | | 802-8301 | 802-8302 |

# 경주세무서

대표전화: 054-7791-200/ DID: 054-7791-OOO

서장: **전 재 달**
DID: 054-7791-201

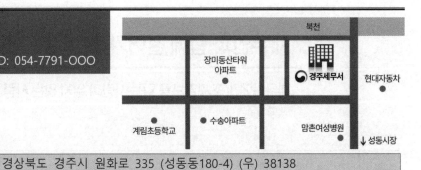

| 주소 | 경상북도 경주시 원화로 335 (성동동180-4) (우) 38138 | | | | | | |
| --- | --- | --- | --- | --- | --- | --- | --- |
| | 영천지서 : 경상북도 영천시 강변로 12 (성내동 230) (우) 38841 | | | | | | |

| 코드번호 | 505 | 계좌번호 | 170176 | 사업자번호 | 410-83-02945 |
| --- | --- | --- | --- | --- | --- |
| 관할구역 | 경상북도 경주시, 영천시 | | | 이메일 | gyeongju@nts.go.kr |

| 과 | 징세과 | | 부가소득세과 | | | 재산법인세과 | |
| --- | --- | --- | --- | --- | --- | --- | --- |
| 과장 | 우병옥 240 | | 김병석 280 | | | 김성열 400 | |
| 팀 | 운영지원 | 체납추적 | 부가1 | 부가2 | 소득 | 재산 | 법인 |
| 팀장 | 전갑수241 | 양정화 441 | 이주형 281 | 이유상 301 | 김용민 361 | 김현숙 481 | 정재기 401 |
| 국세<br>조사관 | 은종온 242 | 정은성 442<br>조현 443<br>나현숙(징) 262 | | | | 최병구 482 | |
| | 예동희 243<br>설진우 611 | 윤민희 444<br>남옥희 445<br>이태희 446 | 이성호 282<br>최윤형 283<br>정현진 284<br>장근영 285 | 나상일 302<br>하영미 303 | 김상기 362 | 이인원 483<br>이형준 484 | 우인호 402<br>김도형 403<br>이은희 404 |
| | | | | 김형준(오후)<br>311 | 채민화 363<br>선광재 364<br>김재영 365 | 정혜원 485 | 임지은 405 |
| | 이나경 244<br>유재현 246 | 홍민영(징) 263<br>박준영 447<br>권지원 448<br>박주영 449<br>이건 450 | 현우창 286 | 김민혁 304<br>문수원 305 | 최소아 366<br>류정미 367<br>이소정 368<br>윤영훈 369 | 백지영 486<br>엄상희 487 | 조언혜 406<br>한규원 407<br>변수영 408<br>정성용 409<br>김세진 410 |
| 공무직 | 정미애(교환)<br>523<br>한휘(부속실)<br>202<br>최정화(환경)<br>김보명(환경)<br>이상권<br>정우진<br>(사회복무) | | | | | | |
| FAX | 743-4408 | 742-2002 | 749-0917, 749-0918 | | | 749-0913 | 745-5000 |

| 과 | 조사과 | | | | 납세자보호담당관 | | 영천지서(054-8581-200) | | | |
|---|---|---|---|---|---|---|---|---|---|---|
| 과장 | 한청희 640 | | | | 배세령 210 | | 이광오 201 | | | |
| 팀 | 정보관리 | 조사1 | 조사2 | 조사3 | 납세자보호 | 민원봉사 | 체납추적 | 납세자보호 | 부가소득 | 재산법인 |
| 팀장 | 유성만 641 | | | | 김성희 211 | 김미 221 | 변재완 261 | | 문성연 231 | 최기영 241 |
| 국세조사관 | 김병훈 642 | 서지훈 651 | 민갑승 654 | | | | 박현주 262 | 김선영 251 | 이철호(부) 232 최진(부) 233 | 박윤형(법) 242 |
| | 정유철(정) 643 | 전종경 652 | 이향옥 655 | 김도연 657 | 김성홍 212 | | 이준식 263 박춘영(오전) 264 | | 강미화(부) 234 김남연(부,오전) 235 박유민(소) 237 이영지(부) 236 | 우주형(법) 243 이근애(재) 245 김은경(법) 244 |
| | 김혜지 644 | | 이승렬 656 | 추민성 658 이윤재 659 | | 김덕년 222 배혜윤 223 | 진미정 265 | 이채원 252 | 송인준(소) 238 | 정종권(재) 246 성은애(재) 247 |
| | 이동주 645 | 이규호 653 | | | 오주희 213 | 정승하 224 오승주 225 | | 정원용 253 | 정세희(소) 239 | |
| 공무직 | | | | | | | 조우영(부속) 202 유출이(환경) | | | 최숙희(사무) 250 |
| FAX | 771-9402 | | | | 773-9605 | 749-9206 | 330-9270 | 336-3943 | 338-5100 | 331-0910 |

# 구미세무서

대표전화: 054-4684-200 / DID: 054-4684-OOO

서장: **성 병 모**
DID: 054-4684-201~2

| 주소 | 경상북도 구미시 수출대로 179 (공단동) (우) 39269<br>칠곡민원실 : 경상북도 칠곡군 왜관읍 공단로1길 7 (우) 39909 | | | | | |
|---|---|---|---|---|---|
| 코드번호 | 513 | 계좌번호 | 905244 | 사업자번호 | 410-83-02945 |
| 관할구역 | 경상북도 구미시, 칠곡군 | | | 이메일 | gumi513@nts.go.kr |

| 과 | 징세과 | | | 부가가치세과 | | 소득세과 | |
|---|---|---|---|---|---|---|---|
| 과장 | 남정근 240 | | | 석용길 280 | | 이상경 360 | |
| 팀 | 운영지원 | 체납추적1 | 체납추적2 | 부가1 | 부가2 | 소득1 | 소득2 |
| 팀장 | 김진우 241 | 이승명 441 | 유세은 461 | 권태혁 281 | 변정안 301 | 민태규 361 | 마일명 381 |
| 국세<br>조사관 | | | | 서경영 282<br>곽민경 283 | 성영순 302 | 김세권 362 | |
| | 김인자 242<br>이한샘 243<br>서이현 246 | 진소영 442<br>김신규(오전)<br>443<br>박자임 445<br>이찬우 446<br>조화영 447 | 이미선(징세)<br>262<br>황선정 462<br>최은영 463<br>손준표 464 | 도선정 284<br>김재준 285<br>김현수 286<br>왕화 287 | 김상희 303<br>김소연 304<br>김민준(소비)<br>299<br>임종호 305 | 김정수 363<br>정현민 364<br>안현창 365<br>이지연 366 | 김은주 382<br>김보경(안내,<br>오후)<br>이은정 383<br>임향원 384 |
| | 문정혁 245 | 노은진 448 | 빈승주(징세,오<br>전) 263 | 조여경(오전)<br>288 | 김충모 306<br>이계훈 307 | 김영미 367 | 김주영 385<br>장문수 386 |
| | 김규리 244 | 김나영 449 | 조현태 465<br>김보배 466<br>박준영(징세)<br>264<br>정진후 467<br>박종훈 468 | 권나율 289<br>우수경 290<br>윤동연 291<br>금민서 292<br>김선혜 293 | 김유정 308<br>최재영 309<br>이하영 310<br>이태규 311 | 김보림 368<br>강서현 369 | 정경식 387<br>한지영 388 |
| 공무직 | 김미숙(사무)<br>202<br>최말숙(환경) | 박지숙(사무)<br>205<br>이지미(환경) | 배현준(공익)<br>신무중(공익) | | | | |
| FAX | 468-4203 | 464-0537 | | 461-4057 | | 461-4666 | |

# 1등 조세회계 경제신문 조세일보

| 과 | 재산법인세과 | | | | 조사과 | | | | 납세자보호담당관 | |
|---|---|---|---|---|---|---|---|---|---|---|
| 과장 | 김영중 400 | | | | 이종우 640 | | | | 최세영 210 | |
| 팀 | 재산1 | 재산2 | 법인1 | 법인2 | 정보관리 | 조사1 | 조사2 | 조사3 | 납세자보호 | 민원봉사 |
| 팀장 | 백유기 481 | 민택기 501 | 이선호 401 | 이경민 421 | 김준식 641 | | | | 강태윤 211 | 박기탁 221 |
| 국세조사관 | | 황보정여 502 | 손은숙 402 | 이미남 422 | 이준익 642 | 이성환 651 | 조한규 654 | 김민국 657 | | 박세일 222 |
| 국세조사관 | 홍현정 482 박은영 483 | 정현모 503 최윤영 504 송성근 505 | 이보라 403 | 박규진 423 남지원 424 | 백성철 643 유지연 644 | 김병욱 652 | 최재성 655 | 장해탁 658 | 박선옥 212 | 이승엽 223 최은선(칠곡) 장성주 224 강지현 225 |
| 국세조사관 | 하수진 484 강덕훈 485 김세철 486 배민정 487 | | 김세온 404 | | | 문호영 653 | 이지민 656 | | 이선정 213 | 황지원(임기제) 226 |
| 국세조사관 | | | 천승렬 405 권순근 406 강예림 407 성혜원 408 | 양서안 425 김승현 426 남효정 427 | 김휘민 645 안예지 646 | | | 옥승오 659 | | 김우주(칠곡) 이현지 227 |
| 공무직 | | | | | | | | | | |
| FAX | 461-4665 | | | | 461-4144 | | | | 463-5000 | 463-2100 |

433

# 김천세무서

대표전화: 054-4203-200 / DID: 054-4203-OOO

서장: **김 대 중**
DID: 054-4203-201

| 주소 | 경상북도 김천시 평화길 128 (평화동) (우) 39610<br>성주민원실 : 경상북도 성주군 성주읍 성주로 3200 (우) 719801 ||||||
|---|---|---|---|---|---|
| 코드번호 | 510 | 계좌번호 | 905257 | 사업자번호 | 410-83-02945 |
| 관할구역 | 경상북도 김천시, 성주군 || 이메일 | gimcheon510@nts.go.kr ||

| 과 | 징세과 ||| 세원관리과 ||
|---|---|---|---|---|---|
| 과장 | 박정숙 240 ||| 이강훈 280 ||
| 팀 | 운영지원 | 체납추적 | 조사 | 부가 | 소득 |
| 팀장 | 장철현 241 | 정성민 441 | 최상규 651 | 최재영 281 | 정석호 361 |
| 국세<br>조사관 | | 김용기 442<br>이수미(징세) 263 | 전근 652 | 시진기 282 | 황윤식 362 |
| | 오호석 242<br>유선희 243 | 정동준 443<br>조경희 444<br>김수희 445 | 고광현 653<br>하효준 654<br>최용훈 655 | 김명국<br>김정숙<br>장진영 284<br>이소연 285 | 김정협 363 |
| | 손동진(운전) 246<br>서석태(방호) 247 | 이정은 446 | 전지영 656 | 박가람 286 | |
| | | 변연주 447 | | 윤현식 287<br>박소영 288<br>이세인 289 | 신예람 364<br>홍민아 365<br>천요한 366 |
| 공무직 | 강미정(행정) 244<br>이수진(환경) 244<br>전상미(비서) 202<br>류태형(사회복무)<br>송길성(사회복무) | | | | |
| FAX | 433-6608 ||| 430-8764 ||

| 과 | 세원관리과 | | 납세자보호담당관 | |
|---|---|---|---|---|
| 과장 | 이강훈 280 | | 김종석 210 | |
| 팀 | 재산 | 법인 | 납세자보호실 | 민원봉사실 |
| 팀장 | 천상수 481 | 최승필 401 | | 김경남 221 |
| 국세<br>조사관 | 우영재 482 | | | 조원영(성주)<br>최수진 222 |
| | 이주원 483 | 전성우 402<br>오승훈 403 | 이상민 211 | 강진영 223 |
| | 박경태 484<br>윤기한 485<br>김현호 486 | | | |
| | 하주연 487 | 권준용 404<br>홍수림 405<br>안유진 406<br>이원영 407 | | |
| 공무직 | | | | |
| FAX | 430-8763 | | 432-2100 | 432-6604 |

# 상주세무서

대표전화: 054-5300-200 / DID: 054-5300-OOO

서장: **최 원 수**
DID: 054-5300-201

| 주소 | 경상북도 상주시 경상대로 3173-11 (만산동) (우) 37161<br>문경민원실 : 문경시 당교로 225 (모전동) 문경시청내 문경지역민원봉사실 (우) 36982 | | | | |
|---|---|---|---|---|---|
| 코드번호 | 511 | 계좌번호 | 905260 | 사업자번호 | 410-83-02945 |
| 관할구역 | 경상북도 상주시, 문경시 | | | 이메일 | sangju@nts.go.kr |

| 과 | 징세과 | | | 세원관리과 | |
|---|---|---|---|---|---|
| 과장 | 이미숙 240 | | | 엄기범 280 | |
| 팀 | 운영지원 | 체납추적 | 조사 | 부가 | 소득 |
| 팀장 | 김종훈 241 | 김성우 441 | 배재홍 651 | 김창환 281 | 안홍서 361 |
| 국세<br>조사관 | | | 이선욱 652 | | |
| | 김성순 243<br>최화성(방호) 244 | 김광현 442<br>이주미(징세) 261 | 김상헌 653 | 강미진 282<br>안수진 283 | 박남진 362<br>김성준 363 |
| | 정해진 242 | 양지혜 443 | | 김난주 284<br>우용민 285<br>조원배 286<br>문지윤(소비) 291 | 한경태 364 |
| | 조경숙(오후) 245 | 윤주희 444<br>황도연 445 | 김민주 654<br>신유진 655 | 성도현 287<br>서은경(수습) 288 | 박소영 365 |
| 공무직 | 김채현(사무원) 202<br>임남숙(환경직) 695<br>김진욱(사회복무요원)<br>247 | | | | |
| FAX | 534-9026 | 534-9025 | 534-8024 | 535-1454 | |

| 과 | 세원관리과 | | | 납세자보호담당관 | |
|---|---|---|---|---|---|
| 과장 | 엄기범 280 | | | 안병수 210 | |
| 팀 | 재산법인 | | 납세자보호실 | 민원봉사실 | |
| | 재산 | 법인 | | | |
| 팀장 | 임광혁 401 | | | | 강상주 221 |
| 국세<br>조사관 | | 권순형 402 | | | 이순기 222<br>조강호(문경) 553-9100 |
| | 최유일 482<br>김민정 483 | 권현목 403 | 강정화 211 | | 구태훈 223 |
| | 윤준웅 484 | 허성혁 404 | | | 채미연(문경) 552-9100 |
| | 김태희 485 | 윤희정 405 | | | 안예지 224 |
| 공무직 | | | | | |
| FAX | 535-1454 | | 534-9017 | 536-0400<br>(문경) 553-9102 | |

# 안동세무서

대표전화: 054-8510-200 / DID: 054-8510-OOO

서장: **이 기 각**
DID: 054-8510-201

| 주소 | 경상북도 안동시 서동문로 208 (우) 36702<br>의성지서 : 경상북도 의성군 의성읍 후죽5길 27 (우) 37337 | | | | |
|---|---|---|---|---|---|
| **코드번호** | 508 | **계좌번호** | 910365 | **사업자번호** | 410-83-02945 |
| **관할구역** | 경상북도 안동시, 영양군, 청송군, 의성군, 군위군 | | | **이메일** | andong@nts.go.kr |

| 과 | 징세과 | | | 세원관리과 | | | |
|---|---|---|---|---|---|---|---|
| **과장** | 황하늘 240 | | | 전익성 280 | | | |
| **팀** | 운영지원 | 체납추적 | 조사 | 부가 | 소득 | 재산 | 법인 |
| **팀장** | 우정호 241 | 황병석 441 | 권상빈 651 | 김동춘 281 | 이재성 361 | 권오규 481 | 배동노 401 |
| **국세<br>조사관** | | 권미영 442<br>김영아 443<br>노현정(징세)<br>263<br>김순남(징세)<br>262 | | 박철순(소비)<br>290<br>박성욱 282 | 안수경 362 | 남효주 482 | 김용석 402<br>황상준 403 |
| | 김현욱 242<br>최은숙 243<br>강순원(방호)<br>244<br>권익찬(운전)<br>245 | 오현직 444 | 김종택 652<br>박상혁 653 | 김진희 283<br>황석현 284<br>이태환 285 | 하헌욱 363<br>이호인 364 | 권영한 483<br>조순행 484 | 김수현 404 |
| | | | 박주성 654<br>최승훈 655 | 성용제 286 | | 김세훈 485 | |
| | | 이도한 445 | 이소현 656<br>이은비 657 | 윤강훈 287<br>이전형 288<br>김현정 289<br>김소연 290 | 홍헌민 365<br>김지우 366 | 석귀희 486<br>김소정 487 | 홍정우 405<br>정민지 406 |
| **공무직** | 양미경(행정)<br>247<br>권영란(사무)<br>202<br>조영애(환경)<br>송민지(환경) | | | | | | |
| **FAX** | 859-6177 | 852-9992 | 857-8411 | 857-8412 | 857-8414 | 857-8413 | 857-8415 |

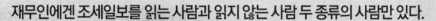

| 과 | 납세자보호담당관 | | 의성지서(054-8307-200) | | |
|---|---|---|---|---|---|
| 과장 | 김일우 210 | | 송명철 601 | | |
| 팀 | 납세자보호실 | 민원봉사실 | 납세자보호실 | 부가소득 | 재산법인 |
| 팀장 | | 김동찬 221 | 송영진 210 | 김영만 300 | 김중영 400 |
| 국세<br>조사관 | 권은순 211<br>이정욱 212 | 김주영 222 | | 우남구(부가) 302<br>박근열(체납) 305<br>심상운(부가) 304 | 장병호(재산) 401<br>우승하(법인) 471 |
| | | 김민정 223<br>박성현 224 | 김인경 211<br>전양호 212 | 김태운(체납) 307<br>이승준(소득) 301 | |
| | | 김윤정(임기) 225 | | | 이푸름(법인) 472 |
| | | | 임진환(방호) 213 | 손효빈(부가) 306<br>이유진(소득) 303 | 최승현(재산) 402 |
| 공무직 | | | 신화자(환경) | | |
| FAX | 852-7995 | 859-0919 | 832-2123<br>(군위) 383-3110 | 832-9477 | 832-7334 |

# 영덕세무서

대표전화: 054-7302-200 / DID: 054-7302-OOO

서장: **전 강 식**
DID: 054-7302-201

| 주소 | 경상북도 영덕군 영덕읍 영덕로 35-11 (남산리61-1) (우) 36441<br>울진지서 : 경상북도 울진군 울진읍 월변2길 48 (읍내리 347) (우) 36326 | | | | |
|---|---|---|---|---|---|
| 코드번호 | 507 | 계좌번호 | 170189 | 사업자번호 | 410-83-02945 |
| 관할구역 | 경상북도 영덕군, 울진군 | | | 이메일 | yeongdeok1@nts.go.kr |

| 과 | 징세과 | | | 세원관리과 | | | |
|---|---|---|---|---|---|---|---|
| 과장 | 황병록 240 | | | 손정완 280 | | | |
| 팀 | 운영지원 | 체납추적 | 조사 | 부가소득 | | 재산법인 | |
| | | | | 부가 | 소득 | 재산 | 법인 |
| 팀장 | 박문수 241 | 이정희 441 | 최경애 651 | 이경철 281 | | 최준호 401 | |
| 국세<br>조사관 | | | 김득수 652 | | | 이상건 482 | 이동희 402 |
| | 김월하 243<br>여세영 242<br>박영우(방호)<br>245 | 손태욱(체납)<br>442 | | 권지숙 282<br>김두희 283 | 김재미 284 | | |
| | | 박미희(징세)<br>262<br>김태훈(체납)<br>443 | 양유나 653 | | 한상국 285 | | |
| | | 전진원(수습)<br>444 | | | | 이세희 483 | 윤지승 403<br>이지영(수습) |
| 공무직 | 전은현(비서)<br>202<br>용경희(교환)<br>246<br>김경미(환경)<br>246 | | | | | | |
| FAX | 730-2504 | 730-2505 | | 730-2314 | | | |

# 1등 조세회계 경제신문 조세일보

| 과 | 납세자보호담당관 | | 울진지서(054-7805-100) | |
|---|---|---|---|---|
| 과장 | 김혁준 210 | | 최남숙 101 | |
| 팀 | 납세자보호실 | 민원봉사실 | 납세자보호실 | 세원관리 |
| 팀장 | | | 송윤선 120 | 박상희 140 |
| 국세<br>조사관 | 서우형 212 | | | 채충우(재) 161<br>양병열(법) 171 |
| | | 박용우 221 | | 안정환(부) 141<br>김민식(법) 172<br>김선규(부) 142<br>반아성(재) 162 |
| | | 박소정(임기제) 222<br>이주하 223 | | 김태훈(소) 151 |
| | | | 김교민 121 | |
| 공무직 | | | 홍춘자(환경) 122 | 장명자(사무) 143 |
| FAX | 730-2625<br>민원인용 734-2323 | | 780-5181 | 780-5182~3 |

# 영주세무서

대표전화: 054-6395-200 / DID: 054-6395-OOO

서장: **윤 재 복**
DID: 054-6395-201

영주동주공아파트
영주2동 행정복지센터
영주 상공회의소
서천
영주세무서
↓꽃동산터미널
중앙로

| 주소 | 경상북도 영주시 중앙로 15 (가흥동 2-15) (우) 36099<br>예천민원실 : 경상북도 예천군 예천읍 충효로 111 (대심리 353) (우) 36826<br>봉화민원실 : 경상북도 봉화군 봉화읍 봉화로 1111 (내성리) 봉화군청 민원실내 (우) 36239 | | | |
|---|---|---|---|---|
| 코드번호 | 512 | 계좌번호 910378 | 사업자번호 | 410-83-02945 |
| 관할구역 | 경상북도 영주시, 봉화군, 예천군 | | 이메일 | yeongju@nts.go.kr |

| 과 | 징세과 | | | 세원관리과 | |
|---|---|---|---|---|---|
| 과장 | 이훈희 240 | | | 류재무 280 | |
| 팀 | 운영지원 | 체납추적 | 조사 | 부가 | 소득 |
| 팀장 | 이범구 241 | 배석관 441 | 엄세영 651 | 손증렬 281 | 김진모 361 |
| 국세<br>조사관 | | 임종철 442<br>정용구 443 | | 김효삼 291<br>신동연 282 | 문지현 362<br>장외자 363 |
| | 우병재 242<br>정지원(오전) 247<br>권일홍(방호) 244<br>이준석(운전) 245<br>최미란 243 | 김수정 262 | 안성엽 652<br>전상주 653<br>정유나 654 | 이복남 283<br>이미자 284<br>고병열 285<br>김혜림 286<br>이상환 287 | 박중억 364 |
| | | 남창희 445 | 황무근 610<br>권민정 655 | | 이도현 365 |
| | | 김길희 446<br>이지유 447 | | 이언우 288<br>강우석 289<br>권용택 290 | 한민우 366 |
| 공무직 | 박성희(비서) 202<br>김수진(사무) 246<br>김현숙(환경) | | | | |
| FAX | 633-0954 | | | 635-5214 | |

| 과 | 세원관리과 | | 납세자보호담당관 | |
|---|---|---|---|---|
| 과장 | 류재무 280 | | 윤윤오 210 | |
| 팀 | 재산법인 | | 납세자보호실 | 민원봉사실 |
| | 재산 | 법인 | | |
| 팀장 | 오조섭 401 | | | 김두곤 221 |
| 국세<br>조사관 | 장덕진 482 | 이은영 402 | 우운하 211 | 김미경 222<br>금대호 223 |
| | 전우정 483 | 유승헌 403 | | |
| | 이수경 484<br>여정현 485<br>김정한 486 | 김종혁 404<br>박은정 405 | | 김상근(예천) 654-2100 |
| | | 양윤정 406 | | |
| 공무직 | | | | |
| FAX | 635-5214 | | 634-2111<br>(예천) 654-0954<br>(봉화) 674-0954 | |

# 포항세무서

대표전화: 054-2452-200 / DID: 054-2452-OOO

서장: **육 규 한**
DID: 054-2452-201

| 주소 | 경상북도 포항시 북구 중앙로 346 (덕수동46-1) (우) 37727<br>울릉지서 : 경상북도 울릉군 울릉읍 도동2길 76 (도동266) (우) 40221<br>오천민원실 : 경상북도 포항시 남구 오천읍 세계길5 (오천읍주민센터 별관) (우) 37912 |||||||||
|---|---|---|---|---|---|---|---|---|---|
| **코드번호** | 506 || **계좌번호** | 170192 || **사업자번호** | 410-83-02945 |||
| **관할구역** | 경상북도 포항시, 울릉군 |||||| **이메일** | pohang@nts.go.kr ||
| **과** | 징세과 ||| 부가가치세과 || 소득세과 || 재산법인세과 ||
| **과장** | 김복성 240 ||| 이홍환 280 || 유창석 360 || 이문태 400 ||
| **팀** | 운영지원 | 체납추적1 | 체납추적2 | 부가1 | 부가2 | 소득1 | 소득2 | 재산1 | 재산2 |
| **팀장** | 박경호 241 | 김찬태 441 | 박기영 461 | 권대훈 281 | 배형수 301 | 한종관 361 | 조금옥 381 | 박종욱 481 | 이건옥 501 |
| **국세<br>조사관** | | 박종국 442 | 구정숙 462 | 고순태 282 | 박상국<br>박점숙 302 | | | | 김형국 502<br>박지철 503 |
| | 서은우 242<br>조병래(운전)<br>611<br>최미애 243 | 김지웅 443<br>박귀영 444 | 서은호 463<br>최정혜(징세<br>) 261<br>이영진 464 | 천기문 283<br>김영철 284<br>김영훈 285<br>임지원 286 | 김은윤 303<br>오규열 304<br>정성윤(소비<br>) 310 | 김정은 362<br>이은호 363<br>하경숙 364 | 강수련 382<br>송인순 383<br>이승재 384<br>이예원(오전<br>) 315<br>강준혁 385 | 박금희 482<br>박홍수 483<br>김종한 484 | |
| | 김영엽 245 | 김병수 445 | 윤강로 465 | 김정영 287<br>박기호 288 | 권준혜 305<br>이미선(오전<br>) 314 | 이동욱 365 | | 이은행<br>(오전) 492<br>윤중호 485<br>손명주 486<br>김유진 487 | 배재호 504 |
| | 김서영(방호)<br>246<br>김준영(공업)<br>244 | 김희연<br>한혜영 446<br>남희욱 447 | 박관석 466<br>김도곤 467<br>강희은 468<br>김도연(징세<br>) 262 | 김주경 289<br>금다정 290<br>이정환 291 | 조이은 306<br>김규현 307<br>김진하 308<br>정영훈 309 | 김근형 366<br>김주희 367<br>김선주 368 | 이윤채 386<br>이영심 387 | | 송의진 505 |
| **공무직** | 김정근(교환)<br>523<br>김정아(비서)<br>202<br>박송희(환경)<br>김순영(환경)<br>손동빈(공익)<br>김관우(공익) | | | | | | | | |
| **FAX** | 248-4040 | 241-0900 || 249-2665 || 246-9013 || 249-2549,<br>242-9434 ||

| 과 | 재산법인세과 | | 조사과 | | | | | 납세자보호담당관 | | 울릉지서 (791-2100) |
|---|---|---|---|---|---|---|---|---|---|---|
| 과장 | 이문태 400 | | 조범제 640 | | | | | 이민우 210 | | 김창신 601 |
| 팀 | 법인1 | 법인2 | 정보관리 | 조사1 | 조사2 | 조사3 | 조사4 | 납세자보호 | 민원봉사 | 세원관리 |
| 팀장 | 이상훈 401 | 이재혁 421 | 이재훈 641 | | | | | 이향석 211 | 박현주 221 | 하태운 8582-602 |
| 국세조사관 | 이동욱 402 | | | 권준혁 651 | 조재일 654 | | | 류승우 212 | | 김관태 8582-603 이승모 8582-604 |
| | 임경희 403 배윤제 404 | 정주영 422 | 박노진 642 박준영 643 전윤현 644 | 허소영 652 | 최영준 655 | 박필규 657 정중수 658 | 고남우 660 | 박재성 213 | 이도현 222 윤태영 223 | |
| | | 박상현 423 장세황 424 | | 최원제 653 | | | 오영빈 661 | | 김신희 224 | |
| | 우승형 405 이주현 406 | 손석호 425 박슬기 426 | 안서윤 645 | | 이채민 656 | 성혜원 659 | 진유빈 662 | | 조해린 225 최영철 226 손채원 227 이수빈 228 | 이동준 8582-606 송신선 (방호) 8582-605 |
| 공무직 | | | | | | | | | | 이소영 (환경) |
| FAX | 249-2549, 242-9434 | | 241-3886 | | | | | 248-2100 | | 791-4250 |

# 부산지방국세청 관할세무서

# 부산지방국세청

| 주소 | 부산광역시 연제구 연제로 12 (연산2동 1557번지)<br>(우) 47605 |
| --- | --- |
| 대표전화 & 팩스 | 051-750-7200 / 051-759-8400 |
| 코드번호 | 600 |
| 계좌번호 | 030517 |
| 사업자등록번호 | 607-83-04737 |
| e-mail | busanrto@nts.go.kr |

## 청장　　　　이동운

(D) 051-750-7200

| 징세송무국장 | 김승민 | (D) 051-750-7500 |
| --- | --- | --- |
| 성실납세지원국장 | 윤성호 | (D) 051-750-7370 |
| 조사1국장 | 윤승출 | (D) 051-750-7630 |
| 조사2국장 | 박병환 | (D) 051-750-7800 |

# 부산지방국세청

대표전화: 051-7507-200 / DID: 051-750-OOOO

청장: **이 동 운**
DID: 051-750-7201

| 주소 | 부산광역시 연제구 연제로 12 (연산2동 1557) 부산지방국세청 (우) 47605 별관 : 부산광역시 연제구 토곡로 20 (연산동) (우) 47586 | | | | |
|---|---|---|---|---|---|
| 코드번호 | 600 | 계좌번호 | 030517 | 사업자번호 | 607-83-04737 |
| 관할구역 | 부산광역시, 울산광역시, 경상남도, 제주특별자치도 | | | 이메일 | busanrto@nts.go.kr |

| 과 | 운영지원과 | | | 감사관 | |
|---|---|---|---|---|---|
| 과장 | 최만석 7240 | | | 김대일 7300 | |
| 팀 | 행정 | 인사 | 경리 | 감사 | 감찰 |
| 팀장 | 현경훈 7252 | 장영호 7242 | 김태은 7262 | 백주현 7302 | 허성준 7322 |
| 국세조사관 | 김동원 7253<br>정원대 7254 | 황정민 7243<br>한동훈 7244<br>이성재 7245 | 손보경 7263 | 김호 7303<br>최영선 7304<br>이선우 7305<br>허태민 7306 | 이호상 7323<br>최윤겸 7324<br>전봉민 7325<br>한정민 7326 |
| | 김남영 7255<br>최근식 7256<br>박재우 7257<br>금도훈 7611<br>박두제 7625<br>김동신 7627<br>김동욱 7627<br>금병호 7628<br>김종월 7629 | 이정웅 7246<br>홍승현 7247<br>설전 7248 | 윤정원 7264<br>서유희 7265<br>조강훈 7266 | 김성기 7307<br>김민정 7308<br>정성화 7309<br>최윤미 7310<br>양서영 7311 | 고주환 7327<br>변민석 7328<br>박진우 7329 |
| | 하승훈 7258<br>박준영 7259<br>이현승 7260 | 이제연 7249<br>박주희 7250<br>이승훈 7251 | 김은수 7267<br>박소현 7268<br>정다윗 7269 | | 최안욱 7320 |
| 공무직 | 백인혜 7206<br>김지윤 7610 | | | 정연주 7604 | |
| FAX | | 711-6446 | 711-6455 | 758-2747 | 754-8481 |

| 국 | | | | 성실납세지원국 | | | |
|---|---|---|---|---|---|---|---|
| 국장 | | | | 윤성호 7370 | | | |
| 과 | 납세자보호담당관 | | | 소득재산세과 | | | |
| 과장 | 박찬욱 7330 | | | 임정일 7401 | | | |
| 팀 | 납세자보호1 | 납세자보호2 | 심사 | 소득 | 재산 | 복지세정1 | 복지세정2 |
| 팀장 | 심정미 7332 | 전동호 7342 | 김종웅 7352 | 박경민 7402 | 홍충훈 7412 | 신옥미 7422 | 배은주 7492 |
| 국세<br>조사관 | 제상훈 7333<br>유지현 7334 | 김지현 7343<br>문서연 7344 | 김미아 7353<br>오쇄행 7354<br>김태훈 7355 | 지연주 7403<br>소현아 7404 | 허남현 7413<br>정혜원 7414 | 이도경 7423 | |
| | | 안혜영 7345<br>박경민 7346 | 박진희 7356<br>박유나 7357 | 이정규 7405<br>서호성 7406 | 배재연 7415<br>조형석 7416 | 박성민 7424 | 김판신 7493 |
| | 서미영 7335 | | 김보경 7358 | 김효진 7407<br>김영화 7408 | 백지훈 7417<br>박하나 7418 | 박소정 7425 | |
| 공무직 | | | | | | | |
| FAX | 711-6456 | | 751-4617 | 711-6461 | | | |

DID : 051-750-OOOO

| 국 | 성실납세지원국 | | | | | | | | |
|---|---|---|---|---|---|---|---|---|---|
| 국장 | 윤성호 7370 | | | | | | | | |
| 과 | 부가가치세과 | | | 법인세과 | | | 정보화관리팀 | | |
| 과장 | 이광호 7371 | | | 신관호 7431 | | | | | |
| 팀 | 부가1 | 부가2 | 소비세 | 법인1 | 법인2 | 법인3 | 지원 | 보안감사 | 포렌식지원 |
| 팀장 | 조현진 7372 | 노영일 7382 | 오세두 7392 | 차무환 7432 | 곽한식 7442 | 강은아 7452 | 신정곤 7472 | 김형걸 7482 | 이상운 7162 |
| 국세조사관 | 한창용 7373 | 최창우 7383 | 김봉진 7393 | 홍민표 7433<br>최대림 7434 | 이진경 7443<br>허종우 7444 | 강희경 7453<br>김수재 7454<br>하서연 7455 | 이동면 7473<br>유미영 7474<br>남창현 7475<br>김필순 7476<br>김경선 7477<br>신주영 7478<br>강기모 7479 | 이한준 7483<br>장원창 7484 | 정석우 7163<br>장석문 7164 |
| | 이소애 7374<br>장성근 7375 | 박종현 7384<br>우동윤 7385<br>김민영 7386 | 이승훈 7394<br>조재승 7395 | 김동영 7435<br>서수현 7436<br>김호승 7437<br>박진영 7438 | 하민혜 7445<br>채여정 7446 | 유홍주 7456<br>서자원 7457 | 김지현 7480<br>정전화 7481 | | 주지홍 7165<br>박서연 7166<br>이효정 7167 |
| | 주은진 7376<br>박용훈 7377 | 이윤서 7387 | 김애진 7396<br>양기혁 7397 | 김현주 7439<br>백상훈 7440 | 조준우 7447 | 박모영 7458<br>박보중 7459 | | 조학래 7485 | 유효진 7168 |
| | | 신지혜 7398 | | | 전윤지 7460 | | | |
| 공무직 | 이미연 7607 | | | | | | | | |
| FAX | 711-6451 | | | 711-6432 | | | 711-6457 | 711-6592 | |

| 국 | 성실납세지원국 | | | 징세송무국 | | | | | | |
|---|---|---|---|---|---|---|---|---|---|---|
| 국장 | 윤성호 7370 | | | 김승민 7500 | | | | | | |
| 과 | 정보화관리팀 | | | 징세과 | | 송무과 | | | | |
| 과장 | | | | 박형민 7501 | | 황순민 7521 | | | | |
| 팀 | 정보화센터1 | 정보화센터2 | 정보화센터3 | 징세 | 체납관리 | 총괄 | 법인 | 개인1 | 개인2 | 상증 |
| 팀장 | 김영주 7102 | 문승구 7122 | 한희석 7142 | 조명익 7502 | 이상곤 7512 | 박혜경 7522 | 이수형 7526 | 김분숙 7532 | 우미라 7536 | 배영호 7542 |
| 국세조사관 | 최윤실 7103 | | | 정수진 7503<br>박정수 7504 | 임종진 7513<br>이수임 7514 | 이민희 7523 | 심은정 7527<br>이상현 7528 | 김주완 7533<br>김문정 7534 | 이진영 7537<br>이준한 7538 | 김혜영 7543<br>이현만 7544 |
| | | | | 양현정 7505 | 김성진 7515<br>정하선 7516 | 김도형 7524 | 김성훈 7529<br>박욱현 7530 | 이혜진 7535 | 김선기 7539 | 이희진 7545 |
| | | 박가영 7123 | 정미선 7143 | 서명진 7506<br>박소영 7507 | 김동현 7517 | 김민후 7525 | | | 이상현 7540 | |
| | 허수정 7112<br>송영아 7111<br>장인숙 7104<br>임태순 7110<br>정의지 7107<br>임미선 7109<br>김정남 7105<br>김소연 7108 | 최진숙 7128<br>허윤진 7124<br>이주연 7127<br>이복재 7130<br>정정희 7125<br>석이선 7129<br>장은경 7131<br>김외숙 7126 | 예성미 7146<br>손명숙 7144<br>김애란 7150<br>조외숙 7148<br>박선애 7151<br>이정애 7147<br>최진민 7149<br>이진경 7145 | | | | | | | |
| 공무직 | | | | 이예원 7608 | | | | | | |
| FAX | 711-6590 | 711-6597 | | 758-2746 | | | | | | |

451

**DID : 051-750-OOOO**

| 국 | 징세송무국 | | | 조사1국 | | | | | | |
|---|---|---|---|---|---|---|---|---|---|---|
| 국장 | 김승민 7500 | | | 윤승출 7630 | | | | | | |
| 과 | 체납추적과 | | | 조사관리과 | | | | | | |
| 과장 | 권상수 7551 | | | 고동환 7631 | | | | | | |
| 팀 | 체납추적 | 추적1 | 추적2 | 관리1 | 관리2 | 관리3 | 관리4 | 관리5 | 관리6 | 관리7 |
| 팀장 | 김대욱 7552 | 홍후진 7562 | 이세풍 7572 | 조용택 7632 | 정상봉 7652 | 박주현 7662 | 류용운 7672 | 차상진 7682 | 한성삼 7702 | 이용재 7642 |
| 국세조사관 | 방유진 7553 | 김보경 7563 | 장원대 7573 | 정성훈 7633 이병택 7634 | 윤영근 7653 허성은 7654 김민수 7655 | 이현진 7663 정해영 7664 | 강혜윤 7676 박종무 7677 | 이현희 7683 마혜진 7684 김영진 7685 | 김병찬 7703 마순옥 7704 | |
| | 김용현 7556 | 주형석 7564 정미리 7565 이규현 7566 | 황미경 7574 문하윤 7575 | 황동일 7635 박치호 7636 정경미 7637 | 김가은 7656 | 정민경 7665 이미영 7666 김민재 7667 | 이현지 7678 양소라 7674 박정환 7675 | 이지민 7686 김태근 7687 신혜진 7688 | 어윤필 7705 최은경 7706 | 정호성 7643 박상준 7644 |
| | 강슬아 7557 | 정선두 7567 | 김경진 7576 김동한 7577 | 서은혜 7648 임도훈 7639 장수연 7640 | 배수진 7657 | 김나영 7668 | 권진아 7679 강승훈 7680 | 임부은 7689 김정대 7690 | 민규홍 7707 박희진 7708 안상언 | |
| 공무직 | | | | 신보민 7606 | | | | | | |
| FAX | | | | 711-6442 | 711-6442 | | | 711-6429 | 711-6433 | |

| 국실 | 조사1국 | | | | | | | | | |
|---|---|---|---|---|---|---|---|---|---|---|
| 국장 | 윤승출 7630 | | | | | | | | | |
| 과 | 조사1과 | | | | | 조사2과 | | | | |
| 과장 | 연제민 7711 | | | | | 위찬필 7741 | | | | |
| 팀 | 조사1 | 조사2 | 조사3 | 조사4 | 조사5 | 조사1 | 조사2 | 조사3 | 조사4 | 조사5 |
| 팀장 | 조준호 7712 | 심희정 7718 | 황규석 7723 | 김종각 7728 | 엄인성 7733 | 김창일 7742 | 윤현아 7747 | 한현국 7752 | 강동희 7756 | 주종기 7760 |
| 국세 조사관 | 구수연 7713 허영수 7714 | 손석주 7719 장희라 7720 | 정희종 7724 | 이지민 7729 | 김세진 7734 | 홍윤종 7743 강보경 7744 | 심우용 7748 하진우 7749 | 박웅종 7753 | 안준건 7757 | 하은미 7761 |
| | 강성민 7715 서기원 7716 | 박승찬 7721 | 경수현 7725 박경주 7726 | 이재영 7730 김준영 7731 | 추병욱 7735 김경화 7736 | 이윤미 7745 박세준 7746 | 노지원 7750 | 최해성 7754 문희진 7755 | 이은주 7758 이상언 7759 | 박건 7762 이수진 7763 |
| | 민선희 7717 | 김진수 7722 | 윤주련 7727 | 지현민 7732 | 강민규 7737 | 박지영 7764 | 조민희 7751 | 김희선 7765 | 이한솔 7766 | 정대교 7767 |
| 공무직 | | | | | | | | | | |
| FAX | 711-6454 | | | | | 711-6435 | | | | |

| 국실 | 조사1국 | | | | 조사2국 | | | | | |
|---|---|---|---|---|---|---|---|---|---|---|
| 국장 | 윤승출 7630 | | | | 박병환 7800 | | | | | |
| 과 | 조사3과 | | | | 조사관리과 | | | | | |
| 과장 | 김영하 7771 | | | | 정동주 7801 | | | | | |
| 팀 | 조사1 | 조사2 | 조사3 | 조사4 | 관리1 | 관리2 | 관리3 | 관리4 | 관리5 | 관리6 |
| 팀장 | 유승명 7772 | 조형주 7777 | 강성태 7781 | 문효상 7785 | 김환중 7802 | 윤상봉 7812 | 김동업 7822 | 김경무 7832 | 홍석주 7842 | 조민래 7852 |
| 국세 조사관 | 김평섭 7773 김종현 7774 | 김성호 7778 | 황재민 7782 | 강동희 7786 | 김도연 7803 권영록 7804 | 박성훈 7813 이제헌 7814 | 조주호 7823 이강식 7824 | 이혜정 7833 | 박영곤 7843 | 김난희 7853 김지훈 7854 |
| | 장명수 7775 | 김두식 7779 김태원 7780 | 김고은 7783 김상현 7784 | 김종길 7587 김미숙 7788 | 김주영 7805 | 윤근호 7815 | 이보은 7825 우나경 7826 김혜원 7827 이상묵 7828 | 김민경 7834 박수경 7835 | 조현진 7844 최숙경 7845 성환석 7846 이예지 7847 | 박영진 7855 |
| | 추지희 7776 유창경 7789 | 김보민 7790 | 황지영 7791 | 유동준 7792 | 김지현 7806 김효진 7807 | | 김성훈 7829 | 배지홍 7836 배성원 | 허준호 7848 김경민 7849 | 이강욱 7856 |
| 공무직 | | | | | 이미연 7609 | | | | | |
| FAX | 0503-116-9019 | | | | 711-64 43 | | | | | |

# 재무인과 함께 걸어가겠습니다 '조세일보'

재무인에겐 조세일보를 읽는 사람과 읽지 않는 사람 두 종류의 사람만 있다.

1등 조세회계 경제신문 조세일보

| 국 | 조사2국 | | | | | | | | | | |
|---|---|---|---|---|---|---|---|---|---|---|---|
| 국장 | 박병환 7800 | | | | | | | | | | |
| 과 | 조사1과 | | | 조사2과 | | | 조사3과 | | | | |
| 과장 | 손해수 7861 | | | 김종진 7881 | | | 김정태 7901 | | | | |
| 팀 | 조사1 | 조사2 | 조사3 | 조사1 | 조사2 | 조사3 | 조사1 | 조사2 | 조사3 | 조사4 | 조사5 |
| 팀장 | 이창렬 7862 | 임정환 7866 | 정승우 7872 | 임지은 7882 | 김호 7886 | 김경철 7892 | 정준기 7902 | 최용훈 7906 | 손희영 7912 | 이영재 7916 | 권익근 7921 |
| 국세 조사관 | 김병삼 7863 | 김이규 7867 | 임병훈 7873 | 원성택 7883 | 안부환 7887 | 박선영 7893 | 하지경 7903 | 한재영 7907 | 전지현 7913 | 이성호 7917 | 박지숙 7922 |
| | 김정현 7864 | 박종군 7868 | 정수연 7874 | 김선경 7884 | 김진홍 7888 | 권성준 7894 | 박건영 7904 | 김혜진 7908 | 안경호 7914 | 김정환 7918 | 이재성 7923 |
| | 김동민 7865 하태영 7876 | 하소영 7869 | 김상훈 7875 | 안세희 7885 | 박다정 7889 | 이민주 7895 | 이상준 7910 | 임채영 7911 | 양수원 7915 | 김소영 7919 | 조홍규 7924 |
| 공무직 | | | | | | | | | | | |
| FAX | 711-64 62 | | | 711-64 34 | | | 711-64 44 | | | | |

# 금정세무서

대표전화: 051-5806-200 / DID: 051-5806-OOO

서장: **노 충 환**
DID: 051-5806-201

| 주소 | 부산광역시 금정구 중앙대로 1636 (부곡동 266-5) (우) 46272 | | | | |
|---|---|---|---|---|---|
| 코드번호 | 621 | 계좌번호 | 031794 | 사업자번호 | 621-83-00019 |
| 관할구역 | 부산광역시 금정구, 기장군 | | | 이메일 | geumjeong@nts.go.kr |

| 과 | 징세과 | | 부가가치세과 | | 소득세과 | |
|---|---|---|---|---|---|---|
| 과장 | 신정훈 240 | | 이상명 280 | | 김현철 320 | |
| 팀 | 운영지원 | 체납추적 | 부가1 | 부가2 | 소득1 | 소득2 |
| 팀장 | 박선영 241 | 문경덕 441 | 노세현 281 | 하인선 301 | 윤혜경 321 | 조성래 341 |
| 국세조사관 | | 조인국 442<br>김상덕 443<br>김지윤 444 | 전병일 282<br>장노기 283<br>황종하 302 | 추병일 311 | 이미향 322 | 홍정수 342 |
| | 박헌숙 242<br>손동주 244<br>박지우 243 | 노윤희 445<br>남수빈 446<br>정영호 261<br>전수진 262<br>임성미 447<br>최원진 448 | 정우영 284<br>송은영 292<br>임혜경 285<br>이효진 286<br>정기원 287 | 강은선 303<br>김병인 310<br>정은정 304<br>송창훈 305<br>정세나 306 | 신하나금 323<br>안은주 324 | 박수경 343<br>강경숙 344 |
| | 백광민 245<br>최주연 246 | 신은숙 263<br>김세은 449<br>김민희 450 | | 강수연 307 | 신선미 325<br>위부일 326 | 오주영 292<br>곽세욱 345 |
| | 박준용 247 | 이동환 451<br>백수희 452<br>노주선 453 | 장두수 288<br>이혜수 289 | 이유화 292<br>최정아 308<br>추언우 309 | 김승용 327<br>황지혜 328 | 정미나 346<br>정유선 347 |
| 공무직 | 김혜량 202<br>김윤자<br>김동순 | | | | | |
| FAX | 711-6419 | | 516-9939 | | 711-6415 | |

| 과 | 재산법인세과 | | | 조사과 | | 납세자보호담당관 | |
|---|---|---|---|---|---|---|---|
| **과장** | 감경탁 480 | | | 윤광철 640 | | 엄영환 210 | |
| **팀** | 재산신고 | 재산조사 | 법인 | 정보관리 | 조사 | 납세자보호실 | 민원봉사실 |
| **팀장** | 이재열 481 | 김연종 501<br>박건대 503 | 신용하 401 | 전희원 641 | 김영란 651<br>정원석 655<br>김주훈 658 | 신용현 211 | 김덕성 221 |
| **국세<br>조사관** | 제범모 494<br>서재은 482 | | 이용수 402 | 조수동 642 | | 문경희 212 | 김은경 223<br>성기일<br>724-0700<br>박정화 222 |
| | 김현미 483<br>김인경 484<br>권유화 485 | 강지훈 502<br>박용규 504 | 손선희 403<br>안창현 404<br>허현 405<br>김정우 406 | 성봉준 643 | 최대현 656<br>안민경 656<br>신수미 659 | 성상진 213<br>김병윤 214 | 권익현 224<br>문진선 223<br>박미라<br>724-0701 |
| | 김민정 486<br>박은영 487 | | 박영순 407<br>이희령 408<br>서가은 409 | | 박진하 653<br>이종욱 657 | | 김미옥 225 |
| | 한정희 488<br>김지윤 489 | | 최낙훈 410<br>박정현 411<br>문혜진 412 | 전혜원 644 | | | 우세훈 226<br>이재욱 227 |
| **공무직** | | | | | | | |
| **FAX** | 711-6418 | | | 711-6421 | 516-9549 | 711-6413 | 516-9456 |

# 동래세무서

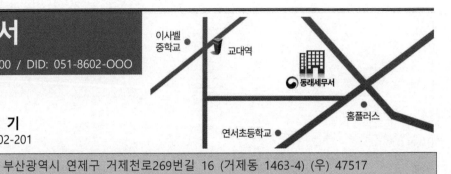

대표전화: 051-8602-200 / DID: 051-8602-OOO

서장: **박 민 기**
DID: 051-8602-201

| 주소 | 부산광역시 연제구 거제천로269번길 16 (거제동 1463-4) (우) 47517 | | | | |
|---|---|---|---|---|---|
| 코드번호 | 607 | 계좌번호 | 030481 | 사업자번호 | 607-83-00013 |
| 관할구역 | 부산광역시 동래구, 연제구 | | | 이메일 | dongnae@nts.go.kr |

| 과 | 징세과 | | | 부가가치세과 | | | 소득세과 | |
|---|---|---|---|---|---|---|---|---|
| **과장** | 백영상 240 | | | 성인섭 280 | | | 김홍기 360 | |
| **팀** | 운영지원 | 체납추적1 | 체납추적2 | 부가1 | 부가2 | 부가3 | 소득1 | 소득2 |
| **팀장** | 강보길 241 | 조재성 441 | 진영숙 461 | 박형호 281 | 서귀자 301 | 박창열 321 | 김대철 361 | 장인철 381 |
| **국세<br>조사관** | | 김동일 442<br>김연희 443 | 김금주 262<br>최연덕 462<br>이동훈 463 | 김용주 282 | 조정민 302<br>윤은미 303<br>심영주 304 | 윤성훈 322<br>신도현 323<br>이영주 291 | 김필곤 362 | 주철우 382 |
| | 하회성 242<br>오주영 243<br>천원철 247<br>김남희 244<br>양승철 248<br>서종율 249 | 최소윤 444<br>이은옥 445<br>김태영 446<br>김혜진 447 | 김옥진 263<br>황현정 464 | 김은연 283<br>이세호 284<br>최호성 285<br>김소연 286 | 손성락 305<br>윤지연 306 | 정부원 324<br>조형래 325<br>최정운 326<br>강숙현 327 | 문상영 363<br>김숙희 364<br>김명지 365<br>구경아 375<br>이규형 366 | 곽현숙 383<br>박종욱 384<br>문소원 385<br>유화윤 386 |
| | 이남호 245 | 정혜진 448 | 김민지 465 | 강혜진 291 | | | 김동겸 367<br>오지혜 368 | 김지현 387 |
| | 김민주 246 | 배소희 449<br>이예원 450 | | 이지영 287 | | | 이상일 369<br>김동현 370 | 송강 388<br>김재훈 389 |
| **공무직** | 이선경 202<br>조영미 600<br>구미숙<br>노정화<br>최안나 | | | | | | | |
| **FAX** | 711-6579 | | | 711-6574 | | | 866-1182 | |

# 1등 조세회계 경제신문 조세일보

| 과 | 재산법인세과 | | | | 조사과 | | 납세자보호담당관 | |
|---|---|---|---|---|---|---|---|---|
| 과장 | 최강식 400 | | | | 유성욱 640 | | 김기중 210 | |
| 팀 | 재산신고 | 재산조사 | 법인1 | 법인2 | 정보관리 | 조사 | 납세자보호 | 민원봉사실 |
| 팀장 | 박정하 481 | 김상우 501 | 천태근 401 | 이수원 421 | 임윤영 691 | 장유진 651 | 조창현 211 | 홍정자 221 |
| 국세<br>조사관 | 강호현 482 | 유영진 505 | 백종렬 402 | 김성환 422 | | 안병만 655<br>이성재 658 | 전인석 212 | |
| | 장혜경 483<br>이배삼 484<br>김수연 485<br>안재원 486<br>배현경 495 | 노근석 502<br>김경숙 503<br>이상훈 506<br>조은해 507 | 민영신 403<br>정준용 404<br>김병욱 405<br>김영은 406 | 정정민 423<br>김대원 424<br>이민우 425<br>서수빈 426 | 최한호 692<br>김형종 693<br>이동현 694 | 이성철 652<br>김재준 656<br>윤호영 659<br>성현영 661<br>박장훈 662 | 서진선 213<br>유연숙 214 | 김정이 222<br>양선미 223<br>한준희 224<br>김선광 225<br>이은정 226 |
| | 이윤경 487<br>성민주 488<br>백선우 489 | | | | 서미영 695 | 유승주 653<br>황미진 660 | | 윤가영 222<br>임미희 227<br>김민준 228 |
| | 김선혁 490<br>추아민 495 | | 배준호 407 | 박혜림 427 | | 임예인 657<br>권영민 663 | 권태원 215 | 정현명 229<br>박서우 230 |
| 공무직 | | | | | | | | |
| FAX | 711-6577 | | | | 866-5476 | | 711-6572 | 866-2657 |

# 부산진세무서

대표전화: 051-4619-200 / DID: 051-4619-OOO

서장: **박 광 룡**
DID: 051-4619-201

| 주소 | 부산광역시 동구 진성로 23 (수정동) (우) 48781 | | | | |
|---|---|---|---|---|---|
| 코드번호 | 605 | 계좌번호 | 030520 | 사업자번호 | 605-83-00017 |
| 관할구역 | 부산광역시 부산진구, 동구 | | | 이메일 | busanjin@nts.go.kr |

| 과 | 징세과 | | | 부가가치세과 | | | | 소득세과 | |
|---|---|---|---|---|---|---|---|---|---|
| 과장 | 김상태 240 | | | 박종헌 280 | | | | 이상곤 320 | |
| 팀 | 운영지원 | 체납추적1 | 체납추적2 | 부가1 | 부가2 | 부가3 | 부가4 | 소득1 | 소득2 |
| 팀장 | 김명렬 241 | 박정호 441 | 최갑순 461 | 유민자 281 | 김철태 381 | 박병철 301 | 최민준 361 | 지광민 321 | 윤상필 341 |
| 국세조사관 | 양규복 242 | 이치권 442 | 이은정 462 | 전영심 282 | 이남범 382 | 김은영 302 | 김승환 362<br>공을상 363 | 김민수 322<br>박지현 323 | 곽원일 342<br>이동우 343 |
| 국세조사관 | 박희종 247<br>김상희 243<br>정주영 244<br>김덕봉 248<br>오보람 245 | 김민진 443<br>이선주 444 | 김미지 264<br>송재경 469<br>김금순 262<br>이종국 470<br>조영진 463<br>이동형 464<br>임나경 263<br>강덕영 | 정해선 283<br>박태훈 284<br>형서우 285<br>김민진 286 | 박지영 383<br>최아라 384<br>임혜정 385<br>고정애 295 | 이소영 303<br>이상혁 304 | 최정웅 364<br>박정현 365<br>김경우 366 | 김대원 324<br>장상원 325<br>전다혜 295 | 박정화 344<br>송세미 345 |
| 국세조사관 | 최민서 246<br>김병수 249 | 이미경 445 | 남예나 465 | 최태영 287 | 하민경 386 | 이미연 295<br>김진 305 | 서유리 367 | | 오지현 346 |
| 국세조사관 | | 박영민 446<br>최규진 447<br>김성일 448 | 박다현 466<br>최지현 467 | 공민호 288 | 전수민 387 | 이수경 306 | 강준구 368 | 제민지 326<br>양인애 327<br>황건영 328<br>석희원 329 | 반승희 347<br>박세현 295<br>방선윤 348<br>표혜선 349 |
| 공무직 | 김지혜 698<br>옥은영 202<br>김남숙<br>송혜정<br>안무성 | | | | | | | | |
| FAX | 464-9552 | 466-9097 | | 465-0336 | | | | 711-6478 | |

| 과 | 재산세과 | | 법인세과 | | 조사과 | | 납세자보호담당관 | |
|---|---|---|---|---|---|---|---|---|
| **과장** | 손희경 480 | | 채한기 400 | | 김용정 640 | | 차규상 210 | |
| **팀** | 재산1 | 재산조사 | 법인1 | 법인2 | 정보관리 | 조사 | 납세자보호 | 민원봉사실 |
| **팀장** | 전병도 481 | | 김태희 401 | 조석권 421 | 박정인 641 | | 이상호 211 | 김미영 221 |
| **국세 조사관** | 서계영 482<br>조소현 483<br>우경화 484<br>서정규 485 | 김도윤 501 | 이정숙 411 | | | 백순종 651<br>이광섭 655<br>이형원 659 | | 김재철 222 |
| | 정성주 494<br>노경환 494<br>임윤지 486 | 이정호 504<br>권선주 505<br>박재군 502 | 김형섭 402<br>김상우 403 | 장두진 422<br>이경희 423<br>김은주 424 | 최원태 642<br>신성용 644<br>김양욱 645 | 김은혜 657<br>박성환 652<br>박창준 660<br>백승우 658 | 김상욱 212<br>윤노영 213 | 최순봉 223<br>주연신 226<br>엄송미 225<br>손성웅 224 |
| | 박은우 487<br>김문재 488<br>박영규 489 | 박원호 506<br>이민정 503 | 조연수 404 | 강양욱 425<br>홍수민 426 | 김명선 643 | 안대호 653 | 김문정 214 | 오서영 227<br>허유미 224<br>임규빈 228<br>서금주 229 |
| | 이지연 490 | | 석혜연 405<br>박다겸 406<br>박기덕 407 | 김수빈 427<br>강승지 428<br>김향미 429 | 김연수 646 | 이진주 661<br>김이현 654 | | 김은지 230<br>김동연 231 |
| **공무직** | | | | | | | | |
| **FAX** | 468-7175 | | 466-8538 | | 466-8537 | | 466-2648 | |

# 부산강서세무서

대표전화: 051-7409-200 / DID: 051-7409-OOO

서장: **서 승 희**
DID: 051-7409-201

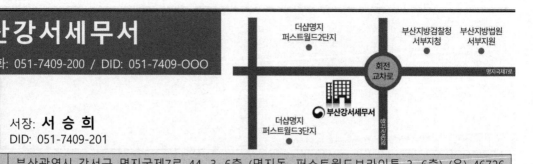

| 주소 | 부산광역시 강서구 명지국제7로 44, 3~6층 (명지동, 퍼스트월드브라이튼 3~6층) (우) 46726 | | | | |
|---|---|---|---|---|---|
| 코드번호 | 625 | 계좌번호 | 027709 | 사업자번호 | |
| 관할구역 | 부산광역시 강서구 | | | 이메일 | |

| 과 | 징세과 | | 부가소득세과 | | |
|---|---|---|---|---|---|
| 과장 | 최해수 240 | | 김병수 280 | | |
| 팀 | 운영지원 | 체납추적 | 부가1 | 부가2 | 소득 |
| 팀장 | 이혁섭 241 | 이병준 441 | 최명환 281 | 김승철 301 | 김주홍 361 |
| 국세<br>조사관 | 문선희 242 | 이만호 442 | 이민경 282 | 박보경 302 | 배명한 362 |
| | 이미애 243<br>남인제(운전) 245 | 김태인 443 | 신성일 283<br>김지혜 284<br>임윤정 285<br>박판기(오후) | 임인섭 303<br>송치호(소비) 304<br>진현진 305 | 김주민 363 |
| | | 박하영(징세) 261<br>이수영 444<br>김경옥(징세) 262<br>김태훈 445<br>안승현 446 | 강한솔 286 | 김혜린 306 | 이대현 364<br>김대희 365 |
| | 최서우 244<br>권영채(방호) 246 | 추수연 447<br>김의영 448 | 이빛나 287<br>최훈정 288 | 이승우 307<br>이석열(수습) | 박민정 366<br>최현진<br>이영서 367 |
| 공무직 | 이혜인(부속실) 202<br>소정선(환경미화)<br>홍정미(환경미화)<br>최소영(교환실) 600 | | | | |
| FAX | 294-9506 | 294-9507 | 466-9508 | | |

# 10년간 쌓아온 재무인의 역사를 돌려드립니다 '온라인 재무인명부'

수시 업데이트 되는 국세청, 정·관계 인사의 프로필과 국세청, 지방청, 전국세무서, 관세청,
유관기관 등의 인력배치 현황을 볼 수 있는 온라인 재무인명부

| 과 | 재산법인세과 | | | 조사과 | | | | 납세자보호담당관 | |
|---|---|---|---|---|---|---|---|---|---|
| 과장 | 김동원 400 | | | 김수영 640 | | | | 이필용 210 | |
| 팀 | 재산1 | 재산2 | 법인 | 정보관리 | 조사1 | 조사2 | 조사3 | 납세자보호실 | 민원봉사실 |
| 팀장 | 류현철 481 | 채규욱 501 | 이동목 401 | 김찬일 641 | | | | 천호철 211 | 전태회 221 |
| 국세조사관 | | | | | 임선기 651 | | | | |
| 국세조사관 | 신영승 482 명상희 483 정효주(사운) 490 | 이광재 502 | 정민석 402 정호진 403 이성훈 404 박희령 405 신민정 406 김승현 407 | 임득균(관리) 642 구영범(정보) 691 | | 안종규 655 | 김영경 659 | 장선우 212 강선실 213 | 김경민 222 |
| 국세조사관 | | 황지언 503 | 김효민 408 홍고은 409 | 최예영(관리) 643 | 명진아 652 | 유지향 656 | 박주현 661 | | 김지혜 223 이상민 224 양세실리아 (오후) |
| 국세조사관 | 박민영 484 김민수 485 | | 이재연 410 추민재 411 강두석 412 정수빈 413 | 안정희(관리) 644 | 장호정 653 | | | | 박혜선 226 |
| 공무직 | | | | | | | | | |
| FAX | 294-9509 | | | 294-9510 | | | | 294-9511 | |

# 북부산세무서

대표전화: 051-3106-200 / DID: 051-3106-OOO

서장: **김 종 일**
DID: 051-3106-201

| 주소 | 부산광역시 사상구 학감대로 263 (감전동) (우) 46984 | | | | |
|---|---|---|---|---|---|
| 코드번호 | 606 | 계좌번호 | 030533 | 사업자번호 | 606-83-00193 |
| 관할구역 | 부산광역시 북구, 사상구 | | | 이메일 | bukbusan@nts.go.kr |

| 과 | 징세과 | | | 부가가치세과 | | 소득세과 | |
|---|---|---|---|---|---|---|---|
| 과장 | 연경태 240 | | | 김민주 280 | | 송성욱 360 | |
| 팀 | 운영지원 | 체납추적1 | 체납추적2 | 부가1 | 부가2 | 소득1 | 소득2 |
| 팀장 | 전지용 241 | 양은주 441 | 강성문 461 | 신성만 281 | 김병선 301 | 신미정 361 | 조미애 381 |
| 국세<br>조사관 | | 정현주 442<br>김인숙 443 | 한대섭<br>신현우 442 | 김형천 282<br>임정훈 283 | 김정수 302<br>조은하 303 | 윤성기 362<br>이영진 363 | 진종희 382<br>이영일 608 |
| | 박노성 242<br>이우정 243<br>최두환 246<br>김종월 247 | 민연배 444<br>이수경 445<br>김도연 446<br>이현진 447<br>박석훈 448 | 박혜원 261<br>김용제 463<br>최희숙 464<br>안도영 465 | 허순미 608<br>김민수 284<br>임상현 608<br>김순정 285<br>주미균 287<br>김주영 288 | 최은태 304<br>구경임 305<br>박미선 306<br>황승현 307<br>이채은 308 | 제민경 364<br>박선남 365<br>김혜진 366 | 이수정 383<br>송향기 384 |
| | 이정민 244<br>박민수 249 | 심창훈 449<br>이민영 452 | 김도헌 466 | 박선연 289 | 정도영 309 | 민정 608<br>손다희 367 | 박경화 385 |
| | 안태익 245 | 이소연 450<br>김지후 451 | 공미영 262 | 전수미 291<br>김서영 292 | 김시윤 310<br>김미연 311 | 고종원 368<br>이인혜 369 | 허금희 386<br>윤혜경 387<br>강민구 388 |
| 공무직 | 김현정 602<br>주미아 202<br>강외숙<br>김선희<br>조해미 | | | | | | |
| FAX | 711-6389 | | | 711-6377 | | 711-6379 | |

# 1등 조세회계 경제신문 조세일보

| 과 | 재산법인세과 | | | 조사과 | | 납세자보호담당관 | |
|---|---|---|---|---|---|---|---|
| 과장 | 조형나 400 | | | 김현도 640 | | 신언수 210 | |
| 팀 | 재산1 | 재산2 | 법인 | 정보관리 | 조사 | 납세자보호실 | 민원봉사실 |
| 팀장 | 조재화 481 | 김점준 501 | 김경대 401 | 김진삼 641 | 류정희 651 | 안분훈 211 | 조준영 221 |
| 국세조사관 | 박미연 482 | | 이호성 402 | 김용태 642 | 김동수 655<br>김형수 659 | 지만 212 | 신미옥 222<br>정명환 223 |
| | 이혜경 557<br>김권하 483<br>유지혜 484<br>조하연 485<br>서화영 486<br>박하니 487 | 조승연 502<br>박영훈 503 | 최성준 403<br>황은영 404<br>송보경 405<br>김시현 406<br>김영인 407<br>박영재 408 | 하승희 642<br>박건태 645<br>서주영 644 | 박민우 663<br>한석복 667<br>주선영 656<br>정희선 664<br>박미영 660<br>손다영 652<br>윤홍규 653 | 백종욱 213<br>김나은 214 | 김인경 227<br>안언형 224 |
| | | | 김혜빈 407 | 김보현 646 | 오현아 668 | | 서자영 227<br>박홍제 225 |
| | 김남현 488 | | 구자양 410<br>이희진 411<br>박언준 412<br>이나영 413<br>조은비 414 | | 김지민 654<br>석진백 657<br>김보은 661<br>서정미 665<br>김민경 669 | | 정은미 228<br>강소영 226 |
| 공무직 | | | 차지현 415 | | | | |
| FAX | 711-6381 | | 711-6380 | 314-8143 | | 711-6385 | 314-8144 |

# 서부산세무서

대표전화: 051-2506-200 / DID: 051-2506-OOO

서장: **정 도 식**
DID: 051-2506-201

| 주소 | 부산광역시 서구 대영로 10 (서대신동2가 288-2) (우) 49228 | | | | |
|---|---|---|---|---|---|
| 코드번호 | 603 | 계좌번호 | 030546 | 사업자번호 | 603-83-00535 |
| 관할구역 | 부산광역시 서구, 사하구 | | | 이메일 | seobusan@nts.go.kr |

| 과 | 징세과 | | 부가가치세과 | | 소득세과 | |
|---|---|---|---|---|---|---|
| 과장 | 성한기 240 | | 이홍구 280 | | 구경식 360 | |
| 팀 | 운영지원 | 체납추적 | 부가1 | 부가2 | 소득1 | 소득2 |
| 팀장 | 이태호 241 | 강호창 441 | 윤태우 281 | 신동훈 301 | 유치현 361 | 박문호 381 |
| 국세<br>조사관 | | 이옥임 262 | 엄애화 282 | 조병녕 302 | 배기윤 362 | 김성민 382 |
| | 이성민 242<br>강지선 243 | 배영태 442<br>손찬희 443<br>이재성 450 | 차윤주 289<br>장재필 283<br>강영미 284<br>송윤희 341<br>김지훈 285 | 정연재 303<br>이지연 341<br>박정운 307 | 김한신 363<br>송현주 364<br>김미희 345 | 강유신 383<br>신미경 384<br>이탁희 385 |
| | 정승현 244<br>최정훈 246<br>김승용 247 | 김현정 444<br>서솔지 445<br>윤숙현 263<br>김사라 446<br>이승걸 447 | 김민정 286 | 박선애<br>박병태 304 | 백진서 342 | 이현실 |
| | 손미숙 245 | 손현정 448<br>김다희 264<br>이정은 449 | 이나연 287<br>고명진 288 | 이수민 305<br>정지훈 306 | 이효진 366<br>배희주 367 | 김혜정 386<br>강나운 387<br>한예향 388 |
| 공무직 | 추지선 202<br>김미야 200<br>김혜숙 249<br>이성금<br>류태순 | | | | | |
| FAX | 241-7004 | | 253-6922 | 256-4490 | 256-4492 | |

| 과 | 재산법인세과 | | | | 조사과 | | 납세자보호담당관 | |
|---|---|---|---|---|---|---|---|---|
| 과장 | 하치석 400 | | | | 박행옥 640 | | 김묘성 210 | |
| 팀 | 재산신고 | 재산조사 | 법인1 | 법인2 | 정보관리 | 조사 | 납세자보호 | 민원봉사실 |
| 팀장 | 김성홍 481 | 김태정 501<br>김현숙 503 | 이형석 401 | 박성진 421 | 조석주 641 | 전충선 651<br>김종철 656<br>이혜령 661 | 박필근 211 | 하성준 221 |
| 국세<br>조사관 | | | 우성현 402 | 전종태 422 | | 김찬중 654 | 강회영 212 | 윤덕희 222 |
| | 전하윤 482<br>김화선 483 | 박종민 504 | 박화경 403<br>이경희 404 | 이주현 423<br>황소정 424 | 이근환 643<br>구태효 644<br>김경진 645 | 강유정 652<br>박승종 657<br>송봉근 662 | 김희련 213 | 조태성 223 |
| | 허태구 484<br>권혜수 488<br>안혜령 485 | 백승옥 502 | | | 이예영 646 | 이은희 653 | | 오애란 224<br>허재호 225 |
| | 조채영 486<br>박가람 487 | | 김민석 405<br>강보경 406 | 이지원 425<br>박선호 426 | 박경원 647 | 김은비 658<br>허지언 663 | 최재용 214 | 장서영 226<br>한지현 227 |
| 공무직 | | | | | | | | |
| FAX | 256-7147 | | 253-2707 | | 257-0170<br>255-4100 | | 256-4489 | 256-7043 |

# 수영세무서

대표전화: 051-6209-200 / DID: 051-6209-OOO

서장: **이 종 현**
DID: 051-6209-201

| 주소 | 부산광역시 수영구 남천동로 19번길 28 (남천동) (우) 48306 | | | | | |
|---|---|---|---|---|---|---|
| 코드번호 | 617 | | 계좌번호 | 030478 | 사업자번호 | |
| 관할구역 | 부산광역시 수영구, 남구 | | | 이메일 | suyeong@nts.go.kr | |

| 과 | 징세과 | | | 부가가치세과 | | 소득세과 | |
|---|---|---|---|---|---|---|---|
| 과장 | 임채일 240 | | | 김효숙 280 | | 강연태 360 | |
| 팀 | 운영지원 | 체납추적1 | 체납추적2 | 부가1 | 부가2 | 소득1 | 소득2 |
| 팀장 | 이인권 241 | 최명길 441 | 맹수업 461 | 박은주 281 | 서경심 301 | 이상근 361 | 최고진 381 |
| 국세<br>조사관 | | 손석민 442 | 박수경 464 | 박진수 282<br>박인혁 283 | 김진영<br>유옥근 302<br>서순연 303 | 조인순 362 | 안양후 382<br>오정임 389 |
| | 진채영 244<br>박성우 242<br>김동신 246 | 박은숙 443<br>김미영 444<br>강인숙 445<br>김해영 446<br>손채은 447<br>김슬아 448 | 박지훈 462<br>김영주 262 | 최보경 284<br>강정대 285<br>이영란 286<br>이영희 287<br>전현주 288 | 장해미 304<br>강병진 305<br>정원미 306<br>정경민 307<br>최지혜 308 | 정은희<br>김종호 363<br>신정아 364<br>천승현 365 | 김동한 383<br>조정훈 384<br>양효진 385<br>최정훈 390 |
| | 최혜진 243 | | 박윤희 263<br>이유정 463 | 장유나 289<br>정대화 290 | 백아름 309 | 배다래 366<br>오규진 367<br>조정은 | 하선유 386<br>조상운 |
| | 박지원 247<br>서예주 245<br>양승찬 248 | 이다영 449 | 예신우 465 | 안선희 291 | 김애진 310<br>이유성 311 | 김은아 368 | 박혜경 387<br>임보람 388 |
| 공무직 | 손보예 202<br>백수지<br>임지현<br>권용희 | | | | | | |
| FAX | 711-6152 | | | 711-6149 | | 622-2084 | |

| 과 | 재산법인세과 | | | | 조사과 | | | | 납세자보호담당관 | |
|---|---|---|---|---|---|---|---|---|---|---|
| **과장** | 윤선태 400 | | | | 이승준 640 | | | | 이종호 210 | |
| **팀** | 재산1 | 재산2-1 | 재산2-2 | 법인 | 정보관리 | 조사1 | 조사2 | 조사3 | 납세자보호 | 민원봉사실 |
| **팀장** | 김정욱 481 | | | 류정모 401 | 박찬만 641 | | | | 이수용 211 | 윤성조 221 |
| **국세조사관** | 장광웅 482<br>장재윤 483<br>김태성 | 이동준 501 | | 송진욱 402 | 백은주 642<br>양은수 644 | 김경태 651 | 강양동 661 | 이종배 671 | 강준오 212 | 이승희 222<br>양문석 223 |
| | 이정필 484<br>정슬기 485<br>최은빈 486<br>김초이 487<br>방은혜 488 | 추종완 503 | 고은경 502<br>최정주 504 | 김지현 403<br>김지원 404<br>류영선 405 | 강남호 643 | 이재석 652 | 문홍섭 662<br>배지현 663 | 정성욱 672 | 노윤주 213<br>이신애 214 | 이상덕 224<br>이가영 228<br>엄미라 229<br>고상희 225 |
| | 박현주 489 | 문민지 505 | | 김성준 406<br>김태헌 407<br>성재경 408 | | | | 조미주 673 | | 김민진 226 |
| | 박혜경 490<br>김나현 491 | | | 오영동 409<br>성현진 410<br>김다빈 411<br>김초원 412 | | 곽우정 653 | | | | 조은정 227 |
| **공무직** | | | | | | | | | | |
| **FAX** | 711-6153 | | | 623-9203 | 711-6154 | | | | 711-6148 | 626-2502 |

469

# 중부산세무서

대표전화: 051-2400-200 / DID: 051-2400-OOO

40계단거리 / 중앙역 / 중부산세무서 / 부산세관박물관 / 경보이리스오션 오피스텔 / 부산항연안 여객터미널

서장: **김 도 균**
DID: 051-2400-201

| 주소 | 부산광역시 중구 충장대로 6 (한진중공업 R&D 센터) 4, 5, 6, 10층 (우) 48941 | | | |
|---|---|---|---|---|
| 코드번호 | 602 | 계좌번호 | 030562 | 사업자번호 | 602-83-00129 |
| 관할구역 | 부산광역시 중구, 영도구 | | 이메일 | jungbusan@nts.go.kr |

| 과 | 징세과 | | 부가소득세과 | | |
|---|---|---|---|---|---|
| 과장 | 권오식 240 | | 구연수 280 | | |
| 팀 | 운영지원 | 체납추적 | 부가1 | 부가2 | 소득 |
| 팀장 | 강승묵 241 | 김현배 441 | 박재완 281 | 박정신 301 | 문원수 361 |
| 국세조사관 | | 김세현 442 | | 강호인 302<br>최재호 314 | |
| 국세조사관 | 정재철 242<br>안대협 244<br>박성재 246 | 이규호 443<br>백운기 444<br>조혜윤 262 | 김병환 282<br>김호진 283 | 박효진 303 | 안태영 362 |
| 국세조사관 | 구화란 243<br>김영민 248 | 편지현 263<br>이창호 445<br>전현명 446<br>정성민 447 | 구상은 284 | 서지원 304<br>박미화 305<br>박민주 313 | 이명호 363<br>윤혜정 364<br>최우석 365 |
| 국세조사관 | 김세은 245 | 노화선 448<br>황태훈 449 | 최영철 285<br>남선애 286 | 성원우 306 | 엄정은 366<br>한유진 367<br>신아영 368 |
| 공무직 | 강경임 604<br>옥은주 202<br>송순례 619<br>김은희 619 | | | | |
| FAX | 240-0554 | 711-6537 | 711-6535 | | 253-5581 |

| 과 | 재산법인세과 | | 조사과 | | 납세자보호담당관 | |
|---|---|---|---|---|---|---|
| 과장 | 정경주 400 | | 김무열 640 | | 김민주 210 | |
| 팀 | 재산 | 법인 | 정보관리 | 조사 | 납세자보호실 | 민원봉사실 |
| 팀장 | 김대엽 481 | 박동기 401 | 조창래 641 | 성대경 651 | 이지하 211 | 박미영 221 |
| 국세조사관 | | 김동건 402 | | 김수연 652<br>하승민 653 | | 주성민 222 |
| 국세조사관 | 이일구 487<br>최성희 482<br>박동철 483<br>홍정희 484 | 손민정 403<br>이정화 404 | 박지혜 642<br>김미현 643<br>이장석 644 | 임완진 661<br>전태용 662<br>박민정 663 | 이택건 212<br>김효정 213 | 김혜영 224 |
| 국세조사관 | | 이정호 405<br>황지영 406 | | 신병전 671<br>김지언 672<br>김현정 673 | 윤지영 214 | |
| 국세조사관 | 신민기 485 | 천지은 407<br>문권선 408<br>김지원 409<br>박규라 410 | | | | 이현아 225<br>곽건우 223 |
| 공무직 | | | | | | |
| FAX | 240-0419 | | 711-6538 | | 240-0628 | |

# 해운대세무서

대표전화: 051-6609-200 / DID: 051-6609-OOO

서장: **정 규 진**
DID: 051-6609-201

| 주소 | 부산광역시 해운대구 좌동순환로 17 (우) 48084<br>별관 : 부산광역시 해운대구 해운대로 726 4층 (우) 48101 | | | | | | |
|---|---|---|---|---|---|---|---|

| 코드번호 | 623 | 계좌번호 | 025470 | 사업자번호 | |
|---|---|---|---|---|---|
| 관할구역 | 부산광역시 해운대구 | | | 이메일 | |

| 과 | 징세과 | | | 부가가치세과 | | 소득세과 | | 재산법인세과 | |
|---|---|---|---|---|---|---|---|---|---|
| 과장 | 현은식 240 | | | 조선제 280 | | 강헌구 360 | | 정창원 400 | |
| 팀 | 운영지원 | 체납추적1 | 체납추적2 | 부가1 | 부가2 | 소득1 | 소득2 | 재산신고 | 재산조사1 |
| 팀장 | 박병진 | 윤석중 | 윤영우 | 김현철 | 김영숙 | 신용대 | 손연숙 | 김성연 | 화종원 |
| 국세<br>조사관 | | | 박상길<br>송미정 | 이연숙(사무) | | 심은경 | 김명수 | 박진용 | |
| | 이지은<br>비용현<br>김진상(방호) | 박종국<br>현지훈<br>강성룡 | 심정희<br>김규한<br>전문숙<br>옥호근 | 김도곤<br>채승아<br>김유리<br>박지영<br>이하경 | 김은희<br>심정보<br>김희경<br>김현범(소비)<br>금인숙 | 노진명<br>김지혜<br>김종선<br>권수현<br>김민정 | 김민정<br>박경수<br>이상은<br>김재곤 | 장수연<br>이상훈<br>김민정<br>윤제현<br>배지원<br>박주희 | 김명철 |
| | 권산<br>박수진<br>권성주(운전) | 김지현<br>이소정<br>안수현 | | 옥건주 | 배주원 | 최재혁 | | 전영현<br>김민규<br>고기석 | |
| | 안일찬 | 신예진<br>김진수 | 김예지 | 이민옥<br>이재진<br>하수민 | 이아름<br>최유림<br>조민영 | 정가영<br>신동현 | 정재호<br>김나겸<br>배소언 | 방수민<br>박건호 | |
| 공무직 | 정민경<br>문윤선<br>조경숙<br>박서연<br>박준희 | | | | | | | | |
| FAX | 660-9601 | | | 660-9602 | | 660-9603 | | 660-9604 | |

# 10년간 쌓아온 재무인의 역사를 돌려드립니다 '온라인 재무인명부'

수시 업데이트 되는 국세청, 정·관계 인사의 프로필과 국세청, 지방청, 전국세무서, 관세청, 유관기관 등의 인력배치 현황을 볼 수 있는 온라인 재무인명부

1등 조세회계 경제신문 조세일보

| 과 | 재산법인세과 | | | 조사과 | | | | | 납세자보호담당관 | |
|---|---|---|---|---|---|---|---|---|---|---|
| 과장 | 정창원 400 | | | 윤동수 640 | | | | | 이수연 210 | |
| 팀 | 재산조사2 | 재산조사3 | 법인 | 정보관리 | 조사1 | 조사2 | 조사3 | 조사4 | 납세자보호실 | 민원봉사실 |
| 팀장 | 정태옥 | 정석주 | 배진만 | 한면기 | 조경배 | 윤현식 | 임우철 | 민경진 | 김정도 | 양순관 |
| 국세조사관 |  |  |  |  |  |  |  |  | 이준우 | 김은연<br>서정희 |
|  | 허윤형 | 안영준 | 박주범<br>박문주<br>김종철<br>이해웅<br>최혜미<br>이미경<br>이치훈 | 박상용<br>(정보)<br>장혜민 | 최창호 |  | 박용진 | 진효영 | 이정은 | 안정민<br>양영선<br>문성철 |
|  |  |  | 김민주<br>서민재 | 이청림<br>박준태 |  | 오혁기 |  |  |  | 전하나<br>김지윤 |
|  |  | 김가령 | 장혜진<br>김은선<br>강민정<br>곽수정<br>강승우 | 이지원 | 천지영 | 김화진 | 강가빈 | 김준성 | 조소연 | 김보선 |
| 공무직 |  |  |  |  |  |  |  |  |  |  |
| FAX | 660-9604 | | | 660-9605 | | | | | 660-9607 | |

# 동울산세무서

대표전화: 052-2199-200 / DID: 052-2199-OOO

서장: **최 흥 길**
DID: 052-2199-201

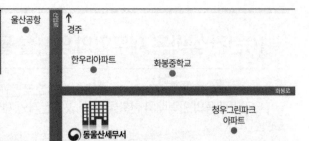

| 주소 | 울산광역시 북구 사청2길 7 (화봉동) (우) 44239 | | | |
|---|---|---|---|---|
| 코드번호 | 620 | 계좌번호 001601 | 사업자번호 | 610-83-05315 |
| 관할구역 | 울산광역시 동구, 중구, 북구, 울주군(언양읍, 범서읍, 두동면, 두서면, 상북면, 삼남면, 삼동면) | | 이메일 | dongulsan@webmail.nts.go.kr |

| 과 | 징세과 | | | 부가가치세과 | | 소득세과 | | 재산법인세과 | |
|---|---|---|---|---|---|---|---|---|---|
| 과장 | 윤남식 240 | | | 안수만 280 | | 이성근 360 | | 김창수 400 | |
| 팀 | 운영지원 | 체납추적1 | 체납추적2 | 부가1 | 부가2 | 소득1 | 소득2 | 재산신고 | 재산조사1 |
| 팀장 | 도현종 241 | 신상수 441 | 김종요 461 | 고영준 281 | 김형래 301 | 장호철 361 | 류진열 621 | 신용도 481 | 김일권 501 |
| 국세조사관 | 김은주 244 | 윤달영 442 | 임경주 462 | 공미경 282<br>최우영 283 | 김경화 302<br>강병문 315 | 홍성민 362 | 이희정 622 | 김영미 482 | |
| 국세조사관 | 우정순 242<br>이정애 200<br>이위형 246 | 이선교 443<br>안재필 444<br>김석민 445<br>양지윤 | 백승연 262<br>유상선 463<br>정경임 263<br>고광철 464 | 윤영자 284<br>윤경출 285<br>나희연 286 | 허규석 303<br>권병수 304<br>강희정 305 | 전국화 363<br>김령우 364<br>윤예진 365 | 김진경 623<br>황상준 624<br>박재한 625 | 박준성 483<br>박주아 484<br>안지현 485<br>김은호 236<br>한혜숙 486 | |
| 국세조사관 | 김일희 243<br>김광덕 247 | | 김희애 264<br>김소영 465 | 정인철 287 | 임나영<br>김현진 255 | | | 박정연 487<br>문예지 488<br>문정현 489 | 박유진 502 |
| 국세조사관 | 백가윤 245 | 오주하 446<br>이주미 447<br>정혁철 448 | 조중현 466<br>박재원<br>손예린 467 | 김현 288<br>이은아 289<br>황미정 290 | 백동재 316<br>이지영 306<br>이한슬 307 | 민병현 366<br>정윤지 367<br>김나현 368<br>임종훈 369 | 정대성 626<br>주현수 627<br>신지은 628<br>이현정 629 | | |
| 공무직 | 김소영 202<br>임공주<br>강래윤 | | | | | | | | |
| FAX | 713-5176 | | | 289-8367 | | 289-8375 | | 287-0729 | |

474

# 1등 조세회계 경제신문 조세일보

| 과 | 재산법인세과 | | 조사과 | | 납세자보호담당관 | | 울주지서(052-219-9203) | | |
|---|---|---|---|---|---|---|---|---|---|
| 과장 | 김창수 400 | | 한정홍 640 | | 이재춘 210 | | 이선영 201 | | |
| 팀 | 재산조사2 | 법인 | 정보관리 | 조사 | 납세자보호 | 민원봉사실 | 납세자보호 | 부가소득 | 재산법인 |
| 팀장 | 김종명 503 | 박진관 401 | 전성화 641 | | 김갑이 211 | 최재우 221 | | 이은희 300 | 박종수 400 |
| 국세조사관 | 최민식 504 | 박정의 402<br>김미옥 403<br>고인식 404<br>남나은 405<br>여효정 411<br>이수연 408<br>유재랑<br>최고은 407<br>이승익 406<br>백지원 409<br>박혜지 410 | 엄태준 642<br>심지영 643<br>이진수<br>고윤학 644 | 1팀 권윤호 651<br>정수희 652<br>정재현 653<br><br>2팀 윤한 661<br>김봉준 662<br>김나현 663<br><br>3팀 임영희 671<br>임종근<br>하선우 672 | 배영애 212<br>류장식 213<br>손주희 214 | 김명훈 222<br>안수연 223<br>김현기 227<br>엄제현 224<br>김아름 225<br>문가현 226 | 이지영 211<br>권지혜 212<br>서지훈 213 | 장덕희 301<br>김미경 302<br>정영록 303<br>이혜란 304<br>박민영 311<br>강영희 312<br>류호림 313<br>노학준 314<br>권순영 305 | 박용섭 411<br>조성래 401<br>김서형 421<br>이상도 412<br>주선돈 413<br>이한빈 414<br>김보희 422<br>허준영 402<br>권동민 423<br>이지유 403 |
| 공무직 | | | | | | | 최선자 | | |
| FAX | 287-0729 | 289-8368 | 289-8360 | | 289-8370 | 289-8371 | 291-4210 | 291-4410 | |

# 울산세무서

대표전화: 052-2590-200 / DID: 052-2590-OOO

서장: **김 동 근**
DID: 052-2590-201

| 주소 | 울산광역시 남구 갈밭로 49 (삼산동 1632-1번지) (우) 44715 | | | | |
|---|---|---|---|---|---|
| 코드번호 | 610 | 계좌번호 | 160021 | 사업자번호 | |
| 관할구역 | 울산광역시 남구, 울주군(웅촌, 온산, 온양, 청량, 서생) | | | 이메일 | ulsan@nts.go.kr |

| 과 | 징세과 | | | 부가가치세과 | | 소득세과 | | 법인세과 | |
|---|---|---|---|---|---|---|---|---|---|
| 과장 | 손완수 240 | | | 백선기 280 | | 허서영 360 | | 남관길 400 | |
| 팀 | 운영지원 | 체납추적1 | 체납추적2 | 부가1 | 부가2 | 소득1 | 소득2 | 법인1 | 법인2 |
| 팀장 | 남경호 241 | 김대연 441 | 박종민 461 | 이재원 281 | 조숙현 301 | 엄상원 361 | 박현순 621 | 전제영 401 | 강도현 421 |
| 국세<br>조사관 | | 김성희 442 | 김종오 469<br>김태순 462 | 김장석 282<br>신민채 283 | 제재호 302<br>이현동 | | 김기범 622 | 김미옥 402 | 김정인 |
| | 이진희 242<br>황경호 243<br>최동석(방)<br>245<br>이정걸(운)<br>246 | 노동율 443<br>장지영 444<br>최항호 445<br>박찬익 446<br>정영희 447 | 허명화(징세)<br>262<br>고현주 463<br>진성은 464<br>김형진 465 | 정선경 284<br>김준호 285<br>조재천 286<br>차기숙 287<br>이선화 288 | 김언선 303<br>김선희 304<br>이현주 305<br>한건희 306<br>변혜정 307<br>엄기동 308<br>김혜은 309 | 곽민석 362<br>강보화 363<br>한윤주(시)<br>512<br>박진영 364 | 박복자 623<br>양승민 624<br>장미진 625 | 김도헌 403<br>최현정 404<br>이다은 405 | 김연진 422<br>박일동 423<br>이소영 424 |
| | | 최진영 448<br>김나영 449 | 최성임(징세)<br>263<br>박지민 466<br>이다솜 470<br>김은영(징세)<br>264 | 천혜미 289 | 최원우(소비)<br>314 | 이한라 365<br>김태완 366 | | 이형근 406<br>오초룡 407 | 이지희 425<br>이성은 426<br>전승록 427 |
| | 김유진 244<br>김태형 247 | 김승규 450 | 김유정 467 | 송재훈 290 | 안현수(소비)<br>315 | 장한나 367 | 윤혜원 626<br>배승준 627 | 정보겸 408<br>김인주 409 | 최윤영 428 |
| 공무직 | 방금자<br>최숙란<br>이현정 620<br>이나경 202 | | | | | | | | |
| FAX | 266-2134 | 266-2135 | | 266-2136 | | 257-9435 | | 266-2133 | |

| 과 | 재산세과 | | | 조사과 | | | | | 납세자보호담당관 | |
|---|---|---|---|---|---|---|---|---|---|---|
| 과장 | 윤종식 480 | | | 강경구 640 | | | | | 임종훈 210 | |
| 팀 | 재산신고 | 재산조사1 | 재산조사2 | 정보관리 | 조사1 | 조사2 | 조사3 | 조사4 | 납세자보호실 | 민원봉사 |
| 팀장 | 이승진 481 | 이주영 501 | 김상엽 502 | 장세철 641 | 우형수 651 | 홍영숙 655 | 강정환 659 | 신민혜 691 | 이동혁 211 | 최주영 221 |
| 국세조사관 | 김현성 482 | | | | | | | | 배달환 212 | |
| 국세조사관 | 류임정 483 최경은 484 신병준 485 | | | 우인영 (정보) 644 최낙상 642 윤석미 643 | 홍민지 652 | 김라은 656 | 최수현 660 | 설도환 692 | 박선희 213 진선미 214 | 김정미 222 김은애 223 전성곤 224 박정은(시) 229 |
| 국세조사관 | 이기정(시) 519 김윤서 486 김민정 487 | 남윤석 503 | | | 정주희 653 | 구승현 657 | 이창훈 661 | 김준희 (파견) | | 이미진(시) 253 |
| 국세조사관 | 장바롬 488 손혜원 489 | | 장유진 504 | | | | | | 김지연 215 | 이소정 225 김숙 226 김시우 227 장수은 228 |
| 공무직 | | | | | | | | | | 김영옥 252 |
| FAX | 266-2133 | | | 266-2139 267-2140(정보팀) | | | | | 273-1636 | 273-2100, 2103 |

477

# 거창세무서

대표전화: 055-9400-200 / DID: 055-9400-OOO

서장: **조 성 용**
DID: 055-9400-201

| 주소 | 경상남도 거창군 거창읍 상동2길 14 (상림리) (우) 50132 | | | | |
|------|------|------|------|------|------|
| 코드번호 | 611 | 계좌번호 | 950419 | 사업자번호 | 611-83-00123 |
| 관할구역 | 경상남도 거창군, 함양군, 합천군 | | | 이메일 | geochang@nts.go.kr |

| 과 | 체납징세과 | | |
|------|------|------|------|
| 과장 | 이성환 240 | | |
| 팀 | 운영지원 | 체납추적 | 조사 |
| 팀장 | 김충일 241 | 김병우 441 | 김재년 651 |
| 국세조사관 | | | 강길순 652<br>류혜미 653 |
| 국세조사관 | 김환진 242<br>이준희 246 | 이성규 442<br>박주영 444<br>하승범 443 | |
| 국세조사관 | | 박세웅 445 | 노종근 655 |
| 국세조사관 | 정유진 243<br>현선재 245 | | |
| 공무직 | 조영자 202<br>김영순 269<br>이점숙 200 | | |
| FAX | 942-3616 | | |

| 과 | 세원관리과 | | | | 납세자보호담당관 | |
|---|---|---|---|---|---|---|
| 과장 | 김명경 280 | | | | 봉지영 210 | |
| 팀 | 부가소득 | | 재산법인 | | 납세자보호실 | 민원봉사실 |
| | 부가 | 소득 | 재산 | 법인 | | |
| 팀장 | 김재중 281 | | 윤영수 481 | | 윤창중 211 | 김원희 221 |
| 국세<br>조사관 | 박호용 282<br>염인균 637<br>김현준 | 송우용 290 | 이현재 482<br>김도년 483 | | | 권경숙 222 |
| | 박미혜 284 | 배정환 291<br>김한석 292 | 조재형 484<br>김현수 485<br>최지현 | 한임철 402<br>김경은 403<br>안재현 404<br>박민석 405 | | 강민준(합천)<br>고진수 223 |
| | 백영규 638 | | | | | 진현호(함양) |
| | 허지혜 285<br>이지우 286<br>오은서 287 | 이채희 293 | | 이미희 406 | | |
| 공무직 | | | | | | |
| FAX | 944-0382 | | 944-5448 | | 944-0381 | |

# 김해세무서

대표전화: 055-3206-200 / DID: 055-3206-OOO

김해세무서
부원동 행정복지센터
김해시청
부원역
↓가락

서장: **천 용 욱**
DID: 055-3206-201

| 주소 | 경상남도 김해시 호계로 440 (부원동) (우) 50922<br>밀양지서 : 경남 밀양시 중앙로 235 (삼문동 141-2번지) (우) 50440 | | | | |
|---|---|---|---|---|---|
| 코드번호 | 615 | 계좌번호 | 00178 | 사업자번호 | |
| 관할구역 | 경상남도 김해시, 밀양시 | | | 이메일 | gimhae@nts.go.kr |

| 과 | 징세과 | | | 부가가치세과 | | | 소득세과 | |
|---|---|---|---|---|---|---|---|---|
| 과장 | 곽귀명 240 | | | 서재균 280 | | | 권성호 360 | |
| 팀 | 운영지원 | 체납추적1 | 체납추적2 | 부가1 | 부가2 | 부가3 | 소득1 | 소득2 |
| 팀장 | 한종창 241 | 김일규 441 | 최인식 461 | 신호철 281 | 이유만 301 | 김풍겸 321 | 원욱 361 | 강태규 621 |
| 국세<br>조사관 | | 손민지 442<br>김경용 | 김슬기론<br>조병환 462<br>김지연 262 | 박수성 282 | 선병우 302<br>윤정 303 | 이봉철 330<br>윤정훈 322<br>노희옥 323 | 박홍수 362 | |
| | 곽영근 242<br>손영미 243 | 정춘영 443<br>김민석 444<br>윤세영 445<br>이정현 446<br>서주희 447<br>이동민 448 | 정숙희 469<br>김선임 463<br>이용환 464<br>홍지영 465<br>전홍미 263<br>오은주 470<br>박상미<br>선은미 264 | 은기남 283<br>최수식 284<br>김미영 285<br>이혜령 286<br>위지혜 287<br>박진호 288 | 김지아 304<br>이문호 305<br>정지현 306<br>김지희 307<br>김솔 308<br>서충석 309 | 오영주 324<br>정인구 325<br>이은미 331<br>한가영 326<br>임하나 | 김희범 363<br>김록수 364<br>한은숙 365 | 최윤실 622<br>이태호 623<br>박지은 624<br>정세미 625 |
| | 강재희 244<br>최성민 | | 김경이 466 | 오채은<br>황상진 289 | 강혜은 310 | | 문지민 366<br>김현정 367<br>김영현 | 김동길 626<br>조예언 627 |
| | 김현준 245<br>정은이 246<br>김명섭 247<br>김민재 248 | 김지현 449<br>곽혜지 450<br>오하나 451 | 이유정 467<br>조영미 468<br>표민경 471 | 최주영 290 | | 곽미숙 327 | 김가영 369<br>노유남 370 | 황홍비 628<br>천성운 629 |
| 공무직 | 강민영 202<br>윤슬기<br>김선희 | | | | | | | |
| FAX | 335-2250 | 349-3471 | | 329-3476 | | | 329-3473 | |

| 과 | 재산세과 | | 법인세과 | | 조사과 | | 납세자보호담당관 | | 밀양지서(055-3590-200) | | |
|---|---|---|---|---|---|---|---|---|---|---|---|
| 과장 | 성낙진 480 | | 최정식 400 | | 신기준 640 | | 정철규 210 | | 김현두 201 | | |
| 팀 | 신고 | 조사 | 법인1 | 법인2 | 관리 | 조사 | 납세자보호실 | 민원봉사 | 납세자보호실 | 부가소득 | 재산법인 |
| 팀장 | 이송우 481 | 정회영 501 | 이강우 401 | 장준 421 | 여지은 641 | 강선미 651 | 엄병섭 211 | 김준평 221 | 김주수 211 | 김유진 300 | 김기업 400 |
| 국세조사관 | 김미숙 482 | 김동우 502 | 이주현 402 김명윤 403 이세훈 404 | 장광택 422 정성만 423 | 전태호 642 | 송창희 652 고태혁 653 이용진 654 | 안승훈 212 | 조경진 유문희 222 | | 김민정 301 서기석 305 진훈미 308 | 전영수 512 |
| | 강은순 483 심상형 484 김아람 485 허지윤 486 김슬지 487 | 하정욱 504 백상순 503 김미정 505 전진하 506 | 서준영 405 제갈형 406 | 신연정 424 장성욱 425 | 조상래 691 이훈희 692 정상훈 644 | 공민석 655 정창국 661 이경훈 662 이선규 663 하승민 664 김창영 665 | 김정혜 213 김민숙 214 | 최혜선 223 배선미 224 신민수 정수영 225 | 박미영 212 박일호 213 | 이성웅 309 김진석 306 정미연 302 주지훈 303 이채은 310 | 이수길 513 최혜선 514 최제환 401 김형민 402 |
| | 한정예 488 송다성 489 김병주 490 | | 남연주 407 최미녀 408 | 안성태 426 김진영 427 서유진 428 김예원 429 | 서준영 643 | 김은영 672 송연지 671 | 문아현 215 | | | 이현도 304 김준호 312 | |
| | | | 배은지 409 김나영 410 강수진 411 | 권창현 430 | | 최지나 673 최재은 675 김미경 674 | | 최하은 226 정인률 227 | 이우형 215 | 김수진 307 김민정 311 | 유도권 403 |
| 공무직 | | | | | | | | | 백민영 202 | | |
| FAX | 329-4902 | | 329-3477 | | 329-4303 | | 335-2100 | 329-4901 | 355-8462 | 359-0612 | 353-2228 |

481

# 마산세무서

대표전화: 055-2400-200 / DID: 055-2400-OOO

서장: **이 석 중**
DID: 055-2400-201

| 주소 | 경상남도 창원시 마산합포구 3.15대로 211 (중앙동3가 3-8) (우) 51265 | | | | |
|---|---|---|---|---|---|
| 코드번호 | 608 | **계좌번호** | 140672 | **사업자번호** | |
| 관할구역 | 경상남도 창원시(마산합포구, 마산회원구), 함안군, 의령군, 창녕군 | | **이메일** | masan@nts.go.kr | |

| 과 | 징세과 | | | 부가가치세과 | | | 소득세과 | |
|---|---|---|---|---|---|---|---|---|
| 과장 | 최태전 240 | | | 정학식 280 | | | 주민혁 360 | |
| 팀 | 운영지원 | 체납추적1 | 체납추적2 | 부가1 | 부가2 | 부가3 | 소득1 | 소득2 |
| 팀장 | 이동욱 241 | 박욱상 441 | 하재현 461 | 천효순 281 | 박성규 301 | 임창수 321 | 박태원 361 | 조민경 381 |
| 국세조사관 | | 김태호 442<br>조현용 443<br>송대섭 444 | 구본 462<br>윤정미(징세) 262<br>이효영 463 | 김성준 282 | 정수환 302<br>이은순 303 | 김세영 322 | 김태균 362 | 황진희 382 |
| | 이지현 242<br>허준영 243<br>안대철 244<br>주혜진 245<br>김태철 247<br>이기영 248 | 이한아 445<br>이부경 446<br>전종호 447 | 김봉재 464<br>김수진(징세) 263<br>오정민(징세) 264<br>차민식 465 | 김윤진 272<br>권보란 283<br>김가은 284<br>강곡지 290 | 김성택 304<br>정건화 305 | 서윤경 323<br>황성업(소비) 329<br>서학근 324<br>정권술 325 | 오승희 363<br>정대희 364<br>최은진 273<br>문숙미 369 | 진석주 383<br>김용백 384<br>권은경 273<br>김현석 385 |
| | | 채경연 448 | 김대현 466<br>신동근 467 | 김규민 285<br>김승미 286<br>최지선 287 | 홍민정 272<br>강대석 306<br>이재열 307 | 강호윤(소비) 330 | 김영혜 365 | 송효진 386 |
| | 박성현 246<br>김영식 249 | 신유진 449 | 김미소 468 | 김다현 288 | 박수완 308<br>이화영 309 | 엄희지 326 | 변광률 366<br>박세언 367<br>이윤기 368 | 도준혁 387<br>노가영 388 |
| 공무직 | 마숙희 690<br>정하윤 202<br>김순연<br>박미정 | | | | | | | |
| FAX | 223-6881 | | | 241-8634 | | | 245-4883 | |

| 과 | 재산법인세과 | | | | 조사과 | | 납세자보호담당관 | |
|---|---|---|---|---|---|---|---|---|
| **과장** | 안정희 400 | | | | 이진환 640 | | 김헌국 210 | |
| **팀** | 재산신고 | 재산조사 | 법인1 | 법인2 | 정보관리 | 조사 | 납세자보호 | 민원봉사실 |
| **팀장** | 윤봉원 481 | | 김정국 401 | 임희택 421 | 이병국 641 | 김형훈 651 | 신성원 | 이상현 221 |
| **국세조사관** | 김경승 482<br>정유진 483 | 배광한 501<br>김도영 502 | | 임상조 422 | 김영주 642 | 홍원의 652<br>김창윤 653<br>이동규 654 | 이재관 211<br>김대희 212 | 이은상(창녕민원실) 231 |
| | 배미영 484<br>변은희 485<br>김미진 486 | 곽용석 503<br>이진화 504 | 김형두 402<br>우현하 403<br>윤현화 404<br>박윤경 405<br>황선주 406 | 조미희 423<br>황민훈 424<br>전세훈 425 | 최지영 643<br>조정목(정보) 691 | 김진아 655<br>김성철 661<br>서성덕 662<br>임지혜<br>이주석<br>문두열 658<br>김도헌 659<br>박은경 657<br>허유정 663<br>조은서 666 | 서기정 213 | 이재웅 222<br>권영철 223<br>김혜영 224<br>임병섭 225 |
| | 정유진 274<br>최인영 487<br>이지수 488 | | 배지현 407 | 조현아 426 | | 이아름 665<br>박지은 664 | 이은상 214 | 김나현 226<br>권수경 227 |
| | 김다운 489 | | 박지향 408<br>서찬일 409 | 이현지 427<br>김년성 428 | 조정선(정보) 692 | 박수인 667 | | 정현정 228 |
| **공무직** | | | | | | | | |
| **FAX** | 223-6911 | | 245-4885 | | 244-0850 | | 245-4884 | 223-6880 |

# 양산세무서

대표전화: 055-3896-200 / DID: 055-3896-OOO

서장: **송 진 호**
DID: 055-3896-201

| 주소 | 경상남도 양산시 물금읍 증산역로 135, 9층, 10층 (가촌리1296-1) (우) 50653 웅상민원실 : 경상남도 양산시 진등길 40 (주진동) (우) 50519 | | | | | | |
|---|---|---|---|---|---|---|
| 코드번호 | 624 | 계좌번호 | 026194 | 사업자번호 | | |
| 관할구역 | 경상남도 양산시 | | | 이메일 | | |

| 과 | 징세과 | | 부가소득세과 | | | 재산세과 | |
|---|---|---|---|---|---|---|---|
| 과장 | 공성원 240 | | 유은주 280 | | | 임정섭 480 | |
| 팀 | 운영지원 | 체납추적 | 부가1 | 부가2 | 소득 | 재산신고 | 재산조사1 |
| 팀장 | 서정균 241 | 김성찬 261 | 유진희 281 | 이장환 301 | 이묘금 321 | 이수미 481 | |
| 국세조사관 | | 민승기 442 | | | 이호영 322 | 김숙례(후) 275 | 이종건 501 |
| 국세조사관 | 김세운 242 백상인(방호) 245 이현진 243 | 이미숙 262 김희정 263 심서현 443 송인출 444 우성락 445 | 정종근 282 김윤주 283 김건우 284 이지은 285 전봄내 286 강병수 287 | 권미정 302 추원희(소비) 310 김동욱 303 박재희(전) 274 김현아 304 김명미 305 | 김정은 323 김양희 324 조세영 325 김길선 326 | 이순영 482 최학선 483 하원경 484 | 김구환 503 오종민 504 |
| 국세조사관 | 임종필(운전) 246 | 김민준 446 양은지 447 김다예 448 황영 264 | 박효영(전) 274 제홍주 288 | 문희준 306 | 이혜림 327 이영재 332 황나래 328 김한솔 329 | 배형철 485 | |
| 국세조사관 | 이준호 244 | 배성윤 449 이옥주 450 허정윤 451 이현수 452 | 박은경 289 이예함 290 | 김은지(후) 274 최연정 307 | 신소영 330 김수연 332 이동현 331 | 장지윤 486 | |
| 공무직 | 김경미(환경) 구혜경(환경) 임혜진(비서) 김영은(사무) | | | | | | |
| FAX | 389-6602 | 389-6603 | 389-6604 | | | 389-6605 | |

| 과 | 법인세과 | | 조사과 | | | | 납세자보호담당관 | |
|---|---|---|---|---|---|---|---|---|
| 과장 | 양기화 400 | | 김태우 640 | | | | 진우영 210 | |
| 팀 | 법인1 | 법인2 | 정보관리 | 조사1 | 조사2 | 조사3 | 납세자보호실 | 민원봉사실 |
| 팀장 | 김경우 401 | 황민주 421 | 정해룡 641 | | | | 김동건 211 | 김연주 221 |
| 국세조사관 | 이태호 402 | 우을숙 422 | | 안상재 651 | | | | 김윤경 222 |
| | 김태호 403<br>김지현 404 | 이정관 423<br>김태민 424<br>노미향 425 | 김수진 642<br>김현희 643<br>정미선 644 | | 김병창 654 | 정성용 656 | 이창일 212 | 손지혜(웅상)<br>781-2267<br>장현진(전)<br>225<br>박지민 223 |
| | 공휘람 405 | 장윤정 426<br>김동현 427 | | 김지현 652 | 박정은 655 | 서예진 657 | 백승훈 213 | 백제흠 224 |
| | 우지희 406 | | | 김정헌 653 | | | | 황인성 226 |
| 공무직 | | | | | | | | |
| FAX | 389-6606 | | 389-6607 | 389-6608 | | | 389-6609 | 389-6610 |

# 진주세무서

대표전화: 055-7510-200 / DID: 055-7510-OOO

서장: **신 민 섭**
DID: 055-7510-201

| 주소 | 경상남도 진주시 진주대로908번길 15 (칠암동) (우) 52724<br>사천지서 : 경상남도 사천시 용현면 시청2길 27-20 (우) 52539<br>하동지서 : 경상남도 하동군 하동읍 하동공원길 8 (우) 52331 | | | | | | | |
|---|---|---|---|---|---|---|---|
| 코드번호 | 613 | | 계좌번호 | 950435 | | 사업자번호 | |
| 관할구역 | 경상남도 진주시, 사천시, 산청군, 하동군, 남해군 | | | | | 이메일 | jinju@nts.go.kr |

| 과 | 징세과 | | 부가소득세과 | | | 재산법인세과 | | | |
|---|---|---|---|---|---|---|---|---|---|
| 과장 | 정현대 240 | | 이광자 280 | | | 김남배 400 | | | |
| 팀 | 운영지원 | 체납추적1 | 부가1 | 부가2 | 소득1 | 재산신고 | 재산조사 | 법인1 | 법인2 |
| 팀장 | 김용대 241 | 오영권 441 | 손은경 281 | 강동수 301 | 김창현 361 | 강신태 481 | | 하병욱 401 | 이동희 421 |
| 국세<br>조사관 | | 고병렬 452<br>임태수 442<br>정옥상 443<br>이보라 262 | 김덕원 282 | 천승민 302<br>이정훈 296 | 하민수 362 | 임원희 482 | 여정민 501 | 김재철 402 | |
| | 임상만 242<br>박용선 247<br>이은미 243 | 박상우 444<br>이영미 445<br>최서윤 446<br>정하정 447<br>정성원 449<br>이경구 450 | 김화영 283<br>김아영 284<br>진현탁 285<br>민병려 286 | 안원기 303<br>곽진우 607<br>배승현 304<br>김은주 305<br>최욱경 297<br>송민국 306 | 김영민 364<br>여명철 364<br>박수민 365<br>배영은 606 | 김정식 483<br>하정란 484<br>정은미 608 | 오성현 502<br>류태경 503<br>정소영 504 | 김태성 403<br>조기현 404 | 김병기 422<br>조기현 404 |
| | 정연국 613<br>윤경현 244 | 장윤화 451 | 김준영 287 | | | 허지영 485<br>황미정 486 | | | 이현우 424 |
| | 성정현 245<br>이경환 246 | 이희정 243 | 김예지 288<br>백승혜 289<br>허진혁 290 | 박태준 307<br>오연정 308<br>서유나 390<br>성예나 310 | 김시은 366<br>김태환 367<br>고흥주 368<br>김성목 606<br>안승원 369<br>강혜린 370<br>황기훈 371 | 박지훈 487 | | 강지현 405<br>성승민 406 | 김현주 425<br>강혜령 426 |
| 공무직 | 유정숙<br>(교환) 602<br>김춘란<br>(환경관리) | 김양현<br>(부속) 202<br>최은양<br>(환경관리) | | | | | | | |
| FAX | 753-9009 | | 752-2100 | | 761-3478 | 762-1397 | | | |

# 1등 조세회계 경제신문 조세일보

| 과 | 조사과 | | 납세자보호담당관 | | 하동지서(055-8684-201) | | | 사천지서(055-8685-201) | | |
|---|---|---|---|---|---|---|---|---|---|---|
| 과장 | 박해근 640 | | 김병성 210 | | 신웅기 201 | | | 이우석 201 | | |
| 팀 | 조사관리 | 조사세원정보 | 납세자보호실 | 민원봉사 | 납세자보호실 | 부가소득 | 재산법인 | 납세자보호실 | 부가소득 | 재산법인 |
| 팀장 | 배준철 641 | | 김용원 211 | 정준규 221 | | 권성표 300 | 허치환 400 | | 강욱중 301 | 모규인 401 |
| 국세조사관 | | 박미희 651 최대경 652 강상원 653 조희정 654 | 김현석 212 | 이정례 226 이전승(산청) 907-6207 고계명 222 | 박병규 207 | 이종원 306 전영철 301 | | 이인재 211 | 하경혜 302 김성혁 601 우희준 306 이진경 604 | 서정운 402 진경준 403 김영경 501 |
| 국세조사관 | 김재환 642 박용희 691 박지용 643 | 장승일 664 우동훈 661 천승리 662 | 권은정 214 김태식 213 | 윤성혜 223 강경옥 224 | 김인수 863-2341 강중희 211 | 김현우 307 김재형 302 박지혜 303 | 유민호 401 강철구 501 서형선 402 | 김진 212 김규진 2123 | 류정훈 602 정의웅 303 이환선 304 유재학 307 | 이설희 404 정진우 502 |
| 국세조사관 | | 공보선 663 | | 이성혜 227 박수영 225 | 허진웅 212 | 구경택 304 송희진 305 | | | 김혜은 308 김미송 603 | 백지은 503 신기한 504 |
| 국세조사관 | | 정수영 671 김정민 673 손우현 672 | | | 문라형 213 | | 김세원 502 | | | |
| 공무직 | | | | | 강희연(환경관리) | | | 하영미(환경관리) | | |
| FAX | 758-9060 | | 753-9269 | 758-9061 | 883-9931 | 882-4440 | 882-9627 | 835-2105 | 835-0570 | 835-0571 |

# 창원세무서

대표전화: 055-2390-200 / DID: 055-2390-OOO

서장: **허 종**
DID: 055-2390-201

| 주소 | 경상남도 창원시 성산구 중앙대로 105 STX 오션타워 (중앙동 93-3) (우) 51430<br>진해민원실 : 경상남도 창원시 진해구 덕산로 61번길31(자은동) GS더프레시 2층 (우) 51647 | | | | | |
|---|---|---|---|---|---|
| 코드번호 | 609 | 계좌번호 | 140669 | 사업자번호 | |
| 관할구역 | 경상남도 창원시(성산구, 의창구, 진해구) | | | 이메일 | changwon@nts.go.kr |

| 과 | 징세과 | | | 부가가치세과 | | | 소득세과 | |
|---|---|---|---|---|---|---|---|---|
| 과장 | 정준갑 240 | | | 김태경 280 | | | 김동현 360 | |
| 팀 | 운영지원 | 체납추적1 | 체납추적2 | 부가1 | 부가2 | 부가3 | 소득1 | 소득2 |
| 팀장 | 현경민 241 | 예종옥 441 | 최경희 461 | 윤간오 281 | 백성경 301 | 김희준 321 | 이승규 361 | 이상미 381 |
| 국세<br>조사관 | | | 정성욱 462<br>송인수 463 | 이종욱 282 | 문성배 302<br>심연주 303 | 김희문 322 | | 김계영<br>이봉화 382<br>전창석 383 |
| | 노미해 243<br>고명순 242<br>최호영 245<br>김진수 244<br>유정우(방호)<br>247 | 노재진 442<br>송미연 443<br>이경미 444<br>이정숙 445<br>박미숙 446<br>김영수 447 | 이대구 464<br>배선경 466<br>최상덕 467<br>성지혜 261<br>이병철 465<br>이은진 468<br>서지혜 262 | 남동현 283<br>정지완 285<br>이영수 284<br>류서현 | 김예정 304<br>강민정<br>이승진 305 | 이진호 339<br>명영빈 340<br>임수정 324<br>옥채순 326<br>김소영 327 | 서재필 362<br>최정애 363<br>구현진 364<br>김태경 365<br>박주희 366<br>이소은 392 | 곽윤영 384<br>이동윤 385<br>장혜원 386 |
| | 김중훈(운전)<br>248 | 이단비 448<br>김동현 449 | 정수진 469 | 정유영 286<br>이경민 287<br>윤태영 288 | 김민서 306<br>정성윤 307<br>박세린 308<br>박상우 309 | 이은주 328 | 홍경숙<br>양예주 367 | 주현진 387 |
| | 박재홍 246<br>이규영 249 | 김민채 450<br>김유리 451 | 문영신 470<br>강진경 263 | 부미혜 289<br>김수인 290 | 강지수 310 | 진소정 329<br>오선우 330 | 김동현 368<br>황준호 369<br>박경리 370 | 송연욱 388<br>이동근 389 |
| 공무직 | 김성미(교환)<br>560<br>김정옥(부속)<br>202<br>김복선(환경)<br>박재숙(환경) | | | | | | | |
| FAX | 285-1201 | 287-1394 | | 285-0161, 0162 | | | 285-0163, 0164 | |

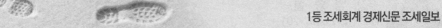

# 재무인과 함께 걸어가겠습니다 '조세일보'

재무인에겐 조세일보를 읽는 사람과 읽지 않는 사람 두 종류의 사람만 있다.

1등 조세회계 경제신문 조세일보

| 과 | 재산세과 | | 법인세과 | | 조사과 | | 납세자보호담당관 | |
|---|---|---|---|---|---|---|---|---|
| **과장** | 신승환 480 | | 손성주 400 | | 김도암 640 | | 강경보 210 | |
| **팀** | 재산신고 | 재산조사 | 법인1 | 법인2 | 정보관리 | 조사 | 납세자보호 | 민원봉사실 |
| **팀장** | 이장호 481 | 김정호 501 | 배기득 401 | 임주경 421 | 이재철 641 | 하복수 651 | 이종면 211 | 문병찬 221 |
| **국세<br>조사관** | 권지은 482 | | 김병철 402 | 정월선 422<br>이점순 423 | 김태수 646 | 주광수 681<br>임창섭 654<br>최병철 657 | 정유영 212 | 정성우<br>강성호 222<br>서상율 223<br>박해경 224 |
| | 최인아<br>양예진 483<br>곽다혜 484<br>우윤중 485<br>지우석 486 | 정현옥 503<br>윤중해 502 | 강정선 403<br>안수진 404<br>김준수 405<br>강희 412 | 박정오 424<br>박현경 425<br>남송이 426<br>강효경 427 | 이현우 642<br>김현정 643 | 최윤혁 652<br>정창재 674<br>허종구(파견)<br>최진숙 655<br>김성진 656<br>이혜경 658<br>김수창 659<br>이정옥 671<br>손병열 672 | 이현정 213<br>김회정 214 | 황수영 |
| | 서민경<br>김수현 487<br>조근비 488 | 이현재 504<br>박현주 505 | 양재영 406<br>김승훈 407 | 김현민 428 | 김성범 647 | 최제희 675 | | 곽은미 225<br>김령언 226<br>김정은 227 |
| | 홍자빈 489 | | 박구슬 408<br>조예슬 409<br>김영빈 410 | 류선아 429<br>김신애 430 | 김윤지 644 | 함수민 653<br>심수진 676<br>박혜림 673 | 옥상하 215<br>강이나 216 | 장홍정 228<br>박장영 229 |
| **공무직** | | | | | | | | |
| **FAX** | 285-0165 | | 287-1332 | | 285-0166 | | 285-2492 | |

489

# 통영세무서

대표전화: 055-6407-200 / DID: 055-6407-OOO

서장: **임 종 철**
DID: 055-6407-201

| 주소 | 경상남도 통영시 무전5길 20-9 (무전동) (우) 53036<br>거제지서 : 거제시 계룡로11길 9 (고현동) (우) 53257 | | | | |
|---|---|---|---|---|---|
| 코드번호 | 612 | **계좌번호** | 140708 | **사업자번호** | |
| 관할구역 | 경상남도 통영시, 거제시, 고성군 | | | **이메일** | tongyeong@nts.go.kr |

| 과 | 체납징세과 | | | | 부가소득세과 | | 재산법인세과 | |
|---|---|---|---|---|---|---|---|---|
| 과장 | 정경일 240 | | | | 송인범 280 | | 정용섭 480 | |
| 팀 | 운영지원 | 체납추적 | 조사 | 정보관리 | 부가 | 소득 | 재산법인 | |
| | | | | | | | 재산 | 법인 |
| 팀장 | 정유진 241 | 홍덕희 441 | 전종원 651<br>이상훈 652<br>김경인 653 | 최진관 691 | 김민규 281 | 정희봉 361 | 오대석 481 | 권태훈 401 |
| 국세<br>조사관 | 이용정 242 | 김동호 442<br>최은경(징)<br>262 | 김태훈 | | 정연욱(소)<br>289 | 김수영 362 | 윤연갑 482 | 이창희 402 |
| | 임현진 243 | 김재준 443<br>박용남 444<br>황성택 445<br>강수원 446 | 박재형 654<br>김나래 656 | 이성훈 692<br>최선우 693<br>박인홍 694 | 조경혜 282<br>김행은 283 | 허춘도 363<br>유송화 364<br>김난영 365<br>김동길 366 | 심상길 483<br>윤진명 484<br>정시은 485 | 강대현 403 |
| | 한명진 244<br>정연훈(방호)<br>246 | 전지민(징)<br>263<br>정소윤 446<br>석대겸 447 | 하상우 655<br>장주환 658<br>최승훈 657 | | 하이레 284 | | 주명진 486 | 최현빈 404 |
| | 황종하 245 | 박도현 448 | | | 손성인 285<br>구미주 286<br>허슬기 287<br>유경주(수습) | 김리완 367<br>류시철 368<br>김난영 369<br>강윤지(수습) | | 이세희 405<br>옥충경 406 |
| 공무직 | 박은주(교환)<br>614<br>조미경(부속)<br>202<br>최경순(미화)<br>홍경숙(미화) | | | | | | | |
| FAX | 644-1814 | 645-0397 | | | 644-4010 | | 649-5117 | |

| 과 | 납세자보호담당관 | | 거제지서(055-6307-200) | | | | |
|---|---|---|---|---|---|---|---|
| 과장 | 노광수 210 | | 성병규 201 | | | | |
| 팀 | 납세자보호 | 민원봉사실 | 체납추적 | 납세자보호 | 부가소득 | | 재산법인 |
| | | | | | 부가 | 소득 | |
| 팀장 | 서수정 211 | 이상표 221 | 김문수 441 | 이구현 211 | 김정면 300 | | 전영욱 401 |
| 국세조사관 | 이태진 212 | 박규업 222<br>김정분<br>강민호 223 | 백상현 442 | 진호근 213 | 허진호 301 | | 서효진 482 | 오승현 402<br>박미영 403 |
| | 추상미 | 서형숙 224 | 이태형 443<br>엄준호 444<br>성미로 445 | 서용오 214<br>김혜경 215 | 홍성기 302<br>박동홍 303<br>조윤주 304<br>최혜리 305 | 김명희 311<br>임수정 312<br>이현정 313<br>최윤정 314 | 윤덕원 483 | 박성준 404 |
| | 손정화 213 | | 전용준 446<br>이재빈 447 | 박성환 216 | 김주완 306<br>우재진 307<br>임지현 | 김마리아 315<br>도진주 316 | 조윤서 484<br>배소연 485 | 이지연<br>정해식 405<br>김영중 406 |
| | | 하현주 225 | | 노성민(운전)<br>217 | | 오경언 317 | 이창주 486 | |
| 공무직 | | | | 김성순(환경관리) | | | | |
| FAX | 645-7287 | 646-9420 | 636-5456 | 635-5002 | 636-5457 | 636-5456 | 636-5456 |

# 제주세무서

대표전화: 064-7205-200 / DID: 064-7205-OOO

서장: **박 인 호**
DID: 064-7205-201

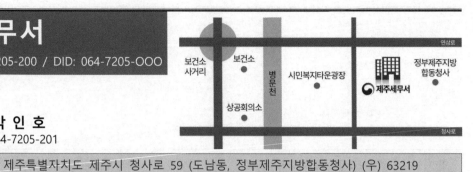

| 주소 | 제주특별자치도 제주시 청사로 59 (도남동, 정부제주지방합동청사) (우) 63219<br>서귀포지서 : 제주도 서귀포시 신중로55 서귀포시청 제2청사 1층 (우) 63565 | | | | | |
|---|---|---|---|---|---|
| 코드번호 | 616 | 계좌번호 | 120171 | 사업자번호 | |
| 관할구역 | 제주특별자치도(제주시, 서귀포시) | | | 이메일 | jeju@nts.go.kr |

| 과 | 체납징세과 | | | 부가가치세과 | | 소득세과 | | 재산세과 | |
|---|---|---|---|---|---|---|---|---|---|
| 과장 | 백인수 240 | | | 박병관 280 | | 최경수 360 | | 김영창 480 | |
| 팀 | 운영지원 | 체납추적1 | 체납추적2 | 부가1 | 부가2 | 소득1 | 소득2 | 재산신고 | 재산조사 |
| 팀장 | 강보성 241 | 박희찬 441 | 홍영균 461 | 김유철 281 | 강영식 301 | 홍성수 361 | 조용문 381 | 부상석 481 | 고영조 521 |
| 국세<br>조사관 | | 윤상동 452<br>변관우 442<br>고영남 443 | 양용석 462<br>변숙자<br>(징세) 262<br>이경상(추적<br>전담) 470 | 김완철 282<br>강담연 283 | 천명일 314<br>강영진 302<br>정인태<br>(소비) 315 | 김평화 362 | 김효경 391<br>양석재 382 | 고규진 482<br>박양희 483<br>문영수 484 | 진준식 522<br>고봉국 523<br>강종근 524 |
| | 김민경 242<br>송정민 243 | 김성면 444<br>최파란 445<br>차유나 446 | 김대훈 463<br>좌용준 464<br>이혜선(추적<br>전담) 471 | 문영순 284<br>김양수 285<br>이부형 286<br>정경주 287<br>강유리 288 | 고창우 303<br>김우석 304<br>강상임 305<br>박은미 306 | 이승환 363<br>이은영 364 | 고영배 383<br>고유림 384<br>김원경 385 | 양제문 485<br>이혜지 486<br>허윤숙 487 | 김준섭 525 |
| | 문혜정 244 | 고지은 447<br>한상명 448 | 황현석 465 | 추현희 289 | 김지희 307 | 김성주 365<br>고희주 366<br>김태환 371 | 강창희 386 | 양창혁 488<br>고민하 489 | 김민규 526<br>김연순 527<br>박진형 528 |
| | 정우현 245 | 김지영 449<br>오미진 450<br>오혜원 453<br>이성민 451 | 강은빈 466<br>장민석<br>(징세) 263<br>김보은 467 | 김택우 290<br>임은지 291<br>김미정 292<br>김현진 293<br>송해은 294<br>김지현 295 | 문민희 308<br>장소영 309<br>고지원 310<br>박혜연 311<br>강수현 312 | 신정아 367<br>김민건 368<br>김용재 369<br>문수영 370 | 이철종 387<br>강지훈 388<br>현수연 389<br>윤수현 390 | 김수민 490<br>송하연 491<br>박수진 492<br>한승일 493 | |
| 공무직 | 강형수 246 | | 강정인 264 | | 김우형<br>(소비) 316 | | | | |
| FAX | 724-1107 | 724-2271 | | 724-2272 | | | | 724-2273 | |

# 10년간 쌓아온 재무인의 역사를 돌려드립니다 '온라인 재무인명부'

수시 업데이트 되는 국세청, 정·관계 인사의 프로필과 국세청, 지방청, 전국세무서, 관세청, 유관기관 등의 인력배치 현황을 볼 수 있는 온라인 재무인명부

1등 조세회계 경제신문 조세일보

| 과 | 법인세과 | | 조사과 | | 납세자보호담당관 | | 서귀포지서(064-7309-200) | | |
|---|---|---|---|---|---|---|---|---|---|
| 과장 | 김지훈 400 | | 최희경 640 | | 양용선 210 | | 강승구 201 | | |
| 팀 | 법인1 | 법인2 | 정보관리 | 조사 | 납세자보호 | 민원봉사 | 납세자보호 | 부가소득 | 재산법인 |
| 팀장 | 양원혁 401 | 이창림 421 | 고창기 641 | 정수연 651 | 이철수 211 | 이현정 221 | | 최재훈(부) 220 | 윤희관(재) 250 |
| 국세조사관 | 이도헌 402 | 김영훈 422<br>지현철 423 | 한창림(관리) 642 | 오창곤 654<br>강민종 657<br>정홍도 660<br>홍명하<br>김임년 652<br>이창환 663 | 부종철 212 | 강희언 222<br>진경희 223<br>양영혁 224 | 박희선 210<br>임주영 211 | 강화동(체) 241<br>변시철(체) 240<br>임정훈(소) 230<br>구인서(체) 244<br>김선인(부) 221<br>정해연(부) 222 | 정재조(법) 261<br>김보균(재) 251<br>문주경(재) 252 |
| | 김형익 403<br>강해영 404<br>김진열 405<br>고예나 406<br>이승환 407 | 이상희 424<br>김현목 425 | 김유선(관리) 643<br>안동주(관리) 644<br>신담호(정보) 646<br>서준(정보) 647 | 김성민 664<br>김재환 655<br>신은주 661<br>변경옥 658 | 한성민 213 | 이상진 225<br>구세현 225 | 박태성 212 | 변현영(체) 242<br>최수미(소) 231<br>강정림(소) 232<br>이보영(부) 223<br>오경훈(소) 233<br>박경태(소) 234<br>신미영(체) 243<br>노은지(체) 245<br>이지환(부) 224<br>경진(소) 235<br>최효선(부) 225<br>변은희(부) 226 | 김남준(법) 262<br>박상용(법) 263<br>정시온(재) 253<br>최정은(재) 254<br>이지희(법) 264<br>김수연(법) 265 |
| | 김혜림 408 | | 서현경(관리) 645 | 이정한 665<br>오지섭 659<br>변민정 656 | 홍수은 214 | 김진호 226<br>김찬희 227<br>박연주 228<br>박소영 229 | 조인태 213 | 서지희(부) 229<br>박종일(부) 228 | 장익준(재) 255 |
| | 김성은 409<br>윤소미 410<br>김준석 411 | 임경표 426<br>이지은 427<br>김도연 428<br>박근호 429<br>윤예진 430 | | 김용준 662<br>오제곤 653 | | 김주혜 230 | | | |
| 공무직 | | | | | | | | | |
| FAX | 724-2276 | | 724-2280 | | 720-5217 | 724-1108 | 730-9245 | 730-9290 | |

# 관세청

# 관세청

| 주소 | 대전광역시 서구 청사로 189 정부대전청사 1동 (우) 35208 |
|---|---|
| 대표전화 | 042-481-4114 |
| 팩스 | 042-472-2100 |
| 당직실 | 042-481-8849 |
| 고객지원센터 | 125 |
| 홈페이지 | www.customs.go.kr |

## 청장 　 고광효

(D) 042-481-7600, 02-510-1600  (FAX) 042-481-7609

| 비 서 관 | 정지은 | (D) 042-481-7601 |
| 비 　 서 | 강현수 | (D) 042-481-7602 |
| 비 　 서 | 백재은 | (D) 042-481-7603 |

## 차장 　 이명구

(D) 042-481-7610, 02-510-1610  (FAX) 042-481-7619

| 비 　 서 | 김철민 | (D) 042-481-7611 |
| 비 　 서 | 신채희 | (D) 042-481-7612 |

# 관세청

대표전화: 042-481-4114  DID: 042-481-OOOO

청장: **고 광 효**
DID: 042-481-7600

| 과 | 대변인 | 운영지원과 |
|---|---|---|
| 과장 | 김우철 7615 | 김현정 7620 |

| 국실 | 기획조정관 | | | | | |
|---|---|---|---|---|---|---|
| 국장 | 이진희 7640 | | | | | |
| 과 | 기획재정담당관 | 행정관리담당관 | 법무담당관 | 비상안전담당관 | 납세자보호팀 | 미래구조혁신팀 |
| 과장 | 김현석 7660 | 김원희 7670 | 방대성 7680 | 성주성 7690 | 유재상 3255 | 윤남희 1130 |

| 국실 | 정보데이터정책관 | | | | | |
|---|---|---|---|---|---|---|
| 국장 | 하유정 7950 | | | | | |
| 과 | 정보데이터기획담당관 | 정보관리담당관 | 빅데이터분석팀 | 연구개발장비팀 | 시스템운영팀 | 유니패스전환사업TF팀 |
| 과장 | 김기동 7760 | 지성대 7790 | | 박석이 3250 | 박재붕 7770 | 박재붕 7770 |

| 국실 | 통관국 | | | | |
|---|---|---|---|---|---|
| 국장 | 김정 7800 | | | | |
| 과 | 통관물류정책과 | 관세국경감시과 | 수출입안전검사과 | 전자상거래통관과 | 보세산업지원과 |
| 과장 | 박천정 7810 | | 박시원 7830 | 노지선 7840 | 김진선 7750 |

| 국실 | 국제관세협력국 | | | |
|---|---|---|---|---|
| 국장 | 박헌 3200 | | | |
| 과 | 국제협력총괄과 | 자유무역협정집행과 | 원산지검증과 | 해외통관지원팀 |
| 과장 | 임주연 3210 | 김태용 3230 | 마순덕 3220 | |

## 관세인재개발원

원장 : 유선희 / DID : 041-410-8500

충청남도 천안시 동남구 병천면 충절로 1687
(병천리 331) (우) 31254

| 과 | 교육지원과 | 인재개발과 | 탐지견훈련센터담당관 |
|---|---|---|---|
| 과장 | 지성근 8510 | 김인순 8530 | 박재형 4850 |

## 평택직할세관

세관장 : 민희 / DID : 031-8054-7001

경기도 평택시 포승읍 평택항만길 45 (만호리 340-3) (우) 17962

| 과 | 통관총괄과 | 통관검사과 | 특송통관과 | 물류감시과 | 여행자통관과 | 대산지원센터 |
|---|---|---|---|---|---|---|
| 과장 | 조정훈 7020 | 정병역 7060 | 이승희 7101 | 양두열 7130 | 박희병 7240 | 최영주 2700 |

## 중앙관세분석소

소장 : 박재선 / DID : 055)792-7300

경남 진주시 동진로 408 (우)52851

| 과 | 총괄분석과 | 분석1 | 분석2 | 분석3 |
|---|---|---|---|---|
| 과장 | 김영희 7310 | 정지원 7320 | 류혜경 7330 | 이영상 7340 |

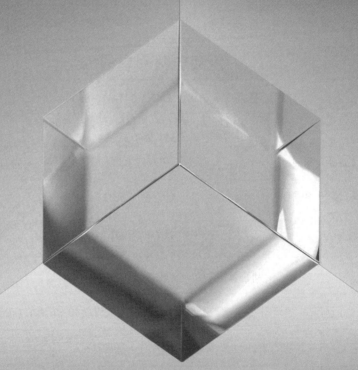

# 서울본부세관

| | |
|---|---|
| 주소 | 서울특별시 강남구 언주로 721 (논현2동 71)<br>(우) 06050 |
| 대표전화 | 02-510-1114 |
| 팩스 | 02-548-1381 |
| 당직실 | 02-510-1999 |
| 고객지원센터 | 125 |
| 홈페이지 | www.customs.go.kr/seoul/ |

## 세관장　　　고석진

(D) 02-510-1000 (FAX) 02-548-1922

비　　서　　　한선민　　　　(D) 02-510-1002

| 통　관　국　장 | 도기봉 | (D) 02-510-1100 |
|---|---|---|
| 안　양　세　관　장 | 최영준 | (D) 031-596-2001 |
| 천　안　세　관　장 | 김경호 | (D) 041-640-2300 |
| 청　주　세　관　장 | 최영민 | (D) 043-717-5700 |
| 대　전　세　관　장 | 임해영 | (D) 042-717-2200 |
| 속　초　세　관　장 | 장진덕 | (D) 033-820-2100 |
| 동　해　세　관　장 | 신각성 | (D) 042-481-2650 |
| 성　남　세　관　장 | 박노명 | (D) 031-697-2570 |
| 파　주　세　관　장 | 권정아 | (D) 031-934-2800 |
| 구　로　지　원　센　터　장 | 곽경훈 | (D) 02-2107-2501 |
| 충　주　지　원　센　터　장 | 김상연 | (D) 043-720-5691 |
| 고　성　지　원　센　터　장 | 신태섭 | (D) 033-820-2190 |
| 원　주　지　원　센　터　장 | 곽기복 | (D) 033-811-2850 |
| 의　정　부　지　원　터　장 | 홍석환 | (D) 031-540-2600 |
| 도　라　산　지　원　센　터　장 | 임채열 | (D) 031-934-2900 |

# 서울본부세관

대표전화: 02-510-1114 / DID: 02-510-OOOO

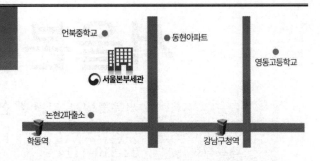

세관장: **고 석 진**
DID: 02-510-1000

| 과 | 세관운영과 | 납세자보호담당관 | 수출입기업지원센터장 |
|---|---|---|---|
| 과장 | 조영상 1030 | 허지상 1060 | 김재철 1370 |

| 국실 | 통관국 | | | |
|---|---|---|---|---|
| 국장 | 도기봉 1100 | | | |
| 과 | 수출입물류과 | 통관검사1과 | 통관검사2과 | 이사화물과 |
| 과장 | 박일보 1110 | 강승남 1150 | 김흥주 1130 | 이시경 1180 |

| 국실 | 안양세관(031-596-2000) | 천안세관(041-640-2333) |
|---|---|---|
| 세관장 | 최영준 2001 | 김경호 2300 |
| 과 | 통관지원과 | 통관지원과 |
| 과장 | 김은정 2050 | 손민호 2350 |

| 국실 | 청주세관(043-717-5780) | |
|---|---|---|
| 세관장 | 최영민 5700 | |
| 과 | 통관지원과 | 여행자통관과 |
| 과장 | 임종덕 5710 | 윤해욱 5750 |

| 세관 | 대전세관(042-717-2234) | 속초세관(033-820-2114) |
|---|---|---|
| 세관장 | 임해영 2200 | 장진덕 2100 |
| 과 | 통관지원과 | 통관지원과 |
| 과장 | 주현정 2220 | 박병철 2120 |

| 세관 | 동해세관 (033-539-2662) | 성남세관 (031-697-2580) | 파주세관 (031-934-2807) |
|---|---|---|---|
| 세관장 | 신각성 2650 | 박노명 2570 | 권정아 2800 |

| 세관 | 구로지원센터 (02-2107-2500) | 충주지원센터 (043-720-2000) | 고성지원센터 (033-820-2181) | 원주지원센터 (033-811-2853) |
|---|---|---|---|---|
| 세관장 | 곽경훈 2501 | 김상연 2001 | 신태섭 2190 | 곽기복 2850 |

http://www.joseilbo.com/taxguide

세금신고
가이드

법 인 세
종합소득세
부가가치세
원 천 징 수

국 민 연 금
건강보험료
고용보험료
산재보험료

지 방 세
재 산 세
자동차세
세 무 일 지

연 말 정 산
양도소득세
상속증여세
증권거래세

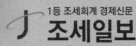

1등 조세회계 경제신문
조세일보

# 인천본부세관

| 주소 | 인천광역시 중구 서해대로 339 (항동7가 1-18) (우) 22346 |
|---|---|
| 대표전화 | 032-452-3114 |
| 팩스 | 032-452-3149 |
| 당직실 | 032-452-3535 |
| 고객지원센터 | 125 |
| 홈페이지 | www.customs.go.kr/incheon/ |

## 세관장 　　　 주시경

(D) 032-452-3000 (FAX) 032-722-3905

부 속 실　　　김수정　　　　(D) 032-452-3002

| 통 관 감 시 국 장 | 윤청운 | (D) 032-452-3200 |
|---|---|---|
| 수 원 세 관 장 | 이동현 | (D) 031-547-3910 |
| 안 산 세 관 장 | 박진희 | (D) 031-8085-3800 |
| 부 평 지 원 센 터 장 | 김성태 | (D) 032-509-3700 |

# 인천본부세관

대표전화: 032-452-3114/ DID: 032-452-0000

세관장: **주 시 경**
DID: 032-452-3000

| 과 | 세관운영과 | 수출입기업지원센터 |
|---|---|---|
| 과장 | 석창휴 3100 | 김태연 3630 |

| 국실 | 통관감시국 | | | | | |
|---|---|---|---|---|---|---|
| 국장 | 윤청운 3200 | | | | | |
| 과 | 수출입물류과 | 통관정보과 | 물류감시1과 | 물류감시2과 | 통관검사1과 | 통관검사2과 |
| 과장 | 류하선 3210 | 권태한 3500 | 강정수 3490 | 이자열 3480 | 김남섭 2010 | 박정우 3240 |
| 과 | 통관검사3과 | 통관검사4과 | 통관검사5과 | 신항통관과 | 여행자통관과 | 여행자통관 검사관 |
| 과장 | 김동원 3280 | 김범준 3220 | 박상준 2110 | 송인숙 3650 | 김학렬 3460 | 김수복 3520 |

| 세관 | 수원세관(031-547-0000) | | 안산세관(031-8085-0000) | |
|---|---|---|---|---|
| 세관장 | 이동현 3910 | | 박진희 3800 | |
| 과 | 통관지원과 | 조사심사과 | 통관지원과 | 부평지원센터 |
| 과장 | 원모세 3920 | 김원모 3950 | 장윤희 3850 | 김성태 032-509-3700 |

# 인천공항본부세관

| | |
|---|---|
| 주소 | 인천광역시 중구 공항로 272<br>(우) 22382 |
| 대표전화 | 032-722-4114 |
| 팩스 | |
| 당직실 | 032-722-4049 |
| 고객지원센터 | 125 |
| 홈페이지 | customs.go.kr/incheon_airport/main.do |

## 세관장 　　　김종호

(D) 032-722-4000

비　　서　　　송의석　　　(D) 032-722-4001

부 속 실　　　한혜원　　　(D) 032-722-4002

| 통 관 감 시 국 장 | 김희리 | (D) 032-722-4110 |
|---|---|---|
| 여 행 자 통 관 1 국 장 | 윤동주 | (D) 032-722-4400 |
| 여 행 자 통 관 2 국 장 | 이원상 | (D) 032-722-5100 |
| 특 송 우 편 통 관 국 장 | 문병주 | (D) 032-722-4300 |
| 김 포 공 항 세 관 장 | 서재용 | (D) 032-722-4900 |

# 인천공항본부세관

대표전화: 032-722-4114 / DID: 02-722-OOOO

세관장: **김 종 호**
DID: 032-722-4000

| 과 | 세관운영과 | | |
|---|---|---|---|
| 과장 | 신숙경 4100 | | |
| 팀 | 인사 | 기획 | 협업검사센터 |
| 팀장 | 강경아 4010 | 한민구 4030 | 류재철 4708 |

| 국실 | 통관감시국 | | | | |
|---|---|---|---|---|---|
| 국장 | 김희리 4110 | | | | |
| 과 | 수출입물류과 | 통관정보과 | 물류감시1과 | 물류감시2과 | 통관검사1과 |
| 과장 | 김종걸 4105 | 정웅일 4101 | 김재석 4730 | 최철규 5810 | 김용섭 4210 |
| 과 | 통관검사2과 | 통관검사3과 | 장비관리과 | 정보관리과 | 분석실 |
| 과장 | 유원준 4250 | 공성회 4190 | 신효상 4780 | 서용택 4790 | 정재하 4390 |

| 국실 | 여행자통관1국 | | | | |
|---|---|---|---|---|---|
| 국장 | 윤동주 4400 | | | | |
| 과 | 여행자통관1과 | 여행자정보분석과 | 여행자통관검사1관 | 여행자통관검사2관 | 여행자통관검사3관 |
| 과장 | 김두현 4410 | 이윤택 4470 | 피상철 | 서인정 | 신동윤 |
|  |  |  | (B)4520 (C)4530 (D)5890 (E)5990 | | |

| 과 | 여행자통관검사4관 | 여행자통관검사5관 | 여행자통관검사6관 | 여행자통관검사7관 |
|---|---|---|---|---|
| 과장 | 여환준 | 박상준 | 주성렬 | 박헌욱 |
| | (B)4520 (C)4530 (D)5890 (E)5990 | | | |

| 국실 | 여행자통관2국 | | | | | | | |
|---|---|---|---|---|---|---|---|---|
| 국장 | 이원상 5100 | | | | | | | |
| 과 | 여행자통관2과 | 여행자통관검사1관 | 여행자통관검사2관 | 여행자통관검사3관 | 여행자통관검사4관 | 여행자통관검사5관 | 여행자통관검사6관 | 여행자통관검사7관 |
| 과장 | 정현준 5110 | 박부열 | 가영순 | 안필환 | 최진희 | 임용견 | 김영기 | 안상욱 |
| | | (A)5170 (B)5160 | | | | | | |

| 국실 | 특송우편통관국 | | | | | |
|---|---|---|---|---|---|---|
| 국장 | 문병주 4300 | | | | | |
| 과 | 특송우편총괄 | 특송통관1과 | 특송통관2과 | 특송통관3과 | 우편통관과 | 우편검사과 |
| 과장 | 문성환 4310 | 이재훈 4800 | 권종원 5200 | 정진 5240 | 정병규 7420 | 정용문 7440 |

| 국실 | 김포공항세관 (02-6930-○○○○) | |
|---|---|---|
| 국장 | 서재용 4900 | |
| 과 | 통관지원과 | 여행자통관과 |
| 과장 | 김상식 4910 | 김원섭 4970 |

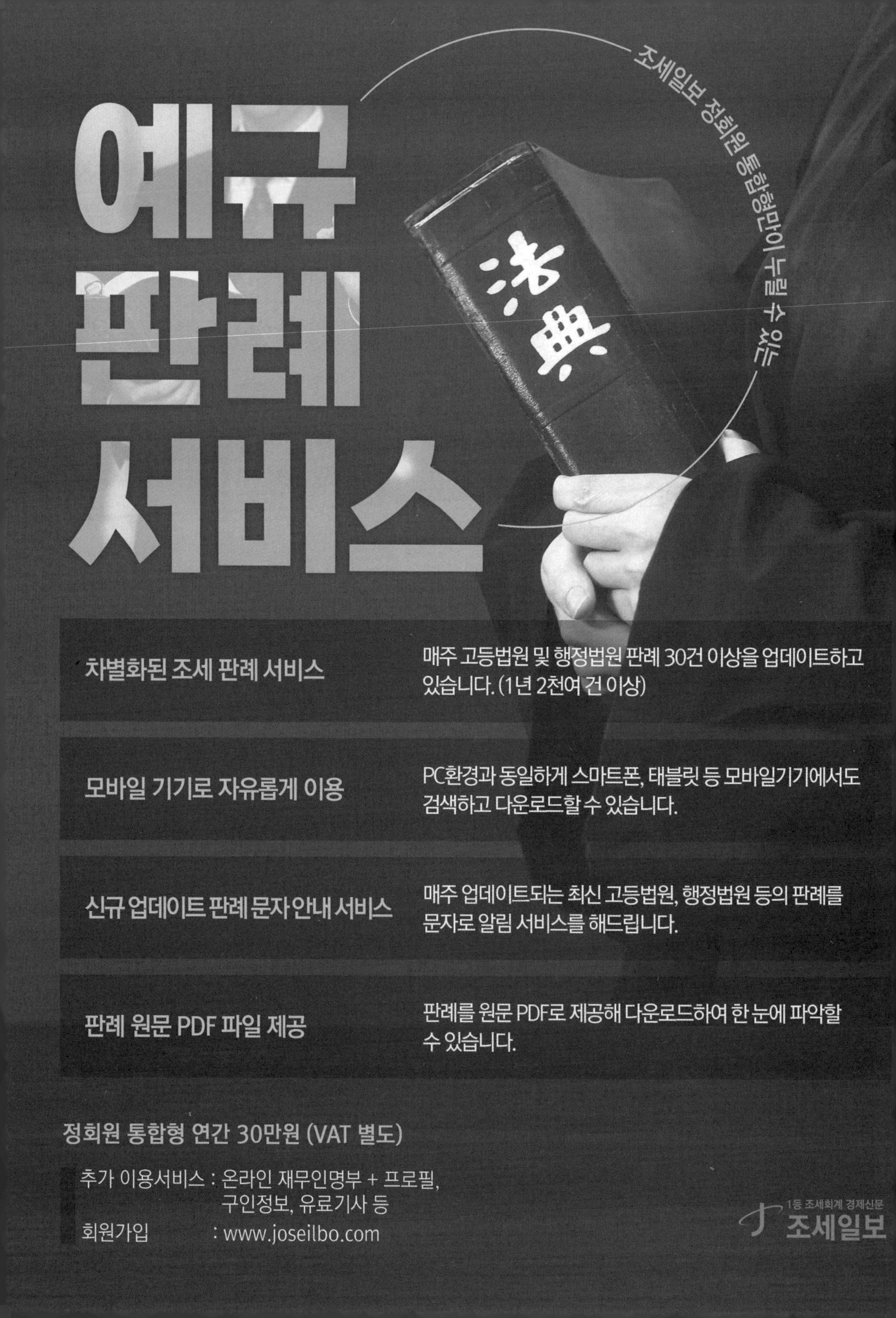

# 부산본부세관

| 주소 | 부산광역시 중구 중앙대로 26 (중앙로 6가 12) (우) 48942 |
|---|---|
| 대표전화 | **051-620-6114** |
| 팩스 | **051-469-5089** |
| 당직실 | **051-620-6666** |
| 고객지원센터 | **125** |
| 홈페이지 | **customs.go.kr/busan/** |

## 세관장 　　　　 김용식

(D) 051-620-6000 (FAX) 051-620-1100

비　　서　　　홍유진　　　　(D) 051-620-6001

| 통　관　국　장 | **민정기** | (D) 051-620-6100 |
|---|---|---|
| 감　시　국　장 | **이소면** | (D) 051-620-6700 |
| 신항통관감시국장 | **심재현** | (D) 051-620-6200 |
| 김해공항세관장 | **문흥호** | (D) 051-899-7201 |
| 용　당　세　관　장 | **백도선** | (D) 051-793-7101 |
| 양　산　세　관　장 | **손영환** | (D) 055-783-7300 |
| 창　원　세　관　장 | **김원식** | (D) 055-210-7600 |
| 마　산　세　관　장 | **문행용** | (D) 055-240-7000 |
| 경남남부세관장 | **오해식** | (D) 055-639-7500 |
| 경남서부세관장 | **김이석** | (D) 055-750-7900 |
| 부산국제우편지원센터장 | **정영한** | (D) 055-783-7400 |
| 진해지원센터장 | **장일호** | (D) 055-210-7680 |
| 통영지원센터장 | **박해준** | (D) 055-733-8000 |
| 사천지원센터장 | **양기근** | (D) 055-830-7800 |

# 부산본부세관

대표전화: 051-620-6114/ DID : 051-620-OOOO

세관장: **김 용 식**
DID: 051-620-6000

| 과 | 세관운영과 | 수출입기업지원센터 | 협업검사센터 |
|---|---|---|---|
| 과장 | 민병수 6030 | 서경복 6950 | 조혁수 6910 |

| 국실 | 통관국 | | | | | |
|---|---|---|---|---|---|---|
| 국장 | 민정기 6100 | | | | | |
| 과 | 통관총괄과 | 통관검사1과 | 통관검사2과 | 통관검사3과 | 통관검사4과 | 통관검사5과 |
| 과장 | 남창훈 6110 | 장종희 6140 | 이상진 6170 | 이진오 6501 | 정호남 6520 | 이태훈 6540 |

| 국실 | 감시국 | | | | | | |
|---|---|---|---|---|---|---|---|
| 국장 | 이소면 6700 | | | | | | |
| 과 | 수출입물류과 | 물류감시과 | 물류감시1관 | 물류감시2관 | 물류감시3관 | 여행자통관과 | 장비관리과 |
| 과장 | 오성호 6710 | 윤인철 6760 | 이철 6790 | 정연오 6810 | 공상권 6830 | 윤복원 6730 | 민병조 6850 |

| 국실 | 신항통관감시국 | | | | |
|---|---|---|---|---|---|
| 국장 | 심재현 6200 | | | | |
| 과 | 신항통관감시과 | 신항물류감시과 | 신항통관검사1과 | 신항통관검사2과 | 신항통관검사3과 |
| 과장 | 구태민 6210 | 임종민 6240 | 김훈 6260 | 박재호 6560 | 김동휘 6580 |

| 세관 | 김해공항세관 (051-899-OOOO) | | 용당세관 (051-793-OOOO) | | 양산세관 (055-783-OOOO) |
|---|---|---|---|---|---|
| 세관장 | 문흥호 7201 | | 백도선 7101 | | 손영환 7300 |
| 과 | 통관지원과 | 여행자통관과 | 통관지원과 | 조사심사과 | 통관지원과 |
| 과장 | 최현오 7210 | 임민규 7240 | 이달근 7130 | 조철 7110 | 노동섭 7304 |

| 세관 | 창원세관 (055-267-OOOO) | 마산세관 (055-981-OOOO) | 경남남부세관 (055-639-OOOO) | 경남서부세관 (055-750-OOOO) |
|---|---|---|---|---|
| 세관장 | 김원식 7600 | 문행용 7000 | 오해식 7500 | 김이석 7900 |
| 과 | 통관지원과 | 통관지원과 | 통관지원과 | |
| 과장 | 노경환 7610 | 김성동 7003 | 노근홍 7510 | |

| 센터 | 부산국제우편지원센터 | 진해지원센터 | 통영지원센터 | 사천지원센터 |
|---|---|---|---|---|
| 센터장 | 정영한 055-783-7400 | 장일호 055-210-7680 | 박해준 055-733-8000 | 양기근 055-830-7800 |

재무인의 가치를 높이는 변화

# 조세일보 정회원

**온라인 재무인명부** | 수시 업데이트되는 국세청, 정·관계 인사의 프로필, 국세청, 지방국세청, 전국 세무서, 관세청, 공정위, 금감원 등 인력배치 현황

**예규·판례** | 행정법원 판례를 포함한 20만 건 이상의 최신 예규, 판례 제공

**구인정보** | 조세일보 일평균 10만 온라인 독자에게 구인 정보 제공

**업무용 서식** | 세무·회계 및 업무용 필수서식 3,000여 개 제공

**세무계산기** | 4대보험, 갑근세, 이용자 갑근세, 퇴직소득세, 취득/등록세 등 간편 세금계산까지!

**묶음 상품**      **개별 상품**

### 정회원 기본형

유료기사 + 문자서비스
+
온라인 재무인명부 + 구인정보

= 15만원 / 연

### 정회원 통합형

정회원 기본형
+
예규·판례

= 30만원 / 연

온라인 재무인명부

= 10만원 / 연

구인정보

= 10만원 / 연

※ 자세한 조세일보 정회원 서비스 안내 http://www.joseilbo.com/members/info/

1등 조세회계 경제신문
**조세일보**

# 대구본부세관

| 주소 | 대구광역시 달서구 화암로 301<br>정부대구지방합동청사 4층, 5층 (우) 42768 |
|---|---|
| 대표전화 | **053-230-5114** |
| 팩스 | **053-230-5611** |
| 당직실 | **053-230-5130** |
| 고객지원센터 | **125** |
| 홈페이지 | **www.customs.go.kr/daegu/** |

## 세관장 　 강태일

(D) 053-230-5000 (FAX) 053-230-5129

비　　서　　김예진　　　　(D) 053-230-5001

| 울 산 세 관 장 | **김한진** | (D) 052-278-2200 |
|---|---|---|
| 구 미 세 관 장 | **김종렬** | (D) 054-469-5600 |
| 포 항 세 관 장 | **김성복** | (D) 054-720-5700 |
| 온 산 지 원 센 터 장 | **오명식** | (D) 052-278-2340 |

# 대구본부세관

대표전화: 053-230-5114/ DID: 053-230-OOOO

세관장: **강 태 일**
DID: 053-230-5000

수목원삼성래미안
1차아파트

대진고등학교 대진중학교

대구본부세관

● 대진어린이공원

● 대구대진초등학교

| 과 | 세관운영과 | 수출입기업<br>지원센터 | 통관지원과 | 납세지원과 | 여행자통관과 |
|---|---|---|---|---|---|
| 과장 | 박준성 5100 | 류경주 5180 | 김영경 5200 | 권신희 5300 | 최연재 5500 |

| 세관 | 울산세관 (052-278-OOOO) | | |
|---|---|---|---|
| 세관장 | 김한진 2200 | | |
| 과 | 통관지원과 | 감시과 | 감시관 |
| 과장 | 박철우 2230 | 이용중 2290 | 이동수 2300 |

| 세관 | 구미세관 (054-469-OOOO) | 포항세관 (054-720-OOOO) | |
|---|---|---|---|
| 세관장 | 김종렬 5600 | 김성복 5700 | |
| 과 | 통관지원과 | 통관지원과 | 온산지원센터 |
| 과장 | 신영순 5610 | 이창준 5710 | 오명식 052-278-2340 |

# 광주본부세관

| 주소 | 광주광역시 북구 첨단과기로208번길 43<br>정부광주지방합동청사 10층, 11층 (우) 61011 |
|------|------|
| 대표전화 | **062-975-8114** |
| 팩스 | **062-975-3102** |
| 당직실 | **062-975-8114** |
| 고객지원센터 | **125** |
| 홈페이지 | **www.customs.go.kr/gwangju/** |

## 세관장      김동수

(D) 062-975-8000 (FAX) 062-975-3101

비    서    박주영        (D) 062-975-8003

| 광 양 세 관 장 | **김익헌** | (D) 061-797-8400 |
|------|------|------|
| 목 포 세 관 장 | **김규진** | (D) 061-460-8500 |
| 여 수 세 관 장 | **정영진** | (D) 061-660-8601 |
| 군 산 세 관 장 | **이준원** | (D) 063-730-8701 |
| 제 주 세 관 장 | **전성배** | (D) 064-797-8801 |
| 전 주 세 관 장 | **곽재석** | (D) 063-710-8951 |
| 완 도 지 원 센 터 장 | **김동익** | (D) 061-460-8570 |
| 보 령 지 원 센 터 장 | **이한선** | (D) 063-730-2751 |
| 익 산 지 원 센 터 장 | **장유용** | (D) 063-720-8901 |

# 광주본부세관

대표전화: 062-975-8114 / DID: 062-975-OOOO

세관장: **김 동 수**
DID: 062-975-8000

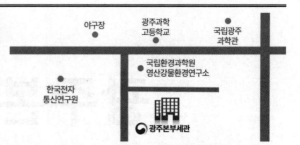

| 과 | 세관운영과 | 수출입기업지원센터 | 통관지원과 | 여행자통관과 |
|---|---|---|---|---|
| 과장 | 양병택 8020 | 홍성구 8190 | 정진호 8040 | 정연교 8200 |

| 세관 | 광양세관(061-797-OOOO) | 목포세관(061-460-OOOO) | 여수세관(061-660-OOOO) |
|---|---|---|---|
| 세관장 | 정광춘 8400 | 김규진 8500 | 정영진 8601 |
| 과 | 통관지원과 | 통관지원과 | 통관지원과 |
| 과장 | 정원선 8410 | 이승훈 8510 | 양술 8610 |

| 세관 | 군산세관<br>(063-730-OOOO) | 제주세관(064-797-OOOO) | | 전주세관<br>(063-710-OOOO) |
|---|---|---|---|---|
| 세관장 | 이준원 8701 | 전성배 8801 | | 곽재석 8951 |
| 과 | 통관지원과 | 통관지원과 | 여행자통관과 | |
| 과장 | 김진선 8710 | 선승규 8810 | 송승언 8830 | |

| 센터 | 완도지원센터 | 보령지원센터 | 익산지원센터 |
|---|---|---|---|
| 센터장 | 김동익 061-460-8570 | 이한선 041-419-2751 | 장유용 063-720-8901 |

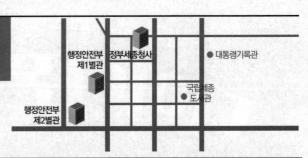

# 행정안전부 지방재정경제실

대표전화: 02-2100-3399/ DID: 044-205-OOOO

실장: **한 순 기**
DID: 044-205-3600

| 주소 | 세종특별자치시 정부2청사로 13(나성동) (우) 30128<br>제1별관: 세종특별자치시 한누리대로 411(어진동) (우) 30116<br>제2별관: 세종특별자치시 가름로 143(어진동) (우)30116 |
|---|---|

| 국 | 지방재정국 | | | | | 지방세제국 | | | |
|---|---|---|---|---|---|---|---|---|---|
| 국장 | 하종목 3700 | | | | | 김성기 3800 | | | |
| 과 | 재정정책과 | 재정협력과 | 교부세과 | 회계제도과 | 지방보조금부정수급관리단 | 지방세정책과 | 부동산세제과 | 지방소득소비세제과 | 지방세특례제도과 |
| 과장 | 김수경 3702 | 이광용 3731 | 진선주 3751 | 서상우 3771 | 원충희 3890 | 정유근 3802 | 김정선 3831 | 김민정 3871 | 서은주 3851 |
| 서기관 | | 조석훈 3766 | | 최교신 3799<br>장유진 3790<br>김정숙 3780 | | | 손은경 3843<br>천혜원 3845 | 오경석 3881 | |
| 사무관 | 강민철 3710<br>권순현 3704<br>김용구 3852<br>박원기 3716<br>신지희 3847<br>여성민 3705<br>이윤경 3721<br>홍성우 3703 | 박현우 3732<br>우연 3769<br>유재민 3738<br>최현숙 3733 | 남소정 3763<br>백진걸 3754<br>위형원 3760<br>이상훈 3753 | 권오영 3781<br>박영주 3784<br>이범수 3772<br>홍성권 3783<br>예병찬 3782<br>문소영 3776<br>정창기 3786<br>조재우 3785 | 김정환 3891<br>전형구 3894 | 금동선 3807<br>김선희 3804<br>박진우 3808<br>서동근 3820<br>서명자 3811<br>서원주 3803<br>송양미 3816<br>심동보 3820<br>이동렬 3812<br>이동혁 3821<br>한현 3819 | 박은희 3835<br>이영휘 3846<br>채가람 3847<br>김대철 3836 | 권진옥 3883<br>나병진 3872<br>손동주 3875<br>이주현 3876<br>임규진 3889<br>하헌균 3878 | 김재홍 3862<br>박현정 3856<br>이소영 3858<br>조익현 3861<br>주영욱 3852 |
| 주무관 | 김민경 3717<br>김민관 3707<br>이효진 3712<br>전지양 3718<br>주은희 3701<br>최창완 3708<br>김성진 3713<br>심가현 3709<br>이효정 3722 | 김선 3739<br>김용진 3734<br>김인겸 3737<br>박규선 3767<br>진판곤 3735<br>선창우 3768<br>윤진아 3770 | 김봉근 3758<br>남윤희 3764<br>박경숙 3755<br>이가영 3759<br>이광일 3756<br>이영민 3757<br>이창일 3761 | 박석신 3791<br>이승언 3777<br>정창기 3786<br>조한운 3773<br>조재우 3785<br>설창환 3798<br>이종만 3787<br>구정석 3788<br>권성일 3792<br>류경옥 3779<br>이해창 3778<br>윤찬섭 3789 | 김영훈 3893<br>김정현 3895<br>이기영 3892 | 공지훈 3809<br>김경희 3801<br>남건욱 3805<br>이재용 3813<br>서정주 3814<br>유수연 3806<br>이영우 3810<br>강필구 3815<br>정광희 3830 | 신진주 3833<br>여환수 3838<br>이수호 3837<br>김다혜 3841<br>김원웅 3844<br>김효주 3840<br>김진아 3842 | 구해리 3880<br>김민준 3874<br>정유진 3873<br>배인호 3884<br>엄세열 3877<br>이재호 3882<br>장경현 3888<br>진송은 3887 | 김성기 3853<br>김영호 3857<br>조형진 3855<br>황인산 3860<br>장민영 3854<br>장은영 3859 |
| 직원 | 조선영 3601 | | | 장은경 3775 | | | | | |

# 1등 조세회계 경제신문 조세일보

| 국 | 지역경제지원국 | | | | | 차세대지방재정세입정보화추진단 (02-2100-○○○○) | | | |
|---|---|---|---|---|---|---|---|---|---|
| 국장 | 조성환 3900 | | | | | 이희준 4200 | | | |
| 과 | 지역경제과 | 지방규제혁신과 | 지역금융지원과 | 지방공기업정책과 | 지방공공기관관리과 | 기획협력과 | 지방재정보조금정보과 | 지방세입정보과 | 재해복구시스템과 |
| 과장 | 신지혜 3902 | 김우철 3931 | 이경수 3941 | 최규웅 3961 | 김대영 3981 | 채경아 4202 | 김혜영 4141 | 윤희정 4181 | 신민필 4161 |
| 서기관 | | 김길수 3932 | | 김성현 3972<br>변석영 3970 | 김종태 3985<br>이현종 3982 | 김현경 4203<br>김현정 4209 | 이두원 4177<br>장현석 4166 | | 이관석 4148 |
| 사무관 | 강규남 3904<br>구유미 3919<br>김성욱 3917<br>박진숙 3921<br>윤태웅 3903<br>장현웅 3909<br>정유희 3908<br>조세린 3955<br>조완철 3957<br>한영구 3922 | 강규욱 3997<br>강말순 3933<br>고혜영 3911<br>김원한 3912<br>박재섭 3935<br>박지혜 3998<br>조은영 3914<br>홍영준 3934<br>곽성준 3936 | 박준호 3949<br>오정열 3952<br>이미현 3579<br>이우석 3944<br>이화영 3946<br>정유천 3956<br>정진경 3958<br>조성조 3947<br>주현민 3954 | 채성옥 3971<br>김호일 3969<br>유해리 3962<br>이경은 3963<br>박유진 3967 | 양성훈 3992<br>성수지 3990<br>송진경 3991<br>임문성 3987<br>최인량 3986 | 신동화 4216 | 김종만 4179<br>이문진 4176<br>이봉열 4167<br>최병훈 4146<br>최성국 4145 | 구명회 4186<br>김종택 4189<br>이도원 4182 | 정양기 4162<br>구자일 4205 |
| 주무관 | 김현아 3906<br>안명환 3948<br>유아랑 3905<br>최범규 3918<br>이재영 3907 | 김윤식 3996<br>김진희 3940<br>서형주 3920<br>류소연 3938 | 김성욱 3945<br>조유진 3951<br>강민수 3943<br>정승은 3950 | 진향미 3968<br>정다희 3964<br>조세희 3966<br>박선재 3965 | 김설화 3983<br>서준호 3989<br>김상배 3988<br>김형석 3984 | 김예수 4170<br>김혜경 4223 | 고명현 4149<br>고복인 4168 | 김곤휘 4187<br>김동영 4188<br>신인섭 4198<br>박영규 4222<br>김대성 4192<br>서재혁 4190<br>차동준 4215<br>황성일 4217 | 김효정 4169<br>김혜정 4164<br>박선경 4165<br>박한용 4180 |
| 직원 | 이민아 3901 | | 심규현 3953 | | | 김하영 4201 | | | |

# 국무총리실 조세심판원

대표전화: 044-200-1800 / DID: 044-200-OOOO

원장: **이 상 길**
DID: 044-200-1700~1702

| 주소 | 세종특별시 갈매로 477, 정부세종청사 4동 3층 조세심판원 (우) 30108<br>서울(별관): 서울특별시 종로구 종로1길 42, 3층 301호 (이마빌딩) (우) 03152 |
|---|---|

## 행정실

| 행정실장 |
|---|
| 곽상민 1710 |

| 구분 | 행정 | 기획 | 운영 | 조정1 | 조정2 | 조정3 |
|---|---|---|---|---|---|---|
| 서기관 | | | | | | |
| 사무관 | 윤연원 1711 | 백재민 1721<br>박종현 1725 | 이은하 1726<br>송기영 1712 | 장태희 1731<br>곽충힘 1732 | 이석원 1736<br>최창원 1737 | 현기수 1706 |
| 주무관 | 문정우 1713<br>김온식 1714<br>최진현 1735<br>김문수 1717<br>노혜련 1716 | 이정훈 1723<br>황혜진 1724 | 이승호 1727<br>성현일 1728<br>이진주 1729<br>김연경 1730 | 이지연 1733<br>최승택 1734 | 오세민 1738<br>이재곤 1739 | 김기홍 1707<br>윤민영 1816<br>송영재 1708 |
| FAX | 200-1706(행정실)<br>200-1707(민원실) | | | | | |

## 심판부

| 심판부 | 1심판관실 | 2심판관실 | 3심판관실 |
|---|---|---|---|
| 심판관 | 류양훈 1801 | 박상영 1802 | |
| 비서 | 박미란 1759 | 박미란 1759 | 이승희 1799 |

| 심판조사관 | 1조 | 2조 | 3조 | 4조 | 5조 | 6조 |
|---|---|---|---|---|---|---|
| | 박태의<br>1740 | 박정민<br>1750 | 은희훈<br>1760 | 조용민<br>1770 | 이용형<br>1780 | 유진재<br>1790 |
| 서기관 | 김정오<br>1741 | | | | | |
| 사무관 | 김효남<br>1742<br>손대균<br>1743 | 김성엽<br>1751<br>한나라<br>1753<br>김하중<br>1753 | 주강석<br>1761<br>김혁준<br>1762<br>신정민<br>1763 | 조혜정<br>1771<br>김경수<br>1772<br>하명균<br>1773 | 김두섭<br>1781<br>박수혜<br>1782 | 박희수<br>1791<br>허광욱<br>1792 |
| 주무관 | 최유미<br>1749 | | 박혜숙<br>1769 | | 송동훈<br>1783<br>전경선<br>1789 | |

| FAX | | 1심판관실 | 2심판관실 | 3심판관실 |
|---|---|---|---|---|
| | 조사관실 | 200-1758 | 200-1868 | 200-1778 |
| | 심판관실 | 200-1818 | 200-1838 | 200-1818 |

| 심판부 | 4심판관실 | | 5심판관실 | | 6심판관실 | | | 7심판관실 | | 8심판관실 | |
|---|---|---|---|---|---|---|---|---|---|---|---|
| 심판관 | | | | | 이근후 1806 | | | 홍삼기 1808 | | 이화진 1808 | |
| 비서 | 이승희 1799 | | 김수정 1849 | | 김수정 1849 | | | 윤승희 1889 | | 윤승희 1889 | |
| 심판조사관 | 7조 | 8조 | 9조 | 10조 | 11조 | 12조 | 13조 | 14조 | 15조 | 16조 | 17조 |
| 심판조사관 | 나종엽 1810 | | 지장근 1830 | 배병윤 1840 | 오인석 1850 | 우동욱 1860 | 김신철 1865 | 김병철 1870 | | 최선재 1890 | 홍성완 1895 |
| 서기관 | | 이재균 1820 | 정해빈 1831 | | 정진욱 1851 | | | 남연화 1871 | 김종윤 1880 | | |
| 사무관 | 송현탁 1811 윤근희 1812 박지혜 1813 | 류시현 1821 김동원 1822 이현우 1823 | 손혜민 1832 김보람 1833 | 권오현 1841 조정휘 1842 김상곤 1843 | 모재완 1852 이주연 1853 | 이정화 1861 문상묵 1862 | 강용규 1866 한종건 1867 안중관 1868 | 박석민 1872 박천수 1873 강경관 1874 박인혜 1875 | 서지용 1882 이유진 1882 전연진 1883 박천호 1884 | 홍순태 1891 김승하 1892 이승훈 1893 홍이정 1894 | 김예원 1896 권병준 1899 심우돈 1898 신은혜 1899 |
| 주무관 | 강혜란 1819 | | 임대규 1834 임윤정 1839 | | 여정애 1859 | 강병희 1763 | | 김연진 1879 | | 박선임 1888 | |
| FAX 조사관실 | 200-1778 | | 200-1788 | | 200-1848 | | | 200-1898 | | | |
| FAX 심판관실 | 200-1818 | | 200-1828 | | 200-1828 | | | 200-1838 | | | |

# 한국조세재정연구원

대표전화:044-414-2114/DID: 044-414-OOOO

원장: **이 영**
DID: 044-414-2101

세종국책연구단지

금강

행정중심복합도시
4-1
생활권

한국조세
재정연구원

| 소속 | 성명/원내 | 소속 | 성명/원내 | 소속 | 성명/원내 |
|---|---|---|---|---|---|
| 부원장 | 정재호 2400 | 선임연구원 | 정빛나 2501 | 세제연구센터 | |
| 원장실 | | 행정원 | 길민선 2504 | 센터장 | 권성오 2248 |
| 선임전문원 | 홍유남 2100 | 행정원 | 김태은 2506 | 초빙전문위원 | 이종철 |
| 감사실 | | 행정원 | 최인탁 2508 | 선임행정원 | 최미영 |
| | | 행정원 | 한유미 2505 | 선임연구원 | 현하영 |
| 실장 | 배현호 2118 | | | 위촉연구원 | 김선화 |
| 감사역 | 김정현 2117 | 연구출판팀 | | 세제연구팀 | |
| 특수전문직2급 | 김재경 | | | | |
| 행정원 | 현호석 2119 | 팀장 | 장정순 2130 | 팀장 | 홍성희 2418 |
| 연구기획본부 | | 선임행정원 | 변경숙 2132 | 특수전문직1급 | 박수진 2412 |
| | | 선임전문원 | 신지원 2134 | 책임연구원 | 송은주 2262 |
| 본부장 | 박한준 2120 | 선임전문원 | 장은정 2137 | 선임연구원 | 김민경 2325 |
| 책임행정원 | 조종읍 2561 | 전문원 | 손유진 2135 | 선임연구원 | 노수경 2405 |
| 선임연구원 | 김정원 2504 | 부행정원 | 임철주 | 특수전문직2급 | 서동연 2215 |
| 선임연구원 | 유재민 | | | 특수전문직2급 | 이형민 2201 |
| 선임행정원 | 안상숙 2381 | 조세연구본부 | | 특수전문직3급 | 김수린 2207 |
| 선임행정원 | 윤혜순 2264 | | | 특수전문직3급 | 김혜림 2404 |
| 선임행정원 | 이현영 2255 | | | 특수전문직3급 | 박하영 2472 |
| 선임행정원 | 최미영 2265 | 본부장 | 오종현 2289 | | |
| 선임전문원 | 정경순 | 연구위원 | 강신혁 2312 | 관세연구팀 | |
| 기획예산팀 | | 연구위원 | 권성오 | | |
| | | 연구위원 | 권성준 | 팀장 | 최인혁 2446 |
| 팀장 | 이태우 2121 | 연구위원 | 김문정 | 선임연구원 | 노영예 2335 |
| 선임행정원 | 문지영 2122 | 연구위원 | 김빛마로 | 선임연구원 | 박지우 2292 |
| 행정원 | 윤영민 2123 | 연구위원 | 정다운 2243 | 특수전문직2급 | 이재선 2419 |
| 부행정원 | 이소정 2125 | 부연구위원 | 고지현 2321 | 특수전문직3급 | 나지수 2372 |
| 부행정원 | 임주리 2124 | 부연구위원 | 최인혁 | 연구원 | 양지영 2278 |
| 성과확산팀 | | 부연구위원 | 홍병진 2315 | 조세지출분석팀 | |
| | | 선임연구원 | 김미정 2371 | | |
| 팀장 | 송남영 2520 | 선임연구원 | 김상현 2376 | 팀장 | 김용대 2238 |
| 선임연구원 | 송진민 2522 | 선임연구원 | 서주영 2471 | 책임연구원 | 강미정 2261 |
| 선임전문원 | 이슬기 2524 | 선임행정원 | 최미영 | 책임연구원 | 이은경 2273 |
| 전문원 | 정문정 2523 | 선임연구원 | 황미연 2369 | 선임연구원 | 김효림 2239 |
| 위촉연구원 | 김선화 2512 | 연구원 | 김달유 2427 | 선임연구원 | 허윤영 2308 |
| 연구사업팀 | | 연구원 | 배현경 2279 | 세정연구센터 | |
| | | 연구원 | 이희선 2525 | | |
| 팀장 | 조혜진 2500 | | | 센터장 | 김문정 2342 |
| 선임연구원 | 성유경 2503 | | | 명예책임행정원 | 성주석 |
| 선임행정원 | 오승민 2502 | | | 선임행정원 | 최미영 2265 |
| 선임연구원 | 이세미 2507 | | | | |

| 소속 | 성명/원내 | 소속 | 성명/원내 | 소속 | 성명/원내 |
|---|---|---|---|---|---|

**세정연구팀**

| 소속 | 성명/원내 |
|---|---|
| 팀장 | 박주철 2211 |
| 특수전문직2급 | 권정교 2422 |
| 특수전문직2급 | 김재경 2216 |
| 선임연구원 | 박하얀 2466 |
| 특수전문직2급 | 이희경 2408 |
| 특수전문직3급 | 김현정 2483 |
| 특수전문직3급 | 문교현 2220 |
| 특수전문직3급 | 이미현 2450 |
| 특수전문직3급 | 정효림 2202 |

**조세·개발협력팀**

| 소속 | 성명/원내 |
|---|---|
| 선임연구원 | 김세인 2349 |
| 선임연구원 | 심태완 2461 |
| 선임연구원 | 오현빈 2334 |
| 연구원 | 송주영 2229 |
| 연구원 | 안정빈 2575 |
| 연구원 | 윤소영 2324 |
| 연구원 | 장석민 2347 |
| 위촉연구원 | 김민준 2230 |

**세수추계센터**

| 소속 | 성명/원내 |
|---|---|
| 센터장 | 권성준 2360 |
| 책임행정원 | 조종읍 |
| 선임연구원 | 김영직 2318 |
| 선임연구원 | 오은혜 2302 |
| 연구원 | 임연빈 2413 |

**재정패널팀**

| 소속 | 성명/원내 |
|---|---|
| 팀장 | 권성준 |
| 선임연구원 | 김유현 2473 |
| 연구원 | 최하영 2411 |

**조세교육센터**

| 소속 | 성명/원내 |
|---|---|
| 센터장 직무대리 | 이준성 2484 |
| 책임행정원 | 조종읍 |
| 선임전문원 | 박주희 2219 |
| 연구원 | 김예원 2394 |
| 연구원 | 이형석 2407 |

**조세교육팀**

| 소속 | 성명/원내 |
|---|---|
| 팀장 | 나진희 2460 |
| 연구원 | 서은혜 2433 |
| 연구원 | 장아론 2402 |

**재정연구본부**

| 소속 | 성명/원내 |
|---|---|
| 본부장 | 김현아 2214 |
| 선임연구위원 | 원종학 2234 |
| 선임연구위원 | 이은경 2231 |
| 선임연구위원 | 장우현 2286 |
| 선임연구위원 | 최성은 2288 |
| 선임연구위원 | 최준욱 2221 |
| 선임연구위원 | 하세정 |
| 연구위원 | 고창수 |
| 부연구위원 | 김정환 |
| 부연구위원 | 김평식 |
| 부연구위원 | 박정흠 |
| 부연구위원 | 이경훈 2455 |
| 부연구위원 | 이기쁨 2213 |
| 책임연구원 | 박선영 2251 |
| 책임연구원 | 임현정 2275 |
| 선임연구원 | 김종혁 2393 |
| 선임연구원 | 오지연 2225 |
| 선임행정원 | 윤혜순 |
| 선임연구원 | 이수연 2336 |
| 선임연구원 | 정보름 2332 |
| 선임연구원 | 현하영 2499 |
| 연구원 | 박진우 2406 |
| 연구원 | 설지수 2304 |
| 연구원 | 이재국 2410 |
| 연구원 | 정세희 2345 |

**재정평가연구실**

| 소속 | 성명/원내 |
|---|---|
| 실장 | 강희우 2224 |
| 선임행정원 | 이현영 |

**재정성과평가센터**

| 소속 | 성명/원내 |
|---|---|
| 센터장 | 강희우 |
| 선임연구위원 | 하세정 |
| 선임연구원 | 백종선 2333 |
| 선임행정원 | 이현영 |
| 연구원 | 이아름 2270 |
| 연구원 | 이응준 2441 |

**정부투자분석센터**

| 소속 | 성명/원내 |
|---|---|
| 센터장 | 송경호 2247 |
| 초빙연구위원 | 김혜련 2492 |
| 선임연구원 | 박유미 2442 |
| 선임행정원 | 이현영 2255 |

**인구정책평가센터**

| 소속 | 성명/원내 |
|---|---|
| 센터장 | 하세정 2091 |
| 책임연구원 | 김정은 2235 |
| 선임행정원 | 이현영 2255 |

**재정성과평가센터**

| 소속 | 성명/원내 |
|---|---|
| 센터장 | 강희우 |
| 선임연구위원 | 하세정 |
| 선임연구원 | 백종선 2333 |
| 선임행정원 | 이현영 |
| 연구원 | 이아름 2270 |
| 연구원 | 이응준 2441 |
| 위촉연구원 | 조한준 2267 |

**성과분석팀**

| 소속 | 성명/원내 |
|---|---|
| 팀장 | 봉재연 2323 |
| 선임연구원 | 박성훈 2485 |
| 선임연구원 | 박은정 2378 |
| 선임연구원 | 심백교 2438 |
| 선임연구원 | 장운정 2365 |
| 선임연구원 | 최윤미 2449 |
| 선임연구원 | 한경진 2330 |
| 연구원 | 강경민 2444 |
| 연구원 | 배지현 2212 |
| 연구원 | 안소연 2487 |
| 연구원 | 유고은 2322 |
| 연구원 | 최한영 2482 |

**성과관리팀**

| 소속 | 성명/원내 |
|---|---|
| 팀장 | 김평강 2329 |
| 선임연구원 | 곽원욱 2223 |
| 선임연구원 | 권선정 2263 |
| 선임연구원 | 김인애 2327 |
| 선임연구원 | 김현숙 2277 |
| 선임연구원 | 박창우 2344 |
| 선임연구원 | 우지은 2351 |
| 선임연구원 | 이보화 2245 |
| 선임연구원 | 장민혜 2382 |
| 선임연구원 | 조은빛 2416 |
| 연구원 | 김준혁 2210 |
| 연구원 | 이은솔 2434 |

| 소속 | 성명/원내 | 소속 | 성명/원내 | 소속 | 성명/원내 |
|---|---|---|---|---|---|
| **평가제도팀** | | **전략연구팀** | | **아태재정협력센터** | |
| 팀장 | 장낙원 2456 | 팀장 | 박정흠 2420 | 센터장 | 허경선 2241 |
| 선임연구원 | 김경훈 2447 | 선임연구원 | 현하영 | 선임행정원 | 윤혜순 |
| 선임연구원 | 변이슬 2294 | 연구원 | 구남규 2227 | **펨나운영팀** | |
| 선임연구원 | 안새롬 2293 | 연구원 | 이재원 2352 | | |
| 선임연구원 | 장문석 2448 | 연구원 | 허현정 2236 | 팀장 | 최승훈 2340 |
| 연구원 | 신우상 2417 | 위촉연구원 | 박민수 | 선임연구원 | 김윤옥 2385 |
| 위촉연구원 | 심규헌 2314 | **정책평가팀** | | 선임연구원 | 김윤지 2395 |
| 위촉연구원 | 한재현 | | | 선임연구원 | 김의주 2389 |
| **정부투자분석센터** | | 팀장 | 김평식 2218 | 선임연구원 | 이재영 2384 |
| | | 책임연구원 | 김창민 2350 | 연구원 | 김난유 2395 |
| 센터장 | 송경호 2247 | 선임연구원 | 이정인 2478 | 연구원 | 박도현 2392 |
| 초빙연구위원 | 김혜련 2492 | **재정지출분석센터** | | 연구원 | 오한울 2297 |
| 선임연구원 | 박유미 2442 | | | 위촉연구원 | 강호준 2390 |
| 선임행정원 | 이현영 2255 | 센터장 | 김빛마로 2339 | 위촉연구원 | 조정우 2465 |
| **분석지원팀** | | 선임행정원 | 윤혜순 2264 | **공공기관연구센터** | |
| | | **재정제도분석팀** | | 소장 | 이남국 |
| | | | | 초빙연구위원 | 유은지 2338 |
| 팀장 | 최미선 2240 | 팀장 | 김정환 2328 | 초빙연구위원 | 이민상 2228 |
| 특수전문직2급 | 김다랑 2331 | 선임연구원 | 강민채 2458 | 초빙연구위원 | 이윤규 2341 |
| 선임연구원 | 김종원 2362 | 선임연구원 | 구윤모 2452 | 선임연구원 | 송경호 2348 |
| 선임연구원 | 신동준 2364 | 선임연구원 | 김은숙 2453 | 선임행정원 | 안상숙 2381 |
| 선임연구원 | 이남주 2565 | 선임연구원 | 김인유 2280 | **공공정책1팀** | |
| 선임연구원 | 정경화 2310 | 선임연구원 | 김진아 2343 | | |
| 선임연구원 | 정은경 2226 | 선임연구원 | 박신아 2253 | 팀장 | 송현진 2432 |
| 선임연구원 | 주재민 2320 | 선임연구원 | 박지혜 2244 | 선임연구원 | 김신정 2291 |
| 연구원 | 서동규 2496 | 선임연구원 | 이정은 2475 | 선임연구원 | 김준성 2573 |
| 위촉연구원 | 정유진 2428 | 선임연구원 | 장준희 2474 | 특수전문직2급 | 안윤선 2498 |
| | | 선임연구원 | 하에스더 2326 | 선임연구원 | 이강신 2459 |
| | | 선임연구원 | 한혜란 2463 | 선임연구원 | 임미화 2272 |
| **인프라사업조사팀** | | 선임연구원 | 황보경 2367 | 연구원 | 소병욱 2282 |
| | | 연구원 | 염보라 2271 | 연구원 | 송민나 2493 |
| 팀장 | 이순향 2105 | 연구원 | 오윤서 2257 | **공공정책2팀** | |
| 선임연구원 | 김정현 2481 | 위촉연구원 | 김도현 2313 | | |
| 연구원 | 최시원 2424 | 위촉연구원 | 김미영 | 팀장 | 최근호 2495 |
| 위촉연구원 | 정다영 2256 | **재정전망센터** | | 선임연구원 | 박화영 2357 |
| | | | | 선임연구원 | 오소연 2205 |
| | | 센터장 | 고창수 2370 | 선임연구원 | 윤다솜 2298 |
| **인구정책평가센터** | | 부연구위원 | 강신혁 | 선임연구원 | 허미혜 2316 |
| | | 선임연구원 | 권미연 2374 | 연구원 | 강선희 2443 |
| 위촉연구원 | 이아영 | 선임연구원 | 노지영 2246 | 연구원 | 성연주 2423 |
| 위촉연구원 | 홍성아 | 선임연구원 | 백가영 2454 | 위촉연구원 | 강지원 |
| 센터장 | 하세정 2091 | 선임연구원 | 오수정 2307 | 위촉연구원 | 김나영 2316 |
| 책임연구원 | 김정은 2235 | 선임행정원 | 윤혜순 | 위촉연구원 | 이유빈 2436 |
| 선임행정원 | 이현영 2255 | 선임연구원 | 정상기 2287 | 위촉연구원 | 진소미 2526 |
| | | 연구원 | 주남균 2497 | 위촉연구원 | 황예찬 2337 |

| 소속 | 성명/원내 | 소속 | 성명/원내 | 소속 | 성명/원내 |
|---|---|---|---|---|---|
| **정책사업팀** | | **평가연구팀** | | **경영지원실** | |
| | | | | 실장 | 성주석 2160 |
| 팀장 | 변민정 2306 | 팀장 | 유효정 2363 | **인사혁신팀** | |
| 선임연구원 | 강석훈 2356 | 선임연구원 | 임희영 2208 | | |
| 선임연구원 | 김은정 2303 | 선임연구원 | 정예슬 | 팀장 | 최윤용 2161 |
| 선임연구원 | 남지현 2574 | 선임연구원 | 홍윤진 2361 | 선임전문원 | 김서영 2163 |
| 선임연구원 | 오윤미 2377 | 연구원 | 나영 2578 | 선임행정원 | 박소연 2166 |
| 선임연구원 | 유승현 2457 | 연구원 | 이부연 2431 | 선임행정원 | 전승진 2162 |
| 선임연구원 | 이슬 2366 | | | 행정원 | 공요환 2165 |
| 연구원 | 김정은 2435 | **국가회계재정통계센터** | | 행정원 | 배지호 2168 |
| 위촉연구원 | 이가을 2490 | | | 행정원 | 유준오 2167 |
| | | 소장직무대리 | 문창오 2305 | 행정원 | 정율아 2164 |
| **경영평가부** | | 초빙연구위원 | 윤영훈 2445 | | |
| | | 책임행정원 | 조종읍 | **총무팀** | |
| 부소장 | 문창오 2305 | 선임연구원 | 이정미 2259 | | |
| 선임행정원 | 강민주 2430 | 연구원 | 임지윤 2403 | 팀장 | 노길현 2170 |
| | | | | 선임행정원 | 강신중 2173 |
| **경영컨설팅팀** | | **국가회계팀** | | 선임행정원 | 김선정 2175 |
| | | | | 선임행정원 | 손동준 2177 |
| 팀장 | 이주경 2266 | 팀장 | 진태호 2552 | 선임행정원 | 신수미 2171 |
| 선임연구원 | 서니나 2396 | 특수전문직2급 | 오예정 2563 | 선임행정원 | 윤여진 2176 |
| 선임연구원 | 임소영 2290 | 특수전문직2급 | 임정혁 2553 | 행정원 | 한용균 2174 |
| 선임연구원 | 정예슬 2358 | 특수전문직3급 | 김보성 2415 | 행정원 | 박혜령 2178 |
| 선임연구원 | 허민영 2479 | 특수전문직3급 | 안지현 2426 | | |
| 연구원 | 양다연 2401 | 특수전문직3급 | 윤병준 2383 | **재무회계팀** | |
| 위촉연구원 | 김나영 2375 | 특수전문직3급 | 윤정선 2258 | | |
| | | 특수전문직3급 | 장윤지 2518 | 팀장 | 최영란 2180 |
| **계량평가·검증팀** | | | | 선임행정원 | 김영화 2187 |
| | | **결산분석팀** | | 선임행정원 | 이지혜 2183 |
| 팀장 | 임형수 2209 | | | 선임행정원 | 임상미 2186 |
| 특수전문직2급 | 김윤미 2319 | 팀장 | 윤성호 2562 | 부행정원 | 김성미 2188 |
| 특수전문직2급 | 남승오 2551 | 특수전문직2급 | 오가영 2567 | 위촉연구원 | 강지원 2184 |
| 특수전문직2급 | 최지영 | 특수전문직2급 | 이명인 2555 | | |
| 특수전문직2급특 | 현지용 2572 | 특수전문직2급 | 임종권 2581 | **전산·학술정보팀** | |
| 수전문직3급 | 김소현 2281 | 선임행정원 | 정현석 2462 | | |
| 특수전문직3급 | 양도일 2470 | 특수전문직2급 | 한은미 2556 | 팀장 | 김성동 2150 |
| 연구원 | 유현정 2414 | 위촉연구원 | 임근원 2437 | 책임전문원 | 심수희 2140 |
| 위촉연구원 | 김지혜 2242 | | | 선임전문원 | 권정애 2142 |
| | | **재정통계팀** | | 선임전문원 | 이창호 2153 |
| **평가지원팀** | | | | 선임전문원 | 홍서진 2155 |
| | | 팀장 | 박윤진 2569 | 전문원 | 김인아 2154 |
| 팀장 | 심재경 2543 | 특수전문직1급 | 한소영 2554 | 전문원 | 김준영 2151 |
| 선임연구원 | 봉우리 2542 | 특수전문직2급 | 유귀운 2566 | 전문원 | 최유림 2141 |
| 선임연구원 | 장정윤 2544 | 특수전문직2급 | 장지원 2557 | | |
| 선임연구원 | 정혜진 2587 | 특수전문직2급 | 최금주 2558 | **시설구매팀** | |
| 연구원 | 고승희 2545 | 특수전문직2급 | 최중갑 2582 | | |
| | | 특수전문직2급 | 최지영 2577 | 팀장 | 박현옥 2190 |
| | | 특수전문직3급 | 김소영 2268 | 행정원 | 강성훈 2191 |
| | | 연구원 | 왕승현 2398 | 행정원 | 김범수 2192 |
| | | 특수전문직3급 | 정지윤 2537 | 행정원 | 박정훈 2193 |
| | | | | 부행정원 | 문성규 2194 |

# 전 국 세 무 관 서 주 소 록

| 세무서 | 주 소 | 우편번호 | 전화번호 | 팩스번호 | 코드 | 계좌 |
|---|---|---|---|---|---|---|
| 국세청 | 세종 국세청로 8-14 국세청 | 30128 | 044-204-2200 | 02-732-0908 | 100 | 011769 |
| 서울청 | 서울 종로구 종로5길 86 | 03151 | 02-2114-2200 | 02-722-0528 | 100 | 011895 |
| 강남 | 서울 강남구 학동로 425 | 06068 | 02-519-4200 | 02-512-3917 | 211 | 180616 |
| 강동 | 서울 강동구 천호대로 1139 강동그린타워 | 05355 | 02-2224-0200 | 02-2224-0267 | 212 | 180629 |
| 강서 | 서울 강서구 마곡서1로 60 | 07799 | 02-2630-4200 | 02-2679-8777 | 109 | 012027 |
| 관악 | 서울 관악구 문성로 187 | 08773 | 02-2173-4200 | 02-2173-4269 | 145 | 024675 |
| 구로 | 서울 영등포구 경인로 778 | 07363 | 02-2630-7200 | 02-2631-8958 | 113 | 011756 |
| 금천 | 서울 금천구 시흥대로 315 금천롯데캐슬골드파크4차 업무시설동 | 08608 | 02-850-4200 | 02-850-4635 | 119 | 014371 |
| 남대문 | 서울 중구 삼일대로 340 나라키움저동빌딩 | 04551 | 02-2260-0200 | 02-755-7114 | 104 | 011785 |
| 노원 | 서울 도봉구 노해로69길 14 | 01415 | 02-3499-0200 | 0503-111-9927 | 217 | 001562 |
| 도봉 | 서울 강북구 도봉로 117 | 01177 | 02-944-0200 | 02-984-2580 | 210 | 011811 |
| 동대문 | 서울 동대문구 약령시로 159 | 02489 | 02-958-0200 | 02-958-0159 | 204 | 011824 |
| 동작 | 서울 영등포구 대방천로 259 | 07432 | 02-840-9200 | 02-831-4137 | 108 | 000181 |
| 마포 | 서울 마포구 독막로 234 | 04090 | 02-705-7200 | 02-717-7255 | 105 | 011840 |
| 반포 | 서울 서초구 방배로 163 | 06573 | 02-590-4200 | 02-591-1311 | 114 | 180645 |
| 삼성 | 서울 강남구 테헤란로 114 역삼빌딩 5,6,9,10층 | 06233 | 02-3011-7200 | 02-564-1129 | 120 | 181149 |
| 서대문 | 서울 서대문구 세무서길 11 | 03629 | 02-2287-4200 | 02-379-0552 | 110 | 011879 |
| 서초 | 서울 강남구 테헤란로 114 역삼빌딩 3,4,9,10층 | 06233 | 02-3011-6200 | 02-563-8030 | 214 | 180658 |
| 성동 | 서울 성동구 광나루로 297 | 04802 | 02-460-4200 | 02-468-0016 | 206 | 011905 |
| 성북 | 서울 성북구 삼선교로16길 13 | 02863 | 02-760-8200 | 02-744-6160 | 209 | 011918 |
| 송파 | 서울 송파구 강동대로 62 | 05506 | 02-2224-9200 | 02-409-8329 | 215 | 180661 |
| 양천 | 서울 양천구 목동동로 165 | 08013 | 02-2650-9200 | 02-2652-0058 | 117 | 012878 |
| 역삼 | 서울 강남구 테헤란로 114 역삼빌딩 7,8,9,10층 | 06233 | 02-3011-8200 | 02-558-1123 | 220 | 181822 |
| 영등포 | 서울 영등포구 선유로 243 | 07209 | 02-2630-9200 | 02-2678-4909 | 107 | 011934 |
| 용산 | 서울 용산구 서빙고로24길 15 | 04388 | 02-748-8200 | 02-792-2619 | 106 | 011947 |
| 은평 | 서울 은평구 통일로684 서울혁신파크미래청1~3층 | 03371 | 02-2132-9200 | 02-2132-9571 | 147 | 026165 |
| 잠실 | 서울 송파구 강동대로 62 | 05506 | 02-2055-9200 | 02-475-0881 | 230 | 019868 |
| 종로 | 서울 종로구 삼일대로 30길 22 | 03133 | 02-760-9200 | 02-744-4939 | 101 | 011976 |
| 중랑 | 서울 중랑구 망우로 176 | 02118 | 02-2170-0200 | 02-493-7315 | 146 | 025454 |
| 중부 | 서울 중구 퇴계로 170 | 04627 | 02-2260-9200 | 02-2268-0582 | 201 | 011989 |
| 중부청 | 경기 수원시 장안구 경수대로 1110-17 | 16206 | 031-888-4200 | 031-888-7612 | 200 | 000165 |
| 강릉 | 강원 강릉시 수리골길 65 | 25473 | 033-610-9200 | 033-641-4186 | 226 | 150154 |
| 경기광주 | 경기 광주시 문화로 127 | 12752 | 031-880-9200 | 031-769-0417 | 233 | 023744 |

| 세무서 | 주　　　소 | 우편번호 | 전화번호 | 팩스번호 | 코드 | 계좌 |
|---|---|---|---|---|---|---|
| 구리 | 경기 구리시 안골로 36 | 11934 | 031-326-7200 | | 149 | |
| 기흥 | 경기 용인시 기흥구 흥덕2로117번길 15 | 16953 | 031-8007-1200 | 부서별 번호와 같음 | 236 | 026178 |
| 남양주 | 경기 남양주시 화도읍 경춘로1807 쉼터빌딩3~6층 | 12167 | 031-550-3200 | 031-566-1808 | 132 | 012302 |
| 동수원 | 경기 수원시 영통구 청명남로 13 | 16704 | 031-695-4200 | 031-273-2416 | 135 | 131157 |
| 동안양 | 경기 안양시 동안구 관평로202번길 27 | 14054 | 031-389-8200 | 0503-112-9375 | 138 | 001591 |
| 분당 | 경기 성남시 분당구 분당로 23 | 13590 | 031-219-9200 | 031-781-6852 | 144 | 018364 |
| 삼척 | 강원 삼척시 교동로 148 | 25924 | 033-570-0200 | 033-574-5788 | 222 | 150167 |
| 성남 | 경기 성남시 수정구 희망로 480 | 13148 | 031-730-6200 | 031-736-1904 | 129 | 130349 |
| 속초 | 강원 속초시 수복로 28 | 24855 | 033-639-9200 | 033-633-9510 | 227 | 150170 |
| 수원 | 경기 수원시 팔달구 매산로 61 | 16456 | 031-250-4200 | 031-258-9411 | 124 | 130352 |
| 시흥 | 경기 시흥시 마유로 368 | 15055 | 031-310-7200 | 031-314-3973 | 140 | 001588 |
| 안산 | 경기 안산시 단원구 화랑로 350 | 15354 | 031-412-3200 | 031-412-3300 | 134 | 131076 |
| 동안산 | 경기 안산시 상록구 상록수로 20 | 15532 | 031-937-3200 | 031-8042-4602 | 153 | 027707 |
| 안양 | 경기 안양시 만안구 냉천로 83 | 14090 | 031-467-1200 | 031-467-1300 | 123 | 130365 |
| 영월 | 강원 영월군 영월읍 하송안길 49 | 26235 | 033-370-0200 | 033-374-2100 | 225 | 150183 |
| 용인 | 경기 용인시 처인구 중부대로1161번길 7 | 17019 | 031-329-2200 | 부서별 번호와 같음 | 142 | 002846 |
| 원주 | 강원 원주 북원로 2325 | 26411 | 033-740-9200 | 033-746-4791 | 224 | 100269 |
| 이천 | 경기 이천시 부악로 47 | 17380 | 031-644-0200 | 031-634-2100 | 126 | 130378 |
| 춘천 | 강원 춘천시 중앙로 115 | 24358 | 033-250-0200 | 033-252-3589 | 221 | 100272 |
| 평택 | 경기 평택시 죽백6로 6 | 17862 | 031-650-0200 | 031-658-1116 | 125 | 130381 |
| 홍천 | 강원 홍천군 홍천읍 생명과학관길 50 | 25142 | 033-430-1200 | 033-433-1889 | 223 | 100285 |
| 동화성 | 경기 화성시 동탄오산로 86-3 MK타워3,4,9,10,11층 | 18478 | 031-934-6200 | 031-934-6249 | 151 | 027684 |
| 화성 | 경기 화성시 봉담읍 참샘길 27 | 18321 | 031-8019-1200 | 031-8019-8211 | 143 | 018351 |
| 인천청 | 인천 남동구 남동대로 763 | 21556 | 032-718-6200 | 032-718-6021 | 800 | 027054 |
| 남동 | 인천 남동구 인하로 548 | 21582 | 032-460-5200 | 032-463-5778 | 131 | 110424 |
| 서인천 | 인천 서구 청라사파이어로 192 | 22758 | 032-560-5200 | 032-561-5777 | 137 | 111025 |
| 인천 | 인천 동구 우각로 75 | 22564 | 032-770-0200 | 032-777-8104 | 121 | 110259 |
| 계양 | 인천 계양구 효서로 244 | 21120 | 032-459-8200 | | 154 | 027708 |
| 고양 | 경기 고양시 일산동구 중앙로1275번길 14-43 | 10401 | 031-900-9200 | 031-901-9177 | 128 | 012014 |
| 광명 | 경기 광명시 철산로 3-12 | 14235 | 02-2610-8200 | 02-3666-0611 | 235 | 025195 |
| 김포 | 경기 김포시 김포한강1로 22 | 10087 | 031-980-3200 | 031-983-8125 | 234 | 023760 |
| 동고양 | 경기 고양시 덕양구 화중로104번길 16 화정아카데미타워 3~5층, 9층 | 10497 | 031-900-6200 | | 232 | 023757 |
| 남부천 | 경기 부천시 경인옛로 115 | 14691 | 032-459-7200 | 032-459-7249 | 152 | 027685 |
| 부천 | 경기 부천시 계남로227 | 14535 | 032-320-5200 | 032-320-5318 | 130 | 110246 |

| 세무서 | 주소 | 우편번호 | 전화번호 | 팩스번호 | 코드 | 계좌 |
|---|---|---|---|---|---|---|
| 부평 | 인천 부평구 부평대로 147 | 21366 | 032-540-6200 | 032-545-0411 | 122 | 110233 |
| 연수 | 인천 연수구 인천타워대로 323 송도센트로드A동 1~5층 | 22007 | 032-670-9200 | 032-858-7351 | 150 | 027300 |
| 의정부 | 경기 의정부시 의정로 77 | 11622 | 031-870-4200 | 031-875-2736 | 127 | 900142 |
| 파주 | 경기 파주시 금릉역로 62 | 10915 | 031-956-0200 | 031-957-0315 | 141 | 001575 |
| 포천 | 경기 포천시 소흘읍 송우로 75 | 11177 | 031-538-7200 | 031-544-6090 | 231 | 019871 |
| 대전청 | 대전 대덕구 계족로 677 | 34383 | 042-615-2200 | 042-621-4552 | 300 | 080499 |
| 공주 | 충남 공주시 봉황로 87 | 32550 | 041-850-3200 | 041-850-3692 | 307 | 080460 |
| 논산 | 충남 논산시 논산대로241번길 6 | 32959 | 041-730-8200 | 041-730-8270 | 308 | 080473 |
| 대전 | 대전 중구 보문로 331 | 34851 | 042-229-8200 | 042-253-4990 | 305 | 080486 |
| 동청주 | 충북 청주시 청원구 1순환로 44 | 28322 | 043-229-4200 | 043-229-4601 | 317 | 002859 |
| 보령 | 충북 보령시 옥마로 56 | 33482 | 041-930-9200 | 041-936-7289 | 313 | 930154 |
| 북대전 | 대전 유성구 유성대로 935번길 7 | 34127 | 042-603-8200 | 042-823-9662 | 318 | 023773 |
| 서대전 | 대전 서구 둔산서로 70 | 35239 | 042-480-8200 | 042-486-8067 | 314 | 081197 |
| 서산 | 충남 서산시 덕지천로 145-6 | 32003 | 041-660-9200 | 041-660-9259 | 316 | 000602 |
| 세종 | 세종 시청대로 126 | 30151 | 044-850-8200 | 044-850-8431 | 320 | 025467 |
| 아산 | 충남 아산시 배방읍 배방로 57-29 | 31486 | 041-536-7200 | 041-533-1351 | 319 | 024688 |
| 영동 | 충북 영동군 영동읍 계산로2길 10 | 29145 | 043-740-6200 | 043-740-6250 | 302 | 090311 |
| 예산 | 충남 예산군 오가면 윤봉길로 1883 | 32425 | 041-330-5200 | 041-330-5305 | 311 | 930167 |
| 제천 | 충북 제천시 복합타운1길 78 | 27157 | 043-649-2200 | 043-648-3586 | 304 | 090324 |
| 천안 | 충남 천안시 동남구 청수14로 80 | 31198 | 041-559-8200 | 041-559-8250 | 312 | 935188 |
| 청주 | 충북 청주시 흥덕구 죽천로 151 | 28583 | 043-230-9200 | 043-235-5417 | 301 | 090337 |
| 충주 | 충북 충주시 충원대로 724 | 27338 | 043-841-6200 | 043-845-3320 | 303 | 090340 |
| 홍성 | 충남 홍성군 홍성읍 홍덕서로 32 | 32216 | 041-630-4200 | 041-630-4249 | 310 | 930170 |
| 광주청 | 광주 북구 첨단과기로208번길 43 | 61011 | 062-236-7200 | 062-716-7215 | 400 | 060707 |
| 광주 | 광주 동구 중앙로 209 | 61473 | 062-605-0200 | | 408 | 060639 |
| 광산 | 광주 광산구 하남대로 83 | 62232 | 062-970-2200 | 062-970-2209 | 419 | 027313 |
| 군산 | 전북 군산시 미장13길 49 | 54096 | 063-470-3200 | 063-470-3249 | 401 | 070399 |
| 나주 | 전남 나주시 재신길 33 | 58262 | 061-330-0200 | 061-332-8583 | 412 | 060642 |
| 남원 | 전북 남원시 동림로 91-1 | 55741 | 063-630-2200 | 063-632-7302 | 407 | 070412 |
| 목포 | 전남 목포시 호남로58번길 19 | 58723 | 061-241-1200 | 061-244-5915 | 411 | 050144 |
| 북광주 | 광주 북구 경양로 170 | 61238 | 062-520-9200 | 062-716-7280 | 409 | 060671 |
| 북전주 | 전북 전주시 덕진구 벚꽃로 33 | 54937 | 063-249-1200 | 063-249-1555 | 418 | 002862 |
| 서광주 | 광주 서구 상무민주로6번길 31 | 61969 | 062-380-5200 | 062-716-7260 | 410 | 060655 |
| 순천 | 전남 순천시 연향번영길 64 | 57980 | 061-720-0200 | 061-723-6677 | 416 | 920300 |
| 여수 | 전남 여수시 좌수영로 948-5 | 59631 | 061-688-0200 | 061-682-1649 | 417 | 920313 |
| 익산 | 전북 익산시 선화로425 | 54630 | 063-840-0200 | 0503-114-9859 | 403 | 070425 |
| 전주 | 전북 전주시 완산구 서곡로 95 | 54956 | 063-250-0200 | 063-277-7708 | 402 | 070438 |

| 세무서 | 주 소 | 우편번호 | 전화번호 | 팩스번호 | 코드 | 계좌 |
|---|---|---|---|---|---|---|
| 정읍 | 전북 정읍시 중앙1길 93 | 56163 | 063-530-1200 | 063-533-9101 | 404 | 070441 |
| 해남 | 전남 해남군 해남읍 중앙1로 18 | 59027 | 061-530-6200 | 061-536-6249 | 415 | 050157 |
| 대구청 | 대구 달서구 화암로 301 | 42768 | 053-661-7200 | 053-661-7052 | 500 | 040756 |
| 경산 | 경북 경산시 박물관로 3 | 38583 | 053-819-3200 | 053-802-8300 | 515 | 042330 |
| 경주 | 경북 경주시 원화로 335 | 38138 | 054-779-1200 | 054-743-4408 | 505 | 170176 |
| 구미 | 경북 구미시 수출대로 179 | 39269 | 054-468-4200 | 054-464-0537 | 513 | 905244 |
| 김천 | 경북 김천시 평화길 128 | 39610 | 054-420-3200 | 054-430-6605 | 510 | 905257 |
| 남대구 | 대구 남구 대명로 55 | 42479 | 053-659-0200 | 053-627-0157 | 514 | 040730 |
| 동대구 | 대구 동구 국채보상로 895 | 41253 | 053-749-0200 | 053-756-8837 | 502 | 040769 |
| 북대구 | 대구 북구 원대로 118 | 41590 | 053-350-4200 | 053-354-4190 | 504 | 040772 |
| 상주 | 경북 상주시 경상대로 3173-11 | 37161 | 054-530-0200 | 054-534-9026 | 511 | 905260 |
| 서대구 | 대구 달서구 당산로38길 33 | 42645 | 053-659-1200 | 053-627-6121 | 503 | 040798 |
| 수성 | 대구 수성구 달구벌대로 2362 | 42115 | 053-749-6200 | 053-749-6602 | 516 | 026181 |
| 안동 | 경북 안동시 서동문로 208 | 36702 | 054-851-0200 | 054-859-6177 | 508 | 910365 |
| 영덕 | 경북 영덕군 영덕읍 영덕로 35-11 | 36441 | 054-730-2200 | 054-730-2504 | 507 | 170189 |
| 영주 | 경북 영주시 중앙로 15 | 36099 | 054-639-5200 | 054-633-0954 | 512 | 910378 |
| 포항 | 경북 포항시 북구 중앙로 346 | 37727 | 054-245-2200 | 054-248-4040 | 506 | 170192 |
| 부산청 | 부산 연제구 연제로 12 | 47605 | 051-750-7200 | 051-759-8400 | 600 | 030517 |
| 거창 | 경남 거창군 거창읍 상동2길 14 | 50132 | 055-940-0200 | 055-942-3616 | 611 | 950419 |
| 금정 | 부산 금정구 중앙대로 1636 | 46272 | 051-580-6200 | 051-711-6419 | 621 | 031794 |
| 김해 | 경남 김해시 호계로 440 | 50922 | 055-320-6200 | 055-335-2250 | 615 | 000178 |
| 동래 | 부산 연제구 거제천로269번길 16 | 47517 | 051-860-2200 | 051-711-6579 | 607 | |
| 동울산 | 울산 북구 사청2길 7 | 44239 | 052-219-9200 | 052-713-5176 | 620 | 001601 |
| 마산 | 경남 창원시 마산합포구 3.15대로 211 | 51265 | 055-240-0200 | 055-223-6881 | 608 | 140672 |
| 부산진 | 부산 동구 진성로 23 | 48781 | 051-461-9200 | 051-464-9552 | 605 | 030520 |
| 부산강서 | 부산 강서구 명지국제7로 44 퍼스트월드브라이튼 3~6층 | 46726 | 051-740-9200 | | 625 | 027709 |
| 북부산 | 부산 사상구 학감대로 263 | 46984 | 051-310-6200 | 051-711-6389 | 606 | 030533 |
| 서부산 | 부산 서구 대영로 10 | 49228 | 051-250-6200 | 051-241-7004 | 603 | 030546 |
| 수영 | 부산 수영구 남천동로 19번길 28 | 48306 | 051-620-9200 | 051-711-6152 | 617 | 030478 |
| 양산 | 경남 양산시 물금읍 증산역로135 | 50653 | 055-389-6200 | 055-389-6602 | 624 | 026194 |
| 울산 | 울산 남구 갈밭로 49 | 44715 | 052-259-0200 | 052-266-2135 | 610 | 160021 |
| 제주 | 제주 제주시 청사로 59 | 63219 | 064-720-5200 | 064-724-1107 | 616 | 120171 |
| 중부산 | 부산 중구 충장대로 6 한진중공업빌딩 4~6,10층 | 48941 | 051-240-0200 | 051-240-0554 | 602 | 030562 |
| 진주 | 경남 진주시 진주대로908번길 15 | 52724 | 055-751-0200 | 055-753-9009 | 613 | 950435 |
| 창원 | 경남 창원시 성산구 중앙대로105 STX 오션타워 | 51515 | 055-239-0200 | 055-287-1394 | 609 | 140669 |
| 통영 | 경남 통영시 무전5길 20-9 | 53036 | 055-640-7200 | 055-644-1814 | 612 | 140708 |
| 해운대 | 부산 해운대구 좌동순환로 17 | 48084 | 051-660-9200 | 051-660-9610 | 623 | 025470 |

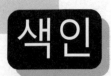

**색인**

**ㄱ**

| 이름 | 소속 | 쪽 |
|---|---|---|
| 강은진 | 수성서 | 427 |
| 강은혜 | 동작서 | 193 |
| 강은희 | 평택서 | 271 |
| 강이나 | 창원서 | 394 |
| 강이은 | 서울청 | 150 |
| 강인 | 금감원 | 111 |
| 강인석 | 북전주서 | 403 |
| 강인성 | 서대전서 | 342 |
| 강인숙 | 수영서 | 172 |
| 강인식 | 세무다솔 | 468 |
| 강인영 | 연수서 | 43 |
| 강인옥 | 영월서 | 323 |
| 강인주 | 기재부 | 282 |
| 강인태 | 역삼서 | 93 |
| 강인행 | 서인천서 | 213 |
| 강인혜 | 서울청 | 211 |
| 강인혜 | 마포서 | 302 |
| 강인호 | 세무다솔 | 168 |
| 강임목 | 국세청 | 195 |
| 강장욱 | 중랑서 | 43 |
| 강장환 | 파주서 | 132 |
| 강재구 | 가서원 | 224 |
| 강재신 | 양천서 | 326 |
| 강재원 | 논산서 | 75 |
| 강재은 | 양천서 | 347 |
| 강재형 | 광주청 | 211 |
| 강재훈 | 서울청 | 136 |
| 강재희 | 경산서 | 168 |
| 강정구 | 동대문서 | 96 |
| 강정남 | 강서서 | 201 |
| 강정모 | 수영서 | 428 |
| 강정목 | 광명서 | 480 |
| 강정미 | 강동서 | 191 |
| 강정민 | 중랑서 | 176 |
| 강정석 | 포천서 | 383 |
| 강정선 | 북대구서 | 468 |
| 강정선 | 중부청 | 311 |
| 강정수 | 창원서 | 149 |
| 강정숙 | 서울청 | 175 |
| 강정원 | 인천세관 | 284 |
| 강정인 | 대전청 | 328 |
| 강정일 | 부평서 | 423 |
| 강정현 | 제주서 | 235 |
| 강정호 | 삼성서 | 489 |
| 강정화 | 대전청 | 148 |
| 강정환 | 동안산서 | 171 |
| 강정훈 | 서대구서 | 504 |
| 강정희 | 금천서 | 333 |
| 강종근 | 상주서 | 321 |
| 강종민 | 구리서 | 492 |
| 강종원 | 서울청 | 198 |
| 강종철 | 북광주서 | 333 |
| 강주빈 | 제주서 | 262 |
| 강주연 | 잠실서 | 425 |
| 강주영 | 세무다솔 | 183 |
| 강주완 | 구로서 | 437 |
| 강주원 | 중부청 | 477 |
| 강주은 | 서울청 | 240 |
| 강준 | 부산진서 | 171 |
| 강준모 | 서대구서 | 384 |
| 강준오 | 중부서 | 492 |
| 강준원 | 수원서 | 375 |
| 강준이 | 부산진서 | 220 |
| 강준혁 | 기재부 | 43 |
| 강준혁 | 수영서 | 43 |
| 강준호 | 서울청 | 181 |
| 강중호 | 기재부 | 235 |
| 강중희 | 포항서 | 165 |
| 강지만 | 현대회계 | 251 |
| 강지선 | 국회정무 | 424 |
| 강지선 | 이천서 | 226 |
| 강지성 | 기재부 | 237 |
| 강지수 | 진주서 | 254 |
| 강지수 | 광산서 | 460 |
| 강지안 | 역삼서 | 78 |
| 강지연 | 광주청 | 469 |
| 강지연 | 서울청 | 157 |
| 강지수 | 서부산서 | 466 |
| 강지성 | 영등포서 | 215 |
| 강지수 | 연수서 | 315 |
| 강지수 | 창원서 | 322 |
| 강지안 | 서울청 | 488 |
| 강지수 | | 149 |
| 강지연 | 파주서 | 326 |
| 강지연 | 천안서 | 358 |
| 강지우 | 대구청 | 414 |
| 강지원 | 충주서 | 370 |
| 강지원 | 국세청 | 122 |
| 강지원 | 중부청 | 239 |
| 강지원 | 동대구서 | 420 |
| 강지원 | 조세재정 | 524 |
| 강지윤 | 화성서 | 275 |
| 강지은 | 서울청 | 149 |
| 강지은 | 동대문서 | 190 |
| 강지인 | 화성서 | 274 |
| 강지인 | 북대전서 | 340 |
| 강지현 | 삼성서 | 198 |
| 강지현 | 강남서 | 390 |
| 강지현 | 구로서 | 173 |
| 강지현 | 수원서 | 181 |
| 강지현 | 연수서 | 254 |
| 강지현 | 포천서 | 322 |
| 강지현 | 구미서 | 329 |
| 강지혜 | 진주서 | 433 |
| 강지훈 | 강서서 | 486 |
| 강지훈 | 서울청 | 177 |
| 강지훈 | 제천서 | 151 |
| 강지훈 | 금정서 | 366 |
| 강진 | 제주서 | 457 |
| 강진경 | 광주청 | 492 |
| 강진명 | 창원서 | 376 |
| 강진성 | 기재부 | 488 |
| 강진성 | 국세상담 | 89 |
| 강진영 | 국세상담 | 238 |
| 강진영 | 중부청 | 142 |
| 강찬 | 세무서 | 142 |
| 강찬호 | 서울청 | 238 |
| 강창기 | 세원세무 | 47 |
| 강창호 | 기재부 | 49 |
| 강창호 | 서울청 | 96 |
| 강채업 | 제주서 | 157 |
| 강철구 | 목포서 | 492 |
| 강초희 | 진주서 | 391 |
| 강태경 | 송파서 | 487 |
| 강태규 | 순천서 | 208 |
| 강태길 | 시흥서 | 392 |
| 강태수 | 김해서 | 256 |
| 강태양 | 경기광주 | 480 |
| 강태연 | 여수서 | 258 |
| 강태윤 | 기재부 | 394 |
| 강태윤 | 광주청 | 86 |
| 강태일 | 구미서 | 375 |
| 강태일 | 현대회계 | 124 |
| 강태진 | 대구세관 | 433 |
| 강태진 | 대구세관 | 31 |
| 강태호 | 영월서 | 513 |
| 강태훈 | 익산서 | 514 |
| 강태훈 | 홍천서 | 282 |
| 강표 | 마포서 | 405 |
| 강필구 | 동안양서 | 289 |
| 강하영 | 국세교육 | 194 |
| 강하나 | 수원서 | 249 |
| 강하덕 | 지방재정 | 144 |
| 강한솔 | 송파서 | 254 |
| 강한결 | 강서서 | 518 |
| 강한얼 | 종로서 | 208 |
| 강해구 | 부산강서 | 212 |
| 강헌 | 동수원서 | 176 |
| 강현 | 인천서 | 222 |
| 강현구 | 제주서 | 462 |
| 강현규 | 해운대서 | 247 |
| 강현규 | 이천서 | 298 |
| 강현미 | 경산서 | 493 |
| 강현삼 | 화성서 | 472 |
| 강현성 | 고시회 | 268 |
| 강현수 | 국세청 | 428 |
| 강현수 | 고시회 | 275 |
| 강현애 | 구로서 | 34 |
| 강현영 | 관세청 | 137 |
| 강현우 | 고시회 | 34 |
| 강현우 | 대전청 | 180 |
| 강현웅 | 대전청 | 495 |
| 강현정 | 인천서 | 34 |
| 강현정 | 안천서 | 375 |
| 강현정 | 서울청 | 337 |
| 강현주 | 기재부 | 337 |
| 강현주 | 중랑서 | 210 |
| 강현주 | 서울청 | 297 |
| 강현주 | 강동서 | 155 |
| 강현주 | 도봉서 | 82 |
| 강현주 | 천안서 | 358 |
| 강현창 | 남대문서 | 297 |
| 강현철 | 국세청 | 184 |
| 강형덕 | 중기회 | 127 |
| 강형석 | 성동서 | 116 |
| 강형진 | 조세재정 | 204 |
| 강혜경 | 잠실서 | 492 |
| 강혜란 | 조세심판 | 220 |
| 강혜령 | 진주서 | 521 |
| 강혜린 | 예산서 | 486 |
| 강혜린 | 광산서 | 357 |
| 강혜림 | 동대문서 | 380 |
| 강혜송 | 남원서 | 486 |
| 강혜수 | 파주서 | 190 |
| 강혜숙 | 기재부 | 200 |
| 강혜연 | 서대문서 | 400 |
| 강혜윤 | 부산서 | 327 |
| 강혜은 | 역삼서 | 78 |
| 강혜정 | 김해서 | 201 |
| 강혜정 | 반포서 | 248 |
| 강혜지 | 강동서 | 452 |
| 강혜진 | 인천서 | 213 |
| 강혜진 | 동래서 | 174 |
| 강혜진 | 국세상담 | 294 |
| 강호성 | 국세청 | 309 |
| 강호종 | 국세청 | 458 |
| 강호창 | 조세재정 | 142 |
| 강호현 | 서부산서 | 470 |
| 강호현 | 동래서 | 123 |
| 강화수 | 고시회 | 524 |
| 강홍일 | 북대구서 | 466 |
| 강화영 | 중부청 | 459 |
| 강효석 | 기재부 | 34 |
| 강효정 | 김포서 | 422 |
| 강훈 | 대전청 | 235 |
| 강훈식 | 국회정무 | 217 |
| 강휘 | 수원서 | 467 |
| 강흥수 | 연수서 | 489 |
| 강희 | 창원서 | 80 |
| 강희경 | 서울청 | 312 |
| 강희나 | 부산청 | 337 |
| 강희다 | 목포서 | 72 |
| 강희돈 | 북대전서 | 255 |
| 강희언 | 제주서 | 323 |
| 강희우 | 조세재정 | 489 |
| 강희우 | 조세재정 | 156 |
| 강희우 | 제천서 | 450 |
| 강희윤 | 성동서 | 391 |
| 강희은 | 포항서 | 341 |
| 강희정 | 동고양서 | 493 |
| 강희정 | 광주청 | 315 |
| 강희정 | 기재부 | 375 |
| 강희중 | 인천서 | 474 |
| 강희천 | 동수원서 | 86 |
| 강희호 | 부산청 | 305 |
| 경영실 | 금감원 | 247 |
| 경유림 | 북대전서 | 453 |
| 경재차 | 청주서 | 105 |
| 경지민 | 의정부서 | 340 |
| 계지수 | 기재부 | 267 |
| 계봉성 | 양천서 | 368 |
| 계연범 | 강서서 | 325 |
| 계현재 | 고양서 | 83 |
| 고강미 | 역삼서 | 24 |
| 고결 | 국세청 | 211 |
| 고경균 | 국세상담 | 176 |
| 고경수 | 서대문서 | 308 |
| 고경아 | 국세청 | 212 |
| 고경아 | 중부청 | 474 |
| 고경진 | 동화성서 | 273 |
| 고경희 | EY한영 | 239 |
| 고계경 | 진주서 | 15 |
| 고계명 | 광교세무 | 38 |
| 고광남 | 기재부 | 487 |
| 고광민 | 예일세무 | 96 |
| 고광원 | 서울청 | 50 |
| 고광정 | 기재부 | 149 |
| 고광철 | 동울산서 | 55 |
| 고광현 | 김천서 | 434 |
| 고광환 | 대구청 | 417 |
| 고광효 | 관세청 | 495 |
| 고광희 | 관세청 | 496 |
| 고규진 | 제주서 | 78 |
| 고균석 | 나주서 | 388 |
| 고근수 | 서울청 | 148 |
| 고근희 | 국세상담 | 142 |
| 고기석 | 해운대서 | 472 |
| 고기훈 | 국세상담 | 142 |
| 고길현 | 순천서 | 392 |
| 고남우 | 포항서 | 445 |
| 고당훈 | 안진회계 | 137 |
| 고대권 | 인천청 | 17 |
| 고대현 | 기재부 | 296 |
| 고대훈 | 국세청 | 81 |
| 고덕상 | 국세청 | 123 |
| 고덕현 | 김포서 | 122 |
| 고동성 | 기재부 | 84 |
| 고동현 | 인천청 | 296 |
| 고동환 | 부산청 | 452 |
| 고만수 | 마포서 | 194 |
| 고명성 | 양천서 | 210 |
| 고명수 | 서울청 | 167 |
| 고명진 | 서부산서 | 466 |
| 고명진 | 인천서 | 305 |
| 고명현 | 지방재정 | 519 |
| 고명효 | 서인천서 | 170 |
| 고명훈 | 대전청 | 303 |
| 고문수 | 광주청 | 334 |
| 고미량 | 노원서 | 382 |
| 고민경 | 동대성서 | 186 |
| 고민경 | 서울청 | 154 |
| 고민석 | 인천서 | 273 |
| 고민수 | 의정부서 | 324 |
| 고민지 | 노원서 | 187 |
| 고민지 | 서인천서 | 302 |
| 고민철 | 반포서 | 156 |
| 고민철 | 대전청 | 196 |
| 고민하 | 동동주서 | 337 |
| 고배영 | 제주서 | 363 |
| 고병덕 | 남동서 | 492 |
| 고병렬 | 평택서 | 301 |
| 고병석 | 진주서 | 83 |
| 고병열 | 서대문서 | 271 |
| 고병재 | 영주서 | 486 |
| 고병준 | 금감원 | 200 |
| 고보해 | 중부청 | 442 |
| 고복남 | 분당서 | 103 |
| 고복인 | 대전청 | 234 |
| 고봉국 | 송파서 | 250 |
| 고봉경 | 지방재정 | 336 |
| 고빛나 | 제주서 | 209 |
| 고상권 | 파주서 | 519 |
| 고상기 | 청주서 | 492 |
| 고상민 | 기재부 | 319 |
| 고상범 | 금융위 | 381 |
| 고상용 | 금감원 | 273 |
| 고상현 | 국세청 | 326 |
| 고상희 | 택스홀앤 | 368 |
| 고상희 | 서울청 | 79 |
| 고서연 | 수영서 | 99 |
| 고석중 | 광산서 | 108 |
| 고석진 | 국세청 | 206 |
| 고석진 | 서울세관 | 308 |
| 고석철 | 서울세관 | 48 |
| 고석춘 | 인천서 | 158 |
| 고석환 | 현대회계 | 469 |
| 고선미 | 북대전서 | 381 |
| 고선주 | 군산서 | 131 |
| 고선하 | 전주서 | 499 |
| 고선혜 | 국세청 | 500 |
| 고설범 | 인천청 | 305 |
| 고성순 | 서인천청 | 403 |
| 고성진 | 도봉서 | 31 |
| 고성헌 | 예산서 | 341 |
| 고성희 | 반포서 | 377 |
| 고성희 | 고양서 | 399 |
| 고세훈 | 법무지평 | 60 |
| 고수영 | 국세교육 | 212 |
| 고수영 | 광산서 | 145 |
| 고수영 | | 380 |
| 고수진 | 중기회 | 117 |
| 고수현 | 상공회의 | 115 |
| 고순태 | 포항서 | 444 |
| 고승욱 | 서울서 | 167 |
| 고승연 | 세종서 | 352 |
| 고승희 | 조세재정 | 525 |
| 고아란 | 서초서 | 203 |
| 고아영 | 안산서 | 260 |
| 고연우 | 강남서 | 173 |
| 고영경 | 청주서 | 312 |
| 고영남 | 제주서 | 369 |
| 고영동 | 기재부 | 492 |
| 고영록 | 기재부 | 34 |
| 고영록 | 남부천서 | 84 |
| 고영배 | 제주서 | 316 |
| 고영상 | 서울청 | 492 |
| 고영숙 | 은평서 | 157 |
| 고영욱 | 영등포서 | 218 |
| 고영욱 | 기재부 | 214 |
| 고영일 | 중부청 | 89 |
| 고영일 | 대전청 | 239 |
| 고영일 | 대전청 | 331 |
| 고영임 | 서대전서 | 333 |
| 고영조 | 제주서 | 334 |
| 고영주 | 인천청 | 343 |
| 고영준 | 동울산서 | 492 |
| 고영철 | 수원서 | 296 |
| 고영필 | 안산서 | 474 |
| 고영환 | 고양서 | 247 |
| 고영환 | 용산서 | 260 |
| 고예나 | 제주서 | 99 |
| 고예지 | 서울청 | 308 |
| 고완병 | 서울청 | 217 |
| 고완영 | 서초서 | 493 |
| 고우성 | 중부청 | 162 |
| 고우정 | 국세상담 | 217 |
| 고원정 | 국세청 | 164 |
| 고유경 | 인천서 | 203 |
| 고유나 | 동작서 | 234 |
| 고유나 | 인천청 | 142 |
| 고유림 | 제주서 | 120 |
| 고유영 | 반포서 | 305 |
| 고유진 | 기재부 | 192 |
| 고유진 | 화성서 | 298 |
| 고유석 | 동화성서 | 492 |
| 고윤주 | 남양주서 | 197 |
| 고윤학 | 동울산서 | 92 |
| 고윤형 | 수영서 | 274 |
| 고은경 | 세무다솔 | 272 |
| 고은비 | 인산서 | 244 |
| 고은선 | 중부서 | 475 |
| 고은선 | 안양서 | 249 |
| 고은정 | 기재부 | 469 |
| 고은주 | 역삼서 | 43 |
| 고은지 | 구로서 | 260 |
| 고은혜 | 중랑서 | 231 |
| 고의환 | 김포서 | 264 |
| 고의환 | 대전청 | 79 |
| 고인수 | 전주서 | 212 |
| 고인식 | 성남서 | 181 |
| 고일명 | 동울산서 | 224 |
| 고재국 | 국세청 | 239 |
| 고재근 | 남대구서 | 313 |
| 고재민 | 서울청 | 335 |
| 고재봉 | 북대구서 | 407 |
| 고재성 | 광주서 | 253 |
| 고재영 | 중부청 | 475 |
| 고재윤 | 세무하나 | 31 |
| 고재화 | 해남서 | 121 |
| 고정란 | 광명서 | 157 |
| 고정수 | 강남서 | 419 |
| 고정애 | 도봉서 | 163 |
| 고정연 | 부산진서 | 422 |
| 고정은 | 국세청 | 383 |
| 고정진 | 남동서 | 353 |
| 고정환 | 강동서 | 235 |
| 고종관 | 대전청 | 47 |
| 고종안 | 광명서 | 396 |
| 고종철 | 기재부 | 310 |
| | | 173 |
| | | 176 |
| | | 189 |
| | | 460 |
| | | 137 |
| | | 126 |
| | | 301 |
| | | 174 |
| | | 335 |
| | | 93 |
| | | 311 |
| | | 91 |
| | | 92 |
| | | 464 |
| | | 352 |

## 인명 색인 (가나다 순)

| 이름 | 소속 | 쪽 |
|---|---|---|
| 권성준 | 조세재정 | 523 |
| 권성철 | 기재부 | 82 |
| 권성표 | 진주서 | 487 |
| 권성현 | 서대구서 | 424 |
| 권성호 | 김해서 | 480 |
| 권세혁 | 중랑서 | 224 |
| 권소연 | 남부천서 | 316 |
| 권소연 | 광산서 | 380 |
| 권소연 | 대구청 | 415 |
| 권수경 | 평택서 | 271 |
| 권수진 | 마산서 | 483 |
| 권수진 | 익산서 | 405 |
| 권수현 | 해운대서 | 472 |
| 권순규 | 부평서 | 320 |
| 권순근 | 구미서 | 433 |
| 권순락 | 중부청 | 235 |
| 권순례 | 양천서 | 210 |
| 권순모 | 대구청 | 413 |
| 권순배 | 기재부 | 80 |
| 권순식 | 북대구서 | 422 |
| 권순영 | 삼성서 | 199 |
| 권순영 | 동울산서 | 475 |
| 권순일 | 용산서 | 216 |
| 권순재 | 아산서 | 354 |
| 권순재 | 잠실서 | 220 |
| 권순표 | 마포서 | 195 |
| 권순현 | 금감원 | 104 |
| 권순현 | 지방재정 | 518 |
| 권순형 | 상주서 | 437 |
| 권순호 | 강서서 | 177 |
| 권순홍 | 대구청 | 414 |
| 권순환 | 서인천서 | 302 |
| 권숭소 | 기재부 | 96 |
| 권승희 | 춘천서 | 287 |
| 권신희 | 경기광주 | 259 |
| 권아영 | 대구세관 | 514 |
| 권영균 | 연수서 | 322 |
| 권영대 | 부평서 | 320 |
| 권영록 | 동대구서 | 421 |
| 권영림 | 부산청 | 454 |
| 권영민 | 중부청 | 233 |
| 권영빈 | 동래서 | 459 |
| 권영선 | 평택서 | 271 |
| 권영선 | 국세상담 | 142 |
| 권영수 | 금감원 | 111 |
| 권영숙 | 북대구서 | 423 |
| 권영승 | 서울청 | 170 |
| 권영신 | 김앤장 | 55 |
| 권영옥 | 기재부 | 78 |
| 권영우 | 현대회계 | 31 |
| 권영조 | 안산서 | 260 |
| 권영주 | 대전서 | 339 |
| 권영진 | 서울청 | 156 |
| 권영진 | 구로서 | 181 |
| 권영진 | 중부청 | 237 |
| 권영창 | 안산서 | 260 |
| 권영철 | 마산서 | 19 |
| 권영한 | 안동서 | 483 |
| 권영한 | 마포서 | 195 |
| 권영호 | 기재부 | 438 |
| 권영호 | 동안양서 | 87 |
| 권영환 | 동대구서 | 248 |
| 권영훈 | 현대회계 | 31 |
| 권영희 | 광주서 | 382 |
| 권예리 | 남부천서 | 317 |
| 권예림 | 수원서 | 254 |
| 권예은 | 경기광주 | 258 |
| 권예은 | 잠실서 | 220 |
| 권예은 | 인천서 | 304 |
| 권예지 | 종로서 | 222 |
| 권오광 | 동작서 | 192 |
| 권오규 | 남양주서 | 245 |
| 권오민 | 안동서 | 438 |
| 권오봉 | 노원서 | 186 |
| 권오상 | 서울청 | 160 |
| 권오석 | 중부서 | 148 |
| 권오석 | 성동서 | 227 |
| 권오성 | 청주서 | 204 |
| 권오식 | 중부산서 | 368 |
| 권오신 | 서대구서 | 470 |
| 권오영 | 지방재정 | 425 |
| 권오정 | 영등포서 | 518 |
| 권오정 | 중부청 | 215 |
| 권오찬 | 포천서 | 233 |
| 권오철 | 충주서 | 329 |
| 권오혁 | 예일세무 | 371 |
| 권오현 | 법무광장 | 50 |
| 권오현 | 강남서 | 57 |
| 권오현 | 영등포서 | 172 |
| 권오현 | 조세심판 | 214 |
| 권오홍 | 서울청 | 521 |
|  |  | 150 |

| 이름 | 소속 | 쪽 |
|---|---|---|
| 권옥기 | 국세청 | 139 |
| 권용덕 | 동대구서 | 421 |
| 권용상 | 노원서 | 186 |
| 권용우 | 도봉서 | 189 |
| 권용지 | 태평양 | 61 |
| 권용택 | 영주서 | 442 |
| 권용현 | 관세사회 | 181 |
| 권용현 | 수영서 | 52 |
| 권우건 | 영등포서 | 468 |
| 권우택 | 국세청 | 215 |
| 권원호 | 도봉서 | 125 |
| 권유림 | 대전청 | 189 |
| 권유빈 | 기재부 | 335 |
| 권유심 | 대전청 | 80 |
| 권유유 | 북대구서 | 198 |
| 권유화 | 금정서 | 332 |
| 권윤섭 | 국세청 | 422 |
| 권윤회 | 마포서 | 99 |
| 권은경 | 용산서 | 457 |
| 권은경 | 국세청 | 134 |
| 권은경 | 종로서 | 194 |
| 권은미 | 남동서 | 216 |
| 권은숙 | 대구청 | 193 |
| 권은순 | 김앤장 | 133 |
| 권은순 | 군산서 | 223 |
| 권은영 | 안동서 | 300 |
| 권은영 | 기재부 | 413 |
| 권은정 | 서초서 | 482 |
| 권은정 | 역삼서 | 55 |
| 권은정 | 남양주서 | 182 |
| 권이혁 | 진주서 | 399 |
| 권익근 | 삼성서 | 439 |
| 권익석 | 안산서 | 80 |
| 권인오 | 부산청 | 202 |
| 권재관 | 금정서 | 212 |
| 권재효 | 경산서 | 245 |
| 권정교 | 목포서 | 455 |
| 권정기 | 고양서 | 457 |
| 권정석 | 조세재정 | 429 |
| 권정순 | 경기광주 | 391 |
| 권정아 | 서대구서 | 308 |
| 권정애 | 서울세관 | 87 |
| 권정용 | 서울세관 | 193 |
| 권정운 | 조세재정 | 95 |
| 권정은 | 남원서 | 523 |
| 권정희 | 구로서 | 193 |
| 권종기 | 마포서 | 259 |
| 권종원 | 기흥서 | 425 |
| 권주선 | 마포서 | 153 |
| 권주식 | 동대문서 | 499 |
| 권준모 | 인천공항 | 501 |
| 권준용 | 금융위 | 525 |
| 권준혁 | 현대회계 | 400 |
| 권준화 | 기재부 | 181 |
| 권중휴 | 김천서 | 195 |
| 권지용 | 포항서 | 242 |
| 권지원 | 포항서 | 195 |
| 권지원 | 동작서 | 190 |
| 권지은 | 시흥서 | 212 |
| 권지혜 | 영덕서 | 507 |
| 권진솔 | 평택서 | 98 |
| 권진아 | 의정부서 | 149 |
| 권진옥 | 종로서 | 31 |
| 권진혁 | 창원서 | 85 |
| 권창우 | 동울산서 | 435 |
| 권창현 | 중부청 | 445 |
| 권창호 | 부산청 | 444 |
| 권채윤 | 지방재정 | 192 |
| 권철균 | 국세청 | 256 |
| 권철우 | 서울청 | 122 |
| 권충구 | 국세상담 | 177 |
| 권태균 | 현대회계 | 142 |
|  | 서울청 | 148 |
|  |  | 270 |
|  |  | 31 |
|  |  | 155 |
|  |  | 84 |

| 이름 | 소속 | 쪽 |
|---|---|---|
| 권태민 | 대전서 | 339 |
| 권태영 |  | 57 |
| 권태우 | 성동서 | 204 |
| 권태윤 | 동래서 | 459 |
| 권태인 | 용산서 | 160 |
| 권태인 | 용산서 | 216 |
| 권태준 | 국회재정 | 219 |
| 권태준 | 용산서 | 68 |
| 권태혁 | 구미서 | 216 |
| 권태현 | 통영서 | 504 |
| 권태희 | 원주서 | 432 |
| 권택경 | 중부청 | 490 |
| 권택만 | 경기광주 | 284 |
| 권택형 | 서울청 | 230 |
| 권해영 | 역삼서 | 277 |
| 권혁 | 역삼서 | 259 |
| 권혁규 | 안진회계 | 151 |
| 권혁도 | 수성서 | 213 |
| 권혁률 | 남부천서 | 31 |
| 권혁만 | 국회재정 | 17 |
| 권혁성 | 서초서 | 426 |
| 권혁수 | 공주서 | 316 |
| 권혁순 | 기재부 | 89 |
| 권혁순 | 역삼서 | 67 |
| 권혁순 | 법무화우 | 222 |
| 권혁우 | 해운서 | 203 |
| 권혁일 | 기재부 | 344 |
| 권혁준 | 경기광주 | 83 |
| 권혁중 | 천안서 | 213 |
| 권혁진 | 인천청 | 3 |
| 권혁찬 | 익산서 | 396 |
| 권혁찬 | 도봉서 | 83 |
| 권혁목 | 기재부 | 258 |
| 권현서 | 삼척서 | 358 |
| 권현수 | 천안서 | 296 |
| 권현수 | 상주서 | 405 |
| 권현신 | 성동서 | 31 |
| 권현옥 | 삼덕회계 | 188 |
| 권현정 | 서초서 | 437 |
| 권현주 | 금천서 | 205 |
| 권현택 | 서울청 | 19 |
| 권현희 | 화성서 | 202 |
| 권형 | 남대구서 | 153 |
| 권혜련 | 인천서 | 274 |
| 권혜미 | 이천서 | 419 |
| 권혜수 | 서울청 | 304 |
| 권혜연 | 법무평안 | 269 |
| 권혜영 | 홍보서 | 162 |
| 권혜정 | 광명서 | 62 |
| 권혜정 | 삼성서 | 311 |
| 권혜지 | 서부산서 | 198 |
| 권호성 | 천안서 | 467 |
| 권호영 | 예산서 | 153 |
| 권호영 | 국세청 | 358 |
| 권호영 | 서울청 | 252 |
| 권호준 | 반포서 | 356 |
| 권호철 | 대전청 | 162 |
| 권홍일 | 경산서 | 196 |
| 권효갑 | 천안서 | 332 |
| 권희란 | 이천서 | 428 |
| 권희선 | 서울청 | 359 |
| 권희영 | 반포서 | 305 |
| 권희은 | 충주서 | 198 |
| 금가미 | 포항서 | 197 |
| 금기완 | 이천서 | 370 |
| 금다정 | 종로서 | 444 |
| 금도훈 | 창원서 | 443 |
| 금동선 | 부산청 | 489 |
| 금민서 | 구미서 | 475 |
| 금민진 | 은평서 | 213 |
| 금봉호 | 동대문서 | 236 |
| 금상화 | 수원서 | 452 |
| 금승수 | 대전청 | 371 |
| 금영송 | 삼덕회계 | 518 |
| 금용순 | 북부주서 | 122 |
| 금용집 | 금감원 | 177 |
| 금잔디 | 해운대서 | 263 |
| 금종희 | 동대문서 | 481 |
| 금진희 | 강남서 | 142 |
|  |  | 148 |
|  |  | 270 |
|  |  | 31 |
|  |  | 155 |
|  |  | 84 |

| 이름 | 소속 | 쪽 |
|---|---|---|
| 금창훈 | 삼일회계 | 20 |
| 금현정 | 역삼서 | 213 |
| 금현지 | 천안서 | 358 |
| 기남국 | 부광주서 | 384 |
| 기남선 | 노원서 | 251 |
| 기대원 | 남원서 | 401 |
| 기두현 | 수원서 | 254 |
| 기미아 | 광주청 | 375 |
| 기민정 | 세종서 | 353 |
| 기상도 | 남부천서 | 55 |
| 기승호 | 파주서 | 316 |
| 기아람 | 남원서 | 327 |
| 기연희 | 남원서 | 400 |
| 기연희 | 기재부 | 401 |
| 기예원 | 광주서 | 305 |
| 기예원 | 광주서 | 79 |
| 기은지 | 법무두현 | 382 |
| 기은현 | 서울청 | 201 |
| 기재희 | 양천서 | 8 |
| 기중화 | 서울청 | 169 |
| 기태경 | 나주서 | 210 |
| 기하민 | 예산서 | 166 |
| 기호훈 | 강동서 | 388 |
| 길동환 | 서대전서 | 356 |
| 길민선 | 인천서 | 174 |
| 길성수 | 조세재정 | 342 |
| 길성자 | 동대구서 | 304 |
| 길수정 | 동대문서 | 169 |
| 길영이 | 이천서 | 522 |
| 길은주 | 금융위 | 420 |
| 길은영 | 부천서 | 295 |
| 길혜선 | 광교세무 | 191 |
| 길혜전 | 기재부 | 268 |
| 김가람 | 국세청 | 98 |
| 김가람 | 인천청 | 318 |
| 김가림 | 해운대서 | 136 |
| 김가민 | 도봉서 | 296 |
| 김가연 | 용인서 | 473 |
| 김가영 | 김포서 | 189 |
| 김가영 | 마포서 | 266 |
| 김가영 | 성북서 | 266 |
| 김가영 | 연수서 | 312 |
| 김가원 | 강릉서 | 194 |
| 김가은 | 고양서 | 200 |
| 김가은 | 중부지방 | 206 |
| 김가은 | 경기광주 | 322 |
| 김가이 | 분당서 | 37 |
| 김감채 | 서울청 | 250 |
| 김갑수 | 경기광주 | 475 |
| 김갑이 | 법무지평 | 259 |
| 김강 | 원주서 | 267 |
| 김강미 | 잠실서 | 60 |
| 김강산 | 국세청 | 31 |
| 김강산 | 삼성서 | 285 |
| 김강주 | 이천서 | 220 |
| 김강현 | 기재부 | 132 |
| 김강훈 | 강서서 | 198 |
| 김강휘 | 노원서 | 182 |
| 김건식 | 국세청 | 269 |
| 김건영 | 용산서 | 91 |
| 김건영 | 중부청 | 176 |
| 김건우 | 구리서 | 95 |
| 김건우 | 양산서 | 133 |
| 김건우 | 영등포서 | 124 |
| 김건웅 | 고양서 | 217 |
| 김건형 | 국세상담 | 236 |
| 김건호 | 인천서 | 240 |
| 김건호 | 분당서 | 484 |
| 김건희 | 부천서 | 214 |
| 김겸순 | 세무다솔 | 309 |
| 김경국 | 기재부 | 142 |
| 김경난 | 동대문서 | 305 |
| 김경남 | 구리서 | 313 |
| 김경달 | 중부서 | 319 |

| 이름 | 소속 | 쪽 |
|---|---|---|
| 김경대 | 북부산서 | 465 |
| 김경덕 | 남대문서 | 185 |
| 김경두 | 춘천서 | 287 |
| 김경란 | 용산서 | 216 |
| 김경란 | 도봉서 | 189 |
| 김경랑 | 분당서 | 250 |
| 김경래 | 중부청 | 285 |
| 김경례 | 기재부 | 235 |
| 김경록 | 광주청 | 86 |
| 김경류 | 기재부 | 376 |
| 김경만 | 도봉서 | 89 |
| 김경모 | 삼척서 | 188 |
| 김경모 | 금감원 | 279 |
| 김경무 | 대구청 | 109 |
| 김경미 | 수원서 | 415 |
| 김경미 | 은평서 | 255 |
| 김경미 | 기흥서 | 219 |
| 김경미 | 부산청 | 243 |
| 김경미 | 서울청 | 454 |
| 김경미 | 구로서 | 171 |
| 김경미 | 영등포서 | 180 |
| 김경미 | 분당서 | 215 |
| 김경민 | 인천청 | 251 |
| 김경민 | 대전청 | 293 |
| 김경민 | 삼성회계 | 332 |
| 김경민 | 국세청 | 24 |
| 김경민 | 동작서 | 125 |
| 김경복 | 중부청 | 133 |
| 김경빈 | 기재부 | 193 |
| 김경석 | 국세청 | 212 |
| 김경선 | 인천청 | 236 |
| 김경선 | 김포서 | 243 |
| 김경성 | 부산청 | 267 |
| 김경수 | 대구청 | 394 |
| 김경숙 | 조세심판 | 454 |
| 김경숙 | 서울청 | 463 |
| 김경숙 | 동작서 | 159 |
| 김경숙 | 성남서 | 346 |
| 김경식 | 홍천서 | 426 |
| 김경애 | 예산서 | 124 |
| 김경애 | 광산서 | 207 |
| 김경애 | 동래서 | 450 |
| 김경애 | 마산서 | 190 |
| 김경업 | 종로서 | 112 |
| 김경연 | 남대구서 | 412 |
| 김경연 | 국세청 | 520 |
| 김경영 | 노원서 | 158 |
| 김경옥 | 역삼서 | 192 |
| 김경옥 | 안산서 | 248 |
| 김경요 | 의정부서 | 253 |
| 김경용 | 기재부 | 289 |
| 김경우 | 인천청 | 356 |
| 김경욱 | 세종서 | 381 |
| 김경원 | 강서서 | 205 |
| 김경유 | 성남서 | 196 |
| 김경은 | 서울청 | 405 |
| 김경익 | 부산진서 | 479 |
| 김경인 | 김해서 | 480 |
| 김경임 | 양산서 | 225 |
| 김경자 | 서대문서 | 208 |
| 김경조 | 노원서 | 490 |
| 김경주 | 성동서 | 284 |
| 김경주 | 반포서 | 376 |
| 김경준 | 익산서 | 186 |
| 김경진 | 거창서 | 17 |
| 김경진 | 광주청 | 374 |
| 김경진 | 김해서 | 329 |
| 김경찬 | 중랑서 | 125 |
| 김경철 | 안양서 | 192 |
| 김경철 | 부산청 | 265 |
| 김경철 | 양산서 | 452 |
| 김경철 | 서부산서 | 467 |
| 김경철 | 국세청 | 133 |

| 이름 | 소속 | 번호 |
| --- | --- | --- |
| 김경철 | 부산청 | 455 |
| 김경태 | 국세청 | 131 |
| 김경태 | 구로서 | 180 |
| 김경태 | 금천서 | 183 |
| 김경태 | 수영서 | 469 |
| 김경태 | 대현회계 | 16 |
| 김경태 | 법무광장 | 56 |
| 김경택 | 대구청 | 414 |
| 김경하 | 서울청 | 152 |
| 김경한 | 강동서 | 174 |
| 김경한 | 대구청 | 412 |
| 김경한 | 국세청 | 121 |
| 김경향 | 분당서 | 251 |
| 김경현 | 송파서 | 209 |
| 김경현 | 이천서 | 269 |
| 김경현 | 여수서 | 395 |
| 김경혜 | 남대구서 | 418 |
| 김경혜 | 강서서 | 177 |
| 김경호 | 삼일회계 | 21 |
| 김경호 | 부산청 | 453 |
| 김경환 | 동울산서 | 474 |
| 김경환 | 국세교육 | 144 |
| 김경환 | 은평서 | 219 |
| 김경환 | 홍성서 | 360 |
| 김경환 | 전주서 | 406 |
| 김경훈 | 서울청 | 148 |
| 김경훈 | 중부서 | 239 |
| 김경훈 | 남대구서 | 286 |
| 김경훈 | 남대구서 | 418 |
| 김경훈 | 조세재정 | 524 |
| 김경훈 | 동작서 | 192 |
| 김경희 | 성북서 | 207 |
| 김경희 | 성북서 | 207 |
| 김경희 | 양천서 | 210 |
| 김경희 | 양천서 | 211 |
| 김경희 | 안산서 | 261 |
| 김경희 | 안산서 | 261 |
| 김경희 | 파주서 | 326 |
| 김경희 | 북광주서 | 384 |
| 김경희 | 익산서 | 405 |
| 김경희 | 대구청 | 412 |
| 김경희 | 지방재정 | 518 |
| 김계영 | 송파서 | 209 |
| 김계정 | 의정부서 | 324 |
| 김계희 | 국세청 | 124 |
| 김고은 | 서울청 | 148 |
| 김고은 | 구로서 | 181 |
| 김고은 | 부산청 | 454 |
| 김고환 | 동대문서 | 190 |
| 김곤희 | 기흥서 | 242 |
| 김곤휘 | 지방재정 | 519 |
| 김공해 | 광산서 | 380 |
| 김관수 | 충주서 | 370 |
| 김관오 | 북전주서 | 402 |
| 김관우 | 남동서 | 300 |
| 김관우 | 현대회계 | 31 |
| 김관태 | 포항서 | 445 |
| 김관형 | 수성서 | 427 |
| 김관호 | 남원서 | 400 |
| 김관홍 | 인천청 | 295 |
| 김광괄 | 북전주서 | 402 |
| 김광규 | 세무다솔 | 43 |
| 김광규 | 세무다솔 | 43 |
| 김광규 | 세무다솔 | 43 |
| 김광대 | 원주서 | 284 |
| 김광덕 | 동울산서 | 474 |
| 김광덕 | 법무대륜 | 58 |
| 김광래 | 국세청 | 122 |
| 김광련 | 수성서 | 426 |
| 김광록 | 강남서 | 173 |
| 김광묵 | 속초서 | 280 |
| 김광미 | 삼성서 | 199 |
| 김광미 | 광주로서 | 222 |
| 김광민 | 중부청 | 232 |
| 김광석 | 남대문서 | 184 |
| 김광석 | 수성서 | 427 |
| 김광섭 | 충주서 | 370 |
| 김광섭 | 광산서 | 383 |
| 김광성 | 광산서 | 380 |
| 김광성수 | 북광주서 | 384 |
| 김광청 | 서울청 | 149 |
| 김광수 | 삼일회계 | 20 |
| 김광수 | 삼척서 | 278 |
| 김광식 | 김포서 | 312 |
| 김광연 | 광명서 | 309 |
| 김광영 | 광명서 | 311 |
| 김광영 | 광명서 | 287 |
| 김광영 | 현대회계 | 31 |
| 김광일 | 기재부 | 85 |
| 김광우 | 금융위 | 98 |
| 김광준 | 중부청 | 234 |
| 김광천 | 김포서 | 312 |
| 김광태 | 중부청 | 231 |
| 김광현 | 서울청 | 158 |
| 김광현 | 금천서 | 183 |
| 김광현 | 중부청 | 235 |
| 김광현 | 북광주서 | 385 |
| 김광현 | 해남서 | 396 |
| 김광현 | 상주서 | 436 |
| 김광현 | 중부청 | 234 |
| 김광호 | 강남서 | 172 |
| 김광호 | 순천서 | 392 |
| 김광환 | 성동서 | 205 |
| 김광희 | 이현세무 | 9 |
| 김광훈 | 군산서 | 399 |
| 김교성 | 영덕서 | 441 |
| 김교태 | 삼정회계 | 22 |
| 김구름 | 서울청 | 149 |
| 김구복 | 천안서 | 358 |
| 김구현 | 금감원 | 108 |
| 김구현 | 대구청 | 414 |
| 김구현 | 구리서 | 240 |
| 김구현 | 양산서 | 484 |
| 김국성 | 홍천서 | 288 |
| 김국현 | 중안양서 | 248 |
| 김국현 | 인천청 | 291 |
| 김국현 | 인천청 | 292 |
| 김국현 | 동청주서 | 363 |
| 김권 | 중랑서 | 224 |
| 김귀범 | 부산서 | 465 |
| 김귀범 | 기재부 | 86 |
| 김귀종 | 전주서 | 407 |
| 김규동 | 법무율촌 | 59 |
| 김규리 | 법무율촌 | 111 |
| 김규리 | 구미서 | 181 |
| 김규리 | 구로서 | 432 |
| 김규석 | 마산서 | 482 |
| 김규성 | 태평양 | 61 |
| 김규성 | 강서서 | 176 |
| 김규수 | 양천서 | 210 |
| 김규수 | 북대구서 | 423 |
| 김규완 | 대구청 | 413 |
| 김규용 | 마포서 | 194 |
| 김규용 | 동수원서 | 247 |
| 김규원 | 인천청 | 296 |
| 김규진 | 노원서 | 186 |
| 김규진 | 대구청 | 413 |
| 김규진 | 진주서 | 487 |
| 김규진 | 광주세관 | 515 |
| 김규진 | 광주서 | 516 |
| 김규태 | 광주서 | 382 |
| 김균한 | 해운대서 | 472 |
| 김규호 | 동화성서 | 273 |
| 김규환 | 포항서 | 444 |
| 김규희 | 남양주서 | 245 |
| 김규희 | 서인천서 | 302 |
| 김규희 | 경기광주 | 259 |
| 김균열 | 남동고양서 | 300 |
| 김극돈 | 광산서 | 338 |
| 김근수 | 서울청 | 169 |
| 김근수 | 중부청 | 233 |
| 김근아 | 대전청 | 337 |
| 김근영 | 고양서 | 308 |
| 김근영 | 포천서 | 329 |
| 김근우 | 나주서 | 388 |
| 김근태 | 법무율촌 | 59 |
| 김근형 | 청주서 | 368 |
| 김근형 | 평택서 | 271 |
| 김근형 | 나주서 | 388 |
| 김근혁 | 포항서 | 444 |
| 김근호 | 기재부 | 94 |
| 김근화 | 고양서 | 308 |
| 김근화 | 충주서 | 371 |
| 김금난 | 대전청 | 352 |
| 김금남 | 부산진서 | 460 |
| 김금남 | 여수서 | 394 |
| 김금순 | 동대문서 | 190 |
| 김금숙 | 북광주서 | 384 |
| 김금옥 | 세무다솔 | 43 |
| 김금호 | 영등포서 | 215 |
| 김기남 | 노원서 | 186 |
| 김기덕 | 경기광주 | 258 |
| 김기동 | 기재부 | 82 |
| 김기동 | 전주서 | 407 |
| 김기동 | 정읍서 | 408 |
| 김기록 | 관세청 | 496 |
| 김기만 | 세무다솔 | 43 |
| 김기만 | 양천서 | 211 |
| 김기목 | 법무바른 | 1 |
| 김기문 | 기재부 | 84 |
| 김기문 | 중기회 | 116 |
| 김기미 | 서대전서 | 343 |
| 김기미 | 구리서 | 241 |
| 김기민 | 중화성서 | 273 |
| 김기배 | 울산서 | 476 |
| 김기범 | 법무화우 | 3 |
| 김기복 | 금감원 | 108 |
| 김기복 | 법무바른 | 1 |
| 김기선 | 서울청 | 159 |
| 김기선 | 안양서 | 264 |
| 김기성 | 예산서 | 357 |
| 김기송 | 상공회의 | 114 |
| 김기수식 | 중기회 | 116 |
| 김기식 | 중부청 | 230 |
| 김기식 | 서인천서 | 302 |
| 김기아 | 광산서 | 381 |
| 김기연열 | 은평서 | 219 |
| 김기영 | 금감원 | 101 |
| 김기영 | 평택서 | 271 |
| 김기완 | 광주서 | 384 |
| 김기용 | 포천서 | 328 |
| 김기용 | 국세교육 | 145 |
| 김기은 | 용산서 | 216 |
| 김기정 | 정읍서 | 378 |
| 김기종 | 서초서 | 202 |
| 김기종 | 동래서 | 459 |
| 김기종 | 잠실서 | 221 |
| 김기태 | 서울청 | 152 |
| 김기표 | 제천서 | 366 |
| 김기한 | 국회법제 | 70 |
| 김기현 | 금융위 | 98 |
| 김기현 | 용산서 | 158 |
| 김기현 | 용산서 | 216 |
| 김기형 | 대구청 | 416 |
| 김기호 | 기재부 | 90 |
| 김기호 | 금감원 | 105 |
| 김기호 | 서울청 | 163 |
| 김기홍 | 이천서 | 269 |
| 김기환 | 조세심판 | 520 |
| 김기환 | 노원서 | 186 |
| 김기환 | 수원서 | 255 |
| 김기환 | 남부천서 | 316 |
| 김기환 | 아산서 | 354 |
| 김기훈 | 중기회 | 117 |
| 김기훈 | 중부청 | 237 |
| 김기훈 | 부평서 | 320 |
| 김길순 | 제천서 | 484 |
| 김길수 | 지방재정 | 519 |
| 김길영 | 대구청 | 417 |
| 김길정 | 광교세무 | 38 |
| 김길정 | 대전청 | 335 |
| 김길정 | 대전청 | 336 |
| 김길희 | 영주서 | 442 |
| 김꽃말 | 서울청 | 157 |
| 김나경 | 해운대서 | 472 |
| 김나나 | 동수원서 | 247 |
| 김나라 | 중랑서 | 225 |
| 김나래 | 서울청 | 490 |
| 김나래 | 서울청 | 161 |
| 김나리 | 천안서 | 359 |
| 김나리아 | 동고양서 | 315 |
| 김나연 | 국세청 | 137 |
| 김나연 | 서울청 | 151 |
| 김나연 | 금천서 | 183 |
| 김나연 | 삼성서 | 202 |
| 김나연 | 역삼서 | 212 |
| 김나영 | 기재부 | 79 |
| 김나영 | 국세청 | 129 |
| 김나영 | 국세청 | 137 |
| 김나영 | 성동서 | 204 |
| 김나영 | 역삼서 | 212 |
| 김나영 | 구리서 | 241 |
| 김나영 | 대구청 | 416 |
| 김나영 | 구미서 | 432 |
| 김나영 | 부산청 | 452 |
| 김나영 | 울산서 | 476 |
| 김나영 | 김해서 | 481 |
| 김나영 | 조세재정 | 524 |
| 김나영 | 조세재정 | 525 |
| 김나예 | 이천서 | 268 |
| 김나은 | 남양주서 | 244 |
| 김나은 | 강릉서 | 276 |
| 김나은 | 강동서 | 301 |
| 김나은영 | 북대전서 | 341 |
| 김나현 | 북부산서 | 465 |
| 김나현 | 기재부 | 91 |
| 김나현 | 국세주류 | 140 |
| 김나현 | 서울청 | 166 |
| 김나현 | 성동서 | 204 |
| 김나현 | 수영서 | 469 |
| 김나현 | 동울산서 | 474 |
| 김나휘 | 마산서 | 483 |
| 김나희 | 춘천서 | 286 |
| 김난용 | 대전서 | 338 |
| 김난용 | 중부서 | 227 |
| 김난덕 | 기재부 | 79 |
| 김난회 | 법무율촌 | 59 |
| 김난회 | 종로서 | 222 |
| 김난정 | 서울청 | 150 |
| 김난영 | 구리서 | 241 |
| 김난영 | 통영서 | 490 |
| 김난영 | 통영서 | 490 |
| 김난정 | 조세재정 | 524 |
| 김난주 | 상주서 | 436 |
| 김난형 | 중랑서 | 225 |
| 김난희 | 서초서 | 203 |
| 김난희 | 부산청 | 454 |
| 김남규 | 서초서 | 203 |
| 김남규 | 대구청 | 414 |
| 김남근 | 국회정무 | 72 |
| 김남덕 | 군산서 | 399 |
| 김남배 | 진주서 | 486 |
| 김남섭 | 인천세관 | 504 |
| 김남영 | 중부청 | 384 |
| 김남숙 | 부산진서 | 460 |
| 김남영 | 중부청 | 232 |
| 김남용 | 부산청 | 448 |
| 김남영 | 예일세무 | 50 |
| 김남웅 | 국세청 | 125 |
| 김남운 | 현대회계 | 31 |
| 김남은 | 파주서 | 326 |
| 김남정 | 화성서 | 274 |
| 김남정 | 광주청 | 374 |
| 김남지 | 역삼서 | 212 |
| 김남주 | 동대구서 | 420 |
| 김남주 | 성북서 | 207 |
| 김남중 | 시흥서 | 256 |
| 김남중 | 안산서 | 260 |
| 김남중 | 원주서 | 284 |
| 김남중 | 부평서 | 321 |
| 김남중 | 세종서 | 353 |
| 김남진 | 감사원 | 75 |
| 김남철 | 의정부서 | 325 |
| 김남헌 | 경기광주 | 259 |
| 김남호 | 북부산서 | 465 |
| 김남호 | 경기광주 | 259 |
| 김남훈 | 종로서 | 223 |
| 김남훈 | 보령서 | 348 |
| 김남훈 | 현대회계 | 31 |
| 김남훈 | 관악서 | 179 |
| 김남희 | 서대문서 | 200 |
| 김남희 | 남양주서 | 245 |
| 김남희 | 동래서 | 458 |
| 김내리 | 서울청 | 156 |
| 김내리 | 서초서 | 203 |
| 김년호 | 마산서 | 483 |
| 김년호 | 서대전서 | 342 |
| 김노섭 | 서울청 | 167 |
| 김녹영 | 상공회의 | 115 |
| 김녹영 | 상공회의 | 115 |
| 김누리 | 성남서 | 253 |
| 김다람 | 조세재정 | 524 |
| 김다미 | 서초서 | 202 |
| 김다민 | 서울청 | 163 |
| 김다빈 | 안산서 | 284 |
| 김다솔 | 수영서 | 469 |
| 김다솔 | 기흥서 | 243 |
| 김다솜 | 분당서 | 250 |
| 김다솜 | 서울청 | 168 |
| 김다연 | 천안서 | 358 |
| 김다연 | 금천서 | 182 |
| 김다연 | 춘천서 | 286 |
| 김다영 | 동안서 | 191 |
| 김다영 | 안산서 | 261 |
| 김다영 | 동안서 | 263 |
| 김다영 | 평택서 | 271 |
| 김다영 | 강릉서 | 277 |
| 김다영 | 북광주서 | 385 |
| 김다온 | 남원서 | 400 |
| 김다운 | 광산서 | 484 |
| 김다운 | 중부서 | 230 |
| 김다운 | 마산서 | 483 |
| 김다운 | 관악서 | 178 |
| 김다은 | 서울청 | 156 |
| 김다이 | 종로서 | 231 |
| 김다정 | 강동서 | 174 |
| 김다정 | 삼성서 | 199 |
| 김다현 | 도봉서 | 189 |
| 김다현 | 송파서 | 209 |
| 김다현 | 제천서 | 366 |
| 김다현 | 마산서 | 482 |
| 김다혜 | 연수서 | 323 |
| 김다혜 | 청주서 | 368 |
| 김다혜 | 광산서 | 380 |
| 김다혜 | 해남서 | 396 |
| 김다혜 | 지방재정 | 518 |
| 김다희 | 평택서 | 270 |
| 김다희 | 서부산서 | 466 |
| 김단비 | 목포서 | 391 |
| 김단아 | 용산서 | 216 |
| 김단아 | 서대구서 | 424 |
| 김달님 | 춘천서 | 287 |
| 김달유 | 조세재정 | 522 |
| 김대건 | 중부지방 | 37 |
| 김대길 | 김포서 | 312 |
| 김대범 | 노원서 | 186 |
| 김대범 | 인천청 | 296 |
| 김대석 | 인천서 | 298 |
| 김대석 | 익산서 | 404 |
| 김대성 | 동대구서 | 421 |
| 김대성 | 지방재정 | 519 |
| 김대수 | 삼일회계 | 20 |
| 김대수 | 법무대륜 | 58 |
| 김대연 | 기재부 | 80 |
| 김대연 | 중랑서 | 225 |
| 김대연 | 중랑서 | 225 |
| 김대연 | 동수원서 | 247 |
| 김대열 | 울산서 | 476 |
| 김대엽 | 수성서 | 427 |
| 김대엽 | 중부산서 | 471 |
| 김대영 | 금감원 | 106 |
| 김대영 | 남동서 | 300 |
| 김대영 | 서대구서 | 424 |
| 김대영 | 지방재정 | 519 |
| 김대영 | 현대회계 | 31 |
| 김대옥 | 강릉서 | 277 |
| 김대용 | 부산청 | 452 |
| 김대용 | 서대문서 | 201 |
| 김대욱 | 서울청 | 156 |
| 김대욱 | 인천서 | 305 |
| 김대욱 | 동청주서 | 362 |
| 김대원 | 기재부 | 82 |
| 김대원 | 국세교육 | 144 |
| 김대원 | 동래서 | 193 |
| 김대원 | 동래서 | 459 |
| 김대원 | 부산진서 | 460 |
| 김대윤 | 서울청 | 164 |
| 김대일 | 금감원 | 108 |
| 김대일 | 고양서 | 308 |
| 김대일 | 광주청 | 377 |
| 김대준 | 부산청 | 448 |
| 김대중 | 종로서 | 203 |
| 김대중 | 동대구서 | 420 |
| 김대중 | 종로서 | 223 |
| 김대중 | 동대구서 | 420 |
| 김대중 | 고시회 | 434 |
| 김대진 | 금감원 | 112 |
| 김대진 | 서울청 | 149 |
| 김대진 | 세종서 | 353 |
| 김대철 | 삼림세무 | 45 |
| 김대철 | 서울청 | 163 |
| 김대철 | 동래서 | 458 |
| 김대학 | 지방재정 | 518 |
| 김대학 | 광주서 | 383 |
| 김대현 | 안산서 | 261 |
| 김대현 | 감사원 | 74 |
| 김대현 | 기재부 | 79 |
| 김대현 | 성동서 | 205 |
| 김대현 | 의정부서 | 324 |
| 김대현 | 포천서 | 329 |
| 김대현 | 나주서 | 389 |
| 김대현 | 마산서 | 482 |
| 김대현 | 서울청 | 166 |
| 김대호 | 북광주서 | 384 |
| 김대호 | 법무화우 | 3 |
| 김대환 | 국세청 | 126 |
| 김대환 | 구로서 | 181 |
| 김대환 | 안산서 | 263 |
| 김대환 | 현대회계 | 31 |
| 김대훈 | 기재부 | 78 |
| 김대훈 | 성북서 | 207 |
| 김대훈 | 대구청 | 412 |
| 김대훈 | 제주서 | 492 |
| 김대희 | 광교세무 | 38 |
| 김대희 | 강서서 | 177 |
| 김대희 | 부산강사 | 462 |
| 김대희고 | 마산서 | 483 |
| 김덕규 | 인천청 | 294 |
| 김덕년 | 광주서 | 362 |
| 김덕년 | 강서서 | 176 |
| 김덕년 | 경주서 | 431 |
| 김덕민 | 천안서 | 358 |

| 성명 | 소속 | 번호 | 성명 | 소속 | 번호 | 성명 | 소속 | 번호 |
|---|---|---|---|---|---|---|---|---|
| 김덕봉 | 부산진서 | 460 | 김동민 | 세종서 | 352 | 김동혁 | 대전청 | 333 |
| 김덕성 | 금정서 | 457 | 김동범 | 부산청 | 455 | 김동현 | 기재부 | 81 |
| 김덕수 | 삼덕회계 | 19 | 김동범 | 도봉서 | 188 | 김동현 | 기재부 | 83 |
| 김덕수 | 세무다솔 | 43 | 김동빈 | 동대구서 | 421 | 김동현 | 금감원 | 98 |
| 김덕영 | 대전청 | 333 | 김동빈 | 서울청 | 423 | 김동현 | 국세청 | 125 |
| 김덕원 | 진주서 | 486 | 김동석 | 감사원 | 164 | 김동현 | 서울청 | 138 |
| 김덕은 | 서울청 | 162 | 김동석 | 기재부 | 74 | 김동현 | 성동서 | 150 |
| 김덕중 | 법무화우 | 3 | 김동선 | 경기광주 | 78 | 김동현 | 성동서 | 204 |
| 김덕진 | 서울청 | 155 | 김동섭 | 순천서 | 259 | 김동현 | 성동서 | 204 |
| 김덕진 | 북전주서 | 403 | 김동성 | EY한영 | 393 | 김동현 | 성북서 | 205 |
| 김덕현 | 대구청 | 415 | 김동성 | 김앤장 | 15 | 김동현 | 인천청 | 207 |
| 김덕호 | 광주청 | 374 | 김동수 | 국세청 | 55 | 김동현 | 계양서 | 236 |
| 김덕환 | 북대구서 | 423 | 김동수 | 국세청 | 123 | 김동현 | 인천청 | 298 |
| 김도경 | 기재부 | 80 | 김동수 | 기흥서 | 138 | 김동현 | 대전서 | 307 |
| 김도경 | 반포서 | 196 | 김동수 | 서인천서 | 242 | 김동현 | 충주서 | 339 |
| 김도경 | 화성서 | 274 | 김동수 | 북부산서 | 303 | 김동현 | 충주서 | 371 |
| 김도곤 | 포항서 | 444 | 김동수 | 광주세관 | 465 | 김동현 | 수성서 | 427 |
| 김도균 | 해운대서 | 472 | 김동순 | 광주세관 | 515 | 김동현 | 부산청 | 451 |
| 김도균 | 은평서 | 219 | 김동순 | 법무율촌 | 516 | 김동현 | 동래서 | 458 |
| 김도균 | 중부산서 | 329 | 김동순 | 금정서 | 59 | 김동현 | 창원서 | 485 |
| 김도년 | 거창서 | 470 | 김동순 | 속초서 | 456 | 김동현 | 창원서 | 488 |
| 김도민 | 남대구서 | 479 | 김동식 | 해남서 | 396 | 김동현 | 창원서 | 488 |
| 김도숙 | 남대구서 | 419 | 김동신 | 부산청 | 448 | 김동현 | 한울회계 | 488 |
| 김도암 | 창원서 | 419 | 김동신 | 수원서 | 468 | 김동현 | 현대회계 | 30 |
| 김도애 | 포천서 | 489 | 김동신 | 부산청 | 454 | 김동형 | 태평양 | 31 |
| 김도연 | 서울청 | 329 | 김동신업 | 기재부 | 87 | 김동형 | 인천청 | 61 |
| 김도연 | 강서서 | 150 | 김동열 | 부산진서 | 461 | 김동호 | 경기광주 | 296 |
| 김도연 | 삼성서 | 176 | 김동열 | 용인서 | 266 | 김동호 | 보령서 | 349 |
| 김도연 | 경기광주 | 199 | 김동영 | 서인천서 | 303 | 김동호 | 국세교육 | 145 |
| 김도연 | 천안서 | 224 | 김동영 | 동수원서 | 246 | 김동호 | 중부서 | 235 |
| 김도연 | 나주서 | 258 | 김동영 | 금천서 | 183 | 김동환 | 기재부 | 490 |
| 김도연 | 경주서 | 359 | 김동완 | 동대구서 | 450 | 김동환 | 금융위 | 88 |
| 김도연 | 북부산서 | 388 | 김동완 | 부산청 | 450 | 김동환 | 서울청 | 99 |
| 김도연 | 제주서 | 431 | 김동완 | 지방재정 | 519 | 김동환 | 서울청 | 152 |
| 김도엽 | 강릉서 | 454 | 김동완 | 삼성서 | 198 | 김동환 | 역삼서 | 168 |
| 김도영 | 기재부 | 464 | 김동완 | 영등포서 | 214 | 김동환 | 기재부 | 197 |
| 김도영 | 잠실서 | 493 | 김동우 | 국세청 | 122 | 김동훈 | 남대문서 | 213 |
| 김도영 | 군산서 | 174 | 김동우 | 기흥서 | 242 | 김동훈 | 금감원 | 85 |
| 김도영 | 마산서 | 94 | 김동우 | 분당서 | 251 | 김동훈 | 서울청 | 110 |
| 김도원 | 수원서 | 134 | 김동우 | 고양서 | 308 | 김동훈 | 공주서 | 149 |
| 김도윤 | 서울청 | 221 | 김동우 | 김해서 | 481 | 김동훈 | 남대구서 | 190 |
| 김도윤 | 부산진서 | 398 | 김동우 | 기재부 | 94 | 김동휘 | 삼정회계 | 345 |
| 김도익 | 기재부 | 483 | 김동욱 | 서울청 | 156 | 김동휘 | 남부천서 | 418 |
| 김도헌 | 북부산서 | 255 | 김동욱 | 서울청 | 158 | 김동희 | 경기광주 | 23 |
| 김도헌 | 울산서 | 159 | 김동욱 | 강동서 | 175 | 김동희 | 안양서 | 316 |
| 김도헌 | 마산서 | 326 | 김동욱 | 구로서 | 180 | 김두곤 | 아산서 | 510 |
| 김도혁 | 경산서 | 461 | 김동욱 | 삼성서 | 199 | 김두섭 | 조세심판 | 259 |
| 김도현 | 동수원서 | 79 | 김동욱 | 기흥서 | 242 | 김두성 | 서대문서 | 265 |
| 김도현 | 평택서 | 239 | 김동욱 | 대구청 | 412 | 김두수 | 경기광주 | 443 |
| 김도협 | 조세재정 | 464 | 김동욱 | 부산청 | 448 | 김두수 | 홍천서 | 355 |
| 김도형 | 인천청 | 476 | 김동욱 | 양산서 | 484 | 김두연 | 부산청 | 520 |
| 김도형 | 사천원 | 483 | 김동완 | 김앤장 | 55 | 김두연 | 중랑서 | 201 |
| 김도형 | 반포서 | 428 | 김동완 | 위드로엄 | 46 | 김두영 | 세종서 | 149 |
| 김도형 | 남양주서 | 139 | 김동원 | 기재부 | 88 | 김두영 | 대구청 | 258 |
| 김도형 | 경주서 | 247 | 김동원 | 구로서 | 180 | 김두정 | 구리서 | 288 |
| 김도형 | 삼덕회계 | 271 | 김동원 | 서초서 | 203 | 김두환 | 서울공항 | 454 |
| 김도훈 | 기재부 | 524 | 김동원 | 남대구서 | 418 | 김두희 | 영덕서 | 225 |
| 김도훈 | 국세청 | 297 | 김동원 | 부산청 | 448 | 김득수 | 광주청 | 353 |
| 김도훈 | 동작서 | 74 | 김동원 | 부산강서 | 463 | 김득중 | 국세청 | 285 |
| 김도훈 | 중부청 | 197 | 김동원 | 인천세관 | 504 | 김라온 | 마포서 | 413 |
| 김도훈 | 경기광주 | 244 | 김동원 | 조세심판 | 521 | 김란 | 서울청 | 240 |
| 김도훈 | 광산서 | 327 | 김동원 | 국세청 | 125 | 김란주 | 중부청 | 506 |
| 김도훈 | 북대구서 | 430 | 김동원 | 동안산서 | 263 | 김래하 | 삼성서 | 158 |
| 김도희 | 기재부 | 451 | 김동윤 | 강릉서 | 276 | 김령도 | 마포서 | 190 |
| 김도희 | 감사원 | 19 | 김동윤 | 용산서 | 216 | 김령언 | 창원서 | 440 |
| 김도희 | 국세청 | 79 | 김동인 | 광주세관 | 515 | 김로환 | 동울산서 | 375 |
| 김도희 | 동고양서 | 125 | 김동인 | 기재부 | 83 | 김록수 | 제천서 | 440 |
| 김도희 | 중부산서 | 192 | 김동일 | 기재부 | 84 | 김리완 | 김해서 | 134 |
| 김동건 | 양산서 | 230 | 김동일 | 기재부 | 85 | 김린 | 통영서 | 194 |
| 김동겸 | 동래서 | 259 | 김동일 | 북대전서 | 340 | 김마리아 | 동화성서 | 477 |
| 김동규 | 서광주서 | 381 | 김동일 | 중부청 | 458 | 김만기 | 통영서 | 148 |
| 김동규 | 기재부 | 422 | 김동조 | 기재부 | 235 | 김만성 | 광주청 | 236 |
| 김동규 | 남양청서 | 423 | 김동준 | 중부청 | 95 | 김만숙 | 국세청 | 198 |
| 김동근 | 용인서 | 84 | 김동준 | 인천청 | 236 | 김명경 | 인천청 | 195 |
| 김동길 | 김해서 | 105 | 김동준 | 김포서 | 297 | 김명경 | 거창서 | 88 |
| 김동련 | 통영서 | 120 | 김동준 | 부천서 | 312 | 김명경 | 국세청 | 139 |
| 김동만 | 남대문서 | 267 | 김동직 | 역삼서 | 318 | 김명경 | 인천청 | 296 |
| 김동명 | 삼일회계 | 315 | 김동진 | 감사원 | 212 | 김명경 | 거창서 | 479 |
| 김동민 | 경기광주 | 471 | 김동진 | 기재부 | 75 | 김명국 | 김천서 | 434 |
| 김동준 | 양산서 | 485 | 김동진 | 기재부 | 90 | 김명국 | 잠실서 | 221 |
| 김동건 | 동래서 | 458 | 김동진 | 삼성서 | 96 | 김명규 | 영주서 | 226 |
| 김동겸 | 중부청 | 239 | 김동진 | 성북서 | 199 | 김명규 | 동울산서 | 327 |
| 김동구 | 서광주서 | 386 | 김동진 | 인천청 | 207 | 김명규 | 안진회계 | 17 |
| 김동규 | 기재부 | 82 | 김동진 | 서인천서 | 297 | 김명도 | 국세청 | 127 |
| 김동규 | 중부청 | 334 | 김동찬 | 안동서 | 303 | | | |
| 김동근 | 남양청서 | 244 | 김동철 | 안동서 | 439 | | | |
| 김동길 | 홍성서 | 362 | 김동하 | 안동서 | 172 | | | |
| 김동길 | 김해서 | 476 | 김동하 | 금감원 | 438 | | | |
| 김동련 | 통영서 | 480 | 김동하 | 도봉서 | 110 | | | |
| 김동만 | 천안서 | 490 | 김동한 | 부산청 | 188 | | | |
| 김동명 | 남대문서 | 289 | 김동한 | 수영서 | 452 | | | |
| 김동명 | 삼일회계 | 184 | 김동혁 | 기재부 | 468 | | | |
| 김동민 | 경기광주 | 20 | 김동혁 | 기재부 | 91 | | | |
| 김동민 | 경기광주 | 259 | | | | | | |

| 성명 | 소속 | 번호 | 성명 | 소속 | 번호 |
|---|---|---|---|---|---|
| 김명렬 | 광교세무 | 40 | 김미나 | 마포서 | 195 |
| 김명미 | 부산진서 | 460 | 김미나 | 중부청 | 234 |
| 김명선 | 양산서 | 484 | 김미나 | 인천청 | 297 |
| 김명선 | 해남서 | 211 | 김미나 | 예산서 | 356 |
| 김명선 | 해남서 | 396 | 김미덕 | 노원서 | 187 |
| 김명섭 | 부산진서 | 461 | 김미라 | 기재부 | 88 |
| 김명섭 | 광교세무 | 480 | 김미라 | 시흥서 | 257 |
| 김명섭 | 광교세무 | 38 | 김미라 | 세종서 | 352 |
| 김명수 | 국세청 | 126 | 김미란 | 관악서 | 178 |
| 김명수 | 송파서 | 209 | 김미란 | 남대문서 | 185 |
| 김명숙 | 해운대서 | 472 | 김미란 | 도봉서 | 189 |
| 김명숙 | 중랑서 | 224 | 김미란 | 은평서 | 219 |
| 김명숙 | 동수원서 | 247 | 김미란 | 동화성서 | 272 |
| 김명숙 | 서광주서 | 386 | 김미래 | 동수원서 | 247 |
| 김명순 | 동서서 | 406 | 김미량 | 대구청 | 414 |
| 김명순 | 성동서 | 204 | 김미례 | 서울청 | 165 |
| 김명열 | 순천서 | 158 | 김미리 | 목포서 | 390 |
| 김명복 | 기재부 | 393 | 김미림 | 서울청 | 159 |
| 김명복 | 대전청 | 92 | 김미림 | 의정부서 | 324 |
| 김명수 | 대전청 | 334 | 김미선 | 기재부 | 84 |
| 김명숙 | 김해서 | 481 | 김미선 | 국세청 | 122 |
| 김명주 | 분당서 | 251 | 김미선 | 노원서 | 187 |
| 김명주 | 북대전서 | 341 | 김미선 | 은평서 | 218 |
| 김명중 | 반포서 | 196 | 김미선 | 서인천서 | 303 |
| 김명중 | 부평서 | 320 | 김미선 | 남부천서 | 316 |
| 김명중 | 기재부 | 92 | 김미선 | 대전서 | 339 |
| 김명지 | 기재부 | 93 | 김미선 | 정읍서 | 409 |
| 김명진 | 광산서 | 381 | 김미성 | 은평서 | 219 |
| 김명진 | 동래서 | 458 | 김미소 | 서울청 | 157 |
| 김명진 | 성동서 | 168 | 김미솔 | 마산서 | 482 |
| 김명진 | 인천청 | 205 | 김미송 | 제천서 | 367 |
| 김명진 | 대전청 | 297 | 김미송 | 진주서 | 487 |
| 김명진 | 대전서 | 315 | 김미숙 | 강동서 | 174 |
| 김명철 | 서대전서 | 467 | 김미숙 | 관악서 | 178 |
| 김명철 | 해운대서 | 248 | 김미숙 | 부산서 | 454 |
| 김명호 | 안산서 | 327 | 김미숙 | 김해서 | 481 |
| 김명호 | 남대문서 | 471 | 김미순 | 관악서 | 179 |
| 김명훈 | 기재부 | 367 | 김미아 | 인천서 | 304 |
| 김명훈 | 동울산서 | 80 | 김미아 | 부산청 | 449 |
| 김명희 | 강남서 | 215 | 김미애 | 서울청 | 162 |
| 김명희 | 송파서 | 217 | 김미애 | 안산서 | 260 |
| 김명희 | 용산서 | 174 | 김미애 | 광주청 | 376 |
| 김명희 | 광주청 | 422 | 김미애 | 동대구서 | 421 |
| 김묘성 | 통영서 | 153 | 김미야 | 서부산서 | 466 |
| 김묘정 | 고양서 | 86 | 김미연 | 서울청 | 153 |
| 김무남 | 서부산서 | 359 | 김미연 | 금천서 | 183 |
| 김무열 | 동안양서 | 491 | 김미연 | 동대문서 | 191 |
| 김무영 | 중부산서 | 520 | 김미연 | 동작서 | 192 |
| 김문경 | 제천서 | 178 | 김미연 | 성동서 | 204 |
| 김문규 | 기재부 | 186 | 김미연 | 용산서 | 216 |
| 김문성 | 영등포서 | 312 | 김미연 | 북부산서 | 464 |
| 김문성 | 용산서 | 461 | 김미영 | 금감원 | 101 |
| 김문수 | 강동서 | 451 | 김미영 | 국세청 | 132 |
| 김문수 | 서울청 | 461 | 김미영 | 서울청 | 150 |
| 김문수 | 기재부 | 522 | 김미영 | 서울청 | 153 |
| 김문수 | 천안서 | 522 | 김미영 | 성동서 | 205 |
| 김문재 | 조세심판 | 367 | 김미영 | 평택서 | 271 |
| 김문정 | 관악서 | 114 | 김미영 | 김포서 | 313 |
| 김문정 | 노원서 | 37 | 김미영 | 서대전서 | 342 |
| 김문정 | 동안산서 | 255 | 김미영 | 순천서 | 392 |
| 김문정 | 순천서 | 88 | 김미영 | 정읍서 | 408 |
| 김문절 | 제천서 | 130 | 김미영 | 부산진서 | 461 |
| 김문태 | 상공회의 | 48 | 김미영 | 수영서 | 468 |
| 김문형 | 중부지방 | 367 | 김미영 | 김해서 | 480 |
| 김문형 | 수원서 | 461 | 김미옥 | 조세재정 | 524 |
| 김문희 | 평택서 | 151 | 김미옥 | 종로서 | 223 |
| 김문희 | 택스홀앤 | 157 | 김미옥 | 인천서 | 305 |
| 김문희 | 국세청 | 180 | 김미옥 | 금정서 | 457 |
| 김미경 | 서울청 | 198 | 김미옥 | 동울산서 | 475 |
| 김미경 | 삼성서 | 217 | 김미옥 | 울산서 | 476 |
| 김미경 | 용산서 | 242 | 김미옥 | 구로서 | 181 |
| 김미경 | 기흥서 | 386 | 김미원 | 중부지방 | 37 |
| 김미경 | 서광주서 | 398 | 김미자 | 금융위 | 98 |
| 김미경 | 군산서 | 443 | 김미정 | 서울청 | 149 |
| 김미경 | 영주서 | 475 | 김미정 | 구로서 | 181 |
| 김미경 | 동울산서 | 481 | 김미정 | 도봉서 | 188 |
| 김미나 | 국세청 | 122 | 김미정 | 동작서 | 193 |
| 김미나 | 노원서 | 186 | 김미정 | 성북서 | 206 |
| | | | 김미정 | 김해서 | 481 |
| | | | 김미정 | 제주서 | 492 |
| | | | 김미정 | 조세재정 | 522 |
| | | | 김미주 | 택스홀앤 | 48 |
| | | | 김미주 | 서울청 | 160 |
| | | | 김미주 | 부산진서 | 460 |
| | | | 김미진 | 기재부 | 89 |
| | | | 김미진 | 관악서 | 178 |
| | | | 김미진 | 관악서 | 190 |
| | | | 김미진 | 동대문서 | 205 |
| | | | 김미진 | 광주청 | 375 |
| | | | 김미현 | 마산서 | 483 |
| | | | 김미현 | 시흥서 | 257 |
| | | | 김미현 | 대구청 | 417 |
| | | | 김미현 | 서대구서 | 425 |

| 이름 | 소속 | 번호 | | 이름 | 소속 | 번호 |
|---|---|---|---|---|---|---|
| 김미현 | 중부서 | 471 | | 김민영 | 강동서 | 174 |
| 김미혜 | 동고양서 | 315 | | 김민영 | 남대문서 | 185 |
| 김미화 | 광주서 | 383 | | 김민영 | 삼성서 | 198 |
| 김미희 | 강동서 | 174 | | 김민영 | 은평서 | 218 |
| 김미희 | 천안서 | 358 | | 김민영 | 잠실서 | 221 |
| 김미희 | 서부산서 | 466 | | 김민영 | 청주서 | 369 |
| 김민 | 시흥서 | 256 | | 김민완 | 부산청 | 450 |
| 김민 | 인천청 | 292 | | 김민완 | 서인천서 | 302 |
| 김민 | 세무디술 | 43 | | 김민우 | 금천서 | 157 |
| 김민건 | 제주서 | 492 | | 김민우 | 현대회계 | 31 |
| 김민경 | 국세청 | 124 | | 김민욱 | 고양서 | 308 |
| 김민경 | 서울청 | 157 | | 김민웅 | 동대구서 | 421 |
| 김민경 | 남대문서 | 185 | | 김민재 | 금천서 | 182 |
| 김민경 | 양천서 | 210 | | 김민재 | 강릉서 | 276 |
| 김민경 | 용산서 | 217 | | 김민재 | 광산서 | 380 |
| 김민경 | 은평서 | 219 | | 김민재 | 부산청 | 452 |
| 김민경 | 중부청 | 234 | | 김민재 | 김해서 | 480 |
| 김민경 | 중부청 | 236 | | 김민정 | 감사원 | 75 |
| 김민경 | 인천청 | 293 | | 김민정 | 국세청 | 139 |
| 김민경 | 광주청 | 374 | | 김민정 | 서울청 | 158 |
| 김민경 | 부산청 | 454 | | 김민정 | 강남서 | 173 |
| 김민경 | 북부산서 | 465 | | 김민정 | 강동서 | 174 |
| 김민경 | 제주서 | 492 | | 김민정 | 삼성서 | 199 |
| 김민경 | 지방재정 | 518 | | 김민정 | 양천서 | 210 |
| 김민경 | 조세재정 | 522 | | 김민정 | 은평서 | 219 |
| 김민관 | 서울청 | 154 | | 김민정 | 중부청 | 235 |
| 김민관 | 동안양서 | 248 | | 김민정 | 중부청 | 237 |
| 김민관 | 지방재정 | 518 | | 김민정 | 기흥서 | 242 |
| 김민광 | 도봉서 | 189 | | 김민정 | 남양주서 | 245 |
| 김민교 | 중부청 | 231 | | 김민정 | 경기광주 | 259 |
| 김민교 | 법무광장 | 56 | | 김민정 | 동안산서 | 262 |
| 김민국 | 구미서 | 433 | | 김민정 | 동화성서 | 267 |
| 김민규 | 기재부 | 79 | | 김민정 | 동화성서 | 273 |
| 김민규 | 용인서 | 267 | | 김민정 | 화성서 | 275 |
| 김민규 | 세종서 | 352 | | 김민정 | 인천서 | 305 |
| 김민규 | 해운대서 | 472 | | 김민정 | 동고양서 | 315 |
| 김민규 | 통영서 | 490 | | 김민정 | 의정부서 | 324 |
| 김민규 | 제주서 | 492 | | 김민정 | 대전서 | 338 |
| 김민규 | 수원서 | 254 | | 김민정 | 대전서 | 339 |
| 김민기 | 서대문서 | 200 | | 김민정 | 충주서 | 370 |
| 김민기 | 동안양서 | 249 | | 김민정 | 광주청 | 375 |
| 김민래 | 역삼서 | 212 | | 김민정 | 광주서 | 383 |
| 김민비 | 홍천서 | 289 | | 김민정 | 순천서 | 392 |
| 김민상 | 고양서 | 308 | | 김민정 | 서대구서 | 425 |
| 김민상 | 동고양서 | 315 | | 김민정 | 수성서 | 426 |
| 김민상 | 창원서 | 488 | | 김민정 | 상주서 | 437 |
| 김민석 | 상공회의 | 115 | | 김민정 | 안동서 | 439 |
| 김민석 | 국세청 | 126 | | 김민정 | 부산청 | 448 |
| 김민석 | 강남청 | 172 | | 김민정 | 금정서 | 457 |
| 김민석 | 영등포서 | 214 | | 김민정 | 서부산서 | 466 |
| 김민석 | 고양서 | 308 | | 김민정 | 해운대서 | 472 |
| 김민석 | 서대전서 | 343 | | 김민정 | 해운대서 | 472 |
| 김민석 | 청주서 | 368 | | 김민정 | 울산서 | 477 |
| 김민석 | 목포서 | 391 | | 김민정 | 김해서 | 481 |
| 김민석 | 서부산서 | 467 | | 김민정 | 김해서 | 481 |
| 김민석 | 김해서 | 480 | | 김민정 | 지방재정 | 518 |
| 김민선 | 강동서 | 175 | | 김민제 | 중랑서 | 224 |
| 김민선 | 역삼서 | 212 | | 김민조 | 동고양서 | 314 |
| 김민선 | 중부서 | 234 | | 김민주 | 기재부 | 89 |
| 김민선 | 동수원서 | 246 | | 김민주 | 기재부 | 93 |
| 김민선 | 강릉서 | 277 | | 김민주 | 국세청 | 130 |
| 김민선 | 동고양서 | 314 | | 김민주 | 서울청 | 152 |
| 김민선 | 충주서 | 371 | | 김민주 | 서울청 | 155 |
| 김민섭 | 노원서 | 186 | | 김민주 | 강서서 | 176 |
| 김민성 | 서초서 | 202 | | 김민주 | 강서서 | 182 |
| 김민성 | 중부청 | 238 | | 김민주 | 영등포서 | 215 |
| 김민성 | 서산서 | 350 | | 김민주 | 강서서 | 250 |
| 김민수 | 금강원 | 107 | | 김민주 | 경기광주 | 258 |
| 김민수 | 국세청 | 135 | | 김민주 | 평택서 | 271 |
| 김민수 | 강남서 | 172 | | 김민주 | 계양서 | 307 |
| 김민수 | 노원서 | 186 | | 김민주 | 부천서 | 319 |
| 김민수 | 동대문서 | 190 | | 김민주 | 군산서 | 398 |
| 김민수 | 반포서 | 196 | | 김민주 | 대구청 | 412 |
| 김민수 | 서대문서 | 200 | | 김민주 | 경산서 | 429 |
| 김민수 | 구리서 | 240 | | 김민주 | 상주서 | 436 |
| 김민수 | 시흥서 | 256 | | 김민주 | 동래서 | 458 |
| 김민수 | 인천청 | 292 | | 김민주 | 북부산서 | 464 |
| 김민수 | 인천청 | 295 | | 김민주 | 해운대서 | 473 |
| 김민수 | 해남서 | 396 | | 김민주 | 현대회계 | 31 |
| 김민수 | 부산청 | 452 | | 김민준 | 기재부 | 91 |
| 김민수 | 부산진서 | 460 | | 김민준 | 강서서 | 176 |
| 김민수 | 부산강서 | 463 | | 김민준 | 김해서 | 341 |
| 김민수 | 북부산서 | 464 | | 김민준 | 동래서 | 459 |
| 김민숙 | 관악서 | 178 | | 김민준 | 양산서 | 484 |
| 김민숙 | 김해서 | 481 | | 김민준 | 지방재정 | 518 |
| 김민승 | 북광주서 | 384 | | 김민준 | 조세재정 | 523 |
| 김민아 | 강동서 | 174 | | 김민식 | 기재부 | 88 |
| 김민아 | 마포서 | 195 | | 김민중 | 동안산서 | 263 |
| 김민아 | 종로서 | 223 | | 김민중 | 남동서 | 300 |
| 김민아 | 파주서 | 327 | | 김민지 | 기재부 | 89 |
| 김민애 | 인천서 | 305 | | 김민지 | 기재부 | 92 |
| 김민애 | 경산서 | 428 | | | | |
| 김민양 | 서울청 | 161 | | | | |
| 김민영 | 국세청 | 122 | | | | |

| 이름 | 소속 | 번호 | | 이름 | 소속 | 번호 |
|---|---|---|---|---|---|---|
| 김민지 | 서울청 | 165 | | 김병욱 | 경산서 | 429 |
| 김민지 | 북대전서 | 340 | | 김병욱 | 구미서 | 433 |
| 김민지 | 서광주서 | 387 | | 김병욱 | 동래서 | 459 |
| 김민지 | 정읍서 | 408 | | 김병윤 | 금정서 | 457 |
| 김민지 | 서대구서 | 425 | | 김병윤 | 금정서 | 456 |
| 김민진 | 동래서 | 458 | | 김병일 | 예산서 | 356 |
| 김민진 | 기재부 | 79 | | 김병일 | 중부청 | 236 |
| 김민진 | 서울청 | 149 | | 김병주 | 계양서 | 306 |
| 김민진 | 부산진서 | 460 | | 김병주 | 정읍서 | 409 |
| 김민진 | 부산진서 | 460 | | 김병준 | 서울청 | 148 |
| 김민진 | 수영서 | 469 | | 김병준 | 법무광장 | 56 |
| 김민창 | 전주서 | 412 | | 김병진 | 양천서 | 210 |
| 김민채 | 전주서 | 406 | | 김병찬 | 영등포서 | 215 |
| 김민채 | 창원서 | 488 | | 김병찬 | 인천청 | 298 |
| 김민철 | 남양주서 | 244 | | 김병찬 | 부산청 | 452 |
| 김민철 | 광주청 | 376 | | 김병창 | 양산서 | 485 |
| 김민철 | 대구서 | 422 | | 김병철 | 기재부 | 80 |
| 김민태 | 남양주서 | 245 | | 김병철 | 대전청 | 335 |
| 김민혁 | 경주서 | 430 | | 김병철 | 충주서 | 371 |
| 김민형 | 금천서 | 183 | | 김병철 | 창원서 | 489 |
| 김민형 | 서인천서 | 303 | | 김병철 | 조세심판 | 521 |
| 김민형 | 강남서 | 346 | | 김병현 | 금감원 | 101 |
| 김민혜 | 금천서 | 183 | | 김병현 | 서울청 | 162 |
| 김민호 | 기재부 | 91 | | 김병현 | 세종서 | 353 |
| 김민호 | 강릉서 | 277 | | 김병현 | 중부청 | 237 |
| 김민호 | 대구서 | 416 | | 김병홍 | 용산서 | 216 |
| 김민호 | 부평서 | 321 | | 김병훈 | 금융위 | 97 |
| 김민후 | 부산서 | 451 | | 김병환 | 금융위 | 98 |
| 김민후 | 법무광장 | 56 | | 김병환 | 중부산서 | 470 |
| 김민후 | 법무광장 | 57 | | 김병훈 | 남대구서 | 418 |
| 김민희 | 강서서 | 177 | | 김병훈 | 경주서 | 431 |
| 김민희 | 남양주서 | 244 | | 김병훈 | 현대회계 | 31 |
| 김민희 | 동화성서 | 273 | | 김병휘 | 국세청 | 123 |
| 김민희 | 김포서 | 312 | | 김병희 | 부천서 | 319 |
| 김민희 | 의정부서 | 324 | | 김보경 | 금감원 | 102 |
| 김민희 | 금정서 | 456 | | 김보경 | 남대문서 | 184 |
| 김바울 | 예일세무 | 50 | | 김보경 | 송파서 | 208 |
| 김반디 | 국세교육 | 144 | | 김보경 | 은평서 | 218 |
| 김반석 | 동광주서 | 262 | | 김보경 | 기흥서 | 242 |
| 김백승 | 동광주서 | 385 | | 김보경 | 기흥서 | 242 |
| 김범구 | 대구청 | 411 | | 김보경 | 분당서 | 251 |
| 김범구 | 대구청 | 413 | | 김보경 | 동안산서 | 262 |
| 김범구 | 대구청 | 414 | | 김보경 | 인천청 | 298 |
| 김범기 | 금융위 | 97 | | 김보경 | 의정부서 | 324 |
| 김범석 | 기재부 | 78 | | 김보경 | 북대구서 | 340 |
| 김범석 | 기재부 | 83 | | 김보경 | 부산청 | 449 |
| 김범석 | 파주서 | 326 | | 김보경 | 부산청 | 452 |
| 김범수 | 조세재정 | 525 | | 김보균 | 연수서 | 322 |
| 김범수 | 법무평안 | 62 | | 김보근 | 의정부서 | 324 |
| 김범수 | 세원세무 | 49 | | 김보나 | 인천청 | 297 |
| 김범준 | 천안서 | 359 | | 김보남 | 광교세무 | 39 |
| 김범준 | 금감원 | 101 | | 김보라 | 서울청 | 152 |
| 김범준 | 금감원 | 106 | | 김보라 | 마포서 | 195 |
| 김범준 | 서울청 | 158 | | 김보라 | 삼성서 | 199 |
| 김범준 | 동안양서 | 248 | | 김보라 | 포천서 | 328 |
| 김범준 | 인천세관 | 504 | | 김보라 | 분당서 | 251 |
| 김범철 | 삼척서 | 278 | | 김보람 | 인천서 | 304 |
| 김범철 | 국세청 | 122 | | 김보람 | 순천서 | 393 |
| 김범철 | 광주서 | 382 | | 김보람 | 조세심판 | 521 |
| 김별나 | 구로서 | 181 | | 김보림 | 화성서 | 274 |
| 김별아 | 중부청 | 238 | | 김보림 | 구미서 | 432 |
| 김병곤 | 서울청 | 152 | | 김보미 | 서울청 | 157 |
| 김병관 | 인천서 | 305 | | 김보미 | 삼성서 | 198 |
| 김병관 | 삼정회계 | 22 | | 김보미 | 서초서 | 204 |
| 김병국 | 삼정회계 | 23 | | 김보미 | 양천서 | 210 |
| 김병권 | 국세청 | 122 | | 김보미 | 양천서 | 211 |
| 김병기 | 김포서 | 313 | | 김보미 | 잠실서 | 220 |
| 김병기 | 국회정무 | 72 | | 김보미 | 잠실서 | 221 |
| 김병기 | 서광주서 | 387 | | 김보미 | 잠실서 | 223 |
| 김병만 | 진주서 | 486 | | 김보미 | 중부청 | 239 |
| 김병모 | 서초서 | 203 | | 김보미 | 동안산서 | 263 |
| 김병무 | 북대구서 | 423 | | 김보미 | 용산서 | 285 |
| 김병삼 | 광주서 | 382 | | 김보미 | 보령서 | 348 |
| 김병삼 | 군산서 | 398 | | 김보미 | 익산서 | 404 |
| 김병석 | 부산청 | 455 | | 김보미 | 부산청 | 454 |
| 김병석 | 역삼서 | 212 | | 김보배 | 구미서 | 432 |
| 김병석 | 경주서 | 430 | | 김보석 | 국세청 | 133 |
| 김병석 | 북부산서 | 464 | | 김보석 | 마포서 | 195 |
| 김병수 | 진주서 | 487 | | 김보선 | 연수서 | 323 |
| 김병수 | 중기회 | 117 | | 김보선 | 해운대서 | 473 |
| 김병수 | 부천서 | 319 | | 김보성 | 분당서 | 251 |
| 김병수 | 포항서 | 444 | | 김보성 | 부천서 | 319 |
| 김병수 | 부산진서 | 460 | | 김보성 | 조세재정 | 525 |
| 김병순 | 정진세림 | 28 | | 김보송 | 남대문서 | 185 |
| 김병식 | 국세청 | 124 | | 김보연 | 남천서 | 182 |
| 김병옥 | 북대전서 | 340 | | 김보연 | 종로서 | 210 |
| 김병우 | 의정부서 | 325 | | 김보연 | 종로서 | 222 |
| 김병우 | 서초서 | 203 | | 김보연 | 중부서 | 227 |
| 김병우 | 거창서 | 478 | | 김보연 | 아산서 | 260 |
| | | | | 김보영 | 기재부 | 90 |
| | | | | 김보영 | 강남서 | 172 |
| | | | | 김보영 | 영등포서 | 215 |

| 이름 | 소속 | 번호 | | 이름 | 소속 | 번호 |
|---|---|---|---|---|---|---|
| 김보영 | 평택서 | 270 | | 김보영 | 서산서 | 351 |
| 김보운 | 서울청 | 153 | | 김보운 | 부산서 | 195 |
| 김보윤 | 중부청 | 234 | | 김보은 | 기재부 | 465 |
| 김보은 | 제주서 | 492 | | 김보정 | 동대구서 | 420 |
| 김보현 | 기재부 | 93 | | 김보현 | 평택서 | 271 |
| 김보현 | 광주청 | 376 | | 김보현 | 북부산서 | 465 |
| 김보혜 | 대전서 | 338 | | 김보현 | 동울산서 | 475 |
| 김복기 | 북전주서 | 403 | | 김복래 | 인천청 | 295 |
| 김복순 | 포항서 | 444 | | 김복순 | 전주서 | 406 |
| 김복희 | 서울청 | 157 | | 김봄 | 기재부 | 242 |
| 김봉규 | 인천청 | 291 | | 김봉규 | 인천청 | 297 |
| 김봉규 | 인천청 | 298 | | 김봉근 | 지방재정 | 518 |
| 김봉섭 | 서울청 | 165 | | 김봉섭 | 서인천서 | 302 |
| 김봉준 | 남양주서 | 245 | | 김봉수 | 수성서 | 426 |
| 김봉승 | 국세청 | 120 | | 김봉완 | 금융위 | 97 |
| 김봉재 | 용인서 | 315 | | 김봉완 | 인천청 | 297 |
| 김봉재 | 반포서 | 197 | | 김봉재 | 서인천서 | 302 |
| 김봉재 | 광산서 | 380 | | 김봉재 | 마산서 | 482 |
| 김봉조 | 국세청 | 125 | | 김봉준 | 기재부 | 88 |
| 김봉준 | 기재부 | 350 | | 김봉진 | 부산청 | 450 |
| 김봉진 | 마포서 | 195 | | 김봉호 | 부평서 | 321 |
| 김부곤 | 금감원 | 112 | | 김부순 | 중랑서 | 224 |
| 김부일 | 국세청 | 122 | | 김부자 | 대구청 | 414 |
| 김분숙 | 부산청 | 451 | | 김분희 | 기흥서 | 243 |
| 김분호 | 충주서 | 370 | | 김비주 | 강남서 | 172 |
| 김빛나 | 서울청 | 155 | | 김빛누리 | 부평서 | 320 |
| 김빛마로 | 조세재정 | 522 | | 김빛마로 | 조세재정 | 524 |
| 김사라 | 서부산서 | 466 | | 김산 | 강릉서 | 277 |
| 김삼수 | 남대구서 | 422 | | 김삼걸 | 삼척서 | 279 |
| 김상곤 | 성북서 | 207 | | 김상곤 | 반포서 | 196 |
| 김상교 | 서울청 | 161 | | 김상규 | 조세심판 | 521 |
| 김상규 | 서초서 | 202 | | 김상규 | 서초서 | 203 |
| 김상균 | 대구청 | 412 | | 김상균 | 수성서 | 427 |
| 김상기 | 대구청 | 430 | | 김상기 | 현대회계 | 31 |
| 김상덕 | 동수원서 | 246 | | 김상덕 | 금정서 | 456 |
| 김상덕 | 중부지방 | 37 | | 김상돈 | 택스홈앤 | 48 |
| 김상동 | 구리서 | 241 | | 김상록 | 금감원 | 103 |
| 김상록 | 서울청 | 264 | | 김상린 | 천안서 | 359 |
| 김상무 | 계양서 | 307 | | 김상미 | 서초서 | 203 |
| 김상민 | 서대구서 | 425 | | 김상민 | 기재부 | 85 |
| 김상민 | 기재부 | 135 | | 김상민 | 중부청 | 235 |
| 김상민 | 화성서 | 275 | | 김상민 | 김포서 | 313 |
| 김상배 | 서광주서 | 386 | | 김상배 | 서초서 | 203 |
| 김상범 | 지방재정 | 519 | | 김상범 | 국세청 | 120 |
| 김상빈 | 중부청 | 285 | | 김상섭 | 대구청 | 412 |
| 김상숙 | 대전청 | 334 | | 김상아 | 인천공항 | 507 |
| 김상아 | 중부청 | 238 | | | | |

| 이름 | 소속 | 쪽 |
|---|---|---|
| 김상연 | 서울청 | 150 |
| 김상연 | 서울세관 | 157 |
| 김상연 | 서울세관 | 499 |
| 김상엽 | 한올회계 | 501 |
| 김상엽 | 중부청 | 30 |
| 김상엽연 | 동청세관 | 232 |
| 김상엽연 | 울산서 | 362 |
| 김상영용 | 충부청 | 477 |
| 김상우 | 기재부 | 231 |
| 김상우 | 구리서 | 266 |
| 김상우 | 대구청 | 83 |
| 김상우 | 동래서 | 241 |
| 김상우 | 부산진서 | 412 |
| 김상욱 | 성남서 | 415 |
| 김상욱 | 김포서 | 459 |
| 김상운 | 북전주서 | 461 |
| 김상운 | 경산서 | 253 |
| 김상원 | 도봉서 | 313 |
| 김상원 | 잠실서 | 402 |
| 김상원 | 중랑서 | 461 |
| 김상윤 | 인천청 | 428 |
| 김상이 | 서울청 | 188 |
| 김상우 | 서울청 | 221 |
| 김상일 | 북대구서 | 225 |
| 김상조 | 서초서 | 298 |
| 김상진 | 인천청 | 157 |
| 김상진 | 대전청 | 162 |
| 김상천 | 예일세무 | 139 |
| 김상천 | 삼성서 | 150 |
| 김상철 | 시흥서 | 423 |
| 김상철 | 부평서 | 202 |
| 김상철 | 남대구서 | 298 |
| 김상태 | 세원세무 | 333 |
| 김상태 | 기재부 | 50 |
| 김상헌 | 부산진서 | 199 |
| 김상헌 | 상주서 | 256 |
| 김상혁 | 서울청 | 320 |
| 김상혁 | 성북서 | 418 |
| 김상혁 | 속초서 | 79 |
| 김상현 | 금감원 | 460 |
| 김상현 | 중랑서 | 436 |
| 김상현 | 동화성서 | 150 |
| 김상현 | 대전청 | 206 |
| 김상현 | 군산서 | 281 |
| 김상현 | 조세재정 | 112 |
| 김상형 | 기재부 | 225 |
| 김상호 | 강서서 | 272 |
| 김상호 | 북대전서 | 336 |
| 김상호 | 순천서 | 399 |
| 김상훈 | 국회정무 | 454 |
| 김상훈 | 역삼서 | 522 |
| 김상훈 | 공주서 | 89 |
| 김상훈 | 광주서 | 176 |
| 김상훈 | 순천서 | 340 |
| 김상훈 | 수성서 | 392 |
| 김상훈 | 부산청 | 72 |
| 김상훈 | 법무광장 | 213 |
| 김상훈 | 삼정회계 | 344 |
| 김상희 | 금감원 | 382 |
| 김상희 | 금감원 | 392 |
| 김상희 | 중랑서 | 426 |
| 김상희 | 서대구서 | 455 |
| 김상희 | 구미서 | 56 |
| 김상희 | 부산진서 | 23 |
| 김상희 | 현대회계 | 111 |
| 김새롬 | 수원서 | 182 |
| 김새미 | 전주서 | 224 |
| 김새봄 | 동수원서 | 424 |
| 김새별 | 기재부 | 432 |
| 김샛분 | 인천청 | 460 |
| 김서경 | 중부청 | 31 |
| 김서경 | 용인청 | 254 |
| 김서안 | 동수원서 | 407 |
| 김서미 | 국세청 | 213 |
| 김서연 | 국세청 | 247 |
| 김서연 | 삼성서 | 89 |
| 김서영 | 서초서 | 297 |
| 김서영 | 평택서 | 234 |
| 김서영 | 북부산서 | 266 |
| 김서영 | 조세재정 | 246 |
| 김서영연 | 법무두현 | 125 |
| 김서윤 | 기재부 | 124 |
| 김서윤 | 기재부 | 199 |
| 김서은 | 양천서 | 203 |
| 김서은 | 서울청 | 270 |
| 김서은 | 반포서 | 201 |
| 김서이 | 마포서 | 194 |
| 김서현 | 기재부 | 80 |
| 김서현 | 서울청 | 91 |
| 김서형 | 여수서 | 169 |
| 김석모 | 동울산서 | 395 |
| 김석일 | 강서서 | 475 |
| 김석제 | 서울청 | 176 |
| 김석준 | 동울산서 | 168 |
| 김석진 | 수원서 | 474 |
| 김석진 | 원주서 | 103 |
| 김석찬 | 국세청 | 284 |
| 김석채 | 중부청 | 169 |
| 김석현 | 서초서 | 238 |
| 김석호 | 안진회계 | 202 |
| 김선 | 한올회계 | 254 |
| 김선경 | 국세상담 | 17 |
| 김선경 | 제천서 | 30 |
| 김선광 | 기재부 | 143 |
| 김선규 | 영등포서 | 366 |
| 김선기 | 서대전서 | 82 |
| 김선돌 | 남대구서 | 215 |
| 김선면 | 동안양서 | 343 |
| 김선미 | 평택서 | 418 |
| 김선미 | 지방재정 | 249 |
| 김선미 | 송파서 | 270 |
| 김선봉 | 익산서 | 518 |
| 김선수 | 부산청 | 208 |
| 김선순 | 동래서 | 405 |
| 김선아 | 법무지평 | 455 |
| 김선아 | 잠실서 | 459 |
| 김선아 | 경기광주 | 60 |
| 김선애 | 대전청 | 220 |
| 김선애 | 부산청 | 258 |
| 김선영 | 천안서 | 337 |
| 김선영 | 광교세무 | 451 |
| 김선영 | 국세교육 | 206 |
| 김선영 | 구로서 | 358 |
| 김선영 | 중랑양서 | 39 |
| 김선영 | 안양서 | 144 |
| 김선영 | 대전서 | 180 |
| 김선옥 | 서대구서 | 217 |
| 김선우 | 용산서 | 224 |
| 김선웅 | 북대전서 | 248 |
| 김선유 | 동작서 | 264 |
| 김선익 | 대전청 | 338 |
| 김선일 | 관악서 | 425 |
| 김선임 | 동대문서 | 217 |
| 김선임 | 서초서 | 340 |
| 김선자 | 분당서 | 192 |
| 김선정 | 국세청 | 332 |
| 김선정 | 동화성서 | 179 |
| 김선정 | 동대전서 | 191 |
| 김선종 | 기재부 | 202 |
| 김선주 | 국세청 | 250 |
| 김선주 | 강서서 | 122 |
| 김선주 | 중랑서 | 272 |
| 김선주 | 영월서 | 337 |
| 김선주 | 인천청 | 92 |
| 김선주 | 의정부서 | 133 |
| 김선주 | 북전주서 | 176 |
| 김선주 | 대구청 | 224 |
| 김선주 | 경주서 | 231 |
| 김선주 | 용인천서 | 283 |
| 김선주 | 포천서 | 294 |
| 김선주 | 삼성서 | 305 |
| 김선주 | 반포서 | 324 |
| 김선주 | 기재부 | 402 |
| 김선주 | 서울청 | 413 |
| 김선주 | 구로서 | 431 |
| 김선주 | 김해서 | 303 |
| 김선주 | 국세청 | 217 |
| 김선주 | 기재부 | 328 |
| 김선주 | 국세상담 | 198 |
| 김선주 | 조세재정 | 197 |
| 김선주 | 구리서 | 274 |
| 김선주 | 기재부 | 86 |
| 김선주 | 서울청 | 158 |
| 김선주 | 서울청 | 160 |
| 김선주 | 금천서 | 181 |
| 김선주 | 인천서 | 480 |
| 김선주 | 북대전서 | 133 |
| 김선주 | 동청주서 | 362 |
| 김선준 | 포항서 | 444 |
| 김선준 | 세무다솔 | 43 |
| 김선진 | 안진회계 | 17 |
| 김선진 | 성남서 | 252 |
| 김선항 | 서대구서 | 424 |
| 김선혜 | 마포서 | 205 |
| 김선호 | 동래서 | 194 |
| 김선호 | 구미서 | 459 |
| 김선호 | 서울청 | 432 |
| 김선화 | 기재부 | 150 |
| 김선화 | 남대문서 | 81 |
| 김선화 | 기흥서 | 184 |
| 김선화 | 부천서 | 242 |
| 김선휘 | 조세재정 | 318 |
| 김선희 | 조세재정 | 522 |
| 김선희 | 잠실서 | 522 |
| 김선희 | 서울청 | 221 |
| 김선희 | 삼척서 | 161 |
| 김선희 | 북부산서 | 279 |
| 김선희 | 울산서 | 464 |
| 김선희 | 김해서 | 476 |
| 김설 | 지방재정 | 480 |
| 김설화 | 춘천서 | 518 |
| 김설경 | 지방재정 | 286 |
| 김성국 | 경기광주 | 519 |
| 김성규 | 중부하나 | 258 |
| 김성규 | 순천서 | 234 |
| 김성균 | 중부지방 | 47 |
| 김성균 | 대구청 | 393 |
| 김성근 | 국세상담 | 37 |
| 김성기 | 동수원서 | 415 |
| 김성기 | 국세청 | 142 |
| 김성기 | 인천서 | 247 |
| 김성기 | 부산청 | 122 |
| 김성기 | 지방재정 | 305 |
| 김성길 | 지방재정 | 448 |
| 김성길 | 화성서 | 518 |
| 김성대 | 광명서 | 518 |
| 김성덕 | 영등포서 | 275 |
| 김성덕 | 성동서 | 310 |
| 김성동 | 양천서 | 214 |
| 김성동 | 인천청 | 205 |
| 김성동 | 부산세관 | 210 |
| 김성렬 | 조세재정 | 293 |
| 김성률 | 구로서 | 511 |
| 김성룡 | 인천청 | 525 |
| 김성목 | 평택서 | 180 |
| 김성문 | 제주서 | 381 |
| 김성문 | 진주서 | 298 |
| 김성미 | 용산서 | 271 |
| 김성미 | 서울청 | 492 |
| 김성미 | 중부청 | 486 |
| 김성미 | 반포서 | 216 |
| 김성미 | 중부청 | 159 |
| 김성미 | 분당서 | 236 |
| 김성민 | 조세재정 | 196 |
| 김성민 | 국세청 | 231 |
| 김성민 | 국세청 | 250 |
| 김성민 | 서울청 | 274 |
| 김성민 | 서인천서 | 525 |
| 김성민 | 대전청 | 121 |
| 김성민 | 서대구서 | 129 |
| 김성범 | 서부산서 | 150 |
| 김성복 | 안산서 | 302 |
| 김성복 | 창원서 | 336 |
| 김성수 | 대구세관 | 425 |
| 김성수 | 대구세관 | 466 |
| 김성수 | 관세사회 | 493 |
| 김성수 | 기재부 | 261 |
| 김성수 | 금감원 | 489 |
| 김성수 | 노원서 | 513 |
| 김성수 | 시흥서 | 514 |
| 김성숙 | 북광주서 | 52 |
| 김성식 | 예일세무 | 81 |
| 김성연 | 동작서 | 103 |
| 김성연 | 이천서 | 187 |
| 김성연 | 인천서 | 256 |
| 김성열 | 서대전서 | 384 |
| 김성열 | 해운대서 | 50 |
| 김성열 | 상공회의 | 192 |
| 김성열 | 계양서 | 268 |
| 김성엽 | 경주서 | 304 |
| 김성엽 | 국세청 | 342 |
| 김성엽 | 군산서 | 472 |
| 김성엽 | 조세심판 | 115 |
| 김성엽 | 남동서 | 306 |
| 김성엽 | 경주서 | 430 |
| 김성엽 | 국세청 | 134 |
| 김성엽 | 군산서 | 398 |
| 김성엽 | 조세심판 | 520 |
| 김성엽 | 남동서 | 301 |
| 김성영 | 파주서 | 326 |
| 김성영 | 삼일회계 | 20 |
| 김성완 | 현대회계 | 31 |
| 김성용 | 기재부 | 85 |
| 김성용 | 서울청 | 157 |
| 김성우 | 전주서 | 407 |
| 김성우 | 삼성서 | 198 |
| 김성우 | 포천서 | 328 |
| 김성우 | 동대구서 | 420 |
| 김성욱 | 상주서 | 436 |
| 김성욱 | 금감원 | 101 |
| 김성욱 | 서울청 | 161 |
| 김성욱 | 강남서 | 172 |
| 김성욱 | 송파서 | 209 |
| 김성욱 | 평택서 | 271 |
| 김성은 | 지방재정 | 519 |
| 김성은 | 강남서 | 173 |
| 김성은 | 국세청 | 218 |
| 김성은 | 성남서 | 137 |
| 김성은 | 시흥서 | 252 |
| 김성은 | 논산서 | 256 |
| 김성은 | 제주서 | 346 |
| 김성일 | 안양서 | 493 |
| 김성일 | 서울청 | 265 |
| 김성일 | 동작서 | 150 |
| 김성일 | 부산진서 | 192 |
| 김성제 | 인천청 | 460 |
| 김성종 | 대구청 | 293 |
| 김성주 | 국세청 | 416 |
| 김성주 | 서대전서 | 125 |
| 김성주 | 제주서 | 137 |
| 김성순 | 금융위 | 200 |
| 김성준 | 양천서 | 492 |
| 김성준 | 남양주서 | 99 |
| 김성준 | 포천서 | 211 |
| 김성준 | 광주청 | 244 |
| 김성준 | 상주서 | 328 |
| 김성준 | 수영서 | 377 |
| 김성준 | 마산서 | 436 |
| 김성진 | 관세사회 | 469 |
| 김성진 | 감사원 | 482 |
| 김성진 | 금융위 | 52 |
| 김성진 | 국세청 | 75 |
| 김성진 | 구로서 | 99 |
| 김성진 | 마포서 | 132 |
| 김성진 | 수원서 | 181 |
| 김성진 | 인천서 | 195 |
| 김성진 | 포천서 | 255 |
| 김성진 | 대전청 | 304 |
| 김성진 | 천안서 | 328 |
| 김성진 | 여수서 | 334 |
| 김성진 | 동대구서 | 359 |
| 김성진 | 부산청 | 394 |
| 김성진 | 창원서 | 421 |
| 김성진 | 지방재정 | 451 |
| 김성진 | 양산서 | 489 |
| 김성철 | 서인천서 | 518 |
| 김성철 | 마산서 | 484 |
| 김성철 | 광교세무 | 302 |
| 김성태 | 인천세관 | 483 |
| 김성택 | 인천세관 | 40 |
| 김성표 | 동작서 | 503 |
| 김성필 | 서울청 | 504 |
| 김성학 | 기재부 | 482 |
| 김성한 | 국세청 | 193 |
| 김성한 | 이천서 | 149 |
| 김성향 | 강남서 | 82 |
| 김성혁 | 서초서 | 121 |
| 김성현 | 진주서 | 268 |
| 김성현 | 종로서 | 172 |
| 김성현 | 시흥서 | 203 |
| 김성현 | 이천서 | 487 |
| 김성현 | 지방재정 | 222 |
| 김성혜 | 삼정회계 | 256 |
| 김성혜 | 강서서 | 268 |
| 김성호 | 남대문서 | 519 |
| 김성호 | 중부청 | 24 |
| 김성호 | 나주서 | 177 |
| 김성호 | 군산서 | 185 |
| 김성호 | 대구청 | 231 |
| 김성호 | 대구청 | 389 |
| 김성호 | 부산청 | 398 |
| 김성홍 | 경주서 | 415 |
| 김성환 | 서부산서 | 415 |
| 김성환 | 잠실서 | 454 |
| 김성환 | 청주서 | 431 |
| 김성환 | 동래서 | 467 |
| 김성환 | 법무광장 | 104 |
| 김성훈 | 기재부 | 220 |
| 김성훈 | 서울청 | 159 |
| 김성훈 | 이천서 | 238 |
| 김성훈 | 부산청 | 268 |
| 김성훈 | 세무다솔 | 451 |
| 김성희 | 국세청 | 454 |
| 김성희 | 종로서 | 43 |
| 김성희 | 광산서 | 131 |
| 김성희 | 울산서 | 222 |
| 김세건 | 포천서 | 381 |
| 김세곤 | 광주서 | 431 |
| 김세권 | 구미서 | 476 |
| 김세나 | 국세청 | 328 |
| 김세라 | 반포서 | 374 |
| 김세령 | 기재부 | 432 |
| 김세령 | 국세청 | 382 |
| 김세리 | 서울청 | 124 |
| 김세린 | 해남서 | 196 |
| 김세린 | 도봉서 | 343 |
| 김세민 | 시흥서 | 81 |
| 김세민 | 금천서 | 109 |
| 김세빈 | 성동서 | 123 |
| 김세식 | 안산서 | 170 |
| 김세영 | 익산서 | 396 |
| 김세영 | 마산서 | 188 |
| 김세영 | 한올회계 | 148 |
| 김세욱 | 구미서 | 256 |
| 김세웅 | 보령서 | 183 |
| 김세웅 | 익산서 | 204 |
| 김세원 | 원주서 | 260 |
| 김세원 | 기재부 | 405 |
| 김세은 | 서인천서 | 302 |
| 김세은 | 금정서 | 482 |
| 김세인 | 중부산서 | 30 |
| 김세일 | 조세재정 | 433 |
| 김세종 | 구로서 | 348 |
| 김세진 | 구리서 | 94 |
| 김세진 | 동청주서 | 405 |
| 김세진 | 경주서 | 285 |
| 김세철 | 부산청 | 487 |
| 김세한 | 구미서 | 79 |
| 김세한 | 세무다솔 | 303 |
| 김세한 | 세무다솔 | 456 |
| 김세현 | 서초서 | 470 |
| 김세현 | 서대전서 | 523 |
| 김세호 | 경산서 | 180 |
| 김세환 | 중부산서 | 312 |
| 김세훈 | 북대전서 | 241 |
| 김세희 | 삼정회계 | 362 |
| 김소나 | 금감원 | 430 |
| 김소담 | 대문서 | 453 |
| 김소라 | 화성서 | 433 |
| 김소라 | 안동서 | 174 |
| 김소리 | 서울청 | 43 |
| 김소리 | 인천서 | 43 |
| 김소민 | 도봉서 | 43 |
| 김소연 | 국세청 | 203 |
| 김소연 | 용산서 | 204 |
| 김소연 | 순천서 | 343 |
| 김소연 | 공주서 | 429 |
| 김소연 | 기재부 | 470 |
| 김소연 | 서울청 | 340 |
| 김소연 | 강동서 | 136 |
| 김소연 | 강서서 | 22 |
| 김소연 | 동대문서 | 107 |
| 김소연 | 삼성서 | 201 |
| 김소연 | 양천서 | 274 |
| 김소연 | 남양주서 | 438 |
| 김소연 | 분당서 | 163 |
| 김소연 | 수원서 | 169 |
| 김소연 | 인천서 | 304 |
| 김소연 | 계양서 | 158 |
| 김소연 | 김포서 | 188 |
| 김소연 | 예산서 | 132 |
| 김소연 | 대구청 | 217 |

| 이름 | 기관 | 쪽 |
|---|---|---|
| 김소연 | 구미서 | 432 |
| 김소연 | 안동서 | 438 |
| 김소연 | 부산청 | 451 |
| 김소연 | 동래서 | 458 |
| 김소영 | 기재부 | 81 |
| 김소영 | 금융위 | 97 |
| 김소영 | 관악서 | 178 |
| 김소영 | 송파서 | 208 |
| 김소영 | 기흥서 | 242 |
| 김소영 | 동수원서 | 247 |
| 김소영 | 분당서 | 251 |
| 김소영 | 수원서 | 254 |
| 김소영 | 광주서 | 382 |
| 김소영 | 전주서 | 406 |
| 김소영 | 전주서 | 406 |
| 김소영 | 부산청 | 455 |
| 김소영 | 동울산서 | 474 |
| 김소영 | 동울산서 | 474 |
| 김소영 | 창원서 | 488 |
| 김소영 | 조세재정 | 525 |
| 김소윤 | 춘천서 | 287 |
| 김소윤 | 인천청 | 292 |
| 김소은 | 인천서 | 304 |
| 김소이 | 용인서 | 267 |
| 김소정 | 서울청 | 152 |
| 김소정 | 중부청 | 234 |
| 김소정 | 동안산서 | 262 |
| 김소정 | 파주서 | 327 |
| 김소정 | 안동서 | 438 |
| 김소현 | 금감원 | 111 |
| 김소현 | 서울청 | 168 |
| 김소현 | 안양서 | 265 |
| 김소현 | 평택서 | 271 |
| 김소현 | 경산서 | 429 |
| 김소현 | 조세재정 | 525 |
| 김소현 | 택스홀앤 | 48 |
| 김소희 | 남대문서 | 184 |
| 김소희 | 도봉서 | 189 |
| 김소희 | 동대문서 | 190 |
| 김소희 | 서대문서 | 201 |
| 김소희 | 대구청 | 417 |
| 김솔 | 송파서 | 208 |
| 김솔아 | 남대문서 | 480 |
| 김송범 | 남대문서 | 185 |
| 김송심 | 북광주서 | 103 |
| 김송원 | 서울청 | 166 |
| 김송이 | 대구청 | 416 |
| 김송이 | 중부청 | 236 |
| 김송이 | 경기광주 | 258 |
| 김송정 | 인천청 | 294 |
| 김송주 | 중부청 | 239 |
| 김송화 | 안양서 | 217 |
| 김송희 | 기재부 | 86 |
| 김수경 | 삼성서 | 199 |
| 김수경 | 성동서 | 205 |
| 김수경 | 영등포서 | 214 |
| 김수경 | 잠실서 | 221 |
| 김수경 | 익산서 | 404 |
| 김수경 | 지방재정 | 518 |
| 김수남 | 법무두현 | 8 |
| 김수남 | 국세상담 | 143 |
| 김수량 | 대전서 | 339 |
| 김수린 | 조세재정 | 522 |
| 김수명 | 국세청 | 124 |
| 김수미 | 속초서 | 224 |
| 김수미 | 속초서 | 280 |
| 김수미 | 아산서 | 354 |
| 김수미 | 기재부 | 78 |
| 김수민 | 국세교육 | 144 |
| 김수민 | 종로서 | 217 |
| 김수민 | 종로서 | 223 |
| 김수민 | 동안양서 | 248 |
| 김수민 | 인천서 | 304 |
| 김수민 | 목포서 | 305 |
| 김수민 | 목포서 | 390 |
| 김수민 | 대구청 | 415 |
| 김수민 | 제주서 | 492 |
| 김수복 | 인천세관 | 504 |
| 김수빈 | 강남서 | 173 |
| 김수빈 | 강동서 | 175 |
| 김수빈 | 노원서 | 186 |
| 김수빈 | 남부천서 | 316 |
| 김수빈 | 천안서 | 359 |
| 김수빈 | 부산진서 | 461 |
| 김수섭 | 남양주서 | 244 |
| 김수아 | 중부청 | 236 |
| 김수아 | 인천서 | 305 |
| 김수연 | 강동서 | 174 |
| 김수연 | 남양주서 | 182 |
| 김수연 | 동대문서 | 190 |
| 김수연 | 중부서 | 226 |
| 김수연 | 중부서 | 227 |
| 김수연 | 중부청 | 238 |
| 김수연 | 성남서 | 252 |
| 김수연 | 수원서 | 254 |
| 김수연 | 수원서 | 254 |
| 김수연 | 부천서 | 319 |
| 김수연 | 부평서 | 321 |
| 김수연 | 천안서 | 359 |
| 김수연 | 동래서 | 459 |
| 김수연 | 중부산서 | 471 |
| 김수열 | 양산서 | 484 |
| 김수영 | 용산서 | 217 |
| 김수영 | 기재부 | 93 |
| 김수영 | 서울청 | 153 |
| 김수영 | 노원서 | 187 |
| 김수영 | 용산서 | 217 |
| 김수영 | 구리서 | 241 |
| 김수영 | 계양서 | 306 |
| 김수영 | 해남서 | 396 |
| 김수영 | 부산강서 | 463 |
| 김수영 | 통영서 | 490 |
| 김수용 | 논산서 | 346 |
| 김수용 | 국세청 | 123 |
| 김수용 | 역삼서 | 158 |
| 김수원 | 분당서 | 213 |
| 김수원 | 부천서 | 318 |
| 김수월 | 대전청 | 336 |
| 김수월 | 대전청 | 335 |
| 김수인 | 성동서 | 204 |
| 김수인 | 수원서 | 255 |
| 김수인 | 화성서 | 275 |
| 김수인 | 창원서 | 488 |
| 김수인 | 창원서 | 166 |
| 김수일 | 부산청 | 450 |
| 김수재 | 서울청 | 170 |
| 김수정 | 동래서 | 193 |
| 김수정 | 삼성서 | 198 |
| 김수정 | 송파서 | 209 |
| 김수정 | 종로서 | 223 |
| 김수정 | 이천서 | 269 |
| 김수정 | 동화성서 | 272 |
| 김수정 | 화성서 | 275 |
| 김수정 | 인천청 | 296 |
| 김수정 | 인천청 | 297 |
| 김수정 | 부천서 | 318 |
| 김수정 | 북대전서 | 341 |
| 김수정 | 서대전서 | 343 |
| 김수정 | 영주서 | 442 |
| 김수정 | 인천세관 | 503 |
| 김수정 | 조세심판 | 521 |
| 김수정 | 조세심판 | 521 |
| 김수종 | 화성서 | 274 |
| 김수지 | 삼성서 | 199 |
| 김수지 | 중부청 | 236 |
| 김수지 | 분당서 | 250 |
| 김수지 | 안양서 | 264 |
| 김수지 | 계양서 | 306 |
| 김수지 | 북대구서 | 422 |
| 김수진 | 금감원 | 111 |
| 김수진 | 국세청 | 120 |
| 김수진 | 국세청 | 133 |
| 김수진 | 국세청 | 137 |
| 김수진 | 서울청 | 156 |
| 김수진 | 서울청 | 156 |
| 김수진 | 구로서 | 181 |
| 김수진 | 금천서 | 182 |
| 김수진 | 반포서 | 197 |
| 김수진 | 영등포서 | 215 |
| 김수진 | 용산서 | 216 |
| 김수진 | 용산서 | 218 |
| 김수진 | 중랑서 | 225 |
| 김수진 | 중부청 | 232 |
| 김수진 | 중부청 | 235 |
| 김수진 | 동안양서 | 248 |
| 김수진 | 분당서 | 251 |
| 김수진 | 동화성서 | 273 |
| 김수진 | 대전청 | 336 |
| 김수진 | 보령서 | 348 |
| 김수진 | 아산서 | 354 |
| 김수진 | 동청주서 | 362 |
| 김수진 | 김해서 | 481 |
| 김수진 | 양산서 | 485 |
| 김수진 | 창원서 | 489 |
| 김수창 | 연수서 | 322 |
| 김수한 | 노원서 | 187 |
| 김수현 | 기재부 | 77 |
| 김수현 | 기재부 | 82 |
| 김수현 | 국세청 | 124 |
| 김수현 | 국세청 | 131 |
| 김수현 | 국세청 | 136 |
| 김수현 | 서울청 | 148 |
| 김수현 | 서울청 | 166 |
| 김수현 | 관악서 | 178 |
| 김수현 | 반포서 | 183 |
| 김수현 | 반포서 | 196 |
| 김수현 | 삼성서 | 199 |
| 김수현 | 서초서 | 202 |
| 김수현 | 송파서 | 209 |
| 김수현 | 역삼서 | 213 |
| 김수현 | 중부청 | 230 |
| 김수현 | 동화성서 | 273 |
| 김수현 | 화성서 | 274 |
| 김수현 | 서산서 | 350 |
| 김수현 | 홍성서 | 360 |
| 김수현 | 북전주서 | 402 |
| 김수현 | 수성서 | 427 |
| 김수현 | 안동서 | 438 |
| 김수형 | 창원서 | 489 |
| 김수호 | 서울청 | 161 |
| 김수호 | 강원우 | 98 |
| 김수호 | 국세상담 | 143 |
| 김수호 | 수성서 | 426 |
| 김수호 | 원주서 | 285 |
| 김수희 | 광주서 | 379 |
| 김수희 | 김천서 | 434 |
| 김숙 | 기재부 | 96 |
| 김숙 | 울산서 | 477 |
| 김숙경 | 중부청 | 237 |
| 김숙기 | 국세청 | 127 |
| 김숙동 | 사상서 | 75 |
| 김숙영 | 종로서 | 222 |
| 김숙자 | 성남서 | 252 |
| 김숙자 | 송파서 | 209 |
| 김숙진 | 기재부 | 93 |
| 김숙희 | 대전청 | 334 |
| 김숙희 | 동래서 | 458 |
| 김순기 | 도봉서 | 188 |
| 김순기 | 고시회 | 34 |
| 김순기 | 서울지방 | 36 |
| 김순기 | 잠실서 | 220 |
| 김순복 | 아산서 | 354 |
| 김순석 | 경산서 | 429 |
| 김순식 | 감사원 | 73 |
| 김순식 | 감사원 | 74 |
| 김순아 | 국세상담 | 142 |
| 김순연 | 마산서 | 482 |
| 김순영 | 서울청 | 152 |
| 김순영 | 남동서 | 301 |
| 김순옥 | 기재부 | 89 |
| 김순옥 | 서울청 | 159 |
| 김순옥 | 경기광주 | 258 |
| 김순자 | 서울청 | 174 |
| 김순자 | 북대구서 | 422 |
| 김순정 | 동작서 | 193 |
| 김순화 | 고시회 | 34 |
| 김순환 | 고시회 | 36 |
| 김순환 | 현대회계 | 31 |
| 김스텔라 | EY한영 | 15 |
| 김슬기 | 반포서 | 196 |
| 김슬기 | 서인천서 | 303 |
| 김슬기 | 광명서 | 311 |
| 김슬기론 | 광명서 | 480 |
| 김슬기 | 평택서 | 271 |
| 김슬비 | 안양서 | 264 |
| 김슬아 | 수영서 | 468 |
| 김슬지 | 김해서 | 481 |
| 김승국 | 국세청 | 202 |
| 김승국 | 용산서 | 123 |
| 김승규 | 울산서 | 476 |
| 김승균 | 국회재정 | 67 |
| 김승래 | 원주서 | 268 |
| 김승룡 | 잠실서 | 220 |
| 김승미 | 경기광주 | 258 |
| 김승미 | 마산서 | 482 |
| 김승민 | 부산청 | 447 |
| 김승민 | 부산청 | 451 |
| 김승민 | 부산청 | 452 |
| 김승범 | 국세청 | 121 |
| 김승범 | 동화성서 | 272 |
| 김승석 | 청주서 | 368 |
| 김승용 | 구리서 | 241 |
| 김승우 | 광주청 | 374 |
| 김승용 | 금정서 | 456 |
| 김승원 | 국세상담 | 466 |
| 김승원 | 서초서 | 142 |
| 김승옥 | 국회정무 | 202 |
| 김승옥 | 국회정무 | 72 |
| 김승원 | 인천서 | 302 |
| 김승일 | 서대문서 | 200 |
| 김승주 | 연수서 | 322 |
| 김승주 | 구리서 | 240 |
| 김승주 | 화성서 | 275 |
| 김승주 | 대전청 | 332 |
| 김승진 | 광주서 | 383 |
| 김승철 | 상공회의 | 115 |
| 김승철 | 부산강서 | 462 |
| 김승태 | 기재부 | 86 |
| 김승하 | 파주서 | 327 |
| 김승하 | 기재부 | 84 |
| 김승현 | 조세심판 | 521 |
| 김승현 | 양천서 | 210 |
| 김승현 | 고양서 | 308 |
| 김승현 | 대전청 | 333 |
| 김승현 | 구미서 | 433 |
| 김승현 | 부산강서 | 463 |
| 김승혜 | 예일세무 | 50 |
| 김승호 | 서울청 | 167 |
| 김승화 | 태평양 | 61 |
| 김승환 | 동고양서 | 315 |
| 김승환 | 청주서 | 192 |
| 김승환 | 청주서 | 369 |
| 김승훈 | 부산진서 | 460 |
| 김승훈 | 창원서 | 489 |
| 김승훈 | 현대회계 | 31 |
| 김승희 | 삼일회계 | 21 |
| 김승희 | 남대문서 | 185 |
| 김승희 | 마포서 | 194 |
| 김승희 | 인천서 | 305 |
| 김승희 | 김포서 | 313 |
| 김시곤 | 국세주류 | 140 |
| 김시림 | 금감원 | 102 |
| 김시아 | 대전청 | 334 |
| 김시연 | 서울청 | 148 |
| 김시영 | 국세상담 | 142 |
| 김시영 | 서광주서 | 386 |
| 김시온 | 목포서 | 390 |
| 김시온 | 목포서 | 391 |
| 김시욱 | 울산서 | 477 |
| 김시원 | 중부청 | 233 |
| 김시원 | 금감원 | 112 |
| 김시원 | 서광주서 | 386 |
| 김시우 | 강릉서 | 276 |
| 김시온 | 북부산서 | 464 |
| 김시정 | 계양서 | 307 |
| 김시진 | 진주서 | 486 |
| 김시태 | 평택서 | 271 |
| 김시태 | 서울청 | 150 |
| 김시현 | 기재부 | 89 |
| 김시현 | 용산서 | 216 |
| 김시현 | 북대구서 | 422 |
| 김시형 | 북부산서 | 465 |
| 김시형 | 기재부 | 85 |
| 김시홍 | 금감원 | 106 |
| 김시홍 | 광주청 | 373 |
| 김시홍 | 광주청 | 376 |
| 김신형 | 영등포서 | 377 |
| 김신덕 | 중부청 | 215 |
| 김신덕 | 중부청 | 205 |
| 김신애 | 서울청 | 237 |
| 김신애 | 수원서 | 169 |
| 김신애 | 경기광주 | 246 |
| 김신우 | 창원서 | 489 |
| 김신자 | 남대문서 | 182 |
| 김신정 | 삼성서 | 185 |
| 김신철 | 조세심판 | 524 |
| 김신홍 | 북대전서 | 521 |
| 김신희 | 법무율촌 | 340 |
| 김실근 | 대전청 | 445 |
| 김아경 | 나주서 | 59 |
| 김아람 | 원주서 | 337 |
| 김아람 | 김해서 | 389 |
| 김아람 | 국세청 | 284 |
| 김아름 | 서울청 | 481 |
| 김아름 | 이천서 | 124 |
| 김아름 | 인천서 | 160 |
| 김아름 | 동울산서 | 268 |
| 김아리수 | 현대회계 | 304 |
| 김아영 | 관악서 | 475 |
| 김아영 | 서울청 | 179 |
| 김아영 | 서산서 | 169 |
| 김아이린 | 진주서 | 385 |
| 김아정 | 법무화우 | 486 |
| 김안나 | 서초서 | 3 |
| 김안나 | 성남서 | 312 |
| 김안나 | 남대구서 | 202 |
| 김안철 | 광산서 | 252 |
| 김애란 | 공파서 | 418 |
| 김애란 | 부산청 | 381 |
| 김애령 | 전주서 | 208 |
| 김애숙 | 흥성서 | 451 |
| 김애숙 | | 407 |
| | | 257 |
| 김애영 | 군산서 | 398 |
| 김애진 | 대구청 | 416 |
| 김애진 | 부산청 | 450 |
| 김양영 | 수영서 | 468 |
| 김양경 | 시흥서 | 256 |
| 김양근 | 마포서 | 195 |
| 김양수 | 관악서 | 208 |
| 김양수 | 중랑서 | 178 |
| 김양수 | 대전청 | 224 |
| 김양수 | 제주서 | 335 |
| 김양언 | 기재부 | 492 |
| 김양욱 | 부산진서 | 78 |
| 김양현 | 진주서 | 461 |
| 김양희 | 기재부 | 486 |
| 김양희 | 이천서 | 90 |
| 김양희 | 양산서 | 268 |
| 김언선 | 울산서 | 484 |
| 김엘리야 | 성읍서 | 476 |
| 김여경 | 춘천서 | 408 |
| 김여진 | 용산서 | 286 |
| 김여진 | 광주청 | 217 |
| 김여경 | 조세심판 | 377 |
| 김연광 | 평택서 | 520 |
| 김연대 | 역삼서 | 270 |
| 김연대 | 기재부 | 212 |
| 김연상 | 금감원 | 92 |
| 김연수 | 인천서 | 104 |
| 김연수 | 파주서 | 304 |
| 김연수 | 청주서 | 92 |
| 김연숙 | 북전주서 | 369 |
| 김연순 | 서울청 | 402 |
| 김연순 | 대구청 | 461 |
| 김연신 | 제주서 | 153 |
| 김연아 | 국세상담 | 414 |
| 김연아 | 기흥서 | 492 |
| 김연정 | 동청주서 | 150 |
| 김연종 | 의정부서 | 143 |
| 김연주 | 금정서 | 242 |
| 김연주 | 용산서 | 363 |
| 김연주 | 남동서 | 324 |
| 김연주 | 양산서 | 457 |
| 김연진 | 마포서 | 216 |
| 김연홍 | 울산서 | 300 |
| 김연화 | 조세심판 | 485 |
| 김연희 | 송파서 | 194 |
| 김연희 | 김포서 | 476 |
| 김연희 | 대구청 | 521 |
| 김연희 | 대구청 | 184 |
| 김연희 | 북대구서 | 276 |
| 김영 | 동래서 | 209 |
| 김영 | 서대문서 | 312 |
| 김영간 | 북대전서 | 412 |
| 김영건 | 대전서 | 415 |
| 김영경 | 중부청 | 422 |
| 김영경 | 부산강서 | 458 |
| 김영경 | 대구세관 | 201 |
| 김영곤 | 동수원서 | 341 |
| 김영구 | 세무다솔 | 343 |
| 김영근 | 세무다솔 | 237 |
| 김영관 | 감사원 | 463 |
| 김영광 | 전주서 | 487 |
| 김영광 | 금감원 | 514 |
| 김영국 | 대전청 | 247 |
| 김영권 | 파주서 | 43 |
| 김영규 | 의정부서 | 43 |
| 김영규 | 서울청 | 73 |
| 김영균 | 서인천서 | 407 |
| 김영균 | 역삼서 | 104 |
| 김영근 | 산서 | 335 |
| 김영근 | 북광주서 | 326 |
| 김영근 | 서울청 | 324 |
| 김영근 | 노원서 | 157 |
| 김영근 | 기흥서 | 303 |
| 김영근 | 광교세무 | 399 |
| 김영기 | 현대회계 | 212 |
| 김영기 | 서초서 | 350 |
| 김영기 | 광명서 | 384 |
| 김영기 | 부천서 | 160 |
| 김영기 | 대전청 | 187 |
| 김영길 | 인천공항 | 242 |
| 김영길 | 홍성서 | 38 |
| 김영남 | 서울청 | 31 |
| 김영노 | 구로서 | 203 |
| 김영달 | 제천서 | 311 |
| 김영대 | 기재부 | 318 |
| | | 333 |
| | | 507 |
| | | 360 |
| | | 150 |
| | | 180 |
| | | 300 |
| | | 366 |
| | | 79 |

| 이름 | 소속 | 번호 |
|---|---|---|
| 김영대 | 금감원 | 104 |
| 김영덕 | 북대전서 | 341 |
| 김영돈 | 기재부 | 78 |
| 김영동 | 국세청 | 133 |
| 김영동 | 동작서 | 193 |
| 김영두 | 아산서 | 355 |
| 김영락 | 세무다솔 | 43 |
| 김영란 | 국세청 | 132 |
| 김영란 | 동안산서 | 262 |
| 김영란 | 금정서 | 457 |
| 김영래 | 서산서 | 351 |
| 김영례 | 정읍서 | 408 |
| 김영만 | 안동서 | 439 |
| 김영면 | 강남서 | 172 |
| 김영명 | 마포서 | 194 |
| 김영목 | 홍성서 | 360 |
| 김영무 | 양천서 | 211 |
| 김영문 | 포천서 | 328 |
| 김영미 | 금천서 | 183 |
| 김영미 | 서대문서 | 201 |
| 김영미 | 남동서 | 301 |
| 김영미 | 광주청 | 376 |
| 김영미 | 구미서 | 432 |
| 김영미 | 동울산서 | 474 |
| 김영민 | 기재부 | 92 |
| 김영민 | 국세청 | 121 |
| 김영민 | 서울청 | 157 |
| 김영민 | 서울청 | 192 |
| 김영민 | 중부청 | 238 |
| 김영민 | 기흥서 | 242 |
| 김영민 | 전주서 | 406 |
| 김영민 | 수성서 | 426 |
| 김영민 | 진주서 | 470 |
| 김영민 | 논산서 | 486 |
| 김영보 | 논산서 | 346 |
| 김영빈 | 국세청 | 126 |
| 김영빈 | 춘천서 | 287 |
| 김영빈 | 창원서 | 489 |
| 김영상 | 국세청 | 134 |
| 김영석 | 국세청 | 135 |
| 김영석 | 서초서 | 177 |
| 김영석 | 중부청 | 203 |
| 김영석 | 중부청 | 235 |
| 김영석 | 세종서 | 236 |
| 김영석 | 경주청 | 352 |
| 김영선 | 서대문서 | 377 |
| 김영선 | 서대문서 | 186 |
| 김영선 | 노원서 | 200 |
| 김영선 | 서대문서 | 256 |
| 김영선 | 서광주서 | 387 |
| 김영수 | 기재부 | 409 |
| 김영수 | 기재부 | 84 |
| 김영수 | 성동서 | 90 |
| 김영수 | 인천청 | 177 |
| 김영수 | 창원서 | 205 |
| 김영숙 | 강동서 | 294 |
| 김영숙 | 구로서 | 488 |
| 김영숙 | 도봉서 | 175 |
| 김영숙 | 서대문서 | 180 |
| 김영숙 | 인천청 | 188 |
| 김영숙 | 북광주서 | 200 |
| 김영숙 | 서대구서 | 276 |
| 김영숙 | 해운대서 | 298 |
| 김영순 | 기재부 | 385 |
| 김영순 | 금천서 | 425 |
| 김영순 | 북광주서 | 472 |
| 김영순 | 거창서 | 95 |
| 김영순 | 삼일회계 | 182 |
| 김영승 | 구리신서 | 384 |
| 김영식 | 분당서 | 478 |
| 김영식 | 서대전서 | 21 |
| 김영식 | 마산세청 | 241 |
| 김영신 | 성동서 | 251 |
| 김영심 | 잠실서 | 342 |
| 김영심 | 북광주서 | 482 |
| 김영아 | 노원서 | 148 |
| 김영애 | 안동서 | 204 |
| 김영애 | 수원서 | 221 |
| 김영엽 | 포항서 | 384 |
| 김영옥 | 광주청 | 186 |
| 김영옥 | 기재부 | 294 |
| 김영옥 | 관악서 | 438 |
| 김영옥 | 대문서 | 246 |
| 김영옥 | 울산회계 | 444 |
| 김영옥 | 삼일회계지방 | 376 |
| 김영우 | | 88 |
| 김영운 | 평택서 | 178 |
| 김영운 | 강서서 | 190 |
| 김영운 | 영등포서 | 477 |
| 김영유 | 서광주서 | 386 |
| 김영은 | 중부서 | 237 |
| 김영은 | 분당서 | 251 |
| 김영은 | 수원서 | 254 |
| 김영은 | 부천서 | 318 |
| 김영익 | 대구청 | 412 |
| 김영익 | 동래서 | 459 |
| 김영인 | 김포서 | 313 |
| 김영인 | 대구청 | 417 |
| 김영인 | 북부산서 | 465 |
| 김영일 | 세무다솔 | 43 |
| 김영일 | 동작서 | 192 |
| 김영일 | 영등포서 | 215 |
| 김영일 | 충주서 | 370 |
| 김영재 | 기재부 | 82 |
| 김영재 | 서울청 | 164 |
| 김영재 | 인천청 | 298 |
| 김영정 | 의정부서 | 325 |
| 김영정 | 국세청 | 130 |
| 김영조 | 중랑서 | 224 |
| 김영종 | 부평서 | 321 |
| 김영주 | 서울청 | 154 |
| 김영주 | 서울청 | 159 |
| 김영주 | 삼척서 | 164 |
| 김영주 | 고양서 | 279 |
| 김영주 | 동고양서 | 309 |
| 김영주 | 부산서 | 314 |
| 김영주 | 수영서 | 451 |
| 김영준 | 마산서 | 468 |
| 김영준 | 삼일회계 | 483 |
| 김영준 | 금천서 | 21 |
| 김영준 | 중부서 | 183 |
| 김영준 | 서광주서 | 286 |
| 김영중 | 공주서 | 344 |
| 김영중 | 구미서 | 433 |
| 김영중 | 통영서 | 491 |
| 김영지 | 국세청 | 122 |
| 김영지 | 역삼서 | 212 |
| 김영지 | 용인서 | 267 |
| 김영지 | 광주청 | 375 |
| 김영직 | 조세재정 | 523 |
| 김영진 | 국회재정 | 68 |
| 김영진 | 기재부 | 86 |
| 김영진 | 서울청 | 169 |
| 김영진 | 중부청 | 238 |
| 김영진 | 전주서 | 406 |
| 김영진 | 부산청 | 452 |
| 김영찬 | 중부서 | 162 |
| 김영찬 | 제주서 | 227 |
| 김영철 | 남대문서 | 492 |
| 김영철 | 포항서 | 185 |
| 김영철 | 현대회계 | 444 |
| 김영춘 | 광교세무 | 31 |
| 김영탁 | 신대동 | 38 |
| 김영필 | 현대회계 | 53 |
| 김영필 | 도봉서 | 31 |
| 김영하 | 안진회계 | 189 |
| 김영한 | 남대문서 | 17 |
| 김영한 | 광주서 | 185 |
| 김영한 | 해남서 | 382 |
| 김영한 | 부산청 | 397 |
| 김영현 | 국세청 | 454 |
| 김영현 | 부평서 | 120 |
| 김영현 | 기재부 | 320 |
| 김영혜 | 홍천서 | 81 |
| 김영호 | 김해서 | 289 |
| 김영호 | 마산서 | 480 |
| 김영호 | 사원서 | 482 |
| 김영호 | 국세청 | 75 |
| 김영호 | 경기광주 | 124 |
| 김영호 | 인천청 | 259 |
| 김영호 | 북광주서 | 202 |
| 김영호 | 목포서 | 384 |
| 김영화 | 지방재정 | 391 |
| 김영화 | 서울청 | 518 |
| 김영화 | 수성서 | 152 |
| 김영화 | 부산청 | 427 |
| 김영환 | 조세재정 | 449 |
| 김영환 | 국회재정 | 525 |
| 김영환 | 서울청 | 68 |
| 김영환 | 성동서 | 163 |
| 김영환 | 분당서 | 204 |
| 김영환 | 인천서 | 250 |
| 김영환 | 세원세무 | 267 |
| 김영환 | 중부청 | 304 |
| 김영훈 | 서인천서 | 49 |
| 김영훈 | 포항서 | 230 |
| 김영훈 | 제주서 | 302 |
| 김영훈 | 지방재정 | 444 |
| 김영훈 | EY한영 | 493 |
| 김영훈 | 태평양 | 518 |
| 김영희 | 천안서 | 358 |
| 김예름 | 관세청 | 497 |
| 김예린 | 청주서 | 368 |
| 김예린 | 서대문서 | 200 |
| 김예림 | 서울청 | 169 |
| 김예림 | 아산서 | 354 |
| 김예민 | 예산서 | 357 |
| 김예수 | 동대구서 | 420 |
| 김예숙 | 인천서 | 304 |
| 김예슬 | 지방재정 | 519 |
| 김예슬 | 동안양서 | 248 |
| 김예슬 | 기재부 | 93 |
| 김예슬 | 서초서 | 203 |
| 김예슬 | 동수원서 | 246 |
| 김예연 | 군산서 | 292 |
| 김예원 | 중부청 | 398 |
| 김예원 | 강서서 | 226 |
| 김예원 | 경기광주 | 238 |
| 김예원 | 김해서 | 177 |
| 김예원 | 조세심판 | 258 |
| 김예은 | 조세재정 | 481 |
| 김예주 | 평택서 | 521 |
| 김예준 | 창원서 | 523 |
| 김예준 | 영등포서 | 270 |
| 김예준 | 북광주서 | 488 |
| 김예지 | 동대문서 | 215 |
| 김예지 | 영등포서 | 385 |
| 김예지 | 경기광주 | 176 |
| 김예지 | 화성서 | 191 |
| 김예진 | 해운대서 | 472 |
| 김예진 | 잠실서 | 486 |
| 김오미 | 대구세관 | 221 |
| 김오영 | 역삼서 | 392 |
| 김오영 | 상공회의 | 513 |
| 김오영 | 서울청 | 213 |
| 김오중 | 서울청 | 115 |
| 김옥녀 | 강서서 | 147 |
| 김옥분 | 경기광주 | 154 |
| 김옥순 | 안산서 | 155 |
| 김옥순 | 기재부 | 176 |
| 김옥순 | 동작서 | 259 |
| 김옥재 | 서울청 | 260 |
| 김옥진 | 성동서 | 458 |
| 김옥현 | 동래서 | 381 |
| 김옥환 | 광산서 | 390 |
| 김옥희 | 목포서 | 427 |
| 김온심 | 수성서 | 204 |
| 김완유 | 광주청 | 376 |
| 김완 | 조세심판 | 520 |
| 김완섭 | 중부청 | 273 |
| 김완수 | 대전청 | 239 |
| 김완수 | 서대구서 | 335 |
| 김완종 | 기재부 | 424 |
| 김완주 | 홍천서 | 80 |
| 김완철 | 서광주청 | 91 |
| 김외숙 | 제주서 | 288 |
| 김요대 | 부산청 | 342 |
| 김요수 | 기재부 | 379 |
| 김요왕 | 용산서 | 492 |
| 김요환 | 기재부 | 150 |
| 김요환 | 국세청 | 451 |
| 김용곤 | 관악서 | 87 |
| 김용관 | 태평양 | 55 |
| 김용구 | 지방재정 | 217 |
| 김용규 | 고시회 | 126 |
| 김용규 | 이현세무 | 90 |
| 김용기 | 김천서 | 122 |
| 김용남 | 국세청 | 391 |
| 김용대 | 진주서 | 179 |
| 김용대 | 조세재정 | 157 |
| 김용만 | 시흥서 | 61 |
| 김용만 | EY한영 | 518 |
| 김용민 | 동작서 | 256 |
| 김용민 | 국회법제 | 34 |
| 김용민 | 금감원 | 107 |
| 김용민 | 서울청 | 148 |
| 김용민 | 남양주서 | 244 |
| 김용민 | 인천청 | 295 |
| 김용배 | 경주서 | 430 |
| 김용범 | 중부서 | 227 |
| 김용보 | 국세청 | 482 |
| 김용삼 | 정읍서 | 408 |
| 김용석 | 구로서 | 122 |
| 김용석 | 계양서 | 180 |
| 김용선 | 북대전서 | 306 |
| 김용선 | 안동서 | 340 |
| 김용섭 | 동안산서 | 438 |
| 김용섭 | 익산서 | 262 |
| 김용수 | 인천공항 | 506 |
| 김용수 | 전주서 | 192 |
| 김용수 | 태평양 | 407 |
| 김용식 | 부산세관 | 61 |
| 김용식 | 부산세관 | 509 |
| 김용식 | 중부지방 | 510 |
| 김용연 | 동안양서 | 37 |
| 김용완 | 서울청 | 249 |
| 김용우 | 국세청 | 385 |
| 김용운 | 정읍서 | 126 |
| 김용원 | 남동서 | 409 |
| 김용원 | 동대문서 | 301 |
| 김용원 | 진주서 | 190 |
| 김용의 | 세무다솔 | 487 |
| 김용일 | 안양서 | 43 |
| 김용일 | 북광주서 | 264 |
| 김용재 | 국세청 | 385 |
| 김용정 | 제주서 | 132 |
| 김용제 | 북부산서 | 142 |
| 김용제 | 동청주서 | 170 |
| 김용주 | 여수서 | 464 |
| 김용준 | 동래서 | 395 |
| 김용준 | 기재부 | 458 |
| 김용준 | 금감원 | 89 |
| 김용준 | 제주서 | 156 |
| 김용진 | 수원서 | 107 |
| 김용진 | 평택서 | 254 |
| 김용진 | 홍천서 | 271 |
| 김용진 | 제천서 | 288 |
| 김용진 | 지방재정 | 367 |
| 김용천 | 중부지방 | 37 |
| 김용철 | 예일세무 | 50 |
| 김용철 | 삼성서 | 199 |
| 김용철 | 이천서 | 268 |
| 김용철 | 세무하나 | 47 |
| 김용태 | 부광주서 | 278 |
| 김용태 | 전주서 | 385 |
| 김용택 | 북부산서 | 407 |
| 김용택 | 법무화우 | 465 |
| 김용필 | 현대회계 | 3 |
| 김용학 | 삼덕회계 | 31 |
| 김용헌 | 인천청 | 19 |
| 김용현 | 북대구서 | 293 |
| 김용현 | 서울청 | 422 |
| 김용현 | 충주서 | 168 |
| 김용호 | 부산청 | 370 |
| 김용호 | 동대문서 | 452 |
| 김용호 | 수원서 | 191 |
| 김용환 | 현대회계 | 339 |
| 김용환 | 역삼서 | 255 |
| 김용희 | 중부청 | 31 |
| 김용희 | 삼정회계 | 213 |
| 김우석 | 제주서 | 233 |
| 김우석 | 기재부 | 23 |
| 김우성 | 국세청 | 492 |
| 김우성 | 성북서 | 94 |
| 김우성 | 홍성서 | 125 |
| 김우신 | 광주청 | 206 |
| 김우영 | 서울청 | 360 |
| 김우영 | 성북서 | 361 |
| 김우정 | 나주서 | 211 |
| 김우정 | 양천서 | 388 |
| 김우진 | 논산서 | 347 |
| 김우철 | 관세청 | 210 |
| 김우철 | 지방재정 | 496 |
| 김우철 | | 519 |
| 김우태 | 기재부 | 78 |
| 김우현 | 인천청 | 294 |
| 김우형 | 제주서 | 492 |
| 김우환 | 잠실서 | 220 |
| 김운규 | 서인천서 | 303 |
| 김운기 | 삼일회계 | 21 |
| 김운섭 | 광주청 | 376 |
| 김운주 | 국세청 | 39 |
| 김운중 | 중부청 | 135 |
| 김웅 | 은평서 | 234 |
| 김웅 | 중부청 | 218 |
| 김웅렬 | 고양서 | 230 |
| 김원경 | 성남서 | 309 |
| 김원규 | 강릉서 | 253 |
| 김원기 | 제주서 | 405 |
| 김원대 | 강서서 | 277 |
| 김원덕 | 예일세무 | 177 |
| 김원동 | 기재부 | 50 |
| 김원모 | 탯스홀앤 | 78 |
| 김원민 | 대전청 | 48 |
| 김원상 | 안진회계 | 332 |
| 김원섭 | 안진회계 | 17 |
| 김원식 | 인천세관 | 17 |
| 김원식 | 영월서 | 504 |
| 김원욱 | 인천공항 | 283 |
| 김원종 | 부산세관 | 58 |
| 김원찬 | 관세사회 | 507 |
| 김원필 | 지방재정 | 509 |
| 김원한 | 동작서 | 511 |
| 김원호 | 시흥서 | 52 |
| 김원호 | 삼일회계 | 312 |
| 김원호 | 동안산서 | 518 |
| 김원희 | 중부청 | 193 |
| 김원희 | 지방재정 | 257 |
| 김월웅 | 동작서 | 20 |
| 김유경 | 시흥서 | 263 |
| 김유경 | 삼일회계 | 226 |
| 김유군 | 동안산서 | 519 |
| 김유권 | 중부청 | 148 |
| 김유나 | 지방재정 | 182 |
| 김유나 | 강서서 | 366 |
| 김유나 | 서울청 | 367 |
| 김유라 | 남동서 | 479 |
| 김유리 | 기재부 | 496 |
| 김유리 | 천안서 | 301 |
| 김유리 | 충주서 | 82 |
| 김유리 | 국세청 | 88 |
| 김유림 | 서울청 | 177 |
| 김유림 | 용산서 | 234 |
| 김유미 | 강남서 | 300 |
| 김유미 | 잠실서 | 301 |
| 김유미 | 양천서 | 341 |
| 김유미 | 종로서 | 211 |
| 김유미 | 파주서 | 185 |
| 김유미 | 대현회계 | 138 |
| 김유빈 | 기재부 | 163 |
| 김유빈 | 예산서 | 214 |
| 김유선 | 여수서 | 242 |
| 김유선승 | 제주서 | 359 |
| 김유식 | 관악서 | 370 |
| 김유식 | 중부서 | 124 |
| 김유신 | 국세청 | 156 |
| 김유신 | 서울청 | 199 |
| 김유연 | 은평서 | 217 |
| 김유정 | 기재부 | 221 |
| 김유정 | 국세청 | 472 |
| 김유정 | 서울청 | 488 |

| 이름 | 소속 | 쪽 |
|---|---|---|
| 김유정 | 서울청 | 166 |
| 김유정 | 영등포서 | 215 |
| 김유정 | 중부서 | 232 |
| 김유정 | 홍성서 | 360 |
| 김유정 | 구미서 | 432 |
| 김유정 | 울산서 | 476 |
| 김유정 | 법무대륜 | 58 |
| 김유주 | 동작서 | 193 |
| 김유진 | 기재부 | 82 |
| 김유진 | 서울청 | 151 |
| 김유진 | 강남서 | 172 |
| 김유진 | 구로서 | 180 |
| 김유진 | 노원서 | 186 |
| 김유진 | 삼성서 | 199 |
| 김유진 | 영등포서 | 214 |
| 김유진 | 은평서 | 218 |
| 김유진 | 잠실서 | 221 |
| 김유진 | 중부서 | 234 |
| 김유진 | 기흥서 | 242 |
| 김유진 | 남양주서 | 245 |
| 김유진 | 계양서 | 306 |
| 김유진 | 대전서 | 338 |
| 김유진 | 천안서 | 358 |
| 김유진 | 남대구서 | 418 |
| 김유진 | 남대구서 | 419 |
| 김유진 | 서대구서 | 424 |
| 김유진 | 포항서 | 444 |
| 김유진 | 울산서 | 476 |
| 김유진 | 김해서 | 481 |
| 김유진 | 예일세무 | 50 |
| 김유창 | 평택서 | 271 |
| 김유철 | 부천서 | 318 |
| 김유철 | 제주서 | 492 |
| 김유학 | 속초서 | 281 |
| 김유현 | 기재부 | 84 |
| 김유현 | 기흥서 | 243 |
| 김유현 | 안양서 | 265 |
| 김유현 | 조세재정 | 523 |
| 김유혜 | 서울청 | 156 |
| 김유홍 | 감사원 | 75 |
| 김육곤 | 국세청 | 124 |
| 김육노 | 파주서 | 157 |
| | 서울청 | 161 |
| 김윤겸 | 제천서 | 366 |
| 김윤경 | 기재부 | 79 |
| 김윤경 | 강동서 | 174 |
| 김윤경 | 파주서 | 327 |
| 김윤경 | 양산서 | 485 |
| 김윤미 | 관악서 | 179 |
| 김윤미 | 반포서 | 197 |
| 김윤미 | 영등포서 | 214 |
| 김윤미 | 조세재정 | 525 |
| 김윤상 | 기재부 | 79 |
| 김윤서 | 울산서 | 477 |
| 김윤선섭 | 서울청 | 166 |
| 김윤성 | 삼일회계 | 20 |
| 김윤성 | 영등포서 | 215 |
| 김윤수 | 광주서 | 345 |
| 김윤수 | 기재부 | 93 |
| 김윤식 | 지방재정 | 519 |
| 김윤영 | 수원서 | 255 |
| 김윤영 | 강서서 | 176 |
| 김윤영 | 역삼서 | 212 |
| 김윤용 | 조세재정 | 524 |
| 김윤용 | 중부청 | 235 |
| 김윤일 | 대전청 | 333 |
| 김윤자 | 반포서 | 197 |
| 김윤정 | 금정서 | 456 |
| 김윤정 | 기재부 | 90 |
| 김윤정 | 국세청 | 124 |
| 김윤정 | 서울청 | 166 |
| 김윤정 | 강남서 | 172 |
| 김윤정 | 서초서 | 203 |
| 김윤정 | 성북서 | 206 |
| 김윤정 | 송파서 | 208 |
| 김윤정 | 잠실서 | 221 |
| 김윤정 | 중랑서 | 230 |
| 김윤정 | 중부청 | 230 |
| 김윤정 | 광주청 | 379 |
| 김윤정 | 현대회계 | 31 |
| 김윤조 | 금감원 | 107 |
| 김윤종 | 수성서 | 427 |
| 김윤주 | 서울청 | 155 |
| 김윤주 | 광산서 | 310 |
| 김윤주 | 양산서 | 380 |
| 김윤주 | 창원서 | 484 |
| 김윤주 | 조세재정 | 489 |
| 김윤지 | 세무하나 | 524 |
| 김윤지 | 북대전서 | 47 |
| 김윤지 | 마산서 | 340 |
| 김윤찬 | 기재부 | 482 |
| 김윤찬 | 기재부 | 93 |
| 김윤한 | 분당서 | 250 |
| 김윤혁 | 안양서 | 265 |
| 김윤호 | 강동서 | 174 |
| 김윤호 | 삼성서 | 199 |
| 김윤호 | 북광주서 | 384 |
| 김윤환 | 대구청 | 414 |
| 김윤환 | 천안서 | 358 |
| 김윤환 | 군산서 | 399 |
| 김윤희 | 기재부 | 84 |
| 김윤희 | 금융위 | 99 |
| 김윤희 | 서초서 | 202 |
| 김윤희 | 경기광주 | 259 |
| 김윤희 | 용인서 | 267 |
| 김윤희 | 인천서 | 304 |
| 김윤희 | 김포서 | 313 |
| 김윤희 | 북대전서 | 340 |
| 김윤희 | 광주청 | 374 |
| 김윤희 | 잠실서 | 229 |
| 김은경 | 국세청 | 138 |
| 김은경 | 서울청 | 158 |
| 김은경 | 삼성서 | 199 |
| 김은경 | 중랑서 | 224 |
| 김은경 | 시흥서 | 257 |
| 김은경 | 의정부서 | 325 |
| 김은경 | 북대구서 | 340 |
| 김은경 | 남대구서 | 418 |
| 김은경 | 금정서 | 457 |
| 김은기 | 천안서 | 358 |
| 김은기 | 남동서 | 301 |
| 김은덕 | 대전청 | 334 |
| 김은령 | 동청주서 | 362 |
| 김은령 | 서대전서 | 342 |
| 김은미 | 강서서 | 176 |
| 김은미 | 중부서 | 227 |
| 김은미 | 안양서 | 265 |
| 김은미 | 서울청 | 151 |
| 김은미 | 도봉서 | 189 |
| 김은미 | 성동서 | 204 |
| 김은미 | 포천서 | 329 |
| 김은미 | 목포서 | 390 |
| 김은미 | 익산서 | 405 |
| 김은미 | 정읍서 | 409 |
| 김은미 | 구로서 | 180 |
| 김은비 | 김포서 | 312 |
| 김은비 | 서부산서 | 467 |
| 김은석 | 동화성서 | 272 |
| 김은선 | 남대문서 | 184 |
| 김은선 | 서울청 | 166 |
| 김은선 | 동안양서 | 248 |
| 김은섭 | 해운대서 | 473 |
| 김은설 | 의정부서 | 324 |
| 김은성 | 창원지원 | 105 |
| 김은솔 | 중부청 | 235 |
| 김은솔 | 중부청 | 376 |
| 김은숙 | 송파서 | 208 |
| 김은숙 | 중부서 | 234 |
| 김은숙 | 부산청 | 448 |
| 김은숙 | 강남서 | 173 |
| 김은숙 | 강서서 | 176 |
| 김은숙 | 구로서 | 180 |
| 김은숙 | 영등포서 | 215 |
| 김은숙 | 수원서 | 239 |
| 김은숙 | 화성서 | 274 |
| 김은숙 | 조세재정 | 524 |
| 김은실 | 마포서 | 194 |
| 김은실 | 송파서 | 209 |
| 김은실 | 중부청 | 214 |
| 김은실 | 중부청 | 235 |
| 김은아 | 국세청 | 135 |
| 김은아 | 서대문서 | 201 |
| 김은아 | 군산서 | 398 |
| 김은아 | 수영서 | 468 |
| 김은애 | 잠실서 | 221 |
| 김은애 | 울산서 | 477 |
| 김은애 | 동래서 | 458 |
| 김은연 | 해운대서 | 473 |
| 김은영 | 국세상담 | 142 |
| 김은영 | 강남서 | 172 |
| 김은영 | 성동서 | 205 |
| 김은영 | 종로서 | 223 |
| 김은영 | 중랑서 | 224 |
| 김은영 | 동안양서 | 249 |
| 김은영 | 서대구서 | 251 |
| 김은영 | 광주서 | 382 |
| 김은영 | 순천서 | 393 |
| 김은영 | 서대구서 | 425 |
| 김은영 | 부산진서 | 460 |
| 김은영 | 김해서 | 481 |
| 김은영 | 광산서 | 381 |
| 김은옥 | 강동서 | 174 |
| 김은용 | 현대회계 | 31 |
| 김은용 | 포항서 | 444 |
| 김은이 | 현대회계 | 31 |
| 김은자 | 강동서 | 168 |
| 김은자 | 광주청 | 174 |
| 김은재 | 은평서 | 376 |
| 김은정 | 서울청 | 218 |
| 김은정 | 서울청 | 151 |
| 김은정 | 서울청 | 156 |
| 김은정 | 서울청 | 159 |
| 김은정 | 강동대문서 | 174 |
| 김은정 | 삼성서 | 190 |
| 김은정 | 서초서 | 199 |
| 김은정 | 은평서 | 202 |
| 김은정 | 평택서 | 218 |
| 김은정 | 인천청 | 271 |
| 김은정 | 부천서 | 293 |
| 김은정 | 광주청 | 318 |
| 김은정 | 나주서 | 377 |
| 김은정 | 북전주서 | 389 |
| 김은정 | 수성서 | 402 |
| 김은정 | 서울세관 | 426 |
| 김은정 | 조세재정 | 500 |
| 김은정 | 국세교육 | 525 |
| 김은주 | 서울청 | 144 |
| 김은주 | 성북서 | 157 |
| 김은주 | 잠실서 | 207 |
| 김은주 | 중부서 | 220 |
| 김은주 | 성남서 | 231 |
| 김은주 | 안산서 | 253 |
| 김은주 | 안산서 | 260 |
| 김은주 | 남동서 | 260 |
| 김은주 | 서대전서 | 278 |
| 김은주 | 천안서 | 300 |
| 김은주 | 광주서 | 343 |
| 김은주 | 구미서 | 358 |
| 김은주 | 부산진서 | 382 |
| 김은주 | 동울산서 | 461 |
| 김은주 | 진주서 | 474 |
| 김은중 | 강남서 | 486 |
| 김은지 | 삼성서 | 173 |
| 김은지 | 종로서 | 198 |
| 김은지 | 순천서 | 223 |
| 김은진 | 부산진서 | 392 |
| 김은진 | 국세청 | 461 |
| 김은진 | 서울청 | 135 |
| 김은진 | 양천서 | 154 |
| 김은진 | 동안양서 | 211 |
| 김은진 | 분당서 | 249 |
| 김은진 | 시흥서 | 250 |
| 김은진 | 여수서 | 256 |
| 김은지 | 대구청 | 395 |
| 김은지 | 세무다솔 | 414 |
| 김은철 | 국세청 | 43 |
| 김은태 | 서울청 | 136 |
| 김은하 | 서대문서 | 204 |
| 김은향 | 인천서 | 201 |
| 김은혜 | 강서서 | 305 |
| 김은혜 | 관악서 | 177 |
| 김은혜 | 중랑서 | 178 |
| 김은혜 | 중부청 | 224 |
| 김은혜 | 서대전서 | 237 |
| 김은혜 | 부산진서 | 238 |
| 김은혜 | 서울청 | 342 |
| 김은호 | 삼성서 | 158 |
| 김은화 | 중부울산서 | 198 |
| 김은화 | 성북서 | 230 |
| 김은희 | 국세청 | 474 |
| 김은희 | 서울청 | 206 |
| 김은희 | 강동작서 | 161 |
| 김은희 | 구리서 | 172 |
| 김은희 | 영월서 | 193 |
| 김은희 | 대전청 | 240 |
| 김은희 | 서대구서 | 283 |
| 김은희 | 중부산서 | 334 |
| 김은희 | 해운대서 | 425 |
| 김의구 | 상공회의 | 114 |
| 김의동 | 아산서 | 354 |
| 김의동 | 이천서 | 268 |
| 김의연 | 동고양서 | 314 |
| 김의연 | 서대전서 | 342 |
| 김의주 | 부산강서 | 462 |
| 김의주 | 조세재정 | 524 |
| 김의환 | 앤장 | 55 |
| 김이경 | 북전주세서 | 402 |
| 김이규 | 세무다솔 | 43 |
| 김이규 | 부산청 | 455 |
| 김이동 | 삼정회계 | 22 |
| 김이라 | 서울청 | 151 |
| 김이레 | 북대구서 | 422 |
| 김이석 | 부산세관 | 509 |
| 김이석 | 부산세관 | 511 |
| 김이섭 | 남부천서 | 317 |
| 김이수 | 대전서 | 336 |
| 김이영 | 충주서 | 370 |
| 김이준 | 국세청 | 133 |
| 김이준 | 시흥서 | 256 |
| 김이현 | 기재부 | 92 |
| 김익상 | 부산진서 | 461 |
| 김익상 | 해남서 | 396 |
| 김익표 | 현대회계 | 31 |
| 김익헌 | 광주세관 | 515 |
| 김인 | 금천서 | 182 |
| 김인겸 | 대구청 | 412 |
| 김인경 | 서울청 | 148 |
| 김인경 | 수원서 | 255 |
| 김인경 | 지방재정 | 518 |
| 김인경 | 도봉서 | 189 |
| 김인경 | 안동서 | 439 |
| 김인기 | 금정서 | 457 |
| 김인덕 | 북부산서 | 465 |
| 김인성 | 현대회계 | 31 |
| 김인성 | 서대구서 | 424 |
| 김인성 | 인천서 | 304 |
| 김인수 | 분당서 | 250 |
| 김인수 | 인천서 | 304 |
| 김인수 | 진주서 | 487 |
| 김인숙 | 세무다솔 | 43 |
| 김인숙 | 금천서 | 182 |
| 김인숙 | 잠실서 | 221 |
| 김인숙 | 중랑서 | 224 |
| 김인숙 | 구리서 | 247 |
| 김인순 | 동수원서 | 322 |
| 김인순 | 북부산서 | 464 |
| 김인순 | 관세청 | 497 |
| 김인아 | 서울청 | 171 |
| 김인아 | 금감원 | 102 |
| 김인아 | 서울청 | 152 |
| 김인애 | 조세재정 | 525 |
| 김인애 | 성남서 | 253 |
| 김인옥 | 파주서 | 326 |
| 김인우 | 조세재정 | 523 |
| 김인유 | 연수서 | 323 |
| 김인자 | 법무대륜 | 58 |
| 김인자 | 조세재정 | 524 |
| 김인주 | 구미서 | 432 |
| 김일권 | 울산서 | 476 |
| 김일도 | 구로서 | 180 |
| 김일동 | 남부천서 | 316 |
| 김일룡 | 동화성서 | 273 |
| 김일섭 | 북대전서 | 341 |
| 김일우 | 영등포서 | 215 |
| 김임경 | 성동서 | 340 |
| 김임경 | 공주서 | 205 |
| 김임년 | 김포서 | 312 |
| 김임순 | 국세청 | 137 |
| | 동울산서 | 474 |
| | 김포서 | 480 |
| 김자경 | 서울청 | 164 |
| 김자룡 | 성북서 | 207 |
| 김자룡 | 서울청 | 156 |
| 김자섭 | 북대구서 | 422 |
| 김장국 | 광교세무 | 39 |
| 김장경 | 김포서 | 312 |
| 김장년 | 안동서 | 439 |
| 김장녕 | 노원서 | 186 |
| 김장섭 | 동울산서 | 474 |
| 김장수 | 제주서 | 493 |
| 김장순 | 순천서 | 200 |
| 김자경 | 서대전서 | 343 |
| 김자림 | 서울청 | 168 |
| 김자영 | 동고양서 | 314 |
| 김자영 | 대구청 | 414 |
| 김자현 | 대구청 | 414 |
| 김자현 | 관악서 | 179 |
| 김자회 | 서광주서 | 387 |
| 김자희 | 광주서 | 200 |
| 김장근 | 서대문서 | 357 |
| 김장년 | 예산서 | 476 |
| 김장섭 | 울산서 | 251 |
| 김장용 | 대전청 | 336 |
| 김장현 | 천안서 | 358 |
| 김장환 | 중부지방 | 37 |
| 김장훈 | 기재부 | 92 |
| 김재경 | 남부천서 | 316 |
| 김재경 | 광주청 | 374 |
| 김재경 | 정읍서 | 409 |
| 김재경 | 조세재정 | 522 |
| 김재경 | 조세재정 | 523 |
| 김재곤 | 동작서 | 193 |
| 김재곤 | 기재부 | 256 |
| 김재군 | 해운대서 | 472 |
| 김재관 | 국세청 | 132 |
| 김재관 | 도봉서 | 188 |
| 김재구 | 서산서 | 350 |
| 김재권 | 동고양서 | 315 |
| 김재규 | 대현회계 | 174 |
| 김재근 | 거창서 | 16 |
| 김재년 | 거창서 | 478 |
| 김재락 | 대구청 | 415 |
| 김재련 | 남대문서 | 185 |
| 김재만 | 전주서 | 386 |
| 김재만 | 전주서 | 407 |
| 김재민 | 영덕서 | 440 |
| 김재민 | 경기광주 | 258 |
| 김재민 | 대전청 | 333 |
| 김재민 | 충주서 | 370 |
| 김재백 | 서울청 | 158 |
| 김재산 | 광명서 | 310 |
| 김재석 | 부천서 | 125 |
| 김재석 | 연수서 | 318 |
| 김재석 | 인천공항 | 323 |
| 김재석 | 국회정무 | 506 |
| 김재섭 | 서대구서 | 72 |
| 김재성 | 강서서 | 424 |
| 김재성 | 시흥서 | 176 |
| 김재성 | 전주서 | 256 |
| 김재실 | 성동서 | 17 |
| 김재실 | 김포서 | 406 |
| 김재연 | 동대구서 | 204 |
| 김재연 | 기재부 | 312 |
| 김재영 | 경주서 | 421 |
| 김재오 | 기재부 | 430 |
| 김재완 | 동청주서 | 85 |
| 김재완 | 광산서 | 164 |
| 김재용 | 영월서 | 363 |
| 김재용 | 노원서 | 381 |
| 김재우 | 이천서 | 283 |
| 김재우 | 현대회계 | 186 |
| 김재욱 | 국세청 | 268 |
| 김재욱 | 서울청 | 31 |
| 김재욱 | 반포서 | 137 |
| 김재욱 | 중부청 | 156 |
| 김재웅 | 광주광장 | 197 |
| 김재원 | 도봉서 | 236 |
| 김재원 | 광주청 | 375 |
| 김재원 | 서울청 | 56 |
| 김재윤 | 이천청 | 188 |
| 김재율 | 예일회계 | 375 |
| 김재은 | 송파서 | 149 |
| 김재은 | 광주청 | 268 |
| 김재인 | 여수서 | 295 |
| 김재일 | 기재부 | 26 |
| 김재일 | 동안양서 | 208 |
| 김재준 | 분당서 | 374 |
| 김재준 | 원주서 | 395 |
| 김재준 | 구미서 | 87 |
| 김재준 | 동래서 | 94 |
| 김재중 | 통영서 | 248 |
| 김재중 | 중부청 | 250 |
| 김재진 | 부천서 | 284 |
| 김재집 | 거창서 | 229 |
| 김재찬 | 순천서 | 235 |
| 김재철 | 남대문서 | 319 |
| 김재철 | 논산서 | 479 |
| 김재철 | 부산진서 | 251 |
| 김재철 | 진주서 | 89 |
| 김재철 | 서울세관 | 392 |
| 김재춘 | 위드원 | 185 |
| 김재춘 | 서광주서 | 297 |
| 김재한 | 서울청 | 347 |
| 김재한 | 현대회계 | 461 |
| 김재한 | 기재부 | 486 |
| 김재현 | 국세청 | 500 |
| 김재현 | 국세청 | 46 |
| 김재현 | 국세청 | 387 |
| 김재현 | 서울청 | 148 |
| 김재현 | 현대회계 | 31 |
| 김재현 | 기재부 | 93 |
| 김재현 | 국세청 | 123 |
| 김재현 | 국세청 | 137 |

| 이름 | 소속 | 쪽 |
| --- | --- | --- |
| 김재현 | 서울청 | 149 |
| 김재현 | 서울청 | 168 |
| 김재현 | 강남서 | 173 |
| 김재현 | 반포서 | 196 |
| 김재형 | 북대전서 | 341 |
| 김재형 | 종로서 | 223 |
| 김재형 | 중부청 | 238 |
| 김재형 | 강릉서 | 276 |
| 김재형 | 김포서 | 312 |
| 김재형 | 진주서 | 487 |
| 김재호 | 서대문서 | 200 |
| 김재호 | 남부천서 | 316 |
| 김재호 | 순천부 | 392 |
| 김재홍 | 기재부 | 90 |
| 김재홍 | 금감원 | 109 |
| 김재홍 | 용인서 | 266 |
| 김재홍 | 동대구서 | 421 |
| 김재홍 | 지방재정 | 518 |
| 김재환 | 인천서 | 89 |
| 김재환 | 국세청 | 121 |
| 김재환 | 서울청 | 156 |
| 김재환 | 서광주서 | 387 |
| 김재환 | 대구청 | 413 |
| 김재환 | 전주서 | 487 |
| 김재환 | 제주서 | 493 |
| 김재환 | 세무다솔 | 43 |
| 김재훈 | 기재부 | 86 |
| 김재훈 | 도봉서 | 189 |
| 김재훈 | 성동서 | 205 |
| 김재훈 | 종로서 | 223 |
| 김재훈 | 동래서 | 458 |
| 김재희 | 강동서 | 175 |
| 김재희 | 중부서 | 227 |
| 김재희 | 중부서 | 260 |
| 김점동 | 안진회계 | 17 |
| 김점준 | 북부산서 | 465 |
| 김정 | 기재부 | 92 |
| 김정 | 서울청 | 496 |
| 김정건 | 남양주서 | 245 |
| 김정관 | 중부청 | 235 |
| 김정관 | 현대회계 | 31 |
| 김정국 | 동대구서 | 420 |
| 김정권 | 마산서 | 483 |
| 김정규 | 서인천서 | 303 |
| 김정근 | 서대전서 | 342 |
| 김정기 | 서인천서 | 302 |
| 김정남 | 국세청 | 122 |
| 김정남 | 서울청 | 171 |
| 김정남 | 남양주서 | 244 |
| 김정남 | 부산청 | 451 |
| 김정담 | 서울청 | 168 |
| 김정대 | 인천청 | 296 |
| 김정대 | 부산청 | 452 |
| 김정도 | 기재부 | 90 |
| 김정도 | 해운대서 | 473 |
| 김정동 | 인천서 | 304 |
| 김정란 | 삼성서 | 199 |
| 김정래 | 안산서 | 260 |
| 김정류 | 김포서 | 312 |
| 김정림 | 성남서 | 275 |
| 김정면 | 통영서 | 491 |
| 김정목 | 서대구서 | 424 |
| 김정미 | 서울청 | 170 |
| 김정미 | 성동서 | 204 |
| 김정미 | 잠실서 | 216 |
| 김정미 | 잠실서 | 221 |
| 김정미 | 동화성서 | 273 |
| 김정미 | 남부천서 | 316 |
| 김정미 | 대구청 | 417 |
| 김정미 | 국세청 | 477 |
| 김정민 | 국세청 | 120 |
| 김정민 | 강서서 | 176 |
| 김정민 | 동작서 | 192 |
| 김정민 | 진주서 | 487 |
| 김정배 | 역삼서 | 212 |
| 김정범 | 은평서 | 218 |
| 김정범 | 분당서 | 250 |
| 김정범 | 세무하나 | 47 |
| 김정분 | 통영서 | 491 |
| 김정석 | 광산서 | 381 |
| 김정석 | 수성서 | 426 |
| 김정선 | 나주서 | 388 |
| 김정선 | 지방재정 | 518 |
| 김정섭 | 김천서 | 182 |
| 김정섭 | 안양서 | 265 |
| 김정섭 | 고양서 | 308 |
| 김정섭 | 제천서 | 366 |
| 김정수 | 수성서 | 426 |
| 김정수 | 부평서 | 93 |
| 김정수 | 기재부 | 94 |
| 김정수 | 부평청 | 320 |
| 김정수 | 대전청 | 333 |
| 김정수 | 논산서 | 346 |
| 김정수 | 예산서 | 356 |
| 김정수 | 구미서 | 432 |
| 김정숙 | 북부산서 | 464 |
| 김정숙 | 서울청 | 149 |
| 김정숙 | 관악서 | 178 |
| 김정숙 | 관악서 | 179 |
| 김정숙 | 성동서 | 204 |
| 김정숙 | 서광주서 | 386 |
| 김정숙 | 수성서 | 427 |
| 김정숙 | 김천서 | 434 |
| 김정숙 | 지방재정 | 518 |
| 김정식 | 이천서 | 268 |
| 김정식 | 파주서 | 327 |
| 김정실 | 진주서 | 486 |
| 김정실 | 국세상담 | 142 |
| 김정아 | 기재부 | 86 |
| 김정아 | 광산서 | 380 |
| 김정아 | 북광주서 | 385 |
| 김정애 | 기재부 | 83 |
| 김정애 | 강남서 | 172 |
| 김정애 | 강남서 | 173 |
| 김정열 | 광주서 | 382 |
| 김정열 | 영등포서 | 214 |
| 김정엽 | 국회재정 | 67 |
| 김정엽 | 서울청 | 148 |
| 김정오 | 강동서 | 175 |
| 김정우 | 포항서 | 444 |
| 김정우 | 조세심판 | 520 |
| 김정우 | 아산서 | 354 |
| 김정우 | 서대구서 | 424 |
| 김정우 | 강동서 | 174 |
| 김정우 | 평택서 | 271 |
| 김정우 | 금정서 | 457 |
| 김정운 | 수영서 | 469 |
| 김정운 | 금감원 | 102 |
| 김정운 | 서광주서 | 386 |
| 김정원 | 국세교육 | 144 |
| 김정원 | 북전주서 | 402 |
| 김정원 | 조세재정 | 522 |
| 김정윤 | 현대회계 | 31 |
| 김정윤 | 중부서 | 227 |
| 김정윤 | 고시회 | 34 |
| 김정은 | 구로서 | 180 |
| 김정은 | 남대문서 | 185 |
| 김정은 | 성동서 | 204 |
| 김정은 | 동화성서 | 273 |
| 김정은 | 화성서 | 274 |
| 김정은 | 화성서 | 275 |
| 김정은 | 속초서 | 280 |
| 김정은 | 인천서 | 304 |
| 김정은 | 여수서 | 395 |
| 김정은 | 북전주서 | 403 |
| 김정은 | 정읍서 | 408 |
| 김정은 | 포항서 | 444 |
| 김정은 | 양산서 | 484 |
| 김정은 | 창원서 | 489 |
| 김정은 | 조세재정 | 523 |
| 김정은 | 조세재정 | 524 |
| 김정은 | 삼정회계 | 23 |
| 김정이 | 부천서 | 318 |
| 김정인 | 동래서 | 459 |
| 김정인 | 서인천서 | 161 |
| 김정인 | 울산서 | 476 |
| 김정임 | 금광산서 | 105 |
| 김정임 | 광산서 | 380 |
| 김정재 | 기재부 | 80 |
| 김정주 | 잠실서 | 220 |
| 김정주 | 광주서 | 382 |
| 김정주 | 시흥서 | 257 |
| 김정주 | 기재부 | 80 |
| 김정진 | 용인서 | 267 |
| 김정진 | 북광주서 | 386 |
| 김정진 | 서광주서 | 386 |
| 김정철 | 대구청 | 414 |
| 김정태 | 수원서 | 254 |
| 김정표 | 부산청 | 455 |
| 김정표 | 화성서 | 275 |
| 김정하 | 안양서 | 265 |
| 김정하 | 법무광장 | 57 |
| 김정학 | 국세청 | 120 |
| 김정한 | 서울청 | 155 |
| 김정한 | 연수서 | 322 |
| 김정한 | 영주서 | 443 |
| 김정헌 | 양산서 | 485 |
| 김정헌 | 동고양서 | 315 |
| 김정현 | 동대문서 | 190 |
| 김정현 | 중부청 | 234 |
| 김정현 | 순천서 | 392 |
| 김정현 | 남대구서 | 419 |
| 김정현 | 부산청 | 455 |
| 김정현 | 지방재정 | 518 |
| 김정현 | 조세재정 | 522 |
| 김정현 | 조세재정 | 524 |
| 김정협 | 국회재정 | 434 |
| 김정혜 | 국회재정 | 67 |
| 김정혜 | 동안양서 | 249 |
| 김정해 | 국세청 | 120 |
| 김정호 | 동작서 | 192 |
| 김정호 | 포천서 | 328 |
| 김정호 | 포천서 | 328 |
| 김정호 | 창원서 | 401 |
| 김정호 | 남원서 | 489 |
| 김정호 | 현대회계 | 31 |
| 김정홍 | 법무광장 | 56 |
| 김정홍 | 법무광장 | 57 |
| 김정화 | 중부청 | 211 |
| 김정화 | 중부청 | 231 |
| 김정화 | 아산서 | 355 |
| 김정환 | 목포서 | 391 |
| 김정환 | 서인천서 | 302 |
| 김정환 | 대구청 | 412 |
| 김정환 | 대구청 | 413 |
| 김정환 | 부산재정 | 455 |
| 김정환 | 지방재정 | 518 |
| 김정환 | 조세재정 | 523 |
| 김정효 | 국세청 | 132 |
| 김정효 | 서울청 | 171 |
| 김정훈 | 기재부 | 94 |
| 김정훈 | 기재부 | 95 |
| 김정훈 | 금감원 | 112 |
| 김정훈 | 영등포서 | 214 |
| 김정훈 | 안양서 | 265 |
| 김정훈 | 의정부서 | 325 |
| 김정훈 | 논산서 | 346 |
| 김정훈 | 북대구서 | 422 |
| 김정희 | 남대문서 | 184 |
| 김정희 | 기재부 | 88 |
| 김정희 | 금감원 | 122 |
| 김정희 | 국세상담 | 142 |
| 김정희 | 서울청 | 151 |
| 김정희 | 서울청 | 157 |
| 김정희 | 동작서 | 192 |
| 김정희 | 영등포서 | 214 |
| 김정희 | 동화성서 | 273 |
| 김정희 | 삼척서 | 278 |
| 김정희 | 원주서 | 284 |
| 김정희 | 순천서 | 393 |
| 김정희 | 현대회계 | 31 |
| 김제랑 | 광명서 | 310 |
| 김제봉 | 국세청 | 329 |
| 김제성 | 국세청 | 127 |
| 김제성 | 서울청 | 154 |
| 김제성 | 동작서 | 193 |
| 김제성 | 반포서 | 196 |
| 김제은 | 관악서 | 178 |
| 김제은 | 부산청 | 453 |
| 김종걸 | 인천공항 | 506 |
| 김종결 | 남부천서 | 317 |
| 김종걸 | 감사원 | 75 |
| 김종굴 | 서울지방 | 36 |
| 김종구 | 은평서 | 218 |
| 김종길 | 서대구서 | 425 |
| 김종길 | 부산청 | 454 |
| 김종남 | 감사원 | 75 |
| 김종두 | 동평서 | 218 |
| 김종렬 | 대구세관 | 513 |
| 김종렬 | 대구세관 | 514 |
| 김종만 | 수원서 | 254 |
| 김종만 | 지방재정 | 519 |
| 김종명 | 동울산서 | 475 |
| 김종복 | 마포서 | 195 |
| 김종문 | 세종서 | 328 |
| 김종문 | 세종서 | 352 |
| 김종민 | 영등포서 | 214 |
| 김종민 | 중부청 | 236 |
| 김종민 | 대구청 | 416 |
| 김종민 | 예일회계 | 26 |
| 김종봉 | 더택스 | 44 |
| 김종빈 | 구리서 | 240 |
| 김종서 | 상공회의 | 115 |
| 김종서 | 의정부서 | 324 |
| 김종서 | 서울청 | 150 |
| 김종석 | 대구청 | 413 |
| 김종석 | 김천서 | 435 |
| 김종선 | 해운대서 | 238 |
| 김종선 | 해운대서 | 472 |
| 김종성 | 송파서 | 208 |
| 김종성 | 중부청 | 232 |
| 김종숙 | 서광주서 | 387 |
| 김종식 | 종로서 | 222 |
| 김종신 | 신대동 | 53 |
| 김종연 | 성북서 | 207 |
| 김종연 | 대구청 | 413 |
| 김종연 | 정진세림 | 28 |
| 김종연 | 울산서 | 476 |
| 김종완 | 기재부 | 87 |
| 김종요 | 동울산서 | 474 |
| 김종우 | 성남서 | 253 |
| 김종우 | 태평양 | 61 |
| 김종욱 | 기재부 | 79 |
| 김종욱 | 국세청 | 120 |
| 김종욱 | 동작서 | 192 |
| 김종욱 | 삼일회계 | 21 |
| 김종욱 | 감사원 | 74 |
| 김종욱 | 남원서 | 400 |
| 김종월 | 부산청 | 449 |
| 김종월 | 조세재정 | 524 |
| 김종월 | 부산청 | 448 |
| 김종율 | 북부산서 | 464 |
| 김종은 | 조세심판 | 521 |
| 김종인 | 연수서 | 323 |
| 김종인 | 순천서 | 393 |
| 김종인 | 광주서 | 383 |
| 김종인 | 국세청 | 125 |
| 김종일 | 청주서 | 368 |
| 김종일 | 해남서 | 396 |
| 김종일 | 북부산서 | 464 |
| 김종주 | 기재부 | 83 |
| 김종진 | 인천청 | 293 |
| 김종진 | 부산청 | 455 |
| 김종천 | 평택서 | 270 |
| 김종철 | 여수서 | 394 |
| 김종철 | 서부산서 | 467 |
| 김종철 | 해운대서 | 473 |
| 김종태 | 상공회의 | 114 |
| 김종태 | 지방재정 | 519 |
| 김종택 | 안동서 | 438 |
| 김종택 | 지방재정 | 519 |
| 김종필 | 중기회 | 116 |
| 김종학 | 이천서 | 269 |
| 김종학 | 포항서 | 444 |
| 김종혁 | 영주서 | 443 |
| 김종혁 | 조세재정 | 523 |
| 김종혁 | 기재부 | 89 |
| 김종현 | 국세청 | 132 |
| 김종현 | 용인서 | 216 |
| 김종현 | 제천서 | 367 |
| 김종현 | 수성서 | 427 |
| 김종현 | 부산청 | 454 |
| 김종협 | 반포서 | 197 |
| 김종협 | 금감원 | 112 |
| 김종호 | 국세류 | 140 |
| 김종호 | 시흥서 | 257 |
| 김종호 | 전주서 | 406 |
| 김종호 | 정읍서 | 408 |
| 김종호 | 수영서 | 468 |
| 김종호 | 인천공항 | 505 |
| 김종호 | 인천공항 | 506 |
| 김종호 | 고양서 | 309 |
| 김종호 | 북전주서 | 402 |
| 김종후 | 세원세무 | 49 |
| 김종후 | 의정부서 | 324 |
| 김종훈 | 고시회 | 34 |
| 김종훈 | 중부청 | 230 |
| 김종훈 | 중부청 | 230 |
| 김종훈 | 부천서 | 319 |
| 김종홍 | 상주서 | 436 |
| 김종희 | 기재부 | 92 |
| 김종희 | 국세청 | 132 |
| 김주강 | 포항서 | 444 |
| 김주경 | 기재부 | 9 |
| 김주년 | 삼일회계 | 21 |
| 김주덕 | 이현세무 | 108 |
| 김주란 | 의정부서 | 324 |
| 김주미 | 중부청 | 230 |
| 김주미 | 영등포서 | 234 |
| 김주민 | 동안양서 | 249 |
| 김주민 | 기재부 | 89 |
| 김주상 | 부산강서 | 462 |
| 김주석 | 연수서 | 285 |
| 김주생 | 은평서 | 218 |
| 김주수 | 잠실서 | 220 |
| 김주수 | 국세청 | 481 |
| 김주식 | 국세청 | 120 |
| 김주영 | 금천서 | 183 |
| 김주연 | 인천서 | 292 |
| 김주애 | 강남서 | 172 |
| 김주애 | 송파서 | 209 |
| 김주애 | 구리서 | 240 |
| 김주연 | 중부청 | 236 |
| 김주연 | 중부청 | 238 |
| 김주연 | 남양주서 | 244 |
| 김주연 | 국세청 | 126 |
| 김주영 | 서울청 | 166 |
| 김주영 | 서초서 | 203 |
| 김주영 | 잠실서 | 221 |
| 김주영 | 대전청 | 334 |
| 김주영 | 북대전서 | 340 |
| 김주영 | 수성서 | 426 |
| 김주영 | 구미서 | 432 |
| 김주영 | 안동서 | 439 |
| 김주영 | 부산청 | 454 |
| 김주예 | 북부산서 | 464 |
| 김주옥 | 송파서 | 208 |
| 김주옥 | 성남서 | 252 |
| 김주옥 | 시흥서 | 257 |
| 김주완 | 부산서 | 451 |
| 김주완 | 기재부 | 86 |
| 김주원 | 서울청 | 156 |
| 김주원 | 관악서 | 178 |
| 김주원 | 중부청 | 230 |
| 김주원 | 중부청 | 232 |
| 김주원 | 춘천서 | 287 |
| 김주원 | 서광주서 | 387 |
| 김주찬 | 대문서 | 190 |
| 김주찬 | 화성서 | 275 |
| 김주한 | 법무두현 | 8 |
| 김주한 | 종로서 | 223 |
| 김주현 | 구리서 | 240 |
| 김주현 | 국세상담 | 142 |
| 김주현 | 서울청 | 162 |
| 김주현 | 서울청 | 166 |
| 김주현 | 관악서 | 179 |
| 김주현 | 용산서 | 217 |
| 김주현 | 예산서 | 356 |
| 김주현 | 광주청 | 377 |
| 김주현 | 제주서 | 381 |
| 김주현 | 전주서 | 406 |
| 김주현 | 성남서 | 209 |
| 김주혜 | 제주서 | 493 |
| 김주홍 | 서울청 | 159 |
| 김주환 | 부산강서 | 462 |
| 김주환 | 평택서 | 270 |
| 김주훈 | 금정서 | 457 |
| 김주희 | 대문서 | 191 |
| 김주희 | 삼성서 | 199 |
| 김주희 | 남동서 | 301 |
| 김주희 | 의정부서 | 324 |
| 김주희 | 남원서 | 400 |
| 김주희 | 포항서 | 444 |
| 김주희 | 서울청 | 168 |
| 김준 | 마포서 | 195 |
| 김준기 | 현대회계 | 31 |
| 김준기 | 기재부 | 78 |
| 김준범 | 평택서 | 271 |
| 김준상 | 삼성서 | 199 |
| 김준석 | 서광주서 | 386 |
| 김준석 | 북전주서 | 403 |
| 김준석 | 제주서 | 493 |
| 김준석 | 제주서 | 492 |
| 김준석 | 기재부 | 83 |
| 김준섭 | 서산서 | 350 |
| 김준섭 | 해운대서 | 473 |
| 김준성 | 조세재정 | 524 |
| 김준성 | 성동서 | 204 |
| 김준수 | 창원서 | 489 |
| 김준식 | 구미서 | 433 |
| 김준식 | 남대문서 | 185 |
| 김준연 | 군산서 | 398 |
| 김준연 | 경산서 | 428 |
| 김준영 | 기재부 | 86 |
| 김준영 | 서울청 | 171 |
| 김준영 | 중부청 | 235 |
| 김준영 | 인천청 | 293 |
| 김준영 | 아산서 | 354 |
| 김준영 | 부산청 | 453 |
| 김준영 | 진주서 | 486 |
| 김준영 | 조세재정 | 525 |
| 김준용 | 이천서 | 269 |
| 김준용 | 국세상담 | 143 |
| 김준우 | 국세청 | 128 |
| 김준우 | 동대문서 | 191 |
| 김준우 | 서대구서 | 424 |
| 김준욱 | 금감원 | 109 |
| 김준의 | 대전청 | 337 |
| 김준철 | 기재부 | 93 |
| 김준철 | 양천서 | 211 |
| 김준철 | 인천청 | 296 |
| 김준해 | 기재부 | 481 |
| 김준하 | 기재부 | 86 |
| 김준하 | 삼성서 | 199 |
| 김준하 | 잠실서 | 220 |
| 김준하 | 홍성서 | 360 |
| 김준혁 | 평택서 | 271 |
| 김준혁 | 부평서 | 320 |

| 이름 | 소속 | 번호 |
|---|---|---|
| 김준혁 | 조세재정 | 523 |
| 김준호 | 기재부 | 78 |
| 김준호 | 국세청 | 133 |
| 김준호 | 국세청 | 134 |
| 김준호 | 남부천서 | 317 |
| 김준호 | 연수서 | 323 |
| 김준호 | 울산서 | 476 |
| 김준호 | 김해서 | 481 |
| 김준호 | 법무바른 | 1 |
| 김준호 | 삼일회계 | 21 |
| 김준호 | 세무다솔 | 43 |
| 김준환 | 인천서 | 304 |
| 김준희 | 종로서 | 222 |
| 김준희 | 중부서 | 239 |
| 김준희 | 서인천서 | 302 |
| 김준희 | 울산서 | 477 |
| 김중규 | 송고양서 | 314 |
| 김중규 | 영동서 | 364 |
| 김중래 | 안진회계 | 17 |
| 김중래 | 안진회계 | 17 |
| 김중삼 | 원주서 | 284 |
| 김중연 | 전주서 | 406 |
| 김중연 | 나주서 | 388 |
| 김중영 | 안동서 | 439 |
| 김중우 | 삼성서 | 199 |
| 김중재 | 광명서 | 311 |
| 김중재 | 시흥서 | 257 |
| 김중현 | 성남서 | 253 |
| 김중휘 | 군산서 | 398 |
| 김지동 | 현대회계 | 31 |
| 김지만 | 성동서 | 204 |
| 김지미 | 동대문서 | 190 |
| 김지미 | 기재부 | 86 |
| 김지민 | 국세청 | 122 |
| 김지민 | 국세청 | 134 |
| 김지민 | 서울청 | 161 |
| 김지민 | 용산서 | 216 |
| 김지민 | 중부청 | 235 |
| 김지민 | 광주청 | 375 |
| 김지민 | 목포서 | 390 |
| 김지민 | 대구청 | 412 |
| 김지민 | 북부산서 | 465 |
| 김지범 | 금천서 | 183 |
| 김지석 | 기재부 | 78 |
| 김지선 | 국세청 | 124 |
| 김지선 | 국세청 | 134 |
| 김지선 | 서초서 | 203 |
| 김지선 | 수원서 | 255 |
| 김지선 | 파주서 | 326 |
| 김지성 | 삼정회계 | 24 |
| 김지성 | 수원서 | 254 |
| 김지수 | 기재부 | 84 |
| 김지수 | 기재부 | 95 |
| 김지수 | 구로서 | 180 |
| 김지수 | 동안양서 | 249 |
| 김지수 | 동화성서 | 272 |
| 김지수 | 인천청 | 294 |
| 김지수 | 동고양서 | 314 |
| 김지수 | 광산서 | 380 |
| 김지수 | 나주서 | 388 |
| 김지수 | 전주서 | 406 |
| 김지수 | 남대구서 | 418 |
| 김지수 | 광교세무 | 38 |
| 김지숙 | 서인천서 | 302 |
| 김지아 | 중랑서 | 480 |
| 김지안 | 중랑서 | 225 |
| 김지안 | 수원서 | 247 |
| 김지안 | 경기광주 | 259 |
| 김지연 | 안산서 | 260 |
| 김지연 | 중부산서 | 471 |
| 김지연 | 국세청 | 133 |
| 김지연 | 국세상담 | 142 |
| 김지연 | 서울청 | 149 |
| 김지연 | 서울청 | 150 |
| 김지연 | 서울청 | 153 |
| 김지연 | 서울청 | 158 |
| 김지연 | 서울청 | 160 |
| 김지연 | 동작서 | 192 |
| 김지연 | 삼성서 | 199 |
| 김지연 | 성동서 | 204 |
| 김지연 | 중부서 | 227 |
| 김지연 | 용인서 | 266 |
| 김지연 | 동화성서 | 272 |
| 김지연 | 공주서 | 344 |
| 김지연 | 수성서 | 427 |
| 김지연 | 울산서 | 477 |
| 김지연 | 김해서 | 480 |
| 김지연 | 세무다솔 | 43 |
| 김지엽 | 남부천서 | 317 |
| 김지영 | 기재부 | 89 |
| 김지영 | 국세청 | 123 |
| 김지영 | 국세청 | 136 |
| 김지영 | 강동서 | 174 |
| 김지영 | 관악서 | 178 |
| 김지영 | 남대문서 | 185 |
| 김지영 | 동대문서 | 191 |
| 김지영 | 성동서 | 205 |
| 김지영 | 영등포서 | 215 |
| 김지영 | 은평서 | 219 |
| 김지영 | 동화성서 | 254 |
| 김지영 | 인천청 | 273 |
| 김지영 | 부천서 | 296 |
| 김지영 | 여수서 | 318 |
| 김지영 | 제주서 | 394 |
| 김지영 | 양천서 | 492 |
| 김지완우 | 국세청 | 210 |
| 김지우 | 파주서 | 129 |
| 김지우 | 서산서 | 327 |
| 김지우 | 안동서 | 351 |
| 김지욱 | 노원서 | 438 |
| 김지운 | 국세교육 | 187 |
| 김지운 | 강릉서 | 145 |
| 김지웅 | 국세청 | 276 |
| 김지웅 | 포항서 | 126 |
| 김지원 | 기재부 | 444 |
| 김지원 | 국세청 | 80 |
| 김지원 | 서울청 | 122 |
| 김지원 | 중부서 | 133 |
| 김지원 | 서울청 | 157 |
| 김지원 | 중부청 | 226 |
| 김지원 | 동안산서 | 230 |
| 김지원 | 화성서 | 263 |
| 김지원 | 청주서 | 275 |
| 김지원 | 수영서 | 368 |
| 김지원 | 중부산서 | 469 |
| 김지원 | 세무다솔 | 471 |
| 김지유 | 북전주서 | 43 |
| 김지윤 | 국세청 | 402 |
| 김지윤 | 도봉서 | 109 |
| 김지윤 | 동작서 | 138 |
| 김지윤 | 중부청 | 189 |
| 김지윤 | 중부청 | 192 |
| 김지윤 | 속초서 | 231 |
| 김지윤 | 서대문서 | 255 |
| 김지윤 | 대구청 | 281 |
| 김지윤 | 부산청 | 342 |
| 김지윤 | 금정서 | 414 |
| 김지윤 | 금정서 | 448 |
| 김지윤 | 해운대서 | 456 |
| 김지은 | 해운대서 | 457 |
| 김지은 | 기재부 | 473 |
| 김지훈 | 기재부 | 89 |
| 김지훈 | 국세청 | 96 |
| 김지훈 | 국세청 | 126 |
| 김지훈 | 강동서 | 139 |
| 김지훈 | 마포서 | 175 |
| 김지훈 | 삼성서 | 195 |
| 김지훈 | 서초서 | 199 |
| 김지훈 | 영등포서 | 202 |
| 김지훈 | 은평서 | 215 |
| 김지훈 | 안양서 | 218 |
| 김지훈 | 용인서 | 218 |
| 김지훈 | 원주서 | 265 |
| 김지훈 | 인천서 | 266 |
| 김지희 | 의정부서 | 284 |
| 김지희 | 대구청 | 304 |
| 김진 | 경산서 | 324 |
| 김진 | 세무바른 | 414 |
| 김진 | 종로서 | 429 |
| 김진건 | 남대문서 | 1 |
| 김진건 | 대구청 | 43 |
| 김진경 | 춘천서 | 223 |
| 김진경 | 서초서 | 413 |
| 김진곤 | 중부청 | 286 |
| 김진곤 | 대구청 | 203 |
| 김진광 | 마포서 | 232 |
| 김진교 | 인천청 | 413 |
| 김진구 | 감사원 | 194 |
| 김진규 | 기재부 | 294 |
| 김진규 | 국세청 | 74 |
| 김진규 | 강서서 | 86 |
| 김진규 | 남대문서 | 90 |
| 김진규 | 동대문서 | 125 |
| 김진기 | 삼성서 | 134 |
| 김진달래 | 성북서 | 176 |
| 김진덕 | 국세청 | 185 |
| 김진도 | 중부청 | 191 |
| 김진도 | 계양서 | 198 |
| 김진동 | 서대문서 | 206 |
| 김진만 | 경산서 | 209 |
| 김진만 | 국세청 | 215 |
| 김진명 | 군산서 | 224 |
| 김진모 | 기재부 | 226 |
| 김진모 | 영주서 | 250 |
| 김지현 | 안양서 | 264 |
| 김지현 | 강릉서 | 277 |
| 김지현 | 삼척서 | 278 |
| 김지현 | 고양서 | 309 |
| 김지현 | 광명서 | 310 |
| 김지현 | 대전서 | 339 |
| 김지현 | 북대전서 | 340 |
| 김지현 | 천안서 | 359 |
| 김지현 | 순천서 | 392 |
| 김지현 | 부산청 | 449 |
| 김지현 | 부산청 | 450 |
| 김지현 | 부산청 | 454 |
| 김지현 | 동래서 | 458 |
| 김지현 | 수영서 | 469 |
| 김지현 | 해운대서 | 472 |
| 김지현 | 김해서 | 480 |
| 김지현 | 양산서 | 485 |
| 김지현 | 양산서 | 485 |
| 김지현 | 제주서 | 492 |
| 김지현 | 안진회계 | 17 |
| 김지현 | 위드윈 | 46 |
| 김지현 | 국세청 | 131 |
| 김지혜 | 서울청 | 149 |
| 김지혜 | 노원서 | 186 |
| 김지혜 | 동작서 | 193 |
| 김지혜 | 서대문서 | 200 |
| 김지혜 | 양천서 | 211 |
| 김지혜 | 종로서 | 222 |
| 김지혜 | 중부서 | 237 |
| 김지혜 | 남양주서 | 244 |
| 김지혜 | 동안양서 | 249 |
| 김지혜 | 평택서 | 270 |
| 김지혜 | 동화성서 | 272 |
| 김지혜 | 고양서 | 309 |
| 김지혜 | 군산서 | 399 |
| 김지혜 | 부산진서 | 460 |
| 김지혜 | 부산강서 | 462 |
| 김지혜 | 부산강서 | 463 |
| 김지혜 | 해운대서 | 472 |
| 김지혜 | 조세재정 | 48 |
| 김지혜 | 택스홀앤 | 45 |
| 김지호 | 국세청 | 122 |
| 김지호 | 국세상담 | 142 |
| 김지호 | 홍성서 | 361 |
| 김지호 | 북전주서 | 402 |
| 김지홍 | 전주서 | 406 |
| 김지후 | 북부산서 | 464 |
| 김지훈 | 기재부 | 81 |
| 김지훈 | 국세청 | 125 |
| 김지훈 | 국세청 | 126 |
| 김지훈 | 국세청 | 137 |
| 김지훈 | 관악서 | 178 |
| 김지훈 | 이천서 | 268 |
| 김지훈 | 고양서 | 309 |
| 김지훈 | 목포서 | 391 |
| 김지훈 | 동대구서 | 420 |
| 김지훈 | 부산청 | 454 |
| 김지훈 | 서부산서 | 466 |
| 김지훈 | 제주서 | 493 |
| 김지희 | 충주서 | 370 |
| 김지희 | 제주서 | 480 |
| 김지희 | 제주서 | 492 |
| 김지희 | 기재부 | 88 |
| 김진 | 국세청 | 121 |
| 김진 | 광주청 | 375 |
| 김진 | 부산진서 | 460 |
| 김진 | 진주서 | 487 |
| 김진건 | 북대구서 | 423 |
| 김진경 | 성동서 | 204 |
| 김진경 | 삼척서 | 278 |
| 김진곤 | 북대구서 | 423 |
| 김진곡 | 동울산서 | 474 |
| 김진곤 | 상공회의 | 115 |
| 김진관 | 송파서 | 209 |
| 김진광 | 강릉서 | 277 |
| 김진광 | 광주청 | 377 |
| 김진교 | 포서 | 313 |
| 김진구 | 관악서 | 178 |
| 김진구 | 의정부서 | 325 |
| 김진규 | 순천서 | 393 |
| 김진규 | 동대구서 | 420 |
| 김진규 | 동고양서 | 314 |
| 김진규 | 대전청 | 333 |
| 김진기 | 강남서 | 173 |
| 김진길 | 중부청 | 232 |
| 김진도 | 계양서 | 307 |
| 김진도 | 서대구서 | 425 |
| 김진동 | 경산서 | 429 |
| 김진동 | 국세청 | 129 |
| 김진만 | 경산서 | 281 |
| 김진만 | 군산서 | 399 |
| 김진명 | 기재부 | 82 |
| 김진모 | 영주서 | 442 |
| 김진몽 | 은평서 | 218 |
| 김진미 | 부천서 | 319 |
| 김진배 | 제천서 | 366 |
| 김진범 | 서울청 | 151 |
| 김진삼 | 북부산서 | 465 |
| 김진서 | 예산서 | 357 |
| 김진석 | 국세청 | 129 |
| 김진석 | 남대문서 | 185 |
| 김진석 | 영등포서 | 214 |
| 김진석 | 김해서 | 481 |
| 김진선 | 관세청 | 496 |
| 김진선 | 광주세관 | 516 |
| 김진섭 | 포천서 | 329 |
| 김진성 | 서울청 | 161 |
| 김진세 | 연수서 | 322 |
| 김진솔 | 마포서 | 195 |
| 김진솔 | 기재부 | 91 |
| 김진수 | 기재부 | 91 |
| 김진수 | 국세청 | 92 |
| 김진수 | 국세청 | 124 |
| 김진수 | 동작서 | 192 |
| 김진수 | 잠실서 | 220 |
| 김진수 | 동화성서 | 272 |
| 김진수 | 홍천서 | 289 |
| 김진수 | 목포서 | 390 |
| 김진수 | 부산청 | 453 |
| 김진수 | 해운대서 | 472 |
| 김진숙 | 삼덕회계 | 19 |
| 김진술 | 예일세무 | 50 |
| 김진숙? | 양천서 | 210 |
| 김진술 | 경기광주 | 259 |
| 김진술 | 대전청 | 336 |
| 김진안 | 안양서 | 265 |
| 김진식 | 관악서 | 178 |
| 김진식 | 보령서 | 349 |
| 김진아 | 기재부 | 80 |
| 김진아 | 강서서 | 176 |
| 김진아 | 강서서 | 176 |
| 김진아 | 강서서 | 177 |
| 김진아 | 성북서 | 207 |
| 김진아 | 인천청 | 296 |
| 김진아 | 포천서 | 329 |
| 김진아 | 마산서 | 483 |
| 김진아 | 지방재정 | 518 |
| 김진아 | 조세재정 | 524 |
| 김진업 | 남대구서 | 418 |
| 김진열 | 제주서 | 493 |
| 김진영 | 금감원 | 103 |
| 김진영 | 국세청 | 122 |
| 김진영 | 국세청 | 123 |
| 김진영 | 서울청 | 160 |
| 김진영 | 원주서 | 285 |
| 김진영 | 북대전서 | 340 |
| 김진영 | 광산서 | 381 |
| 김진영 | 수성서 | 426 |
| 김진영 | 김해서 | 468 |
| 김진오 | 평택서 | 271 |
| 김진우 | 서울청 | 147 |
| 김진우 | 서울청 | 166 |
| 김진우 | 서울청 | 167 |
| 김진우 | 서울청 | 168 |
| 김진우 | 동안양서 | 249 |
| 김진우 | 동안양서 | 249 |
| 김진우 | 인천청 | 295 |
| 김진우 | 순천서 | 393 |
| 김진우 | 구미서 | 432 |
| 김진우 | 예일세무 | 50 |
| 김진우 | 법무화우 | 3 |
| 김진우 | 계양서 | 307 |
| 김진원 | 고양서 | 308 |
| 김진재 | 법무대륜 | 58 |
| 김진재 | 강남서 | 395 |
| 김진주 | 강서서 | 173 |
| 김진주 | 분당서 | 176 |
| 김진주 | 분당서 | 251 |
| 김진주 | 대전청 | 335 |
| 김진절 | 익산서 | 404 |
| 김진태 | 용인서 | 267 |
| 김진태 | 의정부서 | 444 |
| 김진혁 | 광교세무 | 39 |
| 김진현 | 국세청 | 134 |
| 김진현 | 삼정회계 | 22 |
| 김진형 | 금감원 | 106 |
| 김진형 | 시흥서 | 256 |
| 김진형 | 안산서 | 358 |
| 김진호 | 노원서 | 187 |
| 김진호 | 마포서 | 194 |
| 김진호 | 구리서 | 240 |
| 김진호 | 광산서 | 381 |
| 김진호 | 제주서 | 493 |
| 김진홍 | 기재부 | 80 |
| 김진홍 | 기재부 | 82 |
| 김진홍 | 금융위 | 98 |
| 김진홍 | 금융위 | 98 |
| 김진홍 | 서대문서 | 201 |
| 김진홍 | 부산청 | 455 |
| 김진화 | 동화성서 | 272 |
| 김진환 | 경기광주 | 258 |
| 김진환 | 동화성서 | 272 |
| 김진환 | 북대전서 | 341 |
| 김진환 | 북전주서 | 402 |
| 김진환 | 서대구서 | 425 |
| 김진희 | 서울청 | 154 |
| 김진희 | 서울청 | 169 |
| 김진희 | 강동서 | 175 |
| 김진희 | 동작서 | 193 |
| 김진희 | 반포서 | 197 |
| 김진희 | 송파서 | 208 |
| 김진희 | 잠실서 | 220 |
| 김진희 | 중부청 | 235 |
| 김진희 | 삼척서 | 278 |
| 김진희 | 천안서 | 358 |
| 김진희 | 순천서 | 393 |
| 김진희 | 수성서 | 426 |
| 김진희 | 안동서 | 438 |
| 김진희 | 지방재정 | 519 |
| 김진희 | 광교세무 | 39 |
| 김차남 | 용산서 | 217 |
| 김찬 | 은평서 | 219 |
| 김찬 | 예산서 | 357 |
| 김찬규 | 삼일회계 | 21 |
| 김찬미 | 금천서 | 183 |
| 김찬섭 | 중부청 | 236 |
| 김찬수 | 감사원 | 74 |
| 김찬수 | 안동서 | 266 |
| 김찬수 | 광명서 | 310 |
| 김찬옥 | 은평서 | 218 |
| 김찬웅 | 안동서 | 182 |
| 김찬일 | 반포서 | 197 |
| 김찬일 | 용산서 | 217 |
| 김찬주 | 부산강서 | 463 |
| 김찬중 | 역삼서 | 212 |
| 김찬중 | 부평서 | 320 |
| 김찬중 | 서부산서 | 467 |
| 김찬태 | 파주서 | 327 |
| 김찬희 | 포항서 | 444 |
| 김찬희 | 역삼서 | 212 |
| 김창국 | 북대구서 | 493 |
| 김창국 | EY한영 | 15 |
| 김창권 | 국세청 | 137 |
| 김창근 | 국세청 | 120 |
| 김창명 | 성동서 | 205 |
| 김창미 | 서울청 | 152 |
| 김창미 | 청주서 | 368 |
| 김창민 | 파주서 | 327 |
| 김창민 | 조세재정 | 524 |
| 김창섭 | 성동서 | 204 |
| 김창섭 | 예일세무 | 50 |
| 김창수 | 관악서 | 179 |
| 김창수 | 동울산서 | 474 |
| 김창순 | 영동서 | 475 |
| 김창신 | 포항서 | 445 |
| 김창우 | 김해서 | 481 |
| 김창오 | 현대회계 | 31 |
| 김창우 | 나주서 | 388 |
| 김창욱 | 용인서 | 267 |
| 김창운 | 중부청 | 236 |
| 김창윤 | 마산서 | 483 |
| 김창일 | 부산청 | 453 |
| 김창진 | 광주서 | 383 |
| 김창진 | 세림세무 | 183 |
| 김창헌 | 남부천서 | 317 |
| 김창현 | 원주청 | 377 |
| 김창현 | 진주서 | 486 |
| 김창호 | 반포서 | 197 |
| 김창호 | 인천서 | 305 |
| 김창호 | 상주서 | 436 |
| 김창훈 | 해남서 | 396 |
| 김창훈 | 국세청 | 132 |
| 김채린 | 법무광장 | 57 |
| 김채민 | 동화성서 | 272 |
| 김채연 | 여수서 | 394 |
| 김채영 | 기흥서 | 242 |
| 김채원 | 동화성서 | 272 |
| 김채원 | 이천서 | 268 |
| 김채은 | 은평서 | 219 |
| 김채은 | 경산서 | 219 |
| 김천섭 | 원주서 | 285 |
| 김천희 | 기재부 | 82 |
| 김천희 | 법무두현 | 8 |
| 김철 | 서울청 | 148 |
| 김철 | 안진회계 | 17 |
| 김철권 | 서울청 | 148 |
| 김철민 | 영등포서 | 215 |

김철민 잠실서 221
김철민 관세청 495
김철수 법무화우 3
김철영 금감원 104
김철우 중기회 117
김철웅 청주서 369
김철종 세무다솔 43
김철태 부산진서 460
김철현 기재부 78
김철현 관악서 179
김철호 남양주서 245
김철호 동안산서 263
김철호 광주청 377
김철호 북광주서 384
김철호 예일세무 50
김철홍 기재부 92
김청윤 기재부 92
김청일 강남서 173
김청희 인천청 293
김초롱 서초서 203
김초아 성북서 206
김초원 남원서 401
김초원 수영서 469
김초이 수영서 469
김초현 순천서 393
김초희 평택서 270
김춘경 성동서 205
김춘광 남원서 400
김춘동 파주서 327
김춘란 진주서 486
김춘례 반포서 196
김춘배 군산서 398
김춘옥 노원서 186
김충국 신승회계 25
김충년 금감원 110
김충만 중부서 227
김충모 구미서 432
김충배 중부청 237
김충상 성동서 205
김충순 인천청 291
김충순 인천청 295
김충일 거창서 478
김충현 관악서 179
김치우 서울청 159
김치태 수원서 254
김치호 반포서 197
김치호 남동서 301
김탁현 감사원 74
김태건 대전청 333
김태겸 경산서 429
김태경 국회재정 67
김태경 기재부 80
김태경 서울청 163
김태경 남양주서 244
김태경 이천서 268
김태경 삼척서 279
김태경 순천서 393
김태경 창원서 488
김태경 창원서 488
김태경 안진회계 17
김태경 법무광장 57
김태규 남동서 300
김태규 부천서 319
김태규 천안서 358
김태균 남대문서 184
김태균 성동서 204
김태균 천안서 358
김태균 마산서 482
김태균 태평양 61
김태근 금감원 111
김태근 부산청 452
김태기 춘천서 286
김태기 안진회계 17
김태년 국회재정 68
김태랑 삼성서 199
김태린 계양서 307
김태민 강서서 177
김태민 삼척서 279
김태민 양산서 485
김태범 중부청 230
김태범 원주서 284
김태서 강동서 174
김태서 대전청 333
김태석 금감원 103
김태석 국세청 125
김태석 강남서 173
김태석 예일세무 50
김태선 서울청 157
김태섭 서울청 163
김태성 감사원 74
김태성 수영서 469
김태성 진주서 486
김태수 서울청 152
김태수 서울청 165
김태수 김포서 312
김태수 창원서 489
김태순 울산서 476
김태승 김포서 312
김태식 구로서 180
김태식 진주서 487
김태언 서초서 203
김태연 기재부 79
김태연 동작서 192
김태연 동안양서 248
김태연 경기광주 258
김태연 인천세관 504
김태영 기재부 88
김태영 기재부 89
김태영 기재부 96
김태영 국세청 127
김태영 국세주류 140
김태영 관악서 178
김태영 도봉서 188
김태영 동안양서 249
김태영 안산서 260
김태영 화성서 275
김태영 김포서 312
김태영 대구청 415
김태영 동래서 458
김태오 강서서 177
김태완 기재부 77
김태완 중기회 116
김태완 국세청 125
김태완 계양서 307
김태완 대구청 414
김태완 울산서 476
김태용 중부청 230
김태용 인천청 294
김태용 관세청 497
김태우 감사원 74
김태우 강동서 175
김태우 남양주서 245
김태우 안양서 265
김태우 남대구서 418
김태우 양산서 485
김태우 법무광장 57
김태우 법무광장 57
김태욱 서울청 160
김태욱 서인천서 302
김태욱 대현회계 16
김태운 국세청 120
김태웅 계양서 306
김태원 국세청 124
김태원 인천서 305
김태원 광주청 375
김태원 순천서 392
김태원 남대구서 418
김태원 부산청 454
김태윤 관악서 179
김태윤 성동서 205
김태윤 대전서 338
김태은 강동서 175
김태은 서초서 202
김태은 은평서 218
김태은 구리서 240
김태은 용인서 267
김태은 평택서 270
김태은 천안서 359
김태은 부산청 448
김태은 조세재정 522
김태익 감사원 75
김태인 서울청 167
김태인 부산강서 462
김태정 서부산서 467
김태주 삼정회계 23
김태준 해남서 397
김태진 구리서 240
김태진 분당서 251
김태진 이천서 268
김태진 인천청 297
김태진 순천서 393
김태철 마산서 482
김태헌 대전청 332
김태헌 수영서 469
김태현 서울청 152
김태현 서울청 166
김태현 잠실서 221
김태현 시흥서 257
김태현 동화성서 273
김태형 국세청 125
김태형 서울청 152
김태형 강동서 174
김태형 동작서 193
김태형 동수원서 247
김태형 고양서 309
김태형 대구청 412
김태형 대구청 413
김태형 울산서 476
김태형 법무지평 60
김태호 기재부 89
김태호 강서서 177
김태호 노원서 186
김태호 중부청 229
김태호 중부청 233
김태호 중부청 234
김태호 북대구서 423
김태호 마산서 482
김태호 양산서 485
김태호 위드윈 46
김태화 춘천서 286
김태화 남동서 300
김태환 고양서 309
김태환 진주서 486
김태환 제주서 492
김태환 법무광장 56
김태환 김앤장 55
김태효 중부청 234
김태훈 기재부 90
김태훈 국세청 123
김태훈 국세청 131
김태훈 관악서 179
김태훈 마포서 195
김태훈 중부청 238
김태훈 서인천서 302
김태훈 인천서 304
김태훈 대전청 332
김태훈 부산청 449
김태훈 부산강서 462
김태훈 통영서 490
김태훈 법무광장 57
김태훈 삼일회계 20
김태희 국세교육 145
김태희 송파서 208
김태희 남동서 301
김태희 김포서 312
김태희 부평서 320
김태희 서대구서 425
김태희 상주서 437
김태희 부산진서 461
김택근 서울청 171
김택수 기재부 90
김택우 인천서 305
김택우 제주서 492
김택준 시흥서 256
김택창 천안서 359
김판신 부산청 449
김판준 김포서 313
김평강 조세재정 523
김평섭 서울청 167
김평섭 부산청 454
김평식 조세재정 523
김평식 조세재정 524
김평화 북광주서 384
김평화 제주서 492
김푸른솔 반포서 196
김푸름 서울청 156
김풍겸 김해서 480
김필곤 동래서 458
김필선 삼척서 278
김필선 정읍서 409
김필순 부산청 450
김필식 영등포서 214
김하강 동화성서 272
김하경 전주서 406
김하나 은평서 218
김하나 경기광주 258
김하나 연수서 322
김하나 수성서 427
김하늘 서울청 150
김하늘 시흥서 257
김하린 기재부 89
김하림 구로서 180
김하림 양천서 211
김하성 인천청 298
김하수 동대구서 420
김하얀 인천청 293
김하연 국세청 124
김하연 국세청 134
김하연 서대문서 200
김하영 동대구서 421
김하영 지방재정 519
김하영 예일세무 50
김하영 택스홈앤 48
김하운 서인천서 302
김하원 서인천서 302
김하은 경기광주 259
김하은 원주서 284
김하임 보령서 348
김하중 조세심판 520
김학규 김포서 312
김학렬 인천세관 504
김학민 광주청 378
김학선 대전청 331
김학선 대전청 335
김학선 대전청 336
김학송 중부청 232
김학수 익산서 404
김학주 김앤장 55
김학주 삼정회계 22
김학중 대현회계 16
김학진 국세청 132
김학진 안산서 261
김학현 현대회계 31
김한결 서울청 158
김한규 서초서 203
김한근 국세청 131
김한기 국세청 126
김한기 안진회계 17
김한나 인천청 292
김한림 광주청 379
김한민 아산서 355
김한범 인천청 292
김한별 마포서 195
김한비 정읍서 408
김한석 국세교육 145
김한석 거창서 479
김한선 용인서 267
김한성 국세청 120
김한성 용산서 216
김한솔 광명서 310
김한솔 의정부서 325
김한솔 양산서 484
김한슬 마포서 195
김한식 세무다솔 43
김한식 세무다솔 43
김한식 세무다솔 43
김한신 서부산서 466
김한오 관악서 179
김한울 파주서 326
김한율 서초서 202
김한준 기재부 94
김한준 법무광장 56
김한준 법무평안 62
김한준 택스홈앤 48
김한진 중부청 235
김한진 인천청 297
김한진 부평서 320
김한진 대구세관 513
김한진 대구세관 514
김한태 영등포서 215
김한필 기재부 87
김항로 중부청 235
김항범 서울청 154
김항중 인천서 305
김해강 익산서 404
김해리 용산서 216
김해리 남동서 301
김해림 영등포서 215
김해서 국세청 135
김해아 부천서 319
김해영 서울청 151
김해영 수영서 468
김해운 국세상담 142
김해인 서울청 156
김해진 영등포서 214
김해진 중부청 239
김해철 법무광장 57
김햇님 시흥서 257
김햇살 남양주서 245
김행곤 순천서 392
김행복 노원서 186
김행순 양천서 210
김행은 통영서 490
김행정 북전주서 402
김향미 동안양서 249
김향미 부산진서 461
김향숙 서울청 159
김향숙 남동서 301
김향숙 부천서 319
김향일 강릉서 277
김향주 인천청 295
김향희 북대구서 422
김헌국 마산서 483
김헌우 남양주서 244
김혁 감사원 75
김혁 영등포서 215
김혁동 대구청 415
김혁주 위드윈 46
김혁준 영덕서 441
김혁준 조세심판 520
김혁희 서울청 149
김현 서초서 203
김현 정읍서 408
김현 동울산서 474
김현경 서울청 149
김현경 구로서 181
김현경 중부청 236
김현경 구리서 241
김현경 평택서 270
김현경 인천청 297
김현경 지방재정 519
김현곤 금천서 183
김현규 고양서 309
김현근 역삼서 212
김현기 동안양서 249
김현기 부천서 318
김현기 동울산서 475
김현기 현대회계 31
김현도 북부산서 465
김현돈 금감원 103
김현두 북대구서 422
김현두 김해서 481
김현록 기재부 83
김현목 제주서 493
김현미 평택서 271
김현미 동화성서 272
김현미 동화성서 273
김현미 금정서 457
김현민 기재부 91
김현민 상공회의 115
김현민 서울청 159
김현민 역삼서 213
김현민 서인천서 302
김현민 공주서 344
김현민 창원서 489
김현배 경기광주 258
김현배 중부산서 470
김현배 고시회 34
김현부 금감원 103
김현서 강남서 172
김현서 고양서 309
김현석 동화성서 273
김현석 마산서 482
김현석 진주서 487
김현석 관세청 496
김현석 법무바른 1
김현선 서울청 149
김현선 구로서 181
김현선 송파서 208
김현섭 국세청 133
김현성 국세청 132
김현성 이천서 269
김현성 속초서 281
김현성 광주청 375
김현성 울산서 477
김현수 반포서 197
김현수 서대구서 425
김현수 구미서 432
김현수 거창서 479
김현수 삼덕회계 19
김현수 예일회계 26
김현수 중부지방 37
김현숙 중랑서 225
김현숙 중부청 239
김현숙 의정부서 325
김현숙 대전청 333
김현숙 북대전서 340
김현숙 청주서 368
김현숙 광산서 380
김현숙 서광주서 386
김현숙 서대구서 424
김현숙 경주서 430
김현숙 서부산서 467
김현숙 조세재정 523
김현승 화성서 275
김현승 춘천서 286
김현아 기재부 83
김현아 서대문서 200
김현아 종로서 222
김현아 대전청 334
김현아 천안서 359
김현아 양산서 484
김현아 지방재정 519
김현아 조세재정 523
김현영 기재부 82
김현영 강동서 175
김현옥 잠실서 221
김현옥 서광주서 386
김현옥 세무다솔 43
김현우 서울청 168
김현우 관악서 178
김현우 성동서 205
김현우 진주서 487
김현웅 영등포서 215
김현웅 대전청 332
김현일 중부청 235
김현일 예일회계 26
김현자 북광주서 385
김현재 서울청 156
김현재 광주청 377

| 이름 | 소속 | 쪽 |
|---|---|---|
| 김현정 | 국회정무 | 72 |
| 김현정 | 금감원 | 110 |
| 김현정 | 서울청 | 150 |
| 김현정 | 강서서 | 176 |
| 김현정 | 김천서 | 183 |
| 김현정 | 마포서 | 194 |
| 김현정 | 마포서 | 194 |
| 김현정 | 서대문서 | 200 |
| 김현정 | 송파서 | 208 |
| 김현정 | 송파서 | 208 |
| 김현정 | 중랑서 | 225 |
| 김현정 | 분당서 | 250 |
| 김현정 | 시흥서 | 257 |
| 김현정 | 화성서 | 274 |
| 김현정 | 동고양서 | 315 |
| 김현정 | 파주서 | 326 |
| 김현정 | 순천서 | 392 |
| 김현정 | 대구청 | 417 |
| 김현정 | 남대구서 | 418 |
| 김현정 | 안동서 | 438 |
| 김현정 | 북부산서 | 464 |
| 김현정 | 서부산서 | 466 |
| 김현정 | 중부산서 | 471 |
| 김현정 | 김해서 | 480 |
| 김현정 | 창원서 | 489 |
| 김현정 | 관세청 | 496 |
| 김현정 | 지방재정 | 519 |
| 김현정 | 조세재정 | 523 |
| 김현종 | 국세청 | 138 |
| 김현주 | 서울청 | 159 |
| 김현주 | 서울청 | 165 |
| 김현주 | 서울청 | 171 |
| 김현주 | 대전청 | 190 |
| 김현주 | 대전청 | 332 |
| 김현주 | 순천서 | 392 |
| 김현주 | 북전주서 | 403 |
| 김현주 | 북전주서 | 403 |
| 김현주 | 서대구서 | 424 |
| 김현주 | 부산청 | 450 |
| 김현주 | 진주서 | 486 |
| 김현준 | 반포서 | 196 |
| 김현준 | 양천서 | 210 |
| 김현준 | 은평서 | 218 |
| 김현준 | 수원서 | 254 |
| 김현준 | 거창서 | 479 |
| 김현준 | 김해서 | 480 |
| 김현중 | 국회재정 | 67 |
| 김현중 | 금감원 | 104 |
| 김현지 | 천안서 | 358 |
| 김현지 | 국세청 | 128 |
| 김현지 | 국세청 | 132 |
| 김현지 | 국세청 | 138 |
| 김현지 | 국세청 | 139 |
| 김현지 | 서울청 | 301 |
| 김현지 | 파주서 | 326 |
| 김현지 | 예일세무 | 357 |
| 김현진 | 예일세무 | 50 |
| 김현진 | 국세청 | 124 |
| 김현진 | 국세청 | 125 |
| 김현진 | 국세청 | 134 |
| 김현진 | 서울청 | 167 |
| 김현진 | 강서서 | 176 |
| 김현진 | 성동서 | 205 |
| 김현진 | 광주청 | 374 |
| 김현진 | 광산서 | 380 |
| 김현진 | 광주청 | 382 |
| 김현진 | 남대구서 | 418 |
| 김현진 | 동울산서 | 474 |
| 김현진 | 제주서 | 492 |
| 김현진 | 택스홈앤 | 48 |
| 김현철 | 감사원 | 74 |
| 김현철 | 삼성서 | 199 |
| 김현철 | 광산서 | 381 |
| 김현철 | 남해서 | 396 |
| 김현철 | 금정서 | 456 |
| 김현철 | 해운대서 | 472 |
| 김현태 | 관악서 | 179 |
| 김현표 | 서산서 | 351 |
| 김현하 | 감사원 | 75 |
| 김현하 | 세종서 | 353 |
| 김현호 | 서울청 | 148 |
| 김현호 | 인천청 | 293 |
| 김현호 | 김천서 | 435 |
| 김현환 | 김앤장 | 55 |
| 김현환 | 기재부 | 85 |
| 김현희 | 국세상담 | 142 |
| 김현희 | 인천서 | 203 |
| 김현희 | 은평서 | 218 |
| 김현희 | 양산서 | 485 |
| 김형걸 | 부산청 | 450 |
| 김형곤 | 삼정회계 | 22 |
| 김형곤 | 광주서 | 382 |
| 김형국 | 포항서 | 444 |
| 김형기 | 천안서 | 359 |
| 김형두 | 마산서 | 483 |
| 김형래 | 서울청 | 149 |
| 김형래 | 강남서 | 172 |
| 김형만 | 동울산서 | 474 |
| 김형모 | 전주서 | 406 |
| 김형묵 | 상공회의 | 115 |
| 김형민 | 강남서 | 173 |
| 김형민 | 서울청 | 153 |
| 김형민 | 동대문서 | 190 |
| 김형민 | 동화성서 | 272 |
| 김형민 | 서울청 | 481 |
| 김형배 | 법무율촌 | 59 |
| 김형봉 | 부평서 | 320 |
| 김형석 | 서울청 | 151 |
| 김형석 | 서울청 | 163 |
| 김형석 | 지방재정 | 519 |
| 김형선 | 기재부 | 86 |
| 김형선 | 시흥서 | 256 |
| 김형섭 | 은평서 | 219 |
| 김형섭 | 부산진서 | 461 |
| 김형수 | 강릉서 | 217 |
| 김형수 | 강릉서 | 277 |
| 김형수 | 북부산서 | 465 |
| 김형식 | 광주서 | 382 |
| 김형식 | 동안산서 | 262 |
| 김형식 | 해남서 | 396 |
| 김형완 | 역삼서 | 212 |
| 김형완 | 중랑서 | 224 |
| 김형욱 | 법무지평 | 60 |
| 김형욱 | 마포서 | 194 |
| 김형욱 | 중부청 | 230 |
| 김형운 | 남대구서 | 419 |
| 김형운 | 택스홈앤 | 48 |
| 김형익 | 기재부 | 82 |
| 김형익 | 제주서 | 493 |
| 김형종 | 중랑서 | 225 |
| 김형종 | 동래서 | 459 |
| 김형주 | 반포서 | 196 |
| 김형주 | 성동서 | 204 |
| 김형주 | 광주청 | 378 |
| 김형준 | 기재부 | 96 |
| 김형준 | 서울청 | 168 |
| 김형준 | 중부청 | 235 |
| 김형준 | 이천서 | 268 |
| 김형준 | 동화성서 | 272 |
| 김형진 | 마포서 | 195 |
| 김형진 | 울산서 | 476 |
| 김형태 | 북부산서 | 464 |
| 김형태 | 국세청 | 131 |
| 김형태 | 마포서 | 195 |
| 김형태 | 김앤장 | 55 |
| 김형태 | 서울지방 | 36 |
| 김형후 | 서울청 | 168 |
| 김형훈 | 기재부 | 85 |
| 김혜경 | 마산서 | 483 |
| 김혜경 | 용인서 | 267 |
| 김혜경 | 동화성서 | 272 |
| 김혜경 | 포천서 | 328 |
| 김혜경 | 대전청 | 337 |
| 김혜경 | 여수서 | 394 |
| 김혜경 | 동대구서 | 420 |
| 김혜경 | 통영서 | 491 |
| 김혜경 | 지방재정 | 519 |
| 김혜란 | 남대문서 | 184 |
| 김혜란 | 동수원서 | 246 |
| 김혜란 | 광주청 | 377 |
| 김혜랑 | 원주서 | 284 |
| 김혜랑 | 금정서 | 456 |
| 김혜련 | 조세재정 | 523 |
| 김혜련 | 조세재정 | 524 |
| 김혜련 | 중부청 | 307 |
| 김혜령 | 계양서 | 307 |
| 김혜리 | 서울청 | 157 |
| 김혜리 | 대전서 | 338 |
| 김혜리 | 기재부 | 82 |
| 김혜린 | 인천서 | 304 |
| 김혜림 | 부산강서 | 462 |
| 김혜림 | 성북서 | 206 |
| 김혜림 | 영주서 | 442 |
| 김혜림 | 제주서 | 493 |
| 김혜림 | 조세재정 | 522 |
| 김혜미 | 국세청 | 127 |
| 김혜미 | 서울청 | 162 |
| 김혜미 | 북대전서 | 341 |
| 김혜민 | 국세청 | 124 |
| 김혜민 | 국세청 | 139 |
| 김혜민 | 반포서 | 196 |
| 김혜민 | 원주서 | 285 |
| 김혜빈 | 중부서 | 164 |
| 김혜빈 | 중부서 | 227 |
| 김혜빈 | 인천서 | 305 |
| 김혜선 | 북부산서 | 465 |
| 김혜선 | 금감원 | 110 |
| 김혜성 | 평택서 | 270 |
| 김혜수 | 관악서 | 178 |
| 김혜수 | 포천서 | 328 |
| 김혜숙 | 서울청 | 151 |
| 김혜숙 | 노원서 | 186 |
| 김혜숙 | 서부산서 | 466 |
| 김혜연 | 성남서 | 253 |
| 김혜연 | 인천청 | 296 |
| 김혜영 | 남부천서 | 316 |
| 김혜영 | 기재부 | 84 |
| 김혜영 | 서울청 | 150 |
| 김혜영 | 서울청 | 170 |
| 김혜영 | 구로서 | 180 |
| 김혜영 | 노원서 | 187 |
| 김혜영 | 서울청 | 194 |
| 김혜영 | 은평서 | 218 |
| 김혜영 | 서울청 | 254 |
| 김혜영 | 광주청 | 376 |
| 김혜영 | 남대구서 | 418 |
| 김혜영 | 북대구서 | 422 |
| 김혜영 | 북대구서 | 422 |
| 김혜영 | 부산청 | 451 |
| 김혜영 | 중부산서 | 471 |
| 김혜영 | 마산서 | 483 |
| 김혜영 | 지방재정 | 519 |
| 김혜원 | 마포서 | 195 |
| 김혜원 | 성동서 | 204 |
| 김혜원 | 서울청 | 207 |
| 김혜원 | 중부청 | 230 |
| 김혜원 | 계양서 | 306 |
| 김혜원 | 고양서 | 308 |
| 김혜원 | 서대전서 | 343 |
| 김혜원 | 광주청 | 379 |
| 김혜원 | 해남서 | 397 |
| 김혜원 | 부산청 | 454 |
| 김혜윤 | 인천청 | 294 |
| 김혜은 | 계양서 | 307 |
| 김혜은 | 울산서 | 476 |
| 김혜은 | 진주서 | 487 |
| 김혜인 | 반포서 | 196 |
| 김혜인 | 동화성서 | 273 |
| 김혜인 | 정읍서 | 408 |
| 김혜인 | 북대구서 | 422 |
| 김혜인 | 북대구서 | 423 |
| 김혜정 | 국세청 | 131 |
| 김혜정 | 서울청 | 164 |
| 김혜정 | 강동서 | 174 |
| 김혜정 | 금포서 | 183 |
| 김혜정 | 동작서 | 192 |
| 김혜정 | 영등포서 | 214 |
| 김혜정 | 종로서 | 222 |
| 김혜정 | 경기광주 | 259 |
| 김혜정 | 남동서 | 300 |
| 김혜정 | 광주서 | 383 |
| 김혜정 | 서광주서 | 386 |
| 김혜정 | 남대구서 | 418 |
| 김혜정 | 서부산서 | 466 |
| 김혜정 | 지방재정 | 519 |
| 김혜주 | 속초서 | 281 |
| 김혜주 | 경주서 | 431 |
| 김혜주 | 예일세무 | 50 |
| 김혜준 | 서울청 | 84 |
| 김혜진 | 국세청 | 123 |
| 김혜진 | 구로서 | 181 |
| 김혜진 | 동대문서 | 190 |
| 김혜진 | 잠실서 | 221 |
| 김혜진 | 남양주서 | 244 |
| 김혜진 | 경기광주 | 259 |
| 김혜진 | 안산서 | 260 |
| 김혜진 | 동안산서 | 263 |
| 김혜진 | 남동서 | 300 |
| 김혜진 | 고양서 | 308 |
| 김혜진 | 대구청 | 413 |
| 김혜진 | 대구청 | 414 |
| 김혜진 | 부산청 | 455 |
| 김혜진 | 동래서 | 458 |
| 김혜진 | 북부산서 | 464 |
| 김혜현 | 중랑서 | 224 |
| 김호 | 역삼서 | 213 |
| 김호 | 부산청 | 326 |
| 김호 | 부산청 | 448 |
| 김호 | 부산청 | 455 |
| 김호겸 | 천안서 | 359 |
| 김호경 | 강남서 | 172 |
| 김호근 | 강서서 | 177 |
| 김호빈 | 금감원 | 111 |
| 김호서 | 용산서 | 217 |
| 김호석 | 상공회의 | 114 |
| 김호성 | 중부지방 | 37 |
| 김호승 | 상공회의 | 450 |
| 김호업 | 세무하나 | 47 |
| 김호열 | 기재부 | 95 |
| 김호영 | 서울청 | 155 |
| 김호영 | 성남서 | 252 |
| 김호일 | 지방재정 | 519 |
| 김호준 | 은평서 | 219 |
| 김호준 | 속초서 | 281 |
| 김호진 | 중부산서 | 470 |
| 김호찬 | 고시회 | 34 |
| 김호찬 | 부천서 | 319 |
| 김호경 | 동수원서 | 246 |
| 김호경 | 인천청 | 293 |
| 김호경 | 경산서 | 429 |
| 김홍균 | 중부청 | 230 |
| 김홍석 | 대전청 | 333 |
| 김홍석 | 국세청 | 124 |
| 김홍석 | 동래서 | 458 |
| 김홍석 | 서울청 | 202 |
| 김홍석 | 기재부 | 94 |
| 김홍선 | 세무디솔 | 43 |
| 김홍식 | 대전서 | 338 |
| 김홍식 | 인천청 | 294 |
| 김홍용 | 국세청 | 139 |
| 김홍현 | 북광주서 | 384 |
| 김홍현 | 성동서 | 205 |
| 김화선 | 서부산서 | 467 |
| 김화선 | 역삼서 | 149 |
| 김화영 | 역삼서 | 213 |
| 김화영 | 서울청 | 155 |
| 김화영 | 광주청 | 375 |
| 김화완 | 진주서 | 486 |
| 김화완 | 춘천서 | 286 |
| 김화완 | 용산서 | 216 |
| 김화진 | 서인천서 | 303 |
| 김화진 | 해운대서 | 473 |
| 김화진 | 시흥서 | 257 |
| 김환 | 광주청 | 374 |
| 김환국 | 북광주서 | 385 |
| 김환규 | 북광주서 | 385 |
| 김환규 | 북전주서 | 403 |
| 김환중 | 부산청 | 454 |
| 김환진 | 이천서 | 268 |
| 김환희 | 거창서 | 478 |
| 김황경 | 연수서 | 323 |
| 김황경 | 천안서 | 358 |
| 김회광 | 북전주서 | 403 |
| 김회정 | 창원서 | 489 |
| 김효근 | 기재부 | 91 |
| 김효근 | 대구청 | 413 |
| 김효근 | 제주서 | 492 |
| 김효근 | 대전청 | 335 |
| 김효근 | 서광주서 | 387 |
| 김효남 | 구로서 | 180 |
| 김효남 | 조세심판 | 520 |
| 김효동 | 부천서 | 131 |
| 김효림 | 서울청 | 162 |
| 김효림 | 조세재정 | 522 |
| 김효림 | 분당서 | 250 |
| 김효민 | 남부천서 | 316 |
| 김효민 | 부산강서 | 463 |
| 김효상 | 영주서 | 442 |
| 김효상 | 서울청 | 149 |
| 김효상 | 중부지방 | 37 |
| 김효선 | 충주서 | 370 |
| 김효선 | 구로서 | 185 |
| 김효수 | 광주청 | 377 |
| 김효수 | 수원서 | 254 |
| 김효숙 | 여수서 | 394 |
| 김효숙 | 수영서 | 468 |
| 김효순 | 대전청 | 336 |
| 김효식 | 강서서 | 176 |
| 김효영 | 성동서 | 204 |
| 김효용 | 부평서 | 320 |
| 김효용 | 서울청 | 157 |
| 김효은 | 남원서 | 400 |
| 김효은 | 부천서 | 318 |
| 김효정 | 동안양서 | 249 |
| 김효정 | 동작서 | 193 |
| 김효정 | 삼성서 | 198 |
| 김효정 | 삼성서 | 199 |
| 김효정 | 서초서 | 202 |
| 김효정 | 역삼서 | 213 |
| 김효정 | 중부서 | 226 |
| 김효정 | 예산서 | 356 |
| 김효정 | 순천서 | 393 |
| 김효정 | 중부산서 | 471 |
| 김효정 | 지방재정 | 519 |
| 김효준 | 지방재정 | 518 |
| 김효진 | 대전청 | 332 |
| 김효진 | 기재부 | 88 |
| 김효진 | 국세청 | 126 |
| 김효진 | 서울청 | 150 |
| 김효진 | 서울청 | 150 |
| 김효진 | 동작서 | 193 |
| 김효진 | 마포서 | 194 |
| 김효진 | 마포서 | 195 |
| 김효진 | 중부청 | 235 |
| 김효진 | 인천청 | 292 |
| 김효진 | 보령서 | 348 |
| 김효진 | 익산서 | 405 |
| 김효진 | 부산청 | 449 |
| 김효진 | 부산청 | 454 |
| 김효희 | 금감원 | 112 |
| 김효희 | 광주청 | 383 |
| 김효희 | 부천서 | 318 |
| 김후 | 평택서 | 271 |
| 김훈 | 인천청 | 298 |
| 김훈 | 순천서 | 393 |
| 김훈 | 동대구서 | 421 |
| 김훈구 | 부산세관 | 510 |
| 김훈기 | 국세상담 | 143 |
| 김훈민 | 평택서 | 271 |
| 김훈수 | 이천서 | 269 |
| 김훈태 | 보령서 | 349 |
| 김훈태 | 예일세무 | 50 |
| 김훈태 | 춘천서 | 287 |
| 김휘영 | 구미서 | 433 |
| 김흠 | 국세청 | 136 |
| 김흥곤 | 속초서 | 280 |
| 김흥곤 | 금감원 | 102 |
| 김흥기 | 성동서 | 205 |
| 김흥기 | 은평서 | 219 |
| 김흥석 | 서울세관 | 500 |
| 김흥준 | 은평서 | 219 |
| 김희건 | 마포서 | 195 |
| 김희경 | 부천서 | 318 |
| 김희경 | 해운대서 | 472 |
| 김희경 | 북광주서 | 385 |
| 김희대 | 관악서 | 178 |
| 김희련 | 대전청 | 333 |
| 김희리 | 서부산서 | 467 |
| 김희명 | 인천공항 | 505 |
| 김희명 | 인천공항 | 506 |
| 김희범 | 의정부서 | 324 |
| 김희봉 | 창원서 | 488 |
| 김희봉 | 서광주서 | 387 |
| 김희선 | 광주청 | 379 |
| 김희선 | 국세상담 | 142 |
| 김희선 | 마포서 | 194 |
| 김희선 | 성동서 | 205 |
| 김희선 | 용산서 | 217 |
| 김희선 | 은평서 | 218 |
| 김희성 | 부산청 | 453 |
| 김희숙 | 동고양서 | 314 |
| 김희숙 | 광명서 | 311 |
| 김희숙 | 서울청 | 149 |
| 김희숙 | 동수원서 | 247 |
| 김희숙 | 광주청 | 376 |
| 김희숙 | 전주서 | 407 |
| 김희승 | 북광주서 | 384 |
| 김희애 | 동울산서 | 474 |
| 김희연 | 강동서 | 174 |
| 김희연 | 강동서 | 174 |
| 김희연 | 양천서 | 210 |
| 김희연 | 성남서 | 252 |
| 김희연 | 포항서 | 444 |
| 김희연 | 고양서 | 309 |
| 김희영 | 아산서 | 355 |
| 김희영 | 기재부 | 94 |
| 김희운 | 중부서 | 227 |
| 김희은 | 구로서 | 180 |
| 김희을 | 논산서 | 346 |
| 김희재 | 기재부 | 89 |
| 김희재 | 국세청 | 124 |
| 김희재 | 중부청 | 233 |
| 김희정 | 국세청 | 123 |
| 김희정 | 서울청 | 153 |
| 김희정 | 강남서 | 172 |
| 김희정 | 노원서 | 186 |
| 김희정 | 삼성서 | 198 |
| 김희정 | 서초서 | 202 |
| 김희정 | 성북서 | 207 |
| 김희정 | 파주서 | 326 |
| 김희정 | 포천서 | 329 |
| 김희정 | 광주청 | 383 |
| 김희정 | 양산서 | 484 |
| 김희주 | 서울청 | 166 |
| 김희주 | 포천서 | 328 |
| 김희주 | 익산서 | 404 |
| 김희준 | 기재부 | 93 |
| 김희준 | 서울청 | 212 |
| 김희준 | 창원서 | 488 |
| 김희중 | 기재부 | 82 |
| 김희진 | 서울청 | 149 |
| 김희진 | 서울청 | 168 |
| 김희찬 | 광주청 | 379 |
| 김희찬 | 국세교육 | 145 |

| 이름 | 소속 | 번호 |
|---|---|---|
| 박미화 | 중부산서 | 470 |
| 박미희 | 성남서 | 252 |
| 박미희 | 진주서 | 487 |
| 박민 | 순천서 | 393 |
| 박민국 | 동대구서 | 420 |
| 박민국 | 국세청 | 123 |
| 박민규 | 수원서 | 255 |
| 박민규 | 서인천서 | 303 |
| 박민규 | 김포서 | 313 |
| 박민근 | 청주서 | 369 |
| 박민서 | 동래서 | 458 |
| 박민서 | 중랑서 | 225 |
| 박민석 | 포천서 | 329 |
| 박민석 | 거창서 | 479 |
| 박민선 | 동안양서 | 248 |
| 박민솔 | 광산서 | 380 |
| 박민수 | 동작서 | 192 |
| 박민수 | 성남서 | 252 |
| 박민수 | 강북부산서 | 464 |
| 박민수 | 조세재정 | 524 |
| 박민아 | 강남서 | 172 |
| 박민아 | 천안서 | 358 |
| 박민영 | 중랑서 | 224 |
| 박민영 | 부산강서 | 463 |
| 박민영 | 동울산서 | 475 |
| 박민우 | 서울청 | 170 |
| 박민우 | 노원서 | 186 |
| 박민우 | 대전청 | 332 |
| 박민우 | 북부산서 | 465 |
| 박민욱 | 분당서 | 251 |
| 박민원 | 성남서 | 167 |
| 박민원 | 목포서 | 391 |
| 박민재 | 성동서 | 204 |
| 박민정 | 기재부 | 85 |
| 박민정 | 금감원 | 102 |
| 박민정 | 강남서 | 172 |
| 박민정 | 부산강서 | 462 |
| 박민정 | 중부산서 | 471 |
| 박민주 | 금천서 | 183 |
| 박민주 | 보령서 | 348 |
| 박민주 | 광주청 | 377 |
| 박민주 | 대구청 | 416 |
| 박민주 | 중부산서 | 470 |
| 박민중 | 종로서 | 223 |
| 박민지 | 동작서 | 193 |
| 박민채 | 세종서 | 353 |
| 박민철 | 삼성서 | 199 |
| 박민혁 | 금감원 | 103 |
| 박민호 | 서산서 | 351 |
| 박민희 | 영등포서 | 214 |
| 박배근 | 삼성서 | 198 |
| 박배열 | 삼성서 | 202 |
| 박범계 | 국회법제 | 70 |
| 박범규 | 서초서 | 203 |
| 박범석 | 서울청 | 160 |
| 박범석 | 중부청 | 233 |
| 박범수 | 국세청 | 120 |
| 박범수 | 연수서 | 323 |
| 박범우 | 삼성서 | 199 |
| 박범진 | 기재부 | 137 |
| 박범진 | 영등포서 | 215 |
| 박범진 | 잠실서 | 220 |
| 박병관 | 용인서 | 320 |
| 박병관 | 인천서 | 266 |
| 박병관 | 제주서 | 492 |
| 박병규 | 기재부 | 85 |
| 박병규 | 진주서 | 487 |
| 박병남 | 시흥서 | 257 |
| 박병문 | 청주서 | 369 |
| 박병민 | 김포서 | 313 |
| 박병선 | 해남서 | 397 |
| 박병선 | 기재부 | 80 |
| 박병수 | 북대전서 | 341 |
| 박병수 | 서울청 | 157 |
| 박병영 | EY한영 | 15 |
| 박병일 | 금감원 | 106 |
| 박병일 | 상공회의 | 114 |
| 박병일일 | 남원서 | 400 |
| 박병정 | 세무드슬 | 43 |
| 박병주 | 관악서 | 178 |
| 박병추 | 천안서 | 359 |
| 박병진 | 해운대서 | 472 |
| 박병철 | 부산진서 | 460 |
| 박병철 | 서울세관 | 501 |
| 박병태 | 광명서 | 310 |
| 박병태 | 서부산서 | 466 |
| 박병헌 | 기흥서 | 242 |
| 박병현 | 김앤장 | 55 |
| 박병호 | 감사원 | 75 |
| 박병환 | 여수서 | 395 |
| 박병환 | 부산청 | 447 |
| 박병환 | 부산청 | 454 |
| 박병환 | 부산청 | 455 |
| 박병훈 | 중부청 | 232 |
| 박보경 | 국세청 | 120 |
| 박보경 | 서초서 | 203 |
| 박보경 | 남양주서 | 245 |
| 박보경 | 안산서 | 260 |
| 박보경 | 부산강서 | 462 |
| 박보름 | 아산서 | 354 |
| 박보영 | 분당서 | 251 |
| 박보중 | 부산청 | 450 |
| 박보화 | 잠실서 | 220 |
| 박복심 | 서광주서 | 386 |
| 박복영 | 은평서 | 219 |
| 박복자 | 청송서 | 476 |
| 박봉순 | 정읍서 | 408 |
| 박봉용 | 원주서 | 284 |
| 박봉용 | 기재부 | 92 |
| 박봉용 | 기재부 | 93 |
| 박봉철 | 목포서 | 390 |
| 박봉현 | 안양서 | 264 |
| 박부열 | 목포서 | 391 |
| 박부용 | 인천공항 | 507 |
| 박삼용 | 보령서 | 349 |
| 박산재 | 현대회계 | 31 |
| 박상경 | 영동서 | 365 |
| 박상곤 | 군산서 | 398 |
| 박상규 | 포항서 | 444 |
| 박상기 | 김포서 | 312 |
| 박상기 | 국세청 | 121 |
| 박상기 | 국세청 | 121 |
| 박상길 | 삼성서 | 199 |
| 박상길 | 해운대서 | 472 |
| 박상돈 | 연수서 | 322 |
| 박상미 | 서초서 | 203 |
| 박상미 | 잠실서 | 221 |
| 박상민 | 김해서 | 480 |
| 박상민 | 동안양서 | 249 |
| 박상민 | 이천서 | 269 |
| 박상배 | 진안서 | 358 |
| 박상별 | 국세주류 | 140 |
| 박상별 | 국세청 | 130 |
| 박상봉 | 양천서 | 210 |
| 박상언 | 고양서 | 308 |
| 박상언 | 중랑서 | 225 |
| 박상언 | 태스홈앤 | 48 |
| 박상영 | 인천청 | 292 |
| 박상영 | 조세심판 | 520 |
| 박상옥 | 대전청 | 333 |
| 박상용 | 해운대서 | 473 |
| 박상우 | 기재부 | 86 |
| 박상우 | 중부청 | 234 |
| 박상우 | 안산서 | 261 |
| 박상우 | 진주서 | 486 |
| 박상우 | 창원서 | 488 |
| 박상욱 | 현대회계 | 31 |
| 박상욱 | 대전청 | 336 |
| 박상원 | 남대구서 | 418 |
| 박상원 | 동대문서 | 190 |
| 박상원 | 삼정회계 | 22 |
| 박상을 | 서울서 | 158 |
| 박상정 | 서광주서 | 383 |
| 박상정 | 서광주서 | 386 |
| 박상정 | 서울청 | 201 |
| 박상종 | 정읍서 | 408 |
| 박상주 | 중부청 | 238 |
| 박상주 | 기재부 | 87 |
| 박상준 | 금감원 | 112 |
| 박상준 | 국세청 | 121 |
| 박상준 | 국세청 | 134 |
| 박상준 | 마포서 | 195 |
| 박상준 | 광산서 | 381 |
| 박상준 | 부산청 | 452 |
| 박상준 | 인천세관 | 504 |
| 박상준 | 인천공항 | 507 |
| 박상태 | 속초서 | 281 |
| 박상혁 | 국회정무 | 72 |
| 박상혁 | 안동서 | 438 |
| 박상현 | 태스홈앤 | 48 |
| 박상현 | 기재부 | 81 |
| 박상현 | 반포서 | 197 |
| 박상현 | 서초서 | 202 |
| 박상현 | 파주서 | 326 |
| 박상현 | 포항서 | 445 |
| 박상호 | 한울회계 | 30 |
| 박상호 | 태스홈앤 | 48 |
| 박상호 | 마포서 | 194 |
| 박상훈 | 구리서 | 241 |
| 박상훈 | 부천서 | 319 |
| 박상훈 | 삼정회계 | 23 |
| 박상희 | 평택서 | 271 |
| 박상희 | 강동서 | 215 |
| 박상희 | 평택서 | 271 |
| 박상희 | 영동서 | 365 |
| 박상희 | 여수서 | 395 |
| 박상배 | 영덕서 | 441 |
| 박새롬 | 기재부 | 86 |
| 박샛별 | 동화성서 | 272 |
| 박서레 | 종로서 | 222 |
| 박서빈 | 서울청 | 166 |
| 박서연 | 서대문서 | 200 |
| 박서연 | 역삼서 | 165 |
| 박서연 | 동화성서 | 273 |
| 박서연 | 동고양서 | 273 |
| 박서연 | 부산청 | 314 |
| 박서연 | 해운대서 | 450 |
| 박서우 | 인천서 | 472 |
| 박서우 | 동래서 | 305 |
| 박서우 | 동래서 | 459 |
| 박서정 | 국세청 | 190 |
| 박서정 | 강릉서 | 276 |
| 박서정 | 북광주서 | 384 |
| 박서진 | 국세청 | 125 |
| 박서진 | 서울청 | 166 |
| 박서현 | 역삼서 | 213 |
| 박서형 | 수성서 | 427 |
| 박서희 | 은평서 | 219 |
| 박석신 | 조세심판 | 521 |
| 박석이 | 지방재정 | 518 |
| 박석이 | 관세청 | 496 |
| 박석현 | 이천서 | 269 |
| 박석현 | 태평양 | 61 |
| 박석홍 | 북부산서 | 378 |
| 박석홍 | 서대구서 | 464 |
| 박석환 | 서대구서 | 424 |
| 박선경 | 지방재정 | 89 |
| 박선경 | 서울서 | 519 |
| 박선남 | 북부산서 | 151 |
| 박선미 | 강릉서 | 464 |
| 박선민 | 남부천서 | 277 |
| 박선민 | 중부서 | 317 |
| 박선범 | 중부청 | 342 |
| 박선수 | 파주서 | 239 |
| 박선아 | 서울청 | 326 |
| 박선애 | 부산서 | 166 |
| 박선연 | 서부산서 | 451 |
| 박선연 | 북부산서 | 466 |
| 박선영 | 중부청 | 464 |
| 박선영 | 기재부 | 235 |
| 박선영 | 서울청 | 79 |
| 박선영 | 마포서 | 82 |
| 박선영 | 양천서 | 168 |
| 박선영 | 동수원서 | 195 |
| 박선영 | 화성서 | 206 |
| 박선영 | 서대전서 | 210 |
| 박선영 | 천안서 | 247 |
| 박선영 | 광주서 | 249 |
| 박선영 | 익산서 | 274 |
| 박선영 | 금정서 | 326 |
| 박선옥 | 조세재정 | 358 |
| 박선옥 | 중랑서 | 375 |
| 박선옥 | 중랑서 | 382 |
| 박선우 | 강동서 | 405 |
| 박선임 | 조세심판 | 455 |
| 박선재 | 지방재정 | 456 |
| 박선주 | 구로서 | 523 |
| 박선호 | 서부산서 | 433 |
| 박선화 | 동안양서 | 224 |
| 박선화 | 김포서 | 227 |
| 박선희 | 도봉서 | 174 |
| 박선희 | 삼성서 | 521 |
| 박선희 | 아산서 | 519 |
| 박선희 | 수성서 | 181 |
| 박선희 | 서광주청 | 426 |
| 박설희 | 천안서 | 467 |
| 박성경 | 삼성서 | 263 |
| 박성근 | 서울서 | 312 |
| 박성대 | 군산서 | 188 |
| 박성란 | 대전청 | 198 |
| 박성렬 | 서울청 | 161 |
| 박성무 | 강서서 | 74 |
| 박성민 | 강서서 | 398 |
| 박성민 | 양천서 | 335 |
| 박성민 | | 156 |
| 박성민 | 강서서 | 177 |
| 박성민 | 양천서 | 211 |
| 박성민 | 부산청 | 449 |
| 박성배 | 남양서 | 245 |
| 박성수 | 송파서 | 209 |
| 박성수 | 포천서 | 329 |
| 박성수 | 군산서 | 398 |
| 박성숙 | 강남서 | 172 |
| 박성신 | 송파서 | 208 |
| 박성애 | 노원서 | 187 |
| 박성영 | 금감원 | 109 |
| 박성용 | 중부청 | 237 |
| 박성용 | 예일회계 | 26 |
| 박성우 | 기재부 | 87 |
| 박성우 | 국세청 | 138 |
| 박성우 | 북대구서 | 422 |
| 박성욱 | 수영서 | 468 |
| 박성욱 | 안동서 | 438 |
| 박성원 | 동화성서 | 273 |
| 박성윤 | 북대전서 | 341 |
| 박성윤 | 군산서 | 399 |
| 박성은 | 국세청 | 124 |
| 박성은 | 중부청 | 137 |
| 박성은일 | 분당서 | 235 |
| 박성일 | 강남서 | 251 |
| 박성일 | 김포서 | 172 |
| 박성재 | 강남서 | 312 |
| 박성재 | 아산서 | 355 |
| 박성재 | 부평서 | 320 |
| 박성재 | 북대구서 | 341 |
| 박성재 | 중부산서 | 470 |
| 박성정 | 목포서 | 391 |
| 박성주 | 상공회의 | 115 |
| 박성주 | 전주서 | 407 |
| 박성춘 | 기재부 | 87 |
| 박성준 | 국세청 | 138 |
| 박성준 | 강동서 | 175 |
| 박성준 | 삼척서 | 176 |
| 박성준 | 통영서 | 279 |
| 박성준 | 대현회계 | 491 |
| 박성진 | 금융위 | 16 |
| 박성진 | 안산서 | 98 |
| 박성진 | 광주청 | 260 |
| 박성진 | 서부산서 | 377 |
| 박성진 | 마포서 | 467 |
| 박성찬 | 안산서 | 195 |
| 박성찬 | 연수서 | 261 |
| 박성찬 | 법무지평 | 322 |
| 박성탁 | 동작서 | 60 |
| 박성하 | 은평서 | 193 |
| 박성하 | 북대구서 | 218 |
| 박성학 | 의정부서 | 30 |
| 박성한 | 안진회계 | 423 |
| 박성한 | 법무광장 | 324 |
| 박성혁 | 김포서 | 17 |
| 박성현 | 도봉서 | 313 |
| 박성현 | 동화성서 | 189 |
| 박성현 | 안동서 | 273 |
| 박성혜 | 마산서 | 439 |
| 박성호 | 강동서 | 482 |
| 박성호 | 도봉서 | 173 |
| 박성호 | 용산서 | 189 |
| 박성호 | 계양서 | 216 |
| 박성호 | 법무바른 | 307 |
| 박성환 | 부산진서 | 1 |
| 박성환 | 통영서 | 461 |
| 박성훈 | 국회재정 | 491 |
| 박성훈 | 기재부 | 63 |
| 박성훈 | 남양주서 | 68 |
| 박성훈 | 조세재정 | 244 |
| 박성희 | 국세상담 | 523 |
| 박성희 | 도봉서 | 142 |
| 박성희 | 구리서 | 189 |
| 박성희 | 북대전서 | 241 |
| 박세국 | 금융위 | 340 |
| 박세근 | 광주서 | 98 |
| 박세라 | 춘천서 | 345 |
| 박세라 | 부평서 | 286 |
| 박세령 | 서울청 | 321 |
| 박세린 | 강서서 | 155 |
| 박세린 | 창원서 | 176 |
| 박세림 | 구로서 | 488 |
| 박세언 | 서울청 | 180 |
| 박세민 | 중부청 | 149 |
| 박세민 | 마산서 | 239 |
| 박세언 | 동안양서 | 249 |
| 박세영 | 남동서 | 300 |
| 박세웅 | 경기광주 | 258 |
| 박세웅 | 기재부 | 89 |
| 박세웅 | 송파서 | 209 |
| 박세웅 | 거창서 | 478 |
| 박세윤 | 시흥서 | 257 |
| 박세윤 | 인천청 | 295 |
| 박세인 | 성동서 | 205 |
| 박세인 | 종로서 | 223 |
| 박세인 | 목포서 | 390 |
| 박세일 | 서울청 | 149 |
| 박세일 | 구미서 | 433 |
| 박세준 | 부산청 | 453 |
| 박세진 | 포천서 | 328 |
| 박세진 | 김앤장 | 55 |
| 박세창 | 국세청 | 122 |
| 박세하 | 서울청 | 151 |
| 박세현 | 국세교육 | 144 |
| 박세현 | 부산진서 | 460 |
| 박세환 | 송파서 | 208 |
| 박세환 | 대전청 | 333 |
| 박세훈 | 법무율촌 | 59 |
| 박세희 | 국세청 | 135 |
| 박소미 | 북대전서 | 340 |
| 박소미 | 역삼서 | 212 |
| 박소미 | 종로서 | 223 |
| 박소연 | 순천서 | 393 |
| 박소연 | 상공회의 | 115 |
| 박소연 | 서울청 | 150 |
| 박소연 | 도봉서 | 189 |
| 박소연 | 역삼서 | 213 |
| 박소연 | 영등포서 | 215 |
| 박소연 | 동안양서 | 248 |
| 박소연 | 분당서 | 251 |
| 박소연 | 화성서 | 274 |
| 박소연 | 계양서 | 306 |
| 박소연 | 연수서 | 323 |
| 박소연 | 북대전서 | 341 |
| 박소연 | 서대전서 | 343 |
| 박소연 | 서대전서 | 343 |
| 박소연 | 북대구서 | 422 |
| 박소연 | 조세재정 | 525 |
| 박소영 | 김앤장 | 55 |
| 박소영 | 국세청 | 131 |
| 박소영 | 서울청 | 165 |
| 박소영 | 마포서 | 195 |
| 박소영 | 용산서 | 216 |
| 박소영 | 중부서 | 227 |
| 박소영 | 의정부서 | 324 |
| 박소영 | 북광주서 | 384 |
| 박소영 | 남양주서 | 384 |
| 박소영 | 김천서 | 434 |
| 박소영 | 상주서 | 436 |
| 박소영 | 부산청 | 451 |
| 박소영 | 제주서 | 493 |
| 박소윤 | 안양서 | 265 |
| 박소은 | 반포서 | 197 |
| 박소정 | 기재부 | 91 |
| 박소정 | 성동서 | 204 |
| 박소정 | 용산서 | 216 |
| 박소정 | 인천청 | 298 |
| 박소정 | 부산청 | 449 |
| 박소정 | 기재부 | 88 |
| 박소현 | 역삼서 | 213 |
| 박소현 | 용산서 | 217 |
| 박소현 | 기흥서 | 242 |
| 박소현 | 분당서 | 251 |
| 박소현 | 포천서 | 329 |
| 박소현 | 북광주서 | 385 |
| 박소현 | 남원서 | 400 |
| 박소현 | 부산청 | 448 |
| 박소현 | 남동서 | 300 |
| 박소혜 | 반포서 | 197 |
| 박소희 | 영등포서 | 215 |
| 박소희 | 전주서 | 407 |
| 박소희 | 의정부서 | 324 |
| 박송복 | 국세청 | 132 |
| 박송이 | 은평서 | 218 |
| 박송이 | 안양서 | 265 |
| 박송희 | 김포서 | 312 |
| 박송희 | 수원서 | 255 |
| 박수경 | 고양서 | 308 |
| 박수경 | 부산서 | 454 |
| 박수경 | 금정서 | 456 |
| 박수경 | 수영서 | 468 |
| 박수미 | 동화성서 | 273 |
| 박수미 | 서대문서 | 201 |
| 박수미 | 광명서 | 311 |
| 박수미 | 대전서 | 338 |
| 박수민 | 국회재정 | 68 |
| 박수민 | 진주서 | 486 |
| 박수범 | 수원서 | 255 |
| 박수범 | 대구청 | 414 |
| 박수빈 | 대구청 | 413 |
| 박수빈 | 서대구서 | 424 |
| 박수성 | 김해서 | 480 |
| 박수안 | 북대전서 | 340 |
| 박수안 | 중부청 | 233 |
| 박수연 | 서울청 | 156 |
| 박수연 | 동작서 | 193 |

548

| 이름 | 소속 | 쪽 |
| --- | --- | --- |
| 박수연 | 마포서 | 195 |
| 박수연 | 삼성서 | 198 |
| 박수연 | 충주서 | 371 |
| 박수열 | 삼일회계 | 21 |
| 박수열 | 평택서 | 271 |
| 박수영 | 국회재정 | 68 |
| 박수영 | 기재부 | 92 |
| 박수영 | 진주서 | 120 |
| 박수영 | 국세청 | 487 |
| 박수완 | 현대회계 | 31 |
| 박수완 | 마산서 | 482 |
| 박수용 | 안산서 | 260 |
| 박수용 | 평택서 | 270 |
| 박수인 | 광주청 | 378 |
| 박수인 | 인천청 | 483 |
| 박수정 | 금감원 | 105 |
| 박수정 | 서울청 | 156 |
| 박수정 | 고양서 | 314 |
| 박수정 | 북전주서 | 402 |
| 박수지 | 마산서 | 162 |
| 박수지 | 영등포서 | 215 |
| 박수지 | 시흥서 | 256 |
| 박수진 | 인천청 | 296 |
| 박수진 | 동대문서 | 190 |
| 박수진 | 안양서 | 261 |
| 박수진 | 안양서 | 265 |
| 박수진 | 인천서 | 296 |
| 박수진 | 의정부서 | 324 |
| 박수진 | 파주서 | 327 |
| 박수진 | 대전청 | 334 |
| 박수진 | 해운대서 | 472 |
| 박수진 | 제주서 | 492 |
| 박수진 | 조세재정 | 522 |
| 박수진 | 법무대륜 | 58 |
| 박수춘 | 광명서 | 311 |
| 박수태 | 경기광주 | 258 |
| 박수한 | 성북서 | 207 |
| 박수현 | 기재부 | 82 |
| 박수현 | 종로서 | 222 |
| 박수현 | 중부청 | 231 |
| 박수현 | 안양서 | 249 |
| 박수현 | 동청주서 | 362 |
| 박수현 | 동청주서 | 363 |
| 박수현 | 익산서 | 405 |
| 박수현 | 동대구서 | 420 |
| 박수혜 | 조세심판 | 520 |
| 박수호 | 서대구서 | 424 |
| 박수홍 | 금감원 | 104 |
| 박수홍 | 시흥서 | 257 |
| 박수환 | 기재부 | 79 |
| 박숙자 | 양천서 | 210 |
| 박숙정 | 강서서 | 176 |
| 박숙희 | 국세청 | 124 |
| 박숙희 | 성동서 | 204 |
| 박숙희 | 나주서 | 389 |
| 박순규 | 서산서 | 350 |
| 박순남 | 분당서 | 250 |
| 박순애 | 서울청 | 156 |
| 박순영 | 수원서 | 255 |
| 박순영 | 기재부 | 87 |
| 박순웅 | 시흥서 | 256 |
| 박순정 | 서대구서 | 151 |
| 박순주 | 서대구서 | 424 |
| 박순준 | 성남서 | 253 |
| 박순진 | 영등포서 | 214 |
| 박순찬 | 금감원 | 106 |
| 박순철 | 이천서 | 268 |
| 박순희 | 대구청 | 417 |
| 박슬기 | 영등포서 | 214 |
| 박슬기 | 금감원 | 110 |
| 박슬기 | 서울동부서 | 151 |
| 박슬기 | 인천청 | 295 |
| 박슬기 | 광주청 | 378 |
| 박슬기 | 포항서 | 445 |
| 박승권 | 대전청 | 336 |
| 박승규 | 제천서 | 366 |
| 박승규 | 국세청 | 136 |
| 박승문 | 노원서 | 187 |
| 박승민 | 금감원 | 106 |
| 박승연 | 기재부 | 96 |
| 박승연 | 광주청 | 374 |
| 박승영 | 북대구서 | 422 |
| 박승원 | 안산서 | 260 |
| 박승정 | 세종서 | 352 |
| 박승재 | 반포서 | 197 |
| 박승종 | 삼일회계 | 20 |
| 박승준 | 북산서 | 467 |
| 박승찬 | 동안양서 | 249 |
| 박승찬 | 부산청 | 289 |
| 박승철 | 부산청 | 453 |
| 박승철 | 충부청 | 236 |
| 박승필 | 반포서 | 196 |
| 박승현 | 경기광주 | 259 |
| 박승현 | 대전청 | 333 |
| 박승혜 | 경산서 | 429 |
| 박승호 | 성북서 | 206 |
| 박승호 | 역삼서 | 213 |
| 박승호 | 대구청 | 417 |
| 박승호 | 서울청 | 161 |
| 박승효 | 원주서 | 284 |
| 박승훈 | 북전주서 | 402 |
| 박승희 | 기재부 | 153 |
| 박시연 | 나주서 | 389 |
| 박시연 | 용산서 | 217 |
| 박시원 | 익산서 | 405 |
| 박시춘 | 관세청 | 496 |
| 박시현 | 도봉서 | 188 |
| 박시현 | 국세청 | 122 |
| 박시현 | 동화성서 | 273 |
| 박시현 | 대구청 | 413 |
| 박시형 | 청주서 | 368 |
| 박시후 | 국세청 | 132 |
| 박신아 | 광주서 | 382 |
| 박신아 | 조세재정 | 524 |
| 박신애 | 서울청 | 171 |
| 박신영 | 관악서 | 179 |
| 박신영 | 포천서 | 328 |
| 박신영 | 대전청 | 334 |
| 박신영 | 전주서 | 406 |
| 박신우 | 부천서 | 318 |
| 박신우 | 해남서 | 397 |
| 박신우 | 남원서 | 400 |
| 박신정 | 용산서 | 216 |
| 박신정 | 대전청 | 335 |
| 박신해 | 강남서 | 172 |
| 박신현 | 북전주서 | 402 |
| 박아름 | 양천서 | 211 |
| 박아름 | 현대회계 | 31 |
| 박아영 | 서울청 | 151 |
| 박안제라 | 관악서 | 179 |
| 박애경 | 중랑서 | 224 |
| 박애란 | 노원서 | 186 |
| 박애리 | 영월서 | 283 |
| 박애슬 | 서울청 | 153 |
| 박애심 | 의정부서 | 324 |
| 박애자 | 서울청 | 155 |
| 박애자 | 영등포서 | 214 |
| 박애지 | 기재부 | 96 |
| 박양규 | 국세청 | 120 |
| 박양규 | 상공회의 | 115 |
| 박양숙 | 경기광주 | 259 |
| 박양희 | 노원서 | 187 |
| 박언영 | 제주서 | 492 |
| 박언준 | 기재부 | 82 |
| 박엘리 | 부천서 | 465 |
| 박여준 | 세종서 | 353 |
| 박연 | 수원서 | 255 |
| 박연서 | 광주청 | 374 |
| 박연숙 | 순천서 | 392 |
| 박연수 | 동대문서 | 190 |
| 박연옥 | 원주서 | 285 |
| 박연정 | 동청주서 | 363 |
| 박연주 | 중부서 | 226 |
| 박연주 | 역삼서 | 212 |
| 박연주 | 영등포서 | 214 |
| 박연주 | 종로서 | 222 |
| 박연진 | 제주서 | 493 |
| 박연지 | 강서서 | 177 |
| 박영 | 삼성서 | 198 |
| 박영건 | 서울청 | 170 |
| 박영곤 | 부산청 | 454 |
| 박영규 | 평택서 | 271 |
| 박영규 | 부산진서 | 461 |
| 박영기 | 지방재정 | 519 |
| 박영기 | 법무광장 | 57 |
| 박영길 | 계양서 | 307 |
| 박영래 | 상공회의 | 115 |
| 박영래 | 국세청 | 137 |
| 박영민 | 경산서 | 428 |
| 박영민 | 안양서 | 265 |
| 박영민 | 아산서 | 354 |
| 박영성 | 부산진서 | 460 |
| 박영성 | 태평양 | 61 |
| 박영수 | 남부천서 | 316 |
| 박영수 | 서광주서 | 387 |
| 박영순 | 순천서 | 393 |
| 박영순 | 금정서 | 182 |
| 박영식 | 기재부 | 457 |
| 박영식 | 서울청 | 78 |
| 박영식 | 안산서 | 155 |
| 박영실 | 구로서 | 260 |
| 박영아 | 수성서 | 180 |
| 박영언 | 포천서 | 426 |
| 박영우 | 포천서 | 329 |
| 박영우 | 기재부 | 90 |
| 박영욱 | 법무광장 | 56 |
| 박영웅 | 중부청 | 230 |
| 박영일 | 법무화우 | 3 |
| 박영일 | 안산서 | 261 |
| 박영임 | 대전청 | 337 |
| 박영재 | 제천서 | 366 |
| 박영종 | 북부산서 | 465 |
| 박영주 | 은평서 | 267 |
| 박영주 | 대전청 | 218 |
| 박영주 | 서대구서 | 337 |
| 박영주 | 서대구서 | 424 |
| 박영증 | 지방재정 | 518 |
| 박영준 | 법무지평 | 60 |
| 박영준 | 금감원 | 108 |
| 박영준 | 대전청 | 135 |
| 박영진 | 동대구서 | 420 |
| 박영진 | 부산서 | 454 |
| 박영호 | 기재부 | 94 |
| 박영호 | 경산서 | 429 |
| 박영호 | 동수원서 | 247 |
| 박영훈 | 북부산서 | 465 |
| 박영훈 | 동청주서 | 362 |
| 박예나 | 서초서 | 78 |
| 박예규 | 대전청 | 335 |
| 박예란 | 고시회 | 34 |
| 박예란 | 서초서 | 203 |
| 박예림 | 고양서 | 308 |
| 박예지 | 인천서 | 304 |
| 박예지 | 서광주서 | 387 |
| 박예진 | 수성서 | 427 |
| 박옥길 | 노원서 | 186 |
| 박옥연 | 서대구서 | 424 |
| 박옥주 | 경기광주 | 258 |
| 박옥주 | 영등포서 | 214 |
| 박옥진 | 중부서 | 226 |
| 박옥희 | 양천서 | 210 |
| 박완기 | 감사원 | 75 |
| 박완 | 북대구서 | 340 |
| 박요철 | 용인서 | 335 |
| 박요철 | 택스홈앤 | 266 |
| 박용 | 택스홈앤 | 48 |
| 박용관 | 충주서 | 371 |
| 박용관 | 국세청 | 137 |
| 박용남 | 통영서 | 457 |
| 박용남 | 순천서 | 490 |
| 박용병 | 대전청 | 392 |
| 박용석 | 역삼서 | 334 |
| 박용석 | 진주서 | 212 |
| 박용선 | 동울산서 | 486 |
| 박용섭 | 송파서 | 475 |
| 박용우 | 영덕서 | 208 |
| 박용우 | 금감원 | 381 |
| 박용주 | 김포서 | 441 |
| 박용주 | 파주서 | 103 |
| 박용주 | 현대회계 | 312 |
| 박용준 | 감사원 | 326 |
| 박용준 | 국세교육 | 31 |
| 박용준 | 서울청 | 75 |
| 박용진 | 해운대서 | 145 |
| 박용진 | 남대문서 | 162 |
| 박용태 | 포천서 | 473 |
| 박용태 | 기흥서 | 185 |
| 박용훈 | 부산청 | 328 |
| 박용훈 | 목포서 | 243 |
| 박용희 | 진주서 | 450 |
| 박용희 | 역삼서 | 390 |
| 박우경 | 현대회계 | 487 |
| 박우경 | 역삼서 | 213 |
| 박우련 | 현대회계 | 31 |
| 박우순 | 대전청 | 332 |
| 박우영 | 인천서 | 292 |
| 박우현 | 국세청 | 123 |
| 박욱상 | 동작서 | 193 |
| 박운규 | 마산서 | 482 |
| 박운영 | 부산청 | 451 |
| 박웅종 | 금감원 | 105 |
| 박원경 | 국세청 | 133 |
| 박원규 | 서울청 | 160 |
| 박원균 | 동수원서 | 453 |
| 박원기 | 지방재정 | 246 |
| 박원기 | 국세청 | 130 |
| 박원석 | 홍천서 | 289 |
| 박원석 | 서울청 | 171 |
| 박원준 | 속초서 | 281 |
| 박원준 | 지방재정 | 518 |
| 박원주 | 광주청 | 376 |
| 박원주 | 영등포서 | 214 |
| 박원진 | 기재부 | 91 |
| 박원준 | 국세상담 | 143 |
| 박원준 | 서울청 | 149 |
| 박원준 | 구리서 | 240 |
| 박원진 | 세무드솔 | 43 |
| 박원찬 | 법무대륜 | 58 |
| 박원호 | 부산진서 | 461 |
| 박월례 | 중부청 | 218 |
| 박월광 | 성남서 | 252 |
| 박유나 | 강동서 | 174 |
| 박유나 | 서광주서 | 386 |
| 박유라 | 부산청 | 449 |
| 박유라 | 인천청 | 296 |
| 박유리 | 동작서 | 192 |
| 박유리 | 마포서 | 194 |
| 박유린 | 서인천서 | 302 |
| 박유미 | 안양서 | 264 |
| 박유미 | 서울청 | 150 |
| 박유미 | 마포서 | 194 |
| 박유미 | 남원서 | 400 |
| 박유미 | 조세재정 | 523 |
| 박유미 | 조세재정 | 524 |
| 박유정 | 서대전서 | 343 |
| 박유진 | 동대문서 | 191 |
| 박유준 | 화성서 | 275 |
| 박유진 | 기재부 | 94 |
| 박유진 | 성남서 | 252 |
| 박유진 | 순천서 | 392 |
| 박유진 | 동울산서 | 474 |
| 박유진 | 지방재정 | 519 |
| 박유경 | 마산서 | 483 |
| 박윤미 | 군산서 | 399 |
| 박윤미 | 파주서 | 327 |
| 박윤배 | 서인천서 | 261 |
| 박윤수 | 성남서 | 253 |
| 박윤수 | 마포서 | 195 |
| 박윤수 | 기재부 | 94 |
| 박윤정 | 성남서 | 252 |
| 박은경 | 구로서 | 181 |
| 박은경 | 삼성서 | 199 |
| 박은주 | 포천서 | 329 |
| 박은지 | 북대전서 | 315 |
| 박은지 | 동고양서 | 176 |
| 박은진 | 강서서 | 525 |
| 박은채 | 조세재정 | 256 |
| 박은채 | 김포서 | 312 |
| 박은희 | 관악서 | 179 |
| 박은희 | 수영서 | 468 |
| 박으듬 | 서울청 | 163 |
| 박은 | 서울청 | 152 |
| 박은경 | 북대전서 | 340 |
| 박은경 | 마산서 | 483 |
| 박은경 | 양산서 | 484 |
| 박은미 | 서울청 | 165 |
| 박은미 | 화성서 | 274 |
| 박은미 | 청주서 | 369 |
| 박은미 | 제주서 | 492 |
| 박은비 | 중부청 | 238 |
| 박은서 | 동안산서 | 262 |
| 박은선 | 강남서 | 172 |
| 박은선 | 동화성서 | 273 |
| 박은선 | 남대문서 | 185 |
| 박은선 | 기재부 | 87 |
| 박은심 | 수영서 | 468 |
| 박은영 | 기재부 | 86 |
| 박은영 | 기재부 | 88 |
| 박은영 | 서초서 | 202 |
| 박은영 | 인천서 | 304 |
| 박은영 | 북광주서 | 384 |
| 박은영 | 서광주서 | 387 |
| 박은영 | 구미서 | 433 |
| 박은영 | 금정서 | 457 |
| 박은우 | 북대구서 | 423 |
| 박은재 | 부산진서 | 461 |
| 박은정 | 광주청 | 374 |
| 박은정 | 국회법제 | 70 |
| 박은정 | 강남서 | 173 |
| 박은정 | 도봉서 | 189 |
| 박은정 | 종로서 | 222 |
| 박은정 | 충부청 | 224 |
| 박은정 | 충북청 | 238 |
| 박은정 | 구리서 | 241 |
| 박은정 | 분당서 | 250 |
| 박은정 | 수원서 | 254 |
| 박은정 | 대전청 | 335 |
| 박은정 | 북대전서 | 340 |
| 박은정 | 영주서 | 443 |
| 박은정 | 조세재정 | 523 |
| 박은주 | 동작서 | 192 |
| 박은주 | 역삼서 | 212 |
| 박은주 | 남동서 | 301 |
| 박은주 | 수영서 | 468 |
| 박은주 | 서울청 | 152 |
| 박은주 | 종로서 | 223 |
| 박은지 | 경기광주 | 259 |
| 박은지 | 동화성서 | 272 |
| 박은지 | 부평서 | 321 |
| 박은지 | 목포서 | 391 |
| 박은진 | 경기광주 | 258 |
| 박은혜 | 금감원 | 102 |
| 박은혜 | 삼성서 | 199 |
| 박은화 | 잠실서 | 220 |
| 박은화 | 서울청 | 149 |
| 박은희 | 여수서 | 394 |
| 박은희 | 서울청 | 153 |
| 박은희 | 서울청 | 162 |
| 박은희 | 구로서 | 180 |
| 박은희 | 안양서 | 265 |
| 박은희 | 부천서 | 318 |
| 박은희 | 지방재정 | 518 |
| 박은희 | 동부양서 | 248 |
| 박이현 | 북광주서 | 384 |
| 박인 | 익산서 | 405 |
| 박인경 | 기흥서 | 242 |
| 박인경 | 마포서 | 194 |
| 박인국 | 대전서 | 338 |
| 박인국 | 서울청 | 169 |
| 박인규 | 구로서 | 180 |
| 박인대 | 삼일회계 | 21 |
| 박인선 | 계양서 | 306 |
| 박인선 | 대전서 | 338 |
| 박인수 | 연수서 | 323 |
| 박인수 | 서산서 | 350 |
| 박인숙 | 나주서 | 388 |
| 박인숙 | 전주서 | 402 |
| 박인숙 | 파주서 | 406 |
| 박인숙 | 파주서 | 326 |
| 박인원 | 기재부 | 80 |
| 박인제 | 인천청 | 297 |
| 박인철 | 천안서 | 183 |
| 박인혁 | 수영서 | 468 |
| 박인혁 | 조세심판 | 521 |
| 박인호 | 제주서 | 492 |
| 박인홍 | 성북서 | 207 |
| 박인홍 | 통영서 | 490 |
| 박인환 | 예산서 | 356 |
| 박인환 | 북광주서 | 385 |
| 박인환 | 남양주서 | 244 |
| 박일도 | 북대전서 | 340 |
| 박일병 | 울산서 | 476 |
| 박일보 | 서대전서 | 343 |
| 박일수 | 서울세관 | 500 |
| 박일수 | 인천청 | 297 |
| 박일수 | 서인천서 | 302 |
| 박일준 | 평택서 | 271 |
| 박일찬 | 상공회의 | 114 |
| 박일호 | 강릉서 | 277 |
| 박일호 | 인천청 | 297 |
| 박일환 | 김해서 | 481 |
| 박임섭 | 이천서 | 268 |
| 박자영 | 군산서 | 398 |
| 박자임 | 동작서 | 192 |
| 박자임 | 동대구서 | 421 |
| 박장진 | 송파서 | 208 |
| 박장미 | 구미서 | 432 |
| 박장수 | 국세주류 | 140 |
| 박장수 | 반포서 | 197 |
| 박장훈 | 남동서 | 301 |
| 박재곤 | 창원서 | 489 |
| 박재광 | 동래서 | 459 |
| 박재군 | 아산서 | 354 |
| 박재근 | 서울청 | 160 |
| 박재근 | 부산진서 | 461 |
| 박재근 | 대구청 | 413 |
| 박재근 | 상공회의 | 115 |
| 박재근 | 상공회의 | 115 |
| 박재만 | 대전청 | 338 |
| 박재만 | 전주서 | 406 |
| 박재민 | 강릉서 | 277 |
| 박재민 | 동청주서 | 362 |
| 박재민 | 대현회계 | 16 |
| 박재봉 | 관세청 | 496 |
| 박재봉 | 관세청 | 496 |
| 박재봉 | 기재부 | 85 |
| 박재석 | 김앤장 | 55 |
| 박재선 | 관세청 | 497 |
| 박재선 | 지방재정 | 519 |
| 박재성 | 성동서 | 205 |
| 박재성 | 송파서 | 209 |
| 박재성 | 포항서 | 344 |
| 박재성 | 포항서 | 445 |
| 박재억 | 법무바른 | 1 |
| 박재영 | 세무하나 | 47 |
| 박재영 | 감사원 | 75 |
| 박재영 | 기재부 | 89 |
| 박재영 | 금감원 | 108 |
| 박재영 | 동대문서 | 190 |
| 박재완 | 태평양 | 61 |
| 박재완 | 중부산서 | 470 |
| 박재우 | 기흥서 | 242 |
| 박재우 | 평택서 | 271 |
| 박재우 | 대전청 | 335 |
| 박재우 | 부산청 | 448 |

| 이름 | 소속 | 번호 |
|---|---|---|
| 박재우 | 한울회계 | 30 |
| 박재욱 | 국세청 | 129 |
| 박재욱 | 아산서 | 354 |
| 박재원 | 서울청 | 148 |
| 박재원 | 동울산서 | 474 |
| 박재원 | 세무다솔 | 43 |
| 박재윤 | 화성서 | 275 |
| 박재진 | 남대구서 | 418 |
| 박재찬 | 대구청 | 415 |
| 박재찬 | 케앤장 | 55 |
| 박재철 | 국세청 | 128 |
| 박재춘 | 영등포서 | 215 |
| 박재한 | 동울산서 | 474 |
| 박재한 | 현대회계 | 31 |
| 박재혁 | 현대회계 | 31 |
| 박재현 | 기재부 | 83 |
| 박재현 | 역삼서 | 212 |
| 박재현 | 잠실서 | 220 |
| 박재현 | 성남부 | 253 |
| 박재형 | 기재부 | 91 |
| 박재형 | 금감원 | 110 |
| 박재형 | 역삼서 | 213 |
| 박재형 | 중부청 | 229 |
| 박재형 | 중부청 | 230 |
| 박재형 | 남양주서 | 244 |
| 박재형 | 예산서 | 356 |
| 박재형 | 남대구서 | 418 |
| 박재형 | 통영서 | 490 |
| 박재형 | 관세청 | 497 |
| 박재호 | 부산세관 | 510 |
| 박재홍 | 기재부 | 87 |
| 박재홍 | 기재부 | 92 |
| 박재홍 | 국세상담 | 142 |
| 박재홍 | 강남서 | 172 |
| 박재홍 | 강서서 | 176 |
| 박재홍 | 중부청 | 238 |
| 박재홍 | 충주서 | 371 |
| 박재홍 | 창원서 | 488 |
| 박재환 | 케앤장 | 55 |
| 박재환 | 택스홈앤 | 48 |
| 박재훈 | 광주청 | 379 |
| 박재훈 | 금융위 | 98 |
| 박재훈 | 안산서 | 260 |
| 박점숙 | 포항서 | 444 |
| 박정고 | 성북서 | 206 |
| 박정국 | 광주청 | 375 |
| 박정권 | 서울청 | 161 |
| 박정기 | 강남서 | 172 |
| 박정길 | 대구청 | 416 |
| 박정길 | 수성서 | 426 |
| 박정남 | 국세청 | 123 |
| 박정란 | 순천서 | 392 |
| 박정린 | 포천서 | 328 |
| 박정미 | 수원서 | 247 |
| 박정미 | 기재부 | 84 |
| 박정민 | 서울청 | 155 |
| 박정민 | 관악서 | 179 |
| 박정민 | 구로서 | 181 |
| 박정민 | 동작서 | 193 |
| 박정민 | 중부청 | 203 |
| 박정민 | 중부청 | 230 |
| 박정민 | 화성서 | 237 |
| 박정민 | 화성서 | 274 |
| 박정민 | 조세심판 | 520 |
| 박정민 | 삼일회계 | 24 |
| 박정배 | 인천서 | 305 |
| 박정배 | 순천서 | 393 |
| 박정상 | 기재부 | 92 |
| 박정성 | 북대구서 | 423 |
| 박정수 | 광주청 | 276 |
| 박정수 | 북대전서 | 340 |
| 박정수 | 부산청 | 451 |
| 박정수 | 국세청 | 3 |
| 박정수 | 법무화우 | 43 |
| 박정수 | 세무다솔 | 43 |
| 박정숙 | 성동서 | 198 |
| 박정숙 | 성동서 | 204 |
| 박정숙 | 대전서 | 338 |
| 박정숙 | 군산서 | 398 |
| 박정숙 | 김천서 | 434 |
| 박정순 | 양천서 | 210 |
| 박정순 | 양천서 | 210 |
| 박정순 | 목포서 | 390 |
| 박정식 | 중부청 | 383 |
| 박정신 | 중부서 | 470 |
| 박정아 | 서초서 | 202 |
| 박정아 | 수성청 | 375 |
| 박정아 | 수성서 | 426 |
| 박정연 | 대전서 | 192 |
| 박정연 | 대전서 | 339 |
| 박정연 | 동울산서 | 474 |
| 박정열 | 중부청 | 229 |
| 박정열 | 중부청 | 236 |
| 박정열 | 중부청 | 237 |
| 박정열 | 중부청 | 238 |
| 박정오 | 창원서 | 489 |
| 박정용 | 동안산서 | 263 |
| 박정용 | 경산서 | 429 |
| 박정우 | 국세교육 | 145 |
| 박정우 | 역삼서 | 213 |
| 박정우 | 인천세관 | 504 |
| 박정우 | 법무광장 | 56 |
| 박정욱 | 수원서 | 254 |
| 박정원 | 서부산서 | 466 |
| 박정원 | 금융위 | 98 |
| 박정원 | 예일세무 | 50 |
| 박정윤 | 기재부 | 81 |
| 박정은 | 성동서 | 204 |
| 박정은 | 은평서 | 218 |
| 박정은 | 성동서 | 297 |
| 박정은 | 북대구서 | 422 |
| 박정은 | 양산서 | 485 |
| 박정의 | 부산진서 | 461 |
| 박정인 | 광주청 | 374 |
| 박정일 | 케앤장 | 55 |
| 박정임 | 서울청 | 163 |
| 박정임 | 강서서 | 176 |
| 박정재 | 전주서 | 406 |
| 박정진 | 여수서 | 322 |
| 박정진 | 남동서 | 300 |
| 박정진 | 감사원 | 75 |
| 박정하 | 동래서 | 459 |
| 박정하 | 반포서 | 197 |
| 박정현 | 기재부 | 90 |
| 박정현 | 금감원 | 104 |
| 박정현 | 서울청 | 162 |
| 박정현 | 서울청 | 168 |
| 박정현 | 남양주서 | 245 |
| 박정현 | 파주서 | 327 |
| 박정현 | 금정서 | 457 |
| 박정현 | 부산진서 | 460 |
| 박정호 | 서울청 | 161 |
| 박정호 | 의정부서 | 324 |
| 박정호 | 부산진서 | 460 |
| 박정호 | 국세청 | 126 |
| 박정화 | 서울청 | 163 |
| 박정화 | 반포서 | 197 |
| 박정화 | 금정서 | 216 |
| 박정화 | 금정서 | 457 |
| 박정화 | 부산진서 | 460 |
| 박정환 | 광주서 | 382 |
| 박정환 | 목포서 | 391 |
| 박정환 | 동대구서 | 420 |
| 박정환 | 부산청 | 452 |
| 박정환 | 평택서 | 270 |
| 박정훈 | 조세재정 | 525 |
| 박정흠 | 조세재정 | 523 |
| 박정희 | 조세재정 | 524 |
| 박정희 | 남대문서 | 185 |
| 박정희 | 종로서 | 223 |
| 박정희 | 광주서 | 382 |
| 박정희 | 대구청 | 412 |
| 박제상 | 용인서 | 267 |
| 박제영 | 영등포서 | 215 |
| 박제영 | 대전청 | 335 |
| 박제웅 | 중부청 | 336 |
| 박제호 | 동안양서 | 249 |
| 박조연 | 용인서 | 267 |
| 박종경 | 서울청 | 151 |
| 박종국 | 포항서 | 444 |
| 박종구 | 해운대서 | 472 |
| 박종권 | 부산청 | 455 |
| 박종권 | 현대회계 | 31 |
| 박종근 | 중부지방 | 37 |
| 박종근 | 광주청 | 374 |
| 박종근 | 광주청 | 374 |
| 박종길 | 동작서 | 193 |
| 박종렬 | 김포서 | 312 |
| 박종률 | 영등포서 | 214 |
| 박종무 | 부산청 | 452 |
| 박종민 | 서울청 | 162 |
| 박종민 | 서부산서 | 467 |
| 박종민 | 울산서 | 476 |
| 박종빈 | 이현세무 | 9 |
| 박종빈 | 천안서 | 359 |
| 박종서 | 종로서 | 222 |
| 박종석 | 기재부 | 78 |
| 박종석 | 서울청 | 164 |
| 박종석 | 동수원서 | 246 |
| 박종석 | 인천청 | 296 |
| 박종석 | 금융위 | 97 |
| 박종성 | 국세청 | 126 |
| 박종성 | 여수서 | 323 |
| 박종성 | 광교세무 | 38 |
| 박종수 | 동울산서 | 475 |
| 박종영 | 수성서 | 427 |
| 박종우 | 천안서 | 359 |
| 박종우 | 삼일회계 | 20 |
| 박종욱 | 포항서 | 444 |
| 박종운 | 동래서 | 458 |
| 박종원 | 기재부 | 82 |
| 박종원 | 서인천서 | 303 |
| 박종원 | 군산서 | 398 |
| 박종원 | 대구청 | 417 |
| 박종원 | 서초서 | 202 |
| 박종인 | 동대문서 | 191 |
| 박종인 | 대전서 | 339 |
| 박종주 | 동대문서 | 190 |
| 박종진 | 파주서 | 326 |
| 박종진 | 김포서 | 313 |
| 박종찬 | 동안양서 | 249 |
| 박종태 | 송파서 | 209 |
| 박종현 | 진서서 | 460 |
| 박종현 | 국세청 | 126 |
| 박종현 | 서광주서 | 387 |
| 박종현 | 부산청 | 450 |
| 박종현 | 조세심판 | 520 |
| 박종호 | 기재부 | 55 |
| 박종호 | 금감원 | 106 |
| 박종호 | 서울청 | 171 |
| 박종호 | 동안양서 | 249 |
| 박종호 | 안산서 | 261 |
| 박종호 | 대전청 | 336 |
| 박종화 | 홍성서 | 360 |
| 박종화 | 전주서 | 406 |
| 박종환 | 북광주서 | 384 |
| 박종환 | 남양주서 | 245 |
| 박종훈 | 기재부 | 79 |
| 박종훈 | 도봉서 | 188 |
| 박종훈 | 서산서 | 350 |
| 박종희 | 구미서 | 432 |
| 박종희 | 국세청 | 134 |
| 박종희 | 국세청 | 135 |
| 박좌준 | 인천청 | 297 |
| 박주담 | 중부서 | 227 |
| 박주리 | 중부청 | 231 |
| 박주미 | 고양서 | 308 |
| 박주범 | 해운대서 | 473 |
| 박주성 | 안동서 | 438 |
| 박주안 | 동울산서 | 474 |
| 박주언 | 기재부 | 92 |
| 박주연 | 동대문서 | 191 |
| 박주연 | 연수서 | 323 |
| 박주열 | 강동서 | 174 |
| 박주열 | 이천서 | 268 |
| 박주영 | 금융위 | 98 |
| 박주영 | 상공회의 | 114 |
| 박주영 | 국세청 | 124 |
| 박주영 | 노원서 | 187 |
| 박주영 | 역삼서 | 212 |
| 박주영 | 경주서 | 430 |
| 박주영 | 거창서 | 478 |
| 박주영 | 광주세관 | 515 |
| 박주오 | 고시회 | 34 |
| 박주오 | 서초서 | 336 |
| 박주원 | 국세청 | 129 |
| 박주원 | 삼일회계 | 21 |
| 박주원 | 법무세무 | 9 |
| 박주철 | 구로서 | 181 |
| 박주철 | 조세재정 | 523 |
| 박주철 | 논산서 | 393 |
| 박주하 | 중랑서 | 346 |
| 박주항 | 부산청 | 93 |
| 박주현 | 서울청 | 153 |
| 박주현 | 강서서 | 198 |
| 박주현 | 동대구서 | 420 |
| 박주현 | 경산서 | 429 |
| 박주현 | 부산청 | 452 |
| 박주현 | 부산강서 | 463 |
| 박주현 | 법무광장 | 56 |
| 박주형 | 전주서 | 407 |
| 박주혜 | 서초서 | 202 |
| 박주호 | 계양서 | 307 |
| 박주환 | 대구청 | 414 |
| 박주희 | 서산서 | 155 |
| 박주희 | 서울청 | 160 |
| 박주희 | 인천청 | 292 |
| 박주희 | 부산청 | 448 |
| 박주희 | 해운대서 | 472 |
| 박주희 | 창원서 | 488 |
| 박주희 | 조세재정 | 523 |
| 박주희 | 삼일회계 | 21 |
| 박준구 | 대구청 | 200 |
| 박준구 | 공주서 | 345 |
| 박준규 | 예산서 | 357 |
| 박준규 | 성남서 | 380 |
| 박준명 | 노원서 | 187 |
| 박준배 | 국세청 | 127 |
| 박준백 | 기재부 | 82 |
| 박준범 | 국세교육 | 145 |
| 박준범 | 남양주서 | 245 |
| 박준서 | 서울청 | 164 |
| 박준서 | 남대문서 | 185 |
| 박준석 | 기재부 | 87 |
| 박준석 | 기재부 | 88 |
| 박준석 | 시흥서 | 257 |
| 박준성 | 충주서 | 371 |
| 박준성 | 동울산서 | 474 |
| 박준성 | 대구세관 | 514 |
| 박준수 | 기재부 | 85 |
| 박준식 | 성동서 | 205 |
| 박준식 | 인천청 | 296 |
| 박준영 | 기재부 | 84 |
| 박준영 | 기재부 | 90 |
| 박준영 | 기흥서 | 242 |
| 박준영 | 안산서 | 261 |
| 박준영 | 연수서 | 323 |
| 박준영 | 경주서 | 430 |
| 박준영 | 포항서 | 445 |
| 박준용 | 부산청 | 448 |
| 박준용 | 서울청 | 156 |
| 박준용 | 강남서 | 173 |
| 박준용 | 금정서 | 456 |
| 박준용 | 안진회계 | 17 |
| 박준우 | 노원서 | 186 |
| 박준우 | 감사원 | 75 |
| 박준욱 | 서대구서 | 424 |
| 박준욱 | 강동서 | 174 |
| 박준태 | 국회법제 | 70 |
| 박준태 | 해운대서 | 473 |
| 박준하 | 기재부 | 96 |
| 박준현 | 성동서 | 204 |
| 박준현 | 영등포서 | 215 |
| 박준호 | 대전서 | 339 |
| 박준호 | 기재부 | 93 |
| 박준호 | 기재부 | 94 |
| 박준호 | 강동서 | 174 |
| 박준호 | 지방재정 | 519 |
| 박준호 | 강동서 | 175 |
| 박준환 | 삼일회계 | 21 |
| 박준희 | 광주서 | 383 |
| 박준희 | 은평서 | 219 |
| 박준희 | 화성서 | 274 |
| 박준희 | 해운대서 | 472 |
| 박중기 | 중부청 | 237 |
| 박중민 | 기재부 | 94 |
| 박중억 | 관세사회 | 52 |
| 박중억 | 영주서 | 442 |
| 박중엽 | 한율회계 | 30 |
| 박중엽 | 북전주서 | 403 |
| 박지명 | 현대회계 | 31 |
| 박지민 | 국세청 | 123 |
| 박지민 | 울산서 | 476 |
| 박지상 | 양산서 | 485 |
| 박지선 | 서초서 | 202 |
| 박지선 | 금감원 | 101 |
| 박지선 | 안산서 | 261 |
| 박지선 | 고양서 | 309 |
| 박지선 | 광산서 | 381 |
| 박지수 | 서초서 | 202 |
| 박지수 | 용인서 | 267 |
| 박지수 | 김포서 | 312 |
| 박지숙 | 서울청 | 170 |
| 박지숙 | 서초서 | 203 |
| 박지숙 | 부산청 | 455 |
| 박지암 | 국세청 | 133 |
| 박지양 | 강서서 | 176 |
| 박지언 | 역삼서 | 213 |
| 박지연 | 순천서 | 392 |
| 박지연 | 구로서 | 180 |
| 박지연 | 동대문서 | 191 |
| 박지연 | 남양주서 | 245 |
| 박지연 | 의정부서 | 324 |
| 박지연 | 광주청 | 379 |
| 박지연 | 해남서 | 397 |
| 박지연 | 대구청 | 412 |
| 박지연 | 국세청 | 120 |
| 박지영 | 노원서 | 187 |
| 박지영 | 도봉서 | 189 |
| 박지영 | 동화성서 | 272 |
| 박지영 | 부산청 | 453 |
| 박지영 | 부산진서 | 460 |
| 박지영 | 해운대서 | 472 |
| 박지영 | 김앤장 | 55 |
| 박지영 | 중부청 | 200 |
| 박지완 | 남대문서 | 184 |
| 박지용 | 진주서 | 487 |
| 박지우 | 성남서 | 253 |
| 박지우 | 이천서 | 268 |
| 박지우 | 금정서 | 456 |
| 박지우 | 조세재정 | 522 |
| 박지웅 | 법무율촌 | 59 |
| 박지원 | 국회법제 | 70 |
| 박지원 | 관악서 | 179 |
| 박지원 | 양천서 | 211 |
| 박지원 | 중부청 | 235 |
| 박지원 | 인천청 | 292 |
| 박지원 | 전주서 | 407 |
| 박지원 | 수영서 | 468 |
| 박지웅 | 서산서 | 350 |
| 박지은 | 성동서 | 205 |
| 박지은 | 잠실서 | 220 |
| 박지은 | 중부청 | 230 |
| 박지은 | 동수원서 | 247 |
| 박지은 | 계양서 | 307 |
| 박지은 | 대전서 | 339 |
| 박지은 | 광주청 | 377 |
| 박지은 | 순천서 | 393 |
| 박지은 | 익산서 | 404 |
| 박지은 | 김해서 | 480 |
| 박지인 | 마산서 | 483 |
| 박지철 | 동안양서 | 249 |
| 박지해 | 포항서 | 444 |
| 박지향 | 계양서 | 306 |
| 박지현 | 마산서 | 483 |
| 박지현 | 기재부 | 81 |
| 박지현 | 국세상담 | 142 |
| 박지현 | 서울청 | 150 |
| 박지현 | 강남서 | 172 |
| 박지현 | 구리서 | 240 |
| 박지현 | 남양주서 | 244 |
| 박지현 | 북양주서 | 384 |
| 박지현 | 순천서 | 392 |
| 박지현 | 전주서 | 406 |
| 박지현 | 부산진서 | 460 |
| 박지혜 | 기재부 | 78 |
| 박지혜 | 기재부 | 89 |
| 박지혜 | 강서서 | 177 |
| 박지혜 | 마포서 | 194 |
| 박지혜 | 성동서 | 205 |
| 박지혜 | 중부청 | 235 |
| 박지혜 | 화성서 | 275 |
| 박지혜 | 고양서 | 308 |
| 박지혜 | 대전청 | 332 |
| 박지혜 | 나주서 | 388 |
| 박지혜 | 남원서 | 400 |
| 박지혜 | 중부산서 | 471 |
| 박지혜 | 진주서 | 487 |
| 박지혜 | 지방재정 | 519 |
| 박지혜 | 조세심판 | 521 |
| 박지혜 | 조세재정 | 524 |
| 박지호 | 국세청 | 139 |
| 박지호 | 국세상담 | 143 |
| 박지호 | 반포서 | 196 |
| 박지화 | 금천서 | 183 |
| 박지환 | 서울청 | 159 |
| 박지훈 | 기재부 | 93 |
| 박지훈 | 역삼서 | 212 |
| 박지훈 | 수영서 | 468 |
| 박지훈 | 진주서 | 486 |
| 박지희 | 강서서 | 177 |
| 박지희 | 연수서 | 322 |
| 박지희 | 목포서 | 390 |
| 박진갑 | 여수서 | 395 |
| 박진관 | 동울산서 | 475 |
| 박진규 | 화성서 | 275 |
| 박진규 | 익산서 | 405 |
| 박진규 | 강릉서 | 306 |
| 박진석 | 동화성서 | 273 |
| 박진석 | 인천청 | 297 |
| 박진성 | 용산서 | 217 |
| 박진수 | 경기광주 | 258 |
| 박진수 | 포천서 | 329 |
| 박진수 | 서대전서 | 343 |
| 박진수 | 수영서 | 468 |
| 박진숙 | 고시회 | 34 |
| 박진숙 | 대전서 | 336 |
| 박진숙 | 지방재정 | 519 |
| 박진습 | 서울청 | 171 |
| 박진실 | 인천청 | 295 |
| 박진아 | 양천서 | 211 |
| 박진아 | 인천청 | 293 |
| 박진아 | 광명서 | 310 |
| 박진영 | 기재부 | 78 |
| 박진영 | 기재부 | 84 |
| 박진영 | 금감원 | 109 |
| 박진영 | 영등포서 | 214 |
| 박진영 | 용산서 | 217 |
| 박진영 | 분당서 | 250 |
| 박진영 | 동화성서 | 273 |
| 박진영 | 대구청 | 412 |
| 박진영 | 부산청 | 450 |
| 박진영 | 울산서 | 476 |
| 박진용 | 현대회계 | 31 |
| 박진용 | 해운대서 | 472 |

| 성명 | 부서 | 쪽 | 성명 | 부서 | 쪽 | 성명 | 부서 | 쪽 |
|---|---|---|---|---|---|---|---|---|
| 박진우 | 국세청 | 128 | 박철한 | 서초서 | 202 | 박현수 | 국세청 | 134 |
| 박진우 | 역삼서 | 213 | 박철호 | 기재부 | 96 | 박현수 | 중부청 | 234 |
| 박진우 | 부산청 | 448 | 박철희 | 기재부 | 86 | 박현수 | 군산서 | 398 |
| 박진우 | 지방재정 | 518 | 박청정 | 대구청 | 416 | 박현숙 | 서울청 | 153 |
| 박진웅 | 조세재정 | 523 | 박초은 | 택스홈앤 | 48 | 박현숙 | 성북서 | 207 |
| 박진원 | 광주청 | 377 | 박춘목 | 기재부 | 81 | 박현숙 | 울산서 | 476 |
| 박진원 | 감사원 | 74 | 박춘성 | 금감원 | 101 | 박현아 | 군산서 | 399 |
| 박진찬 | 서울청 | 168 | 박춘호 | 예일세무 | 50 | 박현애 | 기재부 | 81 |
| 박진하 | 금정서 | 457 | 박충현 | 금감원 | 101 | 박현옥 | 서울청 | 154 |
| 박진한 | 부천서 | 318 | 박치호 | 강서서 | 177 | 박현우 | 조세재정 | 525 |
| 박진혁 | 충부청 | 231 | 박치후 | 부산청 | 452 | 박현우 | 기재부 | 78 |
| 박진혁 | 광명서 | 310 | 박태구 | 남양주서 | 245 | 박현우 | 중부청 | 231 |
| 박진형 | 서대문서 | 200 | 박태성 | 제주서 | 493 | 박현우 | 영월서 | 282 |
| 박진형 | 제주서 | 492 | 박태신 | 전주서 | 407 | 박현우 | 서인천서 | 303 |
| 박진호 | 기재부 | 87 | 박태완 | 인천청 | 295 | 박현우 | 지방재정 | 518 |
| 박진호 | 이천서 | 269 | 박태완 | 광주청 | 379 | 박현우 | 양천서 | 210 |
| 박진호 | 김해서 | 480 | 박태우 | 남부서 | 317 | 박현정 | 서울청 | 148 |
| 박진홍 | 국세상담 | 143 | 박태원 | 마산서 | 482 | 박현정 | 중부청 | 232 |
| 박진홍 | 기재부 | 86 | 박태윤 | 평택서 | 271 | 박현정 | 이천서 | 268 |
| 박진홍 | 구리서 | 241 | 박태권 | 조세심판 | 520 | 박현정 | 서대전서 | 342 |
| 박진희 | 서울청 | 171 | 박태정 | 대전서 | 333 | 박현정 | 천안서 | 359 |
| 박진희 | 삼성서 | 199 | 박태준 | 광주청 | 378 | 박현자 | 지방재정 | 518 |
| 박진희 | 북대구서 | 422 | 박태준 | 진주서 | 486 | 박현종 | 수원서 | 255 |
| 박진희 | 부산청 | 449 | 박태진 | 영월서 | 283 | 박현주 | 광주서 | 383 |
| 박진희 | 인천세관 | 503 | 박태진 | 삼일회계 | 21 | 박현주 | 해남서 | 396 |
| 박진희 | 인세세관 | 504 | 박태호 | 동대문서 | 191 | 박현주 | 경주서 | 431 |
| 박차석 | 서울지방 | 36 | 박태훈 | 강서서 | 177 | 박현주 | 포항서 | 445 |
| 박찬경 | 영등포서 | 215 | 박태훈 | 김포서 | 313 | 박현주 | 수영서 | 469 |
| 박찬규 | 서울청 | 149 | 박태훈 | 북광주서 | 385 | 박현준 | 창원서 | 489 |
| 박찬규 | 아산서 | 355 | 박태훈 | 부산진서 | 460 | 박현준 | 중부청 | 204 |
| 박찬녕 | 대구청 | 415 | 박태희 | 연수서 | 323 | 박현준 | 중부청 | 237 |
| 박찬만 | 금천서 | 182 | 박판식 | 은대구서 | 420 | 박현진 | 송파서 | 388 |
| 박찬민 | 수영서 | 469 | 박평식 | 은평서 | 218 | 박현진 | 정읍서 | 208 |
| 박찬민 | 서울청 | 310 | 박표민 | 기재부 | 93 | 박현철 | 연수서 | 408 |
| 박찬송 | 동대문서 | 190 | 박푸른 | 서초서 | 203 | 박현혜 | 대구청 | 219 |
| 박찬순 | 동대문류 | 140 | 박풍우 | 고시회 | 34 | 박현희 | 관악서 | 414 |
| 박찬승 | 국세청 | 120 | 박필규 | 포항서 | 445 | 박현희 | 북광주서 | 178 |
| 박찬열 | 광주서 | 383 | 박필근 | 서부산서 | 467 | 박형기 | 제천서 | 384 |
| 박찬영 | 춘천서 | 286 | 박필종 | 김앤장 | 55 | 박형민 | 부천서 | 366 |
| 박찬오 | 청주서 | 369 | 박하나 | 부산청 | 449 | 박형민 | 평택서 | 318 |
| 박찬용 | 포천서 | 329 | 박하니 | 역삼서 | 213 | 박형민 | 기재부 | 270 |
| 박찬우 | 동대문서 | 190 | 박하니 | 북부산서 | 465 | 박형배 | 해남서 | 92 |
| 박찬욱 | 김포서 | 312 | 박하란 | 은평서 | 218 | 박형선 | 국세청 | 397 |
| 박찬욱 | 강남서 | 172 | 박하윤 | 삼성서 | 199 | 박형우 | 반포서 | 451 |
| 박찬욱 | 부산청 | 449 | 박하양 | 조세재정 | 523 | 박형우 | 강동서 | 129 |
| 박찬웅 | 국세청 | 121 | 박하영 | 국세청 | 123 | 박형주 | 중부청 | 175 |
| 박찬웅 | 영등포서 | 214 | 박하영 | 조세재정 | 522 | 박형준 | 동고양서 | 196 |
| 박찬웅 | 강릉서 | 276 | 박하용 | 분당서 | 251 | 박형준 | 파주서 | 424 |
| 박찬의 | 울산서 | 476 | 박하윤 | 남대문서 | 184 | 박형지 | 남원서 | 232 |
| 박찬주 | 용성서 | 360 | 박하훈 | 서인천서 | 316 | 박형호 | 광산서 | 314 |
| 박찬호 | 기재부 | 78 | 박하훈 | 수원서 | 254 | 박형호 | 동래서 | 323 |
| 박찬호 | 반포서 | 197 | 박한빛 | 서울청 | 152 | 박혜경 | 서울청 | 401 |
| 박찬호 | 평택서 | 271 | 박한상 | 마포서 | 195 | 박혜경 | 부산청 | 326 |
| 박찬후 | 광산서 | 380 | 박한석 | 대전서 | 332 | 박혜경 | 수영서 | 217 |
| 박찬희 | 서초서 | 202 | 박한수 | 보령서 | 348 | 박혜경 | 광교세무 | 458 |
| 박찬희 | 동안양서 | 249 | 박한승 | 남대문서 | 185 | 박혜경 | 마포서 | 390 |
| 박찬희 | 종로서 | 332 | 박한용 | 지방재정 | 519 | 박혜근 | 조세재정 | 223 |
| 박창규 | 인천서 | 305 | 박한중 | 조세재정 | 522 | 박혜령 | 마포서 | 260 |
| 박창묵 | 종로서 | 223 | 박한중 | 서인천서 | 302 | 박혜림 | 동수원서 | 38 |
| 박창로 | 로로서 | 223 | 박항신 | 금감원 | 111 | 박혜림 | 창원서 | 43 |
| 박창선 | 안산서 | 260 | 박해근 | 창원서 | 489 | 박혜미 | 노원서 | 194 |
| 박창수 | 국세청 | 135 | 박해연 | 진주서 | 487 | 박혜미 | 서울청 | 525 |
| 박창수 | 광명시 | 310 | 박해영 | 목포서 | 390 | 박혜민 | 동고양서 | 216 |
| 박창열 | 태평양 | 61 | 박해영 | 서울청 | 147 | 박혜빈 | 북대전서 | 459 |
| 박창오 | 동세청 | 458 | 박해영 | 서울청 | 162 | 박혜선 | 전주서 | 489 |
| 박창용 | 동세청 | 122 | 박해영 | 서울청 | 163 | 박혜선 | 부산강서 | 187 |
| 박창오 | 서울청 | 159 | 박해영 | 서울청 | 164 | 박혜성 | 서울청 | 161 |
| 박창우 | 조세재정 | 523 | 박해영 | 서울청 | 165 | 박혜수 | 기재부 | 387 |
| 박창준 | 부산진서 | 461 | 박해익 | 기재부 | 81 | 박혜숙 | 관악서 | 340 |
| 박창현 | 인천청 | 296 | 박해정 | 현대회계 | 31 | 박혜연 | 조세심판 | 294 |
| 박창현 | 고시회 | 34 | 박해정 | 서대구서 | 425 | 박혜옥 | 제주서 | 407 |
| 박창환 | 대현회계 | 16 | 박해준 | 부산세관 | 509 | 박혜옥 | 남대문서 | 463 |
| 박창환 | 영동서 | 292 | 박행옥 | 서부산서 | 467 | 박혜원 | 강남서 | 162 |
| 박채린 | 여수서 | 364 | 박행진 | 광산서 | 380 | 박혜원 | 북부산서 | 464 |
| 박채연 | 춘천서 | 395 | 박항기 | 국세청 | 121 | 박혜원 | 고시회 | 34 |
| 박채은 | 성남서 | 286 | 박항엽 | 서광주서 | 386 | 박혜정 | 강동서 | 197 |
| 박채은 | 조세심판 | 253 | 박헌 | 금정서 | 497 | 박혜정 | 성북서 | 174 |
| 박천수 | 조세심판 | 521 | 박헌숙 | 금정서 | 456 | 박혜정 | 은평서 | 206 |
| 박천왕 | 현대회계 | 31 | 박헌욱 | 인천공항 | 507 | 박혜정 | 동울산서 | 219 |
| 박천용 | 동수원서 | 246 | 박헌혁 | 여수서 | 394 | 박혜진 | 국세청 | 475 |
| 박천우 | 마포서 | 194 | 박현경 | 잠실서 | 221 | 박혜진 | 국세청 | 136 |
| 박천정 | 관세청 | 496 | 박현경 | 춘천서 | 286 | | | |
| 박천주 | 여수서 | 395 | 박현경 | 창원서 | 489 | | | |
| 박천호 | 조세심판 | 521 | 박현규 | 서초서 | 202 | | | |
| 박철민 | 분당서 | 250 | 박현규 | 양천서 | 386 | | | |
| 박철성 | 강남서류 | 386 | 박현규 | 중부지방 | 37 | | | |
| 박철수 | 청주서 | 368 | 박현빈 | 반포서 | 197 | | | |
| 박철완 | 강남서 | 173 | 박현석 | 원주서 | 285 | | | |
| 박철우 | 서울청 | 160 | 박현석 | 천안서 | 90 | | | |
| 박철우 | 해남서 | 397 | 박현석 | 천안서 | 358 | | | |
| 박철웅 | 대구세관 | 514 | 박현섭 | 금감원 | 112 | | | |
| 박철웅 | 금감원 | 105 | | | | | | |

| 성명 | 부서 | 쪽 | 성명 | 부서 | 쪽 |
|---|---|---|---|---|---|
| 박혜진 | 서울청 | 164 | 방금자 | 울산서 | 476 |
| 박혜진 | 강동서 | 175 | 방대성 | 관세청 | 496 |
| 박혜진 | 관악서 | 179 | 방문용 | 서울청 | 164 |
| 박혜진 | 구로서 | 180 | 방미경 | 인천청 | 296 |
| 박혜진 | 동수원서 | 246 | 방미주 | 동대구서 | 232 |
| 박혜진 | 분당서 | 250 | 방민식 | 중부청 | 420 |
| 박혜진 | 강릉서 | 276 | 방민주 | 이천서 | 237 |
| 박혜진 | 김포서 | 312 | 방서주 | 부천서 | 268 |
| 박혜진 | 광주청 | 374 | 방선미 | 영월서 | 319 |
| 박혜진 | 거창서 | 479 | 방선아 | 구로서 | 208 |
| 박혜현 | 반포서 | 196 | 방선윤 | 부산진서 | 282 |
| 박호윤 | 수원서 | 255 | 방성자 | 인천청 | 180 |
| 박호준 | 종로서 | 222 | 방송비 | 종로서 | 460 |
| 박홍균 | 반포서 | 383 | 방수민 | 해운대서 | 293 |
| 박홍근 | 국회재정 | 68 | 방여진 | 중부청 | 223 |
| 박홍기 | 기재부 | 81 | 방영화 | 목포서 | 472 |
| 박홍립 | 국세교육 | 121 | 방용익 | 속초서 | 236 |
| 박홍수 | 국세교육 | 144 | 방우리 | 동작서 | 390 |
| 박홍수 | 포항서 | 444 | 방유미 | 도봉서 | 281 |
| 박홍일 | 광주서 | 382 | 방유진 | 부산청 | 81 |
| 박홍자 | 동안산서 | 263 | 방윤희 | 계양서 | 193 |
| 박홍제 | 기재부 | 465 | 방은정 | 화성서 | 189 |
| 박홍제 | 서부산서 | 87 | 방은혜 | 제천서 | 452 |
| 박화경 | 서부산서 | 467 | 방재필 | 남양주서 | 306 |
| 박화선 | 중기회 | 117 | 방정호 | 전주서 | 275 |
| 박화영 | 조세재정 | 524 | 방정원 | 서울청 | 159 |
| 박환 | 광주청 | 374 | 방종석 | 천안서 | 469 |
| 박환대 | 감사원 | 75 | 방지석 | 공주서 | 366 |
| 박환조 | 기재부 | 83 | 방진영 | 태평양 | 245 |
| 박환희 | 서대구서 | 425 | 방준식 | 기재부 | 407 |
| 박효 | 의정부서 | 324 | 방지권 | 중부청 | 168 |
| 박효경 | 중부청 | 231 | 방해준 | 광주서 | 359 |
| 박효선 | 의정부서 | 325 | 방현정 | 북광주서 | 345 |
| 박효선 | 역삼서 | 212 | 방형석 | 서울청 | 61 |
| 박효신 | 강동서 | 175 | 방혜선 | 김포서 | 82 |
| 박효열 | 기재부 | 79 | 방훈호 | 연수서 | 237 |
| 박효은 | 인천청 | 295 | 방휘연 | 춘천서 | 382 |
| 박효임 | 남대구서 | 419 | 배건한 | 대구청 | 384 |
| 박효준 | 영등포서 | 215 | 배경직 | 인천서 | 161 |
| 박효준 | 관악서 | 178 | 배경환 | 서울청 | 312 |
| 박효진 | 송파서 | 209 | 배경희 | 동작서 | 323 |
| 박효진 | 군산서 | 398 | 배광희 | 대전청 | 286 |
| 박효진 | 중부산서 | 470 | 배기득 | 마산서 | 417 |
| 박후진 | 한울회계 | 30 | 배기연 | 창원서 | 292 |
| 박후진 | 순천서 | 392 | 배기윤 | 국세주류 | 168 |
| 박훈 | 기흥서 | 242 | 배기헌 | 서부산서 | 89 |
| 박훈로 | 중부지방 | 37 | 배다래 | 계양서 | 192 |
| 박훈수 | 중부청 | 480 | 배달환 | 수영서 | 333 |
| 박훈경 | 중부청 | 236 | 배덕렬 | 울산서 | 483 |
| 박훈경 | 용인서 | 234 | 배동노 | 송파서 | 489 |
| 박훈현 | 고양서 | 267 | 배동찬 | 안동서 | 140 |
| 박훈호 | 종로서 | 223 | 배동혜 | 경산서 | 466 |
| 박희경 | 포천서 | 328 | 배두진 | 인천청 | 306 |
| 박희경 | 서울청 | 148 | 배리라 | 동대문서 | 468 |
| 박희령 | 부산강서 | 463 | 배명수 | 남대구서 | 477 |
| 박희광 | 관세청 | 497 | 배명우 | 파주서 | 209 |
| 박희상 | 강서서 | 177 | 배명현 | 평택서 | 438 |
| 박희선 | 제주서 | 493 | 배문경 | 나주서 | 428 |
| 박희선 | 조세심판 | 520 | 배문수 | 부산강서 | 296 |
| 박희숙 | 강릉서 | 276 | 배미경 | 서울청 | 191 |
| 박희승 | 국회법제 | 70 | 배미영 | 북대전서 | 419 |
| 박희연 | 동수원서 | 246 | 배미일 | 서울청 | 327 |
| 박희연 | 성남서 | 252 | 배미현 | 마산서 | 271 |
| 박희원 | 김포서 | 312 | 배민경 | 고시회 | 388 |
| 박희정 | 국세청 | 132 | 배민예 | 서울청 | 462 |
| 박희정 | 동고양서 | 314 | 배민우 | 기재부 | 153 |
| 박희정 | 예산서 | 357 | 배민정 | 경산서 | 341 |
| 박희정 | 청주서 | 358 | 배민정 | 광주청 | 150 |
| 박희종 | 부산진서 | 460 | 배민주 | 기재부 | 483 |
| 박희진 | 마포서 | 194 | 배민혜 | 노원서 | 34 |
| 박희진 | 삼성서 | 199 | 배병관 | 기재부 | 162 |
| 박희진 | 부산청 | 452 | 배병석 | 중부청 | 96 |
| 박희진 | 제주서 | 492 | 배병영 | 조세심판 | 429 |
| 박희찬 | 성동서 | 205 | 배삼동 | 순천서 | 375 |
| 박희철 | 조세심판 | 520 | 배상록 | 숙세청 | 93 |
| 박희현 | 강릉서 | 276 | 배상안 | 국세청 | 187 |
| 반미경 | 조세심판 | 520 | 배상연 | 광명서 | 215 |
| 반병권 | 성동서 | 205 | 배상용 | 화성서 | 433 |
| 반병석 | 제천서 | 366 | 배상윤 | 경기광주 | 202 |
| 반승희 | 부산지서 | 460 | 배상윤 | 서울청 | 157 |
| 반재욱 | 인천청 | 293 | 배상진 | 광교세무 | 39 |
| 반재훈 | 인천청 | 294 | 배상철 | 강서서 | 177 |
| 반종복 | 성동서 | 204 | 배상철 | 영등포서 | 214 |
| 반종찬 | 경기광주 | 258 | 배석 | 삼성서 | 198 |
| 방경선 | 남원서 | 400 | | | |
| 방경섭 | 대전서 | 338 | | | |
| 방귀섭 | 북전주서 | 402 | | | |

| 이름 | 소속 | 쪽 |
|---|---|---|
| 송승한 | 고양서 | 309 |
| 송승혁 | 상공회의 | 114 |
| 송승현 | 동화성서 | 273 |
| 송승호 | 아산서 | 354 |
| 송시운 | 대구청 | 417 |
| 송알이 | 서울청 | 151 |
| 송애림 | 순천서 | 392 |
| 송양미 | 지방재정 | 518 |
| 송언석 | 국회재정 | 67 |
| 송언석 | 국회재정 | 68 |
| 송여경 | 서대문서 | 200 |
| 송연석 | 서산서 | 350 |
| 송연욱 | 창원서 | 488 |
| 송연지 | 중랑서 | 224 |
| 송연진 | 김해서 | 481 |
| 송연호 | 제천서 | 366 |
| 송연덕 | 중부지방 | 37 |
| 송영덕 | 중부지방 | 37 |
| 송영석 | 용산서 | 217 |
| 송영석 | 이현세무 | 236 |
| 송영우 | 부산청 | 451 |
| 송영아 | 계양서 | 307 |
| 송영재 | 조세심판 | 520 |
| 송영지 | 안동서 | 292 |
| 송영진 | 안동서 | 439 |
| 송영채 | 역삼서 | 213 |
| 송영준 | 공주서 | 233 |
| 송영화 | 화성서 | 344 |
| 송예란 | 노원서 | 274 |
| 송예린 | 중부청 | 186 |
| 송예진 | 노원서 | 232 |
| 송오은 | 천안서 | 182 |
| 송옥연 | 서울청 | 152 |
| 송옥현 | 기재부 | 85 |
| 송용석 | 광교세무 | 380 |
| 송용직 | 금감원 | 108 |
| 송용호 | 남동서 | 300 |
| 송우락 | 동안양서 | 248 |
| 송우람 | 충북청 | 232 |
| 송우웅 | 거창서 | 479 |
| 송우진 | 광교세무 | 38 |
| 송우진 | 이천서 | 268 |
| 송원영 | 중부청 | 237 |
| 송원호 | 국세청 | 123 |
| 송원호 | 광주청 | 379 |
| 송유민 | 기재부 | 80 |
| 송유석 | 노원서 | 187 |
| 송유정 | 이천서 | 211 |
| 송유미 | 국세청 | 123 |
| 송유진 | 서인천서 | 302 |
| 송윤선 | 광주청 | 374 |
| 송윤석 | 영덕서 | 441 |
| 송윤식 | 구리서 | 241 |
| 송윤정 | 국세상담 | 142 |
| 송윤주 | 서울청 | 163 |
| 송윤정 | 여수서 | 394 |
| 송윤철 | 충주서 | 371 |
| 송윤표 | 충주서 | 153 |
| 송은영 | 예일회계 | 26 |
| 송은희 | 서부산서 | 466 |
| 송은아 | 서광주서 | 387 |
| 송은영 | 성남서 | 252 |
| 송은영우 | 서광주서 | 387 |
| 송은주 | 금정서 | 456 |
| 송은우 | 성동서 | 204 |
| 송은정 | 서울청 | 120 |
| 송은주 | 조세재정 | 522 |
| 송은지 | 서울청 | 149 |
| 송은지 | 남대구서 | 418 |
| 송은호 | 중부청 | 239 |
| 송은희 | 대전서 | 257 |
| 송의미 | 구로서 | 180 |
| 송의진 | 인천공항 | 505 |
| 송이광 | 공주서 | 444 |
| 송인경 | 공주서 | 344 |
| 송인광 | 대전서 | 339 |
| 송인규 | 종로서 | 310 |
| 송인범 | 통영서 | 223 |
| 송인수 | 창원서 | 490 |
| 송인숙 | 창원서 | 488 |
| 송인수 | 인천세관 | 504 |
| 송인순 | 포항서 | 444 |
| 송인용 | 서울청 | 156 |
| 송인영 | 예산서 | 356 |
| 송인용 | 서울청 | 149 |
| 송인철 | 양산서 | 484 |
| 송인출 | 대전서 | 339 |
| 송인형 | 서울청 | 152 |
| 송인화 | 고양서 | 309 |
| 송일남 | 기재부 | 82 |
| 송일훈 | 파주서 | 327 |
| 송재경 | 고양서 | 308 |
| 송재경 | 기재부 | 92 |
| 송재경 | 부산진서 | 460 |
| 송재민 | 북대구서 | 423 |
| 송재봉 | 시흥서 | 257 |
| 송재윤 | 기재부 | 95 |
| 송재준 | 광주청 | 376 |
| 송재준 | 대구청 | 249 |
| 송재준 | 광주청 | 414 |
| 송재천 | 광주청 | 377 |
| 송재하 | 서울청 | 161 |
| 송재현 | 천안서 | 359 |
| 송재현 | 대전서 | 339 |
| 송재현 | 대현회계 | 16 |
| 송재훈 | 대현회계 | 16 |
| 송재훈 | 울산서 | 333 |
| 송정민 | 제주서 | 476 |
| 송정복 | 광교세무 | 80 |
| 송정아 | 성남서 | 492 |
| 송정하 | 마포서 | 40 |
| 송정하 | 평택서 | 253 |
| 송정현 | 서울청 | 194 |
| 송정현 | 서울청 | 320 |
| 송정희 | 목포서 | 271 |
| 송종면 | 국세청 | 154 |
| 송종범 | 분당서 | 148 |
| 송종철 | 동대문서 | 390 |
| 송종호 | 기재부 | 30 |
| 송종호 | 서울청 | 136 |
| 송주규 | 동고양서 | 251 |
| 송주영 | 국세상담 | 191 |
| 송주하 | 평택서 | 110 |
| 송주청 | 국세청 | 148 |
| 송주현 | 서울청 | 160 |
| 송주현 | 현대회계 | 315 |
| 송주형 | 인천서 | 142 |
| 송준식 | 안산서 | 523 |
| 송준오 | 국세상담 | 261 |
| 송준호 | 안양서 | 270 |
| 송중호 | 현대회계 | 83 |
| 송지미 | 서울청 | 143 |
| 송지선 | 강남서 | 265 |
| 송지예 | 구리서 | 31 |
| 송지원 | 잠실서 | 148 |
| 송지원 | 국세청 | 172 |
| 송지원 | 인천청 | 240 |
| 송지은 | 군산서 | 220 |
| 송지은 | 서울청 | 158 |
| 송지은 | 국세청 | 123 |
| 송지현 | 남양주서 | 298 |
| 송지협 | 북대전서 | 399 |
| 송지혜 | 동안양서 | 170 |
| 송지훈 | 영월서 | 123 |
| 송진미 | 파주서 | 165 |
| 송진영 | 성동서 | 244 |
| 송진민 | 지방재정 | 341 |
| 송진영 | 마포서 | 249 |
| 송진용 | 조세재정 | 171 |
| 송진호 | 영등포서 | 282 |
| 송진희 | 양천서 | 214 |
| 송진희 | 기흥서 | 326 |
| 송찬규 | 수영서 | 204 |
| 송찬미 | 삼성서 | 519 |
| 송찬우 | 국세청 | 195 |
| 송창녕 | 성남서 | 522 |
| 송창식 | 삼성서 | 215 |
| 송창영 | 성남서 | 210 |
| 송창호 | 금융위 | 242 |
| 송창훈 | 수영서 | 97 |
| 송창희 | 광주청 | 469 |
| 송채연 | 안양서 | 484 |
| 송채원 | 양정서 | 199 |
| 송청자 | 김해서 | 382 |
| 송춘희 | 논산서 | 121 |
| 송충종 | 부평서 | 320 |
| 송치성 | 인천청 | 292 |
| 송칠성 | 남동서 | 300 |
| 송태정 | 대전청 | 335 |
| 송태준 | 구로서 | 336 |
| 송평근 | 영등포서 | 181 |
| 송필섭 | 이현세무 | 214 |
| 송필재 | 기재부 | 9 |
| 송하늘 | 서대문서 | 91 |
| 송하영 | 제주서 | 342 |
| 송하은 | 기재부 | 492 |
| 송하준 | 북전주서 | 89 |
| 송해은 | 서울청 | 402 |
| 송해은 | 제주서 | 167 |
| 송향기 | 북부산서 | 492 |
| 송향희 | 대전청 | 464 |
| 송혁진 | 서울지방 | 333 |
| 송현권 | 삼성서 | 36 |
| 송현수 | 기재부 | 199 |
| 송현정 | 서울청 | 93 |
| 송현종 | 동화성서 | 93 |
| 송현주 | 분당서 | 272 |
| 송현주 | 노원서 | 251 |
| 송현주 | 서부산서 | 159 |
| 송현진 | 순천서 | 186 |
| 송현진 | 조세재정 | 466 |
| 송현철 | 경기광주 | 392 |
| 송현탁 | 조세심판 | 524 |
| 송현화 | 종로서 | 258 |
| 송형승 | 노원서 | 521 |
| 송형희 | 여수서 | 223 |
| 송혜린 | 삼성서 | 365 |
| 송혜연 | 동대문서 | 186 |
| 송혜인 | 이천서 | 23 |
| 송혜정 | 연수서 | 394 |
| 송혜원 | 강남서 | 198 |
| 송호근 | 동대구서 | 190 |
| 송호연 | 부산진서 | 269 |
| 송호창 | 인천서 | 159 |
| 송홍준 | 제천서 | 420 |
| 송환영 | 안진회계 | 460 |
| 송효선 | 금천서 | 304 |
| 송효주 | 역삼서 | 366 |
| 송휘종 | 파주서 | 304 |
| 송회성 | 천안서 | 17 |
| 송회조 | 성동서 | 183 |
| 송회진 | 남원서 | 419 |
| 송희조 | 광주청 | 213 |
| 송희진 | 진주서 | 401 |
| 수스크검 | 금감원 | 378 |
| 시종원 | 서울청 | 487 |
| 시진기 | 법무화우 | 101 |
| 시현기 | 기재부 | 105 |
| 신가은 | 마포서 | 163 |
| 신각성 | 서울세관 | 2 |
| 신갑수 | 삼성서 | 434 |
| 신거련 | 고양서 | 195 |
| 신경수 | 남동서 | 269 |
| 신경식 | 서대문서 | 250 |
| 신경아 | 국세상담 | 499 |
| 신경희 | 기재부 | 501 |
| 신계희 | 동고양서 | 199 |
| 신광재 | 서대전서 | 309 |
| 신광철 | 서대전서 | 301 |
| 신규명 | 대전청 | 200 |
| 신규종 | 광교세무 | 142 |
| 신근모 | 금감원 | 83 |
| 신기력 | 강동서 | 315 |
| 신기룡 | 남부천서 | 358 |
| 신기선 | 법무율촌 | 342 |
| 신기섭 | 정읍서 | 450 |
| 신기완 | 김포서 | 312 |
| 신기주 | 서인천서 | 302 |
| 신기철 | 성북서 | 207 |
| 신기한 | 김해서 | 481 |
| 신기현 | 충주서 | 370 |
| 신나리 | 진주서 | 487 |
| 신나영 | 기재부 | 79 |
| 신나영 | 양천서 | 210 |
| 신나혜 | 용인서 | 225 |
| 신다솜 | 광주청 | 266 |
| 신다호 | 연수서 | 374 |
| 신다용 | 서울청 | 323 |
| 신대환 | 대현회계 | 154 |
| 신덕규 | 제주서 | 493 |
| 신덕수 | 서대전서 | 343 |
| 신도현 | 대현회계 | 16 |
| 신동구 | 동대구서 | 420 |
| 신동균 | 광주청 | 377 |
| 신동근 | 영등포서 | 393 |
| 신동배 | 서울청 | 458 |
| 신동복 | 기재부 | 214 |
| 신동용 | 마산서 | 157 |
| 신동우 | 삼성서 | 78 |
| 신동욱 | 서울청 | 482 |
| 신동익 | 이현세무 | 198 |
| 신동주 | 영주서 | 169 |
| 신동준 | 정읍서 | 9 |
| 신동진 | 금감원 | 442 |
| 신동표 | 서대전서 | 408 |
| 신동현 | 인천공항 | 106 |
| 신동호 | 국세청 | 342 |
| 신동호 | 국세청 | 506 |
| 신동훈 | 마포서 | 125 |
| 신동화 | 조세재정 | 120 |
| 신동훈 | 남동서 | 358 |
| 신동희 | 정진세림 | 195 |
| 신동희 | 금천서 | 524 |
| 신동현 | 해운대서 | 215 |
| 신동호 | 기재부 | 300 |
| 신동훈 | 금감원 | 183 |
| 신동화 | 영등포서 | 472 |
| 신동훈 | 지방재정 | 94 |
| 신동희 | 국세교육 | 111 |
| 신동희 | 서울청 | 195 |
| 신말곤 | 고양서 | 215 |
| 신명관 | 서부산서 | 145 |
| 신명섭 | 서울청 | 165 |
| 신명숙 | 강서서 | 308 |
| 신명진 | 세무다솔 | 466 |
| 신명화 | 구리서 | 151 |
| 신무성 | 의정부서 | 177 |
| 신문영 | 기재부 | 43 |
| 신문정 | 남원서 | 241 |
| 신미경 | 광주청 | 85 |
| 신미경 | 강릉서 | 325 |
| 신미덕 | 광산서 | 210 |
| 신미라 | 국세상담 | 89 |
| 신미란 | 중부청 | 401 |
| 신미란 | 남대구서 | 345 |
| 신미선 | 서울청 | 277 |
| 신미숙 | 마포서 | 380 |
| 신미식 | 서부산서 | 382 |
| 신미연 | 역삼서 | 143 |
| 신미영 | 강남서 | 419 |
| 신미옥 | 청주서 | 159 |
| 신미정 | 기재부 | 194 |
| 신미경 | 중부청 | 466 |
| 신민규 | 파주서 | 213 |
| 신민기 | 남대문서 | 173 |
| 신민서 | 광주청 | 369 |
| 신민섭 | 구로서 | 79 |
| 신민수 | 동안산서 | 238 |
| 신민아 | 성남서 | 253 |
| 신민정 | 대전청 | 335 |
| 신민정 | 부산강서 | 463 |
| 신민채 | 울산청 | 476 |
| 신민철 | 서인천서 | 303 |
| 신민철 | 김포서 | 313 |
| 신민필 | 지방재정 | 519 |
| 신민혜 | 울산청 | 477 |
| 신민호 | 관세사회 | 52 |
| 신반야 | 기재부 | 85 |
| 신방인 | 대전청 | 335 |
| 신범하 | 국세청 | 132 |
| 신병전 | 중부산서 | 471 |
| 신병준 | 화성서 | 477 |
| 신보경 | 예산서 | 275 |
| 신보라 | 부산진서 | 357 |
| 신보희 | 서울청 | 452 |
| 신봉식 | 남대문서 | 166 |
| 신봉일 | 세무다솔 | 184 |
| 신삼순 | 관악서 | 43 |
| 신상덕 | 순천서 | 43 |
| 신상록 | 금융위 | 178 |
| 신상민 | 국세청 | 393 |
| 신상수 | 양천서 | 99 |
| 신상우 | 대전청 | 131 |
| 신상원 | 동울산서 | 211 |
| 신상일 | 남대구서 | 335 |
| 신상훈 | 세무다솔 | 474 |
| 신상훈 | 안진회계 | 418 |
| 신상훈 | 감사원 | 43 |
| 신상희 | 기재부 | 55 |
| 신새벽 | 금융위 | 157 |
| 신새보미 | 경기광주 | 17 |
| 신서연 | 천안서 | 74 |
| 신선 | 영월서 | 94 |
| 신선미 | 강동서 | 99 |
| 신선주 | 전주서 | 258 |
| 신선예 | 국세청 | 358 |
| 신성근 | 성북서 | 282 |
| 신성만 | 파주서 | 174 |
| 신성섭 | 강남서 | 407 |
| 신성용 | 북부산서 | 128 |
| 신성원 | 한울회계 | 206 |
| 신성일 | 대구청 | 456 |
| 신성호 | 부산진서 | 326 |
| 신성환 | 마산서 | 425 |
| 신세연 | 부산강서 | 173 |
| 신세웅 | 노원서 | 464 |
| 신소라 | 북대전서 | 163 |
| 신소영 | 포천서 | 30 |
| 신소정 | 남원서 | 415 |
| 신솔지 | 양천서 | 461 |
| 신수경 | 서울청 | 483 |
| 신수미 | 양산서 | 462 |
| 신수범 | 경기광주 | 187 |
| 신수빈 | 여수서 | 340 |
| 신수빈 | 용인서 | 329 |
| 신수정 | 조세재정 | 401 |
| 신숙경 | 삼성서 | 211 |
| 신숙희 | 파주서 | 150 |
| 신순영 | 마포서 | 484 |
| 신승수 | 동화성서 | 258 |
| 신승연 | 남양주서 | 394 |
| 신승우 | 순천서 | 267 |
| 신승재 | 인천공항 | 457 |
| 신승현 | 대전청 | 525 |
| 신승환 | 아산서 | 199 |
| 신승훈 | 중부청 | 326 |
| 신승현 | 경기광주 | 195 |
| 신승환 | 서울청 | 260 |
| 신승훈 | 파주서 | 272 |
| 신시영 | 동청주서 | 244 |
| 신아연 | 중기회 | 392 |
| 신언수 | 김포서 | 506 |

신 (continued)

| 이름 | 소속 | 번호 |
|---|---|---|
| 신언순 | 청주서 | 369 |
| 신여경 | 시흥서 | 257 |
| 신연정 | 김해서 | 481 |
| 신연주 | 제천서 | 133 |
| 신연주 | 서인천서 | 302 |
| 신연주 | 연수서 | 322 |
| 신연주 | 대전서 | 338 |
| 신연희 | 기흥서 | 242 |
| 신열석 | 김포서 | 312 |
| 신영남 | 제천서 | 366 |
| 신영대 | 광주청 | 379 |
| 신영두 | 국회재정 | 68 |
| 신영림 | 안산서 | 260 |
| 신영민 | 중부서 | 235 |
| 신영빈 | 동화성서 | 272 |
| 신영선 | 마포서 | 194 |
| 신영수 | 송파서 | 209 |
| 신영순 | 동안양서 | 248 |
| 신영순 | 마포서 | 194 |
| 신영승 | 대구세관 | 514 |
| 신영심 | 부산강서 | 463 |
| 신영아 | 영등포서 | 214 |
| 신영우 | 목포서 | 390 |
| 신영웅 | 반포서 | 288 |
| 신영주 | 홍천서 | 196 |
| 신영준 | 북광주서 | 384 |
| 신영중 | 서울청 | 161 |
| 신영진 | 수성서 | 427 |
| 신영철 | 도봉서 | 189 |
| 신영호 | 구리서 | 240 |
| 신영희 | 평택서 | 271 |
| 신여람 | 서울청 | 149 |
| 신예린 | 김천서 | 434 |
| 신예슬 | 노원서 | 186 |
| 신예주 | 중부서 | 266 |
| 신예진 | 국세청 | 227 |
| 신예진 | 해운대서 | 126 |
| 신옥미 | 부산청 | 472 |
| 신옥순 | 반포서 | 449 |
| 신옥희 | 경산서 | 196 |
| 신요한 | 중부청 | 429 |
| 신용규 | 충주서 | 232 |
| 신용대 | 해운대서 | 370 |
| 신용도 | 동울산서 | 472 |
| 신용범 | 서울청 | 474 |
| 신용석 | 기재부 | 161 |
| 신용순 | 대전청 | 150 |
| 신용식 | 서울청 | 79 |
| 신용욱 | 서울청 | 336 |
| 신용직 | 공주서 | 167 |
| 신용하 | 금정서 | 344 |
| 신용향 | 한울회계 | 457 |
| 신용현 | 금감원 | 30 |
| 신용호 | 광주청 | 457 |
| 신우교 | 강남서 | 375 |
| 신우상 | 조세재정 | 173 |
| 신우열 | 충주서 | 524 |
| 신웅기 | 진주서 | 371 |
| 신웅식 | 택스홈앤 | 381 |
| 신원경 | 택스홈앤 | 487 |
| 신원섭 | 남대구서 | 48 |
| 신원영 | 속초서 | 253 |
| 신원정 | 대전서 | 418 |
| 신유경 | 서울청 | 166 |
| 신유나 | 연수서 | 281 |
| 신유동 | 대구서 | 338 |
| 신유림 | 마포서 | 273 |
| 신유미 | 동대구서 | 171 |
| 신유정 | 수성서 | 323 |
| 신유진 | 상주서 | 183 |
| 신유진 | 마산서 | 195 |
| 신유현 | 대전서 | 421 |
| 신윤경 | 동작서 | 238 |
| 신윤섭 | 삼일회계 | 426 |
| 신윤철 | 예일세무 | 204 |
| 신윤환 | 중부서 | 436 |
| 신은경 | 안양서 | 482 |
| 신은송 | 금정서 | 339 |
| 신은숙 | 국세청 | 192 |
| 신은정 | 북대구서 | 20 |
| 신은주 | 연수서 | 318 |
| 신은주 | 천안서 | 50 |
| 신은지 | 고양서 | 369 |
| 신은하 | 택스홈앤 | 226 |
| 신은혜 | | 264 |

| 이름 | 소속 | 번호 |
|---|---|---|
| 신은길 | 조세심판 | 521 |
| 신이길 | 북광주서 | 385 |
| 신이나 | 반포서 | 197 |
| 신익재 | 도봉서 | 188 |
| 신익철 | 금감원 | 108 |
| 신인섭 | 남대구서 | 418 |
| 신장규 | 지방재정 | 519 |
| 신장수 | EY한영 | 15 |
| 신장식 | 금융위 | 99 |
| 신재봉 | 국회정무 | 72 |
| 신재식 | 국세청 | 136 |
| 신재원 | 기재부 | 86 |
| 신재원 | 기재부 | 87 |
| 신재은 | 국세청 | 93 |
| 신재희 | 북대구서 | 137 |
| 신정고 | 원주서 | 422 |
| 신정미 | 부산청 | 284 |
| 신정미 | 기재부 | 450 |
| 신정미 | 영등포서 | 79 |
| 신정석 | 원주서 | 214 |
| 신정숙 | 조세심판 | 284 |
| 신정숙 | 서울청 | 520 |
| 신정아 | 서울청 | 424 |
| 신정아 | 서울청 | 160 |
| 신정아 | 수영서 | 160 |
| 신정연 | 제주서 | 160 |
| 신정연 | 북대구서 | 468 |
| 신정원 | 광주청 | 492 |
| 신정현 | 기재부 | 422 |
| 신정현 | 역삼서 | 378 |
| 신정환 | 예일세무 | 89 |
| 신정훈 | 시흥서 | 212 |
| 신정희 | 금정서 | 50 |
| 신종범 | 삼일회계 | 256 |
| 신종숙 | 목포서 | 235 |
| 신종웅 | 동작회계 | 456 |
| 신종훈 | 삼일회계 | 20 |
| 신주령 | 국세청 | 390 |
| 신주현 | 종로서 | 192 |
| 신주현 | 부산청 | 19 |
| 신주현 | 성동서 | 128 |
| 신준규 | 구리서 | 223 |
| 신준철 | 남양주서 | 450 |
| 신준호 | 성동서 | 205 |
| 신중현 | 송파서 | 206 |
| 신중훈 | 부평서 | 241 |
| 신지선 | 국세청 | 245 |
| 신지성 | 중부청 | 204 |
| 신지숙 | 잠실서 | 208 |
| 신지애 | 중부서 | 320 |
| 신지연 | 계양서 | 128 |
| 신지연 | 강서서 | 309 |
| 신지영 | 마포서 | 130 |
| 신지영 | 삼성서 | 234 |
| 신지우 | 남대구서 | 221 |
| 신지원 | 중랑서 | 304 |
| 신지은 | 서초서 | 226 |
| 신지은 | 조세재정 | 307 |
| 신지혜 | 인천청 | 423 |
| 신지혜 | 파주서 | 176 |
| 신지혜 | 동안산서 | 195 |
| 신지혜 | 삼성서 | 199 |
| 신지환 | 국세청 | 135 |
| 신지혜 | 수원서 | 255 |
| 신지혜 | 부산청 | 450 |
| 신지혜 | 지방재정 | 519 |
| 신지환 | 기재부 | 84 |
| 신지환 | 부평서 | 321 |
| 신진섭 | 안산서 | 260 |
| 신진아 | 이현세무 | 9 |
| 신진섭 | 지방재정 | 518 |
| 신진아 | 부평서 | 234 |
| 신진아 | 강릉서 | 276 |
| 신진우 | 천안서 | 359 |
| 신진우 | 동대구서 | 421 |
| 신진욱 | 동청주서 | 363 |
| 신진주 | 대구서 | 415 |
| 신진호 | 기재부 | 80 |
| 신찬호 | 지방재정 | 518 |
| 신창섭 | 동대구서 | 420 |
| 신창영 | 순천서 | 393 |
| | 동고양서 | 314 |
| | 인천청 | 298 |

| 이름 | 소속 | 번호 |
|---|---|---|
| 신창현 | 금감원 | 110 |
| 신창환 | 안진회계 | 17 |
| 신창환 | 안진회계 | 17 |
| 신채영 | 강남서 | 172 |
| 신채영 | 강서서 | 176 |
| 신채원 | 연수서 | 323 |
| 신채희 | 서인천서 | 96 |
| 신철원 | 관세청 | 302 |
| 신충민 | 국세청 | 495 |
| 신치우 | 구리서 | 137 |
| 신치환 | 광명서 | 241 |
| 신태섭 | 감사원 | 311 |
| 신태섭 | 기재부 | 73 |
| 신태섭 | 서울세관 | 90 |
| 신태환 | 서울세관 | 499 |
| 신평화 | 북광주서 | 501 |
| 신하나금 | 금정서 | 96 |
| 신학순 | 세무다솔 | 384 |
| 신한철 | 대현회계 | 456 |
| 신해규 | 파주서 | 49 |
| 신향식 | 도봉서 | 16 |
| 신향철 | 강서서 | 327 |
| 신헌철 | 충주서 | 188 |
| 신혁 | 양천서 | 177 |
| 신현경 | 기재부 | 129 |
| 신현국 | 강남서 | 370 |
| 신현범 | 대전서 | 210 |
| 신현삼 | 세무다솔 | 79 |
| 신현석 | 서초서 | 173 |
| 신현우 | 북부산서 | 338 |
| 신현일 | 국세청 | 43 |
| 신현주 | 성동서 | 203 |
| 신현충 | 국세청 | 280 |
| 신현철 | 포천서 | 212 |
| 신현호 | 강남서 | 464 |
| 신형원 | 제천서 | 135 |
| 신형철 | 현대회계 | 304 |
| 신혜란 | 속초서 | 328 |
| 신혜민 | 대전청 | 31 |
| 신혜숙 | 동안산서 | 293 |
| 신혜정 | 김포서 | 281 |
| 신혜진 | 부산청 | 172 |
| 신호균 | 이천서 | 452 |
| 신홍영 | 김해서 | 269 |
| 신효경 | 서울청 | 480 |
| 신효상 | 속초서 | 160 |
| 신효정 | 삼성서 | 144 |
| 신희라 | 남동서 | 238 |
| 신희명 | 서인천서 | 281 |
| 신희범 | 국세교육 | 506 |
| 신희섭 | 기재부 | 198 |
| 신희영 | 김앤장 | 55 |
| 신희정 | 남대문서 | 185 |
| 신기한 | 서울청 | 150 |
| 신경섭 | 지방재정 | 518 |
| 신경연 | 서대문서 | 201 |
| 신경자 | 종로서 | 223 |
| 신국보 | 기재부 | 89 |
| 신규민 | 아산서 | 93 |
| 신규연 | 경산서 | 354 |
| 신규찬 | 동대문서 | 428 |
| 신규헌 | 태평양 | 191 |
| 신규현 | 지방재정 | 61 |
| 신낙순 | 기재부 | 524 |
| 신동보 | 한울회계 | 519 |
| 신란주 | 지방재정 | 304 |
| 신미선 | 강릉서 | 30 |
| 신미연 | 천안서 | 518 |
| 신민경 | 군산서 | 142 |
| 신민기 | 동대구서 | 398 |
| 신민정 | 경기광주 | 258 |
| 신민정 | 국세청 | 212 |
| 신민주 | 영등포서 | 214 |
| 신민준 | 중부서 | 236 |
| 신백교 | 세종서 | 353 |
| 신별 | 기재부 | 352 |
| | 조세재정 | 84 |
| | 구리서 | 523 |
| | | 241 |

| 이름 | 소속 | 번호 |
|---|---|---|
| 심상길 | 통영서 | 490 |
| 심상우 | 동작서 | 193 |
| 심상우 | 종로서 | 223 |
| 심상형 | 해남서 | 396 |
| 심새별 | 김해서 | 481 |
| 심서연 | 성동서 | 204 |
| 심석인 | 구리서 | 241 |
| 심선미 | 금감원 | 110 |
| 심선희 | EY한영 | 484 |
| 심성규 | 양천서 | 15 |
| 심성환 | 경기광주 | 211 |
| 심소연 | 광산서 | 259 |
| 심소영 | 순천서 | 380 |
| 심수경 | 김포서 | 392 |
| 심수연 | 회성서 | 214 |
| 심수빈 | 잠실서 | 313 |
| 심수진 | 영등포서 | 275 |
| 심수한 | 구리서 | 215 |
| 심수현 | 창원서 | 221 |
| 심수현 | 영월서 | 194 |
| 심수희 | 고양서 | 489 |
| 심승미 | 조세재정 | 167 |
| 심승연 | 기재부 | 282 |
| 심아미 | 서울청 | 308 |
| 심연주 | 종로서 | 525 |
| 심연택 | 서울청 | 87 |
| 심영은 | 원당서 | 89 |
| 심영주 | 삼성서 | 164 |
| 심완수 | 마포서 | 223 |
| 심완수 | 동래서 | 488 |
| 심우돈 | 대현회계 | 458 |
| 심우성 | 서대문서 | 341 |
| 심우영 | 조세심판 | 16 |
| 심유성 | 기재부 | 248 |
| 심유정 | 부산청 | 521 |
| 심윤미 | 북광주서 | 92 |
| 심윤보 | 동작서 | 453 |
| 심윤상 | 기재부 | 78 |
| 심윤성 | 국세청 | 263 |
| 심은경 | 서울청 | 132 |
| 심은경 | 해운대서 | 91 |
| 심은영 | 부산청 | 385 |
| 심은지 | 서인천서 | 193 |
| 심은지 | 동작서 | 198 |
| 심재민 | 조세재정 | 55 |
| 심재곤 | 감사원 | 134 |
| 심재근 | 강서서 | 166 |
| 심재도 | 서울청 | 472 |
| 심재옥 | 전주서 | 451 |
| 심재용 | 순천서 | 302 |
| 심재운 | 고시회 | 123 |
| 심재운 | 순천서 | 302 |
| 심재일 | 국세청 | 192 |
| 심재현 | 동고양서 | 525 |
| 심재형 | 아산서 | 138 |
| 심재호 | 분당서 | 315 |
| 심재호 | 부산세관 | 354 |
| 심재훈 | 부산세관 | 251 |
| 심재희 | 경산서 | 509 |
| 심정민 | 서울청 | 510 |
| 심정민 | 강동서 | 108 |
| 심정보 | 기재부 | 135 |
| 심정식 | 해운대서 | 429 |
| 심정연 | 삼성서 | 148 |
| 심정희 | 고양서 | 449 |
| 심종구 | 해운대서 | 83 |
| 심주숙 | 춘천서 | 174 |
| 심주영 | 영등포서 | 185 |
| 심주호 | 남대문서 | 292 |
| 심주희 | 성동서 | 204 |
| 심준 | 현대회계 | 31 |
| 심준보 | 역삼서 | 213 |
| 심준석 | 북대전서 | 341 |
| 심지섭 | 대전청 | 332 |
| | 동대문서 | 190 |

(ㅇ)

| 이름 | 소속 | 번호 |
|---|---|---|
| 심지숙 | 국세청 | 137 |
| 심지애 | 기재부 | 82 |
| 심지언 | 국세청 | 122 |
| 심지영 | 도봉서 | 188 |
| 심지영 | 동울산서 | 475 |
| 심지은 | 송파서 | 208 |
| 심지현 | 분당서 | 251 |
| 심지혜 | 기재부 | 88 |
| 심진영 | 충주서 | 370 |
| 심진훈 | 반포서 | 196 |
| 심창훈 | 북부산서 | 464 |
| 심절수 | 세무다솔 | 43 |
| 심태섭 | 남원서 | 401 |
| 심태완 | 조세재정 | 523 |
| 심한보 | 인천청 | 298 |
| 심헌석 | 남원서 | 401 |
| 심현 | 중부청 | 232 |
| 심현주 | 법무바른 | 1 |
| 심현주 | 부천서 | 319 |
| 심형섭 | 광주서 | 383 |
| 심형철 | 도봉서 | 188 |
| 심혜경 | 동고양서 | 315 |
| 심혜영 | 삼덕회계 | 19 |
| 심혜진 | 북대구서 | 422 |
| 심효도 | 국세상담 | 142 |
| 심홍채 | 충주서 | 370 |
| 심효선 | 북전주서 | 402 |
| 심효열 | 강서서 | 177 |
| 심효정 | 부천서 | 319 |
| 심희정 | 국세청 | 135 |
| 심희열 | 양천서 | 176 |
| 심희정 | 남부천서 | 210 |
| 심희준 | 부산청 | 316 |
| 심희준 | 안산서 | 453 |
| 심희준 | | 261 |
| | 광명서 | 310 |

| 이름 | 소속 | 번호 |
|---|---|---|
| 안건희 | 기재부 | 89 |
| 안경민 | 서울청 | 157 |
| 안경우 | 기재부 | 87 |
| 안경화 | 성동서 | 205 |
| 안광민 | 경기광주 | 258 |
| 안광선 | 기재부 | 90 |
| 안광승 | 감사원 | 75 |
| 안광인 | 감사원 | 266 |
| 안광용 | 국세청 | 75 |
| 안광인 | 이천서 | 129 |
| 안광혁 | 동안양서 | 269 |
| 안광훈 | 감사원 | 249 |
| 안구의 | 광주서 | 75 |
| 안국자 | 서인천서 | 382 |
| 안국민 | 동대구서 | 302 |
| 안규상 | 종로서 | 421 |
| 안근혜 | 기재부 | 222 |
| 안기옥 | 서울청 | 89 |
| 안기영 | 기재부 | 166 |
| 안기용 | 중부청 | 93 |
| 안기철 | 동청주서 | 230 |
| 안남진 | 영등포서 | 363 |
| 안다경 | 남대구서 | 214 |
| 안대 | 경기광주 | 419 |
| 안대섭 | 대구서 | 258 |
| 안대업 | 마산서 | 482 |
| 안대철 | 중부산서 | 470 |
| 안대호 | 부산진서 | 461 |
| 안대희 | 법무평안 | 62 |
| 안덕수 | 국세청 | 130 |
| 안덕수 | 국회재정 | 131 |
| 안덕검 | 국회재정 | 68 |
| 안도영 | 북부산서 | 464 |
| 안동민 | 경산서 | 124 |
| 안동섭 | 의정부서 | 324 |
| 안동주 | 구로서 | 180 |
| 안동훈 | 제주서 | 493 |
| 안래본 | 광주청 | 376 |
| 안만식 | 이현세무 | 9 |
| 안명화 | 지방재정 | 519 |
| 안모세 | 강남서 | 172 |
| 안무성 | 부산진서 | 460 |
| 안무혁 | 은평서 | 219 |
| 안문철 | 구리서 | 241 |
| 안미경 | 부천서 | 319 |
| 안미경 | 수성서 | 426 |
| 안미라 | 충주서 | 225 |
| 안미분 | 중랑서 | 371 |
| 안미선 | 서울청 | 157 |
| 안미영 | 서울청 | 168 |
| 안미정 | 김포서 | 313 |
| 안미진 | 기재부 | 86 |

### 1단

| 성명 | 소속 | 번호 |
|---|---|---|
| 안미진 | 서울청 | 149 |
| 안미희 | 성남서 | 205 |
| 안민경 | 계양서 | 306 |
| 안민규 | 국세청 | 457 |
| 안민숙 | 순천서 | 130 |
| 안민지 | 서울청 | 392 |
| 안병남 | 금강원 | 168 |
| 안병만 | 동래서 | 105 |
| 안병수 | 아주서 | 459 |
| 안병옥 | 노원서 | 437 |
| 안병욱 | 안진회계 | 187 |
| 안병준 | 현대회계 | 17 |
| 안병태 | 강동서 | 31 |
| 안병현 | 서초서 | 175 |
| 안봉훈 | 고시회 | 203 |
| 안부환 | 북부산서 | 34 |
| 안분훈 | 조세재정 | 455 |
| 안상숙 | 북부산서 | 465 |
| 안상순 | 조세재정 | 522 |
| 안상언 | 역삼서 | 212 |
| 안성영 | 부산청 | 452 |
| 안상욱 | 기재부 | 79 |
| 안상용 | 국세청 | 214 |
| 안상재 | 인천공항 | 507 |
| 안상현 | 안양서 | 123 |
| 안새롬 | 동작서 | 485 |
| 안서윤 | 계양서 | 192 |
| 안서진 | 조세재정 | 306 |
| 안선미 | 평택서 | 524 |
| 안선일 | 포항서 | 270 |
| 안선표 | 평택서 | 445 |
| 안선희 | 김포서 | 271 |
| 안성경 | 익산서 | 312 |
| 안성구 | 아산서 | 354 |
| 안성기 | 구로서 | 404 |
| 안성덕 | 수영서 | 180 |
| 안성민 | 인천청 | 468 |
| 안성민 | 부천서 | 293 |
| 안성빈 | 삼정회계 | 318 |
| 안성선 | 수성서 | 22 |
| 안성영 | 금천서 | 427 |
| 안성은 | 삼일회계 | 183 |
| 안성준 | 동대문서 | 406 |
| 안성진 | 영등포서 | 20 |
| 안성태 | 김해서 | 190 |
| 안성호 | 금감원 | 260 |
| 안세미 | 서대문서 | 442 |
| 안세연 | 용산서 | 103 |
| 안세영 | 금천서 | 201 |
| 안세희 | 영등포서 | 217 |
| 안소라 | 김해서 | 183 |
| 안소명 | 기재부 | 215 |
| 안소연 | 계양서 | 481 |
| 안소영 | 기재부 | 271 |
| 안소영 | 인천청 | 306 |
| 안소영 | 부산청 | 84 |
| 안소진 | 구로서 | 202 |
| 안소현 | 남대구서 | 295 |
| 안소형 | 기재부 | 354 |
| 안수경 | 부평서 | 455 |
| 안수남 | 서인천서 | 181 |
| 안수남 | 안동서 | 321 |
| 안수림 | 세무다솔 | 383 |
| 안수만 | 세무다솔 | 523 |
| 안수민 | 세무다솔 | 187 |
| 안수민 | 대전청 | 216 |
| 안수빈 | 동울산서 | 302 |
| 안수아 | 기재부 | 347 |
| 안수연 | 성남서 | 390 |
| 안수영 | 서인천서 | 418 |
| 안수정 | 홍천서 | 80 |
| 안수지 | 동울산서 | 248 |
| 안수진 | 세종서 | 303 |
| 안수진 | 충남서 | 438 |
| 안수진 | 법무율촌 | 43 |
| 안수진 | 북대전서 | 334 |
| 안수진 | 상주서 | 474 |
| 안수진 | 창원서 | 96 |

### 2단

| 성명 | 소속 | 번호 |
|---|---|---|
| 안수현 | 해운대서 | 472 |
| 안순주 | 동화성서 | 272 |
| 안순호 | 성동서 | 205 |
| 안슬기 | 북대전서 | 340 |
| 안승연 | 천안서 | 358 |
| 안승용 | 잠실서 | 221 |
| 안승우 | 서울청 | 124 |
| 안승원 | 진주서 | 486 |
| 안승현 | 기재부 | 85 |
| 안승현 | 도봉서 | 189 |
| 안승현 | 속초서 | 280 |
| 안승호 | 북대전서 | 462 |
| 안승화 | 서울청 | 340 |
| 안승후 | 김해서 | 167 |
| 안신영 | 서울청 | 481 |
| 안신원 | 금감원 | 164 |
| 안애선 | 안양서 | 106 |
| 안양순 | 춘천서 | 264 |
| 안양후 | 북부산서 | 286 |
| 안연형 | 서울청 | 468 |
| 안연숙 | 북부산서 | 465 |
| 안연찬 | 중랑서 | 224 |
| 안영길 | 수성서 | 214 |
| 안영성 | 기재부 | 427 |
| 안영수 | 삼덕회계 | 82 |
| 안영신 | 기재부 | 19 |
| 안영준 | 용산서 | 87 |
| 안영채 | 해운대서 | 216 |
| 안영훈 | 서울청 | 473 |
| 안영훈 | 기재부 | 161 |
| 안영훈 | 국세청 | 77 |
| 안영희 | 논산서 | 124 |
| 안예지 | 국세상담 | 134 |
| 안예리 | 구미서 | 346 |
| 안예지 | 상주서 | 143 |
| 안용수 | 천안서 | 433 |
| 안용환 | 영등포서 | 437 |
| 안우형 | 북대구서 | 358 |
| 안원기 | 진주서 | 365 |
| 안원용 | 세무다솔 | 423 |
| 안원용 | 세무다솔 | 486 |
| 안원용 | 송파서 | 43 |
| 안유라 | 기재부 | 43 |
| 안유미 | 동안양서 | 43 |
| 안유정 | 북광주서 | 208 |
| 안유진 | 평택서 | 95 |
| 안유진 | 김천서 | 248 |
| 안유희 | 반포서 | 384 |
| 안윤미 | 서울청 | 271 |
| 안윤석 | 부천서 | 435 |
| 안윤석 | 이천서 | 197 |
| 안윤선 | 연수서 | 153 |
| 안윤종 | 조세재정 | 318 |
| 안은경 | 기재부 | 524 |
| 안은정 | 남양주서 | 268 |
| 안은지 | 논산서 | 323 |
| 안은주 | 서울청 | 79 |
| 안운지 | 금정서 | 245 |
| 안이슬 | 아산서 | 270 |
| 안인기 | 광주청 | 346 |
| 안인엽 | 이천서 | 347 |
| 안일근 | 서울청 | 269 |
| 안자영 | 국세청 | 158 |
| 안재국 | 해운대서 | 124 |
| 안재문 | 남원서 | 472 |
| 안재민 | 포천서 | 400 |
| 안재민 | 남대구서 | 328 |
| 안재필 | 대전청 | 419 |
| 안재학 | 동안양서 | 332 |
| 안재현 | 기재부 | 249 |
| 안재현 | 동래서 | 84 |
| 안재현 | 국세청 | 459 |
| 안재현 | 동울산서 | 130 |
| 안재희 | 고양서 | 474 |
| 안정민 | 김앤장 | 308 |
| 안정민 | 서초서 | 55 |
| 안정빈 | 서초서 | 202 |
| 안정섭 | 안산서 | 202 |
| 안정수 | 인천청 | 261 |
| 안정연 | 거창서 | 298 |
| 안정연 | 서울청 | 479 |
| 안정민 | 평택서 | 158 |
| 안정민 | 동화성서 | 273 |
| 안정섭 | 군산서 | 271 |
| 안정수 | 해운대서 | 398 |
| 안정수 | 조세재정 | 473 |
| 안정섭 | 삼성서 | 523 |
| 안정수 | 은평서 | 199 |
| | | 219 |

### 3단

| 성명 | 소속 | 번호 |
|---|---|---|
| 안정우 | 서울청 | 169 |
| 안정은 | 종로서 | 223 |
| 안정진 | 택스홈앤 | 48 |
| 안정현 | 북광주서 | 384 |
| 안정화 | 노원서 | 187 |
| 안정희 | 한울회계 | 30 |
| 안제우 | 마산서 | 218 |
| 안종구 | 광산서 | 483 |
| 안종근 | 부산강서 | 380 |
| 안주영 | 부천서 | 463 |
| 안주훈 | 구로서 | 318 |
| 안주희 | 서울청 | 180 |
| 안준 | 인천청 | 156 |
| 안준건 | 대전청 | 89 |
| 안준연 | 고양서 | 356 |
| 안준현 | 부산청 | 297 |
| 안준혁 | 서울청 | 339 |
| 안중관 | 중기회 | 308 |
| 안중영 | 고시회 | 453 |
| 안중호 | 조세심판 | 150 |
| 안중훈 | 안양서 | 116 |
| 안지민 | 서울청 | 78 |
| 안지섭 | 대구청 | 34 |
| 안지연 | 광주청 | 521 |
| 안지영 | 세종청 | 264 |
| 안지영 | 대구청 | 158 |
| 안지영 | 국세상담 | 154 |
| 안지유 | 성동서 | 338 |
| 안지은 | 구리서 | 414 |
| 안지은 | 성남서 | 326 |
| 안지은 | 노원서 | 379 |
| 안지인 | 강서서 | 353 |
| 안지현 | 경기광주 | 417 |
| 안지혜 | 고양서 | 142 |
| 안지혜 | 부천서 | 204 |
| 안지혜 | 세무다솔 | 241 |
| 안지훈 | 동울산서 | 252 |
| 안진경 | 조세재정 | 315 |
| 안진모 | 인천서 | 186 |
| 안진수 | 김포서 | 176 |
| 안진아 | 북광주서 | 244 |
| 안진영 | 강릉서 | 258 |
| 안진영 | 홍천서 | 309 |
| 안진우 | 서초서 | 319 |
| 안진환 | 성북서 | 43 |
| 안진희 | 서울청 | 205 |
| 안진희 | 남대문서 | 474 |
| 안찬종 | 천안서 | 525 |
| 안창모 | 서광주서 | 305 |
| 안창현 | 중부청 | 312 |
| 안초희 | 대구청 | 385 |
| 안춘자 | 노원서 | 277 |
| 안태균 | 남대구서 | 202 |
| 안태동 | 기재부 | 206 |
| 안태승 | 금정서 | 207 |
| 안태영 | 성남서 | 161 |
| 안태유 | 익산서 | 185 |
| 안태일 | 광명서 | 359 |
| 안태준 | 금감원 | 386 |
| 안태호 | 부산강서 | 418 |
| 안태훈 | 예산서 | 235 |
| 안태훈 | 북부산서 | 250 |
| 안필환 | 서울청 | 413 |
| 안한솔 | 용인서 | 186 |
| 안해준 | 대현회계 | 422 |
| 안해찬 | 금감원 | 91 |
| 안현아 | 국세청 | 457 |
| 안현자 | 인천공항 | 168 |
| 안현정 | 국세상담 | 404 |
| 안현정 | 평택서 | 252 |
| 안현주 | 대구청 | 311 |
| 안현준 | 동안양서 | 103 |

### 4단

| 성명 | 소속 | 번호 |
|---|---|---|
| 안현창 | 구미서 | 432 |
| 안형선 | 국세청 | 121 |
| 안형숙 | 부평서 | 321 |
| 안형자 | 북전주서 | 402 |
| 안형준 | 기재부 | 93 |
| 안형진 | 세무하나 | 47 |
| 안혜령 | 서울청 | 158 |
| 안혜린 | 서부산서 | 171 |
| 안혜숙 | 경산서 | 467 |
| 안혜영 | 국세청 | 428 |
| 안혜원 | 양천서 | 138 |
| 안혜은 | 계양서 | 210 |
| 안혜정 | 부산청 | 307 |
| 안혜정 | 파주서 | 449 |
| 안혜정 | 국세청 | 326 |
| 안혜준 | 국세청 | 124 |
| 안혜진 | 잠실서 | 134 |
| 안혜진 | 서울지방 | 131 |
| 안호연 | 국세상담 | 221 |
| 안호정 | 광주청 | 36 |
| 안호진 | 아산서 | 374 |
| 안홍갑 | 경기광주 | 354 |
| 안홍철 | 상주서 | 258 |
| 안효진 | 구로서 | 436 |
| 안효진 | 마포서 | 180 |
| 안희망 | 중부서 | 195 |
| 안희엽 | 은평서 | 227 |
| 안희영 | 종로서 | 218 |
| 양가은 | 중부청 | 223 |
| 양경모 | 기재부 | 237 |
| 양경섭 | 서울지방 | 324 |
| 양경진 | 남동서 | 80 |
| 양광식 | 기재부 | 36 |
| 양광준 | 북대전서 | 300 |
| 양구철 | 성북서 | 96 |
| 양규복 | 부산지서 | 341 |
| 양규원 | 김앤장 | 207 |
| 양근선 | 역삼서 | 236 |
| 양금원 | 수원서 | 223 |
| 양기근 | 부산세관 | 460 |
| 양기석 | EY한영 | 55 |
| 양기태 | 원주서 | 212 |
| 양기현 | 부산청 | 255 |
| 양기화 | 서울청 | 509 |
| 양길영 | 양산서 | 15 |
| 양길호 | 세무다솔 | 284 |
| 양나연 | 목포서 | 450 |
| 양다율 | 송파서 | 157 |
| 양다희 | 조세재정 | 485 |
| 양다희 | 전주서 | 43 |
| 양대균 | 서울청 | 390 |
| 양대식 | 중부청 | 209 |
| 양대식 | 금감원 | 525 |
| 양동규 | 예산서 | 407 |
| 양동범 | 조세재정 | 157 |
| 양동석 | 남양주서 | 232 |
| 양동선 | 서울청 | 304 |
| 양동준 | 성동서 | 245 |
| 양동혁 | 기흥서 | 104 |
| 양동혁 | 삼성서 | 168 |
| 양동훈 | 정읍서 | 190 |
| 양두열 | 대전청 | 205 |
| 양명모 | 관세청 | 243 |
| 양명주 | 반포서 | 155 |
| 양명희 | 세종서 | 198 |
| 양명희 | 광산서 | 174 |
| 양문석 | 수영서 | 409 |
| 양문혜 | 포천서 | 352 |
| 양미경 | 노원서 | 381 |
| 양미라 | 서초서 | 469 |
| 양미경 | 마포서 | 329 |
| 양미라 | 대구청 | 187 |
| 양미선 | 국세청 | 203 |
| 양미선 | 강동서 | 195 |
| 양미숙 | 노원서 | 413 |
| 양미영 | 송파서 | 132 |
| 양민경 | 성북서 | 223 |
| 양민영 | 마포서 | 175 |
| 양민정 | 법무율촌 | 186 |
| 양민영 | 성북서 | 209 |
| 양민정 | 성북서 | 207 |
| 양병문 | 마포서 | 339 |
| 양병수 | 법무율촌 | 59 |

### 5단

| 성명 | 소속 | 번호 |
|---|---|---|
| 양상택 | 광주세관 | 516 |
| 양상민 | 구로서 | 181 |
| 양상원 | 동작서 | 193 |
| 양새날 | 아산서 | 354 |
| 양서안 | 위드원 | 46 |
| 양서영 | 구미서 | 433 |
| 양서영 | 기재부 | 81 |
| 양석범 | 부산청 | 448 |
| 양석재 | 중부청 | 236 |
| 양석진 | 광주청 | 377 |
| 양선미 | 금천서 | 183 |
| 양선미 | 제주서 | 492 |
| 양선욱 | 서울청 | 162 |
| 양성미 | 동안양서 | 248 |
| 양성봉 | 대전청 | 333 |
| 양성욱 | 동래서 | 459 |
| 양성철 | 서대전서 | 342 |
| 양성철 | 서울청 | 149 |
| 양성현 | 기재부 | 94 |
| 양세현 | 이천서 | 268 |
| 양세현 | 중부청 | 235 |
| 양소라 | 기재부 | 88 |
| 양소녕 | 속초서 | 281 |
| 양송이 | 남동서 | 300 |
| 양수빈 | 중부지방 | 37 |
| 양수정 | 태평양 | 61 |
| 양숙관 | 지방재정 | 519 |
| 양순연 | 대구청 | 413 |
| 양순임 | 대전청 | 338 |
| 양순필 | 홍성서 | 360 |
| 양순회 | 아산서 | 354 |
| 양술 | 부산서 | 452 |
| 양승권 | 강남서 | 173 |
| 양승규 | 동안양서 | 248 |
| 양승민 | 군산서 | 398 |
| 양승복 | 부산청 | 455 |
| 양승우 | 성동서 | 204 |
| 양승정 | 인천청 | 297 |
| 양승조 | 해운대서 | 473 |
| 양승찬 | 연수서 | 322 |
| 양시범 | 잠실서 | 220 |
| 양신 | 고양서 | 308 |
| 양심영 | 기재부 | 80 |
| 양아름 | 송파서 | 208 |
| 양연화 | 광주세관 | 516 |
| 양영규 | 신대동 | 53 |
| 양영동 | 화성서 | 275 |
| 양영선 | 화성서 | 274 |
| 양영진 | 송파서 | 476 |
| 양영진 | 송파서 | 208 |
| 양영혁 | 경기광주 | 258 |
| 양영훈 | 금감원 | 107 |
| 양예주 | 광주청 | 377 |
| 양옥석 | 김앤장 | 55 |
| 양옥석 | 수영서 | 468 |
| 양용산 | 동래서 | 458 |
| 양용석 | 구리서 | 241 |
| 양용석 | 북광주서 | 385 |
| 양용환 | 종로서 | 216 |
| 양웅 | 정읍서 | 223 |
| 양웅 | 서울청 | 408 |
| 양원 | 관악서 | 155 |
| 양원봉 | 서울청 | 170 |
| 양원학 | 서울청 | 171 |
| 양유나 | 관악서 | 179 |
| 양유림 | 마포서 | 194 |

### 6단

| 성명 | 소속 | 번호 |
|---|---|---|
| 양영선 | 해운대서 | 473 |
| 양영진 | 국세청 | 136 |
| 양영진 | 이천서 | 269 |
| 양영혁 | 대전청 | 332 |
| 양영훈 | 제주서 | 204 |
| 양예주 | 성동서 | 493 |
| 양옥석 | 전주서 | 407 |
| 양옥석 | 창원서 | 205 |
| 양용산 | 국세청 | 488 |
| 양용석 | 중기회 | 489 |
| 양용석 | 서대문서 | 134 |
| 양용환 | 대전청 | 116 |
| 양웅 | 제주서 | 200 |
| 양웅 | 순천서 | 332 |
| 양원 | 북전주서 | 492 |
| 양원봉 | 종로서 | 493 |
| 양원학 | 반포서 | 393 |
| 양유나 | 익산서 | 403 |
| 양유림 | 법무율촌 | 396 |
| | 구로서 | 222 |
| | 제주서 | 196 |
| | 영덕서 | 404 |
| | 수성서 | 59 |
| | 구로서 | 180 |
| | 제주서 | 493 |
| | 영덕서 | 440 |
| | 수성서 | 426 |

| 이름 | 소속 | 쪽 |
|---|---|---|
| 오세인 | 익산서 | 404 |
| 오세정 | 국세청 | 125 |
| 오세정 | 서울청 | 156 |
| 오세정 | 청주서 | 359 |
| 오세종 | 영등포서 | 214 |
| 오세준 | 청주서 | 369 |
| 오세찬 | 안산서 | 170 |
| 오세철 | 광주청 | 375 |
| 오세혁 | 서울청 | 160 |
| 오소연 | 조세재정 | 524 |
| 오소운 | 포천서 | 328 |
| 오소진 | 천안서 | 358 |
| 오소현 | 역삼서 | 212 |
| 오쇄행 | 부산청 | 449 |
| 오수연 | 경기광주 | 258 |
| 오수미 | 인천청 | 293 |
| 오수빈 | 국세청 | 121 |
| 오수빈 | 예산서 | 356 |
| 오수연 | 양천서 | 211 |
| 오수연 | 중부청 | 233 |
| 오수영 | 논산서 | 346 |
| 오수영 | 반포서 | 196 |
| 오수정 | 조세재정 | 524 |
| 오수지 | 예일세무 | 50 |
| 오수진 | 국세상담 | 106 |
| 오수진 | 잠실서 | 143 |
| 오수진 | 대전청 | 221 |
| 오수진 | 대전청 | 335 |
| 오수진 | 광주청 | 336 |
| 오수현 | 남대문서 | 376 |
| 오수현 | 인천서 | 185 |
| 오승민 | 조세재정 | 297 |
| 오승배 | 남양주서 | 254 |
| 오승상 | 기재부 | 522 |
| 오승섭 | 목포서 | 245 |
| 오승연 | 안양서 | 390 |
| 오승연 | 광명서 | 149 |
| 오승주 | 예산서 | 264 |
| 오승진 | 동화생명서 | 310 |
| 오승찬 | 구리서 | 431 |
| 오승필 | 의정부서 | 356 |
| 오승헌 | 강남서 | 272 |
| 오승호 | 통영서 | 240 |
| 오승훈 | 서대문서 | 324 |
| 오승훈 | 김천서 | 172 |
| 오승희 | 국회재정 | 491 |
| 오승희 | 대전청 | 353 |
| 오시원 | 마산서 | 89 |
| 오시형 | 동작서 | 343 |
| 오아람 | 전주서 | 435 |
| 오아름 | 이천서 | 67 |
| 오애란 | 서부산서 | 337 |
| 오양금 | 대전서 | 482 |
| 오연경 | 용인서 | 193 |
| 오연관 | 삼일회계 | 407 |
| 오연균 | 진주서 | 194 |
| 오연정 | 인천청 | 269 |
| 오영권 | 진주서 | 220 |
| 오영동 | 수영서 | 467 |
| 오영빈 | 포항서 | 339 |
| 오영빈 | 삼정회계 | 43 |
| 오영서 | 강서서 | 266 |
| 오영선 | 천안서 | 20 |
| 오영석 | 동대문서 | 348 |
| 오영석 | 의정부서 | 486 |
| 오영석 | 법무율촌 | 294 |
| 오영섭우 | 세종서 | 486 |
| 오영수 | 도봉서 | 469 |
| 오영주 | 관악서 | 445 |
| 오영주 | 김해서 | 23 |
| 오영진 | 대전청 | 177 |
| 오예철 | 동수원서 | 393 |
| 오용규 | 조세재정 | 191 |
| 오용락 | 예일세무 | 324 |
| 오용현 | 세무다솔 | 59 |
| 오우철 | 금감원 | 353 |
| 오원균 | 금감원 | 112 |
| 오원전 | 구리서 | 358 |
| 오원화 | 청주서 | 368 |
| 오유나 | 중부청 | 235 |
| 오유미 | 부천서 | 318 |
| 오유빈 | 국세상담 | 143 |
| 오유빈 | 국세청 | 156 |
| 오유진 | 국세교육 | 144 |
| 오유진 | 군산서 | 399 |
| 오윤라 | 동고양서 | 315 |
| 오윤미 | 서인천서 | 302 |
| 오윤미 | 조세재정 | 525 |
| 오윤정 | 조세재정 | 524 |
| 오윤정 | 해남서 | 397 |
| 오윤화 | 성동서 | 204 |
| 오은경 | 서울청 | 161 |
| 오은경 | 도봉서 | 188 |
| 오은비 | 중부청 | 230 |
| 오은서 | 대구서 | 423 |
| 오은숙 | 거창서 | 479 |
| 오은숙 | 동고양서 | 315 |
| 오은정 | 북전주서 | 402 |
| 오은정 | 국세청 | 124 |
| 오은주 | 서울청 | 161 |
| 오은주 | 광주청 | 374 |
| 오은주 | 김해서 | 480 |
| 오은주 | 동작서 | 181 |
| 오은진 | 동작서 | 193 |
| 오은진 | 동안양서 | 248 |
| 오은혜 | 조세재정 | 523 |
| 오은희 | 마포서 | 194 |
| 오인석 | 남양주서 | 244 |
| 오인철 | 조세심판 | 521 |
| 오임순 | 순천서 | 392 |
| 오자영 | 종로서 | 222 |
| 오자은 | 삼성서 | 198 |
| 오잔디 | 북광주서 | 385 |
| 오재경 | 송파서 | 208 |
| 오재경 | 국세청 | 120 |
| 오재란 | 인천청 | 297 |
| 오재헌 | 서광주서 | 386 |
| 오재현 | 수원서 | 255 |
| 오재현 | 관악서 | 179 |
| 오재홍 | 노원서 | 186 |
| 오점순 | 제천서 | 367 |
| 오정근 | 춘천서 | 286 |
| 오정민 | 금감원 | 112 |
| 오정민 | 대전청 | 332 |
| 오정민 | 서울청 | 160 |
| 오정식 | 논산서 | 347 |
| 오정언 | 의정부서 | 325 |
| 오정열 | 삼성서 | 198 |
| 오정옥 | 지방재정 | 519 |
| 오정욱 | 강동서 | 174 |
| 오정은 | 기재부 | 93 |
| 오정은 | 남부천서 | 316 |
| 오정은 | 보령서 | 348 |
| 오정일 | 태평양 | 61 |
| 오정탁 | 인천서 | 304 |
| 오정환 | 수영서 | 468 |
| 오정환 | 북대전서 | 341 |
| 오제곤 | 성동서 | 204 |
| 오제만 | 분당서 | 251 |
| 오조섭 | 제주서 | 493 |
| 오종권 | 노원서 | 187 |
| 오종민 | 영주서 | 443 |
| 오종민 | 서울지방 | 36 |
| 오종민 | 광주청 | 374 |
| 오종수 | 삼성서 | 199 |
| 오종현 | 양산서 | 484 |
| 오종현 | 광주서 | 383 |
| 오종현 | 영월서 | 283 |
| 오종현 | 조세재정 | 522 |
| 오종호 | 삼정회계 | 22 |
| 오종화 | 광주서 | 382 |
| 오주경 | 안진회계 | 17 |
| 오주영 | 대구청 | 412 |
| 오주영 | 금정서 | 456 |
| 오주원 | 동래서 | 458 |
| 오주학 | 중랑서 | 224 |
| 오주해 | 동울산서 | 474 |
| 오주희 | 광명서 | 311 |
| 오주희 | 성동서 | 205 |
| 오주희 | 중랑서 | 224 |
| 오준석 | 경주서 | 431 |
| 오준서 | 감사원 | 75 |
| 오준서 | 제주서 | 429 |
| 오지섭 | 경산서 | 493 |
| 오지연 | 기재부 | 81 |
| 오지연 | 조세재정 | 523 |
| 오지연윤 | 서울청 | 169 |
| 오지윤 | 세종서 | 352 |
| 오지철 | 국세청 | 136 |
| 오지현 | 용인서 | 266 |
| 오지현 | 서울청 | 148 |
| 오지형 | 안양서 | 264 |
| 오지훤 | 부산진서 | 460 |
| 오지형 | 서울청 | 170 |
| 오지혜 | 동래서 | 458 |
| 오지환 | 삼일회계 | 21 |
| 오지훈 | 기재부 | 93 |
| 오지훈 | 성동서 | 204 |
| 오진명 | 남대구서 | 377 |
| 오진석 | 남대구서 | 419 |
| 오진선 | 동화성서 | 273 |
| 오진성 | 대전청 | 337 |
| 오진숙 | 동안산서 | 263 |
| 오진욱 | 안산서 | 363 |
| 오진훈 | 부천서 | 260 |
| 오진훈 | 법무광장 | 318 |
| 오찬곤 | 남대구서 | 56 |
| 오창곤 | 청주서 | 419 |
| 오채은 | 김해서 | 493 |
| 오철민 | 청주서 | 480 |
| 오초롱 | 국세청 | 369 |
| 오춘택 | 울산서 | 136 |
| 오춘헌 | 목포서 | 476 |
| 오중헌 | 현대회계 | 412 |
| 오치호 | 노원서 | 391 |
| 오타경 | 익산서 | 31 |
| 오타경 | 부평서 | 404 |
| 오타진 | 위드엠 | 321 |
| 오타진 | 서울청 | 46 |
| 오푸른 | 서인천서 | 148 |
| 오하경 | 역삼서 | 303 |
| 오하나 | 서울청 | 354 |
| 오하라 | 대전청 | 213 |
| 오하솔 | 부천서 | 151 |
| 오하운 | 서울청 | 480 |
| 오한솔 | 조세재정 | 333 |
| 오한울 | 기재부 | 126 |
| 오향우 | 부산세관 | 90 |
| 오해식 | 부산세관 | 524 |
| 오해욱 | 기재부 | 254 |
| 오해정 | 종로서 | 509 |
| 오향아 | 대구청 | 511 |
| 오혁 | 법무광장 | 90 |
| 오혁경 | 해운대서 | 222 |
| 오현경 | 의정부서 | 413 |
| 오현경 | 북대전서 | 473 |
| 오현민 | 조세재정 | 88 |
| 오현빈 | 마포서 | 324 |
| 오현석 | 서대전서 | 382 |
| 오현수 | 경기광주 | 341 |
| 오현식 | 서울청 | 523 |
| 오현아 | 성동서 | 394 |
| 오현정 | 용인서 | 195 |
| 오현주 | 포천서 | 343 |
| 오현주 | 세무다솔 | 259 |
| 오현준 | 안동서 | 164 |
| 오현직 | 광산서 | 465 |
| 오현창 | 서울청 | 134 |
| 오형주 | 북대구서 | 166 |
| 오형철 | 정읍서 | 266 |
| 오혜경 | 국세청 | 204 |
| 오혜성 | 제주서 | 218 |
| 오혜실 | 삼일회계 | 267 |
| 오혜원 | 김천서 | 329 |
| 오호석 | 강남서 | 43 |
| 오홍희 | 서울청 | 438 |
| 오화섭 | 동래서 | 381 |
| 오효정 | 연수서 | 150 |
| 오홍주 | 부천서 | 422 |
| 오희준 | 해운대서 | 150 |
| 옥건주 | 창원서 | 408 |
| 옥경미 | 국세청 | 137 |
| 옥상하 | 제주서 | 194 |
| 옥석봉 | 국세상담 | 492 |
| 옥수빈 | 구미서 | 20 |
| 옥승호 | 반포서 | 434 |
| 옥영주 | 부산진서 | 172 |
| 옥은영 | 중부산서 | 158 |
| 옥은주 | 동작서 | 265 |
| 옥창의 | 서울청 | 323 |
| 옥채순 | 창원서 | 329 |
| 옥학규 | 동작서 | 472 |
| 옥혜정 | 상공회의 | 193 |
| 옥호근 | 해운대서 | 115 |
| 온상준 | 세무다솔 | 177 |
| 왕기현 | 성동서 | 43 |
| 왕성국 | 대전청 | 333 |
| 왕성욱 | 대전청 | 334 |
| 왕수현 | 천안서 | 359 |
| 왕승현 | 조세재정 | 525 |
| 왕유미 | 원주서 | 285 |
| 왕윤세 | 기흥서 | 160 |
| 왕지선 | 강남서 | 243 |
| 왕지영 | 동청주서 | 177 |
| 왕춘근 | 안산서 | 363 |
| 왕태선 | 고양서 | 226 |
| 왕혜선 | 이현세무 | 261 |
| 왕화 | 동화성서 | 309 |
| 왕훈희 | 구미서 | 9 |
| 외국계 | 동대문서 | 272 |
| 외국계 | 금감원 | 432 |
| 외국계 | 양천서 | 191 |
| 용수환 | 서울청 | 105 |
| 용승현 | 용연주 | 210 |
| 용연주 | | 163 |
| 용연훈 | 송파서 | 186 |
| 용지숙 | 인천청 | 208 |
| 용환희 | 안양서 | 298 |
| 우가람 | 관악서 | 264 |
| 우경화 | 부산진서 | 178 |
| 우금숙 | 서울청 | 461 |
| 우나경 | 부산청 | 153 |
| 우남준 | 순천서 | 454 |
| 우덕일 | 조세심판 | 393 |
| 우동욱 | 부산청 | 155 |
| 우동윤 | 진주서 | 521 |
| 우명주 | 동대구서 | 450 |
| 우명연 | 마포서 | 420 |
| 우미라 | 연수서 | 194 |
| 우미리 | 부산청 | 451 |
| 우민식 | 수원서 | 322 |
| 우민지 | 경주서 | 254 |
| 우병호 | 남대구서 | 430 |
| 우보람 | 중부청 | 419 |
| 우상영 | 대구청 | 232 |
| 우상훈 | 수성서 | 415 |
| 우성락 | 양산서 | 427 |
| 우성식 | 평택서 | 484 |
| 우성현 | 서부산서 | 271 |
| 우세훈 | 평택서 | 467 |
| 우수경 | 금정서 | 271 |
| 우수영 | 구미서 | 457 |
| 우수희 | 파주서 | 432 |
| 우승섭 | 동화성서 | 326 |
| 우승연 | 안진회계 | 272 |
| 우승철 | EY한영 | 17 |
| 우승훈 | 노원서 | 15 |
| 우승호 | 기재부 | 187 |
| 우신동 | 포항서 | 96 |
| 우연 | 세무하나 | 445 |
| 우연마 | 지방재정 | 47 |
| 우연만 | 서울청 | 518 |
| 우영철 | 서광주서 | 153 |
| 우용철 | 김천서 | 387 |
| 우용우 | 예일세무 | 435 |
| 우용혁 | 상주서 | 50 |
| 우용현 | 영주서 | 436 |
| 우용정 | 삼성서 | 443 |
| 우은혜 | 인천청 | 199 |
| 우은혜 | 양산서 | 489 |
| 우을수 | 삼일회계 | 296 |
| 우인식 | 김천서 | 485 |
| 우인영 | 강남서 | 307 |
| 우인호 | 해남서 | 477 |
| 우인호 | 경주서 | 396 |
| 우재만 | 서광주서 | 430 |
| 우재일 | 홍성서 | 386 |
| 우재진 | 통영서 | 360 |
| 우정성 | 서산서 | 491 |
| 우정민 | 금감원 | 350 |
| 우정순 | 동울산서 | 104 |
| 우정영 | 구리서 | 474 |
| 우정희 | 안동서 | 241 |
| 우제경 | 대구서 | 438 |
| 우주연 | 세종서 | 424 |
| 우지수 | 분당서 | 352 |
| 우지수 | 도봉서 | 251 |
| 우지영 | 기흥서 | 188 |
| 우지완 | 잠실서 | 243 |
| 우지혜 | 조세재정 | 221 |
| 우지희 | 국세청 | 80 |
| 우지영 | 양산서 | 523 |
| 우지혜 | 국세청 | 122 |
| 우지희 | 양산서 | 485 |
| 우진원 | 강서서 | 177 |
| 우창영 | 세무다솔 | 43 |
| 우창영 | 대전청 | 333 |
| 우창제 | 천안서 | 334 |
| 우창훈 | 원주서 | 359 |
| 우철순 | 서울청 | 525 |
| 우청자 | 인천청 | 285 |
| 우필구 | 영월서 | 160 |
| 우한솔 | 대현회계 | 243 |
| 우해나 | 서울청 | 16 |
| 우현구 | 구리서 | 363 |
| 우현승 | 서대문서 | 226 |
| 우현하 | 강남서 | 261 |
| 우형수 | 국세청 | 309 |
| 우형수 | 울산서 | 9 |
| 우희정 | 중부청 | 272 |
| 우희준 | 진주서 | 432 |
| 우규호 | 화성서 | 191 |
| 원대로 | 국세청 | 105 |
| 원대연 | 강동서 | 210 |
| 원두진 | 대전청 | 163 |
| 원모세 | 인천세관 | 186 |
| 원방재 | 금천서 | 208 |
| 원범석 | 서울청 | 173 |
| 원병덕 | 부산청 | 298 |
| 원상호 | 강서서 | 264 |
| 원설희 | 평택서 | 178 |
| 원성택 | 부산청 | 461 |
| 원수영 | 천안서 | 153 |
| 원순영 | 강서서 | 454 |
| 원시낭 | 현대회계 | 393 |
| 원영재 | 김해서 | 155 |
| 원욱 | 중부청 | 521 |
| 원유미 | 상공회의 | 450 |
| 원유재 | 화성서 | 286 |
| 원은표 | 이평서 | 451 |
| 원정순 | 삼성서 | 194 |
| 원정일 | 서초서 | 322 |
| 원정재 | 원주서 | 254 |
| 원종미 | 법무광장 | 430 |
| 원종일 | 중부청 | 419 |
| 원종일 | 삼성서 | 232 |
| 원종태 | 대현회계 | 415 |
| 원종학 | 조세재정 | 427 |
| 원종호 | 기재부 | 484 |
| 원종화 | 서울청 | 271 |
| 원지영 | 서대구서 | 467 |
| 원지혜 | 의정부서 | 271 |
| 원진희 | 청주서 | 457 |
| 원진희 | 중부청 | 432 |
| 원중희 | 제천서 | 326 |
| 원치형 | 지방재정 | 272 |
| 원학규 | 성남서 | 17 |
| 원현효 | 서울청 | 15 |
| 원희경 | 경산서 | 187 |
| 원희정 | 서울청 | 96 |
| 원경진 | 수원서 | 445 |
| 원경환 | 금천서 | 47 |
| 원다현 | 북광주서 | 518 |
| 원부국 | 국세주류 | 153 |
| 원상영 | 금정서 | 387 |
| 원성희 | 한울회계 | 435 |
| 원승희 | 평택서 | 50 |
| 원은혜 | 강서서 | 436 |
| 원장훈 | 기재부 | 443 |
| 원종 | 동화성서 | 199 |
| 원주안 | 성남서 | 489 |
| 원지혜 | 서울청 | 296 |
| 원지혜 | 국세청 | 485 |
| 원진성 | 김해서 | 307 |
| 원진호 | 잠실서 | 477 |
| 원태훈 | 부산청 | 396 |
| 원평복 | 영등포서 | 430 |
| 원현원 | 서울청 | 386 |
| 원형원 | 지방재정 | 360 |
| 평택서 | | 271 |
| 천안서 | | 358 |
| 노원서 | | 186 |
| 논산서 | | 347 |
| 기재부 | | 96 |
| 서대문서 | | 296 |
| 강남서 | | 282 |
| 마산서 | | 16 |
| 울산서 | | 127 |
| 중부청 | | 241 |
| 진주서 | | 201 |
| 평택서 | | 271 |
| 중부청 | | 297 |
| 충부청 | | 230 |
| 진주서 | | 232 |
| 화성서 | | 274 |
| 국세청 | | 121 |
| 대전청 | | 333 |
| 대전청 | | 126 |
| 인천세관 | | 504 |
| 금천서 | | 182 |
| 서울청 | | 304 |
| 부산청 | | 150 |
| 강서서 | | 149 |
| 평택서 | | 81 |
| 부산청 | | 455 |
| 강서서 | | 176 |
| 천안서 | | 358 |
| 강서서 | | 177 |
| 현대회계 | | 31 |
| 김해서 | | 480 |
| 중부청 | | 238 |
| 상공회의 | | 115 |
| 화성서 | | 274 |
| 이평서 | | 218 |
| 삼성서 | | 199 |
| 서초서 | | 202 |
| 원주서 | | 285 |
| 법무광장 | | 56 |
| 중부청 | | 238 |
| 삼성서 | | 198 |
| 대현회계 | | 16 |
| 조세재정 | | 523 |
| 기재부 | | 86 |
| 서울청 | | 162 |
| 서대구서 | | 424 |
| 의정부서 | | 324 |
| 청주서 | | 369 |
| 중부청 | | 93 |
| 서초서 | | 238 |
| 영월서 | | 203 |
| 제천서 | | 283 |
| 지방재정 | | 366 |
| 삼성남서 | | 518 |
| 성남서 | | 21 |
| 서울청 | | 252 |
| 경산서 | | 152 |
| 서울청 | | 429 |
| 수원서 | | 156 |
| 금천서 | | 254 |
| 구로서 | | 182 |
| 북광주서 | | 181 |
| 마포서 | | 385 |
| 국세주류 | | 194 |
| 금정서 | | 140 |
| 한울회계 | | 456 |
| 평택서 | | 30 |
| 강서서 | | 271 |
| 기재부 | | 176 |
| 서광주서 | | 81 |
| 동화성서 | | 321 |
| 성남서 | | 273 |
| 서울청 | | 252 |
| 국세청 | | 152 |
| 김해서 | | 131 |
| 잠실서 | | 480 |
| 부산청 | | 220 |
| 영등포서 | | 453 |
| 서울청 | | 365 |
| 동안양서 | | 154 |
| 지방재정 | | 248 |
| 유가연 | 동고양서 | 518 |
| 유가천 | 아산서 | 314 |
| 유강훈 | 이천서 | 354 |
| 유경근 | 양천서 | 268 |
| 유경근 | 국세청 | 211 |
| | | 132 |

559

| 성명 | 소속 | 쪽 |
|---|---|---|
| 윤한미 | 용인서 | 266 |
| 윤한빛 | 익산서 | 405 |
| 윤한수 | 서인천서 | 303 |
| 윤한슬 | 서울청 | 150 |
| 윤한철 | 홍제월서 | 283 |
| 윤한홍 | 국회정무 | 71 |
| 윤해옥 | 국회정무 | 72 |
| 윤현경 | 서울세관 | 501 |
| 윤현경 | 영등포서 | 215 |
| 윤현경 | 은평서 | 219 |
| 윤현경 | 기홍서 | 242 |
| 윤현곤 | 기재부 | 89 |
| 윤현구 | 국세청 | 123 |
| 윤현미 | 기재부 | 79 |
| 윤현미 | 강남서 | 172 |
| 윤현미 | 은평서 | 219 |
| 윤현숙 | 삼성서 | 199 |
| 윤현숙 | 남대문서 | 201 |
| 윤현식 | 남대문서 | 185 |
| 윤현식 | 김천서 | 434 |
| 윤현식 | 해운대서 | 473 |
| 윤현아 | 부산청 | 453 |
| 윤현웅 | 목포서 | 391 |
| 윤현정 | 김포서 | 312 |
| 윤현조 | 한올회계 | 30 |
| 윤현주 | 금천서 | 183 |
| 윤현철 | 예일회계 | 26 |
| 윤현택 | 현대회계 | 31 |
| 윤형민 | 마산서 | 483 |
| 윤형석 | 김앤장 | 55 |
| 윤형석 | 금천서 | 165 |
| 윤형식 | 고양서 | 308 |
| 윤혜경 | 금정서 | 456 |
| 윤혜미 | 북부산서 | 464 |
| 윤혜미 | 성동서 | 205 |
| 윤혜민 | 국세청 | 298 |
| 윤혜수 | 국세청 | 132 |
| 윤혜숙 | 강서서 | 177 |
| 윤혜순 | 성동서 | 204 |
| 윤혜순 | 조세재정 | 522 |
| 윤혜순 | 조세재정 | 523 |
| 윤혜순 | 조세재정 | 524 |
| 윤혜순 | 조세재정 | 524 |
| 윤혜순 | 조세재정 | 524 |
| 윤혜영 | 고양서 | 308 |
| 윤혜원 | 안산서 | 260 |
| 윤혜원 | 춘천서 | 287 |
| 윤혜원 | 울산서 | 476 |
| 윤혜정 | 구리서 | 240 |
| 윤혜정 | 중부산서 | 470 |
| 윤혜진 | 중수원서 | 246 |
| 윤호연 | 중부청 | 234 |
| 윤호영 | 분래서 | 459 |
| 윤호중 | 국회재정 | 68 |
| 윤호진 | 김감원 | 104 |
| 윤홍규 | 북부산서 | 465 |
| 윤홍기 | 기재부 | 92 |
| 윤홍덕 | 서대전서 | 343 |
| 윤환 | 평택서 | 271 |
| 윤후준 | 중부청 | 237 |
| 윤휴연 | 기재부 | 90 |
| 윤희 | 평택서 | 270 |
| 윤희겸 | 광주청 | 374 |
| 윤희경 | 동화생서 | 272 |
| 윤희만 | 법무율촌 | 376 |
| 윤희민 | 법무율촌 | 59 |
| 윤희범 | 대전서 | 339 |
| 윤희상 | 남대구서 | 419 |
| 윤희선 | 동수원서 | 247 |
| 윤희수 | 중부서 | 246 |
| 윤희영 | 성북서 | 226 |
| 윤희원 | 성북서 | 207 |
| 윤희정 | 관악서 | 208 |
| 윤희정 | 잠실서 | 178 |
| 윤희정 | 지방재정 | 220 |
| 윤희정 | 대전청 | 437 |
| 윤희창 | 김해서 | 519 |
| 윤희환 | 안산서 | 336 |
| 은성도 | 안산서 | 480 |
| 은종국 | 경주서 | 261 |
| 은지현 | 송파서 | 430 |
| 은진우 | 삼성서 | 208 |
| 은행월 | 금감원 | 198 |
| 은혜림 | 금감원 | 283 |
| 은혜림 | 금감원 | 105 |
| 은혜미 | 금감원 | 105 |
| 은훈 | 동대구서 | 105 |
| 은희훈 | 조세심판 | 420 |
| 음지영 | 북광주서 | 520 |
| 음홍식 |  | 385 |
| 이가람 | 현대회계 | 173 |
| 이가람 | 세무다솔 | 31 |
| 이가령 | 화성서 | 43 / 275 |
| 이가영 | 구로서 | 181 |
| 이가영 | 동대구서 | 421 |
| 이가영 | 수영서 | 469 |
| 이가원 | 지방재정 | 518 |
| 이가을 | 동작서 | 193 |
| 이가현 | 조세재정 | 525 |
| 이가현 | 국세청 | 124 |
| 이가희 | 성동서 | 204 |
| 이강구 | 서울서 | 364 |
| 이강구 | 성동서 | 167 |
| 이강민 | 성동서 | 204 |
| 이강민 | 상공회의 | 114 |
| 이강산 | 법무율촌 | 223 |
| 이강석 | 노원서 | 59 |
| 이강석 | 중부청 | 186 |
| 이강석 | 수원서 | 232 |
| 이강석 | 대구청 | 255 |
| 이강수 | 기재부 | 416 |
| 이강식 | 부산청 | 93 |
| 이강신 | 조세재정 | 454 |
| 이강연 | 인천청 | 524 |
| 이강오 | 북광주서 | 295 |
| 이강오 | 고시회 | 384 |
| 이강오 | 세무다솔 | 34 |
| 이강욱 | 김해서 | 43 |
| 이강욱 | 국세청 | 481 |
| 이강원 | 부산청 | 127 |
| 이강윤 | 동부주서 | 454 |
| 이강진 | 성동서 | 363 |
| 이강일 | 경기광주 | 205 |
| 이강일 | 국회정무 | 259 |
| 이강일 | 파주서 | 72 |
| 이강혁 | 국세청 | 327 |
| 이강혁 | 마포서 | 123 |
| 이강현 | 강남서 | 194 |
| 이강호 | 법무바른 | 173 |
| 이강훈 | 김천서 | 1 |
| 이강훈 | 김천서 | 434 |
| 이강희 | 경기광주 | 435 |
| 이강희 | 아산서 | 259 |
| 이건 | 경주서 | 354 |
| 이건민 | 서울청 | 430 |
| 이건석 | 부평서 | 168 |
| 이건술 | 서대문서 | 320 |
| 이건옥 | 포항서 | 253 |
| 이건우 | 대전서 | 444 |
| 이건위 | 기재부 | 339 |
| 이건일 | 서울청 | 80 |
| 이건일 | 춘천서 | 161 |
| 이건주 | 광주청 | 286 |
| 이건준 | 국세상담 | 374 |
| 이건호 | 천안서 | 142 |
| 이건호 | 국회법광 | 358 |
| 이건훈 | 법무광장 | 67 |
| 이건홍 | 대전청 | 56 |
| 이건봉 | 기재부 | 337 |
| 이건희 | 동고양서 | 96 |
| 이건희 | 북대구서 | 315 |
| 이결 | 홍천서 | 340 |
| 이건희 | 김포서 | 289 |
| 이경 | 서울청 | 312 |
| 이경구 | 진주서 | 160 |
| 이경구 | 세무하나 | 486 |
| 이경근 | 이안세무 | 47 |
| 이경노 | 법무율촌 | 274 |
| 이경노 | 서산서 | 51 |
| 이경달 | 기재부 | 350 |
| 이경란 | 삼성서 | 79 |
| 이경란 | 서인천서 | 198 |
| 이경미 | 창원서 | 303 |
| 이경미 | 동작서 | 488 |
| 이경민 | 종로서 | 192 |
| 이경민 | 이천서 | 223 |
| 이경민 | 평택서 | 268 |
| 이경민 | 남대구서 | 270 |
| 이경민 | 구미서 | 418 |
| 이경민 | 창원서 | 433 |
| 이경분 | 삼일회계 | 488 |
| 이경서 | 서울청 | 21 |
| 이경석 | 성북서 | 153 |
| 이경석 | 남동서 | 204 |
| 이경선 | 서울청 | 206 |
| 이경선 | 논산서 | 301 |
| 이경섭 | 남동서 | 400 |
| 이경수 | 강서서 | 177 |
| 이경수 | 성동서 | 204 |
| 이경수 | 영등포서 | 215 |
| 이경수 | 중부청 | 234 |
| 이경수 | 서울지방 | 519 |
| 이경숙 | 중부서 | 36 |
| 이경숙 | 중부청 | 226 |
| 이경숙 | 고양서 | 251 |
| 이경순 | 대전청 | 308 |
| 이경순 | 서울청 | 336 |
| 이경순 | 동대구서 | 168 |
| 이경신 | 기재부 | 420 |
| 이경아 | 성동서 | 94 |
| 이경아 | 시흥서 | 204 |
| 이경아 | 예산서 | 256 |
| 이경아 | 대구청 | 357 |
| 이경열 | 동대문서 | 412 |
| 이경열 | 속초서 | 190 |
| 이경애 | 이천서 | 218 |
| 이경옥 | 금천서 | 280 |
| 이경옥 | 수성서 | 51 |
| 이경용 | 금산서 | 183 |
| 이경용 | 중기회 | 427 |
| 이경원 | 이천서 | 428 |
| 이경은 | 지방재정 | 116 |
| 이경이 | 분당서 | 333 |
| 이경임 | 강동서 | 268 |
| 이경자 | 춘천서 | 519 |
| 이경재 | 감사원 | 250 |
| 이경준 | 서대구서 | 174 |
| 이경진 | 영등포서 | 198 |
| 이경진 | 익산서 | 287 |
| 이경진 | 법무화우 | 75 |
| 이경철 | 영덕서 | 424 |
| 이경택 | 삼일회계 | 215 |
| 이경표 | 울산서 | 405 |
| 이경하 | 강서서 | 3 |
| 이경행 | 서울청 | 440 |
| 이경향 | 삼일회계 | 20 |
| 이경현 | 동대구서 | 217 |
| 이경혜 | 안산서 | 176 |
| 이경화 | 기재부 | 128 |
| 이경화 | 서울청 | 21 |
| 이경환 | 양주서 | 421 |
| 이경환 | 국세청 | 230 |
| 이경훈 | 진주서 | 260 |
| 이경훈 | 김해서 | 301 |
| 이경훈 | 기재부 | 80 |
| 이경희 | 마포서 | 171 |
| 이경희 | 화성서 | 387 |
| 이경희 | 북광주서 | 133 |
| 이경희 | 부산진서 | 386 |
| 이경희 | 서부산서 | 486 |
| 이계승 | 이천서 | 481 |
| 이계현 | 의정부서 | 523 |
| 이계호 | 서대문서 | 91 |
| 이계홍 | 삼정회계 | 194 |
| 이계훈 | 국세청 | 218 |
| 이고운 | 구미서 | 275 |
| 이고은 | 기흥서 | 384 |
| 이고은 | 기재부 | 461 |
| 이고훈 | 강남서 | 467 |
| 이관노 | 서울청 | 144 |
| 이관범 | 삼정회계 | 201 |
| 이관수 | 지방재정 | 325 |
| 이관영 | 감사원 | 20 |
| 이관희 | 구리서 | 135 |
| 이광 | 남양주서 | 353 |
| 이광민 | 광명서 | 432 |
| 이광선 | 군산서 | 311 |
| 이광섭 | 분당서 | 422 |
| 이광성 | 부산진서 | 399 |
| 이광수 | 강남서 | 250 |
| 이광식 | 서초서 | 461 |
| 이광연 | 양천서 | 173 |
| 이광오 | 서울청 | 202 |
| 이광옥 | 경주서 | 210 |
| 이광용 | 김포서 | 157 |
| 이광용 | 경산서 | 399 |
| 이광욱 | 지방재정 | 431 |
| 이광의 | 고시회 | 312 |
| 이광의 | 국세청 | 428 |
| 이광일 | 삼성서 | 518 |
| 이광일 | 지방재정 | 34 |
| 이광일 | 국세청 | 199 |
| 이광일 | 지방재정 | 131 / 518 |
| 이광자 | 진주서 | 486 |
| 이광재 | 관악서 | 178 |
| 이광재 | 북대구서 | 422 |
| 이광철 | 부산강서 | 463 |
| 이광철 | 중부청 | 238 |
| 이광태 | 금천서 | 81 |
| 이광형 | 기재부 | 182 |
| 이광훈 | 부산청 | 450 |
| 이광환 | 인천청 | 296 |
| 이광훈 | 기재부 | 79 |
| 이광희 | 이천서 | 269 |
| 이광희 | 동고양서 | 315 |
| 이교환 | 국세청 | 133 |
| 이구현 | 통영서 | 491 |
| 이국근 | 반포서 | 197 |
| 이국성 | 수원서 | 255 |
| 이국희 | 기재부 | 85 |
| 이군자 | 중부서 | 206 |
| 이권승 | 서울청 | 227 |
| 이권식 | 서울청 | 160 |
| 이권열 | 대전서 | 338 |
| 이권형 | 서울청 | 154 |
| 이권호 | 국세교육 | 144 |
| 이권희 | 대전청 | 336 |
| 이귀병 | 강동서 | 174 |
| 이귀영 | 동대문서 | 191 |
| 이귀화 | 신대동 | 53 |
| 이규 | 북전주서 | 403 |
| 이규림 | 서산서 | 350 |
| 이규미 | 서초서 | 202 |
| 이규석 | 서울서 | 165 |
| 이규석 | 부천서 | 319 |
| 이규섭 | 평택서 | 271 |
| 이규섭 | 세무하나 | 47 |
| 이규수 | 국세교육 | 145 |
| 이규승 | 기재부 | 88 |
| 이규영 | 인천청 | 293 |
| 이규영 | 창원서 | 488 |
| 이규웅 | 중부청 | 230 |
| 이규웅 | 구로서 | 180 |
| 이규원 | 분당서 | 250 |
| 이규의 | 강남서 | 172 |
| 이규의 | 인천청 | 297 |
| 이규진 | 국세청 | 305 |
| 이규진 | 국세청 | 137 |
| 이규태 | 구로서 | 181 |
| 이규혁 | 서울청 | 152 |
| 이규현 | 중부서 | 227 |
| 이규형 | 부산진서 | 452 |
| 이규형 | 서울청 | 151 |
| 이규형 | 동래서 | 168 |
| 이규형 | 인천청 | 458 |
| 이규호 | 북전주서 | 298 |
| 이규호 | 경주서 | 402 |
| 이규호 | 중부산서 | 431 |
| 이규호 | 김앤장 | 470 |
| 이규화 | 대전청 | 55 |
| 이규화 | 국세청 | 334 |
| 이그린 | 영동서 | 137 |
| 이근수 | 수원서 | 247 |
| 이근우 | 금천서 | 365 |
| 이근우 | 기재부 | 182 |
| 이근우 | 안양서 | 83 |
| 이근웅 | 삼정회계 | 265 |
| 이근원 | 북전주서 | 22 |
| 이근호 | 인천청 | 166 |
| 이근호 | 북대구서 | 403 |
| 이근환 | 서부산서 | 292 |
| 이근희 | 조세심판 | 422 |
| 이금미 | 서울청 | 467 |
| 이금석 | 기재부 | 521 |
| 이금숙 | 성동서 | 151 |
| 이금연 | 동대구서 | 207 |
| 이금옥 | 홍천서 | 80 |
| 이금희 | 마포서 | 204 |
| 이각 | 서초서 | 420 |
| 이기덕 | 대구청 | 415 |
| 이기동 | 인천청 | 295 |
| 이기련 | 기재부 | 79 |
| 이기민 | 인천청 | 305 |
| 이기쁨 | 조세재정 | 523 |
| 이기섭 | 삼성서 | 198 |
| 이기수 | 인천청 | 297 |
| 이기숙 | 대전서 | 338 |
| 이기순 | 은평서 | 169 |
| 이기순 | 보령서 | 218 |
| 이기순 | 은평서 | 349 |
| 이기순 | 나주서 | 389 |
| 이기언 | 국세청 | 122 |
| 이기연 | 구리서 | 240 |
| 이기연 | 서대구서 | 424 |
| 이기영 | 기재부 | 77 |
| 이기영 | 구로서 | 181 |
| 이기영 | 마산서 | 482 |
| 이기웅 | 지방재정 | 518 |
| 이기원 | 기재부 | 82 |
| 이기원 | 전주서 | 406 |
| 이기원 | 천안서 | 359 |
| 이기정 | 전주서 | 406 |
| 이기정 | 고양서 | 309 |
| 이기주 | 서울청 | 156 |
| 이기주 | 강남서 | 172 |
| 이기중 | 중기회 | 117 |
| 이기철 | 김포서 | 312 |
| 이기철 | 광교세무 | 40 |
| 이기택 | 남동서 | 301 |
| 이기현 | 동수원서 | 246 |
| 이기현 | 양천서 | 211 |
| 이기활 | 남양주서 | 244 |
| 이기훈 | 영동서 | 365 |
| 이기훈 | 기재부 | 92 |
| 이기훈 | 동안양서 | 248 |
| 이기훈 | 전주서 | 408 |
| 이길녀 | 화성서 | 275 |
| 이길재 | 중부서 | 226 |
| 이길형 | 서울청 | 153 |
| 이나경 | 마포서 | 195 |
| 이나경 | 경주서 | 430 |
| 이나경 | 울산서 | 476 |
| 이나경 | 기재부 | 79 |
| 이나라 | 북광주서 | 384 |
| 이나래 | 동대문서 | 191 |
| 이나리 | EY한영 | 15 |
| 이나미 | 서산서 | 350 |
| 이나연 | 서부서서 | 466 |
| 이나영 | 국세청 | 132 |
| 이나영 | 양천서 | 210 |
| 이나영 | 북부산서 | 465 |
| 이나현 | 동대구서 | 420 |
| 이낙영 | 화성서 | 275 |
| 이난영 | 강남서 | 172 |
| 이난희 | 홍천서 | 288 |
| 이난주 | 서울청 | 164 |
| 이남경 | 용인서 | 266 |
| 이남곤 | 중부청 | 238 |
| 이남범 | 조세재정 | 524 |
| 이남범 | 부산진서 | 460 |
| 이남섭 | 삼일회계 | 20 |
| 이남영 | 서대전서 | 342 |
| 이남주 | 동래주서 | 362 |
| 이남주 | 동안산서 | 263 |
| 이남주 | 조세재정 | 524 |
| 이남진 | 중부청 | 230 |
| 이남헌 | 중부지방 | 37 |
| 이남형 | 마포서 | 194 |
| 이남호 | 동래서 | 458 |
| 이납호 | 안양서 | 264 |
| 이노웅 | 녹양서 | 19 |
| 이다경 | 남대문서 | 185 |
| 이다경 | 중랑서 | 224 |
| 이다미 | 정읍서 | 385 |
| 이다빈 | 국세청 | 357 |
| 이다솜 | 국세청 | 121 |
| 이다슬 | 울산서 | 476 |
| 이다슬 | 예일세무 | 50 |
| 이다애 | 광주서 | 382 |
| 이다연 | 기흥서 | 242 |
| 이다영 | 성북서 | 206 |
| 이다영 | 인천청 | 294 |
| 이다영 | 여수서 | 394 |
| 이다영 | 수영서 | 468 |
| 이다예 | 역삼서 | 212 |
| 이다온 | 광산서 | 381 |
| 이다운 | 광주서 | 274 |
| 이다원 | 남부천서 | 316 |
| 이다은 | 충수서 | 371 |
| 이다은 | 수원서 | 254 |
| 이다은 | 인천청 | 293 |
| 이다은 | 서대구서 | 476 |
| 이다인 | 동수원서 | 246 |
| 이다해 | 국세청 | 124 |
| 이다혜 | 군산서 | 399 |
| 이다혜 | 국세상담 | 143 |
| 이다혜 | 반포서 | 196 |
| 이다혜 | 의정부서 | 324 |
| 이다훈 | 은평서 | 219 |
| 이다희 | 예산서 | 356 |
| 이단비 | 창원서 | 488 |
| 이달근 | 부산세관 | 511 |
| 이대건 | 서울청 | 154 |

| 이름 | 소속 | 쪽 |
|---|---|---|
| 이대구 | 창원서 | 488 |
| 이대권 | 기재부 | 91 |
| 이대근 | 서울청 | 156 |
| 이대근 | 강동서 | 174 |
| 이대식 | 서울청 | 168 |
| 이대연 | 서산서 | 350 |
| 이대일 | 포천서 | 329 |
| 이대정 | 역삼서 | 212 |
| 이대헌 | 남대구서 | 418 |
| 이대현 | 부산강서 | 462 |
| 이대호 | 수성서 | 427 |
| 이대훈 | 중부청 | 239 |
| 이대훈 | 동수원서 | 246 |
| 이대훈 | 대전청 | 332 |
| 이대희 | 남대구서 | 418 |
| 이덕재 | EY한영 | 15 |
| 이덕종 | 서울청 | 278 |
| 이덕주 | 대전청 | 335 |
| 이덕형 | 국회재정 | 67 |
| 이덕형 | 세종서 | 352 |
| 이덕화 | 서울청 | 171 |
| 이도겸 | 남대구서 | 418 |
| 이도경 | 부평서 | 321 |
| 이도경 | 북대구서 | 422 |
| 이도연 | 부산청 | 449 |
| 이도연 | 중부청 | 236 |
| 이도영 | 동화성서 | 272 |
| 이도영 | 수성서 | 426 |
| 이도원 | 지방재정 | 519 |
| 이도한 | 송파서 | 438 |
| 이도헌 | 제주서 | 493 |
| 이도현 | 송파서 | 209 |
| 이도현 | 영주서 | 442 |
| 이도형 | 포항서 | 445 |
| 이도형 | 광명서 | 310 |
| 이도형 | 광명서 | 311 |
| 이도혜 | 강서서 | 176 |
| 이도회 | 기재부 | 83 |
| 이돈구 | 기재부 | 92 |
| 이돈영 | 창원서 | 386 |
| 이동각 | 기재부 | 84 |
| 이동건 | 서울청 | 170 |
| 이동경 | 국세청 | 204 |
| 이동곤 | 국세청 | 130 |
| 이동곤 | 국세교육 | 144 |
| 이동광 | 경산서 | 428 |
| 이동광 | 서인천서 | 302 |
| 이동구 | 남양주서 | 245 |
| 이동규 | 서산서 | 351 |
| 이동규 | 국세청 | 132 |
| 이동규 | 중부서 | 226 |
| 이동규 | 김포서 | 313 |
| 이동규 | 대전청 | 332 |
| 이동규 | 정읍서 | 409 |
| 이동규 | 대구청 | 413 |
| 이동규 | 대구청 | 483 |
| 이동균 | 대구청 | 413 |
| 이동근 | 기재부 | 90 |
| 이동근 | 고양서 | 308 |
| 이동근 | 북대전서 | 341 |
| 이동기 | 창원서 | 488 |
| 이동기 | 국세청 | 120 |
| 이동락 | 지방재정 | 518 |
| 이동렬 | 부산청 | 450 |
| 이동면 | 부산강서 | 429 |
| 이동명 | 부산강서 | 463 |
| 이동민 | 동대구서 | 420 |
| 이동민 | 노원서 | 480 |
| 이동백 | 노원서 | 186 |
| 이동범 | 기재부 | 427 |
| 이동복 | 삼일회계 | 20 |
| 이동석 | 기재부 | 86 |
| 이동선 | 김포서 | 313 |
| 이동선 | 이안세무 | 51 |
| 이동섭 | 충주서 | 370 |
| 이동수 | 기재부 | 89 |
| 이동수 | 서울청 | 165 |
| 이동수 | 동안양서 | 248 |
| 이동수 | 대구세관 | 514 |
| 이동수 | 예일세무 | 50 |
| 이동신 | 법무화우 | 3 |
| 이동언 | 원주서 | 284 |
| 이동연 | 구로서 | 181 |
| 이동열 | 강서서 | 177 |
| 이동열 | 삼일회계 | 21 |
| 이동영 | 동수원서 | 246 |
| 이동영 | 광주청 | 374 |
| 이동영 | 금감원 | 102 |
| 이동우 | 전주서 | 406 |
| 이동우 | 강서서 | 177 |
| 이동우 | 북대구서 | 422 |
| 이동우 | 수성서 | 427 |
| 이동우 | 부산진서 | 460 |
| 이동욱 | 금융위 | 97 |
| 이동욱 | 강동서 | 174 |
| 이동욱 | 원주서 | 284 |
| 이동욱 | 청주서 | 369 |
| 이동욱 | 포항서 | 444 |
| 이동욱 | 포항서 | 445 |
| 이동운 | 마산서 | 482 |
| 이동운 | 부산청 | 447 |
| 이동원 | 금감원 | 448 |
| 이동원 | 양천서 | 105 |
| 이동원 | 대구청 | 211 |
| 이동원 | 창원서 | 416 |
| 이동윤 | 동일봉 | 488 |
| 이동재 | 기재부 | 90 |
| 이동주 | 금감원 | 104 |
| 이동주 | 동고양서 | 175 |
| 이동주 | 경주서 | 314 |
| 이동준 | 국세청 | 431 |
| 이동준 | 성북서 | 123 |
| 이동준 | 경산서 | 206 |
| 이동준 | 수영서 | 231 |
| 이동진 | 북광주서 | 429 |
| 이동진 | 김포서 | 469 |
| 이동찬 | 남부천서 | 183 |
| 이동하 | 서대구서 | 385 |
| 이동혁 | 금감원 | 313 |
| 이동혁 | 울산서 | 317 |
| 이동혁 | 지방재정 | 424 |
| 이동현 | 국세청 | 149 |
| 이동현 | 서울청 | 108 |
| 이동현 | 구리서 | 477 |
| 이동현 | 안산서 | 518 |
| 이동현 | 양산서 | 120 |
| 이동현 | 인천세관 | 161 |
| 이동현 | 인천세관 | 240 |
| 이동현 | 성남서 | 260 |
| 이동호 | 중부청 | 393 |
| 이동호 | 동대구서 | 459 |
| 이동화 | 삼정회계 | 484 |
| 이동환 | 평택서 | 503 |
| 이동환 | 대전서 | 504 |
| 이동환 | 금정서 | 460 |
| 이동훈 | 기재부 | 239 |
| 이동훈 | 반포서 | 420 |
| 이동훈 | 중랑서 | 24 |
| 이동훈 | 인천청 | 271 |
| 이동훈 | 고양서 | 338 |
| 이동훈 | 나주서 | 456 |
| 이동훈 | 대구청 | 86 |
| 이동훈 | 경산서 | 93 |
| 이동훈 | 동래서 | 197 |
| 이동휘 | 세무하나 | 225 |
| 이동휘 | 기재부 | 256 |
| 이동희 | 국세청 | 292 |
| 이동희 | 서울청 | 308 |
| 이동희 | 영덕서 | 389 |
| 이동희 | 진주서 | 411 |
| 이동희 | 국세청 | 414 |
| 이두원 | 잠실서 | 429 |
| 이두원 | 지방재정 | 458 |
| 이두형 | 금감원 | 47 |
| 이두호 | 전주서 | 89 |
| 이득규 | 국세청 | 136 |
| 이득옥 | 성북서 | 161 |
| 이란희 | 화성서 | 440 |
| 이래경 | 수원서 | 486 |
| 이래하 | 포천서 | 133 |
| 이령조 | 국세상담 | 221 |
| 이로아 | 세종서 | 519 |
| 이루리 | 고양서 | 109 |
| 이류경 | 잠실서 | 255 |
| 이만식 | 이천서 | 407 |
| 이만준 | 세종서 | 126 |
| 이명건 | 부산강서 | 206 |
| 이명곤 | 국세청 | 275 |
| 이명구 | 남양주서 | 172 |
| 이명구 | 서울청 | 143 |
| 이명규 | 관세청 | 254 |
| 이명기 | 동화성서 | 328 |
| 이명례 | 국세상담 | 143 |
| 이명로 | 중기회 | 117 |
| 이명문 | 부평서 | 321 |
| 이명석 | 대전서 | 339 |
| 이명선 | 서울청 | 186 |
| 이명수 | 성남서 | 148 |
| 이명수 | 남대구서 | 252 |
| 이명숙 | 수원서 | 418 |
| 이명식 | 춘천서 | 254 |
| 이명용 | 세무하나 | 286 |
| 이명욱 | 성동서 | 47 |
| 이명욱 | 종로서 | 205 |
| 이명원 | 분당서 | 223 |
| 이명인 | 영등포서 | 251 |
| 이명재 | 세무하나 | 215 |
| 이명준 | 조세재정 | 47 |
| 이명진 | 북전주서 | 525 |
| 이명진 | 동고양서 | 136 |
| 이명진 | 이천세무 | 403 |
| 이명하 | 북대전서 | 95 |
| 이명해 | 서대전서 | 314 |
| 이명행 | 대전서 | 9 |
| 이명호 | 의정부서 | 340 |
| 이명훈 | 중부산서 | 342 |
| 이명희 | 연수서 | 339 |
| 이명희 | 서울청 | 324 |
| 이명희 | 반포서 | 470 |
| 이명희 | 영등포서 | 170 |
| 이명희 | 동안양서 | 197 |
| 이모성 | 서대구서 | 214 |
| 이묘금 | 양산서 | 248 |
| 이무황 | 서울청 | 324 |
| 이무석 | 예산서 | 425 |
| 이문수 | 국세청 | 354 |
| 이문영 | 중부서 | 484 |
| 이문영 | 포천서 | 150 |
| 이문진 | 예산서 | 357 |
| 이문태 | 연수서 | 123 |
| 이문탁 | 지방재정 | 366 |
| 이문형 | 포항서 | 226 |
| 이문환 | 인천청 | 328 |
| 이미경 | 김해서 | 356 |
| 이미경 | 서울청 | 322 |
| 이미경 | 수원서 | 519 |
| 이미경 | 동화성서 | 444 |
| 이미경 | 국세청 | 445 |
| 이미경 | 서초서 | 295 |
| 이미경 | 용산서 | 480 |
| 이미경 | 잠실서 | 154 |
| 이미경 | 부산진서 | 254 |
| 이미남 | 해운대서 | 273 |
| 이미경 | 광고세무 | 126 |
| 이미라 | 구미서 | 153 |
| 이미라 | 서울청 | 202 |
| 이미라 | 관악서 | 207 |
| 이미라 | 대전청 | 216 |
| 이미란 | 김포경기광주 | 220 |
| 이미령 | 마포서 | 460 |
| 이미선 | 양천서 | 473 |
| 이미선 | 수원서 | 38 |
| 이미선 | 익산서 | 433 |
| 이미소 | 기재부 | 78 |
| 이미숙 | 강남서 | 159 |
| 이미숙 | 잠실서 | 178 |
| 이미숙 | 상주서 | 334 |
| 이미숙 | 양산서 | 259 |
| 이미애 | 서울청 | 194 |
| 이미애 | 북대구서 | 210 |
| 이미연 | 부산강서 | 246 |
| 이미연 | 안산서 | 255 |
| 이미연 | 부산진서 | 404 |
| 이미연 | 부산진서 | 324 |
| 이미영 | 서울청 | 82 |
| 이미영 | 삼성서 | 173 |
| 이미영 | 중부서 | 221 |
| 이미영 | 남동서 | 436 |
| 이미영 | 북대전서 | 484 |
| 이미영 | 부산청 | 170 |
| 이미자 | 영주서 | 442 |
| 이미정 | 강서서 | 177 |
| 이미정 | 역삼서 | 213 |
| 이미정 | 수원서 | 246 |
| 이미정 | 영월서 | 282 |
| 이미정 | 북전서 | 340 |
| 이미정 | 역삼서 | 212 |
| 이미지 | 용인서 | 266 |
| 이미지 | 동화성서 | 193 |
| 이미진 | 고양서 | 272 |
| 이미진 | 연수서 | 309 |
| 이미향 | 대전청 | 322 |
| 이미현 | 금정서 | 332 |
| 이미현 | 아산서 | 456 |
| 이미현 | 지방재정 | 183 |
| 이미현 | 조세재정 | 355 |
| 이미형 | 중부서 | 519 |
| 이미화 | 노원서 | 523 |
| 이미화 | 성남서 | 226 |
| 이미희 | 중부청 | 187 |
| 이미희 | 공주서 | 252 |
| 이민경 | 거창서 | 237 |
| 이민경 | 기재부 | 345 |
| 이민경 | 국세청 | 479 |
| 이민경 | 영등포서 | 117 |
| 이민경 | 의정부서 | 127 |
| 이민경 | 부산강서 | 214 |
| 이민규 | 송파서 | 324 |
| 이민규 | 동고양서 | 462 |
| 이민규 | 의정부서 | 208 |
| 이민석 | 천안서 | 314 |
| 이민석 | 은평서 | 324 |
| 이민섭 | 현대회계 | 358 |
| 이민성 | 기재부 | 218 |
| 이민성 | 경기광주 | 31 |
| 이민순 | 중부청 | 86 |
| 이민아 | 역삼서 | 258 |
| 이민아 | 지방재정 | 231 |
| 이민영 | 구로서 | 212 |
| 이민영 | 역삼서 | 519 |
| 이민영 | 군산서 | 181 |
| 이민옥 | 북부산서 | 213 |
| 이민우 | 해운대서 | 399 |
| 이민우 | 중부청 | 464 |
| 이민우 | 포항서 | 472 |
| 이민우 | 동래서 | 209 |
| 이민욱 | 택스홈앤 | 230 |
| 이민재 | 노원서 | 445 |
| 이민재 | 경기광주 | 459 |
| 이민정 | 강서서 | 48 |
| 이민정 | 삼성서 | 187 |
| 이민정 | 양천서 | 258 |
| 이민정 | 영등포서 | 176 |
| 이민정 | 평택서 | 199 |
| 이민정 | 김포서 | 210 |
| 이민정 | 부산진서 | 215 |
| 이민주 | 평택서 | 270 |
| 이민지 | 국세청 | 312 |
| 이민지 | 금천서 | 461 |
| 이민지 | 인천청 | 271 |
| 이민지 | 김포서 | 455 |
| 이민지 | 서산서 | 123 |
| 이민지 | 삼일회계 | 183 |
| 이민진 | 현대회계 | 215 |
| 이민창 | 서울청 | 297 |
| 이민철 | 역삼서 | 312 |
| 이민철 | 수원서 | 351 |
| 이민해 | 부평서 | 20 |
| 이민형 | 수성서 | 43 |
| 이민호 | 택스홈앤 | 31 |
| 이민호 | 금감원 | 156 |
| 이민호 | 논산서 | 212 |
| 이민호 | 군산서 | 255 |
| 이민훈 | 국세청 | 320 |
| 이민희 | 중부청 | 426 |
| 이민희 | 인천서 | 48 |
| 이민희 | 부산진서 | 84 |
| 이방우 | 서울청 | 199 |
| 이방영 | 동래서 | 226 |
| 이배삼 | 북광주서 | 300 |
| 이백용 | 북대전서 | 321 |
| 이백춘 | 남대구서 | 340 |
| 이범 | 동안양서 | 452 |
| 이범구 | 영주서 | 442 |
| 이범규 | 노원서 | 186 |
| 이범기 | 현대회계 | 31 |
| 이범석 | 서울청 | 170 |
| 이범수 | 화성서 | 275 |
| 이범수 | 지방재정 | 518 |
| 이범용 | 금감원 | 105 |
| 이범재 | 기재부 | 92 |
| 이범재 | 관세사회 | 52 |
| 이범주 | 중부청 | 230 |
| 이범준 | 구리서 | 241 |
| 이범한 | 용산서 | 217 |
| 이범행 | 기재부 | 96 |
| 이법진 | 김포서 | 313 |
| 이법국 | 세무청 | 120 |
| 이병권 | 마산서 | 483 |
| 이병기 | 대전청 | 332 |
| 이병노 | 삼덕회계 | 19 |
| 이병도 | 서인천서 | 303 |
| 이병도 | 동작서 | 320 |
| 이병석 | 포천서 | 192 |
| 이병석 | 성동서 | 329 |
| 이병안 | 세무다솔 | 205 |
| 이병오 | 북대구서 | 43 |
| 이병오 | 위드원 | 422 |
| 이병옥 | 안양서 | 46 |
| 이병용 | 인천청 | 264 |
| 이병용 | 대전청 | 293 |
| 이병우 | 계양서 | 336 |
| 이병재 | 충주서 | 307 |
| 이병조 | 인천서 | 371 |
| 이병주 | 남원서 | 304 |
| 이병주 | 동작서 | 399 |
| 이병주 | 대구청 | 400 |
| 이병춘 | 기재부 | 152 |
| 이병준 | 은평서 | 193 |
| 이병직 | 부산강서 | 412 |
| 이병찬 | 서초서 | 87 |
| 이병철 | 현대회계 | 218 |
| 이병철 | 창원서 | 462 |
| 이병탁 | 대구청 | 203 |
| 이병택 | 대구청 | 259 |
| 이병하 | 부산청 | 31 |
| 이병현 | 법무광장 | 488 |
| 이보라 | 분당서 | 411 |
| 이보라 | 서울청 | 416 |
| 이보라 | 강서서 | 417 |
| 이보라 | 동작서 | 452 |
| 이보라 | 세종서 | 57 |
| 이보람 | 구미서 | 250 |
| 이보람 | 진주서 | 165 |
| 이보람 | 서울청 | 177 |
| 이보배 | 남대구서 | 193 |
| 이보배 | 성북서 | 353 |
| 이보배 | 예일세무 | 369 |
| 이보연 | 기재부 | 433 |
| 이보영 | 북전주서 | 486 |
| 이보은 | 부산청 | 148 |
| 이보화 | 조세재정 | 393 |
| 이복남 | 영주서 | 419 |
| 이복자 | 서울청 | 198 |
| 이복현 | 부산청 | 207 |
| 이복희 | 금감원 | 51 |
| 이봉근그룹팀 | 서울청 | 206 |
| 이봉숙 | 시흥서 | 230 |
| 이봉영 | 중부청 | 519 |
| 이봉철 | 지방재정 | 480 |
| 이봉현 | 논산서 | 347 |
| 이봉희 | 경기광주 | 258 |
| 이봉희 | 마산서 | 213 |
| 이부경 | 역삼서 | 482 |
| 이부자 | 조세재정 | 525 |
| 이부연 | 원주서 | 285 |
| 이부장 | 강서서 | 176 |
| 이부형 | 제주서 | 492 |
| 이빈 | 강서서 | 176 |
| 이빛나 | 경기광주 | 259 |
| 이빛나 | 부산강서 | 462 |

| 이름 | 소속 | 쪽 |
|---|---|---|
| 이사영 | 익산서 | 405 |
| 이삼기 | 안양서 | 265 |
| 이삼문 | 세무대학 | 35 |
| 이상섭 | 평택서 | 270 |
| 이상각 | 천안서 | 358 |
| 이상건 | 영덕서 | 440 |
| 이상결 | 국세청 | 135 |
| 이상경 | 구미서 | 432 |
| 이상곤 | 남동서 | 301 |
| 이상곤 | 부평서 | 321 |
| 이상곤 | 부산진서 | 451 |
| 이상곤 | 부산진서 | 460 |
| 이상규 | 북대구서 | 422 |
| 이상금 | 공주서 | 344 |
| 이상기 | 강남서 | 173 |
| 이상기 | 법무광장 | 56 |
| 이상길 | 서울청 | 152 |
| 이상길 | 조세심판 | 520 |
| 이상길 | 삼정회계 | 22 |
| 이상길 | 삼정회계 | 23 |
| 이상덕 | 서울청 | 163 |
| 이상덕 | 남대문서 | 185 |
| 이상덕 | 수영서 | 469 |
| 이상도 | 동울산서 | 475 |
| 이상도 | 삼일회계 | 20 |
| 이상돈 | 금강원 | 105 |
| 이상두 | 정읍서 | 409 |
| 이상락 | 고양서 | 308 |
| 이상명 | 금정서 | 456 |
| 이상무 | 광주서 | 382 |
| 이상무 | 삼정회계 | 22 |
| 이상무 | 삼정회계 | 23 |
| 이상묵 | 서울청 | 169 |
| 이상묵 | 부산청 | 454 |
| 이상묵 | 김앤장 | 55 |
| 이상문 | 역삼서 | 213 |
| 이상미 | 국세교육 | 144 |
| 이상미 | 강서서 | 177 |
| 이상미 | 김포서 | 312 |
| 이상미 | 동대구서 | 420 |
| 이상미 | 창원서 | 488 |
| 이상민 | 기재부 | 79 |
| 이상민 | 금천서 | 182 |
| 이상민 | 동광양서 | 224 |
| 이상민 | 중부서 | 226 |
| 이상민 | 원주서 | 285 |
| 이상민 | 계양서 | 307 |
| 이상민 | 부평서 | 320 |
| 이상민 | 아산서 | 354 |
| 이상민 | 김천서 | 435 |
| 이상민 | 부산강서 | 463 |
| 이상범 | 기흥서 | 243 |
| 이상복 | 상공회의 | 115 |
| 이상봉 | 대전청 | 335 |
| 이상분 | 남대구서 | 418 |
| 이상석 | 아산서 | 355 |
| 이상선 | 의정부서 | 325 |
| 이상섭 | 기재부 | 79 |
| 이상수 | 금감원 | 102 |
| 이상수 | 인천청 | 293 |
| 이상수 | 대전청 | 334 |
| 이상수 | 세종서 | 353 |
| 이상숙 | 예일세무 | 50 |
| 이상숙 | 서울청 | 151 |
| 이상언 | 서울청 | 164 |
| 이상언 | 부산청 | 453 |
| 이상열 | 도봉서 | 189 |
| 이상영1 | 현대회계 | 31 |
| 이상영2 | 현대회계 | 31 |
| 이상영 | 기재부 | 96 |
| 이상왕 | 부천서 | 319 |
| 이상요 | 대전서 | 338 |
| 이상용 | 기재부 | 93 |
| 이상우 | 세종서 | 353 |
| 이상우 | 동청주서 | 363 |
| 이상우 | 김앤장 | 55 |
| 이상욱 | 서대문서 | 142 |
| 이상욱 | 서대문서 | 201 |
| 이상욱 | 동안산서 | 262 |
| 이상욱 | 청와서 | 414 |
| 이상운 | 부산청 | 450 |
| 이상원 | 국세청 | 124 |
| 이상원 | 김앤장 | 139 |
| 이상원 | 수성서 | 427 |
| 이상운 | 기재부 | 88 |
| 이상원 | 경기광주 | 258 |
| 이상윤 | 이천서 | 268 |
| 이상윤 | 원주서 | 284 |
| 이상윤 | 금천서 | 182 |
| 이상은 | 평택서 | 271 |
| 이상은 | 해운대서 | 472 |
| 이상일 | 수원서 | 254 |
| 이상일 | 동래서 | 458 |
| 이상재 | 강남서 | 173 |
| 이상재 | 아산서 | 354 |
| 이상준 | 국세청 | 130 |
| 이상준 | 중부청 | 235 |
| 이상준 | 광주청 | 374 |
| 이상준 | 서광주서 | 386 |
| 이상준 | 부산청 | 455 |
| 이상직 | 성북서 | 207 |
| 이상진 | 금감원 | 102 |
| 이상진 | 제주서 | 493 |
| 이상진 | 부산세관 | 510 |
| 이상철 | 광주청 | 377 |
| 이상탁 | 금감원 | 108 |
| 이상표 | 통영서 | 491 |
| 이상하 | 서울청 | 170 |
| 이상헌 | 위드원 | 46 |
| 이상헌 | 기재부 | 83 |
| 이상헌 | 상공회의 | 114 |
| 이상헌 | 서울청 | 167 |
| 이상헌 | 구로서 | 181 |
| 이상헌 | 대구청 | 412 |
| 이상혁 | 감사원 | 74 |
| 이상혁 | 서대문서 | 200 |
| 이상혁 | 부산진서 | 460 |
| 이상현 | 국세청 | 124 |
| 이상현 | 도봉서 | 189 |
| 이상현 | 중부청 | 232 |
| 이상현 | 인천서 | 304 |
| 이상현 | 의정부서 | 324 |
| 이상현 | 대전청 | 335 |
| 이상현 | 부산청 | 451 |
| 이상현 | 부산청 | 451 |
| 이상현 | 마산서 | 483 |
| 이상협 | 기재부 | 92 |
| 이상협 | 동대구서 | 420 |
| 이상호 | 서울청 | 149 |
| 이상호 | 노원서 | 186 |
| 이상호 | 서대구서 | 424 |
| 이상호 | 부산진서 | 461 |
| 이상호 | 대현회계 | 16 |
| 이상호 | 한울회계 | 30 |
| 이상홍 | 기재부 | 90 |
| 이상화 | 종로서 | 223 |
| 이상후 | 영주서 | 442 |
| 이상훈 | 기재부 | 84 |
| 이상훈 | 금감원 | 105 |
| 이상훈 | 서울청 | 148 |
| 이상훈 | 서울청 | 169 |
| 이상훈 | 동대문서 | 190 |
| 이상훈 | 중부서 | 226 |
| 이상훈 | 동안산서 | 262 |
| 이상훈 | 광주서 | 383 |
| 이상훈 | 대구청 | 415 |
| 이상훈 | 포항서 | 445 |
| 이상훈 | 동래서 | 459 |
| 이상훈 | 해운대서 | 472 |
| 이상훈 | 통영서 | 490 |
| 이상훈 | 지방재정 | 518 |
| 이상희 | 경기광주 | 259 |
| 이상희 | 부평서 | 320 |
| 이상희 | 제주서 | 493 |
| 이서구 | 국세청 | 123 |
| 이서아 | 삼성서 | 198 |
| 이서연 | 성동서 | 205 |
| 이서연 | 분당서 | 251 |
| 이서연 | 남동서 | 301 |
| 이서영 | 국세청 | 123 |
| 이서영 | 서초서 | 203 |
| 이서원 | 도봉서 | 189 |
| 이서원을 | 동작서 | 192 |
| 이서정 | 성남서 | 252 |
| 이서정 | 서광주서 | 386 |
| 이서준 | 관악서 | 179 |
| 이서진 | 강릉서 | 276 |
| 이서형 | 정읍서 | 408 |
| 이서형 | 중랑서 | 225 |
| 이서현 | 도봉서 | 188 |
| 이서현 | 영등포서 | 214 |
| 이서형 | 이천서 | 268 |
| 이서형 | 양천서 | 211 |
| 이서희 | 잠실서 | 220 |
| 이석규 | 기재부 | 81 |
| 이석규 | 안진회계 | 17 |
| 이석기 | 금융위 | 354 |
| 이석란 | 금융위 | 99 |
| 이석봉 | 남대문서 | 184 |
| 이석영 | 안산서 | 260 |
| 이석영 | 서울청 | 169 |
| 이석영 | 영동서 | 365 |
| 이석원 | 조세심판 | 520 |
| 이석원 | 이천서 | 269 |
| 이석재 | 삼성서 | 198 |
| 이석재 | 대전청 | 335 |
| 이석준 | 반포서 | 197 |
| 이석중 | 마산서 | 482 |
| 이석진 | 대구청 | 415 |
| 이석한 | 기재부 | 83 |
| 이석화 | 국세청 | 138 |
| 이선 | 인천청 | 293 |
| 이선 | 현대회계 | 31 |
| 이선경 | 서울청 | 149 |
| 이선경 | 삼성서 | 198 |
| 이선경 | 전주서 | 407 |
| 이선경 | 동래서 | 458 |
| 이선관 | 영동서 | 364 |
| 이선교 | 동울산서 | 474 |
| 이선구 | 반포서 | 196 |
| 이선규 | 김해서 | 481 |
| 이선림 | 논산서 | 346 |
| 이선목 | 북전주서 | 402 |
| 이선미 | 금천서 | 183 |
| 이선미 | 반포서 | 196 |
| 이선미 | 송파서 | 208 |
| 이선미 | 영등포서 | 215 |
| 이선미 | 서대문서 | 342 |
| 이선미 | 경산서 | 428 |
| 이선민 | 서초서 | 151 |
| 이선민 | 노원서 | 187 |
| 이선민 | 서대문서 | 200 |
| 이선민 | 서초서 | 202 |
| 이선아 | 국세청 | 129 |
| 이선아 | 서울청 | 151 |
| 이선아 | 양천서 | 211 |
| 이선아 | 김포서 | 312 |
| 이선아 | 동고양서 | 314 |
| 이선아 | 부천서 | 319 |
| 이선아 | 천안서 | 358 |
| 이선애 | 남대구서 | 419 |
| 이선영 | 기재부 | 82 |
| 이선영 | 강남서 | 172 |
| 이선영 | 서대문서 | 200 |
| 이선영 | 서초서 | 202 |
| 이선영 | 성동서 | 204 |
| 이선영 | 역삼서 | 212 |
| 이선영 | 영등포서 | 214 |
| 이선영 | 영등포서 | 215 |
| 이선영 | 대전청 | 333 |
| 이선영 | 대전청 | 338 |
| 이선영 | 남대구서 | 419 |
| 이선영 | 서대구서 | 424 |
| 이선영 | 동울산서 | 475 |
| 이선무 | 세무하나 | 47 |
| 이선옥 | 택스홈앤 | 48 |
| 이선옥 | 경기광주 | 258 |
| 이선우 | 도봉서 | 110 |
| 이선우 | 도봉서 | 188 |
| 이선우 | 김포서 | 313 |
| 이선우 | 부산청 | 448 |
| 이선욱 | 상주서 | 436 |
| 이선의 | 서울청 | 154 |
| 이선이 | 대구청 | 413 |
| 이선재 | 구로서 | 180 |
| 이선정 | 동래서 | 153 |
| 이선정 | 구미서 | 433 |
| 이선주 | 국세청 | 137 |
| 이선주 | 서울청 | 171 |
| 이선주 | 강남서 | 172 |
| 이선주 | 서초서 | 181 |
| 이선주 | 부산진서 | 460 |
| 이선주 | 예일세무 | 50 |
| 이선진 | 서울청 | 168 |
| 이선하 | 서울청 | 159 |
| 이선행호 | 서울청 | 296 |
| 이선화 | 구미서 | 433 |
| 이선화 | 강남서 | 172 |
| 이선화 | 목포서 | 390 |
| 이선화 | 울산서 | 476 |
| 이선훈 | 세무하나 | 47 |
| 이선희 | 분당서 | 250 |
| 이선희 | 대구청 | 413 |
| 이설희 | 국세청 | 120 |
| 이설희 | 나주서 | 388 |
| 이설희 | 진주서 | 487 |
| 이섭 | 은평서 | 219 |
| 이성 | 도봉서 | 189 |
| 이성 | 광주청 | 376 |
| 이성 | 광주청 | 377 |
| 이성 | 현대회계 | 31 |
| 이성국 | 강서서 | 176 |
| 이성국 | 기재부 | 89 |
| 이성규 | 서울청 | 156 |
| 이성규 | 서울청 | 164 |
| 이성규 | 거창서 | 478 |
| 이성근 | 양천서 | 204 |
| 이성근 | 동울산서 | 474 |
| 이성글 | 서울청 | 148 |
| 이성글 | 서울청 | 149 |
| 이성금 | 서부산서 | 466 |
| 이성도 | 역삼서 | 212 |
| 이성률 | 광주서 | 382 |
| 이성민 | 기재부 | 91 |
| 이성민 | 중부서 | 227 |
| 이성민 | 구리서 | 241 |
| 이성민 | 대전서 | 343 |
| 이성민 | 광주청 | 376 |
| 이성민 | 서부산서 | 466 |
| 이성민 | 제주서 | 492 |
| 이성복 | 금감원 | 105 |
| 이성복 | 구로서 | 181 |
| 이성삼 | 잠실서 | 220 |
| 이성삼 | 춘천서 | 286 |
| 이성수 | 역삼서 | 212 |
| 이성수 | 경기광주 | 259 |
| 이성숙 | 서대구서 | 424 |
| 이성식 | 정읍서 | 409 |
| 이성실 | 여수서 | 394 |
| 이성애 | 서울청 | 166 |
| 이성애 | 남대문서 | 184 |
| 이성용 | 서산서 | 351 |
| 이성용 | 서광주서 | 387 |
| 이성우 | 상공회의 | 115 |
| 이성우 | 택스홈앤 | 48 |
| 이성욱 | 동대구서 | 421 |
| 이성욱 | 삼정회계 | 23 |
| 이성웅 | 김해서 | 481 |
| 이성원 | 강서서 | 176 |
| 이성원 | 남대문서 | 185 |
| 이성윤 | 국회법제 | 70 |
| 이성윤 | 보령서 | 348 |
| 이성윤 | 남원서 | 400 |
| 이성은 | 울산서 | 476 |
| 이성일 | 세종서 | 353 |
| 이성일 | 여수서 | 394 |
| 이성재 | 서초서 | 203 |
| 이성재 | 부산청 | 448 |
| 이성재 | 동래서 | 459 |
| 이성재 | 안진회계 | 17 |
| 이성종 | 잠실서 | 220 |
| 이성준 | 성동서 | 205 |
| 이성준 | 대전청 | 335 |
| 이성준 | 익산서 | 404 |
| 이성진 | 금감원 | 108 |
| 이성진 | 금감원 | 109 |
| 이성진 | 국세청 | 122 |
| 이성진 | 국세청 | 123 |
| 이성진 | 국세청 | 124 |
| 이성진 | 국세청 | 125 |
| 이성진 | 마포서 | 194 |
| 이성진 | 삼성서 | 198 |
| 이성진 | 은평서 | 218 |
| 이성진 | 안산서 | 261 |
| 이성창 | 서광주서 | 386 |
| 이성철 | 동래서 | 459 |
| 이성태 | 삼정회계 | 22 |
| 이성태 | 삼정회계 | 24 |
| 이성택 | 기재부 | 92 |
| 이성필 | 서울청 | 162 |
| 이성현 | 기흥서 | 242 |
| 이성현 | 수원서 | 254 |
| 이성혜 | 영등포서 | 215 |
| 이성혜 | 진주서 | 487 |
| 이성호 | 금감원 | 109 |
| 이성호 | 국세청 | 136 |
| 이성호 | 국세상담 | 142 |
| 이성호 | 영등포서 | 214 |
| 이성호 | 안산서 | 260 |
| 이성호 | 대전서 | 334 |
| 이성호 | 보령서 | 348 |
| 이성호 | 천안서 | 358 |
| 이성호 | 순천서 | 393 |
| 이성호 | 경주서 | 430 |
| 이성호 | 부산청 | 455 |
| 이성호 | 인천서 | 305 |
| 이성환 | 서울청 | 161 |
| 이성환 | 구미서 | 433 |
| 이성환 | 거창서 | 478 |
| 이성훈 | 성북서 | 206 |
| 이성훈 | 남대구서 | 418 |
| 이성훈 | 부산강서 | 463 |
| 이성훈 | 통영서 | 490 |
| 이성희 | 기재부 | 91 |
| 이성희 | 중랑서 | 225 |
| 이성희 | 삼척서 | 278 |
| 이세나 | 국세청 | 123 |
| 이세라 | 순천서 | 392 |
| 이세란 | 중랑서 | 225 |
| 이세미 | 기재부 | 90 |
| 이세민 | 조세재정 | 522 |
| 이세민 | 서울청 | 157 |
| 이세비 | 기재부 | 78 |
| 이세연 | 서울청 | 169 |
| 이세연 | 안양서 | 265 |
| 이세영 | 영등포서 | 215 |
| 이세용 | 금감원 | 102 |
| 이세은 | 도봉서 | 188 |
| 이세인 | 김천서 | 434 |
| 이세정 | 도봉서 | 189 |
| 이세주 | 양천서 | 210 |
| 이세진 | 반포서 | 196 |
| 이세진 | 삼성서 | 199 |
| 이세풍 | 부산청 | 452 |
| 이세협 | 예일세무 | 50 |
| 이세호 | 영월서 | 283 |
| 이세호 | 동래서 | 458 |
| 이세환 | 기재부 | 93 |
| 이세훈 | 금감원 | 101 |
| 이세훈 | 김해서 | 481 |
| 이세훈 | 영덕서 | 440 |
| 이세희 | 통영서 | 490 |
| 이세희 | 중부청 | 231 |
| 이소라 | 국세청 | 509 |
| 이소면 | 부산세관 | 510 |
| 이소민 | 성동서 | 204 |
| 이소애 | 부산청 | 450 |
| 이소연 | 국세청 | 124 |
| 이소연 | 서초서 | 203 |
| 이소연 | 구리서 | 241 |
| 이소연 | 용인서 | 267 |
| 이소연 | 부천서 | 318 |
| 이소연 | 광주청 | 379 |
| 이소연 | 김천서 | 434 |
| 이소연 | 북부산서 | 464 |
| 이소연 | EY한영 | 15 |
| 이소영 | 기재부 | 79 |
| 이소영 | 관악서 | 179 |
| 이소영 | 중부청 | 238 |
| 이소영 | 시흥서 | 256 |
| 이소영 | 인천서 | 304 |
| 이소영 | 남동서 | 400 |
| 이소영 | 대구청 | 413 |
| 이소영 | 포항서 | 445 |
| 이소영 | 부산진서 | 460 |
| 이소영 | 울산서 | 476 |
| 이소영 | 지방재정 | 518 |
| 이소영 | 예일세무 | 50 |
| 이소원 | 국세청 | 124 |
| 이소원 | 국세청 | 134 |
| 이소원 | 구리서 | 241 |
| 이소은 | 군산서 | 399 |
| 이소은 | 창원서 | 488 |
| 이소정 | 서울청 | 161 |
| 이소정 | 금천서 | 182 |
| 이소정 | 동대문서 | 191 |
| 이소정 | 삼성서 | 199 |
| 이소정 | 인천서 | 304 |
| 이소정 | 부천서 | 318 |
| 이소정 | 경주서 | 430 |
| 이소정 | 해운대서 | 472 |
| 이소정 | 울산서 | 477 |
| 이소정 | 조세재정 | 522 |
| 이소진 | 의정부서 | 325 |
| 이소현 | 남대문서 | 185 |
| 이소현 | 구로서 | 438 |
| 이소희 | 서대구서 | 425 |
| 이솔 | 서울청 | 160 |
| 이솔 | 서초서 | 202 |
| 이솔아 | 강서서 | 176 |
| 이솔아 | 종로서 | 222 |
| 이송 | 정진세림 | 28 |
| 이송미 | 보령서 | 348 |
| 이송미 | 김해서 | 481 |
| 이송이 | 중부청 | 233 |
| 이송이 | 서인천서 | 302 |
| 이송하 | 기재부 | 89 |
| 이송하 | 서울청 | 154 |
| 이송향 | 김천서 | 182 |
| 이송향 | 원주서 | 284 |
| 이송희 | 기재부 | 88 |
| 이수경 | 영주서 | 218 |
| 이수경 | 영주서 | 443 |
| 이수경 | 부산진서 | 460 |
| 이수경 | 북부산서 | 464 |
| 이수길 | 김해서 | 481 |
| 이수덕 | 북부서 | 268 |
| 이수라 | 광산서 | 381 |
| 이수라 | 홍작서 | 193 |
| 이수란 | 동작서 | 193 |
| 이수련 | 영등포서 | 214 |
| 이수미 | 국세청 | 123 |
| 이수미 | 양천서 | 211 |
| 이수미 | 분당서 | 251 |
| 이수미 | 대전서 | 339 |
| 이수미 | 양산서 | 484 |

Index (이름 / 소속 / 쪽) — entries in column reading order

| 이름 | 소속 | 쪽 |
|---|---|---|
| 이수민 | 은평서 | 218 |
| 이수민 | 화성서 | 274 |
| 이수민 | 김포서 | 313 |
| 이수민 | 남부천서 | 317 |
| 이수민 | 대전청 | 332 |
| 이수민 | 서부산서 | 466 |
| 이수복 | 원주서 | 285 |
| 이수비 | 충주서 | 371 |
| 이수빈 | 기재부 | 94 |
| 이수빈 | 서울청 | 150 |
| 이수빈 | 서울청 | 165 |
| 이수빈 | 구리서 | 241 |
| 이수빈 | 원주서 | 285 |
| 이수빈 | 대전청 | 335 |
| 이수빈 | 천안서 | 358 |
| 이수빈 | 충주서 | 371 |
| 이수빈 | 포항서 | 393 |
| 이수빈 | 부평서 | 445 |
| 이수아 | 의정부서 | 320 |
| 이수안 | 감사원 | 325 |
| 이수연 | 기재부 | 75 |
| 이수연 | 국세청 | 80 |
| 이수연 | 서울청 | 123 |
| 이수연 | 서울청 | 150 |
| 이수연 | 서울청 | 157 |
| 이수연 | 중부서 | 169 |
| 이수연 | 시흥서 | 227 |
| 이수연 | 이천서 | 256 |
| 이수연 | 연수서 | 268 |
| 이수연 | 북대구서 | 322 |
| 이수연 | 해운대서 | 423 |
| 이수연 | 조세재정 | 473 |
| 이수연 | 광교세무 | 475 |
| 이수연 | 법무화우 | 523 |
| 이수영 | 화성서 | 38 |
| 이수영 | 서울청 | 3 |
| 이수영 | 동청주서 | 274 |
| 이수영 | 부산강서 | 354 |
| 이수용 | 평택서 | 363 |
| 이수용 | 수영서 | 462 |
| 이수원 | 상공회의 | 271 |
| 이수원 | 역삼서 | 469 |
| 이수월 | 동래서 | 114 |
| 이수인 | 금감원 | 212 |
| 이수인 | 동대문서 | 459 |
| 이수임 | 부산서 | 217 |
| 이수정 | 국세청 | 103 |
| 이수정 | 서울청 | 191 |
| 이수정 | 서울청 | 451 |
| 이수정 | 서울청 | 130 |
| 이수정 | 이천서 | 164 |
| 이수정 | 대구청 | 166 |
| 이수정 | 부부산서 | 168 |
| 이수지 | 기재부 | 183 |
| 이수지 | 경기광주 | 268 |
| 이수진 | 용인서 | 415 |
| 이수진 | 국세청 | 464 |
| 이수진 | 서울청 | 80 |
| 이수진 | 성북서 | 176 |
| 이수진 | 경기광주 | 259 |
| 이수진 | 인천청 | 266 |
| 이수진 | 부천서 | 126 |
| 이수진 | 동청주서 | 127 |
| 이수진 | 순천서 | 163 |
| 이수진 | 군산서 | 166 |
| 이수진 | 부산청 | 205 |
| 이수창 | 목포서 | 206 |
| 이수철 | 기재부 | 259 |
| 이수현 | 국세청 | 296 |
| 이수현 | 동작서 | 318 |
| 이수현 | 의정부서 | 363 |
| 이수현 | 대전청 | 379 |
| 이수현 | 서광주서 | 386 |
| 이수현 | 군산서 | 398 |
| 이수현 | 익산서 | 404 |
| 이수현 | 수성서 | 426 |
| 이수현 | 예일회계 | 26 |
| 이수형 | 부산청 | 251 |
| 이수형 | 분당서 | 451 |
| 이수호 | 기재부 | 90 |
| 이수호 | 안산서 | 261 |
| 이수화 | 지방재정 | 518 |
| 이수화 | 구로서 | 181 |
| 이수환 | 평택서 | 271 |
| 이수환 | 목포서 | 390 |
| 이숙 | 서울청 | 166 |
| 이숙경 | 기재부 | 94 |
| 이숙경 | 광주서 | 382 |
| 이숙영 | 서울청 | 148 |
| 이숙영 | 동안산서 | 272 |
| 이숙현 | 노원서 | 186 |
| 이숙희 | 북대전서 | 340 |
| 이숙희 | 중부지방 | 37 |
| 이순기 | 상주서 | 437 |
| 이순길 | 천안서 | 358 |
| 이순모 | 서인천서 | 303 |
| 이순민 | 중부청 | 239 |
| 이순아 | 수원서 | 254 |
| 이순엽 | 서울청 | 160 |
| 이순영 | 성동서 | 204 |
| 이순영 | 부천서 | 319 |
| 이순영 | 천안서 | 358 |
| 이순옥 | 서울청 | 484 |
| 이순옥 | 원주서 | 285 |
| 이순임 | 남대구서 | 231 |
| 이순철 | 중부청 | 418 |
| 이순철 | 조세재정 | 238 |
| 이순화 | 서울청 | 524 |
| 이순화 | 양천서 | 153 |
| 이순희 | 동고양서 | 210 |
| 이슬 | 동고양서 | 219 |
| 이슬 | 대전청 | 314 |
| 이슬 | 대전청 | 331 |
| 이슬 | 천안서 | 335 |
| 이슬 | 대구서 | 359 |
| 이슬기 | 조세재정 | 413 |
| 이슬기 | 서울청 | 525 |
| 이슬기 | 조세재정 | 160 |
| 이슬비 | 마포서 | 162 |
| 이슬비 | 중부서 | 522 |
| 이슬비 | 인천청 | 238 |
| 이승 | 금감원 | 296 |
| 이승결 | 서부산서 | 105 |
| 이승곤 | 세무하나 | 466 |
| 이승광구 | 남대구서 | 47 |
| 이승규 | 중부청 | 419 |
| 이승규 | 창원서 | 215 |
| 이승균 | 수원서 | 238 |
| 이승근 | 경주서 | 488 |
| 이승렬 | 삼일회계 | 247 |
| 이승렬 | 상공회의 | 270 |
| 이승류 | 상공회의 | 431 |
| 이승류 | 상공회의 | 20 |
| 이승리 | 안산서 | 115 |
| 이승명 | 구미서 | 115 |
| 이승모 | 포항서 | 261 |
| 이승미 | 중부청 | 432 |
| 이승민 | 삼성서 | 445 |
| 이승민 | 중랑서 | 232 |
| 이승범 | 청주서 | 84 |
| 이승석 | 국세청 | 199 |
| 이승수 | 중부청 | 238 |
| 이승수 | 종로서 | 225 |
| 이승아 | 시흥서 | 368 |
| 이승아 | 북대구서 | 133 |
| 이승언 | 지방재정 | 134 |
| 이승연 | 기재부 | 230 |
| 이승연 | 서초서 | 222 |
| 이승연 | 역삼서 | 256 |
| 이승엽 | 나주서 | 424 |
| 이승엽 | 구미서 | 422 |
| 이승완 | 광주청 | 518 |
| 이승완 | 북전주서 | 79 |
| 이승우 | 금감원 | 86 |
| 이승우 | 인천서 | 203 |
| 이승욱 | 부산강서 | 213 |
| 이승원 | 기재부 | 388 |
| 이승원 | 금감원 | 429 |
| 이승능 | 남양주서 | 433 |
| 이승익 | 대구청 | 378 |
| 이승일 | 남대구서 | 403 |
| 이승재 | 성동서 | 101 |
| 이승재 | 익산서 | 292 |
| 이승재 | 경기광주 | 462 |
| 이승재 | 의정부서 | 89 |
| 이승재 | 충주서 | 370 |
| 이승재 | 북광주서 | 384 |
| 이승재 | 익산서 | 404 |
| 이승재 | 포항서 | 444 |
| 이승종 | 예일회계 | 26 |
| 이승주 | 종로서 | 223 |
| 이승주 | 동대문서 | 191 |
| 이승주 | 서광주서 | 386 |
| 이승준 | 기재부 | 88 |
| 이승준 | 기재부 | 89 |
| 이승준 | 송파서 | 209 |
| 이승준 | 광등포서 | 214 |
| 이승준 | 현대화계 | 378 |
| 이승준1 | 광산서 | 380 |
| 이승준 | 수영서 | 469 |
| 이승진 | 현대화계 | 31 |
| 이승진 | 삼성서 | 198 |
| 이승진 | 동안양서 | 477 |
| 이승찬 | 창원서 | 488 |
| 이승찬 | 국세상담 | 143 |
| 이승찬 | 동안양서 | 249 |
| 이승찬 | 연수서 | 323 |
| 이승철 | 충주서 | 371 |
| 이승철 | 국세청 | 138 |
| 이승철 | 동대문서 | 191 |
| 이승철 | 대전청 | 337 |
| 이승택 | 수성서 | 426 |
| 이승필 | 성북서 | 206 |
| 이승하 | 서초서 | 203 |
| 이승하 | 익산서 | 404 |
| 이승학 | 노원서 | 186 |
| 이승학 | 세무디솔 | 43 |
| 이승한 | 기재부 | 86 |
| 이승한 | 국세청 | 122 |
| 이승현 | 강서서 | 177 |
| 이승현 | 마포서 | 195 |
| 이승현 | 성북서 | 206 |
| 이승현 | 광산서 | 381 |
| 이승현 | 서대구서 | 424 |
| 이승형 | 세무하나 | 47 |
| 이승형 | 서인천서 | 302 |
| 이승호 | 국세청 | 136 |
| 이승호 | 서울청 | 162 |
| 이승호 | 강남서 | 173 |
| 이승호 | 도봉서 | 189 |
| 이승호 | 성동서 | 205 |
| 이승호 | 인천서 | 304 |
| 이승호 | 북전주서 | 403 |
| 이승호 | 조세심판 | 520 |
| 이승환 | 법무율촌 | 59 |
| 이승환 | 국세청 | 120 |
| 이승환 | 이천서 | 129 |
| 이승환 | 서인천서 | 269 |
| 이승환 | 동고양서 | 303 |
| 이승환 | 광산서 | 314 |
| 이승환 | 남대구서 | 380 |
| 이승환 | 제주서 | 418 |
| 이승환 | 제주서 | 492 |
| 이승환 | 삼일회계 | 493 |
| 이승훈 | 금감원 | 21 |
| 이승훈 | 서울청 | 111 |
| 이승훈 | 동작서 | 133 |
| 이승훈 | 양천서 | 156 |
| 이승훈 | 경기광주 | 192 |
| 이승훈 | 의정부서 | 211 |
| 이승훈 | 광주청 | 259 |
| 이승훈 | 나주서 | 325 |
| 이승훈 | 전주서 | 375 |
| 이승훈 | 서대구서 | 388 |
| 이승훈 | 부산청 | 406 |
| 이승훈 | 부산청 | 424 |
| 이승훈 | 광주세관 | 448 |
| 이승훈 | 조세심판 | 450 |
| 이승휘 | 대구청 | 516 |
| 이승휘 | 동대문서 | 521 |
| 이승희 | 중부서 | 21 |
| 이승희 | 광주청 | 413 |
| 이승희 | 관세청 | 190 |
| 이승희 | 조세심판 | 226 |
| 이승희 | 조세심판 | 376 |
| 이승희 | 서울세관 | 469 |
| 이시경 | 기재부 | 497 |
| 이시은 | 반포서 | 520 |
| 이시형 | 광산서 | 521 |
| 이시화 | 국세청 | 500 |
| 이신애 | 남동서 | 87 |
| 이신열 | 수영서 | 196 |
| 이신영 | 공주서 | 380 |
| 이신영 | 북대전서 | 419 |
| 이신영 | 세종서 | 124 |
| 이신정 | 강릉서 | 277 |
| 이신혜 | 마포서 | 195 |
| 이신호 | 안진회계 | 17 |
| 이신호 | 중부서 | 213 |
| 이신화 | 남원서 | 231 |
| 이아라 | 강남서 | 173 |
| 이아람 | 노원서 | 187 |
| 이아름 | 송파서 | 209 |
| 이아름 | 안산서 | 261 |
| 이아름 | 인천청 | 295 |
| 이아름 | 해운대서 | 472 |
| 이아름 | 마산서 | 483 |
| 이아름 | 조세재정 | 523 |
| 이아름 | 조세재정 | 523 |
| 이아린 | 강동서 | 175 |
| 이아림 | 연수서 | 393 |
| 이아영 | 인천청 | 297 |
| 이아영 | 조세재정 | 524 |
| 이안나 | 서울청 | 170 |
| 이안섭 | 남대구서 | 418 |
| 이안희 | 세종서 | 338 |
| 이애경 | 서울청 | 353 |
| 이애란 | 강남서 | 172 |
| 이애신 | 중부청 | 148 |
| 이양래 | 도봉서 | 189 |
| 이양로 | 충주서 | 238 |
| 이양호 | 노원서 | 359 |
| 이어루 | 서울청 | 371 |
| 이언우 | 서울청 | 81 |
| 이언종 | 영주서 | 442 |
| 이여경 | 금천서 | 182 |
| 이여성 | 김포서 | 429 |
| 이여울 | 중부청 | 313 |
| 이여진 | 서울청 | 234 |
| 이연경 | 서인천서 | 152 |
| 이연경 | 남대구서 | 163 |
| 이연선 | 기재부 | 206 |
| 이연선 | 중부청 | 302 |
| 이연수 | 인천청 | 418 |
| 이연숙 | 서대구서 | 88 |
| 이연실 | 동안양서 | 235 |
| 이연우 | 예산서 | 248 |
| 이연주 | 서울청 | 293 |
| 이연주 | 금감원 | 357 |
| 이연주 | 인천청 | 162 |
| 이연지 | 서울청 | 111 |
| 이연호 | 반포서 | 297 |
| 이연호 | 춘천서 | 336 |
| 이연화 | 대전청 | 197 |
| 이연희 | 북광주서 | 414 |
| 이염휘 | 관세사회 | 197 |
| 이영 | 대전청 | 52 |
| 이영경 | 조세재정 | 333 |
| 이영광 | 서울청 | 522 |
| 이영구 | 기재부 | 207 |
| 이영권 | 인천청 | 85 |
| 이영규 | 연수서 | 333 |
| 이영규 | 충주서 | 322 |
| 이영길 | 금감원 | 370 |
| 이영길 | 부평서 | 103 |
| 이영란 | 대전서 | 321 |
| 이영례 | 남부천서 | 339 |
| 이영룡 | 부천서 | 316 |
| 이영미 | 파주서 | 319 |
| 이영미 | 국세청 | 326 |
| 이영민 | 반포서 | 123 |
| 이영민 | 동화성서 | 196 |
| 이영민 | 진주서 | 273 |
| 이영민 | 서울청 | 486 |
| 이영민 | 도봉서 | 168 |
| 이영민 | 인천서 | 189 |
| 이영민 | 나주서 | 304 |
| 이영범 | 군산서 | 389 |
| 이영범 | 지방재정 | 399 |
| 이영빈 | 대전서 | 518 |
| 이영빈 | 대전서 | 339 |
| 이영상 | 관세청 | 178 |
| 이영서 | 부산강서 | 497 |
| 이영석 | 반포서 | 462 |
| 이영선 | 구리서 | 196 |
| 이영선 | 기재부 | 241 |
| 이영수 | 수영서 | 81 |
| 이영수 | 국세청 | 303 |
| 이영수 | 구로서 | 120 |
| 이영수 | 인천청 | 180 |
| 이영수 | 서대구서 | 424 |
| 이영숙 | 창원서 | 488 |
| 이영숙 | 기재부 | 78 |
| 이영숙 | 인천서 | 305 |
| 이영숙 | 계양서 | 306 |
| 이영숙 | 포천서 | 329 |
| 이영순 | 대전서 | 339 |
| 이영식 | 현대회계 | 31 |
| 이영신 | 삼일회계 | 199 |
| 이영신 | 인천청 | 20 |
| 이영실 | 인천청 | 291 |
| 이영심 | 포항서 | 292 |
| 이영아 | 동안양서 | 444 |
| 이영아 | 화성서 | 248 |
| 이영애 | 남대문서 | 274 |
| 이영옥 | 북대구서 | 184 |
| 이영옥 | 국세상담 | 422 |
| 이영옥 | 서울청 | 142 |
| 이영우 | 인천청 | 166 |
| 이영우우 | 서울청 | 293 |
| 이영욱 | 경산서 | 168 |
| 이영욱 | 구로서 | 428 |
| 이영운 | 파주서 | 181 |
| 이영은 | 안양서 | 327 |
| 이영은 | 동화성서 | 264 |
| 이영은은 | 해남서 | 273 |
| 이영은은 | 광교세무 | 396 |
| 이영일 | 중부지방 | 40 |
| 이영임 | 북부산서 | 37 |
| 이영자 | 기재부 | 464 |
| 이영재 | 의정부서 | 83 |
| 이영재 | 중부청 | 324 |
| 이영재 | 대전청 | 234 |
| 이영정 | 남대구서 | 339 |
| 이영주 | 부산청 | 419 |
| 이영주 | 서울청 | 455 |
| 이영주 | 동작서 | 484 |
| 이영주 | 서대문서 | 126 |
| 이영주 | 중부청 | 80 |
| 이영주 | 부평서 | 154 |
| 이영주 | 서인천서 | 193 |
| 이영준 | 대구청 | 201 |
| 이영진 | 법무무현 | 213 |
| 이영진 | 서울청 | 233 |
| 이영진 | 인천청 | 321 |
| 이영진 | 북부산서 | 351 |
| 이영진 | 수성서 | 412 |
| 이영철 | 중부청 | 458 |
| 이영태 | 동화성서 | 8 |
| 이영태 | 광산서 | 161 |
| 이영호 | 서울청 | 168 |
| 이영호 | 반포서 | 297 |
| 이영호 | 이천서 | 444 |
| 이영호 | 대전청 | 464 |
| 이영호 | 충주서 | 337 |
| 이영환 | 삼정회계 | 427 |
| 이예린 | 기재부 | 239 |
| 이예림 | 구로서 | 273 |
| 이예슬 | 정읍서 | 380 |
| 이예슬 | 김포서 | 164 |
| 이예슬 | 금천서 | 196 |
| 이예슬 | 동청주서 | 268 |
| 이예슬 | 수영서 | 338 |
| 이예슬 | 동수원서 | 371 |
| 이예슬 | 안산서 | 23 |
| 이예슬 | 천안서 | 254 |
| 이예슬 | 서울청 | 86 |
| 이예슬 | 동대문서 | 181 |
| 이예슬 | 남동서 | 408 |
| 이예영 | 파주서 | 312 |
| 이예원 | 서부산서 | 518 |
| 이예은 | 구리서 | 182 |
| 이예은 | 기재부 | 363 |
| 이예은 | 충주서 | 468 |
| 이예지 | 광주서 | 246 |
| 이예지 | 국세청 | 261 |
| 이예지 | 강남서 | 359 |
| 이예지 | 동대문서 | 169 |
| 이예지 | 용산서 | 191 |
| 이예지 | 성남서 | 300 |
| 이예지 | 서부산서 | 327 |
| 이예지 | 구리서 | 241 |
| 이예은 | 기재부 | 467 |
| 이예술 | 충주서 | 451 |
| 이예술 | 광주서 | 458 |
| 이예을 | 서부산서 | 87 |
| 이예은 | 기재부 | 370 |
| 이예은 | 충주서 | 382 |
| 이예지 | 국세청 | 126 |
| 이예지 | 강남서 | 172 |
| 이예지 | 동대문서 | 190 |
| 이예지 | 용산서 | 216 |
| 이예지 | 성남서 | 253 |

| 이름 | 소속 | 번호 |
|---|---|---|
| 이예지 | 시흥서 | 256 |
| 이예지 | 평택서 | 271 |
| 이예진 | 부산청 | 454 |
| 이예진 | 서울청 | 156 |
| 이예진 | 동대문서 | 190 |
| 이예진 | 중랑서 | 225 |
| 이예함 | 예산서 | 357 |
| 이예함 | 양산청 | 484 |
| 이오나 | 서울청 | 167 |
| 이오령 | 동청주서 | 363 |
| 이오혁 | 동안산서 | 263 |
| 이오혁 | 이천서 | 268 |
| 이오형 | 동부청 | 269 |
| 이오형 | 국세청 | 239 |
| 이옥녕 | 국세청 | 132 |
| 이옥분 | 김포서 | 312 |
| 이옥선 | 광명서 | 311 |
| 이옥임 | 서부산서 | 466 |
| 이옥주 | 양산서 | 484 |
| 이완 | 인감원 | 105 |
| 이완배 | 영등포서 | 214 |
| 이완표 | 동청주서 | 363 |
| 이완희 | 서대전서 | 342 |
| 이왕수 | 대전서 | 339 |
| 이요섭 | 수원서 | 255 |
| 이요원 | 반포서 | 196 |
| 이용 | 삼일회계 | 20 |
| 이용권 | 동대문서 | 191 |
| 이용균 | 동대구서 | 420 |
| 이용모 | 삼덕회계 | 19 |
| 이용문 | 국세청 | 135 |
| 이용문 | 서울청 | 166 |
| 이용배 | 남양주서 | 244 |
| 이용상 | 금감원 | 106 |
| 이용선 | 양천서 | 159 |
| 이용섭 | 법무율촌 | 59 |
| 이용수 | 금정서 | 457 |
| 이용식 | 양천서 | 211 |
| 이용안 | 광교세무 | 39 |
| 이용우 | 고양서 | 309 |
| 이용우 | 기재부 | 96 |
| 이용욱 | 반포서 | 196 |
| 이용욱 | 이천서 | 268 |
| 이용욱 | 순천서 | 393 |
| 이용익 | 감사원 | 74 |
| 이용재 | 부산청 | 452 |
| 이용형 | 통영서 | 490 |
| 이용형 | 성북서 | 206 |
| 이용제 | 인천청 | 296 |
| 이용준 | 기재부 | 89 |
| 이용중 | 대구세관 | 514 |
| 이용지 | 법무광장 | 57 |
| 이용진 | 서울청 | 170 |
| 이용진 | 잠실서 | 220 |
| 이용진 | 북전주서 | 403 |
| 이용진 | 김해서 | 481 |
| 이용찬 | 안전회계 | 17 |
| 이용철 | 순천서 | 392 |
| 이용출 | 감사원 | 73 |
| 이용출 | 산서 | 399 |
| 이용혁 | 여수서 | 395 |
| 이용현 | 안전회계 | 17 |
| 이용형 | 조세심판 | 520 |
| 이용환 | 서인천서 | 302 |
| 이용환 | 대전서 | 338 |
| 이용환 | 김해서 | 480 |
| 이용후 | 국세청 | 136 |
| 이용훈 | 양천서 | 253 |
| 이용희 | 서인천서 | 303 |
| 이우경 | 구리서 | 241 |
| 이우근 | 반포서 | 196 |
| 이우남 | 국세상담 | 143 |
| 이우람 | 금감원 | 103 |
| 이우리 | 기재부 | 90 |
| 이우복 | 중부지방 | 37 |
| 이우석 | 기재부 | 136 |
| 이우석 | 서울청 | 154 |
| 이우석 | 서울청 | 487 |
| 이우석 | 지방재정 | 519 |
| 이우섭 | 평택서 | 270 |
| 이우영 | 안양서 | 249 |
| 이우영 | 영월서 | 283 |
| 이우재 | 서초서 | 203 |
| 이우재 | 광명서 | 310 |
| 이우정 | 남양주서 | 245 |
| 이우정 | 안양서 | 464 |
| 이우진 | 국세청 | 121 |
| 이우진 | 강남서 | 173 |
| 이우철 | 남대문서 | 185 |
| 이우태 | 기재부 | 92 |
| 이우현 | 구리서 | 240 |
| 이우현 | 성남서 | 253 |
| 이우현 | 논산서 | 346 |
| 이우형 | 기재부 | 92 |
| 이우형 | 김해서 | 481 |
| 이운호 | 기재부 | 82 |
| 이웅호 | 서울청 | 163 |
| 이원경 | 기재부 | 96 |
| 이원경 | 국세상담 | 143 |
| 이원경 | 부평서 | 320 |
| 이원경 | 청주서 | 369 |
| 이원교 | 북전주서 | 402 |
| 이원구 | 동수원서 | 246 |
| 이원근 | 대전청 | 337 |
| 이원기 | 동부청 | 193 |
| 이원도 | 잠실서 | 220 |
| 이원락 | 중부청 | 234 |
| 이원명 | 동대구서 | 420 |
| 이원민 | 기재부 | 85 |
| 이원복 | 마포서 | 195 |
| 이원상 | 인천공항 | 505 |
| 이원상 | 인천공항 | 507 |
| 이원섭 | 중부청 | 237 |
| 이원영 | 서울청 | 162 |
| 이원영 | 김천서 | 435 |
| 이원우 | 서울청 | 148 |
| 이원익 | 법무대륜 | 58 |
| 이원일 | 법무바른 | 334 |
| 이원자 | 법무바른 | 1 |
| 이원재 | 안산서 | 260 |
| 이원재 | 기재부 | 96 |
| 이원재 | 기재부 | 96 |
| 이원정 | 동대구서 | 190 |
| 이원정 | 북광주서 | 384 |
| 이원정 | 기재부 | 83 |
| 이원종 | 충주서 | 370 |
| 이원주 | 국세청 | 135 |
| 이원준 | 법무율촌 | 59 |
| 이원준 | 기재부 | 80 |
| 이원준 | 국세청 | 124 |
| 이원진 | 중부청 | 236 |
| 이원진 | 고양서 | 309 |
| 이원형 | 세종서 | 353 |
| 이원형 | 경산서 | 428 |
| 이원홈 | 금감원 | 102 |
| 이원희 | 동대구서 | 191 |
| 이원희 | 원주서 | 284 |
| 이원희 | 인천서 | 305 |
| 이원희 | 공주서 | 344 |
| 이원희 | 수성서 | 427 |
| 이위형 | 동울산서 | 474 |
| 이유경 | 마포서 | 195 |
| 이유경 | 인천서 | 305 |
| 이유나 | 아산서 | 354 |
| 이유라 | 중부청 | 238 |
| 이유리 | 서울청 | 152 |
| 이유리 | 중부청 | 238 |
| 이유림 | 서울청 | 81 |
| 이유만 | 국세청 | 125 |
| 이유미 | 김해서 | 480 |
| 이유미 | 평택서 | 271 |
| 이유미 | 파주서 | 327 |
| 이유미 | 광산서 | 380 |
| 이유민 | 중부청 | 239 |
| 이유민 | 동고양서 | 314 |
| 이유민 | 의정부서 | 324 |
| 이유빈 | 세무하나 | 47 |
| 이유빈 | 부평서 | 47 |
| 이유상 | 조세재정 | 521 |
| 이유상 | 서울청 | 154 |
| 이유상 | 성동서 | 204 |
| 이유상 | 인천서 | 305 |
| 이유상 | 경주서 | 430 |
| 이유선 | 동작서 | 193 |
| 이유선성 | 성동서 | 204 |
| 이유섭 | 청주서 | 369 |
| 이유순 | 수영서 | 468 |
| 이유안 | 구리서 | 241 |
| 이유영 | 강서서 | 177 |
| 이유영 | 구로서 | 181 |
| 이유영 | 남부천서 | 317 |
| 이유원 | 종로서 | 222 |
| 이유정 | 서울청 | 151 |
| 이유정 | 서울청 | 159 |
| 이유정 | 강서서 | 176 |
| 이유정 | 기흥서 | 242 |
| 이유정 | 화성서 | 275 |
| 이유정 | 천안서 | 358 |
| 이유정 | 경산서 | 428 |
| 이유정 | 수영서 | 468 |
| 이유정 | 김해서 | 480 |
| 이유조 | 수성서 | 427 |
| 이유지 | 대구청 | 412 |
| 이유진 | 기재부 | 81 |
| 이유진 | 기재부 | 87 |
| 이유진 | 서울청 | 155 |
| 이유진 | 서울청 | 157 |
| 이유진 | 서울청 | 162 |
| 이유진 | 마포서 | 194 |
| 이유진 | 성북서 | 207 |
| 이유진 | 분당서 | 251 |
| 이유진 | 속초서 | 281 |
| 이유진 | 대전서 | 339 |
| 이유진 | 천안서 | 358 |
| 이유진 | 나주서 | 388 |
| 이유진 | 서대구서 | 425 |
| 이유진 | 조세심판 | 521 |
| 이유화 | 금정서 | 456 |
| 이윤경 | 서울청 | 204 |
| 이윤경 | 송파서 | 208 |
| 이윤경 | 성동서 | 218 |
| 이윤경 | 남부천서 | 317 |
| 이윤경 | 서광주서 | 387 |
| 이윤경 | 동래서 | 459 |
| 이윤경 | 지방재정 | 518 |
| 이윤금 | 도봉서 | 188 |
| 이윤기 | 서울청 | 482 |
| 이윤길 | 금감원 | 108 |
| 이윤노 | 강서서 | 176 |
| 이윤미 | 동대문서 | 175 |
| 이윤미 | 동대문서 | 191 |
| 이윤미 | 부산청 | 453 |
| 이윤미 | 부산청 | 450 |
| 이윤석 | 서울회계 | 154 |
| 이윤석 | 서울청 | 21 |
| 이윤선 | 기재부 | 86 |
| 이윤선 | 금감원 | 105 |
| 이윤선 | 성남서 | 199 |
| 이윤선 | 중부서 | 230 |
| 이윤선 | 동안양서 | 248 |
| 이윤선 | 광산서 | 381 |
| 이윤수 | 금감위 | 97 |
| 이윤수 | 금감원 | 309 |
| 이윤애 | 용산서 | 217 |
| 이윤옥 | 시흥서 | 257 |
| 이윤우 | 동화성서 | 272 |
| 이윤우 | 동고양서 | 315 |
| 이윤재 | 경기광주 | 258 |
| 이윤재 | 감사원 | 74 |
| 이윤재 | 국세청 | 164 |
| 이윤재 | 경주서 | 431 |
| 이윤정 | 기재부 | 93 |
| 이윤정 | 서울청 | 171 |
| 이윤정 | 도봉서 | 188 |
| 이윤정 | 마포서 | 195 |
| 이윤정 | 서초서 | 203 |
| 이윤정 | 중랑서 | 224 |
| 이윤정 | 중부청 | 231 |
| 이윤정 | 서울청 | 425 |
| 이윤정 | 경산서 | 428 |
| 이윤정 | 서울청 | 159 |
| 이윤주 | 역삼서 | 213 |
| 이윤주 | 영등포서 | 214 |
| 이윤주 | 남대구서 | 419 |
| 이윤주 | 남대구서 | 423 |
| 이윤진 | 강남서 | 173 |
| 이윤진 | 포항서 | 444 |
| 이윤채 | 영등포서 | 506 |
| 이윤택 | 영등포서 | 215 |
| 이윤하 | 중랑서 | 224 |
| 이윤행 | 춘천서 | 287 |
| 이윤호 | 고양서 | 309 |
| 이윤호 | 순천서 | 393 |
| 이윤희 | 남원서 | 149 |
| 이윤희 | 서울청 | 153 |
| 이윤희 | 서울청 | 154 |
| 이윤희 | 서울청 | 159 |
| 이윤희 | 서울청 | 232 |
| 이윤희 | 포천서 | 329 |
| 이율배 | 남동서 | 301 |
| 이융건 | 서울청 | 170 |
| 이은 | 성북서 | 155 |
| 이은경 | 안산서 | 261 |
| 이은경 | 이천서 | 268 |
| 이은경 | 남부천서 | 317 |
| 이은경 | 부천서 | 318 |
| 이은경 | 목포서 | 390 |
| 이은경 | 군산서 | 399 |
| 이은경 | 조세재정 | 522 |
| 이은경 | 조세재정 | 523 |
| 이은광 | 남원서 | 400 |
| 이은규 | 서울청 | 154 |
| 이은규 | 중기회 | 204 |
| 이은기 | 춘천서 | 287 |
| 이은기 | 의정부서 | 325 |
| 이은길 | 서대문서 | 201 |
| 이은미 | 국세청 | 126 |
| 이은미 | 경기광주 | 259 |
| 이은미 | 김해서 | 480 |
| 이은배 | 진주서 | 486 |
| 이은배 | 종로서 | 222 |
| 이은범 | 동화성서 | 273 |
| 이은비 | 금천서 | 183 |
| 이은비 | 김포서 | 312 |
| 이은빈 | 안동서 | 438 |
| 이은빈 | 포천서 | 328 |
| 이은상 | 서울청 | 152 |
| 이은상 | 금천서 | 182 |
| 이은상 | 마산서 | 483 |
| 이은서 | 평택서 | 271 |
| 이은서 | 아산서 | 354 |
| 이은석 | 남대구서 | 419 |
| 이은석 | 성북서 | 206 |
| 이은선 | 용산서 | 217 |
| 이은선 | 중부서 | 239 |
| 이은선 | 세무하나 | 47 |
| 이은설 | 계양서 | 307 |
| 이은섭 | 인천청 | 294 |
| 이은성 | 안산서 | 260 |
| 이은솔 | 조세재정 | 523 |
| 이은수 | 연수서 | 323 |
| 이은수 | 중부청 | 235 |
| 이은수 | 경기광주 | 258 |
| 이은수 | 부평서 | 321 |
| 이은수 | 의정부서 | 324 |
| 이은숙 | 서울청 | 161 |
| 이은숙 | 서대전서 | 342 |
| 이은숙 | 충주서 | 371 |
| 이은순 | 마산서 | 482 |
| 이은실 | 국세청 | 120 |
| 이은실 | 영등포서 | 207 |
| 이은아 | 영등포서 | 215 |
| 이은아 | 중부서 | 227 |
| 이은아 | 광산서 | 381 |
| 이은아 | 동울산서 | 474 |
| 이은애 | 성남서 | 252 |
| 이은애 | 국세청 | 139 |
| 이은영 | 강서서 | 176 |
| 이은영 | 구로서 | 180 |
| 이은영 | 도봉서 | 188 |
| 이은영 | 동대문서 | 190 |
| 이은영 | 동작서 | 192 |
| 이은영 | 삼성서 | 198 |
| 이은영 | 동안산서 | 263 |
| 이은영 | 파주서 | 327 |
| 이은영 | 파주서 | 327 |
| 이은영 | 북대전서 | 341 |
| 이은영 | 서대구서 | 425 |
| 이은영 | 영주서 | 443 |
| 이은영 | 제주서 | 492 |
| 이은옥 | 동고양서 | 314 |
| 이은용 | 동래서 | 458 |
| 이은용 | 국세주류 | 140 |
| 이은우 | 기재부 | 86 |
| 이은우 | 용산서 | 217 |
| 이은자 | 남부천서 | 317 |
| 이은자 | 국세청 | 126 |
| 이은정 | 서울청 | 169 |
| 이은정 | 구로서 | 180 |
| 이은정 | 동대문서 | 190 |
| 이은정 | 동대문서 | 190 |
| 이은정 | 성북서 | 206 |
| 이은정 | 영등포서 | 214 |
| 이은정 | 중부청 | 239 |
| 이은정 | 기흥서 | 242 |
| 이은정 | 기흥서 | 243 |
| 이은정 | 수원서 | 255 |
| 이은정 | 시흥서 | 256 |
| 이은정 | 용인서 | 267 |
| 이은정 | 인천청 | 294 |
| 이은정 | 서대구서 | 424 |
| 이은정 | 구미서 | 432 |
| 이은정 | 동래서 | 459 |
| 이은정 | 부산진서 | 460 |
| 이은제 | 관악서 | 178 |
| 이은종 | 서울청 | 150 |
| 이은주 | 서울청 | 153 |
| 이은주 | 강남서 | 172 |
| 이은주 | 안산서 | 260 |
| 이은주 | 동대문서 | 262 |
| 이은주 | 대구서 | 399 |
| 이은주 | 남대구서 | 419 |
| 이은주 | 부산청 | 453 |
| 이은주 | 창원서 | 488 |
| 이은준 | 서대문서 | 201 |
| 이은지 | 중기회 | 116 |
| 이은지 | 서초서 | 202 |
| 이은지 | 남양주서 | 244 |
| 이은지 | 남동서 | 301 |
| 이은지 | 김포서 | 312 |
| 이은지 | 남부천서 | 317 |
| 이은지 | 서대전서 | 343 |
| 이은지 | 광주서 | 383 |
| 이은진 | 서울청 | 171 |
| 이은진 | 도봉서 | 188 |
| 이은진 | 중랑서 | 224 |
| 이은진 | 여수서 | 394 |
| 이은진 | 남원서 | 400 |
| 이은창 | 창원서 | 488 |
| 이은철 | 기흥서 | 243 |
| 이은철 | 상공회의 | 115 |
| 이은총 | 김앤장 | 55 |
| 이은하 | 조세심판 | 520 |
| 이은행 | 포항서 | 444 |
| 이은혜 | 국세청 | 138 |
| 이은혜 | 금천서 | 183 |
| 이은혜 | 천안서 | 358 |
| 이은혜 | 청주서 | 368 |
| 이은호 | 포항서 | 444 |
| 이은호 | 태평양 | 61 |
| 이은화 | 기재부 | 83 |
| 이은희 | 국세청 | 172 |
| 이은희 | 동대문서 | 191 |
| 이은희 | 성동서 | 204 |
| 이은희 | 잠실서 | 220 |
| 이은희 | 중랑서 | 224 |
| 이은희 | 대전청 | 332 |
| 이은희 | 경주서 | 430 |
| 이은희 | 서부산서 | 467 |
| 이은희 | 대전서 | 475 |
| 이응구 | 대전서 | 338 |
| 이응석 | 중기회 | 116 |
| 이응석 | 서울청 | 167 |
| 이응선 | 도봉서 | 188 |
| 이응선 | 강서서 | 148 |
| 이응전 | 삼일회계 | 20 |
| 이응준 | 조세재정 | 523 |
| 이응준 | 조세재정 | 523 |
| 이응찬 | 마포서 | 195 |
| 이응찬 | 안양서 | 264 |
| 이의숙 | 금천서 | 182 |
| 이의신 | 천안서 | 359 |
| 이의태 | 잠실서 | 221 |
| 이이건 | 대현회계 | 16 |
| 이이나 | 서울청 | 169 |
| 이익중 | 예산서 | 357 |
| 이익진 | 인천청 | 297 |
| 이익현 | 강서서 | 176 |
| 이인권 | 남대문서 | 184 |
| 이인규 | 수영서 | 468 |
| 이인규 | 금감원 | 107 |
| 이인근 | 서대전서 | 343 |
| 이인기 | 예일세무 | 50 |
| 이인선 | 국회재정 | 68 |
| 이인선 | 서울청 | 159 |
| 이인수 | 국세청 | 137 |
| 이인수 | 김앤장 | 55 |
| 이인숙 | 서울청 | 155 |
| 이인숙 | 강릉서 | 276 |
| 이인숙 | 대전서 | 339 |
| 이인숙 | 나주서 | 388 |
| 이인심 | 분당서 | 251 |
| 이인아 | 서울청 | 166 |
| 이인영 | 국회정무 | 72 |
| 이인우 | 서울청 | 151 |
| 이인우 | 북대구서 | 422 |
| 이인원 | 경주서 | 430 |
| 이인이 | 서인천서 | 303 |
| 이인자 | 서대문서 | 200 |
| 이인재 | 삼성서 | 199 |
| 이인재 | 진주서 | 487 |
| 이인혁 | 국세청 | 120 |
| 이인형 | 법무광장 | 56 |
| 이인혜 | 북부산서 | 464 |
| 이인호 | 동대구서 | 420 |
| 이인희 | 국회재정 | 67 |
| 이일구 | 중부산서 | 471 |
| 이일권 | 법무대륜 | 58 |
| 이일생 | 국세청 | 132 |
| 이일재 | 서울청 | 148 |
| 이일재 | 광산서 | 381 |
| 이일재 | 세무다솔 | 43 |
| 이임동 | 국세청 | 119 |
| 이임순 | 서울청 | 169 |
| 이자연 | 역삼서 | 213 |
| 이자열 | 인천세관 | 504 |
| 이장석 | 부산청 | 95 |
| 이장석 | 중부산서 | 471 |
| 이장영 | 서울청 | 150 |
| 이장원 | 역삼서 | 396 |
| 이장준 | 금감원 | 108 |
| 이장호 | 창원서 | 489 |
| 이장환 | 대구청 | 415 |
| 이장환 | 양산서 | 484 |

| 이름 | 소속 | 번호 |
|---|---|---|
| 이장훈 | 금감원 | 110 |
| 이장훈 | 성동서 | 205 |
| 이장희 | 금감원 | 106 |
| 이재갑 | 여수서 | 395 |
| 이재강 | 현대회계 | 31 |
| 이재경 | 삼성소 | 198 |
| 이재곤 | 조세심판 | 520 |
| 이재관 | 중부청 | 232 |
| 이재국 | 마산서 | 483 |
| 이재국 | 조세재정 | 523 |
| 이재균 | 의정부서 | 325 |
| 이재균 | 북광주서 | 385 |
| 이재근 | 조세심판 | 521 |
| 이재근 | 서울청 | 148 |
| 이재남 | 시흥서 | 256 |
| 이재남 | 해남서 | 397 |
| 이재락 | 수성서 | 427 |
| 이재룡 | 경기광주 | 258 |
| 이재만 | 국세청 | 121 |
| 이재명 | 여수서 | 335 |
| 이재모 | 기재부 | 88 |
| 이재민 | 금감원 | 104 |
| 이재민 | 영등포서 | 215 |
| 이재민 | 수원서 | 255 |
| 이재민 | 인천청 | 297 |
| 이재민 | 예일회계 | 26 |
| 이재범 | 국세청 | 137 |
| 이재복 | 서울청 | 168 |
| 이재복 | 수성서 | 426 |
| 이재봉 | 천안서 | 358 |
| 이재빈 | 통영서 | 491 |
| 이재상 | 영등포서 | 214 |
| 이재상 | 경기광주 | 265 |
| 이재석 | 관악서 | 178 |
| 이재석 | 수영서 | 469 |
| 이재선 | 관세사회 | 52 |
| 이재선 | 조세재정 | 522 |
| 이재성 | 서울청 | 158 |
| 이재성 | 성동서 | 174 |
| 이재성 | 성동부청 | 205 |
| 이재성 | 성동부청 | 239 |
| 이재성 | 천안서 | 358 |
| 이재성 | 해남서 | 397 |
| 이재성 | 안산서 | 404 |
| 이재성 | 안동서 | 438 |
| 이재성 | 부산청 | 455 |
| 이재성 | 서부산서 | 466 |
| 이재숙 | 영동서 | 364 |
| 이재승 | 서울청 | 345 |
| 이재식 | 서울청 | 155 |
| 이재실 | 예산서 | 356 |
| 이재실 | 중부지방 | 37 |
| 이재아 | 광주청 | 377 |
| 이재연 | 서울청 | 148 |
| 이재연 | 강남서 | 173 |
| 이재연 | 부산강서 | 463 |
| 이재열 | 대전서 | 150 |
| 이재열 | 대전서 | 339 |
| 이재열 | 금정서 | 457 |
| 이재열 | 마산서 | 482 |
| 이재영 | 국세교육 | 144 |
| 이재영 | 서울청 | 150 |
| 이재영 | 삼성서 | 198 |
| 이재영 | 영등포서 | 215 |
| 이재영 | 삼성서 | 222 |
| 이재영 | 화성서 | 275 |
| 이재영 | 부산서 | 453 |
| 이재영 | 지방재정 | 519 |
| 이재영 | 조세재정 | 524 |
| 이재영 | 예일회계 | 26 |
| 이재완 | 기재부 | 89 |
| 이재완 | 노원서 | 186 |
| 이재용 | 지방재정 | 518 |
| 이재우 | 기재부 | 79 |
| 이재우 | 기재부 | 89 |
| 이재우 | 부평서 | 320 |
| 이재우 | 의정부서 | 325 |
| 이재우 | 안진회계 | 17 |
| 이재욱 | 서울청 | 154 |
| 이재욱 | 삼성서 | 198 |
| 이재욱 | 안양서 | 264 |
| 이재욱 | 북대전서 | 340 |
| 이재욱 | 북대구서 | 423 |
| 이재웅 | 금정서 | 457 |
| 이재웅 | 마산서 | 483 |
| 이재원 | 기재부 | 81 |
| 이재원 | 영등포서 | 214 |
| 이재원 | 중부청 | 226 |
| 이재원 | 중부청 | 237 |
| 이재원 | 고양서 | 309 |
| 이재원 | 인천서 | 392 |
| 이재원 | 서대구서 | 425 |
| 이재원 | 울산서 | 476 |
| 이재원 | 조세재정 | 524 |
| 이재윤 | 마포서 | 194 |
| 이재은 | 국세청 | 131 |
| 이재준 | 도봉서 | 188 |
| 이재준 | 강서서 | 177 |
| 이재준 | 동화성서 | 273 |
| 이재준 | 화성서 | 275 |
| 이재중 | 의정부서 | 325 |
| 이재중 | 기재부 | 82 |
| 이재진 | 천안서 | 358 |
| 이재진 | 해운대서 | 472 |
| 이재철 | 기재부 | 85 |
| 이재철 | 국세청 | 137 |
| 이재철 | 성동서 | 205 |
| 이재철 | 창원서 | 489 |
| 이재철 | 인천청 | 296 |
| 이재춘 | 동울산서 | 475 |
| 이재택 | 분당서 | 251 |
| 이재학 | 양천서 | 210 |
| 이재학 | 기재부 | 83 |
| 이재향 | 인천서 | 305 |
| 이재향 | 중랑서 | 224 |
| 이재헌 | 기재부 | 88 |
| 이재혁 | 기재부 | 92 |
| 이재혁 | 삼성서 | 199 |
| 이재혁 | 중부청 | 232 |
| 이재혁 | 수원서 | 254 |
| 이재현 | 포항서 | 445 |
| 이재현 | 삼일회계 | 21 |
| 이재현 | 기재부 | 84 |
| 이재현 | 중부청 | 239 |
| 이재현 | 안양서 | 265 |
| 이재현 | 남동서 | 300 |
| 이재현 | 서대구서 | 343 |
| 이재현 | 충주서 | 371 |
| 이재현 | 남대구서 | 419 |
| 이재호 | 서울청 | 156 |
| 이재홍 | 지방재정 | 518 |
| 이재홍 | 기재부 | 91 |
| 이재홍 | 연수서 | 322 |
| 이재홍 | 남대구서 | 419 |
| 이재환 | 기재부 | 79 |
| 이재환 | 의정부서 | 324 |
| 이재환 | 법무평안 | 62 |
| 이재환 | 양천서 | 210 |
| 이재훈 | 동안양서 | 248 |
| 이재훈 | 동화성서 | 273 |
| 이재훈 | 인천청 | 293 |
| 이재훈 | 포항서 | 445 |
| 이재훈 | 인천공항 | 507 |
| 이재훈 | 안진회계 | 17 |
| 이재희 | 동안양서 | 248 |
| 이재희 | 동화성서 | 272 |
| 이재희 | 보령서 | 348 |
| 이재희 | 익산서 | 405 |
| 이재희 | 예일세무 | 50 |
| 이전봉 | 서울청 | 167 |
| 이전의 | 진주서 | 487 |
| 이전형 | 안동서 | 438 |
| 이점숙 | 태평양 | 61 |
| 이점순 | 목포서 | 478 |
| 이점희 | 창원서 | 489 |
| 이정 | 기흥서 | 242 |
| 이정걸 | 서광주서 | 387 |
| 이정관 | 구로서 | 180 |
| 이정국 | 동수원서 | 247 |
| 이정규 | 양산서 | 485 |
| 이정규 | 대구서 | 414 |
| 이정근 | 부산청 | 449 |
| 이정근 | 성남서 | 252 |
| 이정근 | 고시회 | 34 |
| 이정근 | 포천서 | 328 |
| 이정기 | 서대전서 | 343 |
| 이정기 | EY한영 | 15 |
| 이정기 | EY한영 | 15 |
| 이정길 | 북대전서 | 341 |
| 이정남 | 정읍서 | 408 |
| 이정노 | 국세교육 | 144 |
| 이정노 | 서초서 | 202 |
| 이정례 | 진주서 | 487 |
| 이정로 | 금천서 | 182 |
| 이정림 | 동작서 | 192 |
| 이정만 | 종로서 | 222 |
| 이정모 | 금감원 | 125 |
| 이정문 | 국회정무 | 72 |
| 이정미 | 인천청 | 296 |
| 이정미 | 기재부 | 81 |
| 이정미 | 반포서 | 197 |
| 이정미 | 양천서 | 210 |
| 이정미 | 중부서 | 226 |
| 이정미 | 용인서 | 266 |
| 이정미 | 대전청 | 334 |
| 이정미 | 목포서 | 390 |
| 이정민 | 조세재정 | 525 |
| 이정민 | 강서서 | 176 |
| 이정민 | 반포서 | 196 |
| 이정민 | 성동서 | 205 |
| 이정민 | 용산서 | 217 |
| 이정민 | 중부청 | 230 |
| 이정민 | 보령서 | 348 |
| 이정민 | 광주서 | 382 |
| 이정민 | 북부산서 | 464 |
| 이정민 | 북구서 | 423 |
| 이정범 | 광주청 | 376 |
| 이정상 | 구로서 | 180 |
| 이정선 | 대전청 | 335 |
| 이정선 | 광주서 | 344 |
| 이정선 | 남대구서 | 419 |
| 이정섭 | 삼릉세무 | 45 |
| 이정숙 | 이천서 | 269 |
| 이정숙 | 구로서 | 180 |
| 이정숙 | 금천서 | 183 |
| 이정숙 | 부산진서 | 461 |
| 이정순 | 창원서 | 488 |
| 이정순 | 국세청 | 135 |
| 이정순 | 수성서 | 427 |
| 이정아 | 기재부 | 80 |
| 이정아 | 국세청 | 135 |
| 이정아 | 강남서 | 173 |
| 이정아 | 남양주서 | 245 |
| 이정아 | 대전청 | 333 |
| 이정아 | 법무광장 | 56 |
| 이정애 | 익산서 | 404 |
| 이정애 | 부산청 | 451 |
| 이정언 | 동울산서 | 474 |
| 이정연 | 수원서 | 254 |
| 이정연 | 기재부 | 87 |
| 이정연 | 안진회계 | 17 |
| 이정옥 | 창원서 | 489 |
| 이정옥 | 삼척서 | 278 |
| 이정우 | 광주청 | 377 |
| 이정우 | 김포서 | 312 |
| 이정우 | 안동서 | 439 |
| 이정우 | 천안서 | 358 |
| 이정우 | 강남서 | 173 |
| 이정욱 | 부산청 | 448 |
| 이정웅 | 경기광주 | 258 |
| 이정원 | 기재부 | 78 |
| 이정원 | 의정부서 | 324 |
| 이정원 | 기재부 | 85 |
| 이정윤 | 금감원 | 108 |
| 이정은 | 국세상담 | 142 |
| 이정은 | 서울청 | 152 |
| 이정은 | 서울청 | 168 |
| 이정은 | 도봉서 | 188 |
| 이정은 | 동대문서 | 191 |
| 이정은 | 서초서 | 202 |
| 이정은 | 종로서 | 223 |
| 이정은 | 종로서 | 271 |
| 이정은 | 동화성서 | 272 |
| 이정은 | 북대전서 | 340 |
| 이정은 | 익산서 | 404 |
| 이정은 | 서부산서 | 434 |
| 이정은 | 서부산서 | 466 |
| 이정은 | 해운대서 | 473 |
| 이정은 | 조세재정 | 524 |
| 이정인 | 서인천서 | 303 |
| 이정인 | 조세재정 | 524 |
| 이정일 | 서울청 | 166 |
| 이정자 | 국세교육 | 145 |
| 이정주 | 국세청 | 123 |
| 이정주 | 용산서 | 216 |
| 이정택 | 국세청 | 124 |
| 이정표 | 평택서 | 271 |
| 이정필 | 수영서 | 469 |
| 이정하 | 구리서 | 240 |
| 이정학 | 기재부 | 84 |
| 이정학 | 송파서 | 208 |
| 이정한 | 제주서 | 493 |
| 이정헌 | 현대회계 | 31 |
| 이정헌 | 기재부 | 83 |
| 이정현 | 서울청 | 150 |
| 이정현 | 남대문서 | 185 |
| 이정현 | 경기광주 | 258 |
| 이정현 | 인천서 | 304 |
| 이정현 | 파주서 | 327 |
| 이정현 | 해남서 | 480 |
| 이정형 | 경기광주 | 259 |
| 이정혜 | 연수서 | 322 |
| 이정호 | 북광주서 | 385 |
| 이정호 | 군산서 | 398 |
| 이정호 | 대구청 | 416 |
| 이정호 | 부산진서 | 461 |
| 이정호 | 중부산서 | 471 |
| 이정호 | 법무바른 | 1 |
| 이정화 | 국세청 | 124 |
| 이정화 | 국세청 | 134 |
| 이정화 | 마포서 | 194 |
| 이정화 | 동고양서 | 314 |
| 이정화 | 광주청 | 377 |
| 이정화 | 중부산서 | 471 |
| 이정화 | 조세심판 | 521 |
| 이정환 | 금감원 | 108 |
| 이정환 | 화성주서 | 274 |
| 이정환 | 동동주서 | 362 |
| 이정환 | 남원서 | 401 |
| 이정환 | 포항서 | 444 |
| 이정환 | 현대회계 | 31 |
| 이정훈 | 기재부 | 83 |
| 이정훈 | 국세청 | 134 |
| 이정훈 | 서울청 | 150 |
| 이정훈 | 금천서 | 183 |
| 이정훈 | 영등포서 | 214 |
| 이정훈 | 연수서 | 322 |
| 이정훈 | 대전청 | 332 |
| 이정훈 | 목포서 | 391 |
| 이정훈 | 수성서 | 426 |
| 이정훈 | 수성서 | 426 |
| 이정훈 | 진주서 | 486 |
| 이정훈 | 조세심판 | 520 |
| 이정휘 | 기재부 | 92 |
| 이정희 | 기재부 | 78 |
| 이정희 | 강동서 | 174 |
| 이정희 | 남대문서 | 185 |
| 이정희 | 마포서 | 195 |
| 이정희 | 인천청 | 292 |
| 이정희 | 인천청 | 295 |
| 이정희 | 세종서 | 352 |
| 이정희 | 영덕서 | 440 |
| 이정희 | 송파서 | 209 |
| 이제안 | 부산청 | 448 |
| 이제연 | 김앤장 | 55 |
| 이제욱 | 남대구서 | 418 |
| 이제일 | 성동서 | 201 |
| 이제헌 | 부산청 | 454 |
| 이제현 | 대전청 | 335 |
| 이조은 | 강남서 | 173 |
| 이존열 | 경북서 | 207 |
| 이종갑 | 중부지방 | 37 |
| 이종건 | 양산서 | 484 |
| 이종경 | 역삼서 | 212 |
| 이종관 | 역삼서 | 213 |
| 이종광 | 김앤장 | 55 |
| 이종국 | 부산진서 | 460 |
| 이종권 | 김앤장 | 55 |
| 이종권 | 탯스홀앤 | 48 |
| 이종근 | 기재부 | 95 |
| 이종길 | 계양서 | 306 |
| 이종남 | 서대전서 | 342 |
| 이종록 | 수원서 | 254 |
| 이종룡 | 동대문서 | 190 |
| 이종룡 | 노원서 | 186 |
| 이종률 | 목포서 | 391 |
| 이종만 | 지방재정 | 518 |
| 이종명 | 부산청 | 489 |
| 이종명 | 상공회의 | 114 |
| 이종민 | 김앤장 | 55 |
| 이종민 | 국세청 | 122 |
| 이종민 | 시흥서 | 256 |
| 이종민 | 원주서 | 284 |
| 이종배 | 수영서 | 469 |
| 이종보 | 안산서 | 260 |
| 이종석 | 김포서 | 313 |
| 이종석 | 관세사회 | 52 |
| 이종섭 | 부천서 | 319 |
| 이종성 | 기재부 | 80 |
| 이종성 | 강동서 | 174 |
| 이종성 | 기재부 | 81 |
| 이종숙 | 서대구서 | 424 |
| 이종숙 | 삼성서 | 198 |
| 이종신 | 보령서 | 349 |
| 이종영 | 국세청 | 126 |
| 이종영 | 동수원서 | 247 |
| 이종완 | 금감원 | 101 |
| 이종완 | 동안양서 | 248 |
| 이종우 | 아산서 | 354 |
| 이종우 | 수원서 | 255 |
| 이종우 | 남부천서 | 317 |
| 이종우 | 부평서 | 320 |
| 이종우 | 구미서 | 433 |
| 이종우 | 국회재정 | 68 |
| 이종욱 | 논산서 | 346 |
| 이종욱 | 금정서 | 457 |
| 이종욱 | 창원서 | 488 |
| 이종운 | 전주서 | 406 |
| 이종원 | 안양서 | 264 |
| 이종원 | 진주서 | 487 |
| 이종우 | 안진회계 | 17 |
| 이종운 | 김포서 | 313 |
| 이종일 | 국세청 | 124 |
| 이종일 | 서울청 | 161 |
| 이종진 | 금감원 | 110 |
| 이종찬 | 인천청 | 295 |
| 이종찬 | 국세청 | 137 |
| 이종철 | 조세재정 | 522 |
| 이종탁 | 서울지방 | 36 |
| 이종태 | 세종서 | 353 |
| 이종태 | 이안세무 | 51 |
| 이종필 | 순천서 | 393 |
| 이종하 | 이천서 | 268 |
| 이종하 | 법무지평 | 60 |
| 이종혁 | 기재부 | 80 |
| 이종혁 | 천안서 | 358 |
| 이종혁 | 법무율촌 | 59 |
| 이종현 | 서인천서 | 303 |
| 이종현 | 동고양서 | 314 |
| 이종현 | 정읍서 | 409 |
| 이종현 | 북대구서 | 423 |
| 이종현 | 수영서 | 468 |
| 이종현 | 태평양 | 61 |
| 이종현 | 중부지방 | 37 |
| 이종현 | 삼일회계 | 21 |
| 이종호 | 대전청 | 337 |
| 이종호 | 북전주서 | 402 |
| 이종호 | 수영서 | 469 |
| 이종호 | 관세사회 | 52 |
| 이종훈 | 삼성서 | 198 |
| 이종훈 | 원주서 | 285 |
| 이종훈 | 인천서 | 304 |
| 이종훈 | 광산서 | 380 |
| 이종훈 | 경산서 | 429 |
| 이종휘 | 서대구서 | 424 |
| 이종휘 | 충주서 | 371 |
| 이주경 | 서울청 | 150 |
| 이주경 | 서울청 | 151 |
| 이주경 | 성동서 | 205 |
| 이주경 | 조세재정 | 525 |
| 이주락 | 중부지방 | 37 |
| 이주미 | 동수원서 | 247 |
| 이주미 | 동안산서 | 262 |
| 이주미 | 동울산서 | 474 |
| 이주석 | 강서서 | 176 |
| 이주석 | 삼성서 | 199 |
| 이주석 | 대구청 | 413 |
| 이주석 | 마산서 | 483 |
| 이주선 | 반포서 | 197 |
| 이주선 | 역삼서 | 213 |
| 이주성 | 기재부 | 96 |
| 이주성 | 남부천서 | 316 |
| 이주성 | 대전서 | 338 |
| 이주안 | 경산서 | 428 |
| 이주연 | 국세청 | 124 |
| 이주연 | 강남서 | 173 |
| 이주연 | 용산서 | 217 |
| 이주연 | 중부청 | 232 |
| 이주연 | 광명서 | 311 |
| 이주연 | 서산서 | 351 |
| 이주연 | 부산청 | 451 |
| 이주연 | 조세심판 | 521 |
| 이주영 | 금감원 | 103 |
| 이주영 | 국세청 | 166 |
| 이주영 | 노원서 | 187 |
| 이주영 | 삼성서 | 198 |
| 이주영 | 잠실서 | 220 |
| 이주영 | 인천청 | 295 |
| 이주영 | 세종서 | 353 |
| 이주영 | 울산서 | 477 |
| 이주영 | 국세청 | 126 |
| 이주우 | 국세상담 | 143 |
| 이주원 | 김천서 | 435 |
| 이주원 | 태평양 | 61 |
| 이주원 | 광명서 | 310 |
| 이주은 | 전주서 | 406 |
| 이주일 | 중부청 | 230 |
| 이주찬 | 기재부 | 85 |
| 이주찬 | 영덕서 | 441 |
| 이주하 | 서울청 | 161 |
| 이주한 | 은평서 | 218 |
| 이주한 | 고양서 | 308 |
| 이주한 | 대전청 | 332 |
| 이주한 | 대전서 | 338 |
| 이주현 | 서울청 | 150 |
| 이주현 | 강동서 | 174 |
| 이주현 | 강서서 | 176 |
| 이주현 | 구리서 | 241 |
| 이주현 | 수원서 | 255 |
| 이주현 | 목포서 | 391 |
| 이주현 | 포항서 | 445 |
| 이주현 | 서부산서 | 467 |
| 이주현 | 김해서 | 481 |

| 이름 | 소속 | 쪽 |
|---|---|---|
| 이주현 | 지방재정 | 518 |
| 이주협 | 서울청 | 149 |
| 이주형 | 감사원 | 74 |
| 이주형 | 중부청 | 239 |
| 이주형 | 천안서 | 358 |
| 이주형 | 익산서 | 405 |
| 이주형 | 대구청 | 415 |
| 이주형 | 경주서 | 430 |
| 이주호 | 기재부 | 94 |
| 이주화 | 수원서 | 254 |
| 이주환 | 기재부 | 95 |
| 이주환 | 안양서 | 265 |
| 이주환 | 인천청 | 297 |
| 이주환 | 법무화우 | 3 |
| 이주희 | 관악서 | 179 |
| 이주희 | 마포서 | 194 |
| 이주희 | 종로서 | 222 |
| 이주희 | 안산서 | 261 |
| 이주희 | 서인천서 | 302 |
| 이주희 | 의정부서 | 325 |
| 이준 | 원주서 | 285 |
| 이준권 | 성동서 | 205 |
| 이준규 | 관악서 | 179 |
| 이준남 | 용인서 | 266 |
| 이준년 | 연수서 | 323 |
| 이준목 | 김포서 | 313 |
| 이준목 | 국세청 | 122 |
| 이준무 | 국세청 | 123 |
| 이준배 | 경기광주 | 258 |
| 이준배 | 예산서 | 261 |
| 이준서 | 성동서 | 357 |
| 이준석 | 예산서 | 205 |
| 이준성 | 기재부 | 338 |
| 이준성 | 중부청 | 79 |
| 이준성 | 조세재정 | 230 |
| 이준식 | 경주서 | 523 |
| 이준식 | 김앤장 | 431 |
| 이준식 | 국세청 | 55 |
| 이준엽 | 현대회계 | 126 |
| 이준영 | 현대회계 | 31 |
| 이준영용 | 중부청 | 232 |
| 이준영 | 국세청 | 125 |
| 이준우 | 부천서 | 318 |
| 이준우우 | 해운대서 | 473 |
| 이준우 | 한울회계 | 30 |
| 이준원 | 광주세관 | 515 |
| 이준원 | 광주세관 | 516 |
| 이준탁 | 구미서 | 433 |
| 이준탁 | 대전청 | 332 |
| 이준표 | 성동서 | 205 |
| 이준표 | 인천서 | 269 |
| 이준학 | 국세청 | 122 |
| 이준학 | 동수원서 | 247 |
| 이준혁 | 부산청 | 451 |
| 이준혁 | 금천서 | 183 |
| 이준혁 | 대전청 | 336 |
| 이준혁 | 동청주서 | 362 |
| 이준현 | 대전청 | 332 |
| 이준현 | 의정부서 | 292 |
| 이준형 | 의정부서 | 325 |
| 이준형 | 성남서 | 252 |
| 이준호 | 성남서 | 266 |
| 이준호 | 인천서 | 304 |
| 이준호 | 안양서 | 484 |
| 이준홍 | 안양서 | 264 |
| 이준희 | 마포서 | 194 |
| 이준희 | 거창서 | 295 |
| 이준희 | 거창서 | 478 |
| 이중건 | 중부지방 | 37 |
| 이중승 | 구리서 | 225 |
| 이중재 | 구리서 | 240 |
| 이중현 | 서대문서 | 268 |
| 이중현 | 삼일회계 | 20 |
| 이중훈 | 김사원 | 75 |
| 이중훈 | 서대문서 | 200 |
| 이지민 | 남대문서 | 419 |
| 이지민 | 대전서 | 201 |
| 이지민 | 구미서 | 339 |
| 이지민 | 부산청 | 433 |
| 이지민 | 법무바른 | 452 |
| 이지상 | 강남서 | 453 |
| 이지석 | 국세상담 | 1 |
| 이지선 | 국세상담 | 173 |
| 이지선 | 서울청 | 142 |
| 이지선 | 서울청 | 148 |
| 이지선 | 인천서 | 151 |
| 이지수 | 국세상담 | 166 |
| 이지수 | 강동서 | 225 |
| 이지수 | 성남서 | 305 |
| 이지수 | 마산서 | 142 |
| 이지수 | 강동서 | 169 |
| 이지수 | 성남서 | 174 |
| 이지수 | 강동서 | 252 |
| 이지수 | 마산서 | 483 |
| 이지숙 | 김앤장 | 55 |
| 이지숙 | 서울청 | 155 |
| 이지숙 | 서울청 | 158 |
| 이지숙 | 도봉서 | 168 |
| 이지안 | 도봉서 | 188 |
| 이지안 | 반포서 | 196 |
| 이지안 | 남동서 | 301 |
| 이지안 | 북대구서 | 301 |
| 이지연 | 국세청 | 422 |
| 이지연 | 국세청 | 127 |
| 이지연 | 서울청 | 134 |
| 이지연 | 서울청 | 149 |
| 이지연 | 강남서 | 155 |
| 이지연 | 강동서 | 159 |
| 이지연 | 남대문서 | 173 |
| 이지연 | 용산서 | 175 |
| 이지연 | 중부서 | 184 |
| 이지연 | 동안산서 | 216 |
| 이지연 | 동화성서 | 239 |
| 이지연 | 인천청 | 262 |
| 이지연 | 아산서 | 272 |
| 이지연 | 광산서 | 295 |
| 이지연 | 구미서 | 354 |
| 이지연 | 부산진서 | 380 |
| 이지연 | 서부산서 | 432 |
| 이지연 | 조세심판 | 461 |
| 이지연 | 기재부 | 466 |
| 이지영 | 서울청 | 491 |
| 이지영 | 강서서 | 88 |
| 이지영 | 삼성서 | 164 |
| 이지영 | 성동서 | 177 |
| 이지영 | 역삼서 | 198 |
| 이지영 | 용산서 | 204 |
| 이지영 | 평택서 | 212 |
| 이지영 | 화성서 | 217 |
| 이지영 | 동고양서 | 271 |
| 이지영 | 부평서 | 275 |
| 이지영 | 광산서 | 314 |
| 이지영 | 해남서 | 321 |
| 이지영 | 대구청 | 368 |
| 이지영 | 경산서 | 381 |
| 이지영 | 동래서 | 397 |
| 이지영 | 동울산서 | 415 |
| 이지영 | 동울산서 | 428 |
| 이지영 | 중부청 | 458 |
| 이지영 | 시흥서 | 474 |
| 이지우 | 거창서 | 475 |
| 이지우 | 기재부 | 192 |
| 이지우 | 국세청 | 235 |
| 이지우 | 서울청 | 256 |
| 이지우 | 강동서 | 479 |
| 이지원 | 양천서 | 92 |
| 이지원 | 잠실서 | 136 |
| 이지원 | 종로서 | 168 |
| 이지원 | 중부청 | 175 |
| 이지원 | 영등포서 | 215 |
| 이지원 | 잠실서 | 220 |
| 이지원 | 종로서 | 222 |
| 이지유 | 중부청 | 238 |
| 이지윤 | 동울산서 | 239 |
| 이지윤 | 강동서 | 274 |
| 이지율 | 남대문서 | 314 |
| 이지은 | 대전청 | 467 |
| 이지은 | 중랑서 | 473 |
| 이지은 | 기재부 | 442 |
| 이지은 | 서울청 | 475 |
| 이지은 | 동작서 | 174 |
| 이지은 | 반포서 | 185 |
| 이지은 | 서초서 | 335 |
| 이지은 | 용인서 | 225 |
| 이지은 | 서대전서 | 94 |
| 이지은 | 홍성서 | 159 |
| 이지은 | 광산서 | 192 |
| 이지은 | 북대구서 | 193 |
| 이지은 | 양산서 | 196 |
| 이지은 | 제주서 | 203 |
| 이지하 | 대문서 | 217 |
| 이지헌 | 중부산서 | 266 |
| 이지현 | 국세청 | 313 |
| 이지현 | 서울청 | 343 |
| 이지현 | 기재부 | 360 |
| 이지현 | 광산서 | 380 |
| 이지현 | 북대구서 | 380 |
| 이지은 | 양산서 | 423 |
| 이지은 | 제주서 | 484 |
| 이지하 | 대구서 | 493 |
| 이지하 | 서대문서 | 191 |
| 이지헌 | 중부산서 | 471 |
| 이지헌 | 국세청 | 123 |
| 이지현 | 서울청 | 160 |
| 이지현 | 기재부 | 78 |
| 이지현 | 기재부 | 86 |
| 이지현 | 기재부 | 95 |
| 이지현 | 서울청 | 156 |
| 이지현 | 구로서 | 181 |
| 이지현 | 도봉서 | 188 |
| 이지현 | 서초서 | 203 |
| 이지현 | 잠실서 | 221 |
| 이지현 | 분당서 | 251 |
| 이지현 | 안양서 | 265 |
| 이지현 | 평택서 | 270 |
| 이지현 | 화성서 | 274 |
| 이지현 | 부평서 | 320 |
| 이지현 | 연수서 | 322 |
| 이지현 | 파주서 | 326 |
| 이지현 | 나주서 | 388 |
| 이지현 | 마산서 | 482 |
| 이지형1 | 현대회계 | 31 |
| 이지형 | 중부서 | 227 |
| 이지형 | 대현회계 | 16 |
| 이지혜 | 기재부 | 93 |
| 이지혜 | 서울청 | 167 |
| 이지혜 | 강남서 | 172 |
| 이지혜 | 성동서 | 205 |
| 이지혜 | 송파서 | 209 |
| 이지혜 | 양천서 | 210 |
| 이지혜 | 중부서 | 227 |
| 이지혜 | 연수서 | 322 |
| 이지혜 | 조세재정 | 525 |
| 이지호 | 서울청 | 165 |
| 이지호 | 삼성서 | 212 |
| 이지환 | 기재부 | 91 |
| 이지훈 | 광명서 | 310 |
| 이지훈 | 성북서 | 207 |
| 이지훈 | 의정부서 | 297 |
| 이지훈 | 아산서 | 324 |
| 이지희 | 현대회계 | 354 |
| 이지희 | 중랑서 | 31 |
| 이지희 | 전주서 | 224 |
| 이지희 | 울산서 | 406 |
| 이지희 | EY한영 | 476 |
| 이진 | 마포서 | 15 |
| 이진 | 대구서 | 195 |
| 이진경 | 예일세무 | 412 |
| 이진경 | 기재부 | 50 |
| 이진경 | 중랑서 | 82 |
| 이진경 | 부산청 | 225 |
| 이진익 | 진주서 | 450 |
| 이진경 | 강동서 | 451 |
| 이진규 | 삼성서 | 487 |
| 이진균 | 강남서 | 174 |
| 이진동 | 송파서 | 166 |
| 이진례 | 남부천서 | 198 |
| 이진문 | 서울청 | 208 |
| 이진석 | 이천서 | 317 |
| 이진선 | 공주서 | 165 |
| 이진선 | 법무화우 | 268 |
| 이진선 | 기재부 | 344 |
| 이진선 | 국세상담 | 3 |
| 이진수 | 금융위 | 81 |
| 이진수 | 의정부서 | 142 |
| 이진수 | 대전서 | 99 |
| 이진수 | 예산서 | 174 |
| 이진수 | 동울산서 | 325 |
| 이진수 | 세무다솔 | 339 |
| 이진숙 | 국세청 | 475 |
| 이진숙 | 남동서 | 43 |
| 이진실 | 도봉서 | 133 |
| 이진아 | 김감원 | 300 |
| 이진아 | 영등포서 | 188 |
| 이진영 | 인천서 | 105 |
| 이진영 | 기재부 | 215 |
| 이진영 | 서울청 | 293 |
| 이진영 | 동작서 | 83 |
| 이진영 | 잠실서 | 151 |
| 이진영 | 시흥서 | 221 |
| 이진영 | 원주서 | 257 |
| 이진오 | 인천서 | 285 |
| 이진오 | 법무광장 | 304 |
| 이진우 | 부산세관 | 451 |
| 이진우 | 금감원 | 56 |
| 이진우 | 동대문서 | 510 |
| 이진우 | 인천서 | 106 |
| 이진욱 | 광주서 | 190 |
| 이진욱 | 타평양서 | 296 |
| 이진욱 | 서대구서 | 79 |
| 이진욱 | 서대구서 | 424 |
| 이진욱 | 서대구서 | 425 |
| 이진재 | 삼정회계 | 23 |
| 이진주 | 삼성 | 198 |
| 이진주 | 기재부 | 390 |
| 이진주 | 국세청 | 96 |
| 이진주 | 기재부 | 132 |
| 이진주 | 서대문서 | 201 |
| 이진주 | 강릉서 | 277 |
| 이진주 | 부산진서 | 461 |
| 이진주 | 조세심판 | 520 |
| 이진태 | 금감원 | 105 |
| 이진택 | 광주청 | 377 |
| 이진하 | 동작서 | 193 |
| 이진혁 | 삼일심판 | 20 |
| 이진호 | 서울청 | 154 |
| 이진호 | 금융위 | 99 |
| 이진호 | 성동서 | 205 |
| 이진호 | 중랑서 | 224 |
| 이진호 | 중부청 | 239 |
| 이진호 | 인천청 | 292 |
| 이진호 | 창원서 | 488 |
| 이진화 | 강남서 | 173 |
| 이진화 | 마산서 | 483 |
| 이진환 | 광주서 | 379 |
| 이진환 | 마산서 | 483 |
| 이진희 | 국세청 | 135 |
| 이진희 | 국세청 | 137 |
| 이진희 | 용인서 | 266 |
| 이진희 | 관세청 | 496 |
| 이차용 | 금융위 | 98 |
| 이찬 | 기재부 | 87 |
| 이찬 | 서울청 | 150 |
| 이찬 | 서울청 | 154 |
| 이찬 | 서울청 | 170 |
| 이찬무 | 태평양서 | 61 |
| 이찬송 | 성북서 | 206 |
| 이찬송 | 안양서 | 264 |
| 이찬우 | 남동서 | 301 |
| 이찬우 | 구미서 | 432 |
| 이찬우 | 법무바른 | 1 |
| 이찬유 | 예일세무 | 50 |
| 이찬유 | 금천서 | 182 |
| 이찬형 | 중랑서 | 225 |
| 이찬호 | 기재부 | 91 |
| 이찬호 | 한울회계 | 30 |
| 이찬희 | 서울청 | 159 |
| 이찬희 | 계양서 | 307 |
| 이창곤 | 동대구서 | 421 |
| 이창구 | 대전서 | 338 |
| 이창권 | 남대구서 | 418 |
| 이창근 | 광주서 | 382 |
| 이창남 | 서울청 | 165 |
| 이창남 | 남대문서 | 184 |
| 이창렬 | 부산청 | 455 |
| 이창민 | 제주서 | 493 |
| 이창민 | 서울청 | 150 |
| 이창민 | 서대문서 | 201 |
| 이창민 | 용인서 | 267 |
| 이창석 | 의정부서 | 325 |
| 이창선 | 세무하나 | 47 |
| 이창선 | 기재부 | 89 |
| 이창수 | 용산서 | 216 |
| 이창수 | 중부청 | 230 |
| 이창수 | 대전청 | 239 |
| 이창수 | 중부청 | 335 |
| 이창언 | 법무율촌 | 59 |
| 이창열 | 북광주서 | 385 |
| 이창열 | 현대회계 | 285 |
| 이창오 | 남부서 | 31 |
| 이창우 | 대구서 | 301 |
| 이창우 | 국세교육 | 417 |
| 이창원 | 시흥서 | 144 |
| 이창원 | 국세청 | 257 |
| 이창인 | 서울청 | 124 |
| 이창인 | 양산서 | 134 |
| 이창일 | 지방재정 | 485 |
| 이창주 | 여수서 | 518 |
| 이창주 | 통영서 | 395 |
| 이창준 | 기재부 | 491 |
| 이창준 | 반포서 | 93 |
| 이창준 | 평택서 | 197 |
| 이창준 | 대구세관 | 514 |
| 이창진 | 경기광주 | 258 |
| 이창학 | 서인천서 | 303 |
| 이창현 | 성남서 | 253 |
| 이창현 | 인천회 | 295 |
| 이창호 | 중기회 | 116 |
| 이창호 | 서울청 | 148 |
| 이창호 | 중부산서 | 470 |
| 이창화 | 조세재정 | 525 |
| 이창환 | 국세청 | 124 |
| 이창훈 | 제주서 | 493 |
| 이창훈 | 국세청 | 135 |
| 이창훈 | 강남서 | 172 |
| 이창훈 | 중부청 | 235 |
| 이창훈 | 광산서 | 381 |
| 이창훈 | 북대구서 | 422 |
| 이창훈 | 울산서 | 477 |
| 이창훈 | 현대회계 | 31 |
| 이창훈 | 삼정회계 | 23 |
| 이창훈 | 삼정회계 | 23 |
| 이창흠 | 용산서 | 216 |
| 이창흥 | 중기회 | 116 |
| 이창희 | 성남서 | 252 |
| 이창희 | 통영서 | 490 |
| 이창희 | 종로서 | 222 |
| 이차린 | 서대전서 | 343 |
| 이채민 | 포항서 | 445 |
| 이채빈 | 부평서 | 320 |
| 이채연 | 기재부 | 168 |
| 이채연 | 양천서 | 82 |
| 이채영 | 평택서 | 210 |
| 이채원 | 경주서 | 270 |
| 이채원 | 대전청 | 431 |
| 이채윤 | 대구청 | 333 |
| 이채은 | 북부산서 | 415 |
| 이채현 | 광주청 | 464 |
| 이채희 | 거창서 | 481 |
| 이철 | 중랑서 | 377 |
| 이철 | 목포서 | 479 |
| 이철 | 국세관 | 224 |
| 이철경 | 국세청 | 510 |
| 이철규 | 기재부 | 126 |
| 이철균 | 광교세무 | 84 |
| 이철민 | 국세청 | 40 |
| 이철민 | 삼일회계 | 125 |
| 이철수 | 제주서 | 21 |
| 이철승 | 여수서 | 493 |
| 이철영 | 통영서 | 395 |
| 이철용 | 국세상담 | 82 |
| 이철용 | 동화성서 | 143 |
| 이철우 | 부천서 | 273 |
| 이철우 | 대전청 | 319 |
| 이철웅 | 서부산서 | 332 |
| 이철웅 | 서광주서 | 47 |
| 이철원 | 국세청 | 387 |
| 이철원 | 동작서 | 124 |
| 이철원 | 경기광주 | 192 |
| 이철재 | 중부서 | 258 |
| 이철종 | 제주서 | 226 |
| 이철주 | 제천서 | 492 |
| 이철진 | 김감원 | 366 |
| 이철호 | 전주서 | 102 |
| 이철환 | 안산서 | 407 |
| 이청림 | 해운대서 | 260 |
| 이청엽 | 순천서 | 346 |
| 이청우 | 대전청 | 473 |
| 이춘근 | 영등포서 | 392 |
| 이춘형 | 북대구서 | 332 |
| 이춘희 | 홍천서 | 215 |
| 이충구 | 동대구서 | 422 |
| 이충균 | 국세청 | 383 |
| 이충선 | 동작서 | 289 |
| 이충오 | 서울청 | 420 |
| 이충원 | 부평서 | 120 |
| 이충원 | 평택서 | 342 |
| 이충일 | 국세주류 | 193 |
| 이충호 | 북대구서 | 156 |
| 이충환 | 삼척서 | 169 |
| 이치권 | 부산진서 | 320 |
| 이치욱 | 북대구서 | 370 |
| 이치웅 | 국세청 | 271 |
| 이치훈 | 해운대서 | 140 |
| 이탁수 | 강남서 | 422 |
| 이탁신 | 여수서 | 422 |
| 이탁호 | 서부산서 | 278 |
| 이태경 | 예일회계 | 460 |
| 이태곤 | 인천청 | 422 |
| 이태규 | 구미서 | 246 |
| 이태균 | 용인서 | 136 |
| 이태상 | 국세청 | 473 |
| 이태수 | 기재부 | 218 |
| 이태순 | 대현회계 | 26 |
| 이태영 | 경기광주 | 89 |
| 이태용 | 홍성서 | 16 |
| 이태왕 | 기재부 | 259 |
| 이태용우 | 조세재정 | 360 |
| 이태욱 | 기흥서 | 83 |
| 이태원 | 잠실서 | 319 |
| 이태원 | 기재부 | 522 |
| 이태욱 | 기흥서 | 243 |
| 이태원 | 잠실서 | 221 |
| 이태원 | 기재부 | 89 |

인명 색인 (이태자 ~ 이희종)

**제1단**

| 이름 | 소속 | 쪽 |
| --- | --- | --- |
| 이태자 | 기흥서 | 242 |
| 이태진 | 북전주서 | 403 |
| 이태진 | 통영서 | 491 |
| 이태현 | 서울청 | 165 |
| 이태형 | 통영서 | 491 |
| 이태호 | 국세청 | 135 |
| 이태호 | 서부산서 | 466 |
| 이태호 | 김해서 | 480 |
| 이태호 | 양산서 | 485 |
| 이태호 | 삼정회계 | 24 |
| 이태호 | 삼정회계 | 24 |
| 이태환 | 서울청 | 159 |
| 이태환 | 안동서 | 438 |
| 이태훈 | 국세청 | 121 |
| 이태훈 | 서광주서 | 387 |
| 이태훈 | 부산세관 | 510 |
| 이태훈 | 북대전서 | 341 |
| 이태희 | 경주서 | 430 |
| 이태희 | 중부산서 | 471 |
| 이택건 | 서평서 | 321 |
| 이택수 | 관악서 | 179 |
| 이평년 | 성남서 | 252 |
| 이평호 | 동대문서 | 190 |
| 이평희 | 동청주서 | 363 |
| 이푸르미 | 안산서 | 261 |
| 이푸른 | 대전청 | 335 |
| 이풍훈 | 성동부서 | 205 |
| 이필 | 안산서 | 227 |
| 이필용 | 부산강서 | 463 |
| 이하경 | 남동청주서 | 300 |
| 이하경 | 동청주서 | 362 |
| 이하경 | 해운대서 | 472 |
| 이하나 | 기재부 | 93 |
| 이하나 | 금천부 | 183 |
| 이하나 | 중부청 | 232 |
| 이하나 | 중부청 | 234 |
| 이하나 | 성남서 | 252 |
| 이하나 | 평택서 | 270 |
| 이하늘 | 기재부 | 92 |
| 이하림 | 분당서 | 250 |
| 이하림 | 삼척서 | 278 |
| 이하림 | 인천서 | 305 |
| 이하성 | 강서서 | 176 |
| 이하연 | 북대전서 | 341 |
| 이하연 | 구리서 | 240 |
| 이하연 | 서광주서 | 387 |
| 이하영 | 구미서 | 432 |
| 이하은 | 수원서 | 254 |
| 이하은 | 전주서 | 407 |
| 이하은영 | 세무다솔 | 43 |
| 이하준 | 기재부 | 93 |
| 이하현 | 정읍서 | 409 |
| 이학성 | 현대회계 | 31 |
| 이학승 | 서울청 | 309 |
| 이한결 | 기재부 | 83 |
| 이한기 | 대전청 | 336 |
| 이한나 | 서울청 | 156 |
| 이한나 | 성북서 | 206 |
| 이한나 | 평택서 | 270 |
| 이한나 | 예산서 | 357 |
| 이한라 | 울산서 | 476 |
| 이한민 | 속초서 | 281 |
| 이한배울 | 잠실서 | 221 |
| 이한빈 | 동울산서 | 475 |
| 이한상 | 서울청 | 170 |
| 이한샘 | 구미서 | 432 |
| 이한선 | 광주세관 | 515 |
| 이한설 | 서대전서 | 267 |
| 이한솔 | 용인서 | 342 |
| 이한솔 | 분당서 | 132 |
| 이한솔 | 포천서 | 251 |
| 이한솔 | 대구청 | 329 |
| 이한솔 | 부산청 | 414 |
| 이한송 | 동대문서 | 453 |
| 이한수 | 기재부 | 191 |
| 이한슬 | 동울산서 | 78 |
| 이한아 | 서산서 | 474 |
| 이한일 | 마산서 | 350 |
| 이한종 | 법무회우 | 482 |
| 이한준 | 부산청 | 3 |
| 이한철 | 기재부 | 450 |
| 이한택 | 고양서 | 91 |
| 이한희 | 시흥서 | 309 |
| 이해남 | 용인서 | 256 |
| 이해미 | 잠실서 | 266 |
| 이해봉 | 수성서 | 221 |
| 이해석 | 강동서 | 426 |
| 이해섭 | 서울청 | 175 |
| 이해성 | 동작서 | 154 |
| 이해영 | 중부청 | 192 |
| 이해욱 | 파주서 | 232 |
| 이해운 | 서울청 | 326 |

**제2단**

| 이름 | 소속 | 쪽 |
| --- | --- | --- |
| 이해운 | 중부지방 | 37 |
| 이해웅 | 해운대서 | 473 |
| 이해인 | 기재부 | 90 |
| 이해인 | 서울청 | 155 |
| 이해자 | 동안산서 | 266 |
| 이해진 | 대전청 | 262 |
| 이해진 | 대구청 | 333 |
| 이해창 | 지방재정 | 518 |
| 이향규 | 포항서 | 155 |
| 이향석 | 동수원서 | 246 |
| 이향선 | 경주서 | 236 |
| 이향옥 | 경기광주 | 431 |
| 이향은 | 서울청 | 258 |
| 이향주 | 광주청 | 157 |
| 이향화 | 중부서 | 376 |
| 이헌규 | 파주서 | 327 |
| 이헌석 | 택스홈앤 | 231 |
| 이헌승 | 국회정무 | 48 |
| 이헌진 | 천안서 | 72 |
| 이혁섭 | 서울강서 | 358 |
| 이혁재 | 파주서 | 462 |
| 이현 | 북전주서 | 326 |
| 이현 | 강남서 | 402 |
| 이현규 | 광주서 | 173 |
| 이현규 | 북대구서 | 382 |
| 이현근 | 삼정회계 | 385 |
| 이현기 | 평택서 | 285 |
| 이현도 | 전주서 | 22 |
| 이현도 | 국세청 | 270 |
| 이현란 | 김해서 | 155 |
| 이현무 | 울산서 | 407 |
| 이현미 | 춘천서 | 126 |
| 이현민 | 부산청 | 481 |
| 이현빈 | 송파서 | 476 |
| 이현상 | 고양서 | 287 |
| 이현상 | 부평서 | 451 |
| 이현석 | 이현세무 | 289 |
| 이현선 | 대전청 | 209 |
| 이현선 | 서대문서 | 308 |
| 이현수 | 성동서 | 321 |
| 이현수 | 김포서 | 9 |
| 이현숙 | 양천서 | 333 |
| 이현숙 | 서울청 | 336 |
| 이현순 | 대구청 | 200 |
| 이현실 | 북대구서 | 205 |
| 이현아 | 양산서 | 313 |
| 이현아 | 이천서 | 211 |
| 이현아 | 노원서 | 167 |
| 이현영 | 서부산서 | 416 |
| 이현영 | 영등포서 | 423 |
| 이현영 | 중랑서 | 484 |
| 이현영 | 남양주서 | 162 |
| 이현영 | 동고양서 | 268 |
| 이현영 | 국세청 | 130 |
| 이현영 | 조세재정 | 522 |
| 이현영 | 조세재정 | 523 |
| 이현영 | 조세재정 | 523 |
| 이현영 | 조세재정 | 523 |
| 이현영 | 조세재정 | 523 |
| 이현영 | 조세재정 | 524 |
| 이현영 | 조세재정 | 524 |
| 이현우 | 도봉서 | 188 |
| 이현우 | 대전서 | 338 |
| 이현우 | 진주서 | 486 |
| 이현우 | 창원서 | 489 |
| 이현욱 | 조세심판 | 521 |
| 이현 | 영등포서 | 214 |
| 이현익 | 중부청 | 153 |
| 이현일 | 거창서 | 237 |
| 이현재 | 창원서 | 181 |
| 이현재 | 남대문서 | 479 |
| 이현정 | 중부청 | 489 |
| 이현정 | 기흥서 | 185 |
| 이현정 | 분당서 | 237 |
| 이현정 | 시흥서 | 242 |
| 이현정 | 경기광주 | 250 |
| 이현정 | 평택서 | 256 |
| 이현정 | 북대구서 | 258 |
| 이현정 | 서대구서 | 271 |
| 이현정 | 북대구서 | 423 |
| 이현정 | 서대구서 | 424 |

**제3단**

| 이름 | 소속 | 쪽 |
| --- | --- | --- |
| 이현정 | 동울산서 | 474 |
| 이현정 | 울산서 | 476 |
| 이현정 | 창원서 | 489 |
| 이현정 | 통영서 | 491 |
| 이현정 | 제주서 | 493 |
| 이현종 | 남대구서 | 418 |
| 이현종 | 지방재정 | 519 |
| 이현충 | 삼일회계 | 20 |
| 이현충 | 세무다솔 | 43 |
| 이현충 | 기재부 | 94 |
| 이현주 | 국세청 | 129 |
| 이현주 | 삼성서 | 198 |
| 이현주 | 중부청 | 205 |
| 이현주 | 시흥서 | 237 |
| 이현주 | 경기광주 | 256 |
| 이현주 | 이천서 | 258 |
| 이현주 | 김포서 | 268 |
| 이현주 | 충주서 | 312 |
| 이현주 | 군산서 | 370 |
| 이현주 | 익산서 | 398 |
| 이현주 | 전주서 | 402 |
| 이현준 | 잠실서 | 404 |
| 이현준 | 동안양서 | 476 |
| 이현준 | 인천청 | 220 |
| 이현지 | 구로서 | 248 |
| 이현지 | 삼성서 | 253 |
| 이현지 | 중부청 | 293 |
| 이현지 | 성남서 | 78 |
| 이현지 | 구미서 | 180 |
| 이현지 | 부산청 | 198 |
| 이현지 | 마산서 | 222 |
| 이현지 | 고시회계 | 233 |
| 이현진 | 국세청 | 253 |
| 이현진 | 은평서 | 391 |
| 이현진 | 동안양서 | 433 |
| 이현진 | 경기광주 | 452 |
| 이현진 | 대전청 | 483 |
| 이현철 | 북부산서 | 34 |
| 이현호 | 중기회 | 125 |
| 이현화 | 고양서 | 219 |
| 이현희 | 서울청 | 246 |
| 이현희 | 강서서 | 249 |
| 이현희 | 강서서 | 258 |
| 이현희 | 부산서 | 337 |
| 이형구 | 동안양서 | 452 |
| 이형근 | 원주서 | 464 |
| 이형렬 | 울산서 | 309 |
| 이형민 | 기재부 | 116 |
| 이형석 | 조세재정 | 308 |
| 이형석 | 강남서 | 161 |
| 이형석 | 삼척서 | 176 |
| 이형석 | 서부산서 | 176 |
| 이형석 | 조세재정 | 452 |
| 이형섭 | 서울청 | 248 |
| 이형우 | 홍성서 | 285 |
| 이형원 | 대구서 | 476 |
| 이형진 | 동대구서 | 53 |
| 이형진 | 부산진서 | 79 |
| 이형진 | 금융위 | 522 |
| 이형춘 | 경주서 | 173 |
| 이형진 | 동안양서 | 278 |
| 이형진 | 광교세무 | 467 |
| 이형철 | 법무드현 | 523 |
| 이형철 | 북고양서 | 162 |
| 이혜경 | 청주서 | 412 |
| 이혜경 | 인천청 | 420 |
| 이혜경 | 청주서 | 213 |
| 이혜경 | 광주청 | 461 |
| 이혜경 | 목포서 | 97 |
| 이혜경 | 북대구서 | 430 |
| 이혜경 | 북부산서 | 249 |
| 이혜경 | 창원서 | 39 |
| 이혜나 | 안양서 | 8 |
| 이혜나 | 수원서 | 315 |
| 이혜란 | 서울청 | 368 |
| 이혜란 | 대구청 | 297 |
| 이혜령 | 동울산서 | 369 |
| 이혜령 | 김해서 | 376 |
| 이혜령 | 강서서 | 391 |
| 이혜리 | 은평서 | 423 |
| 이혜리 | 국세청 | 465 |
| 이혜린 | 서울청 | 489 |

**제4단**

| 이름 | 소속 | 쪽 |
| --- | --- | --- |
| 이혜린 | 세무하나 | 47 |
| 이혜림 | 기재부 | 84 |
| 이혜림 | 공주서 | 344 |
| 이혜림 | 양산서 | 484 |
| 이혜림 | 남동서 | 300 |
| 이혜민 | 서울청 | 166 |
| 이혜민 | 송파서 | 209 |
| 이혜민 | 기흥서 | 243 |
| 이혜민 | 안산서 | 260 |
| 이혜민 | 보령서 | 349 |
| 이혜민 | 삼일회계 | 20 |
| 이혜서 | 분당서 | 250 |
| 이혜선 | 노원서 | 187 |
| 이혜선 | 서광주서 | 386 |
| 이혜성 | 현대회계 | 196 |
| 이혜수 | 반포서 | 203 |
| 이혜승 | 서초서 | 456 |
| 이혜연 | 금정서 | 130 |
| 이혜영 | 국세청 | 200 |
| 이혜영 | 서대문 | 353 |
| 이혜영 | 세종서 | 131 |
| 이혜영 | 국세청 | 303 |
| 이혜인 | 서인천서 | 312 |
| 이혜인 | 김포서 | 418 |
| 이혜인 | 강남서 | 172 |
| 이혜전 | 기재부 | 84 |
| 이혜정 | 강서서 | 176 |
| 이혜정 | 평택서 | 200 |
| 이혜정 | 강서서 | 270 |
| 이혜지 | 기재부 | 176 |
| 이혜지 | 서울청 | 79 |
| 이혜진 | 청주서 | 92 |
| 이혜진 | 부산세관 | 153 |
| 이혜진 | 성동서 | 368 |
| 이혜진 | 제주서 | 454 |
| 이혜진 | 금감원 | 204 |
| 이혜진 | 서울청 | 492 |
| 이혜진 | 강남서 | 107 |
| 이혜진 | 분당서 | 169 |
| 이혜진 | 시흥서 | 250 |
| 이혜진 | 평택서 | 256 |
| 이혜진 | 화성서 | 270 |
| 이혜진 | 계양서 | 274 |
| 이혜진 | 충주서 | 307 |
| 이혜진 | 부산청 | 371 |
| 이혜진 | 서울청 | 451 |
| 이호 | 청주서 | 163 |
| 이호 | 북광주서 | 368 |
| 이호광 | 평택서 | 385 |
| 이호남 | 순천서 | 393 |
| 이호범 | 광교세무 | 38 |
| 이호석 | 부산청 | 448 |
| 이호석 | 광주청 | 377 |
| 이호성 | 안진회계 | 17 |
| 이호성 | 동작서 | 193 |
| 이호수 | 북부산서 | 465 |
| 이호승 | 현대회계 | 31 |
| 이호연 | 동화성서 | 273 |
| 이호열 | 국세교육 | 144 |
| 이호영 | 광산서 | 380 |
| 이호용 | 도봉서 | 188 |
| 이호원 | 서울청 | 148 |
| 이호인 | 대구청 | 414 |
| 이호일 | 대전서 | 338 |
| 이호재 | 양산서 | 484 |
| 이호정 | 평택서 | 270 |
| 이호제 | 서울청 | 159 |
| 이호준 | 안동서 | 438 |
| 이호준 | 기재부 | 91 |
| 이호진 | 역삼서 | 213 |
| 이호철 | 삼성서 | 199 |
| 이호철 | 남동서 | 300 |
| 이호태 | 대전서 | 339 |
| 이호필 | 국세청 | 133 |
| 이홍구 | 강서서 | 176 |
| 이홍비 | 삼정회계 | 22 |
| 이홍석 | 금감원 | 112 |
| 이홍숙 | 안진회계 | 17 |
| 이홍순 | 여수서 | 394 |
| 이홍연 | 법무광장 | 57 |
| 이홍섭 | 서부산서 | 466 |
| 이홍순 | 성남서 | 252 |
| 이홍연 | 삼일회계 | 20 |
| 이홍연 | 반포서 | 196 |
| 이홍순 | 남대구서 | 418 |
| 이홍욱 | 종로서 | 222 |
| 이홍조 | 대전청 | 333 |

**제5단**

| 이름 | 소속 | 쪽 |
| --- | --- | --- |
| 이홍준 | 춘천서 | 286 |
| 이홍환 | 포항서 | 444 |
| 이화 | 동안양서 | 248 |
| 이화경 | 동화성서 | 272 |
| 이화선 | 충주서 | 371 |
| 이화선 | 고양서 | 308 |
| 이화섭 | 화성서 | 275 |
| 이화영 | 남원서 | 400 |
| 이화영 | 구로서 | 181 |
| 이화용 | 마산서 | 482 |
| 이화진 | 지방재정 | 519 |
| 이화진 | 대전청 | 337 |
| 이화진 | 논산서 | 346 |
| 이화진 | 성북서 | 207 |
| 이화진 | 청주서 | 369 |
| 이환 | 조세심판 | 521 |
| 이환 | 광산서 | 381 |
| 이환구 | 법무광장 | 57 |
| 이환권 | 금감원 | 111 |
| 이환규 | 대전청 | 336 |
| 이환선 | 진주서 | 487 |
| 이환수 | 강남서 | 172 |
| 이환영 | 구리서 | 240 |
| 이환주 | 부평서 | 320 |
| 이환희 | 국세청 | 131 |
| 이효경 | 속초서 | 280 |
| 이효나 | 용인서 | 267 |
| 이효리 | 기재부 | 91 |
| 이효선 | 여수서 | 394 |
| 이효선 | 정읍서 | 409 |
| 이효연 | 남동서 | 300 |
| 이효연 | 광교세무 | 39 |
| 이효연 | 마산서 | 482 |
| 이효원 | 노원서 | 187 |
| 이효원 | 이천서 | 268 |
| 이효재 | 의정부서 | 325 |
| 이효정 | 서울청 | 154 |
| 이효정 | 고양서 | 308 |
| 이효정 | 나주서 | 389 |
| 이효정 | 부산서 | 450 |
| 이효정 | 지방재정 | 518 |
| 이효정 | 세무다솔 | 43 |
| 이효주 | 서초서 | 202 |
| 이효진 | 기재부 | 95 |
| 이효진 | 국세청 | 123 |
| 이효진 | 마포서 | 195 |
| 이효진 | 삼성서 | 199 |
| 이효진 | 구리서 | 240 |
| 이효진 | 인천서 | 304 |
| 이효진 | 대전청 | 334 |
| 이효진 | 아산서 | 354 |
| 이효진 | 경산서 | 428 |
| 이효진 | 금정서 | 456 |
| 이후건 | 서부산서 | 466 |
| 이후돈인 | 지방재정 | 518 |
| 이훈 | 삼일회계 | 21 |
| 이훈 | 국세상담 | 143 |
| 이훈철 | 세무다솔 | 43 |
| 이후건 | 성동서 | 204 |
| 이훈 | 평택서 | 271 |
| 이훈 | 이천서 | 269 |
| 이훈아 | 익산서 | 405 |
| 이훈용 | 금감원 | 105 |
| 이훈호 | 기재부 | 78 |
| 이훈희 | 용인서 | 92 |
| 이훈희 | 영주서 | 267 |
| 이훈희 | 김해서 | 442 |
| 이휴승 | 서울청 | 481 |
| 이휴현 | 대전청 | 168 |
| 이희경 | 기재부 | 332 |
| 이희경 | 성동서 | 87 |
| 이희고 | 조세재정 | 205 |
| 이희교라 | 기재부 | 523 |
| 이희령 | 중랑서 | 77 |
| 이희령 | 서울청 | 224 |
| 이희범 | 금정서 | 150 |
| 이희범 | 기재부 | 457 |
| 이희석 | 국세청 | 80 |
| 이희선 | 중부서 | 133 |
| 이희성 | 조세재정 | 235 |
| 이희숙 | 금감원 | 522 |
| 이희영 | 송파서 | 102 |
| 이희원 | 조세재정 | 208 |
| 이희윤 | 반포서 | 168 |
| 이희자 | 반포서 | 196 |
| 이희정 | 현대세무 | 9 |
| 이희정 | 국세상담 | 143 |
| 이희정 | 한올회계 | 30 |
| 이희정 | 경기광주 | 216 |
| 이희정 | 동울산서 | 258 |
| 이희정 | 진주서 | 263 |
| 이희종 | 동울산서 | 474 |
| 이희종 | 진주서 | 486 |
| 이희종 | 아산서 | 355 |

| 이름 | 소속 | 쪽 |
|---|---|---|
| 장철현 | 잠실서 | 221 |
| 장총괄 | 김천서 | 434 |
| 장총관 | 금감원 | 107 |
| 장태복 | 예일세무 | 50 |
| 장태성 | 조세심판 | 520 |
| 장태희 | 연수서 | 323 |
| 장필호 | 익산서 | 404 |
| 장하영 | 구로서 | 181 |
| 장하용 | 울산서 | 476 |
| 장한국 | 강남서 | 124 |
| 장한별 | 대구청 | 173 |
| 장한솔 | 국세청 | 121 |
| 장한필 | 금감원 | 102 |
| 장해미 | 수영서 | 468 |
| 장해성 | 서울청 | 166 |
| 장해순 | 중부청 | 238 |
| 장해연 | 동안양서 | 248 |
| 장해준 | 성동서 | 204 |
| 장해탁 | 전주서 | 407 |
| 장현국 | 구미서 | 433 |
| 장현기 | 금감원 | 102 |
| 장현미 | 대구청 | 412 |
| 장현봉 | 남대구서 | 418 |
| 장현석 | 평택서 | 271 |
| 장현석 | 지방재정 | 519 |
| 장현수 | 금천서 | 183 |
| 장현수 | 동화성서 | 272 |
| 장현숙 | 부평서 | 320 |
| 장현숙 | 공주서 | 345 |
| 장현영 | 남부천서 | 316 |
| 장현영 | 군산서 | 398 |
| 장현영 | 강남청 | 155 |
| 장현옥 | 원주서 | 284 |
| 장현웅 | 경산서 | 428 |
| 장현정 | 지방재정 | 519 |
| 장현정 | 전주서 | 406 |
| 장현주 | 남대구서 | 418 |
| 장현주 | 중부청 | 239 |
| 장현준 | 김포서 | 312 |
| 장현준 | 동안양서 | 249 |
| 장현준 | 삼일회계 | 20 |
| 장현희 | 기재부 | 91 |
| 장현진 | 역삼서 | 213 |
| 장현하 | 삼척서 | 278 |
| 장형구 | 아산서 | 354 |
| 장형보 | 서울청 | 165 |
| 장형욱 | 동안서 | 263 |
| 장형준 | 목포서 | 390 |
| 장형준 | 북전주서 | 402 |
| 장혜경 | 대문서 | 191 |
| 장혜경 | 성동서 | 204 |
| 장혜린 | 동래서 | 459 |
| 장혜림 | 수원서 | 339 |
| 장혜미 | 서울청 | 255 |
| 장혜미 | 동화성서 | 182 |
| 장혜민 | 동화성서 | 272 |
| 장혜민 | 해운대서 | 473 |
| 장혜선 | 기재부 | 88 |
| 장혜원 | 창원서 | 488 |
| 장혜정 | 잠실서 | 94 |
| 장혜주 | 이천서 | 220 |
| 장혜지 | 반포서 | 268 |
| 장혜진 | 서초서 | 196 |
| 장혜진 | 남양주서 | 203 |
| 장혜진 | 해운대서 | 245 |
| 장호강 | 이안세무 | 473 |
| 장호남 | 국세교육 | 51 |
| 장호우 | 남대구서 | 31 |
| 장호욱 | 수원서 | 145 |
| 장호정 | 부산강서 | 419 |
| 장호정 | 동울산서 | 254 |
| 장호중 | 금감원 | 463 |
| 장환생 | 대전서 | 474 |
| 장효경 | 잠실서 | 489 |
| 장효섭 | 기재부 | 109 |
| 장효순 | 광주청 | 424 |
| 장효승 | 대전청 | 339 |
| 장효은 | 경산서 | 221 |
| 장훈 | 부산청 | 96 |
| 장훈라 | 관세사회 | 429 |
| 장희석 | 강동서 | 453 |
| 장희숙 | 송파서 | 52 |
| 장희정 | 역삼서 | 174 |
| 장희정 | 역삼서 | 150 |
| 장희진 | 안산서 | 209 |
| 장희철 | 서울청 | 212 |
| 재산법정 | 감사원 | 74 |
| 재정화 | 감사원 | 74 |
| 재정화 | 감사원 | 74 |
| 적관리 | | 335 |
| 전가람 | 평택서 | 270 |
| 전갑승 | 경주서 | 430 |
| 전강식 | 이현세무 | 9 |
| 전강의 | 영덕서 | 440 |
| 전건모 | 김포서 | 313 |
| 전건욱 | 고양서 | 309 |
| 전경라 | 구리서 | 241 |
| 전경선 | 동화성서 | 182 |
| 전경옥 | 조세심판 | 272 |
| 전경일 | 부평서 | 520 |
| 전광철 | 영등포서 | 320 |
| 전광희 | 중랑서 | 215 |
| 전광호 | 기재부 | 224 |
| 전광희 | 기재부 | 78 |
| 전교신 | 청주서 | 150 |
| 전구식 | 중부지방 | 93 |
| 전국화 | 중울산서 | 368 |
| 전군표 | 구리서 | 332 |
| 전근 | 국세청 | 37 |
| 전기석 | 전기 | 474 |
| 전기승 | | 240 |
| 전기훈 | | 38 |
| 전다솜 | | 434 |
| 전다인 | | 257 |
| 전다혜 | | 193 |
| 전대웅 | | 264 |
| 전대진 | | 198 |
| 전도영 | | 120 |
| 전동표 | | 240 |
| 전동호 | | 460 |
| 전동훈 | | 131 |
| 전만기 | | 230 |
| 전명숙 | 서울청 | 31 |
| 전문숙 | 부산청 | 236 |
| 전미경 | 법무율촌 | 80 |
| 전미라 | 역삼서 | 149 |
| 전미란 | 대전청 | 449 |
| 전미래 | 해운대서 | 59 |
| 전미선 | 동부서 | 213 |
| 전미애 | 중부청 | 335 |
| 전미애 | 용산서 | 472 |
| 전미영 | 북광주서 | 248 |
| 전미희 | 삼성서 | 227 |
| 전민아 | 강서서 | 230 |
| 전민재 | 마포서 | 217 |
| 전민정 | 익산서 | 385 |
| 전민채 | 국세청 | 198 |
| 전범수 | 서울청 | 177 |
| 전범철 | 송파서 | 418 |
| 전병길 | 중부서 | 404 |
| 전병오 | 용인서 | 195 |
| 전병일 | 청주서 | 132 |
| 전병진 | 안양서 | 154 |
| 전병천 | 부산진서 | 208 |
| 전병헌 | 이천서 | 226 |
| 전보람 | 강서서 | 267 |
| 전보미 | 중부청 | 368 |
| 전복진 | 금정서 | 264 |
| 전봉내 | 잠실서 | 461 |
| 전봉준 | 서울청 | 268 |
| 전부선 | 기흥서 | 176 |
| 전상규 | 국세청 | 230 |
| 전상배 | 기재부 | 456 |
| 전상주 | 기재부 | 221 |
| 전상철 | 반포서 | 156 |
| 전상호 | 남원서 | 242 |
| 전상훈 | 양산서 | 134 |
| 전선별 | 부산청 | 88 |
| 전선동 | 화성서 | 79 |
| 전선주 | 군산서 | 196 |
| 전선호 | 기재부 | 401 |
| 전선화 | 서대구서 | 484 |
| 전선희 | | 448 |
| 전선희 | 수원서 | 254 |
| 전성곤 | 울산서 | 477 |
| 전성민 | 기재부 | 78 |
| 전성배 | 광주세관 | 515 |
| 전성수 | 강서서 | 516 |
| 전성준 | 기재부 | 176 |
| 전성호 | 해남서 | 435 |
| 전성훈 | 도봉서 | 86 |
| 전세연 | 기흥서 | 397 |
| 전세리 | 남양주서 | 475 |
| 전세진 | 구리서 | 189 |
| 전세민 | 삼성서 | 242 |
| 전소연 | 인천청 | 245 |
| 전소윤 | 마산서 | 241 |
| 전소현 | 서울청 | 198 |
| 전소희 | 서인천서 | 298 |
| 전수민 | 원주서 | 483 |
| 전수민 | 삼척서 | 354 |
| 전수아 | 세종서 | 171 |
| 전수연 | 북부산서 | 418 |
| 전수연 | 기재부 | 303 |
| 전수영 | 부산진서 | 284 |
| 전수진 | 현대회계 | 278 |
| 전수진 | 성남서 | 352 |
| 전수현 | 동울산서 | 464 |
| 전순록 | 광주서 | 85 |
| 전승근 | 경산서 | 460 |
| 전승환 | 금정서 | 31 |
| 전승훈 | 경산서 | 204 |
| 전시영 | 익산서 | 252 |
| 전신희 | 계양서 | 363 |
| 전아라 | 울산서 | 375 |
| 전애진 | 조세재정 | 343 |
| 전양호 | 서울청 | 428 |
| 전연구 | 삼성서 | 456 |
| 전연주 | 시청 | 98 |
| 전연진 | 화성서 | 404 |
| 전영 | 국세청 | 306 |
| 전영균 | 안동서 | 476 |
| 전영무 | 인천청 | 525 |
| 전영수 | 조세심판 | 135 |
| 전영심 | 구로서 | 159 |
| 전영욱 | 서울청 | 199 |
| 전영우 | 남구서 | 341 |
| 전영준 | 부산진서 | 275 |
| 전영재 | 서울청 | 156 |
| 전영준 | 서울청 | 128 |
| 전영창 | 구리서 | 439 |
| 전영출 | 서울청 | 184 |
| 전영현 | 기흥서 | 296 |
| 전영호 | 진주서 | 521 |
| 전영훈 | 서인천서 | 363 |
| 전예은 | 해운대서 | 181 |
| 전예나 | 동대구서 | 168 |
| 전오영 | 원주서 | 481 |
| 전옥선 | 인천부 | 460 |
| 전완규 | 예지당 | 323 |
| 전왕기 | 대전부 | 491 |
| 전요찬 | 서울청 | 148 |
| 전용수 | 동청주서 | 252 |
| 전용우 | 군산서 | 59 |
| 전용원 | 서울청 | 240 |
| 전용준 | 삼일회계 | 47 |
| 전우현 | 영산서 | 487 |
| 전우범 | 통영서 | 302 |
| 전우식 | 순천서 | 472 |
| 전우정 | 관악서 | 421 |
| 전우찬 | 감사원 | 284 |
| 전운 | 영주서 | 305 |
| 전원실 | 용인서 | 93 |
| 전원엽 | 안양서 | 333 |
| 전원진 | 삼일회계 | 3 |
| 전유광 | 인천청 | 165 |
| 전유나 | 인천청 | 363 |
| 전유라 | 평택서 | 399 |
| 전유리 | 국세청 | 131 |
| 전유민 | 서울청 | 148 |
| 전유빈 | 기재부 | 91 |
| 전유석 | 광명서 | 310 |
| 전유성 | 기재부 | 93 |
| 전유영 | 인천청 | 294 |
| 전유완 | 남동서 | 300 |
| 전유정 | 서울청 | 150 |
| 전유진 | 북전주서 | 402 |
| 전유호 | 예일세무 | 50 |
| 전유석 | 택스홈앤 | 48 |
| 전윤아 | 동작서 | 192 |
| 전윤현 | 동대문서 | 190 |
| 전윤희 | 부산청 | 450 |
| 전은 | 포항서 | 445 |
| 전은미 | 서대구서 | 342 |
| 전은상 | 한울회계 | 30 |
| 전은상 | 서대구서 | 424 |
| 전은수 | 삼성서 | 199 |
| 전은애 | 나주서 | 388 |
| 전은주 | 의정부서 | 325 |
| 전은지 | 서울청 | 149 |
| 전이준 | 동안양서 | 249 |
| 전이나 | 영등포서 | 262 |
| 전이현 | 순천서 | 214 |
| 전익성 | 중기회 | 393 |
| 전익수 | 정읍서 | 117 |
| 전인경 | 정진세림 | 408 |
| 전인희 | 영월서 | 28 |
| 전인아 | 안동서 | 283 |
| 전인기 | 기재부 | 438 |
| 전인향 | 영등포서 | 82 |
| 전일권 | 동래서 | 215 |
| 전재달 | 상공회의 | 459 |
| 전재형 | 동안양서 | 114 |
| 전재홍 | 춘천서 | 248 |
| 전정영 | 관악서 | 287 |
| 전제영 | 국세청 | 178 |
| 전종경 | 중부청 | 122 |
| 전종근 | 경주서 | 232 |
| 전종상 | 대전청 | 430 |
| 전종성 | 국세청 | 339 |
| 전종태 | 동안양서 | 120 |
| 전종하 | 포천서 | 249 |
| 전종호 | 서울청 | 328 |
| 전종희 | 경기광주 | 157 |
| 전주석 | 울산서 | 258 |
| 전주현 | 경주서 | 476 |
| 전주화 | 국세상담 | 431 |
| 전준고 | 동대문서 | 142 |
| 전준철 | 강동서 | 191 |
| 전준희 | 삼일회계 | 205 |
| 전준원 | 통영서 | 175 |
| 전지미 | 북광주서 | 20 |
| 전지영 | 서부산서 | 490 |
| 전지영 | 기재부 | 384 |
| 전지영 | 마산서 | 467 |
| 전지원 | 현대회계 | 90 |
| 전지은 | 서울청 | 482 |
| 전지현 | 포천서 | 31 |
| 전지현 | 서울청 | 162 |
| 전지현 | 여수서 | 329 |
| 전지희 | 영등포서 | 151 |
| 전진 | 기재부 | 395 |
| 전진무 | 법무광장 | 214 |
| 전진수 | 인천청 | 82 |
| 전진우 | 국세청 | 296 |
| 전진우 | 청주서 | 131 |
| 전진철 | 서울청 | 368 |
| 전진호 | 지방재정 | 162 |
| 전진효 | 기재부 | 518 |
| 전찬악 | 남부천서 | 316 |
| 전찬희 | 익산서 | 405 |
| 전창우 | 천안서 | 358 |
| 전창훈 | 경산서 | 428 |
| 전채환 | 중부청 | 238 |
| 전충선 | 서부산서 | 467 |
| 전태병 | 강동서 | 175 |
| 전태영 | 국세청 | 125 |
| 전태용 | 중부산서 | 471 |
| 전태헌 | 구로서 | 181 |
| 전태호 | 광산서 | 380 |
| 전태훈 | 김해서 | 481 |
| 전하나 | 부산강서 | 463 |
| 전하영 | 국세청 | 127 |
| 전하윤 | 해운대서 | 473 |
| 전학심 | 서부산서 | 222 |
| 전한식 | 서부산서 | 467 |
| 전해만 | 연수서 | 322 |
| 전해숙 | 잠실서 | 220 |
| 전해철 | 성동서 | 204 |
| 전현우 | 부산진서 | 55 |
| 전현정 | 세무다술 | 43 |
| 전현정 | 영등포서 | 214 |
| 전현정 | 기재부 | 80 |
| 전현주 | 나주서 | 388 |
| 전현진 | 중부산서 | 470 |
| 전현희 | 충주서 | 370 |
| 전형미 | 강서서 | 177 |
| 전형용 | 금감원 | 104 |
| 전형주 | 역삼서 | 213 |
| 전형주 | 인천청 | 296 |
| 전형숙 | 대구청 | 364 |
| 전혜영 | 강릉서 | 414 |
| 전혜영 | 수영서 | 276 |
| 전혜영 | 서대구서 | 468 |
| 전혜원 | 대전청 | 424 |
| 전혜정 | 금정서 | 133 |
| 전혜정 | 의정부서 | 72 |
| 전혜진 | 성동서 | 518 |
| 전호종 | 목포서 | 214 |
| 전홍근 | 전주서 | 91 |
| 전홍석 | 북대구서 | 271 |
| 전화영 | 경산서 | 343 |
| 전환진 | 기재부 | 20 |
| 전효진 | 인천청 | 116 |
| 전효진 | 김해서 | 102 |
| 전후영 | 나주서 | 177 |
| 전후희 | 분당서 | 237 |
| 전희경 | 관악서 | 254 |
| 전희선 | 김앤장 | 333 |
| 전희은 | 기재부 | 457 |
| 정가희 | 삼성서 | 324 |
| 정갈렙 | 역삼서 | 205 |
| 정강훈 | 서초서 | 390 |
| 정건 | 수원서 | 406 |
| 정건화 | 금정서 | 423 |
| 정건희 | 동작서 | 428 |
| 정경돈 | 해운대서 | 89 |
| 정경미 | 안양서 | 297 |
| 정경미 | 종로서 | 480 |
| 정경민 | 남양주서 | 388 |
| 정경민 | 서대구서 | 250 |
| 정경민 | 마포서 | 179 |
| 정경숙 | 마산서 | 55 |
| 정경순 | 동고양서 | 92 |
| 정경식 | 대구청 | 82 |
| 정경영 | 남동서 | 199 |
| 정경원 | 대구청 | 212 |
| 정경윤 | 부산청 | 203 |
| 정경민 | 구리서 | 255 |
| 정경민 | 시흥서 | 457 |
| 정경숙 | 수영서 | 193 |
| 정경순 | 파주서 | 472 |
| 정경순 | 중랑서 | 264 |
| 정경식 | 조세재정 | 222 |
| 정경영 | 순천서 | 245 |
| 정경식 | 구미서 | 424 |
| 정경원 | 마포서 | 195 |
| 정경윤 | 삼성서 | 482 |
| 정경윤 | 시흥서 | 256 |

| 이름 | 소속 | 쪽 | 이름 | 소속 | 쪽 | 이름 | 소속 | 쪽 | 이름 | 소속 | 쪽 | 이름 | 소속 | 쪽 |
|---|---|---|---|---|---|---|---|---|---|---|---|---|---|---|
| 정경일 | 통영서 | 490 | 정대환 | 강릉서 | 277 | 정민수 | 서울청 | 155 | 정선영 | 남동서 | 300 | 정수연 | 삼일회계 | 21 |
| 정경종 | 동해울산서 | 474 | 정덕균 | 마산서 | 482 | 정민수 | 원천서 | 285 | 정선이 | 서광주서 | 387 | 정수영 | 금천서 | 182 |
| 정경주 | 순천서 | 393 | 정덕영 | 목포서 | 391 | 정민순 | 삼일회계 | 20 | 정선인 | 분당위 | 250 | 정수영 | 양천서 | 210 |
| 정경진 | 중부산서 | 471 | 정덕현 | 기재부 | 85 | 정민욱 | 용산서 | 217 | 정선재 | 금감위 | 99 | 정수영 | 계양서 | 306 |
| 정경진 | 양천서 | 492 | 정도령 | 세무상담 | 142 | 정민욱 | 남대구서 | 418 | 정선태 | 평택서 | 308 | 정수영 | 김해서 | 481 |
| 정경철 | 삼척서 | 279 | 정도식 | 인천청 | 297 | 정민재 | 안산서 | 408 | 정선화 | 중부청 | 393 | 정수영 | 진주서 | 487 |
| 정경택 | 안산서 | 260 | 정도연 | 부산서청 | 466 | 정민종 | 기재부 | 261 | 정선홍 | 평택서 | 232 | 정수영 | 성북서 | 206 |
| 정경화 | 강동서 | 174 | 정도영 | 연수서 | 322 | 정민주 | 금천서 | 324 | 정선화 | 삼일회계 | 190 | 정수용 | 법무우 | 3 |
| 정경화 | 중부청 | 181 | 정도진 | 성동서 | 205 | 정민지 | 남대구서 | 82 | 정성곤 | 기재부 | 20 | 정수인 | 서울청 | 156 |
| 정경화 | 동화성서 | 237 | 정도희 | 서인천서 | 464 | 정민철 | 안동서 | 183 | 정성균 | 세무다솔 | 270 | 정수인 | 서초서 | 202 |
| 정경희 | 조세재정 | 273 | 정동영 | 서울청 | 303 | 정민철 | 남대구서 | 418 | 정성만 | 북대전서 | 85 | 정수자 | 광주청 | 379 |
| 정경희 | 남대구서 | 524 | 정동우 | 기흥서 | 160 | 정민호 | 중부서 | 438 | 정성무 | 동광주서 | 43 | 정수진 | 기재부 | 95 |
| 정계승 | 대전서 | 419 | 정동원 | 기재부 | 242 | 정민호 | 중기회 | 85 | 정성문 | 동대문서 | 481 | 정수진 | 서울청 | 156 |
| 정계훈 | 신대동 | 339 | 정동인 | 서울청 | 92 | 정민화 | 강남서 | 226 | 정성민 | 동대문서 | 341 | 정수진 | 서울청 | 158 |
| 정고운 | 기재부 | 53 | 정동주 | 정읍서 | 262 | 정방현 | 삼성서 | 117 | 정성민 | 중부산서 | 363 | 정수진 | 구로서 | 181 |
| 정광류 | 서울청 | 87 | 정동추 | 김천서 | 166 | 정병규 | 구로서 | 173 | 정성수 | 광산서 | 191 | 정수진 | 부천서 | 319 |
| 정광명 | 감사원 | 166 | 정동철 | 예일회계 | 408 | 정병문 | 인천공항 | 199 | 정성연 | 국세청 | 434 | 정수현 | 북전주서 | 402 |
| 정광석 | 감사원 | 75 | 정동현 | 남대구서 | 137 | 정병숙 | 김앤장 | 196 | 정성오 | 서울청 | 470 | 정수현 | 부산서청 | 451 |
| 정광진 | 아진회계 | 75 | 정동환 | 기재부 | 454 | 정병아 | 마포서 | 180 | 정성용 | 북광주서 | 381 | 정수환 | 창원서 | 488 |
| 정광철 | 김앤장 | 17 | 정두레 | 동화성서 | 434 | 정병주 | 기재부 | 507 | 정성우 | 중부청 | 224 | 정숙경 | 시흥서 | 256 |
| 정광춘 | 세무하나 | 55 | 정두리 | 예일세무 | 26 | 정병창 | 광주청 | 212 | 정성욱 | 창원서 | 124 | 정숙현 | 광주청 | 379 |
| 정광표 | 광주세관 | 47 | 정란 | 광주서 | 418 | 정병철 | 시흥서 | 55 | 정성욱 | 수영서 | 154 | 정순남 | 수성서 | 427 |
| 정광희 | 종로서 | 516 | 정류빈 | 노원서 | 222 | 정병호 | 해남서 | 194 | 정성원 | 기재부 | 384 | 정순범 | 대구청 | 414 |
| 정교민 | 지방재정 | 222 | 정리기 | 나주서 | 86 | 정병호 | 국세청 | 319 | 정성원 | 성동서 | 430 | 정순욱 | 마산서 | 482 |
| 정교필 | 잠실서 | 518 | 정맹헌 | 고양서 | 142 | 정보경 | 원주서 | 91 | 정성윤 | 경기광주 | 485 | 정순임 | 광주서 | 480 |
| 정구청 | 삼일회계 | 220 | 정명근 | 중부청 | 206 | 정보관 | 울산서 | 497 | 정성은 | 연수서 | 237 | 정순재 | 김해서 | 265 |
| 정구진 | 중기회 | 151 | 정명기 | 안산서 | 273 | 정보기 | 서초서 | 375 | 정성의 | 북광주서 | 489 | 정순철 | 안양서 | 274 |
| 정구현 | 인천청 | 21 | 정명수 | 기재부 | 50 | 정보길 | 성남서 | 256 | 정성주 | 부산진서 | 212 | 정순희 | 세무하나 | 47 |
| 정구휘 | 강릉서 | 116 | 정명순 | 북전주서 | 382 | 정보름 | 마포서 | 233 | 정성진 | 정읍서 | 469 | 정슬기 | 강서서 | 177 |
| 정국일 | 중부산서 | 296 | 정명숙 | 광주서 | 187 | 정보연 | 인천청 | 396 | 정성택 | 현대회계 | 488 | 정슬기 | 양천서 | 211 |
| 정권남 | 마산서 | 277 | 정명주 | 동수원서 | 388 | 정보현 | 서울청 | 126 | 정성학 | 국세청 | 85 | 정승갑 | 서대구서 | 424 |
| 정규삼 | 서울청 | 239 | 정명환 | 서초서 | 308 | 정봉균 | 조세재정 | 285 | 정성현 | 국세청 | 486 | 정승기 | 서울청 | 150 |
| 정규진 | 서초서 | 482 | 정명훈 | 기재부 | 238 | 정봉석 | 이천서 | 523 | 정성현 | 중랑서 | 205 | 정승기 | 강서서 | 176 |
| 정규호 | 해운대서 | 256 | 정문수 | 서울청 | 390 | 정부교 | 고양서 | 268 | 정성화 | 청주서 | 259 | 정승렬 | 원주서 | 284 |
| 정규영 | 마포서 | 169 | 정문정 | 북부산서 | 260 | 정부원 | 삼일회계 | 309 | 정성훈 | 국세청 | 385 | 정승복 | 파주서 | 327 |
| 정근욱 | 기재부 | 364 | 정문제 | 조세재정 | 183 | 정빛나 | 구로서 | 409 | 정성훈 | 국세청 | 321 | 정승식 | 수영서 | 469 |
| 정금미 | 부평서 | 203 | 정문현 | 남대구서 | 82 | 정사랑 | 춘천서 | 20 | 정성훈 | 국세교육 | 323 | 정승오 | 도봉서 | 188 |
| 정금선 | 동대문서 | 472 | 정미경 | 동고양서 | 402 | 정상기 | 중기회 | 181 | 정성희 | 부평서 | 461 | 정승우 | 국세상담 | 142 |
| 정기선 | 서대전서 | 195 | 정미경 | 서울청 | 122 | 정상남 | 성동서 | 287 | 정세나 | 정읍서 | 120 | 정승욱 | 서광주서 | 387 |
| 정기숙 | 반포서 | 91 | 정미라 | 도봉서 | 382 | 정상민 | 광주서 | 202 | 정세미 | 평택서 | 408 | 정승원 | 성북서 | 207 |
| 정기원 | 대전청 | 320 | 정미라 | 삼성서 | 246 | 정상봉 | 서울청 | 116 | 정세미 | 김해서 | 31 | 정승은 | 금감원 | 107 |
| 정기종 | 남원서 | 190 | 정미란 | 역삼서 | 352 | 정상수 | 성북서 | 205 | 정세미 | 성북서 | 136 | 정승재 | 강남서 | 369 |
| 정기호 | 금천청 | 343 | 정미선 | 금정서 | 202 | 정상아 | 용인서 | 458 | 정세영 | 서울청 | 225 | 정승태 | 국세청 | 173 |
| 정길채 | 국세청 | 196 | 정미선 | 부천서 | 93 | 정상열 | 대구서 | 522 | 정세영 | 국세청 | 68 | 정승현 | 국세청 | 419 |
| 정나겸 | 기재부 | 218 | 정미선애 | 광주청 | 149 | 정상열 | 중부지방 | 90 | 정세윤 | 청주서 | 136 | 정승현 | 평택서 | 132 |
| 정나눔 | 영동서 | 321 | 정미연 | 북부산서 | 465 | 정상원 | 국세교육 | 524 | 정세정 | 남양주서 | 369 | 정승환 | 부산청 | 270 |
| 정나영 | 동안양서 | 334 | 정미영 | 노원서 | 187 | 정상원 | 양천서 | 371 | 정세훈 | 마포서 | 448 | 정승훈 | 세무다솔 | 455 |
| 정남숙 | 서대구서 | 334 | 정미영 | 평택서 | 271 | 정상헌 | 보령서 | 383 | 정세희 | 서초서 | 120 | 정시은 | 성북서 | 43 |
| 정년현 | 서울청 | 456 | 정미영 | 조세재정 | 522 | 정상훈 | 동작서 | 164 | 정소라 | 종로서 | 145 | 정시현 | 지방재정 | 104 |
| 정노진 | 성북서 | 400 | 정미영진 | 남대구서 | 418 | 정새하 | 김해서 | 452 | 정소라 | 광주청 | 192 | 정신애 | 홍성서 | 207 |
| 정다겸 | 동청주서 | 296 | 정미현 | 동고양서 | 315 | 정샛별 | 전주서 | 481 | 정소연 | 대구청 | 321 | 정신애 | 예산서 | 519 |
| 정다빈 | 세무다솔 | 242 | 정미화 | 서울청 | 192 | 정서빈 | 북광주서 | 406 | 정소연 | 수성서 | 452 | 정아람 | 경주서 | 361 |
| 정다솔 | 국세청 | 123 | 정미화 | 도봉서 | 149 | 정서영 | 서울청 | 385 | 정소영 | 진주서 | 422 | 정아영 | 중부서 | 356 |
| 정다영 | 계양서 | 92 | 정미희 | 역삼서 | 188 | 정서영 | 전주서 | 170 | 정소영 | 서울청 | 226 | 정안석 | 역삼서 | 431 |
| 정다영 | 안산서 | 365 | 정민 | 금정서 | 212 | 정서울 | 서울청 | 406 | 정소영 | 통영서 | 456 | 정애리 | 기재부 | 226 |
| 정다운 | 조세재정 | 249 | 정민경 | 부천서 | 456 | 정석규 | 현대회계 | 152 | 정소영 | 김해서 | 271 | 정애정 | 서인천서 | 466 |
| 정다운 | 중부청 | 276 | 정민경 | 광주청 | 318 | 정석주 | 부산청 | 31 | 정소영 | 서울청 | 382 | 정애진 | 광주서 | 213 |
| 정다운 | 안양서 | 424 | 정민국 | 국세청 | 377 | 정석호 | 해운대서 | 171 | 정소윤 | 서울청 | 480 | 정양우 | 통영서 | 86 |
| 정다운 | 연수서 | 149 | 정민기 | 서울청 | 121 | 정석환 | 김천서 | 450 | 정소정 | 나주서 | 206 | 정여녹 | 서인천서 | 217 |
| 정다운 | 남대구서 | 207 | 정민기 | 부산청 | 160 | 정석환 | 홍천서 | 473 | 정소현 | 삼정회계 | 133 | 정여명 | 분당서 | 303 |
| 정다운 | 조세재정 | 362 | 정민석 | 동작서 | 452 | 정선경 | 강남서 | 93 | 정솔 | 삼림세무 | 24 | 정여진 | 성남서 | 251 |
| 정다운 | 평택청 | 418 | 정민석 | 광산서 | 193 | 정선군 | 남대문서 | 434 | 정수경 | 구리서 | 45 | 정연경 | 성남서 | 164 |
| 정다움 | 부산청 | 43 | 정민섭 | 목포서 | 381 | 정선두 | 중랑서 | 288 | 정수길 | 강동서 | 131 | 정연교 | 근천서 | 252 |
| 정다은 | 잠실서 | 129 | | 양산서 | 390 | 정선례 | 울산서 | 172 | 정수빈 | 부산강서 | 240 | 정연국 | 전주서 | 252 |
| 정다이 | 인천청 | 307 | | 서광주서 | 451 | 정선아 | 대전청 | 185 | 정수빈 | 구리서 | 174 | 정연득 | 근천서 | 182 |
| 정다정 | 김포서 | 261 | | 남대구서 | 485 | 정선영 | 국세청 | 225 | 정수연 | 부산서 | 241 | 정연상 | 노원서 | 407 |
| 정다혜 | 기재부 | 173 | | 김해서 | 274 | 정선영 | 부산청 | 476 | 정수연 | 아산서 | 354 | 정연옥 | 서울청 | 186 |
| 정다회 | 동작서 | 524 | | 남대문서 | 386 | 정선아 | 대전청 | 333 | 정수연 | 부산서 | 455 | 정연우 | 지방재정 | 166 |
| 정대교 | 서광주서 | 237 | | 마포서 | 419 | 정선례 | 부산청 | 124 | 정수연 | 제주서 | 493 | 정연재 | 광주청 | 519 |
| 정대성 | 정읍서 | 264 | | 서인천서 | 481 | 정선두 | 파주서 | 452 | | | | 정연조 | 법무화우 | 374 |
| 정대수 | 부산청 | 323 | | 대전서 | 185 | 정선아 | 평택서 | 326 | | | | 정연주 | 성북서 | 214 |
| 정대혁 | 대구청 | 418 | | 용산서 | 195 | 정선영 | 기재부 | 271 | | | | 정연주 | 이천서 | 194 |
| 정대홍 | 서초서 | 522 | | 해남서 | 302 | 정선영 | 동작서 | 82 | | | | 정연주 | 부산청 | 448 |
| 정대화 | 잠실서 | 271 | | 대전서 | 338 | | | 193 | | | | | | |

Index of names (이름 · 소속 · 페이지)

| 이름 | 소속 | 쪽 |
|---|---|---|
| 정영건 | 국세청 | 133 |
| 정영건 | 중부서 | 226 |
| 정영교 | 감사원 | 74 |
| 정영균 | 현대회계 | 31 |
| 정영달 | 서울청 | 148 |
| 정영록 | 동울산서 | 475 |
| 정영무 | 포천서 | 328 |
| 정영석 | 상공회의 | 115 |
| 정영석 | 안양서 | 265 |
| 정영석 | 서대전서 | 343 |
| 정영석 | 안진회계 | 17 |
| 정영선 | 국세청 | 131 |
| 정영선 | 서초서 | 202 |
| 정영숙 | 대전청 | 337 |
| 정영식 | 대구청 | 414 |
| 정영식 | 서울청 | 159 |
| 정영욱 | 동수원서 | 246 |
| 정영운 | 국세교육 | 144 |
| 정영인 | 대전청 | 333 |
| 정영인 | 서인천서 | 303 |
| 정영일 | 북대구서 | 422 |
| 정영진 | 반포서 | 196 |
| 정영진 | 광주세관 | 515 |
| 정영진 | 광주세관 | 516 |
| 정영천 | 나주서 | 389 |
| 정영태 | 동청주서 | 363 |
| 정영한 | 부산세관 | 509 |
| 정영한 | 부산세관 | 511 |
| 정영현 | 정진세림 | 28 |
| 정영현 | 경기광주 | 259 |
| 정영호 | 남원서 | 400 |
| 정영화 | 의정부서 | 456 |
| 정영화 | 영등포서 | 215 |
| 정영화 | 의정부서 | 325 |
| 정영훈 | 대전청 | 335 |
| 정영훈 | 신대동 | 53 |
| 정영훈 | 관세사회 | 52 |
| 정영훈 | 서울청 | 165 |
| 정예슬 | 춘천서 | 286 |
| 정예슬 | 포항서 | 444 |
| 정예슬 | 금천서 | 183 |
| 정예솔 | 울산서 | 476 |
| 정예솔 | 서울청 | 161 |
| 정예지 | 광산서 | 380 |
| 정예진 | 조세재정 | 525 |
| 정예진 | 조세재정 | 525 |
| 정오영 | 남양주서 | 245 |
| 정오영 | 평택서 | 270 |
| 정오지 | 평택서 | 267 |
| 정옥경 | 북광주서 | 384 |
| 정옥상 | 대전청 | 332 |
| 정옥규 | 진주서 | 486 |
| 정완기 | 광주청 | 376 |
| 정완수 | 수원서 | 254 |
| 정완주 | 대구청 | 378 |
| 정완중 | 삼성서 | 198 |
| 정완주관 | 기재부 | 90 |
| 정용구 | 구로서 | 180 |
| 정용남 | 영주서 | 442 |
| 정용대 | 국세청 | 122 |
| 정용대 | 평택서 | 270 |
| 정용문 | 국세청 | 138 |
| 정용상 | 인천공항 | 139 |
| 정용석 | 동부청 | 507 |
| 정용석 | 포천서 | 232 |
| 정용섭 | 포천서 | 328 |
| 정용수 | 통영서 | 490 |
| 정용수 | 중부청 | 156 |
| 정용수 | 중부청 | 239 |
| 정용승 | 중부청 | 197 |
| 정용승 | 북전주서 | 403 |
| 정용엽 | 논산서 | 346 |
| 정용우 | 의정부서 | 325 |
| 정용운 | 국세청 | 134 |
| 정우선 | 금천서 | 183 |
| 정우영 | 금천서 | 87 |
| 정우종 | 금정서 | 456 |
| 정우종 | 영살서 | 213 |
| 정우종진 | 전주서 | 406 |
| 정우철 | 북광주서 | 385 |
| 정우철 | 금감원 | 112 |
| 정우현 | 제주서 | 492 |
| 정우현 | 서대구서 | 424 |
| 정운형 | 인천청 | 219 |
| 정운영 | 동화성서 | 273 |
| 정운영교 | 인천공항 | 506 |
| 정원일 | 기재부 | 85 |
| 정원대 | 부산청 | 448 |
| 정원미 | 수영서 | 468 |
| 정원미석 | 분당서 | 250 |
| 정원석 | 시흥서 | 257 |
| 정원선 | 금천서 | 457 |
| 정원영 | 광주세관 | 516 |
| 정원영 | 서대문서 | 201 |
| 정원용 | 경주서 | 431 |
| 정원중 | 경기광주 | 258 |
| 정원철 | 광산서 | 381 |
| 정원철 | 기재부 | 91 |
| 정월선 | 강남서 | 172 |
| 정월옥 | 창원서 | 489 |
| 정유나 | 송파서 | 209 |
| 정유리 | 지방재정 | 518 |
| 정유리 | 영주서 | 442 |
| 정유빈 | 서울청 | 168 |
| 정유석 | 북광주서 | 384 |
| 정유선 | 성북서 | 206 |
| 정유선 | 금정서 | 31 |
| 정유성 | 전주서 | 456 |
| 정유성 | 전주서 | 407 |
| 정유영 | 창원서 | 488 |
| 정유영 | 창원서 | 489 |
| 정유정 | 성북서 | 86 |
| 정유정 | 마포서 | 206 |
| 정유진 | 마포서 | 194 |
| 정유진 | 서초서 | 195 |
| 정유진 | 중부청 | 203 |
| 정유진 | 안산서 | 235 |
| 정유진 | 동안산서 | 260 |
| 정유진 | 충주서 | 262 |
| 정유진 | 목포서 | 338 |
| 정유진 | 거창서 | 370 |
| 정유진 | 마산서 | 390 |
| 정유천 | 통영서 | 478 |
| 정유천 | 지방재정 | 483 |
| 정유형 | 지방재정 | 483 |
| 정유희 | 중부서 | 490 |
| 정윤기 | 포천서 | 518 |
| 정윤미 | 남동서 | 524 |
| 정윤선 | 기흥서 | 519 |
| 정윤성 | 광주서 | 227 |
| 정윤재 | 종로서 | 328 |
| 정윤정 | 중부청 | 300 |
| 정윤주 | 원주서 | 519 |
| 정윤지 | 대현회계 | 242 |
| 정윤철 | 기재부 | 382 |
| 정윤호 | 기재부 | 111 |
| 정윤환 | 시흥서 | 223 |
| 정윤희 | 대전청 | 235 |
| 정율아 | 부천서 | 285 |
| 정은경 | 동울산서 | 16 |
| 정은미 | 의정부서 | 342 |
| 정은미 | 세무하나 | 80 |
| 정은별 | 기재부 | 78 |
| 정은서 | 남동서 | 257 |
| 정은선 | 경기광주 | 333 |
| 정은성 | 조세재정 | 318 |
| 정은솔 | 조세재정 | 474 |
| 정은솔 | 화성서 | 324 |
| 정은순 | 동울산서 | 416 |
| 정은아 | 북부산서 | 47 |
| 정은아 | 진주서 | 91 |
| 정은영 | 잠실서 | 300 |
| 정은영 | 남동서 | 258 |
| 정은이 | 서울청 | 525 |
| 정은재 | 동안양서 | 524 |
| 정은정 | 동안양서 | 275 |
| 정은정 | 금천서 | 362 |
| 정은주 | 서인천서 | 465 |
| 정은주 | 세종서 | 486 |
| 정은주 | 남원서 | 220 |
| 정은지 | 북광주서 | 430 |
| 정은지 | 청주서 | 261 |
| 정은지 | 김해서 | 167 |
| 정은진 | 남양주서 | 248 |
| 정은진 | 국세청 | 263 |
| 정은진 | 잠실서 | 182 |
| 정은진 | 이천서 | 303 |
| 정은진 | 인천서 | 303 |
| 정은진 | 금정서 | 352 |
| 정은진 | 기재부 | 401 |
| 정은진 | 북광주서 | 385 |
| 정은진 | 청주서 | 368 |
| 정은진 | 김해서 | 480 |
| 정은진 | 남양주서 | 245 |
| 정은진 | 국세청 | 122 |
| 정은진 | 잠실서 | 220 |
| 정은진 | 이천서 | 269 |
| 정은진 | 인천서 | 305 |
| 정은진 | 금정서 | 456 |
| 정은진 | 기재부 | 88 |
| 정은진 | 기재부 | 91 |
| 정은진 | 화성서 | 274 |
| 정은진 | 김포서 | 313 |
| 정은진 | 서대구서 | 353 |
| 정은진 | 용인서 | 135 |
| 정은진 | 용인서 | 267 |
| 정은진 | 북대구서 | 422 |
| 정은하 | 서울청 | 155 |
| 정은해 | 동수원서 | 247 |
| 정은희 | 수영서 | 468 |
| 정의범 | 기재부 | 79 |
| 정의선 | 금천서 | 182 |
| 정의성 | 강릉서 | 263 |
| 정의숙 | 홍천서 | 276 |
| 정의웅 | 서대문서 | 289 |
| 정의주 | 노원서 | 487 |
| 정의진 | 부산서 | 201 |
| 정의수 | 대전청 | 187 |
| 정이령 | 경산서 | 451 |
| 정이순 | 서광주서 | 334 |
| 정인경 | 경산서 | 264 |
| 정인교 | 안산서 | 429 |
| 정인구 | 해운대서 | 387 |
| 정인률 | 김해서 | 261 |
| 정인선 | 서울청 | 271 |
| 정인선 | 강서서 | 480 |
| 정인성 | 고양서 | 481 |
| 정인숙 | 관악서 | 170 |
| 정인순 | 삼륜세무 | 177 |
| 정인아 | 중부서 | 179 |
| 정인식 | 성남서 | 308 |
| 정인애 | EY한영 | 45 |
| 정인영 | 성북서 | 338 |
| 정인엽 | 대전청 | 231 |
| 정인영 | 이현세무 | 252 |
| 정인월 | 반포서 | 15 |
| 정인재 | 동작서 | 206 |
| 정인태 | 해남서 | 335 |
| 정인형 | 동울산서 | 9 |
| 정인호 | 제주서 | 197 |
| 정인화 | 서대전서 | 17 |
| 정인희 | 순천서 | 192 |
| 정일 | 경산서 | 396 |
| 정일범 | 성동서 | 474 |
| 정일영 | 상공회의 | 492 |
| 정일영 | 도봉서 | 420 |
| 정자단 | 국회재정 | 343 |
| 정장환 | 공파서 | 58 |
| 정재경 | 서울청 | 393 |
| 정재권 | 삼성서 | 189 |
| 정재기 | 서광주서 | 68 |
| 정재남 | 서산서 | 209 |
| 정재상 | 광교세무 | 15 |
| 정재성 | 경주서 | 199 |
| 정재수 | 대전청 | 136 |
| 정재열 | 기재부 | 386 |
| 정재영 | 서울청 | 310 |
| 정재용 | 서산서 | 350 |
| 정재욱 | 광교세무 | 40 |
| 정재원 | 경주서 | 430 |
| 정재윤 | 대전청 | 337 |
| 정재일 | 기재부 | 287 |
| 정재임 | 서울청 | 82 |
| 정재철 | 관세사회 | 147 |
| 정재필 | 북부청 | 148 |
| 정재한 | 국세청 | 52 |
| 정재현 | 기재부 | 162 |
| 정재현 | 안산서 | 284 |
| 정재호 | 법무화우 | 137 |
| 정재호 | 구리서 | 93 |
| 정재호 | 경기광주 | 261 |
| 정재호 | 강동서 | 3 |
| 정재호 | 국세상담 | 382 |
| 정재호 | 안진회계 | 240 |
| 정재훈 | 인천공항 | 259 |
| 정재훈 | 경산서 | 174 |
| 정재훈 | 기재부 | 142 |
| 정재훈 | 수성서 | 470 |
| 정재훈 | 경산서 | 17 |
| 정재훈 | 김앤장 | 506 |
| 정재희 | 삼일회계 | 428 |
| 정재희 | 기재부 | 96 |
| 정재희 | 관악서 | 179 |
| 정재화 | 법무바른 | 1 |
| 정전화 | 부산청 | 450 |
| 정정민 | 국세청 | 124 |
| 정정복 | 동래서 | 459 |
| 정정섭 | 광교세무 | 39 |
| 정정우 | 연수서 | 323 |
| 정정섭 | 경산서 | 428 |
| 정정호 | 동고양서 | 315 |
| 정정훈 | 대구청 | 414 |
| 정성훈 | 현대회계 | 31 |
| 정성훈 | 기재부 | 80 |
| 정정희 | 삼성서 | 81 |
| 정정희 | 삼성서 | 198 |
| 정정희 | 세무다솔 | 451 |
| 정제득 | 현대회계 | 43 |
| 정제윤 | 계양서 | 31 |
| 정종국 | 동대문서 | 183 |
| 정종규 | 양산서 | 190 |
| 정종룡 | 여수서 | 484 |
| 정종만 | 국세청 | 394 |
| 정종식 | 삼일회계 | 120 |
| 정종오 | 금융위 | 20 |
| 정종원 | 계양서 | 99 |
| 정종천 | 기흥서 | 306 |
| 정종철 | 광산서 | 241 |
| 정종호 | 납동서 | 242 |
| 정종호 | 북전주서 | 300 |
| 정종화 | 서울청 | 402 |
| 정종호 | 해남서 | 150 |
| 정주관 | 법무화우 | 396 |
| 정주리 | 남양주서 | 3 |
| 정주영 | 광산서 | 361 |
| 정주영 | 서울청 | 245 |
| 정주영 | 포항서 | 381 |
| 정주영 | 부산진서 | 155 |
| 정주현 | 금감원 | 460 |
| 정주현 | 강동서 | 109 |
| 정주희 | 성북서 | 175 |
| 정주희 | 은평서 | 207 |
| 정주희 | 남양주서 | 128 |
| 정주희 | 분당서 | 219 |
| 정주희 | 대전청 | 245 |
| 정주희 | 북광주서 | 250 |
| 정주희 | 울산서 | 333 |
| 정준갑 | 창원서 | 385 |
| 정준규 | 진주서 | 477 |
| 정준모 | 부산진서 | 400 |
| 정준영 | 김포서 | 488 |
| 정준영 | 강남서 | 487 |
| 정준채 | 평택서 | 455 |
| 정준호 | 국회재정 | 313 |
| 정준호 | 동래서 | 172 |
| 정중수 | 송파서 | 271 |
| 정중호 | 서울청 | 68 |
| 정중호 | 잠실서 | 459 |
| 정중호 | 중부청 | 208 |
| 정중화 | 포항서 | 160 |
| 정중호 | 양천서 | 194 |
| 정지나 | 대구청 | 220 |
| 정지명 | 서울청 | 235 |
| 정지문 | 인천청 | 337 |
| 정지석 | 세종서 | 445 |
| 정지선 | 분당서 | 211 |
| 정지수 | 수원서 | 412 |
| 정지양 | 화성서 | 149 |
| 정지연 | 국세청 | 233 |
| 정지연 | 중기회 | 296 |
| 정지연 | 강동서 | 189 |
| 정지연 | 인천청 | 353 |
| 정지열 | 나주서 | 251 |
| 정지영 | 중부지방 | 363 |
| 정지영 | 반포서 | 254 |
| 정지영 | 기재부 | 275 |
| 정지영 | 국세청 | 122 |
| 정지영 | 서울청 | 117 |
| 정지영 | 기흥서 | 175 |
| 정지영 | 김포서 | 294 |
| 정지예 | 천안서 | 297 |
| 정지용 | 대전서 | 389 |
| 정지완 | 창동서 | 488 |
| 정지용 | 강동서 | 174 |
| 정지우 | 서울청 | 156 |
| 정지운 | 기재부 | 81 |
| 정지운 | 인천서 | 304 |
| 정지원 | 순천서 | 393 |
| 정지원 | 서울청 | 157 |
| 정지원 | 관세청 | 497 |
| 정지윤 | 화성서 | 274 |
| 정지윤 | 인천서 | 305 |
| 정지윤 | 충주서 | 370 |
| 정지은 | 조세재정 | 525 |
| 정지은 | 국회재정 | 67 |
| 정지은 | 서울청 | 160 |
| 정지은 | 인천청 | 293 |
| 정지은 | 고양서 | 309 |
| 정지은 | 순천서 | 392 |
| 정지은 | 여수서 | 395 |
| 정지헌 | 관세청 | 495 |
| 정지헌 | 시흥서 | 256 |
| 정지현 | 대구청 | 415 |
| 정지현 | 강서서 | 177 |
| 정지혜 | 서초서 | 273 |
| 정지혜 | 김해서 | 480 |
| 정지혜 | 국세상담 | 142 |
| 정지혜 | 중부서 | 227 |
| 정지혜 | 인천서 | 304 |
| 정지환 | 동대구서 | 421 |
| 정지환 | 서울지방 | 36 |
| 정지훈 | 중부청 | 235 |
| 정지훈 | 남부천서 | 422 |
| 정지훈 | 대전청 | 316 |
| 정지훈 | 여수서 | 334 |
| 정지훈 | 서부산서 | 395 |
| 정지훈 | 서부산서 | 466 |
| 정직한 | 이현세무 | 9 |
| 정직한 | 강동서 | 175 |
| 정진 | 화성서 | 275 |
| 정진걸 | 인천공항 | 507 |
| 정진경 | 동청주서 | 363 |
| 정진범 | 지방재정 | 519 |
| 정진성 | 서울청 | 154 |
| 정진숙 | 충로서 | 370 |
| 정진아 | 김포서 | 313 |
| 정진영 | 서초서 | 203 |
| 정진영 | 서울청 | 151 |
| 정진영 | 기흥서 | 153 |
| 정진우 | 서울청 | 242 |
| 정진우 | 광교세무 | 40 |
| 정진욱 | 진주서 | 487 |
| 정진욱 | 서울청 | 167 |
| 정진욱 | 조세심판 | 521 |
| 정진원 | 금감원 | 254 |
| 정진원 | 국세청 | 108 |
| 정진원 | 은평서 | 133 |
| 정진원 | 남동서 | 218 |
| 정진원 | 서울청 | 300 |
| 정진택 | 서초서 | 160 |
| 정진혁 | 세무하나 | 203 |
| 정진혁 | 서초서 | 47 |
| 정진호 | 동안산서 | 131 |
| 정진호 | 광주세관 | 262 |
| 정진환 | 중랑서 | 516 |
| 정진희 | 구미서 | 225 |
| 정진희 | 국세청 | 432 |
| 정찬구 | 분당서 | 134 |
| 정찬빈 | 기재부 | 251 |
| 정찬성 | 인천서 | 89 |
| 정찬영 | 중부지방 | 304 |
| 정찬우 | 광주청 | 37 |
| 정찬우 | 이천서 | 376 |
| 정찬조 | 동래서 | 268 |
| 정찬호 | 서광주서 | 387 |
| 정찬호 | 법무대륜 | 58 |
| 정창국 | 광산서 | 381 |
| 정창근 | 여수서 | 395 |
| 정창기 | 역삼서 | 212 |
| 정창길 | 구로서 | 180 |
| 정창우 | 남대구서 | 418 |
| 정창조 | 중부지방 | 37 |
| 정창호 | 김해서 | 481 |
| 정창국 | 대구청 | 413 |
| 정창근 | 지방재정 | 518 |
| 정창기 | 지방재정 | 518 |
| 정창길 | 기재부 | 91 |
| 정창우 | 한울회계 | 30 |
| 정창원 | 동작서 | 192 |
| 정창재 | 예일회계 | 26 |
| 정창원 | 해운대서 | 472 |
| 정창재 | 해운대서 | 473 |
| 정창재 | 창원서 | 489 |

| 이름 | 소속 | 쪽 |
|---|---|---|
| 정창훈 | 영동서 | 365 |
| 정채연 | 고양서 | 309 |
| 정채영 | 동대문서 | 191 |
| 정채환 | 기재부 | 85 |
| 정철 | 감사원 | 75 |
| 정철 | 성북서 | 207 |
| 정철규 | 계양서 | 306 |
| 정철우 | 김해서 | 481 |
| 정철화 | 노원서 | 187 |
| 정청경 | 인천청 | 295 |
| 정청래 | 법무연수원 | 3 |
| 정청래 | 국회법제 | 69 |
| 정초희 | 국회법제 | 70 |
| 정춘영 | 광산서 | 380 |
| 정충우 | 안양서 | 480 |
| 정치권 | 법무연수원 | 3 |
| 정치헌 | 동안양서 | 248 |
| 정태경 | 연수서 | 322 |
| 정태경 | 반포서 | 197 |
| 정태민 | 안양서 | 265 |
| 정태상 | 의정부서 | 324 |
| 정태식 | 서울청 | 158 |
| 정태경 | 중부청 | 239 |
| 정태영 | 국세청 | 124 |
| 정태옥 | 익산서 | 473 |
| 정태윤 | 강남서 | 173 |
| 정태형 | 천안서 | 358 |
| 정태호 | 화성서 | 68 |
| 정태호 | 국회재정 | 376 |
| 정태환 | 광주청 | 169 |
| 정택준 | 경기광주 | 259 |
| 정판교 | 영동서 | 267 |
| 정평경 | 광교세무 | 40 |
| 정평조 | | 404 |
| 정필영 | 동화성서 | 348 |
| 정필경 | 보령서 | 273 |
| 정하나 | 강릉서 | 276 |
| 정하미 | 남양주서 | 244 |
| 정하석 | 기재부 | 82 |
| 정하선 | 부산서 | 451 |
| 정하연 | 노원서 | 94 |
| 정하영 | 마산서 | 186 |
| 정하윤 | 진주서 | 482 |
| 정학기 | 대구청 | 486 |
| 정학순 | 서울서 | 416 |
| 정학식 | 마산서 | 169 |
| 정한 | 군산서 | 482 |
| 정한나 | 광산서 | 398 |
| 정한길 | 광산서 | 261 |
| 정한록 | 태평양 | 380 |
| 정한별 | 구로서 | 61 |
| 정한성 | 종로서 | 180 |
| 정한욱 | 중랑서 | 223 |
| 정한진 | 순천서 | 225 |
| 정해동 | 기흥서 | 392 |
| 정해란 | 양산서 | 242 |
| 정해란 | 조세심판 | 274 |
| 정해룡 | 부산진서 | 485 |
| 정해선 | 용산서 | 521 |
| 정해시 | 통영서 | 460 |
| 정해연 | 부산청 | 217 |
| 정해영 | 세무다솔 | 491 |
| 정해욱 | | 452 |
| 정해원 | | 43 |
| 정해진 | 상성서 | 173 |
| 정해진 | 삼성서 | 199 |
| 정해천 | 상주서 | 436 |
| 정향우 | 서울청 | 159 |
| 정헌미 | 기재부 | 82 |
| 정헌호 | 홍성서 | 134 |
| 정혁주 | 기재부 | 361 |
| 정혁철 | 동울산서 | 83 |
| 정현 | 국세청 | 474 |
| 정현규 | 남대구서 | 120 |
| 정현기 | 성북서 | 309 |
| 정현대 | 진주서 | 419 |
| 정현덕 | 중부청 | 207 |
| 정현명 | 동래서 | 486 |
| 정현모 | 구미서 | 238 |
| 정현미 | 기재부 | 459 |
| 정현미 | 선천서 | 433 |
| 정현민 | 동안산서 | 94 |
| 정현민 | 구미서 | 393 |
| 정현빈 | 성남서 | 262 |
| 정현석 | 삼성서 | 432 |
| 정현석 | 조세재정 | 252 |
| 정현석 | 성북서 | 198 |
| 정현수 | 시흥서 | 257 |
| 정현숙 | 서울청 | 525 |
| | | 206 |
| | | 257 |
| | | 153 |
| 정현숙 | 구로서 | 180 |
| | 중랑서 | 225 |
| 정현아 | 목포서 | 391 |
| 정현엽 | 기재부 | 86 |
| 정현옥 | 기재부 | 90 |
| 정현옥 | 창원서 | 489 |
| 정현원 | 서울청 | 156 |
| 정현위 | 대전청 | 336 |
| 정현정 | 이천서 | 268 |
| 정현정 | 반포서 | 197 |
| 정현정 | 중부청 | 232 |
| 정현정 | 용인서 | 267 |
| 정현정 | 동대성서 | 272 |
| 정현정 | 인천청 | 293 |
| 정현정 | 남대구서 | 418 |
| 정현정 | 경산서 | 428 |
| 정현주 | 마산서 | 483 |
| 정현주 | 국세청 | 124 |
| 정현주 | 동안양서 | 249 |
| 정현주 | 수원서 | 255 |
| 정현주 | 북대전서 | 340 |
| 정현준 | 북부산서 | 464 |
| 정현준 | 중부서 | 233 |
| 정현준 | 파주서 | 326 |
| 정현준 | 대구청 | 415 |
| 정현중 | 인천공항 | 507 |
| 정현지 | 구로서 | 180 |
| 정현지 | 북대전서 | 422 |
| 정현직 | 김포서 | 312 |
| 정현진 | 전주서 | 406 |
| 정현진 | 금융위 | 99 |
| 정현진 | 도봉서 | 188 |
| 정현철 | 잠실서 | 220 |
| 정현철 | 중부서 | 226 |
| 정현철 | 경주서 | 430 |
| 정현철 | 서울청 | 151 |
| 정현태 | 동작서 | 192 |
| 정현표 | 북대전서 | 340 |
| 정현표 | 북광주서 | 384 |
| 정형 | 평택서 | 271 |
| 정형 | 종로서 | 222 |
| 정형호 | 광주청 | 376 |
| 정형범 | 기재부 | 80 |
| 정형석 | 반포서 | 196 |
| 정형석 | 김포서 | 313 |
| 정형주 | 서울청 | 159 |
| 정형준 | 서울청 | 150 |
| 정형준 | 광주서 | 382 |
| 정형창 | 종로서 | 223 |
| 정형창 | 아산서 | 355 |
| 정혜경 | 북대구서 | 422 |
| 정혜경 | 삼성서 | 199 |
| 정혜린 | 북광주서 | 384 |
| 정혜림 | 김포서 | 312 |
| 정혜미 | 경산서 | 151 |
| 정혜미 | 서울청 | 428 |
| 정혜미 | 서울청 | 161 |
| 정혜아 | 광명서 | 311 |
| 정혜영 | 서울청 | 153 |
| 정혜영 | 영등포서 | 214 |
| 정혜영 | 잠실서 | 221 |
| 정혜영 | 중부서 | 226 |
| 정혜원 | 국세청 | 227 |
| 정혜원 | 용산서 | 134 |
| 정혜원 | 경주서 | 217 |
| 정혜원 | 부산청 | 430 |
| 정혜윤 | 관악서 | 449 |
| 정혜윤 | 기흥서 | 178 |
| 정혜윤 | 인천청 | 224 |
| 정혜임 | 대전청 | 242 |
| 정혜정 | 강남서 | 296 |
| 정혜정 | 구로서 | 334 |
| 정혜정 | 안산서 | 172 |
| 정혜지 | 금천서 | 181 |
| 정혜진 | 잠실서 | 260 |
| 정혜진 | 기재부 | 182 |
| 정혜진 | 서울청 | 220 |
| 정혜진 | 이천서 | 90 |
| 정혜진 | 대전청 | 166 |
| 정혜진 | 광산서 | 268 |
| 정혜진 | 대구청 | 335 |
| 정혜진 | 동래서 | 375 |
| 정혜진 | 조세재정 | 380 |
| 정혜화 | 광주청 | 413 |
| 정호근 | 원주서 | 458 |
| 정호석 | 부산세관 | 375 |
| 정호석 | 기재부 | 285 |
| 정호석 | 대전청 | 510 |
| 정호선 | 대구청 | 91 |
| 정호선 | | 335 |
| | | 413 |
| 정호성 | 평택서 | 271 |
| 정호성 | 인천서 | 304 |
| 정호성 | 경기광주 | 452 |
| 정호영 | 삼성서 | 259 |
| 정호영 | 인천청 | 198 |
| 정호영 | 북대구서 | 292 |
| 정호용 | 기재부 | 396 |
| 정호진 | 부산강서 | 422 |
| 정호창 | 관세사회 | 80 |
| 정호태 | 역삼서 | 52 |
| 정호형 | 수성서 | 213 |
| 정홍석 | 남대문서 | 427 |
| 정홍석 | 제주서 | 185 |
| 정화선 | 성동서 | 493 |
| 정화승 | 인천청 | 204 |
| 정화자 | 성동서 | 296 |
| 정환동 | 구로서 | 205 |
| 정환철 | 노동서 | 180 |
| 정환철 | 안진회계 | 186 |
| 정회수 | 남대구서 | 17 |
| 정회영 | 동고양서 | 418 |
| 정회재 | 삼륭세무 | 315 |
| 정회정 | 금천서 | 16 |
| 정회훈 | 기재부 | 45 |
| 정효경 | 경기광주 | 481 |
| 정효민 | 속초서 | 82 |
| 정효상 | 기재부 | 258 |
| 정효주 | 노원서 | 281 |
| 정효중 | 금천서 | 183 |
| 정훈 | 평택서 | 93 |
| 정훈 | 국세청 | 523 |
| 정휘언 | 중부서 | 235 |
| 정흥기 | 북대전서 | 94 |
| 정흥경 | 익산서 | 187 |
| 정희경 | 노원서 | 155 |
| 정희라 | 중부청 | 182 |
| 정희봉 | 광주청 | 270 |
| 정희상 | 서초서 | 126 |
| 정희석 | 통영서 | 271 |
| 정희선 | 광교세무 | 21 |
| 정희선 | 대구청 | 239 |
| 정희선 | 성동서 | 414 |
| 정희섭 | 부천서 | 205 |
| 정희수 | 북부산서 | 319 |
| 정희연 | 남동서 | 465 |
| 정희옥 | 삼성서 | 391 |
| 정희원 | 중부서 | 301 |
| 정희원 | 광명서 | 223 |
| 정희은 | 광주청 | 382 |
| 정희재 | 국세청 | 137 |
| 정희정 | 도봉서 | 189 |
| 정희정 | 경기광주 | 259 |
| 제갈용 | 동화성서 | 272 |
| 제갈형 | 부산청 | 453 |
| 제민근 | 국세청 | 134 |
| 제민지 | 은평서 | 218 |
| 제범모 | 성남서 | 252 |
| 제상훈 | 중부서 | 227 |
| 제실 | 김해서 | 481 |
| 제우성 | 북부산서 | 160 |
| 제은아 | 부산진서 | 464 |
| 제재호 | 금천서 | 460 |
| 제현종 | 중기회 | 457 |
| 제홍문 | 광산서 | 449 |
| 조가연 | 울산서 | 116 |
| 조가윤 | 서초서 | 217 |
| 조강우 | 분당서 | 209 |
| 조강훈 | 북전주서 | 476 |
| 조강준 | 평택서 | 156 |
| 조강희 | 금감원 | 484 |
| 조건훈 | 국세청 | 251 |
| | 부천서 | 401 |
| | 세무다솔 | 403 |
| | | 271 |
| | | 103 |
| | | 448 |
| | | 126 |
| | | 318 |
| | | 43 |
| 조경민 | 서울청 | 159 |
| 조경배 | 해운대서 | 473 |
| 조경숙 | 해운대서 | 472 |
| 조경아 | 노원서 | 187 |
| 조경제 | 현대회계 | 31 |
| 조경진 | 익산서 | 404 |
| 조경태 | 김해서 | 227 |
| 조경혜 | 강서서 | 481 |
| 조경희 | 통영서 | 177 |
| 조경희 | 연수서 | 490 |
| 조계호 | 김천서 | 323 |
| 조광덕 | 평택서 | 434 |
| 조광래 | 순천서 | 271 |
| 조광제 | 반포서 | 393 |
| 조광희 | 분당서 | 196 |
| 조규범 | 종수원서 | 250 |
| 조규산 | 안진회계 | 223 |
| 조규상 | 기재부 | 246 |
| 조근비 | 화성서 | 17 |
| 조금모 | 화성서 | 382 |
| 조기현 | 포항서 | 84 |
| 조기현 | 진주서 | 275 |
| 조길현 | 서울청 | 212 |
| 조길현 | 종로서 | 489 |
| 조남명 | 청주서 | 275 |
| 조남복 | 세무다솔 | 407 |
| 조남욱 | 동청주서 | 143 |
| 조남철 | 대구청 | 363 |
| 조다인 | 인천청 | 414 |
| 조다현 | 구로서 | 295 |
| 조대규 | 의정부서 | 181 |
| 조대성 | 고양서 | 324 |
| 조대연 | 금융위 | 308 |
| 조대훈 | 강남서 | 99 |
| 조덕상 | 반포서 | 122 |
| 조동관 | 이천서 | 173 |
| 조동연 | 세무하나 | 196 |
| 조동진 | 금감원 | 202 |
| 조동표 | 강동서 | 268 |
| 조동혁 | 포천서 | 47 |
| 조란 | | 102 |
| 조래성 | 서대구서 | 174 |
| 조래혁 | 기재부 | 197 |
| 조래연 | 국세청 | 328 |
| 조만석 | 기재부 | 404 |
| 조만헌 | 중랑서 | 425 |
| 조명근 | 의정부서 | 84 |
| 조명상 | 용산서 | 120 |
| 조명석 | 대구청 | 80 |
| 조명석 | 광교세무 | 224 |
| 조명완 | 국세청 | 324 |
| 조명은 | 부산청 | 217 |
| 조무언 | 태평양 | 365 |
| 조문균 | 기재부 | 413 |
| 조문현 | 성동서 | 40 |
| 조미 | 목포서 | 334 |
| 조미겸 | 동청주서 | 137 |
| 조미경 | 동수원서 | 451 |
| 조미란 | 북대구서 | 61 |
| 조미성 | 국세청 | 93 |
| 조미애 | 강서서 | 81 |
| 조미애 | 용산서 | 205 |
| 조미영 | 북부산서 | 390 |
| 조미옥 | 평택서 | 363 |
| 조미주 | 금천서 | 246 |
| 조미주 | 중기회 | 422 |
| 조미진 | 송파서 | 120 |
| 조미진 | 울산서 | 176 |
| 조미현 | 중기회 | 216 |
| 조미혜 | 양산서 | 464 |
| 조미화 | 분당서 | 150 |
| 조미희 | 금감원 | 270 |
| 조민경 | 울산서 | 234 |
| 조민경 | 중부청 | 408 |
| 조민규 | 수영서 | 469 |
| 조민래 | 영등포서 | 214 |
| 조민석 | 부산청 | 265 |
| | | 320 |
| | | 353 |
| | | 168 |
| | | 206 |
| | | 483 |
| | | 197 |
| | | 305 |
| | | 482 |
| | | 82 |
| | | 454 |
| | | 227 |
| 조민석 | 동안양서 | 249 |
| 조민성 | 국세청 | 121 |
| 조민성 | 서울청 | 152 |
| 조민수 | 노원서 | 186 |
| 조민영 | 양천서 | 210 |
| 조민영 | 삼성서 | 199 |
| 조민영 | 동고양서 | 314 |
| 조민영 | 대전서 | 339 |
| 조민영 | 해운대서 | 472 |
| 조민재 | 관악서 | 178 |
| 조민정 | 고양서 | 309 |
| 조민정 | 대전청 | 332 |
| 조민제 | 동대구서 | 421 |
| 조민주 | 익산서 | 405 |
| 조민지 | 강남서 | 172 |
| 조민지 | 부천서 | 318 |
| 조민철 | 고양서 | 309 |
| 조민호 | 성동서 | 204 |
| 조민희 | 인천청 | 292 |
| 조민희 | 금감원 | 104 |
| 조민희 | 중부청 | 234 |
| 조배숙 | 부산청 | 453 |
| 조범래 | 국회법제 | 70 |
| 조범제 | 서울청 | 159 |
| 조병길 | 포항서 | 445 |
| 조병녕 | 천안서 | 359 |
| 조병만 | 서부산서 | 466 |
| 조병섭 | 의정부서 | 324 |
| 조병성 | 영등포서 | 215 |
| 조병우 | 국세청 | 125 |
| 조병주 | 안양서 | 262 |
| 조병준 | 삼성서 | 199 |
| 조병철 | 평택서 | 271 |
| 조병환 | 용인서 | 267 |
| 조보연 | 국세청 | 127 |
| 조복환 | 서울청 | 150 |
| 조봉경 | 국세상담 | 143 |
| 조봉기 | 예일세무 | 50 |
| 조상래 | 삼성서 | 480 |
| 조상미 | 삼성서 | 198 |
| 조상미 | 국세청 | 348 |
| 조상미 | 강릉서 | 122 |
| 조상범 | 국세청 | 276 |
| 조상수 | 김앤장 | 408 |
| 조상옥 | 김앤장 | 55 |
| 조상옥 | 법무대륜 | 58 |
| 조상운 | 수원서 | 254 |
| 조상원 | 기재부 | 83 |
| 조상진 | 세종서 | 468 |
| 조상현 | 청주서 | 352 |
| 조상현 | 순천서 | 369 |
| 조상훈 | 기재부 | 392 |
| 조서연 | 서인천서 | 78 |
| 조서현 | 삼정회계 | 303 |
| 조서혜 | 국세청 | 23 |
| 조석권 | 평택서 | 135 |
| 조석일 | 삼성서 | 271 |
| 조석성 | 경기광주 | 199 |
| 조석우 | 금천서 | 259 |
| 조석훈 | 노원서 | 182 |
| 조선덕 | 부산진서 | 183 |
| 조선영 | 북고양서 | 186 |
| 조선진 | 북서부산서 | 461 |
| 조선형 | 지방재정 | 314 |
| 조선희 | 삼덕회계 | 15 |
| 조선희 | 광주청 | 341 |
| 조성경 | 서울청 | 467 |
| 조성광 | 수원서 | 518 |
| 조성권 | 동청주서 | 19 |
| 조성덕 | 지방재정 | 376 |
| 조성래 | 해운대서 | 161 |
| 조성래 | 역삼서 | 255 |
| 조성리 | 기재부 | 363 |
| 조성목 | 기재부 | 518 |
| | 해운대서 | 472 |
| | 역삼서 | 213 |
| | 기재부 | 82 |
| | | 89 |
| | 강남서 | 173 |
| | 서초서 | 202 |
| | 서울청 | 158 |
| | 금천서 | 183 |
| | 속초서 | 281 |
| | 김앤장 | 55 |
| | 강동서 | 175 |
| | 남동서 | 301 |
| | 서대구서 | 424 |
| | 동울산서 | 456 |
| | 동울산서 | 475 |
| | 서인천서 | 303 |
| | 세무다솔 | 43 |

| 이름 | 소속 | 쪽 |
|---|---|---|
| 채규일 | 광주청 | 375 |
| 채남용 | 성동서 | 205 |
| 채남희 | 나주서 | 389 |
| 채다빈 | 세무다솔 | 43 |
| 채동준 | 동안양서 | 278 |
| 채만식 | 서울청 | 248 |
| 채명석 | 여수서 | 167 |
| 채명신 | 대구청 | 395 |
| 채명우 | 국세주류 | 414 |
| 채명훈 | 서인천서 | 140 |
| 채문석 | 의정부서 | 302 |
| 채미옥 | 인천청 | 324 |
| 채민기 | 서울청 | 295 |
| 채민석 | 평택서 | 171 |
| 채민재 | 이천서 | 270 |
| 채민정 | 종로서 | 268 |
| 채민호 | 경주서 | 215 |
| 채민화 | 중부청 | 223 |
| 채상윤 | 이천서 | 430 |
| 채상조 | 삼척서 | 238 |
| 채상철 | 성주서 | 268 |
| 채성희 | 지방재정 | 278 |
| 채성옥 | 마포서 | 369 |
| 채성운 | 안산서 | 519 |
| 채성호 | 서인천서 | 195 |
| 채송화 | 국세청 | 261 |
| 채수민 | 군산서 | 303 |
| 채수정 | 송파서 | 136 |
| 채수필 | 강동서 | 398 |
| 채수향 | 광주서 | 208 |
| 채숙경 | 해운대서 | 174 |
| 채승아 | 태평양 | 383 |
| 채승완 | 경산서 | 472 |
| 채승훈 | 부산서 | 61 |
| 채여정 | 강동서 | 429 |
| 채연기 | 용산서 | 450 |
| 채연식 | 파주서 | 174 |
| 채연주 | 중부서 | 234 |
| 채연학 | 잠실서 | 217 |
| 채예지 | 도봉서 | 326 |
| 채용문 | 여수서 | 223 |
| 채용찬 | 현대회계 | 220 |
| 채우리 | 익산서 | 188 |
| 채우병 | 김포서 | 394 |
| 채웅길 | 의정부서 | 31 |
| 채원식 | 국세상담 | 405 |
| 채유진 | 구리서 | 313 |
| 채은정 | 성북서 | 89 |
| 채정석 | 서울청 | 325 |
| 채정호 | 국세청 | 143 |
| 채정환 | 법무율촌 | 240 |
| 채정훈 | 서울청 | 206 |
| 채종석 | 중부서 | 169 |
| 채종일 | 동작서 | 120 |
| 채종철 | 대구청 | 59 |
| 채주희 | 군산서 | 151 |
| 채준석 | 평택서 | 226 |
| 채준형 | 중부청 | 192 |
| 채중석 | 기재부 | 415 |
| 채지웅 | 남동서 | 399 |
| 채지현 | 남부천서 | 271 |
| 채진병 | 국세청 | 238 |
| 채진우 | 영월서 | 316 |
| 채칠용 | 부산지서 | 120 |
| 채한기 | 예일회계 | 282 |
| 채현진 | 서대문서 | 461 |
| 채현진 | 김포서 | 26 |
| 채혜란 | 연수서 | 201 |
| 채혜인 | 중부서 | 312 |
| 채혜정 | 남대문서 | 323 |
| 채호정 | 대전청 | 235 |
| 채홍선 | 인천청 | 185 |
| 채희문 | 북전주서 | 251 |
| 채희원 | 안산서 | 332 |
| 채희주 | 천안서 | 297 |
| 채희준 | 대한회계 | 403 |
| 채희태 | 영등포서 | 261 |
| 천경식 | 의정부서 | 132 |
| 천광지영 | 국세청 | 358 |
| 천난영 | 포항서 | 16 |
| 천기문 | 중부청 | 383 |
| 천만진 | 남원서 | 214 |
| 천명길 | 마포서 | 325 |
| 천명선 | 송파서 | 137 |
| 천문의 | 연수서 | 444 |
| 천미영 | 남대문서 | 400 |
| 천미진 | 남대문서 | 184 |
| 천민근 | 북전주서 | 403 |
| 천민미 | 기재부 | 91 |
| 천상미 | 예산서 | 357 |
| 천상삼 | 천안서 | 435 |
| 천새봄 | 은평서 | 219 |
| 천서정 | 북광주서 | 384 |
| 천선경 | 국세상담 | 142 |
| 천성락 | 김해서 | 480 |
| 천성준 | 금감원 | 111 |
| 천세희 | 국세상담 | 143 |
| 천소진 | 원주서 | 284 |
| 천수현 | 동청주서 | 363 |
| 천승렬 | 용인서 | 267 |
| 천승민 | 구미서 | 433 |
| 천승범 | 진주서 | 487 |
| 천승현 | 포천서 | 486 |
| 천승환 | 수영서 | 329 |
| 천영수 | 삼일회계 | 468 |
| 천영익 | 법무지평 | 20 |
| 천영환 | 삼성서 | 60 |
| 천요한 | 예일세무 | 199 |
| 천우남 | 의정부서 | 50 |
| 천우진 | 김천서 | 324 |
| 천원철 | 김해서 | 434 |
| 천인호 | 순천서 | 480 |
| 천일 | 강남서 | 393 |
| 천재인 | 금감원 | 458 |
| 천재호 | 기재부 | 323 |
| 천정희 | 남대구서 | 173 |
| 천주석 | 중부청 | 101 |
| 천주석 | 고양서 | 77 |
| 천준환 | 김포서 | 418 |
| 천지연 | 기재부 | 236 |
| 천지은 | 해운대서 | 237 |
| 천진해 | 용산서 | 309 |
| 천태라 | 국회재정 | 312 |
| 천하람 | 북대구서 | 91 |
| 천하자 | 계양서 | 473 |
| 천현식 | 서인천서 | 471 |
| 천현창 | 중부서 | 216 |
| 천혜란 | 울산서 | 459 |
| 천혜빈 | 남대구서 | 68 |
| 천혜원 | 지방재정 | 422 |
| 천혜정 | 북대구서 | 307 |
| 천혜지 | 국세청 | 302 |
| 천호철 | 부산강서 | 358 |
| 천효순 | 마산서 | 235 |
| 체능관 | 대전청 | 476 |
| 쳔영현 | 서대문서 | 213 |
| 최가인 | 동작서 | 518 |
| 최가인 | 부산진서 | 423 |
| 최강식 | 동래서 | 134 |
| 최강원 | 이천서 | 463 |
| 최강진 | 동청주서 | 482 |
| 최건호 | 서인천서 | 335 |
| 최경남 | 북전주서 | 200 |
| 최경락 | 기재부 | 193 |
| 최경남 | 국세청 | 396 |
| 최경배 | 남대구서 | 460 |
| 최경수 | 익산서 | 459 |
| 최경식 | 제주서 | 268 |
| 최경아 | 분당서 | 362 |
| 최경아 | 금감원 | 302 |
| 최경애 | 영월서 | 403 |
| 최경원 | 연수서 | 79 |
| 최경은 | 영덕서 | 131 |
| 최경준 | 안진회계 | 418 |
| 최경진 | 울산서 | 404 |
| 최경철 | 통청주서 | 492 |
| 최경철 | 국세상담 | 250 |
| 최경화 | 충주서 | 108 |
| 최경화 | 천안서 | 283 |
| 최경화 | 인천서 | 323 |
| 최경희 | 대구서 | 440 |
| 최고든 | 동대문서 | 17 |
| 최고은 | 창원서 | 477 |
| 최고진 | 광산서 | 362 |
| 최관수 | 동대문서 | 283 |
| 최광민 | 기재부 | 142 |
| 최광백 | 수영서 | 370 |
| 최광식 | 태평양 | 289 |
| 최광신 | 제천서 | 293 |
| 최교신 | 지방재정 | 518 |
| 최국주 | 안진회계 | 17 |
| 최권호 | 나주서 | 389 |
| 최규동 | 대현회계 | 48 |
| 최규선 | 경기광주 | 258 |
| 최규웅 | 노원서 | 187 |
| 최규율 | 지방재정 | 519 |
| 최규종 | 상공회의 | 84 |
| 최규진 | 부산진서 | 115 |
| 최규철 | 인천서 | 460 |
| 최규환 | 법무율촌 | 86 |
| 최근수 | 국세청 | 304 |
| 최근식 | 부산청 | 59 |
| 최근영 | 세무하나 | 284 |
| 최근우 | 은평서 | 132 |
| 최근욱 | 기흥서 | 448 |
| 최근창 | 서대구서 | 47 |
| 최근형 | 평택서 | 218 |
| 최근호 | 국세청 | 242 |
| 최근호 | 기흥서 | 425 |
| 최금무 | 조세재정 | 213 |
| 최금해 | 조세재정 | 271 |
| 최기상 | 국회재정 | 125 |
| 최기순 | 경주서 | 242 |
| 최기용 | 남대구서 | 524 |
| 최기웅 | 노원서 | 525 |
| 최기웅 | 성동서 | 192 |
| 최기현 | 광명서 | 68 |
| 최기환 | 양천서 | 356 |
| 최길만 | 서울청 | 144 |
| 최길섭 | 노원서 | 431 |
| 최길숙 | 동래서 | 418 |
| 최나경 | 연수서 | 186 |
| 최나영 | 목포서 | 205 |
| 최낙상 | 기재부 | 310 |
| 최남균 | 울산서 | 211 |
| 최남숙 | 금천서 | 380 |
| 최남열 | 서울청 | 170 |
| 최노용 | 천안서 | 187 |
| 최다경 | 현대회계 | 227 |
| 최다솜 | 광주서 | 322 |
| 최다은 | 은평서 | 390 |
| 최다연 | 공주서 | 84 |
| 최다영 | 웅청주서 | 477 |
| 최다예 | 기재부 | 457 |
| 최다혜 | 중부청 | 441 |
| 최다혜 | 동래서 | 182 |
| 최다혜 | 광산서 | 150 |
| 최달영 | 북광주서 | 359 |
| 최대림 | 감사원 | 244 |
| 최대선 | 부산서 | 31 |
| 최대현 | 기재부 | 344 |
| 최덕희 | 현대회계 | 218 |
| 최도석 | 강릉서 | 344 |
| 최도순 | 기재부 | 362 |
| 최도현 | 서울청 | 82 |
| 최동수 | 대구청 | 231 |
| 최동우 | 원주서 | 315 |
| 최동원 | 중부청 | 320 |
| 최동일 | 중랑서 | 380 |
| 최동주 | 금감원 | 385 |
| 최동진 | 기재부 | 73 |
| 최동찬 | 서초서 | 487 |
| 최동혁 | 북광주서 | 450 |
| 최동현 | 감사원 | 82 |
| 최동협 | 부산청 | 457 |
| 최두영 | 기재부 | 91 |
| 최두현 | 현대회계 | 276 |
| 최락진 | 강릉서 | 165 |
| 최만석 | 부산청 | 448 |
| 최명길 | 수영서 | 468 |
| 최명일 | 은평서 | 219 |
| 최명주 | 국세청 | 139 |
| 최명준 | 서울청 | 170 |
| 최명진 | 중부청 | 237 |
| 최명현 | 서울청 | 156 |
| 최명호 | 중부청 | 238 |
| 최명환 | 부산강서 | 462 |
| 최명훈 | 서초서 | 201 |
| 최문경 | 서초서 | 203 |
| 최문성 | 기재부 | 217 |
| 최문자 | 광주청 | 86 |
| 최문석 | 관악서 | 377 |
| 최미경 | 성동서 | 382 |
| 최미경 | 동고양서 | 178 |
| 최미경 | 익산서 | 314 |
| 최미나 | 대구서 | 405 |
| 최미녀 | 서울청 | 425 |
| 최미란 | 익산서 | 171 |
| 최미리 | 서울청 | 405 |
| 최미리 | 종로서 | 151 |
| 최미선 | 금천서 | 222 |
| 최미선 | 조세재정 | 183 |
| 최미숙 | 의정부서 | 524 |
| 최미숙 | 대전청 | 324 |
| 최미애 | 강서서 | 337 |
| 최미영 | 포항서 | 177 |
| 최미영 | 국세교육 | 444 |
| 최미영 | 역삼서 | 145 |
| 최미영 | 동안양서 | 212 |
| 최미영 | 순천서 | 249 |
| 최미영 | 조세재정 | 392 |
| 최미영 | 조세재정 | 522 |
| 최미영 | 조세재정 | 522 |
| 최미옥 | 서초서 | 203 |
| 최미자 | 성남서 | 252 |
| 최미정 | 잠실서 | 221 |
| 최미정 | 중부청 | 232 |
| 최미정 | 중화성서 | 272 |
| 최미진 | 북대전서 | 340 |
| 최미혜 | 광산서 | 381 |
| 최민 | 국세청 | 134 |
| 최민경 | 동작서 | 193 |
| 최민교 | 남동서 | 301 |
| 최민규 | 기재부 | 86 |
| 최민서 | 노원서 | 187 |
| 최민석 | 납부천서 | 316 |
| 최민석 | 부산진서 | 460 |
| 최민석 | 금천서 | 183 |
| 최민수 | 대구청 | 413 |
| 최민식 | 마포서 | 195 |
| 최민애 | 성동서 | 205 |
| 최민우 | 동울산서 | 475 |
| 최민우 | 경기광주 | 259 |
| 최민정 | 국세청 | 132 |
| 최민정 | 삼척서 | 279 |
| 최민정 | 역삼서 | 213 |
| 최민정 | 영등포서 | 215 |
| 최민정 | 잠실서 | 220 |
| 최민정 | 대전서 | 339 |
| 최민지 | 전주서 | 406 |
| 최민지 | 부산진서 | 460 |
| 최민지 | 서산서 | 351 |
| 최방석 | 세종서 | 353 |
| 최범규 | 지방재정 | 519 |
| 최범식 | 잠실서 | 221 |
| 최법전 | 강감원 | 102 |
| 최병구 | 중부청 | 239 |
| 최병국 | 경주서 | 430 |
| 최병권 | 강서서 | 176 |
| 최병권 | 인천서 | 304 |
| 최병길 | 국회재정 | 67 |
| 최병길 | 금천서 | 182 |
| 최병례 | 서대구서 | 424 |
| 최병린 | 기흥서 | 242 |
| 최병민 | 용인서 | 266 |
| 최병분 | 충주서 | 371 |
| 최병석 | 서초서 | 202 |
| 최병석 | 종로서 | 39 |
| 최병열 | 광교세무 | 166 |
| 최병우 | 서울청 | 393 |
| 최병재 | 순천서 | 292 |
| 최병준 | 인천청 | 412 |
| 최병준 | 대구청 | 371 |
| 최병진 | 충주서 | 489 |
| 최병철 | 창원서 | 216 |
| 최병태 | 용산서 | 404 |
| 최병하 | 익산서 | 404 |
| 최병화 | 용인서 | 266 |
| 최병훈 | 지방재정 | 519 |
| 최보경 | 수영서 | 468 |
| 최보람 | 국세청 | 138 |
| 최보령 | 강남서 | 172 |
| 최보문 | 남동서 | 301 |
| 최보미 | 양천서 | 211 |
| 최보선 | 택스홀앤 | 48 |
| 최보성 | 영등포서 | 214 |
| 최보영 | 광주청 | 379 |
| 최보윤 | 김포서 | 312 |
| 최보현 | 남대문서 | 185 |
| 최복기 | 평택서 | 270 |
| 최봉락 | 현대회계 | 31 |
| 최봉렬 | 양천서 | 210 |
| 최봉수 | 청주서 | 369 |
| 최봉순 | 국세청 | 139 |
| 최봉순 | 중부세무 | 39 |
| 최상 | 양천서 | 211 |
| 최상덕 | 창원서 | 434 |
| 최상림 | 구리서 | 488 |
| 최상만 | 국세청 | 240 |
| 최상목 | 기재부 | 122 |
| 최상복 | 기재부 | 77 |
| 최상연 | 진주서 | 78 |
| 최상영 | 중부서 | 251 |
| 최상원 | 대구청 | 414 |
| 최상재 | 인천서 | 227 |
| 최상채 | 순천서 | 296 |
| 최상혁 | 삼릉세무 | 393 |
| 최상형 | 강동서 | 230 |
| 최서나 | 춘천서 | 45 |
| 최서연 | 잠실서 | 175 |
| 최서윤 | 나주서 | 287 |
| 최서진 | 영동서 | 220 |
| 최서훈 | 기재부 | 210 |
| 최석원 | 강서서 | 388 |
| 최석종 | 김포서 | 365 |
| 최선 | 중부청 | 158 |
| 최선규 | 분당서 | 90 |
| 최선근 | 국세청 | 176 |
| 최선미 | 국세청 | 312 |
| 최선우 | 시흥서 | 318 |
| 최선이 | 서울청 | 486 |
| 최선재 | 심판원 | 206 |
| 최선주 | 서울청 | 352 |
| 최선학 | 동작서 | 302 |
| 최선혜 | 김포서 | 109 |
| 최선호 | 천안서 | 233 |
| 최선희 | 삼성서 | 393 |
| 최설희 | 노원서 | 181 |
| 최성관 | 도봉서 | 250 |
| 최성규 | 국세청 | 137 |
| 최성균 | 용인서 | 131 |
| 최성도 | 안양서 | 256 |
| 최성례 | 영등포서 | 165 |
| 최성민 | 기재부 | 490 |
| 최성민 | 수원서 | 204 |
| 최성배 | 김해서 | 475 |
| 최성석 | 목포서 | 521 |
| 최성영 | 성동서 | 170 |
| 최성식 | 관세사회 | 174 |
| 최성영 | 국세청 | 192 |
| 최성우 | 삼일회계 | 313 |
| 최성욱 | 고양서 | 183 |
| 최성일 | 조세재정 | 199 |
| 최성일 | 노원서 | 187 |
| 최성준 | 예일세무 | 188 |
| 최성준 | 북부산서 | 465 |

| 이름 | 소속 | 쪽 |
|---|---|---|
| 최성진 | 기재부 | 94 |
| 최성태 | 관세사회 | 52 |
| 최성한 | 중부청 | 362 |
| 최성현 | 중부청 | 236 |
| 최성호 | 기재부 | 84 |
| 최성호 | 국세청 | 120 |
| 최성호 | 반포서 | 196 |
| 최성화 | 논산서 | 346 |
| 최성환 | 강남서 | 173 |
| 최성환 | 계양서 | 306 |
| 최성희 | 홍천서 | 289 |
| 최성희 | 중부산서 | 471 |
| 최세라 | 서울청 | 160 |
| 최세영 | 남양주서 | 244 |
| 최세영 | 구미서 | 433 |
| 최세은 | 안양서 | 264 |
| 최세은 | 서초서 | 202 |
| 최세진 | 이천서 | 269 |
| 최세현 | 북전주서 | 402 |
| 최세훈 | 삼정회계 | 22 |
| 최세희 | 서울청 | 158 |
| 최소담 | 나주서 | 388 |
| 최소라 | 광주청 | 377 |
| 최소아 | 노원서 | 186 |
| 최소영 | 경주서 | 430 |
| 최소영 | 서초서 | 203 |
| 최소영 | 평택서 | 271 |
| 최소윤 | 관래서 | 458 |
| 최소은 | 은평서 | 219 |
| 최솔 | 반포서 | 197 |
| 최송아 | 반포서 | 216 |
| 최송엽 | 동화성서 | 272 |
| 최수 | 의정부서 | 325 |
| 최수미 | 강동서 | 174 |
| 최수빈 | 순천서 | 392 |
| 최수빈 | 강동서 | 175 |
| 최수식 | 김해서 | 480 |
| 최수연 | 서울청 | 161 |
| 최수연 | 동부서 | 226 |
| 최수연 | 익산서 | 404 |
| 최수연 | 대전청 | 334 |
| 최수인 | 구로서 | 181 |
| 최수인 | 구리서 | 240 |
| 최수인 | 천안서 | 358 |
| 최수정 | 분당서 | 251 |
| 최수정 | 계양서 | 306 |
| 최수종 | 서대전서 | 343 |
| 최수지 | 인천청 | 292 |
| 최수진 | 노원서 | 131 |
| 최수진 | 노원서 | 186 |
| 최수진 | 기흥서 | 242 |
| 최수진 | 김천서 | 435 |
| 최수현 | 국세청 | 122 |
| 최수현 | 잠실서 | 221 |
| 최수현 | 목포서 | 391 |
| 최수현 | 부산청 | 454 |
| 최숙경 | 울산서 | 476 |
| 최숙란 | 성동서 | 204 |
| 최숙현 | 기흥서 | 242 |
| 최순봉 | 부산진서 | 461 |
| 최순자 | 목포서 | 391 |
| 최순희 | 영등포서 | 214 |
| 최순희 | 북전주서 | 402 |
| 최슬기 | 국세청 | 137 |
| 최슬기 | 서울청 | 159 |
| 최슬기 | 평택서 | 271 |
| 최슬기 | 아산서 | 354 |
| 최슬기 | 동청주서 | 363 |
| 최슬규 | 아산서 | 304 |
| 최승록 | 금강원 | 111 |
| 최승민 | 서울청 | 148 |
| 최승복 | 경기광주 | 259 |
| 최승식 | 천안서 | 359 |
| 최승오 | 보령서 | 348 |
| 최승옥 | 서초서 | 322 |
| 최승웅 | 안진회계 | 17 |
| 최승일 | 삼척서 | 278 |
| 최승철 | 속초서 | 281 |
| 최승택 | 조세심판 | 520 |
| 최승필 | 김천서 | 435 |
| 최승혁 | 강동서 | 174 |
| 최승훈 | 안양서 | 265 |
| 최승훈 | 안동서 | 438 |
| 최승훈 | 통영서 | 490 |
| 최승영 | 조세재정 | 524 |
| 최시원 | 기재부 | 87 |
| 최시원 | 중랑서 | 225 |
| 최시원 | 조세재정 | 524 |
| 최시은 | 청주서 | 369 |
| 최신호 | 광주청 | 393 |
| 최아라 | 서인천서 | 303 |
| 최아라 | 부산진서 | 460 |
| 최아름 | 구로서 | 180 |
| 최아영 | 현대회계 | 31 |
| 최안나 | 경기광주 | 258 |
| 최안나 | 동래서 | 458 |
| 최안욱 | 부산청 | 448 |
| 최여은 | 역삼서 | 213 |
| 최연 | 기재부 | 86 |
| 최연경 | 고양서 | 309 |
| 최연구 | 구리서 | 241 |
| 최연덕 | 동래서 | 458 |
| 최연서 | 광주서 | 382 |
| 최연성 | 구로서 | 181 |
| 최연수 | 북광주서 | 318 |
| 최연수 | 광주서 | 385 |
| 최연옥 | 광명동서 | 310 |
| 최연우 | 영등포서 | 365 |
| 최연우 | 원주서 | 215 |
| 최연정 | 중부청 | 284 |
| 최연정 | 중부청 | 230 |
| 최연정 | 대구세관 | 514 |
| 최연정 | 중랑서 | 225 |
| 최연정 | 양산서 | 484 |
| 최연주 | 화성서 | 275 |
| 최연지 | 남동서 | 301 |
| 최연하 | 파주서 | 326 |
| 최연하 | 전주서 | 406 |
| 최연희 | 서울청 | 153 |
| 최연희 | 관악서 | 178 |
| 최연희 | 도봉서 | 188 |
| 최연희 | 북광주서 | 384 |
| 최영 | 용인서 | 385 |
| 최영권 | 대전청 | 266 |
| 최영덕 | 금강원 | 332 |
| 최영도 | 북전주서 | 403 |
| 최영락 | 대전청 | 110 |
| 최영란 | 기재부 | 334 |
| 최영란 | 조세재정 | 92 |
| 최영민 | 서울세관 | 525 |
| 최영민 | 대전서 | 339 |
| 최영민 | 서울세관 | 499 |
| 최영보 | 도봉서 | 501 |
| 최영봉 | 반포서 | 189 |
| 최영봉 | 금강원 | 197 |
| 최영선 | 부산청 | 110 |
| 최영수 | 서대구서 | 448 |
| 최영숙 | 세무하나 | 200 |
| 최영숙 | 중부서 | 47 |
| 최영아 | 마포서 | 226 |
| 최영우 | 서울청 | 195 |
| 최영우 | 국세청 | 163 |
| 최영우 | 원주서 | 124 |
| 최영윤 | 삼정회계 | 285 |
| 최영은 | 대구서 | 24 |
| 최영인 | 역삼서 | 417 |
| 최영임 | 서울청 | 212 |
| 최영임 | 광주청 | 421 |
| 최영전 | 광산서 | 158 |
| 최영조 | 기재부 | 375 |
| 최영주 | 경기광주 | 380 |
| 최영주 | 광주청 | 79 |
| 최영준 | 경기광주 | 259 |
| 최영준 | 관세상담 | 105 |
| 최영준 | 중부청 | 377 |
| 최영준 | 중부청 | 497 |
| 최영준 | 예산서 | 143 |
| 최영춘 | 포항서 | 229 |
| 최영춘 | 서울세관 | 231 |
| 최영춘 | 서울세관 | 232 |
| 최영지 | 용산서 | 233 |
| 최영지 | 성북서 | 356 |
| 최영진 | 순천서 | 445 |
| 최영진 | 대전청 | 499 |
| 최영철 | 국세청 | 500 |
| 최영철 | 삼성서 | 216 |
| 최영철 | 포항서 | 207 |
| 최영철 | 중부산서 | 267 |
| 최영철 | 강남서 | 393 |
| 최영철 | 국세청 | 332 |
| 최영철 | 금천서 | 121 |
| 최영철 | 평택서 | 198 |
| 최영학 | 관악서 | 445 |
| 최영현 | 강남서 | 470 |
| 최영현 | 금천서 | 164 |
| 최영호 | 국세청 | 172 |
| 최영호 | 금천서 | 172 |
| 최영호 | 평택서 | 139 |
| 최영환 | 관악서 | 182 |
| 최영환 | 광명서 | 219 |
| 최영환 | 광명서 | 270 |
| 최영훈 | 국세청 | 178 |
| 최예린 | 해남서 | 253 |
| 최예진 | 해남서 | 396 |
| 최오동 | 서울청 | 171 |
| 최옥구 | 중부청 | 334 |
| 최완 | 대전청 | 234 |
| 최완규 | 법무율촌 | 59 |
| 최완규 | 화성서 | 239 |
| 최왕규 | 파주서 | 274 |
| 최용규 | 고시회 | 327 |
| 최용근 | 남양주서 | 34 |
| 최용민 | 구로서 | 244 |
| 최용복 | 역삼서 | 181 |
| 최용선 | 송파서 | 209 |
| 최용세 | 역삼서 | 212 |
| 최용수 | 충주서 | 370 |
| 최용준 | 부평서 | 321 |
| 최용철 | 서대전서 | 343 |
| 최용호 | 서울청 | 148 |
| 최용호 | 금강원 | 112 |
| 최용호 | 세무다슬 | 43 |
| 최용훈 | 북광주서 | 385 |
| 최용훈 | 기재부 | 85 |
| 최우녕 | 강동서 | 174 |
| 최우리 | 화성서 | 275 |
| 최우석 | 법무율촌 | 59 |
| 최우석 | 서울청 | 166 |
| 최우성 | 김천서 | 434 |
| 최우성 | 부산청 | 455 |
| 최우신 | 고양서 | 308 |
| 최우영 | 경기광주 | 93 |
| 최우영 | 기흥서 | 105 |
| 최우영 | 수원서 | 236 |
| 최우진 | 동울산서 | 470 |
| 최욱경 | 마포서 | 174 |
| 최욱식 | 고양서 | 266 |
| 최웅환 | 대전서 | 259 |
| 최웅렬 | 대전청 | 243 |
| 최원길 | 진주서 | 254 |
| 최원봉 | 용산서 | 474 |
| 최원석 | 송파서 | 194 |
| 최원석 | 구로서 | 309 |
| 최원영 | 서대문서 | 336 |
| 최원우 | 동안양서 | 235 |
| 최원익 | 고양서 | 486 |
| 최원제 | 광주청 | 216 |
| 최원준 | 종로서 | 209 |
| 최원준 | 국세청 | 180 |
| 최원진 | 김포서 | 201 |
| 최원태 | 상주서 | 248 |
| 최원화 | 송파서 | 308 |
| 최원희 | 북광주서 | 378 |
| 최유건 | 택스홈앤 | 222 |
| 최유나 | 평목서 | 135 |
| 최유리 | 국세청 | 181 |
| 최유림 | 남대구서 | 313 |
| 최유림 | 금정서 | 436 |
| 최유미 | 부산진서 | 209 |
| 최유선 | 국세청 | 384 |
| 최유성 | 삼성서 | 48 |
| 최유성 | 도봉서 | 270 |
| 최유연 | 서울청 | 390 |
| 최유일 | 김포서 | 445 |
| 최유정 | 남대구서 | 137 |
| 최유진 | 북대전서 | 419 |
| 최유진 | 택스홈앤 | 456 |
| 최유진 | 강동서 | 461 |
| 최유진 | 조세재정 | 121 |
| 최유진 | 동대구서 | 199 |
| 최유림 | 서울청 | 189 |
| 최유림 | 대구청 | 413 |
| 최유철 | 삼일회계 | 20 |
| 최윤경 | 대전청 | 337 |
| 최윤기 | 수원서 | 254 |
| 최윤기 | 신대동 | 53 |
| 최윤미 | 서대문서 | 201 |
| 최윤미 | 안양서 | 265 |
| 최윤미 | 인천청 | 294 |
| 최윤미 | 부산청 | 448 |
| 최윤서 | 조세재정 | 523 |
| 최윤서 | 서울청 | 163 |
| 최윤선 | 동화성서 | 272 |
| 최윤선 | 금강원 | 102 |
| 최윤성 | 국세상담 | 142 |
| 최윤수 | 분당서 | 250 |
| 최윤수 | 용인서 | 266 |
| 최윤실 | 삼일회계 | 20 |
| 최윤영 | 김해서 | 451 |
| 최윤영 | 서울청 | 480 |
| 최윤영 | 동수원서 | 247 |
| 최윤정 | 부산청 | 160 |
| 최윤정 | 동수원서 | 247 |
| 최윤정 | 서초서 | 202 |
| 최윤정 | 용인서 | 267 |
| 최윤정 | 남동서 | 300 |
| 최윤정 | 충주서 | 371 |
| 최윤정 | 계양서 | 306 |
| 최윤주 | 북광주서 | 384 |
| 최윤진 | 서울청 | 166 |
| 최윤혁 | 대전청 | 270 |
| 최윤형 | 경주서 | 430 |
| 최윤호 | 창원서 | 489 |
| 최윤호 | 대전청 | 334 |
| 최윤회 | 동화성서 | 273 |
| 최윤후 | 기재부 | 81 |
| 최은경 | 동작서 | 192 |
| 최은경 | 계양서 | 307 |
| 최은경 | 파주서 | 327 |
| 최은경 | 북전주서 | 402 |
| 최은경 | 부산청 | 452 |
| 최은경 | 이안세무 | 51 |
| 최은락 | 상공회의 | 114 |
| 최은미 | 국세상담 | 142 |
| 최은미 | 서울청 | 154 |
| 최은미 | 세종서 | 352 |
| 최은복 | 포천서 | 328 |
| 최은빈 | 수영서 | 469 |
| 최은선 | 국회재정 | 68 |
| 최은선 | 시흥서 | 256 |
| 최은수 | 성동서 | 204 |
| 최은수 | 화성서 | 274 |
| 최은숙 | 서울청 | 125 |
| 최은숙 | 금강원 | 157 |
| 최은숙 | 성북서 | 104 |
| 최은애 | 북대구서 | 207 |
| 최은애 | 진주서 | 486 |
| 최은양 | 기재부 | 78 |
| 최은영 | 기재부 | 90 |
| 최은영 | 국세청 | 122 |
| 최은영 | 서울청 | 166 |
| 최은영 | 금천서 | 182 |
| 최은영 | 양천서 | 210 |
| 최은영 | 잠실서 | 220 |
| 최은영 | 고양서 | 309 |
| 최은영 | 구미서 | 432 |
| 최은영 | 삼정회계 | 22 |
| 최은옥 | 삼정고양서 | 314 |
| 최은유 | 서울청 | 151 |
| 최은유 | 서울청 | 165 |
| 최은정 | 남부천서 | 317 |
| 최은정 | 대현회계 | 16 |
| 최은정 | 국세청 | 137 |
| 최은지 | 원주서 | 285 |
| 최은지 | 대전청 | 337 |
| 최은진 | 서초서 | 203 |
| 최은진 | 남부천서 | 213 |
| 최은진 | 부천서 | 318 |
| 최은진 | 서대구서 | 425 |
| 최은진 | 마산서 | 482 |
| 최은진 | 안진회계 | 17 |
| 최은창 | 용인서 | 266 |
| 최은철 | 북부산서 | 403 |
| 최은철 | 북부산서 | 464 |
| 최은태 | 서울청 | 154 |
| 최은하 | 대구서 | 362 |
| 최은혜 | 대구청 | 413 |
| 최은화 | 부평서 | 320 |
| 최은희 | 금강원 | 110 |
| 최은희 | 서울청 | 166 |
| 최은희 | 관악서 | 178 |
| 최은희 | 동청주서 | 363 |
| 최이진 | 남동서 | 300 |
| 최이환 | 서울청 | 182 |
| 최익성 | 서울청 | 150 |
| 최익수 | 서산서 | 350 |
| 최익영 | 동작서 | 192 |
| 최익훈 | 부평서 | 320 |
| 최인경 | 순천서 | 243 |
| 최인광 | 순천서 | 392 |
| 최인귀 | 영등포서 | 214 |
| 최인규 | 구로서 | 181 |
| 최인규 | 세무다슬 | 43 |
| 최인량 | 지방재정 | 519 |
| 최인석 | 용인서 | 267 |
| 최인성 | 영등포서 | 215 |
| 최인수 | 기재부 | 83 |
| 최인숙 | 감사원 | 74 |
| 최인식 | 서울지방 | 36 |
| 최인아 | 김해서 | 480 |
| 최인아 | 서울청 | 152 |
| 최인애 | 창원서 | 489 |
| 최인애 | 홍성서 | 360 |
| 최인영 | 서울청 | 160 |
| 최인영 | 중부청 | 236 |
| 최인영 | 동안양서 | 249 |
| 최인영 | 마산서 | 483 |
| 최인옥 | 도봉서 | 188 |
| 최인옥 | 대전청 | 335 |
| 최인탁 | 기재부 | 79 |
| 최인탁 | 조세재정 | 522 |
| 최인혁 | 조세재정 | 522 |
| 최인호 | 조세재정 | 522 |
| 최인효 | 여수서 | 394 |
| 최일 | 국세청 | 179 |
| 최일암 | 국세청 | 136 |
| 최임정 | 김앤장 | 55 |
| 최장규 | 광주청 | 379 |
| 최장영 | 연수서 | 323 |
| 최장호 | 국세청 | 137 |
| 최재강 | 이천서 | 268 |
| 최재광 | 평택서 | 271 |
| 최재규 | 서울청 | 156 |
| 최재균 | 전주서 | 406 |
| 최재덕 | 제천서 | 367 |
| 최재득 | 국세청 | 129 |
| 최재봉 | 동작서 | 192 |
| 최재석 | 대전청 | 337 |
| 최재석 | 국세청 | 119 |
| 최재성 | 안진회계 | 17 |
| 최재성 | 삼릉세무 | 45 |
| 최재성 | 동수원서 | 246 |
| 최재영 | 구미서 | 433 |
| 최재영 | 기재부 | 81 |
| 최재영 | 삼성서 | 85 |
| 최재영 | 삼성서 | 199 |
| 최재영 | 구미서 | 432 |
| 최재영 | 김천서 | 434 |
| 최재우 | 수원서 | 467 |
| 최재우 | 동대구서 | 254 |
| 최재우 | 동울산서 | 421 |
| 최재우 | 기재부 | 475 |
| 최재원 | 성북서 | 89 |
| 최재원 | 북대구서 | 206 |
| 최재은 | 김해서 | 423 |
| 최재철 | 경기광주 | 481 |
| 최재철 | 강서서 | 258 |
| 최재표 | 삼일회계 | 177 |
| 최재해 | 감사원 | 20 |
| 최재해 | 감사원 | 73 |
| 최재해 | 감사원 | 74 |
| 최재혁 | 의정부서 | 324 |
| 최재혁 | 북광주서 | 384 |
| 최재혁 | 동대구서 | 420 |
| 최재혁 | 해운대서 | 472 |
| 최재현 | 관악서 | 178 |
| 최재현 | 수성서 | 426 |
| 최재협 | 남대구서 | 418 |
| 최재호 | 서초서 | 167 |
| 최재호 | 중부산서 | 470 |
| 최재호 | 수성서 | 427 |
| 최전환 | 목포서 | 390 |
| 최정규 | 용산서 | 217 |
| 최정명 | 부천서 | 318 |
| 최정민 | 삼성서 | 198 |
| 최정심 | 김해서 | 481 |
| 최정아 | 강서서 | 274 |
| 최정아 | 금정서 | 177 |
| 최정애 | 창원서 | 456 |
| 최정연 | 화성서 | 488 |
| 최정열 | 군산서 | 275 |
| 최정영 | 마포서 | 398 |
| 최정열 | 동작서 | 195 |
| 최정용 | 동작서 | 192 |
| 최정용 | 북광주서 | 384 |

| 이름 | 소속 | 쪽 |
|---|---|---|
| 하세정 | 조세재정 | 523 |
| 하세정 | 조세재정 | 523 |
| 하세정 | 조세재정 | 523 |
| 하세정 | 조세재정 | 523 |
| 하세정 | 조세재정 | 524 |
| 하소영 | 부산청 | 455 |
| 하수민 | 해운대서 | 472 |
| 하수정 | 인천서 | 295 |
| 하수진 | 구미서 | 433 |
| 하수현 | 은평서 | 218 |
| 하승민 | 국세상담 | 142 |
| 하승민 | 거창서 | 471 |
| 하승범 | 김해서 | 481 |
| 하승완 | 거창부 | 478 |
| 하승원 | 기재부 | 91 |
| 하승원 | 서울청 | 84 |
| 하승훈 | 부산청 | 159 |
| 하신평 | 북부산서 | 448 |
| 하신호 | 영등포서 | 465 |
| 하에스더 | 조세재정 | 30 |
| 하연정 | 경산서 | 215 |
| 하영미 | 북대구서 | 524 |
| 하영미 | 양산서 | 428 |
| 하원경 | 국세청 | 422 |
| 하유성 | 양산서 | 430 |
| 하유정 | 북대구서 | 484 |
| 하유정 | 강남서 | 123 |
| 하유경 | 관세청 | 234 |
| 하은경 | 경기광주 | 496 |
| 하은미 | 부산청 | 173 |
| 하은석 | 서광주서 | 258 |
| 하은지 | 종로서 | 453 |
| 하은혜 | 평택서 | 420 |
| 하이레 | 금정서 | 387 |
| 하인선 | 마산서 | 222 |
| 하자현 | 강서서 | 490 |
| 하정권 | 진주서 | 456 |
| 하정란 | 서울청 | 482 |
| 하정민 | 중부청 | 177 |
| 하정민 | 북대전서 | 486 |
| 하정우 | 천안서 | 149 |
| 하정욱 | 남동서 | 237 |
| 하정현 | 기재부 | 340 |
| 하종대 | 법무바른 | 358 |
| 하종목 | 지방재정 | 301 |
| 하종수 | 분당서 | 481 |
| 하주연 | 서초서 | 89 |
| 하주원 | 서광주서 | 1 |
| 하준호 | 부산청 | 320 |
| 하지경 | 국세상담 | 518 |
| 하지우 | 대전청 | 251 |
| 하진호 | 북광주서 | 435 |
| 하창경 | 통영서 | 202 |
| 하철수 | 서부산서 | 256 |
| 하철수 | 기재부 | 455 |
| 하치석 | 의정부서 | 386 |
| 하치상 | 도봉서 | 453 |
| 하태연 | 용인서 | 142 |
| 하태욱 | 포항서 | 125 |
| 하태운 | 예일회계 | 334 |
| 하태홍 | 김앤장 | 385 |
| 하태희 | 남양주서 | 422 |
| 하한울 | 잠실서 | 467 |
| 하행수 | 통영재정 | 83 |
| 하헌균 | 안동서 | 325 |
| 하헌욱 | 국세청 | 189 |
| 하헌정 | 연수서 | 455 |
| 하현주 | 국세청 | 267 |
| 하현주 | 통영서 | 445 |
| 하형준 | 서대전서 | 26 |
| 하홍철 | 기재부 | 55 |
| 하화성 | 남양주서 | 205 |
| 하효연 | 김천서 | 244 |
| 하효준 | 동화성서 | 221 |
| 한가영 | 화성서 | 518 |
| 한기희 | 김해서 | 438 |
| 한건희 | 관악서 | 121 |
| 한겨레 | 전주서 | 323 |
| 한경란 | 수원서 | 123 |
| 한경석 | 강동서 | 491 |
| 한경선 | 대구청 | 342 |
| 한경일 | 대구청 | 411 |
| | | 412 |
| 한경수 | 대전청 | 337 |
| 한경진 | 한울회계 | 30 |
| 한경태 | 조세재정 | 523 |
| 한경호 | 중부지방 | 236 |
| 한경화 | 상주서 | 436 |
| 한경화 | 중부지방 | 37 |
| 한광숙 | 구로서 | 181 |
| 한광우 | 용인서 | 266 |
| 한광일 | 충주서 | 400 |
| 한광호 | 이천서 | 371 |
| 한구환 | 천안서 | 268 |
| 한국일 | 광주청 | 195 |
| 한규미 | 논산서 | 199 |
| 한규원 | 삼일회계 | 101 |
| 한규진 | 송파서 | 358 |
| 한규택 | 기재부 | 374 |
| 한그루 | 중부서 | 399 |
| 한기성 | 성동서 | 347 |
| 한기준 | 수원서 | 20 |
| 한길완 | 서울청 | 430 |
| 한길택 | 광주청 | 209 |
| 한나라 | 의정부서 | 79 |
| 한나라 | 광주서 | 234 |
| 한누리 | 조세심판 | 204 |
| 한다은 | 관악서 | 254 |
| 한다정 | 남원서 | 154 |
| 한대건 | 북부산서 | 379 |
| 한대섭 | 기흥서 | 407 |
| 한대희 | 남동서 | 325 |
| 한덕용 | 서울청 | 374 |
| 한도요 | 금감원 | 520 |
| 한동규 | 아산서 | 178 |
| 한동석 | 서광주서 | 235 |
| 한동훈 | 정진세림 | 400 |
| 한동훈 | 부산청 | 96 |
| 한란 | 대전청 | 464 |
| 한만조 | 금감원 | 242 |
| 한만현 | 해운대서 | 301 |
| 한면기 | 경기광주 | 170 |
| 한명수 | 김포서 | 102 |
| 한무현 | 의정부서 | 264 |
| 한문식 | 용산서 | 473 |
| 한미연 | 광주청 | 258 |
| 한미숙 | 기흥서 | 313 |
| 한미연 | 국세청 | 324 |
| 한미영 | 동화성서 | 217 |
| 한미자 | 강남서 | 374 |
| 한미현 | 이천서 | 242 |
| 한미현 | 인천공항 | 123 |
| 한민구 | 수원서 | 172 |
| 한민수 | 경기광주 | 268 |
| 한민우 | 천안서 | 506 |
| 한민우 | 남부천서 | 254 |
| 한민우 | 영주서 | 259 |
| 한민지 | 서울청 | 358 |
| 한민희 | 국세교육 | 317 |
| 한범희 | 중부청 | 442 |
| 한보경 | 금천서 | 153 |
| 한보름 | 역삼서 | 134 |
| 한비룡 | 동수원서 | 238 |
| 한빛나 | 천안서 | 182 |
| 한상규 | 제주서 | 212 |
| 한상명 | 국세교육 | 228 |
| 한상명 | 중부서 | 358 |
| 한상민 | 은평서 | 440 |
| 한상배 | 경기광주 | 82 |
| 한상배 | 안양서 | 492 |
| 한상범 | 시흥서 | 144 |
| 한상수 | 동수원서 | 226 |
| 한상수 | 서광주서 | 370 |
| 한상수 | 감사원 | 219 |
| 한상우 | 아산서 | 258 |
| 한상욱 | 남양주서 | 264 |
| 한상욱 | 김앤장 | 257 |
| 한상재 | 인천청 | 247 |
| 한상철 | 남대문서 | 386 |
| 한상철 | 해남서 | 75 |
| 한상춘 | 기재부 | 354 |
| 한상학 | | 244 |
| 한상학 | | 55 |
| | | 293 |
| | | 184 |
| | | 396 |
| | | 84 |
| 한상화 | 역삼서 | 212 |
| 한상훈 | 서울청 | 266 |
| 한상훈 | 아산서 | 159 |
| 한서희 | 익산서 | 354 |
| 한석복 | 부천서 | 405 |
| 한석원 | 수원서 | 319 |
| 한석원 | 아산서 | 255 |
| 한석윤 | 북부산서 | 354 |
| 한선민 | 잠실서 | 465 |
| 한선배 | 전주서 | 221 |
| 한선호 | 서대전서 | 406 |
| 한설희 | 서울세관 | 312 |
| 한성경 | 기재부 | 343 |
| 한성남 | 동화성서 | 499 |
| 한성민 | 전주서 | 223 |
| 한성삼 | 충주서 | 79 |
| 한성우 | 삼일회계 | 272 |
| 한성일 | 금감원 | 406 |
| 한성일 | 중부서 | 370 |
| 한성호 | 제주서 | 20 |
| 한성호 | 부산청 | 102 |
| 한세영 | 동대구서 | 238 |
| 한세영 | 반포서 | 493 |
| 한세온 | 이현세무 | 452 |
| 한세훈 | 동방성서 | 421 |
| 한소라 | 서울청 | 196 |
| 한소연 | 평택서 | 9 |
| 한소영 | 전주서 | 362 |
| 한소은 | 국세청 | 158 |
| 한송이 | 서인천서 | 270 |
| 한송이 | 시흥서 | 406 |
| 한송이 | 서울청 | 123 |
| 한송이 | 중부서 | 302 |
| 한송희 | 국세청 | 167 |
| 한수경 | 천안서 | 257 |
| 한수연 | 북광주서 | 155 |
| 한수연 | 순천서 | 150 |
| 한수영 | 인천청 | 227 |
| 한수이 | 광명서 | 130 |
| 한수정 | 군산서 | 525 |
| 한수정 | 예산서 | 407 |
| 한수지 | 안양서 | 144 |
| 한수진 | 강동서 | 358 |
| 한수철 | 홍성서 | 384 |
| 한수현 | 서울청 | 384 |
| 한수현 | 서대문서 | 393 |
| 한수현 | 영등포서 | 295 |
| 한수현 | 중부청 | 311 |
| 한수현 | 수원서 | 350 |
| 한수홍 | 시흥서 | 399 |
| 한숙향 | 서광주서 | 356 |
| 한숙희 | 대전청 | 264 |
| 한순규 | 마포서 | 174 |
| 한순규 | 전주서 | 240 |
| 한순근 | 수성서 | 360 |
| 한승구 | 서초서 | 132 |
| 한승구 | 수원서 | 343 |
| 한승만 | 지방재정 | 199 |
| 한승만 | 김포서 | 275 |
| 한승민 | 구리서 | 296 |
| 한승민 | 서울청 | 261 |
| 한승완 | 부천서 | 362 |
| 한승완 | 의정부서 | 266 |
| 한승우 | 도봉서 | 170 |
| 한승욱 | 성동서 | 200 |
| 한승욱 | 노원서 | 214 |
| 한승일 | 동안양서 | 238 |
| 한승욱 | 예일세무 | 254 |
| 한승일 | 원주서 | 257 |
| 한승일 | 중부지방 | 387 |
| 한승일 | 중부청 | 386 |
| 한승협 | 웅고양서 | 333 |
| 한승화 | 현대회계 | 31 |
| 한시윤 | 홍성서 | 361 |
| 한아람 | 국세청 | 126 |
| 한연근 | 서대문서 | 200 |
| 한연식 | 광산서 | 380 |
| 한연호 | 안양서 | 264 |
| 한영구 | 광주서 | 313 |
| 한영섭 | 기재부 | 383 |
| 한영수 | 세무하나 | 84 |
| 한영임 | 지방재정 | 47 |
| 한예린 | 중랑서 | 519 |
| 한예숙 | 잠실서 | 225 |
| 한예슬 | 역삼서 | 220 |
| 한예환 | 성남서 | 213 |
| 한완상 | 성남서 | 253 |
| 한요섭 | 기재부 | 241 |
| 한용 | 용산서 | 90 |
| 한용균 | 국세교육 | 216 |
| 한용철 | 시흥서 | 144 |
| 한우영 | 서부산서 | 257 |
| 한웅희 | 인천청 | 466 |
| 한원교 | 분당서 | 226 |
| 한원식 | 대전청 | 298 |
| 한원주 | 조세재정 | 250 |
| 한원찬 | 광주서 | 336 |
| 한유경 | 중부지방 | 525 |
| 한유미 | 광주청 | 382 |
| 한유진 | 중부청 | 374 |
| 한유현 | 강남서 | 37 |
| 한유숙 | 목포서 | 370 |
| 한윤정 | 국세청 | 59 |
| 한윤채 | 용산서 | 22 |
| 한은경 | 양천서 | 23 |
| 한은숙 | 광주서 | 407 |
| 한은영 | 성북서 | 337 |
| 한은정 | 조세재정 | 323 |
| 한은정 | 김해서 | 61 |
| 한은정 | 고양서 | 149 |
| 한은주 | 동수원서 | 522 |
| 한의진 | 강남서 | 258 |
| 한인수 | 강청주서 | 173 |
| 한인정 | 서인천서 | 470 |
| 한인표 | 인천서 | 390 |
| 한일도 | 삼덕회계 | 130 |
| 한일영 | 삼일회계 | 216 |
| 한임철 | 거창서 | 210 |
| 한장우 | 성동서 | 207 |
| 한장혁 | 서울청 | 383 |
| 한재민 | 삼일회계 | 480 |
| 한재수 | 구로서 | 309 |
| 한재식 | 중랑서 | 247 |
| 한재영 | 강남서 | 172 |
| 한재일 | 부산청 | 270 |
| 한재철 | 대구청 | 302 |
| 한재희 | 조세재정 | 385 |
| 한정관 | 용산서 | 217 |
| 한정규 | 서광주서 | 386 |
| 한정미 | 광주청 | 379 |
| 한정민 | 국세청 | 131 |
| 한정민 | 대문서 | 347 |
| 한정민 | 부산청 | 448 |
| 한정식 | 서초서 | 145 |
| 한정아 | 금천서 | 202 |
| 한정연 | 삼덕회계 | 183 |
| 한정예 | 김해서 | 92 |
| 한정용 | 광주서 | 481 |
| 한정철 | 국세청 | 377 |
| | | 133 |
| 한정필 | 천안서 | 358 |
| 한정현 | 양천서 | 211 |
| 한정현 | 안산서 | 260 |
| 한정홍 | 중랑서 | 225 |
| 한정화 | 북울산서 | 475 |
| 한정환 | 아산서 | 354 |
| 한정희 | 대구청 | 412 |
| 한정희 | 남대문서 | 185 |
| 한정희 | 잠실서 | 221 |
| 한제희 | 북대전서 | 340 |
| 한정희 | 금정서 | 457 |
| 한종건 | 서울청 | 521 |
| 한종관 | 조세심판 | 444 |
| 한종범 | 포항서 | 227 |
| 한종장 | 성동서 | 205 |
| 한종태 | 삼일회계 | 21 |
| 한종현 | 서울청 | 480 |
| 한종훈 | 대전청 | 332 |
| 한주성 | 기흥서 | 166 |
| 한주성 | 서울청 | 242 |
| 한주성 | 도봉서 | 166 |
| 한주성 | 북광주서 | 188 |
| 한주희 | 국세상담 | 384 |
| 한주희 | 서울청 | 143 |
| 한준희 | 구리서 | 169 |
| 한지수 | 파주서 | 240 |
| 한지영 | 천안서 | 326 |
| 한지영 | 국세청 | 359 |
| 한지예 | 동안양서 | 136 |
| 한지우 | 인천청 | 459 |
| 한지운 | 서대문서 | 249 |
| 한지웅 | 구미서 | 294 |
| 한지웅 | 세무하나 | 200 |
| 한지원 | 역삼서 | 432 |
| 한지원 | 삼일회계 | 47 |
| 한지윤 | 서울청 | 213 |
| 한지현 | 서부산서 | 20 |
| 한지혜 | 잠실서 | 406 |
| 한지혜 | 삼척서 | 166 |
| 한지호 | 목포서 | 373 |
| 한진규 | 순천서 | 377 |
| 한진선 | 시흥서 | 378 |
| 한진혁 | 서인천서 | 161 |
| 한창 | 동안양서 | 222 |
| 한창균 | 성북서 | 304 |
| 한창림 | 강서서 | 183 |
| 한창목 | 포천서 | 90 |
| 한창묵 | 광주청 | 467 |
| 한창민 | 제주서 | 220 |
| 한창우 | 서울청 | 278 |
| 한채윤 | 서울청 | 391 |
| 한철민 | 국회정무 | 392 |
| 한철용 | 부산청 | 256 |
| 한철현 | 서울청 | 303 |
| 한충열 | 광주청 | 249 |
| 한태진 | 파주서 | 206 |
| 한현 | 경주서 | 176 |
| 한현국 | 서울청 | 329 |
| 한현섭 | 금감원 | 378 |
| 한현욱 | 지방재정 | 493 |
| 한현철 | 부산청 | 147 |
| 한혜경 | 서산서 | 169 |
| 한혜란 | 동작서 | 170 |
| 한혜린 | 삼척서 | 171 |
| 한혜민 | 기재부 | 72 |
| 한혜빈 | 동안산서 | 450 |
| 한혜선 | 조세재정 | 149 |
| 한혜숙 | 서초서 | 377 |
| 한혜영 | 부천서 | 327 |
| 한혜원 | 중랑서 | 155 |
| 한혜진 | 국세상담 | 431 |
| 한호성 | 동작서 | 149 |
| | | 104 |
| | | 284 |
| | | 518 |
| | | 453 |
| | | 351 |
| | | 192 |
| | | 278 |
| | | 85 |
| | | 263 |
| | | 524 |
| | | 203 |
| | | 319 |
| | | 225 |
| | | 142 |
| | | 192 |
| | | 474 |
| | | 154 |
| | | 444 |
| | | 505 |
| | | 301 |
| | | 21 |

582

# 1등 조세회계 경제신문

# 조세일보

## www.joseilbo.com

**2025년 2월 4일 현재**

# 2025 재무인명부

발　　　행　2025년 2월 4일
발 행 인　황춘섭
발 행 처　조세일보(주)
주　　　소　서울시 서초구 사임당로 32
전　　　화　02-737-7004
팩　　　스　02-737-7037
조 세 일 보　www.joseilbo.com
정　　　가　25,000원
I S S N　2983-2918